CEPEFIN – Centro de Pesquisas em Finanças
Equipe de Professores do INEPAD

Alberto Borges Matias
(coordenador)

FINANÇAS EMPRESARIAIS ESTRATÉGICAS

Manole

Copyright © 2019 Editora Manole Ltda., conforme contrato com o coordenador.

Editora gestora: Sônia Midori Fujiyoshi
Editora responsável: Ana Maria da Silva Hosaka
Projeto gráfico: Departamento de Arte da Editora Manole
Diagramação e imagens do miolo: Elisabeth Miyuki Fucuda
Capa: Rubens Lima
Imagem da capa: iStock

CIP-BRASIL. CATALOGAÇÃO NA PUBLICAÇÃO
SINDICATO NACIONAL DOS EDITORES DE LIVROS, RJ

F529
Finanças empresariais estratégicas / coordenação Alberto Borges Matias. – 1. ed. – Barueri [SP] : Manole, 2019.
: il. ; 22 cm.

Inclui índice
ISBN 9788520452424
1. Administração de empresas. 2. Administração financeira. 3. Empresas – Finanças. I. Matias, Alberto Borges.

18-52263　　　　　　　　CDD: 658.15
　　　　　　　　　　　　CDU: 005.915

Vanessa Mafra Xavier Salgado – Bibliotecária - CRB-7/6644

Todos os direitos reservados.
Nenhuma parte deste livro poderá ser reproduzida, por qualquer processo, sem a permissão expressa dos editores. É proibida a reprodução por xerox.

A Editora Manole é filiada à ABDR – Associação Brasileira de Direitos Reprográficos.

Edição – 2019

Editora Manole Ltda.
Av. Ceci, 672 – Tamboré
06460-120 – Barueri – SP – Brasil
Tel.: (11) 4196-6000
www.manole.com.br
https://atendimento.manole.com.br/

Impresso no Brasil
Printed in Brazil

Durante o processo de edição desta obra, foram tomados todos os cuidados para assegurar a publicação de informações precisas e de práticas geralmente aceitas. Do mesmo modo, foram empregados todos os esforços para garantir a autorização das imagens aqui reproduzidas. Caso algum autor sinta-se prejudicado, favor entrar em contato com a editora.
As informações contidas nesta obra são de responsabilidade dos autores. O profissional, com base em sua experiência e conhecimento, deve determinar a aplicabilidade das informações em cada situação.

SOBRE A EQUIPE DE PRODUÇÃO

Coordenação
Alberto Borges Matias

Professores participantes
Eduardo Ribeiro
Adriel Branco
Sergio Ignácio

Executivos participantes
Luiz Climeni
Rodrigo Pasin
Henrique Furquim Paiva
Marçal José Junqueira
Talita Metzner

Alunos de pós-graduação participantes
Rossimar Laura
Ulisses Resende
Gleison Fonseca
Thiago Quilice
Bruno Garcia
João Paulo Resende
Fábio Ciribelli

Assistentes de revisão
Carolina de Figueiredo Balieiro
Nayele Macini
Maria Gabriela Montanari
Gislaine Miranda Quaglio

SUMÁRIO

Prefácio VII
Primeira apresentação IX
Segunda apresentação XI
Introdução à história do pensamento financeiro XIII

Parte I – Captação de recursos financeiros a longo prazo 1
1. Gestão de riscos financeiros 3
2. Gestão financeira do capital próprio 45
3. Gestão da captação de recursos de terceiros de longo prazo 89
4. Gestão do custo de capital de longo prazo 169
5. Gestão da estrutura de capital 201

Parte II – Aplicação de recursos financeiros de longo prazo 233
6. Análise de investimentos de capital de longo prazo 235
7. Avaliação financeira de negócios 281
8. Gestão do valor financeiro de longo prazo 315
9. Controle do valor financeiro de longo prazo 353
10. Sustentabilidade financeira 389

Índice remissivo 463

PREFÁCIO

Como professor fundador da FEA-RP/USP, tive a preocupação de buscar sermos os melhores do país em nossas áreas, porque agíamos assim ou sucumbíamos – o curso de administração de empresas da unidade acabou sendo o de maior nota média em todas as edições do Provão do MEC. Sendo finanças a minha área, procurei fazê-lo da melhor forma para atingir o objetivo por mim mesmo proposto, razão do contínuo questionamento sobre a estrutura curricular da área.

Este livro surge da necessidade encontrada nas disciplinas que ministrei na FEA/USP, *campi* de São Paulo e Ribeirão Preto, de organização didática do conhecimento de finanças, bem como de críticas de ex-alunos quanto à necessidade de introduzir temas importantes para a vida profissional. Já no curso de graduação pude observar que o ensino de finanças encontrava resistência de entendimento por parte dos alunos, quer por falta de compreensão de conceitos de disciplinas anteriores, quer pelo encadeamento, de forma pouco didática, do conteúdo das disciplinas da própria área de finanças.

No tocante ao aspecto de entendimento de conceitos de disciplinas anteriores, a deficiência encontrava-se na falta de coordenação das disciplinas de finanças com outras que as antecediam e que eram de fundamental importância para o seu entendimento.

Quanto ao aspecto de encadeamento do conteúdo das disciplinas de finanças, pudemos observar, em conjunto com alunos dos programas de pós-graduação, já nos levantamentos iniciais de programas acadêmicos nacionais e internacionais, a mescla existente entre os conceitos, sem clara definição de sequências, proliferando disciplinas numeradas (Finanças 1, Finanças 2, Finanças 3, Finanças 4) sem evidente sedimentação de conteúdo razoavelmente conectado. Após algumas reuniões ao longo dos programas de pós-graduação, definimos a separação do conteúdo de gestão financeira de curto prazo do de longo prazo. Nas disciplinas de finanças corporativas, no curso de graduação, transformamos a disciplina Administração Financeira I em Administração do Capital de Giro, tendo por função a exposição do conteúdo de gestão financeira de curto prazo, e a disciplina de Administração Financeira II em Administração Financeira de Longo Prazo, tendo por função a exposição do conteúdo de gestão financeira estratégica.

Após a discussão de formação acadêmica da disciplina, passamos a discutir a literatura que poderia ser utilizada dentro dessa nova formação, e observamos que a literatura convencional, com raras exceções, não atendia ao que havíamos definido: aliás, grande parte dos livros de fundamentos em finanças concede ênfase a tópicos isolados do conhecimento de finanças, com destaque para tópicos de avaliação de empresas e não para a gestão de ativos e passivos estratégicos.

Considerou-se como premissa básica que a estrutura do currículo de finanças deve levar em consideração a geração de valor, elemento fundamental para o entendimento da maximização do valor das empresas. Essa nova abordagem proporciona uma visão sistêmica do conteúdo de finanças, gerando melhor sequenciamento da disciplina por parte dos professores e facilitando o entendimento por parte dos alunos.

Nesta obra, optamos pela produção de um livro sobre finanças empresariais estratégicas, a ser a base conceitual da disciplina de finanças, de mesmo nome, tradicionalmente nomeada Finanças II, cujo título poderia ser Administração Financeira II: Administração Financeira Estratégica. Os capítulos do livro formam as diversas aulas a serem ministradas na disciplina. Optou-se, na redação do texto, por uma forma mais didática e acessível aos alunos de graduação e de MBAs, possibilitando melhor compreensão e aplicação dos conceitos apresentados.

As discussões permearam diversas turmas de pós-graduação da FEA-RP/USP, que participaram ativamente da formação deste livro, e também turmas de graduação da FEA-RP/USP, que utilizaram essa literatura, mesmo em fase de produção, contribuindo para o seu aperfeiçoamento. O trabalho de pesquisa foi centralizado no Cepefin (Centro de Pesquisas em Finanças) e no Inepad (Instituto de Ensino e Pesquisa em Administração), também por mim fundados. A todos os participantes desse projeto, meus profundos agradecimentos.

Cientes de que o administrador deve ter uma sólida formação em finanças – nos aspectos teórico e prático – para a tomada de decisões e para planejar, organizar, dirigir e controlar recursos, atividades e bens, buscamos organizar cada capítulo considerando o ensino de graduação no país. Esperamos que esta obra cumpra sua função de formar gestores capazes de tomar decisões efetivas, bem como profissionais conscientes de suas funções na sociedade. Essa é a nossa pretensão.

Alberto Borges Matias

PRIMEIRA APRESENTAÇÃO

Com muito orgulho, recebi o convite para apresentar esta obra *Finanças corporativas*, realizada pela equipe de professores do Inepad, coordenada pelo professor Alberto Borges Matias. Acompanho o trabalho acadêmico e de consultoria do professor Matias há muito tempo e, felizmente, minhas atividades como presidente da Apimec-São Paulo acabaram nos aproximando, tendo nossa associação recebido seu entusiástico apoio quando iniciamos o projeto de interiorização das reuniões do mercado de capitais.

Ao ler os originais, compreendi o sentido do convite do professor Matias: este volume é muito importante para formar novos profissionais do mercado de capitais e consolidar os conhecimentos dos profissionais de investimento já em atividade, inclusive com relação aos exames de certificação do mercado.

O volume tem introdução e 10 capítulos, abrangendo os temas mais relevantes das finanças corporativas de longo prazo, que essencialmente tratam das decisões de financiamento e investimento das companhias e de seus investidores ou credores. Ele é escrito em linguagem acessível a estudantes, profissionais do mercado e público interessado, mas não perde o rigor acadêmico, valendo-se de robustas referências bibliográficas. Por outro lado, tem ainda o mérito de apresentar exemplos tirados de casos reais do mercado de capitais internacional ou brasileiro.

Já na Introdução, o leitor se surpreenderá com a boa ideia de fazer uma retrospectiva histórica da teoria financeira. O que se entende hoje por finanças corporativas é um conjunto de conhecimentos que, ao longo dos últimos séculos, recebeu a contribuição da teoria econômica, da administração e da contabilidade, além das experiências dos gestores das organizações.

Os primeiros cinco capítulos são dedicados à captação de recursos financeiros em longo prazo. O Capítulo 1 trata da gestão dos riscos, uma opção interessante, dada a relevância do tema para todas as organizações e para a moderna teoria de finanças. Em seguida, nos Capítulos 2 e 3, são abordados temas relativos à gestão do capital próprio e da captação de recursos de terceiros, destacando-se as instituições, a regulamentação básica e os produtos do mercado financeiro internacional e nacional. Os Capítulos 4 e 5 são fundamentais para os profissionais do mercado de capitais, porque discutem as principais metodologias para estimar o custo de capital, assim como as teorias para analisar a estrutura de capital das companhias. Os Capítulos 6 a 10 tratam da aplicação de recursos financeiros em longo prazo. Dentre os assuntos dos Capítulos 6 a 8, é importante destacar as técnicas de avaliação de projetos e de análise de investimento, e também o conceito de geração de valor, temas de extrema relevância para o profissional do mercado e para o investidor. Em seguida, o Capítulo 9 discute a governança corporativa, colocando-a dentro do contexto histórico e regulatório, incluindo os efeitos da lei norte-americana Sarbanes-Oxley e da Lei Anticorrupção. Finalmente, o Capítulo 10 trata da sustentabilidade financeira. A análise das razões do insucesso corporativo é muito interessante, notadamente pelos estudos de caso brasileiros. As disposições da lei brasileira de recuperação de empresas também foram tratadas (Lei n. 11.101, de 9 de fevereiro de 2005). Ainda que focando a questão financeira, a sustentabilidade é vista pelos aspectos ambiental e social.

Como o leitor pode concluir, este é um livro bastante abrangente e tem o mérito de abordar equilibradamente a teoria das finanças, marco regulatório e experiência corporativa brasileira e internacional. Em outras palavras, reúne o principal conteúdo que deve ser ensinado como finanças de longo prazo na universidade e ser de conhecimento dos administradores financeiros das companhias e dos profissionais do mercado financeiro e de capitais.

Lucy Sousa
Ex-Presidente da Associação dos Analistas e Profissionais
de Investimento do Mercado de Capitais (Apimec), Regional São Paulo,
gestão 2007-2008,
professora universitária e consultora do mercado de capitais

SEGUNDA APRESENTAÇÃO

Com muito orgulho elaboro a Apresentação da obra *Finanças empresariais estratégicas*, realizada pela equipe de professores do Instituto de Estudos e Pesquisas em Administração – Inepad, coordenada pelo professor Alberto Borges Matias. Há muito tempo acompanho a vida profissional do professor Matias, e minhas atividades como docente acabaram nos aproximando, no exercício e na busca de melhor formar e aperfeiçoar nossos discentes. São vários desafios que enfrentamos, n'alguns logramos êxito, n'outros adquirimos mais experiência e maturidade.

Vivemos um processo em que novos olhares da Economia nos induzem à preocupação com as neoteorias, como a de Governança Corporativa, Teoria dos Jogos, da Assimetria das Informações e outras que motivaram seus autores a pensar estrategicamente em um mercado globalizado, competitivo e financeirizado.

Este volume é muito importante para formar novos profissionais do segmento de capitais e consolidar o conhecimento dos *experts* de investimento já em atividade, inclusive com relação aos exames de certificação do mercado. Alunos de graduação de Economia, Contábeis e Administração, bem como das Engenharias, além dos discentes de pós-graduação naquelas formações, principalmente, devem ler e aprender com esta obra do professor Matias e de seus colaboradores.

O volume tem introdução e 10 capítulos, abrangendo os temas mais relevantes das finanças empresariais estratégicas, que essencialmente tratam das decisões de financiamento e investimento das companhias e de seus investidores ou credores. Está redigido em linguagem acessível a estudantes, profissionais do mercado e público interessado, mantendo o rigor acadêmico e valendo-se de sólidas referências bibliográficas. Por outro lado, tem ainda o mérito de apresentar exemplos tirados de casos reais do mercado de capitais internacional e nacional.

Na Introdução, o leitor será encantado com a retrospectiva histórica da teoria financeira. O que se entende hoje por finanças estratégicas é um conjunto de conhecimentos que, ao longo dos últimos séculos, recebeu a contribuição das teorias Econômica, da Administração e da Contabilidade, além das experiências dos gestores das organizações.

Os primeiros cinco capítulos são voltados à captação de recursos financeiros em longo prazo. No Capítulo 1 discorre-se sobre a gestão dos riscos, pois, dada a relevância do tema para todas as organizações e para a moderna teoria de finanças, aplica-se também ao estudo do ciclo que está sendo vivenciado em nosso país e em vários outros que não se recuperaram plenamente da crise.

São abordados temas relativos à gestão do capital próprio e da captação de recursos de terceiros, nos Capítulos 2 e 3, destacando-se as instituições, a regulamentação básica e os produtos do mercado financeiro internacional e nacional. Os Capítulos 4 e 5 são fundamentais para os profissionais do mercado de capitais, porque discutem as principais metodologias para estimar o custo de capital, assim como as teorias para analisar a estrutura de capital das companhias. Nos Capítulos 6 a 10 é tratada a aplicação de recursos financeiros em longo prazo ou com visão estratégica.

Entre os assuntos constantes dos Capítulos 6 a 8, é importante destacar as técnicas de avaliação de projetos e de análise de investimento e também o conceito de geração de valor, temas de extrema relevância para o profissional do mercado e para o investidor, como destacado na Teoria das Agências.

No Capítulo 9, discute-se a governança corporativa, colocando-a dentro do contexto histórico e regulatório, incluindo os efeitos da lei norte-americana Sarbanes-Oxley e da Lei Anticorrupção.

Finalmente, ao longo do Capítulo 10, trata-se da sustentabilidade financeira. A análise das razões do insucesso corporativo merece relevância e destaque pelos estudos de caso brasileiros. As disposições da nova Lei brasileira de recuperação de empresas também foram trabalhadas. Como se trata de visão estratégica de longo prazo, ainda que focando a questão financeira, a sustentabilidade é tratada por meio de seus múltiplos aspectos, tais como o ambiental, social, econômico e político.

Diante dos temas tratados ao longo do presente livro, o leitor poderá sentir a abrangência e o mérito de abordar de forma equilibrada as teorias de Finanças, Marco Regulatório e Estratégia, além de acrescentar casos ilustrativos vivenciados em experiências corporativas brasileira e mundial.

Enfim, é um livro que reúne o conteúdo basilar e necessário sobre finanças estratégicas de longo prazo, coordenado com a perspicácia conhecida do professor Matias, e seu notório saber do que deve ser ensinado na Universidade, necessário aos gestores financeiros das companhias e aos profissionais do mercado financeiro e de capitais.

Concluo parabenizando, mais uma vez, o professor Matias e sua equipe de docentes e pesquisadores do Inepad pelo desafio a que se propuseram.

Professora Dra. Rosalinda Chedian Pimentel
Docente e Pesquisadora do Instituto de Estudos e Pesquisas em Administração – Inepad e do Instituto de Cidades Criativas e Identidades Culturais – IPCCIC e Docente Colaboradora da UNESP *campus* Franca.

INTRODUÇÃO À HISTÓRIA DO PENSAMENTO FINANCEIRO

A EVOLUÇÃO DO PENSAMENTO FINANCEIRO: UMA INVESTIGAÇÃO SOBRE A TEORIA FINANCEIRA DESDE O INÍCIO DAS CIVILIZAÇÕES ATÉ A ATUALIDADE

Hoje, o conhecimento constitui um diferencial na conquista de espaço, no mundo cada vez mais competitivo, e sem dúvida determina a capacidade de interpretar os fatos e analisá-los. A reflexão sobre os fatos permite a inovação e a criação na gestão de recursos cada vez mais escassos. Por isso, conhecer o que já foi criado pode proporcionar uma ferramenta valiosa para enfrentar os desafios impostos pelos novos tempos.

O conteúdo da teoria financeira encontra-se em processo de rápida transformação. Essa teoria consiste em um conjunto de conceitos que ajudam a organizar o pensamento das pessoas sobre como alocar recursos ao longo do tempo e um conjunto de modelos quantitativos para ajudar as pessoas a avaliarem alternativas, tomarem decisões e implementá-las.

Nos últimos 50 anos, ocorreram mudanças notáveis na teoria e na prática das finanças empresariais. Nesse período, o ritmo acelerado da inovação na relação entre teoria e prática em finanças tornou-se mais dinâmico, sistemático e científico. Contudo, todo esse arsenal teórico é o resultado da consolidação de estudos e pesquisas que vêm evoluindo ao longo dos tempos, e contou com a colaboração dos pioneiros nos estudos e pesquisas financeiras desde o início das civilizações.

Dessa forma, procuramos resgatar as ideias de pensadores que possibilitaram que a teoria de finanças alcançasse o patamar em que se encontra atualmente e demonstrar que a dedicação desses estudiosos no desenvolvimento de teorias e pesquisas edificou a moderna teoria de finanças. Faremos uma investigação a respeito da evolução do pensamento financeiro, revelando ideias e teorias de líderes acadêmicos que expressaram suas opiniões e percepções sobre diversos temas que influenciaram o desempenho e o sucesso das organizações em todos os tempos.

Toda essa evolução conceitual e prática da teoria contribui hoje com as atividades do profissional de finanças, que ao longo dos anos vem tornando-se cada vez mais importante diante da crescente complexidade que o mercado e os negócios vêm apresentando.

Assim, procuramos resgatar as obras que apresentaram teorias financeiras desde a Idade Antiga até os nossos dias, analisar também os temas propostos em cada época da história da humanidade, os autores e as obras que se destacaram e que propiciaram à teoria de finanças alcançar o patamar em que se encontra hoje, pois a dedicação desses estudiosos no desenvolvimento de teorias e pesquisas edificou a moderna teoria de finanças.

A Idade Antiga

Nos povos antigos, a preocupação com as finanças surgiu em meio às reflexões filosóficas, que se ocupavam dos preceitos morais e religiosos, e nas tarefas diárias.

A riqueza, a distribuição da renda, a posse de escravos e de bens, os recursos financeiros das famílias e dos governos, a atividade comercial, os empréstimos, a tributação, a cobrança de juros, a valoração das mercadorias para troca nos sistemas de escambo e na adoção de moedas, o fundamento dos preços, a interferência governamental no mercado e outras questões impulsionaram o estudo de finanças.

Os registros daquela época relatam que a atividade financeira e comercial não era vista com bons olhos pela sociedade, que, de modo geral, condenava a riqueza individual, que era vista com desconfiança, pois acreditava-se que o dinheiro servia para reforçar a divisão social e subverter a retidão moral dos indivíduos.

A religião controlava e determinava o comportamento coletivo, além de influenciar a ação dos governantes, impondo leis e regulamentos em todos os aspectos da sociedade, inclusive o financeiro.

Em meio a todas as civilizações que existiam na época, pode-se observar a preocupação com questões financeiras entre árabes, persas, japoneses, egípcios, como também entre:

- Os hindus, que criaram as leis que regulavam os preços, intervindo no mercado com o propósito de determinar um preço justo para cada bem. O pensador hindu Cautília, em 300 a.C., em sua obra *Artaxastra*, escrita em sânscrito, retrata o pensamento financeiro da época.
- Os judeus, que sofriam a regulamentação da religião sobre as finanças familiares.
- Os pensadores e os filósofos chineses, que acreditavam que a riqueza dos povos dependia do desenvolvimento individual e que o controle e a inter-

ferência governamental na sociedade e nos assuntos financeiros levavam ao empobrecimento.
- Os gregos, cujo desenvolvimento comercial interferiu na estrutura do poder em Atenas. Antes do desenvolvimento do comércio, o poder pertencia aos herdeiros nobres, sendo adquirido pelo nascimento ou pela propriedade da terra. Depois da evolução das relações comerciais, o poder passa a ser constituído por assembleia formada por cidadãos.

A atividade financeira daquela época foi cogitada por Xenofonte (430-355 a.C.), em seu trabalho sobre empréstimos e rendas de Atenas, e de suas minas de prata. Além dele, outros pensadores discorreram sobre aspectos financeiros da Grécia, como Aristóteles (384-322 a.C.), Plínio (62-120 d.C.), Tácito (55-120 d.C.), Cícero (106-43 a.C.), entre outros.

Os romanos, cujo império foi formado a partir da agregação de vários povos localizados ao redor do Mar Mediterrâneo, acumularam inúmeras conquistas de seus reis e tornaram Roma o mais rico império da Antiguidade.

A atividade financeira em Roma basicamente concentrava-se na resolução de questões do dia a dia. A adoção de moedas no sistema de trocas provocou o aumento da circulação de dinheiro, o que promoveu o surgimento de banqueiros profissionais, que negociavam com títulos de crédito equivalentes a notas promissórias e cheques.

A Idade Média

Na Idade Média, o cristianismo influenciou o comportamento humano e estabeleceu procedimentos em relação às finanças.

A Igreja Católica, em seus mosteiros, desenvolveu estudos relacionados a assuntos financeiros, sendo a escassez das rendas patrimoniais dos príncipes, a tributação e a constituição do tesouro como reserva para os maus dias alguns dos assuntos tratados nas obras do teólogo Santo Tomás de Aquino (1225-1274).

Matteo Palmieri (1406-1475) fez um estudo sobre empréstimos e proporcionalidade de tributos contra critérios progressivos; outros pensadores apresentaram em suas obras fragmentos de estudo de finanças, como Antonino de Florença (1389-1459) e Bernardino de Siena (1380-1444), que defendiam o acúmulo do tesouro.

A Igreja influenciava em todas as decisões, mas, com o crescimento das cidades, estas passaram a adquirir autonomia, ocasionando a necessidade de se criar uma regulamentação nas transações comerciais. Surgiram, então, leis específicas que tratavam de contratos, instrumentos, operações e títulos financeiros, bem como instituições de crédito e de leilões que propiciaram uma evolução nas transações financeiras.

A Idade Moderna e a Renascença

Nessa fase surgiram, em meio ao grande número de pensadores, alguns que se preocupavam com os problemas financeiros, como a correlação entre a economia privada e as finanças públicas. Esses temas são objeto de estudo da obra de Diomede Carafa (1492-1560).

As receitas e os excessos fiscais foram abordados por Maquiavel (1469-1527). Em *La decima scalata*, de Francesco Guicciardini (1483-1540), pode-se encontrar o resultado de uma análise crítica realizada sobre os prós e contras dos impostos proporcionais progressivos, expondo as ideias da época sobre o assunto.

Séculos XVI a XVIII

Durante os séculos XVI, XVII e XVIII, surgiu um grupo bastante heterogêneo de pensadores na Europa, apresentando mudanças nas ideias e nas tendências individuais. Avanços tecnológicos, como a bússola e a pólvora, entre outros instrumentos, provocaram o desenvolvimento do comércio internacional.

Os metais preciosos, como o ouro e a prata, constituíram a riqueza dos homens; por isso, o acúmulo desses metais tornou-se sinônimo de prosperidade.

Com o aparecimento de grandes monarquias absolutistas, o Estado assumiu a função social da Igreja, passando a implantar políticas nacionalistas e intervencionistas. Os objetivos consistiam na tentativa de manter o superávit constante na balança comercial e determinar as taxas de juros internas acima das taxas externas. Tentava-se, também, atrair capital de curto prazo, provocando transformações na atividade financeira e em problemas como a inflação e a diminuição do poder de compra da moeda, causando o aparecimento de correntes de estudiosos que se dedicaram às questões financeiras, conhecidas como mercantilismo, cameralismo e liberalismo.

Os mercantilistas

Os precursores da economia política fizeram estudos sobre impostos, empréstimos e problemas monetários, entre eles: Willian Petty (1623-1687), com *Treatise of taxes and contributions* (1662), David Hume (1711-1776) e James Deniiam Stewart (1712-1780).

No livro *Six livres de la République*, Jean Bodin (1530-1596) realizou um estudo sobre os problemas da tributação e das fontes da receita do Estado francês. Em 1568, formulou uma lei que trata do afluxo de metais preciosos e da inflação.

A obra *Projet d'une dîme royale*, de Vauban (1633-1707), abordou a reforma dos impostos e da opressiva administração financeira na França.

O Marquês de Pombal (1699-1782) e Colbert (1619-1683) abordam, em suas obras, as diretrizes das políticas fiscais nas finanças mercantilistas, com propósitos protecionistas e incremento na tributação em razão do crescimento das despesas públicas.

Boisguillebert (1646-1714), em sua obra *Factum de la France*, trata do desequilíbrio financeiro em que se encontrava a França nessa fase.

O tema empréstimo foi desenvolvido nos estudos de Thomas Culpeper (1635-1689), em seu *Manifesto contra a usura*.

Outros temas financeiros também foram abordados por John Hales (1516-1572) em 1549, em um discurso sobre a prosperidade pública no Reino da Inglaterra, e por outros pensadores, como John Cocke (1632-1704), Melon (falecido em 1738) e François Forbonnais (1722-1800).

Os cameralistas

Na Europa Central, especificamente nas nações germânicas que enfrentavam crises econômicas, os estudiosos e os técnicos da política e da administração financeira, preocupados em encontrar soluções práticas para a as questões financeiras, formaram o cameralismo.

Nas universidades alemãs e austríacas, houve a formação da cátedra de ciências camerais e dos conselhos (*Kammern*), que representa o local onde eram depositados os tesouros reais, criado para prestar assistência sobre assuntos de política financeira e econômica, de técnicas de administração e de direito aos príncipes.

A doutrina cameralista organizou o pensamento de forma lógica, ligando os objetivos do Estado aos aspectos técnicos da administração financeira eficiente. O estudo era concentrado no patrimônio público, na administração geral e na economia financeira.

Alguns cameralistas se destacaram, como Luter e Ossa, que defenderam uma reforma fiscal para melhor controle tributário.

Nicolau Copérnico (1473-1543) propôs a unificação da moeda sem lastro e sem controle, fato que levou a Alemanha ao desequilíbrio monetário.

Georg Obrecht (1547-1612) foi o primeiro consultor oficial da monarquia. Veit Ludwig von Seckendorf (1626-1692) estudou vários ramos do conhecimento social, como política, administração, finanças e outros, como o combate ao monopólio e ao controle governamental.

Barnitz (séculos XVI e XVII) e K. Klock (1583-1655) estudaram a produção; Schmalz (1819) tratou da propriedade e da renda das pessoas; Rau (1825) separou os estudos de finanças públicas e de finanças privadas; Daries e Gasser trataram das finanças de modo geral, assim como J. Becker (1625-1685), F. W. Hoernick (1638-1713), D. L. Seckenvorf (1626-1692) e J. Sonnenfils (1733-1817).

Van Just (1717-1771) distinguiu impostos e taxas. Faleceu na prisão pelo seu insucesso como administrador financeiro, ao servir Frederico da Prússia.

Liberalismo

Os escritores franceses viram na agricultura a única produção, apresentando-se como "economistas".

Os estudos franceses dessa época procuraram comprovar as leis naturais dos fenômenos econômicos, defendendo a liberdade econômica sem a intervenção do Estado. Esses escritores liberais influenciaram as decisões das instituições dominantes, como, por exemplo, a supressão das barreiras alfandegárias.

O liberalismo foi dividido em fisiocracia e escola clássica. Os fisiocratas foram aqueles que seguiam a doutrina econômica baseada em uma teoria geral da sociedade, que partia de duas concepções essenciais: uma de caráter filosófico, "ordem natural", e outra de caráter econômico, "produto líquido". Os seguidores da escola clássica fundamentavam-se na oposição às ideias mercantilistas.

Fisiocracia

O estudo dos fisiocratas consistia basicamente na análise do fluxo de vendas, distribuição e investimento do capital na agricultura, embora tenham realizado também análises sobre o giro do capital e da tributação aplicada ao direito do proprietário da terra. Esses estudos influenciaram as instituições financeiras da época.

Alguns fisiocratas destacaram-se, como o Dr. François Quesnay (1694-1774), com a obra *Tableau économique*, em 1758; o Marquês de Mirabeau (1715-1789), com *Théorie de l'impôt*; Le Trosne (1728-1780); Mercier de La Rivière (1721-1793); Nicolau Baudeau (1730-1792); Dupont de Nemours (1739-1817) e Jacques Turgot (1727-1781).

Escola clássica

Paralelamente aos franceses, a obra *Inquire into the nature and causes of wealth of nations*, escrita em 1776 nas Ilhas Britânicas, por Adam Smith (1728-1790), expôs outra corrente de pensadores liderada por ele. A obra foi dividida em cinco partes: a primeira abordava temas como a valorização dos bens, as taxas de juros, o endividamento e as finanças públicas; a segunda parte tratava do dinheiro, do crédito e da acumulação da riqueza; a terceira parte abordava o tema investimento (poupança ou formação do capital); a quarta versava sobre a teoria dos juros; a quinta parte fazia uma investigação a respeito da despesa, da receita, da repercussão dos impostos, do sistema tributário e do retorno do investimento e da produtividade do capital.

Nessa mesma época, em Milão, Pietro Verri (1728-1797) produziu as obras *Memória* (1763) e *Meditazioni sull'economia politica* (1771), nas quais o fenômeno da repercussão foi observado, concluindo que não eram os proprietários de terra, mas os consumidores, os contribuintes de fato. Chegou-se à pretensa comparação, pelos italianos, dessa obra com *A riqueza das nações*, de Adam Smith.

Século XIX

A escola clássica, que teve por base Adam Smith, foi continuada na obra de David Ricardo (1772-1823), *Principles of political economy and taxation*, e por outros, como Nassau Simon (1790-1864), MacCulloch (1789-1864) e J. Stuart Mill (1806-1875).

Na França, os economistas suplantaram os fisiocratas e destacaram-se os discípulos de Adam Smith que definiram as ciências das finanças como parte ou ramo da economia, como foi o caso de J. B. Say (1767-1832), entre outros, no transcorrer do século XIX, que admitiram essa subordinação.

Ao mesmo tempo, na Alemanha, seguindo a tradição dos cameralistas, os escritores defendiam o caráter político dos problemas financeiros e tentavam com Malchus, Jacob e Rau (1792-1870) criar uma autonomia das finanças em relação à economia política e à ciência da administração.

Na Áustria, na chamada escola austríaca, estudiosos faziam pesquisas financeiras com base na análise psicológica da satisfação das necessidades, com base no valor. K. Menger (1840-1921) e Boem-Bawerck (1851-1914) foram exemplos desses estudiosos.

Na Itália, outros estudiosos também se dedicaram aos assuntos financeiros, como Emilio Sax (1845-1927) e G. Ricca Salermo (1849-1912).

A escola matemática lançou reflexos sobre os trabalhos financeiros de Jevons, e a escola de Lausanne teve trabalhos de Walras (1834-1910) e Pareto (1848-1923).

A economia exerceu sensível influência sobre as finanças em razão da origem comum do estudo e do aspecto econômico dos fenômenos financeiros.

A escola histórica dedicou-se à investigação do mecanismo de como são formadas as ideias no âmbito social por meio de um processo histórico. Pensadores como Roscher (1838-1917), Hildebrand (1812-1878), Knies (1821-1898), Schmoller (1838-1917), Sombart (1863-1941) e Wagner (1835-1917) abordaram assuntos financeiros nessa linha de pesquisa.

Nesse século, em diferentes países, são extremamente longas as obras que envolvem centenas de nomes de autores que trataram do assunto finanças.

O estudo de finanças, a partir do século XIX, passou a ser considerado ciência humana, uma vez que articulou e construiu um sistema racional de conhecimentos, relações e pesquisas objetivas sobre fenômenos sociais, vinculados entre si por unidade de natureza, causa e fim.

Século XX

No final do século XIX, as obras europeias constituíam a fonte de teorias financeiras e se refletiam nas políticas, nas economias e nas organizações.

Edwin Selegman (1861-1934) influenciou o pensamento europeu com suas pesquisas financeiras.

No início do século XX, o volume de obras descrevendo a ciência das finanças acumulava quantidade e complexidade de teorias que foram consolidadas ao longo do tempo e que, na visão de alguns pensadores da época, dificultavam o estudo de finanças.

Hunt (1985), em um de seus artigos, levantou aspectos significativos da definição do conteúdo de finanças e de seu alcance, gerando grande discussão e divisão de opiniões.

De um lado, professores como Calkins e Bosland afirmavam que os elementos analíticos não necessitavam de material descritivo para a tomada de decisão; defendiam que o estudo de finanças deveria dedicar-se apenas a orientar as funções do administrador financeiro.

Por outro lado, cientistas financeiros acreditavam que se deveria desenvolver uma base teórica, dar ênfase aos instrumentos financeiros e à sua utilização, não devendo o estudo restringir-se apenas à empresa, mas ao universo de estudo de todo o sistema financeiro, composto por instituições governamentais, instituições não financeiras, investidores e o comportamento de todos os elementos envolvidos nas questões financeiras de modo geral, além da empresa e de outros aspectos não abordados pelo administrador financeiro.

A divisão do estudo fez com que a ciência das finanças concentrasse suas investigações, a partir daí, nos aspectos operacionais, ou seja, na função financeira. Desde então, as universidades norte-americanas contribuíram imensamente para o progresso da teoria de finanças. Quando surgiu como campo separado de estudo, no início de 1900, a teoria financeira dava ênfase aos aspectos legais das fusões, à formação de novas empresas e aos vários tipos de títulos que as empresas poderiam emitir para levantar capital.

Nesse contexto, a teoria de finanças dedicou-se à função financeira e evoluiu a partir do enfoque que é dado ao estudo. A abordagem tradicional, no início do século, não se preocupava com a rotina da empresa; estava centrada na emissão e na regulamentação dos títulos no mercado acionário. A decisão sobre investimento era influenciada por elementos institucionais, e a análise da estrutura de capital centrava-se na análise de balanço. A liquidez e a solvência eram temas de grande interesse, assim como o financiamento a partir da captação de recursos pela emissão de ações e de debêntures.

No início do século, a ênfase era dada aos aspectos legais das fusões de empresas, na formação de novas empresas e nos vários tipos de títulos existentes.

Nos anos 1920, a preocupação era com a falência e com a reorganização das empresas. Essa década foi marcada pelo surgimento de grandes novas indústrias, como a automobilística, a química e a indústria do aço. O enfoque, a partir daí, passou a ser a regulamentação do mercado, a liquidez empresarial e os estudos sobre a estrutura financeira. Nessa fase, iniciaram-se também as discussões sobre planejamentos e controles financeiros.

Nos anos 1930, as teorias financeiras ainda eram vistas como estudos descritivos e institucionais, em que as considerações eram formuladas sob o ponto de vista de alguém de fora da empresa; o exame não considerava a visão interna da empresa. A ênfase voltou-se para as falências e para a reorganização, para a liquidez das empresas e para a regulamentação dos mercados de títulos.

Após a crise de 1929, a recessão gerou grande onda de reorganizações e de falências, tornando a liquidez e a solvência as maiores preocupações. A teoria de finanças muda o foco e volta-se para os acontecimentos do dia a dia da empresa, para o fluxo de caixa e para os processos administrativos financeiros internos. Essa nova visão de função financeira é denominada "abordagem administrada". Na visão de Archer e D'Ambrosio (1969), "as operações e rotinas diárias constituem o centro de atenção, enquanto os acontecimentos periódicos ou episódicos são relegados a uma posição de menor importância".

Nos anos 1940, todas as atividades eram subordinadas aos esforços de guerra, a fim de obter recursos para a causa. Logo após a Segunda Guerra Mundial, o desafio financeiro era conseguir financiamentos para incrementar o capital de giro, de forma a atender à grande demanda da população. A análise teórica começou a ser utilizada nas decisões financeiras, principalmente nos aspectos de administração financeira e de escolhas sobre ativos e passivos, com o propósito da maximização do valor. O foco passou a ser a avaliação da empresa.

A partir dos anos 1950, houve grande crescimento e expansão econômica, surgimento de novas tecnologias e novas indústrias, com rápido crescimento no valor de suas ações, ocasionando maior competição por recursos e menores oportunidades de investimentos.

Segundo Jensen e Smith (1984), a partir desse período testemunhou-se a formulação dos principais blocos de construção da moderna teoria de finanças. As principais teorias desenvolvidas foram:

- Teoria do mercado eficiente: análise de comportamento e equilíbrio das variações de preços através do tempo nos mercados especulativos. A hipótese de eficiência do mercado afirma que os preços refletem todas as informações relevantes disponíveis sobre determinado ativo em um mercado eficiente. Os principais trabalhos sobre o tema foram desenvolvidos por Cowles (1933), Working (1934), Kendall (1953), Osborne (1959; 1962), Samuelson (1965), Mandelbrot (1966) e Fama (1970). Fama (1970) desenvolveu um esforço de operacionalização da noção de eficiência do mercado de capitais, classificando as informações a fim de definir os preços. De acordo com autores como Brealey e Myers (1992), e Copeland e Weston (1989), a questão da eficiência do mercado assume papel central na teoria financeira. Eles colocaram o tema "derivativos" em um patamar de grande importância.
- Teoria do portfólio: analisa como um investidor pode aumentar a rentabilidade esperada e reduzir o risco, ao investir em carteiras de investimentos, por meio da diversificação de investimentos. Busca analisar quantitativamente o risco, formulando as compensações entre o custo e o benefício para reduzir o risco com o propósito de encontrar um curso ótimo de ações, por meio da prática de *hedging*. A principal contribuição do tema foi desenvolvida por Markowitz (1952).
- *Capital Asset Pricing Theory* (CAPT): análise dos determinantes do preço dos ativos sob condições de incerteza. Conclui que o risco relevante de uma ação individual é sua contribuição para o risco de uma carteira bem diversificada. As principais pesquisas sobre o tema foram desenvolvidas por Treynor (1961), Sharpe (1964) e Lintner (1965). A partir de Markowitz, Sharpe (1964) desenvolveu uma teoria para precificação de ativos, estimando o retorno esperado desse ativo ou avaliando o seu risco, conhecido como CAPM (*Capital Asset Pricing Model*). Nesse artigo, demonstrou-se que precisa existir uma estrutura específica entre os níveis de retorno esperado em ativos de risco. Essa teoria é usada para determinar a taxa de desconto apropriada e ajustada ao risco, em modelos de avaliação da empresa e nas decisões de orçamento de capital. Teorias alternativas ao CAPM têm sido tema de pesquisas, e a de maior destaque é a da precificação por arbitragem, desenvolvida por Steven Ross (1976), a *Arbitrage Pricing Theory* (APT).
- Modelo de precificação de opções (OPM): análise dos determinantes dos preços de opções de compra e venda de ativos. Uma opção é um contrato que dá ao seu detentor o direito de comprar ou vender um ativo por preço

predeterminado dentro de um período de tempo específico. Black e Scholes (1973) publicaram o artigo *The pricing of options and corporate liabilities*. Nele demonstraram uma fórmula matemática, conhecida como fórmula de Black-Scholes, utilizada amplamente para a precificação de opções e de outros derivativos. É válido ressaltar que o trabalho desses autores só foi desenvolvido em função da demanda existente na Bolsa de Chicago, pois esta lançava derivativos financeiros sem que houvesse uma modelagem para a precificação deles.

- Teoria da agência: trata dos conflitos potenciais dos interesses entre administradores e acionistas. Desse conflito surge aquilo que se chama de problema de *agency*, ou seja, a possibilidade de que os administradores coloquem seus objetivos pessoais à frente dos corporativos. Esse tema foi discutido originalmente por Jensen e Meckling (1976).

Nesse ínterim, surgem novas teorias em finanças, influenciadas pela obra de J. M. Keynes, *General theory*, e de Joel Dean, *Capital budgeting*, cujas abordagens passaram a preconizar a "teoria econômica das finanças" das empresas. Dean (1951) afirma que as empresas devem tomar suas decisões de investimento levando em consideração o seu custo de capital e que um projeto deve ser aceito quando a taxa interna de retorno exceder esse custo de capital.

No final da década de 1950, Modigliani e Miller (1958) demonstraram que, dada a política de investimento da empresa e os impostos – e ignorando a contratação de custos –, a escolha da política de financiamento não afeta o valor de mercado da empresa; com isso desenvolveram os primeiros estudos sobre estrutura de capital.

Essa teoria acadêmica sugere que a estrutura de capital de uma empresa não produz nenhum efeito sobre o seu valor, evoluindo depois para uma análise mais realista, considerando vários atritos, inclusive o ambiente legal e tributário no qual se encontra a empresa. A teoria financeira fornece também subsídios para análise de projetos de investimento, considerando a estrutura de capital da empresa com base em três métodos alternativos que consideram a alavancagem financeira: valor presente ajustado (AVP), fluxos do patrimônio líquido (FTE) e custo médio ponderado de capital (WACC).

No final da década de 1970, os países exportadores de petróleo aplicaram seus excedentes comerciais em bancos europeus e americanos, que repassaram empréstimos aos países em desenvolvimento. Entretanto, no início da década de 1980, esses países não conseguiram arcar com os juros de suas dívidas e declararam a moratória. Ao mesmo tempo, os países exportadores de petróleo buscaram reaver seus depósitos, e os bancos ficaram em situação delicada.

Mesmo com os acontecimentos descritos, o foco dos estudos financeiros continuava sendo a avaliação da empresa, mas passou a incluir estudos sobre a decisão empresarial diante da inflação e a desregulamentação das instituições financeiras, promovendo o surgimento de empresas e oferecendo serviços financeiros bastante diversificados sobre a análise, utilizando planilhas eletrônicas e transferência imediata de informações, tendo como ênfase os mercados globais.

Contudo, foi durante os anos 1980 que a taxa de inovação financeira acelerou drasticamente, enquanto o sucesso dos mercados de futuros se estabeleceu nos anos 1970 e 1980, o que gerou uma variedade surpreendente da "nova administração de risco e de segurança", fortalecendo operações por meio de moeda corrente, taxas de juros, artigos de troca, opções em moedas correntes estrangeiras, índices e contratos de mercados futuros e, ainda, um modelo "híbrido" de segurança que combinava assuntos de dívida *standard* com antecipação ou opções.

Outra característica dessa época foi a "reestruturação empresarial", caracterizada por drásticas reduções em emprego e investimento.

Em meados dos anos 1990, a função financeira continuou centrada nos mercados globais, na contínua globalização das empresas, de modo que as análises passaram a utilizar amplamente os recursos da tecnologia da informação, passando a existir grande preocupação com os estudos sobre questões relacionadas à decisão de investimento e de financiamento, políticas de dividendos, eficiência do mercado, opções e mercados futuros.

A reestruturação empresarial trouxe tendência de diminuição das empresas, menor diversificação, maior eficiência e, em muitos casos, privatizações. Surgiu, então, grande número de pesquisas acadêmicas sugerindo alavancagem financeira, aumento do valor adicionado aos acionistas e retomada do processo de diversificação.

Quase a totalidade das teorias desenvolvidas nos últimos 50 anos diz respeito à atividade empresarial, focando vários aspectos da administração financeira. Os estudos concentraram a atenção em temas como fluxo de caixa descontado, diversificação do risco e eficácia do mercado.

Dentre os principais assuntos que obtiveram maior atenção dos estudiosos em finanças e que foram temas de várias obras, podemos citar:

Planejamento financeiro e ciclo de vida

A renda permanente foi o assunto que permitiu que Milton Friedman recebesse o Prêmio Nobel de Economia em 1976.

A poupança e o ciclo de vida foram temas de estudo de Franco Modigliani, que recebeu o Prêmio Nobel de Economia em 1985.

O capital humano foi tratado por Gary Becker, o que lhe rendeu o Prêmio Nobel de Economia em 1992.

Análise de projetos e investimentos

Pela técnica de análise de fluxo de caixa descontado, contingente ao longo do tempo, pretende-se fazer avaliações das propostas de projetos de investimento, oferecendo os subsídios teóricos para a decisão de aceitar ou rejeitar, construindo um orçamento de capital.

Avaliação de ativos

A avaliação com precisão de ativos, por meio de modelos, consiste em um dos temas de importância relevante para a teoria de finanças, pois busca oferecer subsídios para a seleção de alternativas que maximizam o valor.

Políticas de dividendos

Merton Miller e Franco Modigliani, em 1961, fizeram estudos sobre políticas de dividendos e de empréstimos nas finanças empresariais que podem ser vistos nos artigos *The cost of capital, Corporation finance* e *The theory of investment*, publicados em 1958 pela *American Economic Review*.

A administração de risco e a teoria de carteiras

A teoria de carteiras busca analisar quantitativamente o risco, formulando as compensações entre o custo e o benefício para reduzir o risco com o propósito de encontrar um curso ótimo de ações, por meio da prática de *hedging*.

Seleção de carteiras de investimento

James Tobin, em *Liquidity preference as behavior toward risk* (1958), concluiu que o portfólio de ativos de risco mais adequado para qualquer investidor independe de sua atitude em relação ao risco.

Harry Markowitz (1952) escreveu o artigo *Portfolio selection*, publicado no *Journal of Finance*, tratando da teoria de carteiras e de suas diversificações.

Precificação de ativos de capital

William Sharpe, em seu artigo *Capital asset prices: a theory of market equilibrium under conditions of risk*, publicado no *Journal of Finance* em 1964, a partir de Markowitz desenvolveu uma teoria para precificação de ativos, estimando o retorno esperado desse ativo ou avaliando o seu risco, conhecido como CAPM (*Capital Asset Pricing Model*). Nesse artigo, o autor demonstrou que precisa existir uma estrutura específica entre os níveis de retorno esperado em ativos de risco. Essa teoria é usada para determinar a taxa de desconto apropriada e ajustada ao risco em modelos de avaliação da empresa e nas decisões de orçamento de capital.

Teorias alternativas ao CAPM têm sido tema de pesquisas, e a de maior destaque é a da precificação por arbitragem, desenvolvida por Steven Ross (1976), a *Arbitrage Pricing Theory* (APT).

Preço futuro e a termo

A determinação dos preços dos contratos a termo e futuro considera a relação entre os preços à vista e futuros de *commodities*.

Estrutura de capital

Modigliani e Miller se ocuparam do assunto e desenvolveram pesquisas que inicialmente consideravam para a análise da estrutura de capital corporativa um ambiente financeiro sem atritos, ou seja, sem impostos ou custos de transação. Essa teoria acadêmica sugere que a estrutura de capital de uma empresa não produz nenhum efeito sobre o seu valor, evoluindo depois para uma análise mais realista, considerando vários atritos, inclusive o ambiente legal e tributário no qual se encontra a empresa.

Eficiência de mercado

Fama (1970) desenvolveu um esforço de operacionalização da noção de eficiência do mercado de capitais, classificando as informações a fim de definir os preços.

Haugen (1995) visualizou um novo paradigma financeiro centrado nas exceções apresentadas pela teoria dos mercados eficientes, desenvolvido a partir da teoria e justificado em testes empíricos.

Estratégia corporativa

Outra preocupação na década de 1990 foi a diminuição dos custos e a redução de níveis hierárquicos, refletindo, na área financeira, em novas técnicas de custeio, como o custeio baseado em atividades (ABC, *Activity Based Cost*) e a teoria das restrições (TOC).

O custeio baseado em atividades é uma metodologia de custeio que procura reduzir sensivelmente as distorções provocadas pelo rateio arbitrário dos custos indiretos. Essa metodologia atribui os custos das atividades aos produtos, serviços ou outros objetos de custos que exigiram aquela atividade. Inicialmente foi desenvolvido para melhorar as informações de custos, oferecendo maior precisão no custeio dos produtos. Entretanto, com sua evolução, essa ênfase voltou-se para os processos empresariais e para a análise de desempenho, bem como para o gerenciamento de atividades.

A teoria das restrições foi desenvolvida na década de 1970, pelo físico israelense Eliyahu Goldratt, após se envolver com problemas da logística de produção. Tem como base fundamental o princípio de que qualquer sistema tem ao menos uma restrição, pois do contrário qualquer sistema poderia produzir quantidade infinita do seu produto.

Ainda nessa década, outro tema que ganhou maior importância e destaque foi a geração e mensuração da riqueza que os administradores proporcionaram aos acionistas. A partir dessa necessidade surgiram os estudos voltados para a geração de valor das organizações e foram desenvolvidas duas metodologias: o *Economic Value Added* (EVA®) e o sistema de gestão econômica (Gecon).

O EVA é um indicador de lucro "econômico", ao contrário do lucro "contábil". Baseia-se na ideia de que um negócio, para gerar o que os economistas chamam de "renda" (*rents*) – isto é, o retorno anormal sobre um investimento –, as receitas devem ser suficientes para cobrir não somente todos os custos operacionais, mas também os custos de capital (incluindo o custo de financiamento do capital próprio). Não há criação de riqueza para os investidores quando não há geração de lucro no sentido econômico.

O sistema de gestão econômica foi desenvolvido por uma equipe de pesquisadores do Núcleo Gecon com apoio da Fipecafi, uma fundação ligada à Faculdade de Economia, Administração e Contabilidade da Universidade de São Paulo. Pode ser visto como um modelo conceitual de administração voltado à tomada de decisão, baseado no resultado econômico das transações que ocorrem no âmbito da empresa. O sistema incorpora um conjunto de conhecimentos integrados que visam à eficácia empresarial.

TENDÊNCIAS NA ÁREA DE FINANÇAS

As empresas estão se adequando às novas condições mercadológicas e precisam agir rapidamente, adotando estratégias com base em uma visão global do mercado em vários aspectos. Para que isso ocorra, é necessário ter uma mentalidade global, sendo esse o maior desafio do administrador, que terá que conquistar a confiança de investidores, acionistas, governos, parceiros e consumidores, e principalmente atingir os resultados esperados na geração de valor.

A criação do valor é, sem dúvida, o principal objetivo das empresas e, nesse aspecto, dominar finanças torna-se primordial. O mundo financeiro vem se globalizando velozmente com a desregulamentação crescente do mercado financeiro. Hoje, as riquezas são globais, e a teoria de finanças, como sempre, buscará soluções práticas para questões financeiras.

Sendo assim, os agentes pretendem entender cada vez mais como funciona o mercado, buscando transparência nas relações mercadológicas, as quais dependem da harmonização dos padrões contábeis.

Duas outras tendências têm se tornado cada vez mais importantes nos últimos anos: o crescente uso da tecnologia da informação e a globalização das empresas. Essas tendências oferecem às companhias novas oportunidades para aumentar a lucratividade e reduzir seus riscos. Contudo, mudanças tecnológicas também oferecem ameaças, além de oportunidades. A melhoria da tecnologia possibilita às empresas reduzir os custos e expandir os mercados. Entretanto, podem introduzir concorrência adicional, a qual pode reduzir a lucratividade dos mercados existentes.

A lisura nas ações dos agentes, principalmente nas corporações, será um diferencial para conseguirem levantar recursos nos mercados, e estruturas de governança podem contribuir para alcançar uma vantagem competitiva. Nesse sentido, o estudo de governança corporativa se faz necessário.

A expressão "governança corporativa", seja como disciplina do conhecimento, seja como um conjunto de práticas de administração, é considerada recente, de acordo com Bettarello (2008). A governança pode ser considerada um mecanismo de proteção contra os problemas de agência e contra os acionistas controladores. De Paula (2003) acrescenta, ainda, a ideia de justiça, transparência e responsabilidade nas ações das empresas.

Por sua vez, Nelson (1999) define a governança corporativa como um conjunto de ações dos administradores e acionistas com o intuito de negociar e determinar como o valor da firma será distribuído. Nesse caso, à medida que o valor das ações da empresa representa o valor presente da parcela do valor da empresa investido pelos acionistas ("*equity*"), a definição de governança corporativa pode ser pensada como um conjunto de práticas que influenciam o desempenho da empresa.

A teoria financeira tende a preocupar-se com os preços dos ativos, buscando analisar os fluxos de caixa futuros e fatores de desconto, uma vez que a observação apenas do fluxo de caixa pode refletir instabilidades comuns e não uma integração.

Outro campo de estudo da teoria de finanças que tem apresentado crescimento desde a década de 1980 é o das finanças comportamentais, cujo objetivo básico é estudar como os indivíduos, na vida econômica real, interpretam as informações recebidas e tomam suas decisões de investimentos.

Em linhas gerais, procura explicar e aumentar a compreensão dos padrões de raciocínio dos investidores, incluindo os processos emocionais envolvidos e o grau em que eles influenciam a tomada de decisão financeira. Essencialmente, as finanças comportamentais tentam explicar o quê, o porquê e o como das finanças e investimentos, a partir da perspectiva humana.

Dessa forma, notamos que as mudanças no mercado financeiro ocorrerão rapidamente, sendo que muitas questões serão levantadas em relação ao papel dos governos, às relações comerciais, às crises especulativas e à alavancagem financeira descolada da economia real.

Nesse contexto, a teoria financeira surgirá certamente como um instrumento facilitador da administração e alocação de recursos, oferecendo soluções alternativas, assim como vem ocorrendo desde o início das civilizações.

RESUMO

A parte introdutória do livro reúne ideias e teorias que tratam das questões financeiras em diversas fases da história e visa salientar o pensamento financeiro em cada época e em várias partes do mundo. A partir da análise realizada nesse estudo, pode-se concluir que a teoria de finanças aperfeiçoou-se ao longo dos tempos com o propósito de colaborar no processo decisório dos agentes financeiros: as famílias, as empresas e os governos, que interagem em um mercado econômico-financeiro cada dia mais globalizado. A teoria financeira apresentou, em cada fase da história da humanidade, soluções e proposições, edificando assim a moderna teoria de finanças. Observamos também que, apesar de as teorias geradas suprirem a necessidade das exigências da época em que foram elaboradas, elas caem em desuso em outro momento, mostrando-se ultrapassadas. Por vezes, são resgatadas para contribuir na solução de questões em outro momento. Portanto, verificamos que, a partir desse estudo, no início do século XX ocorreu uma evolução significativa na metodologia e na abordagem da teoria de finanças, passando dos métodos antigos e tradicionais de natureza puramente descritiva e acadêmica para um enfoque analítico, combinando a teoria com a prática.

REFERÊNCIAS

AQUINO, T. *Suma teológica*. Porto Alegre: Sulina, 1980.
ARCHER, S.H.; D'AMBROSIO, C.A. *Administração financeira: teoria e aplicação*. São Paulo: Atlas, 1969.
BALEEIRO, A. *Uma introdução à ciência das finanças*. 15.ed. Rio de Janeiro: Forense, 1998.
BARROS, L.C. *Ciência das finanças: direito financeiro*. São Paulo: Edipro, 1991.
BETTARELLO, F.C. *Governança corporativa: fundamentos jurídicos e regulação*. São Paulo: Quartier Latin, 2008.
BLACK, F.; SCHOLES, M. The pricing of options and corporate liabilities. *Journal of Political Economy*, v. 81, n. 3, p. 637-654, 1973.
BODIE, Z.; MERTON, R.C. *Finanças*. Porto Alegre: Bookman, 2002.
CARVALHO, D. *Estudos de economia e finanças*. Rio de Janeiro: Agir, 1946.

CHEW Jr., D.H.; STEWART, S. *The new corporate finance: where theory meets practice*. 3.ed. Boston: McGraw-Hill, 2000.
COWLES, A. Can stock market forecasters forecast? *Econometrica*, v. 1, p. 309-324, 1933.
DEODATO, A. *Manual de ciência das finanças*. 13.ed. São Paulo: Saraiva, 1973.
DEWING, A.S. *The financial policy of corporations*. 13.ed. New York: Ronald Press, 1973.
FAMA, E.F. Efficient capital markets: a review of theory and empirical work. *Journal of Finance*, v. 25, p. 383-417, maio 1970.
FAMÁ, R. Evolução da função financeira. *I Semead FEA-USP*. São Paulo, 1996.
FEIJÓ, R. *História do pensamento econômico: de Lao Tse a Robert Lucas*. São Paulo: Atlas, 2001.
FRÉDÉRIC, M. *História econômica mundial*. Rio de Janeiro: Zahar, 1973.
GIBBON, E. *Declínio e queda do Império Romano*. Lisboa: Difusão Cultural, 1994.
HAUGEN, R.A. *The new finance: the case against efficient markets*. New Jersey: Prentice Hall, 1995.
HUNT, E.K.; HOWARD J. *História do pensamento econômico*. Petrópolis: Vozes, 1985.
KENDALL, M. The analysis of economic time series. Part I: Prices. *Journal of the Royal Statistical Society*, v. 96, p. 11-25, 1953.
JENSEN, M.C.; MECKLING, W.H. Theory of the firm: managerial behavior, agency costs, and ownership structure. *Journal of Financial Economics*, v. 3, n. 4, p. 305-360, out. 1976.
JENSEN, M.C.; SMITH, C.W. *The modern theory of corporate finance*. McGraw-Hill, 1984, p. 2-20.
LINTNER, J. The valuation of risk assets and the selection of risky investments in stock ortfolios and capital budgets. *Review of Economics and Statistics*, v. 47, p. 13-37, 1965.
MAC KENZIE, D. Physics and finance: S-terms and modern finance as a topic for science studies. *Science, Technology & Human Values*, v. 26, p. 115-130, 2001.
MANDELBROT, B. Forecasts of future prices, unbiased markets, and 'Martingale' models. *Journal of Business*, v. 39, parte 2, p. 242-25, 1966.
MARKOWITZ, H. Portfolio selection. *Journal of Finance*, v. 7, p. 77-91, 1952.
MODIGLIANI, F.; MILLER, M.H. The costs of capital, corporate finance, and the theory of investment. *American Economic Review*, v. 48, p. 261-297, 1958.
NELSON, J. Essays on corporate governance. Dissertation submitted to the Faculty of the Committee on Bussiness Administration from the University of Arizona, 1999.
OSBORNE, M.F.M. Periodic structure in the Brownian motion of stock prices. *Operations Research*, v. 10, p. 345-379, 1962.
PHYLLES, D. *The evolution of economic ideas*. London: Cambridge University Press, 1978.
SAMUELSON, P.A. Proof that property anticipated prices fluctuate randomly. *Industrial Management Review*, p. 41-49, 1965.
SHARPE, W.F. Capital asset prices: A theory of market equilibrium under conditions of risk. *Journal of Finance*, v. 19, set. 1964, p. 425-442.
SOLOMON, E. *Teoria da administração financeira*. 5.ed. Rio de Janeiro: Achar Editores, 1969.
TREYNOR, J.L. Toward a theory of market value of risky assets, 1961.
WESTON, J.F. *Finanças de empresas: campo em metodologia*. São Paulo: Atlas, 1977.
WORKING, H. A random difference series for use in the analysis of time series. *Journal of the American Statistical Association*, v. 29, p. 11-24, 1934.

Parte I

CAPTAÇÃO DE RECURSOS FINANCEIROS A LONGO PRAZO

1
GESTÃO DE RISCOS FINANCEIROS

Após a leitura deste capítulo, você poderá entender o que é risco, a importância da sua gestão e os passos para realizá-la. Irá diferenciar os tipos de risco financeiro: risco de crédito, risco de mercado, risco operacional, risco de liquidez e risco legal, levando em consideração a relevância da conduta ética.

RISCOS FINANCEIROS

Figura 1.1   Riscos financeiros.

O mundo está em constante mudança, mas o gestor financeiro nunca sabe quando ela efetivamente ocorrerá nem o impacto que trará em sua organização. Esse panorama requer dos gestores contínuos aperfeiçoamentos em sistemas eficazes de controle de riscos que ajudem na tomada de decisão. Portanto, dentro do contexto empresarial, existe um risco inerente.

Com o aumento das transações entre os países e a atuação de muitas empresas em várias partes do globo, novos riscos passaram a afetar, além de seus resultados, principalmente a definição de estratégias que possibilitam a criação de valor. Por exemplo, uma empresa nacional que iniciar a comercialização de seus produtos em outro país deverá estar atenta às mudanças na taxa de câmbio da moeda e nas taxas de juros daquele país, às aprovações constitucionais do mesmo que possam afetar suas relações comerciais, além de se resguardar das falhas de todo o processo que cobrem as operações de sua empresa e afetam essa relação comercial. Da mesma forma, mesmo que a empresa restrinja suas operações somente em seu país, ela também será afetada pelos fatores de incerteza trazidos pela globalização, visto que as variáveis econômicas do país serão reflexos da interação dos diversos fatores internos e externos.

Quando se fala em riscos, o termo engloba mudanças desfavoráveis, incertezas, probabilidades de perdas e eventos prejudiciais que uma empresa pode sofrer. A importância de saber administrar o risco de uma empresa está em aumentar o seu valor. Instabilidade nos preços das *commodities*, falhas de processo ou mesmo problemas de recebimento das vendas podem produzir perdas críticas e difíceis de recuperar. O risco tende a reduzir o valor das empresas, cabendo ao gestor procurar limitar essa redução.

Contudo, ainda não existe uma teoria consagrada que demonstre que a gestão de riscos gera riqueza para as empresas. Portanto, conseguir administrá-los pode resultar, pelo menos, em uma diminuição da probabilidade de quebra ou falência. Com relação à irrelevância ou relevância da gestão de riscos na criação de valor, se a empresa for representada pelo valor presente dos fluxos de caixa projetados, as atividades de gestão de riscos que os afetem diretamente ou afetem a taxa de desconto dos fluxos de caixa podem ser classificadas como pertencentes ao grupo de argumentos a favor da relevância da gestão de riscos.

Não se deve esquecer que a natureza de uma empresa é assumir e gerenciar riscos. E é apenas por meio desses riscos que as empresas podem obter seus retornos exigidos. Assumindo que o risco é uma escolha e não casualidade, existe um bom motivo para empregar esforços para prever, controlar, transferir e reduzir a variabilidade dos resultados de uma organização, contribuindo para aumentar o seu valor. Isso requer técnicas de gestão eficazes que possam identificar, mensurar e avaliar os riscos incorridos, para que a empresa busque limitá-los e reduzi-los.

Este capítulo inicia-se com o conceito básico de risco. Na sequência apresentaremos o conceito de risco financeiro em uma organização. Posteriormente, serão descritas as três principais fontes de riscos financeiros: riscos de crédito, riscos operacionais e riscos de mercado. Ao final do capítulo, discutiremos as principais estratégias de gestão de risco e a importância da conduta ética nos negócios.

Conceitos de risco

O risco possui ampla gama de definições, apesar de ser um conceito tão fundamental. Curiosamente, no *Dicionário Aurélio* sua descrição é "perigo ou possibilidade de perigo", no dicionário americano *Webster's* é "exposição ao perigo ou azar"; no dicionário inglês *Oxford* é "possibilidade de mudança que cause dano ou perda". Mais sabiamente, no idioma chinês é representado por dois símbolos, o primeiro significando perigo, e o segundo significando oportunidade (Figura 1.2).

A eficaz administração de riscos direciona as ações no sentido de diversificar ou eliminar riscos desnecessários, que não geram recompensa. Modelos adequados de controle de riscos orientam a eliminação de riscos excessivos, enquanto possibilitam a maximização dos retornos da empresa, otimizando a relação custo-benefício.

Securato (2002) aponta que, para enfrentar um ambiente operacional mais hostil, exigem-se técnicas científicas de gestão que possibilitem, a qualquer momento, clara identificação, mensuração e avaliação dos riscos incorridos para que possam ser eficazmente gerenciados. Justifica, inclusive, o surgimento de uma nova função nos organogramas: a função de gestão de riscos.

Figura 1.2 Anagrama chinês para a palavra crise.

Associada à função de gestão de riscos, outra nova função tem merecido destaque, principalmente nas instituições financeiras: a área de precificação ou mensuração, que é o guardião das informações financeiras e contábeis dos dados da empresa, desempenhando papel crucial, que assegura a acuracidade dos valores atuais dos ativos da firma. Em agosto de 2008, o Financial Service Authority (FSA), em sua carta de recomendação aos presidentes, fez um alerta para que as empresas estivessem preparadas durante um novo investimento a respeito dos riscos incrementais associados com a escassez de liquidez do mercado, bem como com a complexa modelagem de preços de novos produtos frente aos riscos financeiros assumidos. É importante salientar que as áreas de gestão de riscos e as áreas de precificação ou mensuração devem usar a mesma base de dados da empresa para que na sua medição dos resultados financeiros estejam refletidos os riscos financeiros assumidos, que são calculados pelas métricas de V@R. O conceito dessa métrica será apresentado adiante.

Sob condições de incerteza, nada é possível saber a respeito de um evento ou resultado. Sob condições de risco, há uma noção da probabilidade de ocorrência de um evento ou resultado. A definição consagrada de risco é que ele é uma medida da incerteza, pois está associado à probabilidade de fracasso ou de sucesso de dado evento.

O risco existe sempre que um resultado esperado pode ou não acontecer. Pode ser no preço de uma *commodity* negociada para liquidação futura, no processo de entrega de uma mercadoria ou mesmo no simples recebimento futuro de uma venda. Cada um desses eventos pode ocorrer de maneira diferente do esperado. O risco utiliza ferramentas estatísticas para dizer qual a probabilidade de ocorrência ou não de um resultado e, em média, até quanto ele pode se afastar do resultado desejado. As ferramentas estatísticas utilizadas para o cálculo do risco são a variância e o desvio-padrão. Destaca-se o exemplo a seguir.

Uma loja de sapatos vende, em média, 50 pares por dia. Observando o movimento durante uma semana, pode-se relatar o que mostra a Tabela 1.1.

Tabela 1.1 Venda de sapatos por dia

Dia	Número de vendas
Segunda	45
Terça	51
Quarta	29
Quinta	47
Sexta	60
Sábado	68

Qual é o risco existente no número de vendas diárias da loja? Em média, quanto as vendas podem variar?

Tabela 1.2 Variação das vendas de sapato por dia

	Número de vendas (x_i)	Média	Desvio de vendas em relação à média ($x_i - \bar{x}$)	Desvio ao redor da média elevado ao quadrado ($x_i - \bar{x}$)^2
Segunda	45	50	–5	25
Terça	51	50	1	1
Quarta	29	50	–21	441
Quinta	47	50	–3	9
Sexta	60	50	10	100
Sábado	68	50	18	324
			$\sum(x_i - \bar{x})^2$	900
			$(n-1)$	5
			$\sum(x_i - \bar{x})^2/(n-1)$	180
			s^2	180
			s	13

Considerando uma distribuição normal dos dados, para responder às perguntas anteriores primeiramente deve-se encontrar a média de vendas diárias, que é de 50 pares. O segundo passo é calcular a diferença entre as vendas de cada dia e a média. O terceiro passo é elevar ao quadrado os desvios de cada dia ao redor da média. No quarto passo, é necessário encontrar a variância, somando todos os quadrados dos desvios ao redor da média e dividindo o resultado pelo total de observações (que nesse exemplo foram seis) menos um.

Dessa forma, encontra-se a variância para esse exemplo, que é de 180 pares. Para saber o risco associado às vendas diárias dos pares de sapato, deve-se extrair a raiz quadrada da variância e obter o seu desvio-padrão. Obtém-se, então, o risco da quantidade de vendas diárias de pares de sapato, que é de 13 pares, ou seja, em média as vendas diárias variam em 13 pares.

Dessa forma, o risco refere-se ao desvio-padrão de resultados, normalmente em ganhos e perdas. Em outras palavras, o risco está na distância média que o resultado de um evento pode assumir de seu resultado médio. A fórmula matemática que descreve essa operação pode ser representada na equação a seguir:

$$s = \sqrt{\frac{1}{n-1}\sum_{i=1}^{n}(x_i - \bar{x})^2}$$

Em que:
S: desvio-padrão.
n: quantidade de dados na amostra.
x_i: dado $\bar{x}$.
$\bar{x}$: média da amostra.

Em um segundo exemplo, a taxa de câmbio do dólar apresentou variações diárias no período de um mês. Essas variações diárias tiveram uma média de 5%, significando o retorno do ativo para o período. Entretanto, em alguns dias não houve variação, e em outros a variação chegou a 20%. O risco do período é baseado na diferença entre o valor de cada variação diária e a média das variações do período. O desvio-padrão para a taxa de câmbio no período analisado chegou a 30%.

Em outro exemplo, as perdas com a concessão de crédito na venda em uma loja de departamento – o "não recebimento" –, é de 1% sobre as vendas totais em um ano. Contudo, analisando a categoria homem solteiro, esse número estende-se para 4,5%, enquanto na categoria mulher casada é de 0,5%. Dessa forma, é possível concluir que o risco de não recebimento da categoria homem solteiro é maior que o da média de "não recebimentos" da empresa.

Como visto, uma empresa está sujeita a vários riscos inerentes a suas atividades, os quais podem ser classificados, principalmente, como riscos de negócios e riscos de não negócios. Os riscos de negócios geralmente são definidos como aqueles que a corporação concorda em assumir para criar uma vantagem competitiva e adicionar valor aos acionistas, riscos que são pertinentes ao mercado no qual a empresa opera.

Por outro lado, os riscos não associados aos negócios estão divididos em riscos financeiros e de eventos ou estratégicos, geralmente associados aos efeitos das variáveis financeiras. Entretanto, os riscos de eventos podem ser atribuídos àqueles eventos negativos que estão fora dos controles da empresa. Identificar a quais riscos uma empresa está exposta e mensurá-los é o ponto principal de uma eficaz gerência de risco, além de representar uma competência essencial para a empresa, resultando em agregação de valor.

Como os riscos são discutidos separadamente ou de forma agregada por diversos autores, será adotada como linha mestra a agregação sugerida pelo Acordo da Basileia para os riscos financeiros, divulgado em abril de 2003, em *The new basel capital accord, Part 3: the second pillar – supervisory review process*, no capítulo específico de avaliação de riscos, basicamente compreendendo os riscos financeiros, que se dividem em cinco grandes grupos: risco de crédito, risco operacional, risco de mercado, risco de liquidez e outros riscos.

Na Figura 1.3, é possível verificar o espectro dos riscos da empresa, que foram condensados e preservam a natureza pela qual são motivados.

Embora a tipologia de riscos estabeleça classificações distintas para diversos riscos, Climeni e Kimura (2008) ressaltam que pode existir relação entre eles. Por exemplo, flutuação de variáveis financeiras, como taxa de câmbio, e eventos de risco de mercado podem ocorrer, ocasionando grandes perdas para uma empresa, o que eventualmente pode resultar em degradação significativa da sua qualidade de crédito. Com isso, detentores de títulos de dívida dessa empresa incorrem em perdas associadas ao risco de crédito, porém o elemento que disparou essas perdas envolve um risco de mercado ao qual a empresa estava exposta. A Figura 1.4 ilustra como o risco pode assumir o caráter tridimensional.

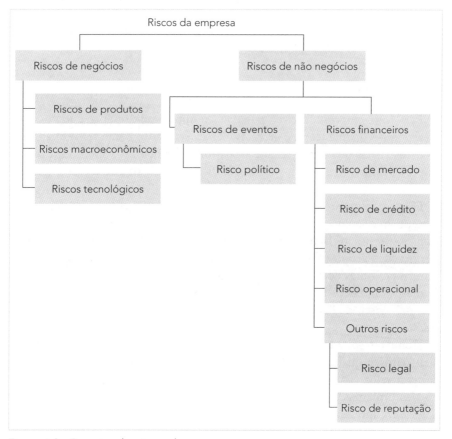

Figura 1.3 Espectro dos riscos da empresa.

Figura 1.4   Tipos de riscos financeiros.

Risco financeiro

Para uma empresa, o risco passa a ser importante sempre que pode representar perda financeira e de valor. São classificados como risco financeiro todos os riscos que representam a possibilidade de perda financeira para a empresa, no presente ou no futuro, indicando a possibilidade de perda de valor.

O risco financeiro compõe um conjunto de vários eventos de riscos que se sobrepõem e se diversificam, formando o risco financeiro total assumido pela empresa. Assim, o risco financeiro é um conceito multidimensional que cobre três grandes grupos: risco de mercado, risco de crédito e risco operacional. Tem como fontes de perdas prováveis: juros, taxa cambial, *commodities* (risco de mercado), riscos humano, tecnológico, processual e legislativo (risco operacional), risco de insolvência de clientes e insolvência de parceiros (risco de crédito).

Como o resultado de uma empresa decorre da disposição de assumir riscos financeiros, a qualidade da gestão desses riscos é que determina a habilidade de gerar valor.

Nas próximas subdivisões serão expostas as três grandes fontes de risco financeiro, apresentando suas principais ferramentas de mensuração e redução de perdas financeiras.

Risco de crédito

Conceito

O risco de crédito é a mais antiga forma de risco existente no mercado financeiro, tendo sido a principal fonte de preocupação no primeiro acordo da Basileia, que estabelecia critérios para alocação de capital conforme a origem das dívidas.

O risco de crédito pode ser entendido como uma medida do desconhecimento que um investidor tem a respeito do retorno de seus ativos. Corresponde à probabilidade de perda na concessão de crédito. Surge quando contrapartes não desejam ou não são capazes de cumprir suas obrigações contratuais. Seu efeito é medido pelo custo de reposição do fluxo de caixa para a empresa, caso a parte fique insolvente.

Principais ativos de aplicação com recursos de longo prazo

O risco de crédito está na possibilidade de insolvência, ou seja, no risco de não receber um recurso que a organização tem como direito, correspondendo a uma perda financeira (inadimplência é o atraso nos pagamentos; insolvência é o evento de não recebimento/*default*).

Clientes inadimplentes atrasam, mas pagam, e geralmente possibilitam maiores margens de lucro, ao pagarem juros, multas e outras taxas por atraso em seus pagamentos. Os insolventes são clientes que se objetiva identificar, ou seja, clientes que não pagam e não pagarão, pois sua situação econômico-financeira não lhes permite.

Esses recursos compõem o lado do "ativo" de seus demonstrativos financeiros, podendo ser de curto e longo prazos. Correspondem às contas:

- Aplicações financeiras de curto e longo prazos.
- Créditos a receber de clientes, de curto e longo prazos.
- Estoques.
- Empréstimos a empresas coligadas, de curto e longo prazos.
- Adiantamento a fornecedores.
- Investimentos em títulos e valores mobiliários, de curto e longo prazos.
- Investimentos em outras empresas.

Neste capítulo, é descrito o conceito de risco de crédito para ativos de longo prazo, analisando o risco de não recebimento dos direitos. É válido ressaltar que, no decorrer dos capítulos, foi considerado longo prazo o período superior a um ano. Como pode ser visto, apresentam riscos de não recebimento (perda financeira): financiar clientes em prazos superiores a um ano, aplicar recursos em títulos em ativos financeiros de longo prazo e adquirir debêntures ou ações de outras empresas e/ou instituições.

Rating de títulos de crédito

Um componente fundamental para o risco financeiro é a gestão do risco de crédito. A gestão envolve análise para a concessão do crédito, controle e cobrança. O objetivo é evitar a concessão de crédito aos insolventes.

Como é visto no livro *Gestão do valor do capital de giro*, o processo de concessão do crédito conta com análises qualitativas e quantitativas.

Análise qualitativa

A análise qualitativa de crédito é um processo que depende do julgamento subjetivo de profissionais treinados.

Pessoa física

A análise é feita empiricamente, caso a caso. O gerente ou o analista de crédito avalia a concessão do crédito conforme sua análise pessoal. Isso é muito utilizado no varejo, cuja filosofia de concessão de crédito é "vestir o produto no cliente" e "olho no olho".[1]

Pessoa jurídica

De pequeno porte (*small business*) – procedimento similar ao de pessoa física, em que, normalmente, quem é avaliado é a figura do sócio tomador do financiamento.

De médio/grande porte – procedimento mais complexo, a partir de informações sobre quadro societário, dirigentes, empresas ligadas e, principalmente, análise dos dados financeiros.

O processo tradicional utiliza a análise dos seis cês de crédito (caráter, capital, condição, capacidade, *collateral*, *covenants* e conglomerado).

- **Caráter** – é uma inferência sobre se o tomador do financiamento tem ou não a intenção de pagar o financiamento, seus hábitos de pagamento, pontualidade e análise de informações de mercado sobre seu comportamento com outros financiadores.

---

1. Aspecto relacionado a finanças comportamentais, em que o risco de não recebimento é avaliado pelos aspectos visuais e comportamentais apresentados pelo comprador.

Indicadores – registros no SPC (Serviço de Proteção ao Crédito)/Serasa/SCI-equifax; análise de referências comerciais e de outros fornecedores; referências com clientes, bancos e pessoais.

- **Capital** – identifica, por meio dos relatórios contábeis, informações relevantes para a análise, a situação econômico-financeira do tomador, sua estrutura de capital, seu nível de endividamento, sua capacidade de geração de caixa (e consequente capacidade de honrar seus compromissos, seu nível de liquidez, seus prazos médios de estocagem, cobrança e pagamento a fornecedores, como é a administração de seu capital de giro, como é a administração de seu caixa etc.); análise de patrimônio que forneça garantias de lastro para o cumprimento da obrigação e condição econômica.
Indicadores – posse de ativos fixos e de outros bens; patrimônio líquido.
- **Capacidade** – mede a capacidade dos administradores em gerir seu negócio, avaliando as decisões estratégicas e a estrutura organizacional da empresa; diz respeito ao desempenho econômico e à geração de recursos financeiros futuros.
Indicadores (pessoa jurídica) – receitas, despesas, custos e resultados.
Indicadores (pessoa física) – renda disponível, salário, gastos fixos e comprometimento da renda.
- **Condição** – identifica a influência de fatores externos ao ambiente da empresa, tais como mudanças macroeconômicas, variações de câmbio, sazonalidade de mercados e de produtos.
Indicadores – variáveis econômicas e variáveis setoriais.
- *Collateral* e *covenants* – diz respeito à qualidade das garantias oferecidas – reais, pessoais ou *covenants* (cláusulas condicionantes de gestão).
Indicadores – ocorrência de ações de penhora e hipoteca, alienações e processos.
- **Conglomerado** – relaciona o tomador do financiamento a um grupo de empresas, familiares ou não, e possibilita tratamento mais homogêneo para todo o grupo.
Pessoa jurídica – análise do grupo econômico, do balanço consolidado e dos acionistas.
Pessoa física – análise da família.

Análise quantitativa

A análise quantitativa apoia-se no uso de modelos matemáticos. Um modelo é a forma matemática de se repetir uma experiência, e os modelos financeiros podem ser vistos como representação do trabalho mental e capital ou "um meio produzido de solução de problemas. Representa, em outras palavras, o acúmulo de conhecimento, experiência e experimentação humanos que pode ser aplicado à explicação da maneira como as pessoas se comportam ou as coisas funcionam" (Caouette et al., 1999).

No processo de análise, cada ativo será explorado segundo suas características. A análise poderá utilizar os modelos: *credit score*, análise fundamentalista, avaliação do negócio e *rating*.

Para cada tipo de ativo de longo prazo, utilizamos algumas ferramentas de análise, como no Quadro 1.1.

Quadro 1.1   Análise para concessão do crédito

Ativo de longo prazo	Forma de análise para concessão do crédito
Cliente – pessoa física	*Credit score*
Cliente – pessoa jurídica	*Rating* Análise fundamentalista Avaliação do negócio
Debêntures e ações	*Rating* Análise fundamentalista Avaliação do negócio
Cotas de fundos, aplicações em instituições financeiras e títulos e valores mobiliários	*Rating*

Para melhor compreensão, cada uma das ferramentas apresentadas é descrita a seguir.

- *Credit score* – pode ser definido como o processo de atribuição de pontos às variáveis de decisão de crédito mediante aplicação de técnicas estatísticas. Trata-se de processo que define a probabilidade de um cliente com certas características pertencer ou não a um grupo possuidor de outras determinadas características consideradas desejáveis (hipótese em que se aprova um limite de crédito), ficando a critério da instituição dar alçada operacional ou não para o gestor atribuir o crédito. Essa técnica estabelece uma regra de discriminação de determinado cliente solicitante de crédito. Os grupos discriminantes são construídos a partir da combinação de diversas variáveis e são úteis para testar se existem diferenças significativas entre o padrão médio ponderado dos grupos, determinar quais informações relevantes dos clientes possibilitam a discriminação e classificar um novo cliente que solicita crédito com base no modelo previamente estabelecido.
- Análise fundamentalista – tem o objetivo de avaliar alternativas de investimento a partir do processamento de informações obtidas junto às empresas, aliadas ao entendimento da conjuntura macroeconômica e do panorama

setorial nos quais a companhia se insere, passando pela análise retrospectiva de suas demonstrações financeiras e estabelecendo previsões para o seu desempenho. Cabe à análise fundamentalista estabelecer o valor justo para uma empresa, respaldando decisões de investimentos. A premissa básica da análise fundamentalista é de que o valor justo para uma empresa se dá pela definição da sua capacidade de gerar lucros no futuro.

- Avaliação do negócio – os passos da avaliação do negócio são descritos no Capítulo 7 deste livro.
- *Rating* – a análise do *rating*, fornecido por empresas que prestam serviços de informações de classificação, antecipa uma avaliação preliminar sobre determinado tomador de financiamento. O *rating* pode ser visto como uma ferramenta adicional para avaliação de risco de crédito, sendo que cada empresa adota um sistema interno próprio para mensuração dos riscos, de acordo com o perfil da empresa. Os *ratings* podem ser de títulos, de depósitos e da qualidade financeira da instituição que toma o crédito. Como a avaliação esperada é sobre o tomador do empréstimo/financiamento, é necessário analisar o *rating* que considera a solidez financeira por meio da padronização por variáveis, sejam elas setores da economia, regiões geográficas ou tipo de cliente. Os resultados dessa avaliação podem ser utilizados para decisões de crédito referentes a valores concedidos, garantias solicitadas, valor das taxas, entre outras restrições.

Ao desenvolver um sistema interno de avaliação de risco por meio de *rating*, o objetivo será a atribuição de um perfil de risco (risco do credor, risco da carteira ou risco da operação) e o estabelecimento de um instrumento para a previsão das perdas potenciais.

A Standard & Poor's (2000) define, entre outros tipos de *rating*, o do emissor, que "é uma opinião atualizada sobre a capacidade financeira geral (qualidade de crédito) de um emissor para honrar suas obrigações financeiras. Essa opinião é centrada na capacidade e intenção do emissor de honrar seus compromissos financeiros".

Quadro 1.2 Classificação do *rating*

Classe	Descrição	Considerações
AAA	A capacidade do emissor de honrar seus compromissos financeiros relativos à obrigação é extremamente forte	Maior classificação possível

(continua)

Quadro 1.2 Classificação do *rating* (continuação)

Classe	Descrição	Considerações
AA	A capacidade do emissor de honrar seus compromissos financeiros relativos à obrigação é muito forte	Difere pouco da maior classificação
A	A capacidade do emissor de honrar seus compromissos financeiros relativos à obrigação é forte	As obrigações são suscetíveis a mudanças das condições econômicas e conjunturais
BBB	O emissor poderá sofrer redução na capacidade de honrar seus compromissos financeiros relativos à obrigação	As obrigações exibem parâmetros de proteção adequados, mas podem ser afetadas por condições econômicas adversas
BB	O emissor poderá sofrer redução na capacidade de honrar seus compromissos financeiros relativos à obrigação, sendo mais vulnerável que a BBB	Idem BBB
B	O emissor poderá sofrer redução na capacidade de honrar seus compromissos financeiros relativos à obrigação, sendo mais vulnerável que a BB	Idem BB
CCC	O emissor depende de condições econômicas, financeiras e comerciais favoráveis para honrar seus compromissos	Não haverá condições de honrar seus compromissos em caso de condições adversas
CC	O emissor depende de condições econômicas, financeiras e comerciais favoráveis para honrar seus compromissos e apresenta forte vulnerabilidade à inadimplência	Próximo da inadimplência
C	O emissor apresenta-se, atualmente, fortemente vulnerável à inadimplência	Muito próximo da inadimplência
D	Inadimplente	
±	Assinala posições relativas dentro das categorias	É utilizado como complemento

Fonte: Standard & Poor's (2000).

Existem diversas agências internacionais de *rating*, como Standard & Poor's,[2] Fitch[3] e Moody's,[4] dentre outras, e diversas agências nacionais, como

---

2. Disponível em: <www.standardandpoors.com>.
3. Disponível em: <www.fitchratings.com>.
4. Disponível em: <www.moodys.com>.

Atlantic Rating,[5] RiskBank[6] e Inepad Rating,[7] dentre outras, que apresentam escalas de níveis de risco diferenciadas. Para efeitos didáticos, é apresentada a definição de *rating* com o método de escala global (há também o método de escala nacional), adotado pela Standard & Poor's (2000).

Risco país (Country risk)

Primeiramente, julga-se necessário uma breve diferenciação entre risco soberano e risco país, que, embora fortemente relacionados, correspondem a objetos distintos. A avaliação de risco soberano deve julgar não apenas a capacidade de pagar dos governos, mas principalmente sua disposição para pagar (Canuto e Santos, 2003).

O risco país é um conceito mais abrangente, que se reporta, para além do risco soberano, ao risco de inadimplência dos demais credores residentes em um país associado a fatores que podem estar sob o controle do governo, mas não estão sob o controle das empresas privadas ou dos indivíduos (Claessens e Embrechts, 2002).

O risco país diz respeito a todos os ativos financeiros do país, impondo-lhes uma carga compensatória de prêmio no retorno por eles oferecido. Evidentemente, os dois riscos guardam relação de parentesco, já que uma moratória na dívida soberana tende a exercer impacto negativo sobre os demais fluxos de capital para o país, afetando também dívidas externas privadas (Canuto e Santos, 2003).

O risco país procura medir a desconfiança dos investidores quanto ao cumprimento ou não do reembolso prometido pelo devedor soberano na data de vencimento dos títulos por ele emitidos (Dias, 2005). Em outras palavras, o investidor está interessado em quanto deveria ser recompensado por aplicar em papel com certa possibilidade de *default*. Considera-se o risco dos Estados Unidos como "zero", e esta é a base comparativa de cálculo feita pelo investidor (Gimenes e Famá, 2003).

O objetivo está em mensurar a exposição à perda em operações de crédito internacional derivada de uma ação do governo, independentemente da vontade das partes envolvidas, no caso a empresa e o investidor. Na prática, essa medida aponta a possibilidade de mudanças de regras e restrição no movimento dos capitais (Restier, 2007).

---

5. Disponível em: <www.fitchratings.com.br>.
6. Disponível em: <www.riskbank.com.br>.
7. Disponível em: <www.inepad.org.br>.

Os *ratings* soberanos e de risco país aplicados aos demais títulos de um país importam porque, além de determinarem a extensão da clientela possível para sua compra, afetam diretamente os preços dos ativos. O rendimento diferencial dos ativos com riscos em relação aos ativos considerados sem riscos é determinado pelas condições gerais de liquidez, pelo grau de aversão a riscos por parte dos aplicadores de recursos e pelo risco particular que estes atribuem a cada ativo (Canuto e Santos, 2003).

O banco de investimentos americano J. P. Morgan foi o primeiro a fazer essa classificação, analisando o rendimento dos instrumentos da dívida de determinado país, principalmente o valor (taxa de juros) com o qual o país pretende remunerar os aplicadores em bônus, representativos da dívida pública (BBC BRASIL, 2001).

O *Emerging Markets Bond Index Plus* (EMBI+) do J. P. Morgan é o indicador mais difundido no que diz respeito a prêmios de risco em títulos de economias emergentes (Canuto e Santos, 2003). O EMBI+ é um índice e mede o grau de "perigo" que um país representa para o investidor estrangeiro (BBC BRASIL, 2001). Esse índice é composto por uma cesta de títulos denominados em moeda estrangeira, emitidos pelos governos centrais de diversos países emergentes, que são negociados em mercados secundários (Canuto e Santos, 2003). O EMBI+ é composto, principalmente, por títulos da dívida externa (*bradies* e eurobônus), mas pode também incluir empréstimos negociados (*traded loans*) e títulos domésticos denominados em moeda estrangeira.

O risco país é expresso em pontos básicos. Assim, tem-se que 100 unidades equivalem a uma sobretaxa de 1%. Tecnicamente falando, o risco país é a sobretaxa que se paga em relação à rentabilidade garantida pelos bônus do Tesouro dos Estados Unidos, país considerado o mais solvente do mundo, ou seja, o de menor risco para um aplicador não receber o dinheiro investido acrescido dos juros prometidos (BBC BRASIL, 2001).

Basicamente, o mercado usa o EMBI+ para medir a capacidade de um país honrar os seus compromissos financeiros. A interpretação dos investidores é de que, quanto maior a pontuação do indicador de risco, mais perigoso fica aplicar no país. Assim, para atrair capital estrangeiro, o governo tido como "arriscado" deve oferecer altas taxas de juros para convencer os investidores externos a financiarem sua dívida – o que se chama de prêmio pelo risco (Valor Online, 2007).

Por contaminar todos os ativos financeiros emitidos em um país, o risco país não é passível de *hedge*, ou seja, não pode ser eliminado com a diversificação dos investimentos entre ativos desse país. Por ser um risco sistêmico, o risco país aumenta o rendimento requerido dos ativos do país ou, equivalentemente, reduz o preço dos ativos do país em relação a ativos idênticos emitidos nos países desenvolvidos (Garcia e Didier, 2001).

O risco em níveis mais baixos indica que o Brasil, por exemplo, representa no momento um perigo menor de dar o calote. Assim, os investidores passam a cobrar taxas mais baratas na hora de emprestar ao país (significa que os investidores não correm para se desfazer dos títulos da dívida brasileira em razão de incertezas da economia mundial). Quando o risco país é elevado, as principais consequências são a retração do fluxo de investimentos estrangeiros e o menor crescimento econômico.

Portanto, o risco país é um reflexo da situação econômica e financeira de um país, refletindo também a estabilidade política e o desempenho histórico no cumprimento de suas obrigações financeiras (Garcia e Didier, 2001).

Risco de mercado

Conceito

Os riscos de mercado correspondem aos riscos de perdas financeiras e de valor ocasionados por variações nos preços e cotações de ativos financeiros (ativos que são negociados no mercado financeiro). Ocorrem sempre que uma empresa mantém direitos (contas a receber, estoque, aplicações) e deveres (contas a pagar, empréstimos) não totalmente equivalentes em termos de vencimento e moedas ou indexadores, expondo-se a flutuações desfavoráveis e favoráveis dos preços de ativos, que podem levar a perdas financeiras.

Categorias

O risco de mercado se resume em quatro grandes categorias:

1. **Taxas cambiais** – quando a empresa assume posições em determinada moeda ou se sujeita a certo indexador, cujos volumes captados e aplicados não coincidem, submetendo-se ao risco de taxa de câmbio. Por exemplo, empresas que necessitam importar 70% de suas matérias-primas e exportam 5% de seus produtos acabados.
2. **Taxas de juros** – quando a empresa realiza operações financeiras financiando recursos e fazendo empréstimos contratados, a taxas prefixadas (taxas de juros fixas) ou pós-fixadas (taxas de juros cotadas diariamente pelo mercado), estará sujeita ao risco da taxa de juros. Por exemplo, se uma empresa possui R$ 100.000,00 em empréstimos a taxa de juros pós-fixada e R$ 100.000,00 em estoque (cujos valores não oscilam), sempre que ocorrer aumento nas taxas de juros essa empresa apresentará perda financeira, pois pagará mais juros no empréstimo e, em contrapartida, seu estoque não se modificará.

3. **Risco de *commodities*** – as *commodities*, apesar de serem ativos reais, representam o mesmo risco de mercado que a taxa de câmbio. Toda vez que a empresa possui posições em determinada *commodity*, cujos volumes captados e aplicados não coincidem, submete-se ao risco de variação nas cotações desse ativo, que também podem permitir operações alavancadas.
4. **Risco de patrimônio (ações)** – sempre que a empresa realiza posições passivas e ativas, em ativos financeiros, em prazos e volumes desiguais, estará sujeita ao risco de mercado e a perdas financeiras.

Uma ferramenta muito usada para neutralizar os riscos de mercado é o *hedge*. O *hedge*, que significa "barreira" ou "cerca", funciona como uma "trava" ou "limite", restringindo a perda com a variação de valores financeiros.

Essa operação pode ser realizada naturalmente pela empresa, o que é chamado de "*hedge* natural", como é o caso da empresa agrícola Alfa, que importa US$ 100.000 em inseticidas e exporta US$ 500.000 em suco de laranja, sendo a data de pagamento dos inseticidas a mesma do recebimento das exportações vendidas.

Pode-se utilizar o chamado "*hedge* contratado" quando a empresa não possui o *hedge* natural e está sujeita a oscilações nos preços de ativos e passivos financeiros. Um exemplo seria o caso da empresa agrícola Beta, que importa US$ 100.000 de inseticidas e não exporta, devendo pagar seu fornecedor em 60 dias. A empresa está sujeita às oscilações da taxa de câmbio até o dia do pagamento da mercadoria, o que poderá acarretar perdas financeiras. Depois de 60 dias, a empresa deverá comprar dólares para realizar o pagamento do fornecedor. Uma opção é a empresa antecipar essa compra de dólares, adquirindo um contrato futuro de dólar para 60 dias. Assim, a empresa limita quanto pagará pelo dólar daqui a 60 dias, não estando mais sujeita às oscilações da moeda.

Entretanto, ainda existem riscos nas operações de *hedge*, pois na prática é possível haver descasamento nos prazos e/ou volumes contratados. Além disso, são operações onerosas, que implicam também custo adicional, com o custo de oportunidade do capital empregado para realizar a operação.

O comportamento do preço do ativo diante de condições de mercado influencia o risco de mercado. Identificar e quantificar, da forma mais assertiva, a volatilidade e as correlações dos fatores que impactam a dinâmica do preço do ativo é crucial para prever e mensurar o risco financeiro ou a probabilidade de perda financeira.

Considerando as principais características operacionais das operações de *hedge* (derivativos), Climeni e Kimura (2008) resumem, no Quadro 1.3, o tipo de mercado e o tipo de instrumento de *hedge* disponível no mercado brasileiro, destacando-se sua principal utilização. É importante salientar que os derivativos permitem combinações de operações que implicam estratégias diferenciadas. Por exemplo, dependendo da combinação realizada, cada tipo de contrato pode permitir estratégias de especulação, *hedge* ou arbitragem.

Quadro 1.3   Principais características nas operações de *hedge*

Tipo de contrato	Especificação	Principal utilização
Termo	Non deliverable forward (NDF)	Garantia de variação cambial sem entrega futura
Swap	Juros	Troca de rentabilidade entre taxas de juros pré/pós-fixadas
	Moedas	
Opções flexíveis	Futuro de moedas	Estabelecimento de preço máximo de compra (*call*) e preço mínimo de venda (*put*) de moeda estrangeira futura
Futuro	DI	Posicionamento em taxa de juros interna
	Dólar futuro	Posicionamento em mercado de moedas
	DDI	Posicionamento em taxa de juros local de dólar e no mercado de moeda
	Ibovespa	Posicionamento em risco do mercado acionário brasileiro
Swap cambial	SCC/SC3	Posicionamento no mercado de taxa de juros fixa em dólar x posição pós-fixada localmente (CDI)
Opções listadas	Moeda	Estabelecimento de preço máximo de compra (*call*) e preço mínimo de venda (*put*) de moeda estrangeira

Componentes

O risco de mercado é um risco financeiro e possui três componentes:

1. **Exposição** – descasamento, também chamado *gap* (valores e prazos de posições ativas e passivas não coincidem). Uma empresa apresenta, basicamente, dois tipos de exposição: uma financeira, pela qual reavalia suas posições mediante alteração de preços; e uma econômica, que altera a situação concorrencial da empresa em função das oscilações de preços que podem levar ao aumento da concorrência ou à procura de produtos substitutos por parte dos clientes, gerando efeitos não apenas sobre o valor das posições da empresa, mas também sobre os volumes transacionados por ela.
2. **Sensibilidade** – prevê o impacto da variação do fator de risco de acordo com o posicionamento da empresa.
3. **Variação** – nada ocorre no resultado da empresa se o fator de risco não variar.

A exposição e a sensibilidade são controláveis pela instituição, e o gestor pode tomar ações para aumentá-las ou diminuí-las. O terceiro componente é uma característica do mercado e, portanto, está fora do controle da empresa.

A principal ferramenta para quantificar o risco de mercado é o V@R, *Value at Risk*. É ele que trata, processa e mensura os dados dos três componentes de risco da instituição: exposição, sensibilidade e volatilidade.

Conceito de V@R

O V@R sintetiza a maior perda esperada dentro de determinado período de tempo e intervalo de confiança. Representa a perda máxima de uma empresa decorrente de suas posições, em um período determinado, com determinado grau de significância (perda máxima em um mês, uma semana ou um dia).

Esse sistema é calculado com base nas variações de preço de cada evento, em que é estimada a distribuição de probabilidade para cada um, encontrando-se seu desvio-padrão e valor esperado.

O cálculo do V@R pode ser empregado na expressão a seguir, sendo n o período utilizado:

$$V@R = \text{Valor de mercado} \times \text{volatilidade} \times \text{quantidade de desvio-padrão} \times \sqrt[2]{n}$$

Sendo assim, cabe a cada empresa determinar o grau de confiança desejado e o período para o cálculo da perda potencial.

Depois de obtermos o V@R de todos os eventos de risco de mercado de uma empresa, faremos a apuração do *Value at Risk* global dela.

O V@R de uma empresa não pode ser obtido somente pela soma dos riscos de seus diversos eventos. Devemos considerar que há compensação de resultados, dentro de uma carteira diversificada, como é o caso das posições de muitas empresas. Para isso, devemos não somente considerar a variabilidade de cada evento, calculado anteriormente, mas também a correlação existente entre os eventos. Alguns eventos possuem correlações positivas, enquanto outros, correlações negativas. Esses efeitos neutralizarão parte do risco de todos os eventos.

Para o cálculo do *Value at Risk* deve-se considerar o tempo necessário para manter a operação, o pior efeito possível de variação no preço do ativo objeto e o volume da exposição. A seguir, é mostrado um exemplo da aplicação do conceito de V@R, adaptado de Crouhy, Galai e Mark (2008), supondo:

- Posição de R$ 300 milhões comprada em dólar, com *funding* em reais (R$).
- Volatilidade diária do dólar igual a 2%.

- Nível de confiança utilizando dois desvios em uma curva normal, equivalente ao índice de confiança de 97,597%.
- Manutenção por quatro dias.

Dessa forma, V@R = 300.000.000 $\times$ 2% $\times$ 2 $\times \sqrt[2]{4}$ = R$ 24.000.000.

Para os interessados em conhecer o detalhamento dessa ferramenta, indica-se o livro *Value at risk*, de Philippe Jorion.

Risco operacional

Conceito

O risco operacional consiste no risco de perdas em consequência de sistemas e/ou controles inadequados, falhas de gerenciamento e erros humanos. Esse tipo de risco inclui o risco de execução, levando a situações em que as operações não são executadas de forma adequada, resultando em perdas financeiras. Assim, corresponde a perdas diretas ou indiretas resultantes de falhas ou inadequações das atividades operacionais inerentes à operacionalização diária dos processos e negócios de uma empresa. O risco operacional, portanto, resume-se em deficiências nos controles internos, em sua maioria controláveis pela empresa.

Os riscos operacionais possuem origem em:

- **Risco humano (pessoas)** – relacionado a empregados não qualificados e/ou pouco motivados, carreiristas, não adequados ao cargo etc.
- **Tecnologia** – falhas em sistemas de telefonia, elétrico, computacional, processamento e armazenamento de dados.
- **Processos** – organização ineficiente, administração inconsistente e sem objetivos de longo prazo bem definidos, fluxos de informações internos e externos deficientes, responsabilidades mal definidas, fraudes, acesso a informações internas por parte de seus concorrentes etc.

Risco humano

O risco inerente aos recursos humanos de uma organização é composto pelos riscos de erro intencional, de qualificação e de fraude.

O risco de erro intencional está refletido na falta de motivação e envolvimento do profissional com seu trabalho, ocasionando equívoco de execução, omissão em situações não favoráveis ou negligência de atividades e distração.

O risco de qualificação é associado à capacidade do profissional em executar de maneira eficaz e eficiente as exigências do cargo. Corresponde aos conhecimentos técnicos, às habilidades e ao perfil para bem executar a variedade de tarefas e suas complexidades.

O risco de fraude está ligado à adulteração de valores, divulgação de informações confidenciais e desvios de valores. Este último risco, diferentemente dos dois primeiros, caracteriza-se por perdas externas ao controle da empresa.

Risco tecnológico

O risco tecnológico é inerente a toda e qualquer tecnologia da atividade da empresa, seja dos processos de produção, seja dos processos administrativos de operacionalização das vendas ou das atividades financeiras. Nesse risco, temos os riscos de *software*, de *hardware* e de presteza e confiabilidade dos sistemas.

Os riscos de *software* estão associados ao risco de programação, utilização inadequada do programa ou não padronização para as demais áreas e necessidades da empresa, podendo gerar perdas financeiras significativas.

Os riscos de *hardware* englobam os riscos de computadores e também os riscos de falhas em qualquer equipamento da linha de produção, pane em telefones, problemas na fiação elétrica e demais falhas no âmbito físico da tecnologia.

O risco de presteza e confiabilidade é inerente às transferências de informações, produtos e pessoas em tempo hábil e de forma confiável. Podemos verificar que os riscos de equipamento podem apresentar características de riscos externos ao controle da empresa.

Risco de processo

O risco de processo engloba todos os riscos dos fluxos de informações, produtos e pessoas que executam a atividade de uma empresa. Nele estão os riscos de modelagem de processos, de controle de processos e de transação.

Os riscos de modelagem constituem os riscos de utilização de modelos incoerentes, retrabalho, usos e interpretação dos dados de formas incorretas. Por exemplo, quando no processo de vendas de uma empresa só se vai fazer uma análise de crédito após a realização das vendas, pois só nesse ponto o cliente terá fornecido todos os seus dados para a análise, isso é um risco de modelagem de processo, e pode gerar perdas financeiras significativas.

O risco de controle consiste na fragilidade do controle de processo e deficiências em sua segurança. Um exemplo disso ocorre quando uma empresa possui boa modelagem em seus processos, porém a modelagem não é seguida a contento.

Outro risco de processo é o risco de transação. Ele consiste nos erros de transação ou dentro da empresa ou em relações com seus *stakeholders*,[8] podendo causar erros nas transferências de valores, muitas vezes em razão da complexidade do processo. Podemos verificar que os dois primeiros riscos de processo possuem característica de perdas controláveis; já os riscos de controle e transacionais englobam também riscos externos ao controle da empresa.

Existem ainda dois outros riscos importantes: o risco de liquidez e o risco legal.

É importante que seja gerenciado o **risco de liquidez**. Ele é dividido em:

- Risco de liquidez de mercado/produto.
- Risco de liquidez de fluxo de caixa/obtenção de recursos.

O primeiro consiste no risco de não se conseguir vender o produto produzido pelo preço necessário para gerar caixa no tempo adequado. O segundo está na impossibilidade de cumprir as obrigações dos fluxos de caixa, o que leva a riscos de obtenção de recursos e a perdas financeiras para a empresa.

O **risco legal** surge quando uma contraparte não possui autoridade legal ou regulatória para se envolver em uma transação. Corresponde a possível perda financeira quando um contrato pode não ser legalmente bem amparado, quando não há documentação suficiente, insolvência de contrapartes, ilegalidade por parte de um negociador etc.

Abrange riscos de mudanças na legislação, riscos tributários e riscos de contratos. Nos riscos de legislação estão as perdas por violação da legislação vigente, bem como sanções de mudanças de órgãos reguladores que possam afetar as operações da empresa, gerando perdas financeiras.

Os riscos de tributos correspondem aos riscos de novos impostos ou mesmo interpretação equivocada de brechas na lei. Por exemplo, quando uma empresa passa a discutir determinado pagamento de imposto, podendo acarretar perdas financeiras maiores, caso futuramente tenha um julgamento desfavorável.

Os riscos de contratos englobam contratos falhos, mal redigidos, incompletos ou que não possuem amparo legal.

No caso de risco operacional e risco legal, o problema de se medir o risco deve ser tratado em uma abordagem caso a caso. O risco de mercado e o risco de crédito possuem já algumas metodologias para sua mensuração, como foi exposto anteriormente.

---

8. *Stakeholders* são partes interessadas: acionistas, empregados, governo, clientes, fornecedores e comunidade.

Fraudes financeiras

A fraude financeira é um ato intencional para se conseguir alguma vantagem, lesando financeiramente outra parte. A fraude financeira deve ser considerada um risco operacional, e todas as empresas estão sujeitas a ela. Uma organização vítima de fraude pode sofrer prejuízos pecuniários e de imagem. Quanto maior a tecnologia disponível, maior a sofisticação e o número de meios pelos quais ela pode ocorrer.

Essas fraudes podem ser cometidas por agentes internos ou externos à organização e por uma combinação dos dois. Os funcionários podem se envolver em esquemas de reembolsos indevidos, alterações e manipulações indevidas em demonstrações financeiras, desvio de dinheiro e mesmo o roubo de ativos da empresa, por exemplo. Os clientes podem fraudar a empresa entregando documentos falsos em seus contratos, terceiros podem invadir sistemas e alterar informações. Uma organização com fracos controles internos facilita a ocorrência de todo tipo de fraude, por agentes internos ou externos. O Quadro 1.4 relaciona exemplos de fraudes e riscos operacionais.

Quadro 1.4 Exemplos de fraudes e riscos operacionais

Risco operacional	Possibilidade de fraude?	Exemplos de fraude
Pessoas	Sim	Falsa identidade de clientes (externo). Roubo de ativos (interno)
Processos	Sim	O processo não inclui a necessidade de validação das informações prestadas (externo). Pagamentos e recebimentos são feitos pela mesma pessoa (interno)
Tecnologia	Sim	Sistema vulnerável (externo). O programador deixa um comando para apagar ou capturar informações dos clientes (interna)
Eventos externos	Não	–

Fonte: Oliveira (2012).

Donald Cressey, sociólogo e criminologista americano, criou a teoria mais conhecida sobre as condições para ocorrência da fraude, chamada "triângulo da fraude". Foram identificadas três condições: os incentivos, as oportunidades e a racionalização. Os incentivos podem estar relacionados a um ambiente de extrema pressão para o alcance de metas ou à necessidade financeira do fraudador. As oportunidades estão relacionadas à percepção que funcionários ou terceiros têm de que existe alguma facilidade para cometer uma fraude e da ausência de punições. A racionalização seria pensamento e ação desonestos, relacionados às características pessoais do fraudador.

A fraude financeira pode ser gerida com mecanismos que identifiquem as fraudes existentes e que impeçam que novas fraudes aconteçam. Inicialmente deve haver um profissional ou departamento designado para entender as ameaças de fraude da empresa, quantificar a perda e o potencial de perda. Que sejam definidas as metas e os mecanismos de monitoração, assim como as estratégias de detecção e prevenção.

Os controles internos são procedimentos e métodos que visam proteger os ativos e produzir dados contábeis confiáveis, ou seja, têm papel fundamental na gestão da fraude. Algumas das estratégias para detecção de fraudes em organizações são:

- Realização de auditorias internas e externas.
- Utilização de *softwares* para controle das atividades e identificação de padrões.
- Todos os funcionários devem se ausentar de suas funções durante certo período do ano.
- Conciliações bancárias frequentes.
- Canal de denúncias anônimas.
- Acesso controlado a informações sigilosas.
- Checagem da veracidade de todas as informações e documentos trazidos por terceiros.

A prevenção da fraude deve começar com o envolvimento da cúpula da organização. Para prevenção das fraudes financeiras, além dos mecanismos de detecção, devem ser adotadas as seguintes medidas:

- Implementação de um código de ética e conduta.
- Adequação do plano de salários ao mercado.
- Publicidade sobre as punições aos casos comprovados de fraudes na empresa.
- Busca de um bom clima organizacional.

Dessa forma, a gestão da fraude pode ser dividida em três fases: a de configuração e ajuste, a proativa e a de reação. A prevenção está relacionada à primeira fase, com a implementação dos mecanismos de prevenção, como treinamentos e instituição do código de ética. A detecção está relacionada à fase proativa, na qual todos os riscos de fraude serão monitorados, avaliados e controlados. A decisão sobre qual a melhor ação em caso de fraude confirmada está relacionada à fase de reação. Em todas as fases deve haver acompanhamento para aperfeiçoamentos que se mostrarem necessários.

Gestão do risco financeiro

A gestão do risco financeiro tornou-se algo importante para a empresa, pois muitas vezes manter maiores riscos financeiros não significa maiores retornos para a empresa. Além disso, o risco financeiro reduz o valor da empresa, e uma gestão que diminua os riscos financeiros contribui para o aumento de valor de uma empresa. Também há uma exigência cada vez maior por parte dos *stakeholders* em transparência e conformidade.

Passos para a gestão do risco financeiro:

- Acompanhamento da exposição ao risco.
- Estabelecimento de controle.
- Definição da estrutura do gerenciamento.
- Qualificação do administrador/gestor.
- Conhecimento, pela alta direção, de todas as categorias às quais a organização está exposta.
- Política de gerenciamento de riscos.
- Abrangência do processo.
- Definição de responsabilidades.

Uma boa gestão de riscos financeiros traz para uma empresa a redução das perdas reais, o aumento do lucro e do seu valor. Além de proporcionar aumento de competitividade, integra os riscos operacionais, de crédito e mercado. Garante, muitas vezes, aumento de transparência. Deve, ainda, possibilitar a identificação do risco por linhas de negócios, avaliação e mensuração do mesmo, formando matrizes de risco e de controle. Permite, por fim, a redução da probabilidade de ocorrência de perda financeira e pode reduzir o seu impacto.

Ética

A sociedade contemporânea necessita resgatar comportamentos que possibilitem o cultivo de relações éticas, pois são frequentes as queixas e notícias sobre a ausência de ética na sociedade, na política, na indústria e até mesmo nos meios esportivos, culturais e religiosos, afirma Marton (2003).

Diante desse atual contexto, a abordagem do tema é relevante para a formação de profissionais conscientes de suas responsabilidades e deveres, não apenas como profissionais, mas também como cidadãos.

Conceito

Primeiramente, julga-se necessário uma breve definição dos termos *ética* e *moral*, bem como a relação existente entre ambos os conceitos. Diversos estudos relatando a origem, o significado e a aplicação dos termos são encontrados na literatura, e não apenas na área de administração.

Moraes e Benedicto (2003) relatam que o termo *ética* é originado do vocábulo grego *ethos*, o qual possui significado de costume, índole, modo de agir habitualmente. Os autores afirmam que o termo *ética* apresenta sentido semelhante ao termo latino *mos, moris*, do qual a palavra *moral* é derivada.

Tradicionalmente, a palavra *ética* pode ser compreendida como aquilo que se considera adequado e moralmente correto, ou seja, um conjunto de regras e preceitos de ordem valorativa e moral de um indivíduo, de um grupo social ou de uma sociedade (Houaiss, 2001). A palavra *moral*, muito utilizada na explicação de ética, está relacionada aos costumes. Segundo definição de Houaiss (2001), a moral denota bons costumes e boa conduta, considerando os preceitos socialmente estabelecidos pela sociedade ou por determinado grupo social. Quando aplicada à definição de ética, portanto, a moral está relacionada à honestidade e a atitudes corretas.

A moral pode então ser entendida como o conjunto das práticas cristalizadas pelos costumes e convenções histórico-sociais. Cada sociedade tem sido caracterizada por seus conjuntos de normas, valores e regras. São as prescrições e proibições do tipo "não matarás", "não roubarás", de cumprimento obrigatório. Muitas vezes, essas práticas são até mesmo incompatíveis com os avanços e conhecimentos das ciências naturais e sociais (Alencastro, 1997).

Segundo Moraes e Benedicto (2003), ética é, portanto, a ciência da moralidade. A palavra *ética*, nesse sentido, refere-se à aplicabilidade de princípios, preocupando-se com a conduta. Dessa forma, tem-se que o indivíduo ético se preocupa com o que ele é e faz (Moraes e Benedicto, 2003). Stiglitz (2000) apud Paiva e Sales (2003) afirma que ética tem a ver com as relações dos indivíduos entre si, com a comunidade e com a sociedade em geral. A ética seria então uma espécie de teoria sobre a prática moral, uma reflexão teórica que analisa e critica os fundamentos e princípios que regem determinado sistema moral (Alencastro, 1997).

Assim como Alencastro (1997), pode-se concluir que a ética é uma característica inerente a toda ação humana e, por essa razão, é um elemento vital na produção da realidade social.

Ética organizacional

Atualmente, tem-se observado crescente interesse da sociedade pelas questões éticas que envolvem as instituições públicas e privadas (Moraes e Benedicto, 2003). Muito destaque tem sido dado às obras que tratam de gestão administrativa abordando as significativas mudanças no ambiente das organizações (Marques, 2001). A ideia de que a ética deve ser incorporada nas avaliações e nas decisões econômicas tem sido crescentemente reclamada e difundida (Paiva, 2003). Entre outras coisas, o que propiciou esse cenário foram certamente os escândalos sobre fraudes contábeis que abalaram a economia americana em 2002, envolvendo a Enron e a WorldCom (Silva, 2003). Conforme Costa (2011), evidencia-se a necessidade de serem observados pelas organizações os atuais anseios da sociedade por uma atuação ética.

Marton (2003) afirma que um dos campos mais carentes quanto à aplicação da ética é o do trabalho e exercício profissional. A competitividade existente nas grandes organizações incita os indivíduos a disputarem posições e fatias de mercado.

Zylbersztajn (2002) afirma que, apesar de o comportamento ético representar um valor da sociedade moderna, existem falhas no comportamento ético dos indivíduos, das organizações e das sociedades. Todos os desvios possíveis e conhecidos do comportamento humano podem estar presentes nas organizações, sejam empresas, sejam organizações não governamentais ou o próprio Estado (Zylbersztajn, 2002).

É preciso lembrar que uma das maiores exigências sociais na atualidade, no campo dos negócios públicos e privados, é a vivência irrestrita de valores não hedonistas, voltados para o bem-estar da coletividade e que têm o ser humano como a maior e incalculável riqueza de uma sociedade (Costa, 2011).

Segundo Monteiro, Espírito Santo e Bonacina (2005), deve-se atentar para o fato de que as decisões tomadas dentro das organizações não são neutras, pois o decisor faz escolhas entre diferentes cursos de ação e deflagra consequências.

Os aspectos relacionados à conduta ética de administradores e/ou gestores – quanto às suas práticas empresariais, como desfalques em empresas e fundos de pensão, pirataria, biopirataria, falsificações, adulterações de pesos e medidas, informações privilegiadas, propinas, sonegação, tráfico de influência, desvios de verbas, furtos, doações para campanhas eleitorais e tantas outras – têm sido motivo de repulsa para a sociedade em geral (Moraes e Benedicto, 2003).

Segundo Cohen (2003), a ética – definida como transparência nas relações e preocupação com o impacto de suas atividades na sociedade – vem sendo vista como uma espécie de requisito para a sobrevivência das empresas. A instituição necessita definir como deseja desenvolver-se, de tal forma que a postura ética, a conduta moral, seus valores e crenças essenciais se tornem parte da cultura da organização (Arruda, 2002).

Segundo Alonso, López e Castrucci (2006), pode-se definir a ética empresarial como o conjunto de princípios, valores e padrões que regula o comportamento das atividades da empresa do ponto de vista do bem ou do mal. A ética é necessária para nortear a condução de negócios empresariais, de modo que agir eticamente nos negócios poderá gerar satisfação e fidelidade nos consumidores, podendo ser um diferencial que contribui para a competitividade, afirmam Moraes e Benedicto (2003).

Tachizawa e Rezende (2000) apud Marques (2001) afirmam que há necessidade de um novo referencial na administração para poder compreender e tratar novas realidades (Marques, 2001). A empresa necessita desenvolver-se de tal forma que a conduta ética de seus integrantes, bem como os valores e convicções primárias da organização, se torne parte de sua cultura (Moraes e Benedicto, 2003).

Segundo Zylbersztajn (2002), um grande número de estudos sobre ética e responsabilidade social toma como pressuposto a ideia de que atitudes éticas trazem sempre vantagens para as organizações. Se, por um lado, tal pressuposto reflete o desejo de construir um ambiente empresarial cooperativo, por outro pode mascarar estratégias oclusas, colocando em risco aqueles que seguirem prescrições normativas sem sentido crítico (Zylbersztajn, 2002).

Segundo Kotler (1998), considerando-se as expectativas de clientes, fornecedores, pessoal interno e gestores, observa-se que vem se solidificando a necessidade de uma postura ética por parte das empresas em relação ao ambiente em que estão inseridas.

As gigantescas e inesperadas mudanças que estão ocorrendo no mundo moderno têm lançado sérios desafios aos profissionais da administração no sentido de compreenderem as necessidades emergentes de revisão e redireção dos pressupostos que estão por trás das práticas administrativas tradicionais (Corrêa, 1997).

Robbins (2000) apud Marques (2001) afirma que as expectativas da sociedade em relação ao que é chamado de conduta adequada evoluem de forma mais acelerada que a capacidade da empresa de melhorar seus padrões. A ética vem sendo colocada como requisito imponderável para a sobrevivência das organizações (Silva, 2003).

Nas atuais economias nacionais e globais, as práticas empresariais dos administradores afetam a imagem da empresa (Marton, 2003). A cultura ética de uma empresa nota-se por seus valores, pelas virtudes das pessoas que integram a organização e pelos seus bons produtos e serviços que chegam à sociedade (Arruda, 2005).

A ética empresarial reflete sobre as normas e valores efetivamente dominantes em uma empresa. Em sentido amplo, ela se baseia na ideia de um contrato social segundo o qual os membros se comportam de maneira harmoniosa, levando em conta os interesses dos outros (Monteiro; Espírito Santo; Bonacina, 2005).

De acordo com Nash (1993), os executivos têm basicamente dois tipos de preocupação no que se refere à ética. A primeira diz respeito ao efeito de se adotarem padrões morais elevados sobre os resultados financeiros da corporação. Nesse contexto, ser ético tem necessariamente um custo associado. A segunda preocupação está ligada ao temor de que a adoção de padrões não éticos pelos empregados venha a constituir um passivo financeiro caso tais padrões cheguem a público (Moreira, 2002).

As áreas mais importantes da ética empresarial no que tange à tomada de decisão gerencial dizem respeito ao cumprimento ou não da legislação, à primazia do interesse próprio sobre os interesses da companhia e outras partes interessadas e a assuntos que transcendem a esfera legal (Nash, 1993).

Bons negócios dependem, essencialmente, do desenvolvimento e manutenção de relações de longo prazo (Alencastro, 1997). As empresas precisam participar de maneira positiva e ética da vida da comunidade em que estão inseridas para conquistar e fidelizar seus clientes (Moraes e Benedicto, 2003). As empresas, nesse contexto, começam a se posicionar frente à sociedade com condutas que ressaltam a preocupação com o bem-estar de consumidores e usuários, também em longo prazo (Marques, 2001).

Embora seja impossível, no momento, afirmar que ações éticas têm valor financeiro, isto é, têm impacto sobre a riqueza dos acionistas, o crescente interesse pelo assunto em todas as áreas parece sinalizar um período de revisão de nossos valores e de nossas opiniões sobre o assunto (Moreira, 2002).

Kotler (1998) afirma que esse novo posicionamento voltado para o longo prazo faz com que as organizações e seus profissionais busquem equilibrar três fatores principais: os lucros da empresa, os desejos do consumidor e os interesses da sociedade. Nessa ótica, as empresas começam a se posicionar frente à sociedade, com condutas que ressaltam a preocupação com o bem-estar de consumidores e usuários, também em longo prazo (Marques, 2001).

Uma empresa é considerada ética se cumprir com todos os compromissos éticos que tiver, se adotar uma postura ética como estratégia de negócios, ou seja, agir de forma honesta com todos aqueles que têm algum tipo de relacionamento com ela (Alencastro, 1997). Há necessidade de compreendermos a importância da honestidade e da ética, tanto individualmente quanto nas comunidades. Isso refletirá nas corporações empresariais, na exigência de comportamento ético de seus gestores e na relação da empresa com a comunidade. A prática da ética é essencial, pois fornece as normas e regras do agir corretamente (Moraes e Benedicto, 2003).

Ética em finanças

A ética pode ser um diferencial no mercado empresarial e profissional. A imagem da empresa está diretamente ligada à do seu profissional e vice-versa; assim como a ética pode contribuir para maximizar os resultados da empresa, a falta dela pode comprometer consideravelmente o seu desempenho (Moraes e Benedicto, 2003).

As questões éticas permeiam todas as atividades humanas, mesmo porque os indivíduos sempre têm uma dimensão moral (Moreira, 2002). Tradicionalmente, a função financeira das empresas objetiva a contribuição para a maximização da riqueza dos acionistas (Marques, 2001). No entanto, segundo Marton (2003), se a empresa quiser competir com sucesso nos mercados nacional e mundial, será importante manter uma sólida reputação de comportamento ético. Dessa forma, de acordo com Aguilar (1996), uma atuação ética na condução dos negócios pode ser fonte de lucros; ações éticas ou antiéticas podem adicionar valores ou custos às transações empresariais e, por isso, merecem especial atenção dos administradores ou gestores das empresas (Moraes e Benedicto, 2003).

O individualismo extremo, muitas vezes associado à falta de ética pessoal, tem levado alguns profissionais a defenderem seus interesses particulares acima dos interesses das empresas em que trabalham, colocando-as em risco. Os casos de corrupção e investimentos duvidosos nas empresas públicas e privadas são os maiores exemplos (Alencastro, 1997).

Em relação à gestão financeira, tem-se a questão da "lavagem de dinheiro". A expressão, segundo Andrezo e Lima (2002), significa dar ao dinheiro obtido ilicitamente uma aparência de dinheiro lícito. A "lavagem de dinheiro" consiste, portanto, em transformar os recursos provenientes de atividades ilegais em moeda utilizável, eliminando-se os indícios da sua origem.

Andrezo e Lima (2002) expõem que a Lei n. 9.613/98 refere-se aos crimes de "lavagem de dinheiro" ou ocultação de bens, direitos e valores. Essa legislação visa penalizar, principalmente, o dinheiro proveniente do narcotráfico (Andrezo e Lima, 2002). Adicionalmente, tem-se também que a lei pune a ocultação e/ou dissimulação da natureza, origem, localização, disposição, movimentação ou propriedade de bens, direitos ou valores originados, direta ou indiretamente, de atos considerados crimes. Dessa forma, tem-se que, no Brasil, a lei citada representou um avanço no que se refere a medidas e procedimentos.

Caccese (1997) indica algumas possíveis razões para o crescente interesse pela ética, tanto em finanças como em outros tipos de empresas voltadas para o lucro: pressão dos consumidores; melhora na produtividade e no serviço aos clientes; competitividade (ser ético é uma estratégia de marketing); mudanças nos valores da sociedade (pessoas primeiro, lucro depois); e temor de dano monetário e na reputação por procedimento não ético.

O governo norte-americano agilizou mudanças em sua legislação, ampliando os poderes da Securities and Exchange Commission (SEC), aumentando a responsabilidade de administração das empresas e introduzindo a regulamentação da profissão de auditor (Silva, 2003).

Empresas brasileiras subsidiárias de empresas com registro na SEC são parte do sistema de controle interno da matriz e, por essa razão, é provável que a matriz exija da administração local também uma certificação quanto aos assuntos que compõem o certificado dos executivos da matriz (Silva, 2003).

Dessa forma, os assuntos balanço social e demonstração de valor adicionado são extremamente oportunos, inclusive quando se lembra que um dos pré-requisitos para o exercício da cidadania é o direito à informação, afirma Marques (2001). Além de contribuir para uma sociedade melhor, a empresa ainda poderá utilizar-se desses investimentos em seu marketing (Marques, 2001). Os objetivos e os resultados da instituição são avaliados não apenas com base em critérios de lucratividade e bem-estar da organização, mas também em padrões éticos e nas expectativas da sociedade (Arruda, 2002).

Enquanto na administração financeira buscam-se os meios, na ética é necessário considerar o fim e o objeto, além das consequências e circunstâncias, que atenuam ou agravam a ação (Arruda, 2005). Assim, Friedman (1962) apud Zylbersztajn (2002) considera que a missão social da corporação é realizar tanto lucro quanto for possível, em conformidade com as regras estabelecidas pela sociedade.

Ética em recursos humanos

À medida que a sociedade moderna se torna mais complexa, ela exige conhecimento cada vez mais especializado, treinamento avançado e desenvolvimento de serviços que implicam habilidades cada vez mais específicas (Arruda, 2005). Segundo Alencastro (1997), deve-se atentar para a questão da formação de recursos humanos, pois os indivíduos atuantes na organização constituem a base de qualquer tentativa de iniciar o resgate da ética nas empresas e nas relações de trabalho.

Faz-se necessário desenvolver um espectro dos mecanismos de controle das ações oportunistas e seus resultados para as organizações, para que a análise parta do indivíduo e chegue às macroinstituições (Zylbersztajn, 2002).

Segundo Alencastro (1997), os programas de treinamento, educação e desenvolvimento de recursos humanos atribuem ênfase excessiva aos assuntos técnicos, esquecendo por completo os aspectos éticos, essenciais para a dinâmica de qualquer atividade profissional.

Não se pode deixar de considerar que existem sempre comportamentos humanos classificáveis sob a ótica do certo e do errado, do bem e do mal, afirma Alencastro (1997). Embora relacionados com a ação individual, sempre têm ligação com as matrizes culturais que prevalecem em determinadas sociedades e contextos históricos (Alencastro, 1997). Segundo Alonso, López e Castrucci (2006), a implantação e a manutenção da conduta ética organizacional dependem mais de seus administradores e da liderança destes, dando exemplos e tomando decisões éticas.

A necessidade de mais profissionalização e criatividade corresponde a um aumento de expectativa e capacidade por parte dos empregados, que, com razão, desejam ser tratados como adultos, com critério próprio, capazes de conduta empreendedora, autônoma, flexível e comprometida com valores (Arruda, 2005).

Algumas empresas já estão se preocupando em mostrar posturas coerentes, assim como valores e políticas convergentes. Os funcionários são os primeiros a sentir se o discurso ético está alinhado à prática e se as relações formais e contratos psicológicos são democráticos (Marques, 2001).

O ambiente organizacional moderno contextualizado em um mundo de transitoriedade de valores está apontando favoravelmente para perfis profissionais qualificados de competência em relacionamento humano, maturidade emocional e valores humanistas e espirituais – a administração revisada requer também um administrador mais consciente do seu papel em uma sociedade carente de profissionais cidadãos.

Ética em negócios

A ética nos negócios vem sendo tratada normativamente, com especial ênfase nas empresas privadas, prescrevendo-se os limites para as ações das organizações (Zylbersztajn, 2002). Rosansky (1994) apud Zylbersztajn (2002) define ética como uma tentativa de sistematizar as noções correntes de certo e errado, com base em algum princípio comum.

Segundo Wright (1997), as questões éticas, quando avaliadas em diferentes países, podem entrar em confronto, pois diferentes nações podem apresentar diferentes sistemas de valores e situações éticas. Os diferentes países não estão necessariamente corretos ou equivocados, apenas possuem diferenças (Wright, 1997). A diversificação internacional é uma estratégia que não pode ser desvinculada do aspecto ético-cultural (Arruda, 2005).

Há controvérsias quanto ao tratamento dado pelos cientistas das organizações ao tema do relativismo ético, o que implica padrões culturais que influenciam as escolhas dos indivíduos na sociedade (Zylbersztajn, 2002).

Segundo Zirfas (2001), a necessidade de uma ética global fica evidente quando se trata da solução de problemas que requerem, para além dos interesses particulares, uma base comum de normas e valores reconhecida por todos, a partir da qual os conflitos possam ser resolvidos de forma aceitável por todos.

Arruda (2005) afirma que a inovação tecnológica tem provocado a internacionalização dos negócios, e todos os níveis de funcionários acabam se envolvendo com a interação cultural. É preciso desenvolver estratégias de marketing internacional, funções e processos que levem em consideração fatores ambientais poderosos e interdependentes, como a política, a economia, as leis, a tecnologia, a cultura e, sobretudo, a ética em relação às nações hospedeiras (Arruda, 2005).

Há um dilema global quando se aborda a atuação das organizações multinacionais no que se refere às normas a serem seguidas. Segundo Zylbersztajn (2002), há organizações que adotam as normas de cada país em que atuam e, na sua ausência, as do país de origem, e há casos de organizações que adotam apenas o código legal existente no país em que estejam operando. Nesse sentido, é válido que os gestores atuantes em países estrangeiros recebam treinamento para lidar melhor com as diferenças provenientes do modo como as pessoas de cada região executam seus acordos. Também é relevante que se conheça o sistema político do país, as taxas ou impostos cobrados e, principalmente, que se saiba ouvir os gerentes locais para conhecer seus costumes (Moraes e Benedicto, 2003).

Do ponto de vista ético, os efeitos da cultura sobre funções gerenciais específicas aparecem quando um executivo tenta impor seus próprios valores e sistemas a outra sociedade (Arruda, 2005).

Códigos de ética

Conforme exposto anteriormente, a ética deve nortear as ações das organizações na condução de suas atividades. Geralmente, as empresas têm elaborado manuais e códigos de ética empresarial que direcionam e normatizam as ações dos indivíduos nas organizações.

Segundo Aguilar (1996), programas éticos em empresas vêm sendo implementados visando desestimular desvios de conduta e contribuir para a excelência administrativa, pois atitudes antiéticas podem prejudicar seriamente um empreendimento, gerando punições legais, má publicidade e irreparáveis danos nas relações com a clientela.

Hoje, muitas organizações procuram criar seu código de ética (Arruda, 2002). As empresas adotam códigos de ética por diferentes razões. Muitas vezes, o código representa uma perspectiva distante da realidade da organização, existindo apenas como tentativa de criar uma imagem corporativa positiva ou mesmo para servir como salvaguarda legal (Zylbersztajn, 2002).

Assim, uma das maiores responsabilidades dos executivos modernos tem sido a de estabelecer e comunicar o sistema de valores que formará a cultura da organização (Boatright, 1993). Segundo Arruda (2005), a maior parte das empresas brasileiras ainda não possui essa preocupação concretizada e é para elas que os códigos de ética ou de conduta profissionais assumem importância ainda maior.

A cobrança de investidores, consumidores e ONGs está levando as empresas a adotarem normas de boa conduta e uma administração baseada na ética, mas ainda há dificuldades para colocar o discurso em prática (Heloani, 2006).

Em geral, é possível imaginar que as organizações acreditam na importância e necessidade de incluir, em seus projetos político-empresariais, códigos de conduta ética e que, para implementá-los, seja necessário investir no treinamento de seus empregados (Moraes e Benedicto, 2003).

Os códigos de conduta são utilizados pelas organizações como forma de regular as ações dos agentes e alinhar a sua conduta com a dos acionistas. Esses códigos vêm sendo utilizados como indicadores da preocupação ética das organizações (Zylbersztajn, 2002).

Segundo Moraes e Benedicto (2003), a conduta ética dos gestores e/ou administradores torna-se fundamental, pois as corporações têm grande interesse em manter uma boa imagem e para isso devem ter mecanismos reguladores de conduta para que não se abram espaços para o individualismo, que poderá levar a pessoa a trabalhar em benefício próprio, resultando em uma prática que invariavelmente termina em propaganda enganosa, tramas, difamações, tentativa de reduzir a concorrência roubando-lhe a clientela a qualquer preço etc. (Moraes e Benedicto, 2003).

Manhães (1998) apud Lameira (2004) afirma que o primeiro passo para estabelecer um programa de ética em uma empresa é a criação de um código de ética, com a participação de todos os níveis da organização. O segundo passo consiste no treinamento para aceitação dos valores do código e, nesse caso, para que se obtenha efetividade, o treinamento deve ser transmitido pelo chefe direto do funcionário ou empregado. É importante lembrar que o compromisso com o código de ética deve valer também para os chefes, que serão avaliados como qualquer pessoa da empresa. O programa de ética deve vigorar a partir da seleção do pessoal que concorre a uma vaga na empresa; assim, o setor de RH deve desempenhar importante papel na captação do histórico dos interessados em determinado posto na empresa. O terceiro passo para estabelecer um programa de ética em uma organização, segundo Manhães (1998, apud Lameira, 2004), é punir os infratores para que sirva de exemplo.

Para o código de ética ser cumprido, é preciso estabelecer um programa de ética constituído por treinamento de implantação e reciclagem (no mínimo, anual) dos conceitos constantes do código; prática de um sistema de revisão e verificação do efetivo cumprimento; criação de um canal de comunicação destinado a receber e a processar relatos de pessoas (empregados ou não) sobre eventuais violações; tomada de atitudes corretivas ou punitivas em caso de constatação de violação; luta clara contra os concorrentes antiéticos, inclusive em juízo, se necessário, com divulgação interna das ações e resultados (Monteiro; Espírito Santo; Bonacina, 2005).

Assim, as organizações estão interessadas em evitar eventuais perdas de valor de reputação causadas por escândalos ou mesmo ações judiciais. Por outro lado, no meio empresarial cresce a preocupação com estratégias que competidores menos escrupulosos possam ter quando uma empresa isolada mantém conduta baseada em elevado padrão ético (Zylbersztajn, 2002).

As associações profissionais possuem códigos de ética específicos que estabelecem limites de conduta para o desempenho de seus membros, seja para aqueles que atuam independentemente, seja para os que são empregados de empresas privadas (Arruda, 2005).

Nota-se um esforço das empresas em difundir seu código de conduta entre os funcionários, fornecedores e consumidores, pois os indivíduos precisam saber como a empresa vê a ética (Heloani, 2006).

Alencastro (1997) afirma ser a lógica do capital que, para poder sobreviver, as organizações necessitam ser mais éticas, evitando cair na barbárie e autodestruição. Segundo o autor, são os próprios pressupostos da disputa empresarial que forçam a adoção de um modelo mais ético.

Para que o comportamento seja de fato ético é preciso desenvolver um projeto forte, coeso e claro, abrangendo políticas e procedimentos que efetivamente funcionem no sentido de promover e consolidar a conduta ética das pessoas que participam da empresa (Moraes e Benedicto, 2003).

Segundo Moraes e Benedicto (2003), a sociedade está exigindo das empresas uma postura ética na condução dos negócios, e as empresas que agem com ética só têm a ganhar, pois serão prestigiadas e reconhecidas pela sociedade. É preciso haver coerência entre o que se prega e o que se pratica (Moraes e Benedicto, 2003).

RESUMO

O panorama mundial em constante mudança requer dos gestores maior controle dos riscos para otimizar a tomada de decisão. O risco tende a reduzir o valor das empresas, e cabe ao gestor monitorar, controlar e minimizar tais riscos para dado retorno, gerando o máximo de valor para a empresa. Identificar os riscos aos quais uma empresa está exposta e mensurá-los é o ponto principal de uma gerência de risco eficaz, além de representar uma competência essencial para a empresa, o que resulta em agregação de valor. O risco financeiro representa a possibilidade de perda financeira para a empresa, no presente ou no futuro, significando a possibilidade de perda de valor. O risco financeiro engloba o risco de crédito (probabilidade de perda na concessão de crédito); riscos de mercado (perdas financeiras e de valor ocasionadas por variações nos preços e cotações de ativos financeiros); risco operacional (perdas diretas ou indiretas resultantes de falhas ou inadequações inerentes à operacionalização diária dos processos e negócios de uma empresa); risco de liquidez (risco de não conseguir vender o produto pelo preço necessário para gerar caixa e/ou impossibilidade de cumprir as obrigações dos fluxos de caixa) e risco legal (possível perda financeira quando um contrato pode não ser legalmente bem amparado). Uma boa gestão de riscos financeiros proporciona à empresa redução das perdas reais, aumento do lucro, aumento de seu valor e aumento de competitividade. Por fim, a conduta ética em empresas visa desestimular desvios de conduta e contribuir para a excelência administrativa, pois atitudes antiéticas podem prejudicar seriamente um empreendimento, gerando punições legais, má publicidade e irreparáveis danos nas relações com os *stakeholders*.

QUESTÕES

1. O que é risco? Por que é importante, para uma boa gestão, identificar, mensurar e avaliar os riscos incorridos?
2. O que é risco financeiro? Quais as fontes de risco financeiro? Explique.
3. Defina e exemplifique:
    a) Risco de crédito.
    b) Risco de mercado.
    c) Risco operacional.
    d) Risco de liquidez.
    e) Risco legal.
4. Como se desenvolve a análise de risco de crédito? Qual o seu objetivo? Explique.

5. Explique o processo tradicional de análise de crédito (seis cês de crédito).
6. Quais são as categorias envolvidas pelo risco de mercado? Explique.
7. Quais os componentes do risco de mercado? Explique.
8. O que é *hedge*? Explique.
9. O que é *Value at Risk*? Explique.
10. Como se desenvolve a gestão do risco financeiro? Qual a sua finalidade?

EXERCÍCIOS

1. Um profissional de telemarketing realiza, em média, 35 atendimentos por dia. O relatório de ligações indica a quantidade realizada em cada um dos dias da semana, em determinado período do ano.

Dia	Contatos
Segunda	35
Terça	33
Quarta	37
Quinta	36
Sexta	34
Total	175

   A partir dos dados, responda:
   a) Qual é o risco existente no número de atendimentos diários do profissional? Explique.
   b) Em média, quanto os atendimentos podem variar?
   c) Contextualize gerencialmente os resultados encontrados e sua importância para a tomada de decisão.

2. Leia a Resolução n. 2.682 do Banco Central do Brasil, de 21 de dezembro de 1999, que dispõe sobre os critérios de classificação das operações de crédito e sobre regras para a constituição de revisão para créditos de liquidação duvidosa. Explique.

ESTUDO DE CASO

O Grupo Balbo é uma empresa empreendedora, com sede no interior de São Paulo, na cidade de Sertãozinho. Iniciou suas atividades em 1946 e, em razão da compra e incorporação de outras usinas, constitui atualmente um notável complexo industrial.

A Bioenergia Cogeradora S.A., empresa do setor sucroalcooleiro ligada ao Grupo Balbo, foi constituída em 2001, com o objetivo de implementar plantas de cogeração de energia nas usinas do grupo. Tal iniciativa foi possível a partir da falta de energia e de reflexos econômicos que possibilitaram a quebra de paradigmas em relação à energia de cogeração.

A Bioenergia constituiu um grande desafio para o grupo, pois se tratava do primeiro projeto implantado no segmento sucroalcooleiro, contemplando caldeiras de alta produção e alta pressão associadas a um sistema de geração de energia. Ao proporem melhorias em seu processo de cogeração, de forma a possibilitar a venda de energia, as usinas envolvidas implementaram modificações nos processos de geração de vapor e fabricação de açúcar e álcool, gerando benefícios imediatos ao meio ambiente.

Em 2002, a Bioenergia concluiu seu parque de geração de energia elétrica, anexo às duas usinas do grupo, e passou a fornecer para o sistema elétrico energia suficiente para atender ao consumo residencial de uma cidade de aproximadamente 500 mil habitantes.

Nos capítulos deste livro, os temas abordados serão aplicados ao caso da Bioenergia para melhor compreensão da teoria e das aplicações expostas.

Ao longo do projeto, a Bioenergia teve de administrar vários aspectos do risco financeiro relacionados ao seu planejamento e entrada em operação, fato ocorrido em 2002. Veremos, aqui, como cada um dos três componentes clássicos do risco financeiro foi abordado no projeto.

Os riscos operacionais relacionados à empresa Bioenergia dizem respeito, principalmente, à aplicação de uma tecnologia em escala maior que a já utilizada anteriormente pelas usinas do Grupo Balbo participantes (São Francisco e Santo Antônio). Embora a geração de energia elétrica para consumo próprio já fosse praticada há algumas décadas, a integração da energia gerada para o sistema distribuidor da Companhia Paulista de Força e Luz (CPFL), que integra a geração da Bioenergia ao seu sistema elétrico, oferece alguns riscos operacionais a serem gerenciados, administrados e, na medida do possível, minimizados.

A operação da geração de energia elétrica a vapor envolve algumas tarefas críticas, nas quais erros humanos podem gerar grandes prejuízos financeiros, decorrentes da danificação de equipamentos ou, ainda, da suspensão temporária da geração. Outro fator de risco operacional reside no clima: safras ruins de cana-de-açúcar podem comprometer a capacidade de geração de energia elétrica no contexto de toda a safra, enquanto chuvas excessivas prejudicam a geração por períodos curtos, durante a safra.

Já os riscos de mercado correspondem, essencialmente, aos riscos associados aos preços de aquisição de matéria-prima utilizada para geração (na verdade, os riscos de matéria-prima estão associados às usinas), uma vez que a cotação de venda da energia elétrica (que também poderia sofrer oscilação) está protegida por contrato de longo prazo (prazo após o qual a Bioenergia deverá participar dos leilões de energia firmados na Câmara Brasileira de Energia Elétrica, operada pela Agência Nacional de Energia Elétrica – Aneel).

Por fim, a empresa Bioenergia lida com alguns **riscos de crédito**, embora de forma menos expressiva que muitos outros empreendimentos desse setor. Toda a sua produção tem um único e necessário comprador, a CPFL. Dessa forma, a distribuidora de energia assume uma posição forte de barganha junto à Bioenergia. Ainda assim, a Bioenergia torna-se credora da CPFL pela energia gerada, paga em faturas mensais durante a safra, sem que haja, por contrato, qualquer opção de diversificação desse tipo de risco em razão de limitações operacionais e legais decorrentes. Há histórico de inadimplência de algumas distribuidoras com geradoras de energia, do que resulta alguma percepção de risco de crédito característico do mercado, embora não haja qualquer indicativo nesse sentido em relação à compradora necessária da energia gerada pela Bioenergia.

REFERÊNCIAS

AGUILAR, F. J. *A ética nas empresas*. Rio de Janeiro: Zahar, 1996.

ALENCASTRO, M. *A importância da ética na formação de recursos humanos*. 1997. Disponível em: www.alencastro.pro.br/textos/texto_etica_rh.htm. Acesso em: 12 mar. 2007.

ALONSO, F.R.; LÓPEZ, F.G.; CASTRUCCI, P.L. *Curso de ética em administração*. São Paulo: Atlas, 2006.

ANDREZO, A.F., LIMA, I.S. *Mercado financeiro: aspectos históricos e conceituais*. 2.ed. São Paulo: Pioneira, 2002.

ARRUDA, M.C.C. A contribuição dos códigos de ética profissional às organizações brasileiras. *Revista Economia & Gestão*, Belo Horizonte, v. 5, n. 9, p. 35-47, abr. 2005.

_____. *Código de Ética: Um instrumento que adiciona valor*. São Paulo: Negócio Editora, 2002. 260p.

BBC BRASIL. *O que é o risco país?* Disponível em: http://www.bbc.co.uk/portuguese/economia/011103_riscopais.shtml. Acesso em: 5 fev. 2007.

BOATRIGHT, J. *Ethics and the conduct of business*. Englewood Cliffs: Prentice Hall, 1993.

CACCESE, M.S. Ethics and the financial analyst. *Financial Analysts Journal*, v. 53, n. 1, p. 9-14, jan./fev. 1997.

CANUTO, O.; SANTOS, P.F.P. *Risco soberano e prêmios de risco em economias emergentes*. Temas de Economia Internacional. Ministério da Fazenda (Secretaria de Assuntos Internacionais), 2003. Disponível em: http://www.fazenda.gov.br/sain/download/temas_economia_1.pdf. Acesso em: 16 fev. 2007.

CAOUETTE, J.B.; ALTMAN, E.I.; NARAYANAN, P. *Managing credit-risk: the next great financial challenge*. New York: John Wiley & Sons Inc., 1999.

CLAESSENS, S.; EMBRECHTS, G. Basel II, sovereign ratings and transfer risk: external versus internal ratings. In: Basel II: An economic assessment, 1., 2002, Basileia. *Anais...* Basileia: Bank for International Settlements, maio 2002. p. 1-27. Disponível em: http://www.bis.org. Acesso em: 16 fev. 2007.

CLIMENI, L.; KIMURA, H. *Derivativos financeiros e seus riscos*. São Paulo: Atlas, 2008.

COHEN. D. Os dilemas da Ética. *Revista Exame*. Disponível em: http://exame.abril.com.br/revista-exame/edicoes/792/noticias/os-dilemas-da-etica-m0052144. Acesso em: 06 out. 2016.

CORRÊA, D.A. *A emergência de um perfil profissional transformador na administração*. Universidade Metodista de Piracicaba (Unimep), 1997. Disponível em: http://www.angrad.org.br/_resources/files/_modules/producao/producao_603_201212051834228e9c.pdf. Acesso em: out. 2016.

COSTA, A.P.P. *Casos de fraudes corporativas financeiras: antecedentes, recursos substantivos e simbólicos relacionados*. Tese (Doutorado em Administração) – FGV/SP, 2011. 176p.

CROUHY, M.; GALAI, D.; MARK, R. *Fundamentos da gestão de risco*. Rio de Janeiro: Qualitymark, 2008.

DIAS, A. *Entenda o risco país*. Disponível em: http://www.fea.ufjf.br/extra/artigonupe.pdf. Acesso em: 5 fev. 2007.

[FEE] FEDERATION DES EXPERTS COMPTABLES EUROPEENS. *Good practice in tackling external fraud*. 2005.

GARCIA, M.G.P.; DIDIER, T. *Taxa de juros, risco cambial e risco Brasil, 2001*. Disponível em: http://www.econ.puc-rio.br/Mgarcia/Papers/RiscoBrasilPPE0107192.PDF. Acesso em: 16 fev. 2007.

GIMENES, C.M.; FAMÁ, R. A correlação entre o risco país e índices de bolsa da América Latina: um estudo exploratório. *Caderno de Pesquisa em Administração*, São Paulo, v. 10, n. 2, p. 39-50, abr./jun. 2003. Disponível em: http://www.ead.fea.usp.br/cad-pesq/arquivos/v10n2art3.pdf. Acesso em: 16 fev. 2007.

HELOANI, R. *Ética nas empresas*. Disponível em: http://opiniaoenoticia.com.br/interna.php?mat=4888. Acesso em: 13 mar. 2007

HOUAISS, A. *Dicionário Houaiss da Língua Portuguesa*. Rio de Janeiro: Objetiva, 2001.

KOTLER, P. *Administração de marketing*. 5.ed. São Paulo: Atlas, 1998.

LAMEIRA, H. A era da ética nas empresas. *Prodepa*, Belém, ano I, n. 12, 17 dez. 2004.

MARQUES, S. Maximizando o valor da empresa através da ética e da responsabilidade social. *Revista Brasileira de Administração*, ano 11, n. 35, p. 26-31, dez. 2001.

MARTON, R. *A importância da ética nas organizações*. Disponível em: http://www.eticaempresarial.com.br/site/pg.asp?pagina=detalhe_artigo&codigo=83&tit_pagina=ARTIGOS&nomeart=s&nomecat=n. Acesso em: out. 2016.

MONTEIRO, J.K.; ESPÍRITO SANTO, F.C.; BONACINA, F. Valores, ética e julgamento moral: um estudo exploratório em empresas familiares. *Psicologia: reflexão e crítica*. Porto Alegre, v. 18, n. 2, p. 237-46, ago. 2005.

MORAES, M.C.P.; BENEDICTO, G.C. Uma abordagem da importância da ética nas organizações. *Cadernos da FCECA* (PUC-Campinas), Campinas, v. 12, p. 5-11, 2003.

MOREIRA, L.F. A respeito de ética e finanças. *Revista RAE-eletrônica*, São Paulo, v. 01, n. 2, jul.-dez. 2002. Disponível em: http://www.scielo.br/pdf/raeel/v1n2/v1n2a05.pdf. Acesso em: out. 2016.

NASH, L. *Ética nas empresas: boas intenções à parte*. São Paulo: Makron Books, 1993.

OLIVEIRA, R.L. *Gestão de fraudes financeiras externas em bancos*. Dissertação (Mestrado em Administração), USP/SP, 2012. 127p.

PAIVA, B.; SALES, M. A nova ética profissional: práxis e princípios. In: BONETTI, D.A. et al. (Orgs.). *Serviço social e ética: convite a uma nova práxis*. São Paulo: Cortez, 2003.

RESTIER, E. *O que é o risco país e qual a sua influência?* Disponível em: http://vocesa.abril.com.br/aberto/colunistas/pgart_07_26112002_4259.shl. Acesso em: 5 fev. 2007.

SECURATO, J.R. *Crédito: análise e avaliação do risco.* São Paulo: Saint Paul, 2002.

SILVA, J.L.R. *Ética:* algumas considerações sobre o tema. In: CONVENÇÃO DE CONTABILIDADE DO RIO GRANDE DO SUL, 9. Gramado, 13-15 ago. 2003.

STANDARD & POOR'S. *Brasil: ratings e comentários.* 2.ed., 2000. p. 57.

VALOR ONLINE. *Risco país sobe 0,54%, aos 185 pontos; Global 40 e A-Bond recuam.* Disponível em: http://noticias.uol.com.br/economia/ultnot/valor/2007/01/26/ult1913u63911.jhtm. Acesso em: 5 fev. 2007.

WRIGHT, J.W. Ethical issues in international business. 17 abr. 1997. Disponível em: http://businessethics.org/pastconv/4-17-97.htm. Acesso em: 9 mar. 2017.

ZIRFAS, J. Ética global como ética glocal. *Educação & Saúde*, Campinas, v. 22, n. 76, out. 2001. Disponível em: http://www.scielo.br/scielo.php?script=sci_arttext&pid=S0101-73302001000300002. Acesso em: out. 2016.

ZYLBERSZTAJN, D. Organização ética: um ensaio sobre comportamento e estrutura das organizações. *Revista de Administração Contemporânea*, Curitiba, v. 6, n. 2, p. 123-143, maio/ago. 2002. Disponível em: http://www.scielo.br/scielo.php?script=sci_arttext&pid=S1415-65552002000200008. Acesso em: out. 2016.

Bibliografia sugerida

ASSAF NETO, A. *Estrutura e análise de balanços.* 5.ed. São Paulo: Atlas, 1999.

_____. *Finanças corporativas e valor.* São Paulo: Atlas, 2003.

_____. *Mercado financeiro.* 6.ed. São Paulo: Atlas, 2005.

BREALEY, R.; MYERS, S. *Principles of corporate finance.* New York: McGraw-Hill, 1984.

CÓDIGO DE ÉTICA PROFISSIONAL DO ADMINISTRADOR. 2001. Disponível em: http://www.crasp.com.br/. Acesso em: 9 abr. 2007.

DAMODARAN, A. *Corporate finance: theory and practice.* New York: John Wiley, 1997.

DOWNING, J. *Fraud prevention and detection.* Cheevers and Company, INC, 2010.

ERNEST; YOUNG. *Fraud detection tools and methods: Integrating fraud analytics into your work plans.* Isaca, 2010.

FORTUNA, E. *Mercados financeiros: produtos e serviços.* São Paulo: Qualitymark, 1997.

GITMAN, L.J. *Princípios de administração financeira.* São Paulo: Harper & Row do Brasil, 1984.

GOLDEN, T.W., SKALAK, S.L., CLAYTON, M. *A guide to forensic accounting investigation.* 1.ed. New Jersey: John Wiley & Sons, 2006.

GOTTSCHALK, P. Theories of financial crime. *Journal of Financial Crime*, v. 17, n. 2, 2010.

KRAMBIA-KAPARDIS, M. Fraud victimisation of companies: The Cyprus experience. *Journal of Financial Crime*, v. 10, n. 2, 2010.

MATARAZZO, D.C. *Análise financeira de balanços.* São Paulo: Atlas, 1998.

PARODI, L. *Manual das fraudes.* 2.ed. São Paulo: Brasport, 2008.

RAPAPPORT, A. *Gerando valor para o acionista.* São Paulo: Atlas, 2001.

SAMUELS, J.M. et al. *Management of company finance.* London: International Thomson Business Press, 1996.

SILVA, J.P. *Análise financeira das empresas.* 4.ed. São Paulo: Atlas, 1999.

2
GESTÃO FINANCEIRA DO CAPITAL PRÓPRIO

> Após a leitura deste capítulo, você conhecerá com maior profundidade a composição do patrimônio líquido das empresas, incluindo o capital próprio e as suas diversas fontes de financiamento. Você conhecerá as diferentes constituições empresariais e o processo e etapas da realização de uma Oferta Pública Inicial (IPO). Será apresentado também o panorama de IPOs do Brasil entre os anos de 2010 e 2015, e como realizar a avaliação de empresas para investir por meio de múltiplos. Em seguida, você visualizará quais as opções de uma empresa no momento de realizar a destinação de seus lucros, entre as quais estão a constituição de reservas e a distribuição de dividendos aos acionistas. Nesse sentido, serão apresentados o processo, as políticas e as estratégias de distribuição de dividendos. Por fim, serão apresentadas as principais métricas de avaliação da distribuição de dividendos.

Este capítulo trata das fontes de financiamento que possuem como origem o capital próprio de uma organização, tanto originário do patrimônio dos sócios como dos lucros obtidos pela própria empresa. Serão apresentados o patrimônio líquido e suas respectivas contas contábeis, as diferentes possibilidades de constituição jurídica das empresas, com destaque para as sociedades anônimas de capital aberto, o processo de abertura de capital das sociedades anônimas e a política de retenção e distribuição de resultados ou de dividendos.

O capital próprio de uma organização em um momento inicial de sua história é constituído essencialmente pelos valores em dinheiro ou bens e direitos investidos pelos próprios sócios desse empreendimento, sejam pessoas físicas, sejam pessoas jurídicas. Por acreditarem nesse investimento, os sócios disponibilizam parte de seu patrimônio com a perspectiva do aumento de sua riqueza, que pode ser representada pela valorização das ações dessa empresa no mercado. Visto que esse aporte inicial de recursos tem como origem o patrimônio dos sócios, podem ser denominados **recursos próprios** e serão incorporados à conta **capital social**. Tais valores são geralmente investidos no momento de criação da empresa, porém novos aportes podem ser realizados posteriormente à sua criação.

Com base na análise fundamentalista de empresas, a valorização do preço das ações de uma empresa tem como origem as perspectivas do mercado de que essa companhia apresenta potencial para a geração de fluxos de caixa positivos ao longo dos anos. Esses fluxos de caixa positivos decorrem da capacidade da empresa de gerar lucros, portanto, são um excesso de recursos financeiros originados após o pagamento de seus custos operacionais, financeiros e tributários. Esse excedente de recursos pode ser destinado aos sócios, caracterizando uma distribuição de dividendos, ou pode ser aplicado na própria empresa, de modo que seu valor constituirá a conta **reservas de capital**. Considerando a segunda opção, a empresa utiliza os recursos gerados por ela mesma para se financiar.

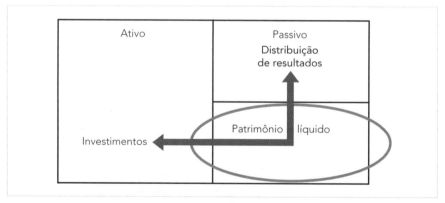

Figura 2.1   Destinação dos recursos próprios para investimentos em ativos ou distribuição de dividendos.

COMPOSIÇÃO DO PATRIMÔNIO LÍQUIDO

O patrimônio líquido é definido como o valor residual dos ativos de uma entidade após a dedução de todos os seus passivos (CPC, 2011). Portanto, é o

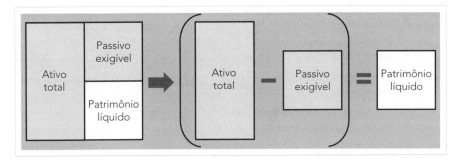

Figura 2.2   Patrimônio líquido.

valor excedente da venda de todos os ativos da empresa após o pagamento de todos os seus passivos.

A Lei n. 11.638, de dezembro de 2007, estabelece as contas que compõem o **patrimônio líquido**:

- Capital social – representa os valores integralizados pelos sócios da empresa; portanto, é o valor investido pelos sócios da empresa no negócio e os valores de lucro líquido obtidos em exercícios passados que não foram distribuídos aos sócios da organização (Assaf e Lima, 2014).
- Reservas de capital – são valores recebidos dos sócios ou de terceiros que não têm relação com a venda de produtos ou serviços pela empresa, portanto não fazem parte do seu resultado. Como exemplos dessas reservas estão o ágio sobre a emissão de ações (no caso de novas ações se refere ao valor superior ao valor nominal da ação), doações, como, por exemplo, de terrenos para a construção de uma planta fabril, incentivos fiscais e outros itens recebidos pela empresa por meio de doações para o aumento de sua capacidade produtiva (Assaf e Lima, 2014).
- Ajustes de avaliação patrimonial – representam as variações positivas ou negativas dos passivos e ativos da empresa quando avaliados a valor justo. A Lei 11.638/2007 exclui a possibilidade de realização da reavaliação de ativos, porém incluiu a realização do teste de *impairment*. O teste de *impairment* é a reavaliação periódica dos ativos de uma empresa que ajusta o valor desse bem a ser recuperado.
- Reservas de lucros – apresentam a parcela do lucro que será destinada a um fim específico. Com exceção da reserva legal, todas podem ser distribuídas aos acionistas. Assim, pode ser subdividida em diferentes tipos de reserva:
    - **Reserva legal** – é a parcela do lucro que não será distribuída.
    - **Reserva estatutária** – é a reserva criada de forma obrigatória pelo estatuto da empresa.

- **Reserva para contingências** – é a reserva direcionada à compensação de possíveis perdas futuras de lucros que possam ser estimadas.
- **Reserva de lucros a realizar** – são os lucros já obtidos pela empresa que ainda não foram monitorados para a distribuição aos sócios. Dessa forma, são represados nessa reserva para serem distribuídos em um momento em que a empresa possua recursos suficientes para o pagamento.
- **Reserva para expansão** – essa reserva é utilizada para a realização de projetos de investimentos. A constituição dessa reserva desse ser aprovada em assembleia.

- Ações em tesouraria – as empresas não podem negociar suas próprias ações, porém existem casos de exceção, como operações de resgate, amortização ou reembolso, para permanência em tesouraria ou cancelamento, para alienação e para redução do capital.
- Prejuízos acumulados – representam parte das reservas de lucro que não foi consumida pela reserva de lucros (Assaf e Lima, 2014).

Dessa forma, o modelo-padrão de patrimônio líquido é o seguinte:

- Capital social.
- Reservas de capital.
- Ajustes de avaliação patrimonial.
- Reservas de lucro.
- Ações em tesouraria.
- Prejuízos acumulados.

FONTES DE RECURSOS PRÓPRIOS

Conforme apresentado, existem duas formas de captar recursos próprios para a empresa:

1. Por meio dos aportes de capital realizados na fundação da empresa e nos aportes seguintes captados dos sócios atuais ou de novos sócios.
2. Por meio do reinvestimento dos lucros obtidos pela empresa.

A primeira fonte de recursos próprios é a principal porque, por meio dela, se dá o início da atividade da empresa. É por meio do capital social investido que um negócio se torna realidade. Quando uma pessoa física ou jurídica decide dar início a uma empresa, deve levantar o dinheiro próprio a ser alocado na atividade. Analisando os lançamentos contábeis da alocação desses recursos, pode ser verificada a inclusão desse valor no **ativo** como um ativo circulante, realizável em longo prazo ou permanente e, em relação à contrapartida, haverá a inclusão do mesmo valor no patrimônio líquido integralizado na conta do capital social. Verifique o exemplo a seguir.

Após verificarem a existência de um mercado consumidor para a abertura de uma nova gráfica, dois sócios, João e Marcelo, decidem investir nesse negócio. João possui R$ 200.000,00, e Marcelo, o mesmo montante. Com os R$ 400.000,00 levantados, eles compram maquinários com R$ 300.000,00 e deixam no banco os outros R$ 100.000,00, para dar suporte financeiro à empresa. Com essa constituição, a empresa inicia as suas atividades (Quadro 2.1).

Quadro 2.1 Exemplo de integralização do capital social

Ativo circulante	R$ 100.000	Passivo circulante	R$ 0
Caixa e banco	R$ 100.000	Passivo exigível em longo prazo	R$ 0
Ativo realizável em longo prazo	R$ 0		
Ativo permanente	R$ 300.000	Patrimônio líquido	R$ 400.000
Máquinas e equipamentos	R$ 300.000	Capital social integralizado	R$ 400.000
Ativo total	R$ 400.00	Passivo total	R$ 400.000

Nesse exemplo, os fundadores João e Marcelo são as pessoas físicas que constituíram a empresa; portanto, decidiram unir seus recursos financeiros, conhecimentos de gestão e habilidades de trabalho para formar uma sociedade. Existem diferentes tipos de organizações empresariais, como empresa individual, sociedade simples, sociedade limitada e sociedade anônima, entre outras. Assim, cabe ao empreendedor decidir pelo formato que melhor lhe convém.

A segunda fonte de recursos próprios é oriunda da própria atividade da empresa. Após a apuração do seu resultado (DRE), caso seja obtido lucro, uma parcela determinada pelos proprietários da empresa pode ser reinvestida no próprio negócio, a fim de poder gerar ainda mais lucros para a empresa.

Voltando ao exemplo, seria como se, após um ano de atividade da gráfica de João e Marcelo, o resultado fosse de R$ 30.000,00. Então, os dois se reúnem e decidem que vão investir 50% desse valor, ou seja, R$ 15.000,00, na compra de mais uma máquina, a fim de aumentar a produção e gerar mais resultados no exercício seguinte.

Vale ressaltar que existem organizações mais complexas, em que tanto a composição do capital como a decisão de reinvestimento são tarefas mais difíceis. Todos os tipos e formas de organizações serão detalhados a seguir.

Na Figura 2.3, pode-se observar melhor as formas de captação própria da empresa.

Figura 2.3   Capitalização por aporte de capital e reinvestimento de lucros.

CLASSIFICAÇÃO DAS SOCIEDADES

Nesta seção serão apresentadas as diferentes formas de constituição empresarial. O novo Código Civil (Lei 10.406/2002) passou a tratar de todas as sociedades; assim, as sociedades então chamadas de comerciais e as sociedades então chamadas de civis passaram a ter todas as suas normas básicas instituídas no novo Código Civil.

Para fins de direito no Brasil existem, fundamentalmente, as sociedades simples e as empresárias. Não importa o objeto da sociedade, se é prestadora de serviços, se é industrial, se é comercial ou se é mista, o que importa é se ela é uma sociedade simples ou uma sociedade empresarial.

São consideradas **sociedades simples** as que exercem atividades intelectuais, de natureza científica, literária, artística, além das antigas sociedades civis que não estejam constituídas ou organizadas para o exercício de atividade econômica produtiva de bens ou serviços típicos do caráter empresarial. Portanto, temos como exemplos as sociedades em que os próprios sócios exercem suas profissões, como no caso de advogados, médicos, dentistas e outras pequenas sociedades de prestação de serviços em que há relação direta dos sócios com as atividades. Dessa forma, é dada importância ao vínculo estabelecido com a pessoa física do profissional, e não a uma estrutura organizacional e impessoal. A sociedade cooperativa, por previsão expressa do parágrafo único do art. 982 do Código Civil, independentemente do seu objeto ou vulto de operações, é classificada como sociedade simples. Essa é uma exceção importante, uma vez que a cooperativa é uma sociedade *sui generis*, sem objetivo de lucro e com peculiaridades completamente distintas das demais modalidades societárias. Outra exceção interessante é que a sociedade cooperativa, por causa da prevalência dos termos de sua lei especial que não foram alterados pelo Código Civil, mantém o seu registro perante a Junta Comercial.

As **sociedades empresárias**, segundo os artigos 966 e 982 do novo Código Civil, são aquelas que têm por objeto o exercício de atividade econômica organizada, própria de empresário, realizada de forma profissional para a produção e a circulação de bens e serviços. Já o art. 981 do Código Civil estabelece que sociedade é a celebração de contrato societário entre pessoas (físicas ou jurídicas) que reciprocamente se obrigam a contribuir, com bens ou serviços, para o exercício de atividade econômica e a partilha entre si dos resultados. Esse sentido, apesar de básico, amplia as possibilidades de constituição de sociedades empresárias, como veremos a seguir.

Os tipos mais comuns de sociedades empresárias são:

- Sociedades limitadas.
- Sociedades anônimas.

Empresa individual

O empresário individual, antigamente denominado firma individual, sofreu grande alteração com o novo Código Civil, pois anteriormente só poderia pedir registro na Junta Comercial se exercesse atividade comercial e de serviços. Hoje, porém, pode também exercer atividade só de serviços e sua empresa pode ser registrada na Junta Comercial porque, mais do que nunca, esse tipo de empresa precisará do trabalho de terceiros e de lucro sobre esse trabalho.

O problema que deveria estar claro é que, nessa modalidade, o patrimônio da pessoa natural e o do empresário individual é o mesmo; logo, o titular responderá de forma ilimitada pelas dívidas. Uma alternativa à empresa individual é a **empresa individual de responsabilidade limitada** (Eireli). Assim como a empresa individual, é constituída por uma única pessoa, denominada empresário individual, o qual é titular da totalidade do capital social, devidamente integralizado e não inferior a 100 vezes o maior salário mínimo vigente no país. A capitalização mínima exime que o titular responda com seus bens pessoais pelas dívidas da empresa. A Eireli é regulada, no que couber, sob as mesmas normas das sociedades limitadas.

Sociedade simples

Este tipo de sociedade é constituído e regido mediante contrato escrito, particular ou público, registrado no cartório de registro civil de pessoas jurídicas. Vale ressaltar que são organizações que não têm como objeto a atividade empresarial. Podem ser também limitadas por quotas entre seus sócios. Normalmente, caracterizam-se como de menor porte, excetuando-se as sociedades cooperativas, que, independentemente do vulto, serão sempre consideradas sociedades simples. Como exemplo tem-se uma clínica médica que conta com dois sócios médicos, uma funcionária e uma secretária. É considerada uma empresa simples, pois existe o elemento da **pessoalidade** na atividade exercida; assim, apenas os dois sócios exercem atividade (não há risco comercial).

Sociedade limitada

É uma sociedade empresária, contratual, com dois ou mais sócios, cujo capital é formado por quotas. Os sócios têm responsabilidade pessoal pela integralização das quotas subscritas por eles e solidária pela integralização das quotas dos demais sócios. As sociedades limitadas são registradas para obter personalidade jurídica no registro público de empresas mercantis, na Junta Comercial, devendo o ato ser praticado até 30 dias da data de sua constituição.

Seguindo o exemplo anterior, em uma clínica médica em que, além dos sócios, existem médicos contratados para exercer o atendimento, passa a existir o lucro sobre o trabalho do terceiro, que é o médico contratado para trabalhar na empresa. Aparece, nesse caso, um risco se esse médico contratado não der lucro, mas prejuízo à empresa. Portanto, deve ser sociedade limitada e considerada empresária.

Sociedade anônima

Esta sociedade tem o seu capital dividido em ações. Por ser mais complexo, este tipo empresarial é regulado por leis específicas, principalmente a Lei 6.404/76 e alterações posteriores. Ações são títulos que representam a menor parcela do capital social de uma empresa caracterizada como anônima. Normalmente, não possuem prazo de resgate e podem ser negociadas em mercados organizados (bolsas de valores). No Brasil, a Comissão de Valores Mobiliários (CVM) é o órgão regulatório dos mercados de bolsa e de balcão.

As sociedades anônimas podem ser de dois tipos: as de capital aberto e as de capital fechado. Nas sociedades anônimas de capital aberto, as suas ações são livremente negociadas em mercados organizados, como a BM&FBovespa. Dessa forma, a compra e a venda de papéis são realizadas de maneira pública, sendo inclusive mais fácil e ágil. Além das ações, as empresas de capital aberto podem emitir títulos de dívida de longo prazo denominados debêntures. No caso das sociedades anônimas de capital fechado, as ações continuam existindo, porém, caso algum investidor queira realizar a sua compra, precisará negociar diretamente com o proprietário atual das ações; caso se realize a compra, será preciso realizar a escrituração de transferência desses papéis.

Os proprietários de ações dessas empresas são os seus donos em maior ou menor porcentagem e podem ser denominados também acionistas. As ações de uma empresa podem ser de dois tipos: as **ações ordinárias** e as **preferenciais**.

As **ações ordinárias** conferem ao seu titular o direito de voto na **assembleia** de acionistas e, portanto, o direito de determinar o destino da empresa. É importante destacar que os votos são contados de acordo com o número de ações, e não pelo número de acionistas. Assim, a cada acionista corresponderão tantos votos quantas forem as suas ações.

Os principais direitos gerais do acionista ordinário são a participação nos dividendos da sociedade e nas deliberações das assembleias, nas quais poderão, dentre outras coisas:

- Adotar e corrigir o estatuto da companhia.
- Eleger a junta de dirigentes.
- Autorizar a fusão com outra companhia.
- Autorizar a venda do ativo fixo ou imobilizado.
- Mudar a quantia autorizada de ações ordinárias.
- Autorizar a emissão de ações preferenciais, debêntures e outros tipos de títulos.

As **ações preferenciais** conferem ao seu titular prioridade frente aos acionistas ordinários em relação aos seguintes itens:

- Na distribuição de resultados em relação ao momento de recebimento e ao percentual.
- No reembolso de capital, no caso de encerramento da sociedade.
- Na acumulação dos itens anteriores.

Toda sociedade anônima, pela previsão no estatuto social, tem número máximo de emissão de ações (ordinárias ou preferenciais) permitido, que pode eventualmente ser revisto. Essas ações (ordinárias ou preferenciais), quando disponíveis para negociação no mercado, são denominadas **ações em circulação**; quando estiverem mantidas na tesouraria da empresa são denominadas **ações em tesouraria**.

As sociedades anônimas de capital aberto, sempre de acordo com a legislação vigente no Brasil, também podem emitir e negociar papéis no mercado externo com lastro em ações. Esses papéis são denominados ADR/GDR (*American Depositary Receipt* ou *Global Depositary Receipt*). Todos os direitos adquiridos pelos acionistas do país de origem, como dividendos, direitos de subscrição e desdobramentos, também são oferecidos pelos ADR/GDR.

As companhias de capital aberto são administradas por um conselho de administração eleito conforme especificado no estatuto da empresa e por uma diretoria. Ao conselho cabe a orientação geral dos negócios da companhia; já a diretoria representa a sociedade e é o órgão executivo do seu objeto. Além disso, as companhias abertas possuem bem definidas as políticas de distribuição de resultados (dividendos).

Além das leis que regem essa sociedade, as sociedades anônimas de capital aberto são rigidamente reguladas pela Comissão de Valores Mobiliários e têm de cumprir uma série de regras de divulgação de informações (*disclosure*).

Sociedade em conta de participação (SCP)

A sociedade em conta de participação é descrita no Código Civil por meio dos artigos 991 a 996. Essa sociedade é formada por dois tipos de sócios, o ostensivo e o participante:

- **Sócio ostensivo** – realiza em seu nome os negócios jurídicos necessários para atender ao objeto do empreendimento e sob sua própria e exclusiva responsabilidade, além de ser o responsável pelos negócios realizados com terceiros (Brasil, 2002).
- **Sócio participante** – participa dos resultados correspondentes à sua participação, mas não tem qualquer responsabilidade jurídica relativa aos negócios e em nome do sócio ostensivo (Brasil, 2002).

Podemos citar como exemplos desse tipo de sociedade: loteamentos, incorporações imobiliárias, obras públicas, operações de importação e exportação, entre outros.

Algumas particularidades em relação a esse tipo de sociedade:

- **Administração** – caberá sempre ao sócio ostensivo.
- **Sede** – esse tipo de sociedade não possui sede, podendo ter um local convencionado entre os sócios que servirá como sede administrativa.
- **Patrimônio** – os valores aportados pelos sócios (participante e ostensivo) constituem o patrimônio especial, objeto da conta de participação nos negócios sociais.
- **Nome empresarial** – a sociedade não poderá adotar denominação social (nome empresarial), tendo em vista sua característica de sociedade não personificada.

- **Juízo** – a sociedade não possui legitimação *ad causam*[1] ou *ad processum*[2] para estar em juízo; portanto, será demandada em nome do sócio ostensivo.

Sociedade de propósito específico (SPE)

É um modelo societário pelo qual se constitui uma nova empresa, limitada ou anônima, com objetivo específico, podendo em alguns casos ter prazo de existência determinado, sendo normalmente utilizada para isolar o risco financeiro da atividade. Esse tipo de sociedade, diferentemente da sociedade em conta de participação, possui personalidade jurídica. Diante disso, a mesma está obrigada à escrituração contábil e fiscal própria, além das demais características comuns às empresas limitadas ou sociedades anônimas. Tradicionalmente é utilizada para realização de projetos de engenharia, principalmente civil, e para realização de parcerias público-privadas (PPP).

Algumas particularidades em relação a esse tipo de sociedade:

- **Objetivo social** – está limitado à atividade que exercerá.
- **Sócios** – poderão participar da sociedade pessoas físicas, empresas particulares e a administração pública, desde que esta última não seja titular da maior parte do capital votante.
- **Administração e responsabilidades** – as SPEs devem seguir as regras estabelecidas na legislação conforme o tipo societário escolhido para a sua constituição (limitada ou sociedade anônima). Com isso, as relações entre sócios, sociedade e terceiros, e as responsabilidades dos administradores, são conduzidas pela legislação brasileira às empresas com finalidade lucrativa.
- **Obrigação de registro** – enquanto a SCP é uma sociedade não personificada, e as regras são particulares e definidas entre os sócios, a SPE depende de registro nos órgãos do comércio, e as suas regras são estabelecidas em contrato social, segundo o qual os sócios respondem solidariamente às suas obrigações, seguindo a regra do tipo societário (limitada ou sociedade anônima).

FORMAÇÃO DO CAPITAL SOCIAL

Esta parte do capítulo apresentará como as sociedades (simples, limitadas ou anônimas) constituem o seu capital e o aumentam no decorrer de suas ativi-

---

1. *Ad causam* permite a discussão de uma situação jurídica contestável, portanto, permite estabelecer o contraditório.
2. *Ad processum* é a capacidade estabelecida para toda pessoa que se acha apta a exercer seus direitos de ir a juízo.

dades. Vale ressaltar que, para a identificação de todo o investimento feito pelos proprietários dessas organizações, deve-se observar a quantia de dinheiro nas contas **capital**, **capital subscrito** ou **capital integralizado** que essas sociedades registram no patrimônio líquido do seu balanço patrimonial.

Empresa individual

Nesse tipo de empresa – antes denominada firma individual –, como a própria denominação descreve, somente uma pessoa física empenha dinheiro em sua abertura. Muitas vezes, essa empresa é de menor porte, e nela figura a identidade do **dono** do negócio. O aumento de capital, que também se torna um investimento na empresa, é determinado pelo empresário registrado.

Sociedade simples

No caso da sociedade simples, o capital deve ser expresso em moeda corrente, podendo compreender qualquer espécie de bens suscetíveis de avaliação pecuniária. Essas sociedades devem ter os seus contratos sociais registrados em cartório de registro civil de pessoas jurídicas. Qualquer mudança nesse tipo de sociedade, seja aumento de capital ou outro evento, deverá ser feita mediante modificação de contrato social e com maioria absoluta de votos, caso o contrato não determine necessidade de deliberação unânime. Normalmente, nesse tipo de sociedade o capital é formado pelos recursos próprios das pessoas físicas envolvidas no quadro social.

Sociedade limitada

Na sociedade limitada, a responsabilidade de cada sócio é restrita ao valor de suas quotas, mas todos respondem solidariamente pela integralização do capital social. Pode prever a regência da empresa pelas normas da sociedade anônima.

O capital social divide-se em quotas, iguais ou desiguais, cabendo uma ou diversas a cada sócio. Como mencionado, esse tipo de sociedade deve ser registrada na Junta Comercial. No caso de aumento de capital, ele deverá ser mencionado em novo contrato modificado.

Muitas vezes, nesse tipo empresarial, os sócios dividem as quotas de acordo com a proporção de dinheiro aplicado por cada um deles. Em muitos casos, um sócio entra com o investimento físico (terreno) e o outro com o *know-how*, por exemplo. Isso é mensurado e utilizado na definição das quotas de capital dos sócios da empresa.

Quando ocorre aumento de capital, esse valor também é mensurado, e as quotas novamente se ajustam conforme o investimento de um dos sócios ou dos dois, sempre seguindo uma proporção determinada e definida em contrato.

Sociedade anônima

As sociedades anônimas têm o seu capital social definido por meio de ações. Dessa forma, a participação societária de cada acionista se define de acordo com a quantidade de ações que cada um possui. Considere que o capital social de uma empresa seja formado por 1.000.000 de ações distribuídas conforme e Tabela 2.1.

Tabela 2.1 Exemplo de composição acionária

Acionista	Ações ordinárias	Porcentagem
Acionista A	500.000	50
Acionista B	100.000	10
Mercado	400.000	40
Total	1.000.000	100

No exemplo, verifica-se que a composição acionária da empresa é concentrada no acionista A (50%); portanto, ele é o acionista majoritário e possui o maior poder de decisão dentro da empresa. O acionista B possui 10% das ações, e o restante (40%) está dividido entre inúmeros investidores do mercado.

As ações dessas empresas equivalem a determinado volume de dinheiro, sendo que as empresas captam recursos para investimentos por meio da emissão e subscrição desses papéis. Essas ações, que atraem capital para a empresa, podem ser negociadas diretamente com os acionistas ou no mercado aberto.

O processo de abertura de capital de uma empresa requer a aprovação da CVM, o que não significa que o lançamento proposto seja a forma de captação de recursos mais adequada para a empresa. De acordo com Pinheiro (2001), a aprovação para a abertura de capital significa apenas que as informações relevantes foram realizadas de maneira adequada para o comprador em potencial.

Verifique, na Figura 2.4, que existem diferentes formas e fontes de recursos financeiros que podem auxiliar a empresa em diferentes momentos do seu ciclo de vida. As empresas *startups*, por exemplo, geralmente utilizam *seed capital* e *venture capital*, visto que esses investidores aceitam o risco de investir em uma empresa com alta necessidade de capital para expansão de suas atividades e com baixa geração de caixa ou geração de caixa negativa. Já a captação por meio da abertura de capital e, portanto, emissão de ações se mostram mais indicadas a empresas que se encontram em um momento de maturidade, quan-

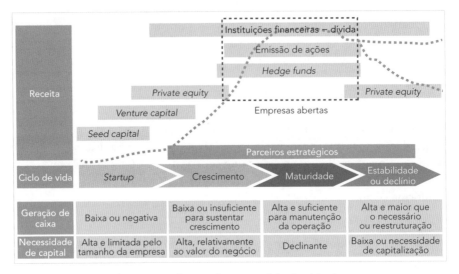

Figura 2.4 Fontes de recursos de acordo com o ciclo de vida da empresa.
Fonte: PWC (2015).

do a necessidade de caixa é declinante e a geração de caixa é alta ou suficiente. Contudo, essas diferentes fontes de recursos podem ser utilizadas em qualquer momento do ciclo de vida das empresas. Dessa forma, é muito comum visualizar situações em que uma empresa nasce com a abertura de capital.

A Lei n. 6.835/76 define que a partir da abertura de capital uma empresa torna-se apta a emitir ações, bônus de subscrição, debêntures, partes beneficiárias e notas promissórias para distribuição pública. Dessa forma, uma empresa é considerada de capital aberto quando coloca algum desses valores mobiliários no mercado de balcão ou bolsa de valores.

O processo de abertura de capital pode realizar-se em duas modalidades: por meio do mercado primário e do mercado secundário. Quando ocorre o lançamento público de ações via mercado primário, a empresa emissora oferece novas ações para obter recursos financeiros. Já o lançamento público via mercado secundário ocorre por meio da oferta de um lote de ações que os atuais acionistas da empresa possuem. É importante destacar que apenas emissões primárias de ações direcionam recursos financeiros para as empresas, pois quando esses papéis são negociados no mercado secundário, entre os acionistas, esses recursos são direcionados para suas respectivas contas.

O termo *underwriting* significa subscrição, ou seja, emissão de papéis para captação de recursos de acionistas. É uma operação do mercado primário, realizada por instituição financeira mediante a qual, sozinha ou organizada em consórcio, subscreve títulos de emissão por parte de uma empresa, para posterior revenda no mercado. Além disso, o *underwriting* representa a transferência de recursos dos investidores diretamente para o caixa da empresa.

A primeira emissão de ações para o mercado, ou o primeiro *underwriting*, leva a denominação de **Initial Public Offering** (IPO), que significa que essa emissão de ações é a primeira emissão primária pública de ações. É nesse momento que o capital da empresa é aberto.

Processo de abertura de capital

O primeiro passo antes de se iniciar o processo de abertura de capital é fazer a chamada **análise de conveniência**. Nesse ponto, a empresa é avaliada para saber se está preparada para a abertura de capital e se as vantagens que serão obtidas superarão os custos do processo. Essa análise pode ser feita internamente pela própria empresa ou pela contratação de consultoria externa especializada no assunto. Essa consultoria poderá auxiliar a empresa em todo o processo, tornando-a apta para abrir o capital e guiá-la durante todo o caminho até a venda de ações.

Os pontos principais a serem analisados nesse caso são as vantagens em relação aos custos envolvidos, se a empresa tem perfil para ser listada e se está adaptada às exigências.

Uma empresa adaptada é aquela que consegue suprir as necessidades de informação do público, que são muito maiores no caso de uma companhia aberta, que tem gestão profissional e boas práticas de governança corporativa.

É preciso também avaliar se a evolução da empresa tem sido consistente, se seus projetos estão bem fundamentados e se o seu negócio será atrativo para os investidores.

Feita a análise de conveniência, é necessário escolher um intermediário financeiro, pois todas as distribuições públicas devem ser realizadas por meio de uma instituição financeira (corretora de valores mobiliários, banco de investimento ou distribuidora). Ele auxiliará na definição das características da oferta, como preço e quantidade, e na procura por compradores.

Assim, para a colocação de ações no mercado primário, a empresa contrata os serviços de instituições especializadas, como bancos de investimento, sociedades corretoras e sociedades distribuidoras, que formam um *pool* de instituições financeiras para a realização de uma operação de *underwriting*.

A negociação entre uma empresa que deseja lançar suas ações no mercado e uma instituição financeira deve abordar aspectos como o porte do lançamento, os custos relativos à comissão de coordenação, de garantia e de colocação, e os serviços gerais, como marketing, estudos econômicos e financeiros.

Existem três tipos de contrato de subscrição entre a empresa que vai abrir o capital e a instituição financeira que vai realizar a intermediação financeira.

Nos contratos do tipo **firme**, o risco da subscrição de ações é totalmente do intermediário. No caso de o contrato ser do tipo **residual**, esse risco é compartilhado. Se o contrato for do tipo **melhores esforços**, o risco é totalmente da empresa. Na Quadro 2.2, tem-se um resumo desses tipos de contrato.

Quadro 2.2 Tipos de contrato e risco de subscrição

Tipo de contrato	Risco de subscrição	Descrição
Firme	Do intermediário	A instituição financeira subscreve todas as ações garantindo a captação da empresa e posteriormente revende ao mercado
Residual	Compartilhado	A instituição financeira coloca as ações à disposição do público para venda. Caso uma parte das ações não seja vendida, a instituição financeira pode realizar a sua devolução ou a sua compra
Melhores esforços	Da empresa	A instituição financeira se compromete a realizar seus melhores esforços para que todas as ações sejam vendidas, garantindo a captação desejada pela empresa; caso não ocorra a venda total, o risco é assumido pela própria empresa

Antes da decisão de abertura do capital da empresa, é necessário que algumas questões sejam bem esclarecidas. Em primeiro lugar, é necessário proceder a alguns ajustamentos de ordem jurídica, societária e de posicionamento, diante da condição que a organização assume como empresa de capital aberto. De acordo com Pinheiro (2001), esses ajustes envolvem a adaptação dos estatutos sociais, a reorganização da estrutura societária, a criação do conselho de administração, a designação do diretor de relações com o mercado, a contratação de auditoria independente, o acerto de pendências fiscais e a definição do tipo de ação a ser lançada, o montante e o preço.

Pinheiro (2001) mostra que a abertura de capital de uma companhia envolve custos que devem ser considerados no processo decisório, como custos legais e institucionais, custos de publicação, publicidade e marketing, custos da prestação do serviço financeiro e custos internos da empresa.

O processo formal de abertura de capital começa com a solicitação de registro de companhia aberta na Comissão de Valores Mobiliários, que é o órgão regulador e fiscalizador do mercado brasileiro de capitais. Normalmente, a solicitação de autorização para o IPO é feita juntamente com o pedido desse registro. Simultaneamente à entrada dos pedidos na CVM, a empresa também pode solicitar a listagem na Bovespa (Bolsa de Valores de São Paulo).

O empresário que deseja vender ações de sua empresa ao público pode fazê-lo de três maneiras: distribuição primária, distribuição secundária ou uma combinação das duas. Na primeira, a empresa emite e vende ações ao mercado, e por isso os recursos obtidos são canalizados nela. Já na distribuição secundária, os proprietários e/ou sócios vendem suas ações sem a emissão de novas. Nesse caso, os recursos vão para eles, e não para a empresa. No primeiro caso, os recursos serão utilizados nos investimentos da empresa, em suas aquisições ou, eventualmente, no capital de giro e redução das dívidas. No segundo, normalmente, é saída de fundos de investimento ou redução da participação dos sócios atuais.

A abertura de capital traz vantagens para as empresas e deve ser considerada uma opção para o crescimento dela, ainda que haja diferenças entre empresas e setores.

Gallo (2009) mostra que o IPO é utilizado como forma de acesso a recursos de longo prazo com o objetivo de financiar investimentos, incentivar o crescimento e auxiliar a reestruturação de capital de empresas nacionais. Cita também tópicos não financeiros como a maior divulgação da empresa. Pode-se também incluir entre os motivos do IPO a criação de um mercado para que os fundadores da empresa e os acionistas consigam converter suas ações em dinheiro (Welch, 2002).

Santos, Pimenta Júnior e Cicconi (2009) concluíram que, das 356 empresas de capital aberto entrevistadas, 73% consideram que o custo de capital no IPO é menor que o custo financeiro em bancos. Em pesquisa realizada com CFOs (*Chief Financial Officer*) norte-americanos, Brau e Fawcett (2006) mostraram que entre as principais razões para a abertura de capital estão a maior facilidade para concluir novos negócios, o crescimento de popularidade da empresa e, por fim, a minimização dos custos com capital.

Em relação ao contexto brasileiro, Gallo (2009) inclui a melhoria da governança corporativa e dos indicadores financeiros, redução do valor do custo da dívida e, por fim, redução dos índices de endividamento.

Assim, verifica-se que as vantagens são:

1. Maior acesso ao capital

As empresas podem obter financiamento para os seus investimentos por meio de capital próprio (lucros reinvestidos, aporte de capital dos sócios e abertura de capital) ou de capital de terceiros.

A forma mais comum de financiar o crescimento é por meio da dívida, principalmente de empréstimos bancários. Contudo, em algumas situações, essa opção pode não estar disponível ou não ser a mais adequada porque, algumas vezes, as fontes de crédito de longo prazo não estão disponíveis e, se a empresa já tiver uma dívida grande, o custo do capital de terceiros sobe exponencialmente, por conta do maior risco associado. Nesses casos, resta a opção de se financiar com capital próprio.

Caso a empresa seja fechada, suas possibilidades de obtenção desse tipo de capital ficam restritas, pois os resultados gerados pelo negócio e a capacidade de aporte dos sócios geralmente não suprem a necessidade de investimentos. Por isso, a abertura de capital com o financiamento por meio de ações torna-se uma excelente opção. Ela representa uma grande redução de risco para a empresa, pois os recursos dos sócios e investidores não exigem rendimento definido, dependendo do desempenho da empresa. Por isso, a companhia pode ter o seu custo de capital reduzido, ficando muito menos exposta à volatilidade econômica.

2. Liquidez patrimonial para os empreendedores

A possibilidade de os empreendedores e/ou sócios transformarem parte do seu patrimônio (ações, por exemplo) em dinheiro, a qualquer momento, é chamada de liquidez patrimonial. Isso pode ser útil em casos em que os sócios desejem diversificar os investimentos, vendendo parte das suas ações para investir em alguma outra opção. Além disso, nos casos de sucessão, essa pode ser uma forma fácil e amistosa de partilhar o controle da empresa e garantir a saída do negócio daqueles que não têm afinidade e interesse em continuar na companhia herdada.

3. Melhoria da imagem institucional e fortalecimento do relacionamento com o público

Uma empresa aberta é bastante observada pelo público – acionistas, analistas, investidores e credores –, o que faz com que ela ganhe projeção e reconhecimento.

Apesar de ser impossível mensurar o valor agregado à imagem em função da abertura de capital, não é raro ver empresas que foram listadas e com isso melhoraram as condições de negociação com fornecedores, passaram a contar com maior exposição de suas marcas, ganharam competitividade e aumentaram o comprometimento dos funcionários. Isso acontece em razão do rigor das normas exigidas pela CVM, que exigem que a empresa seja transparente e confiável.

4. Profissionalização da gestão

A abertura de capital faz com que a empresa se profissionalize. Primeiro, para estar de acordo com a regulação da CVM, depois por exigência do mercado, pois para os investidores a gestão profissional é um pré-requisito para investir em uma empresa.

Initial Public Offering (IPO)

A abertura de capital é um processo complexo, que envolve a empresa e sua equipe, bem como agentes externos a ela, como empresas de auditoria, bancos de investimentos, escritórios de advocacia, consultores e o banco escriturador.

- Auditores – são responsáveis pela análise e auditoria dos demonstrativos contábeis da empresa emissora. Seu papel é minimizar os riscos relativos à divulgação de informações incoerentes com os registros contábeis, evitando interpretações errôneas desses documentos (PWC, 2015).
- Bancos – coordenam a distribuição pública, atuam com a *due diligence*, ou seja, a análise profunda da situação da empresa no momento anterior à abertura do capital e do negócio para a geração de provas de defesa caso haja uma ação judicial no futuro (litígio). Por fim, definem características da IPO e o plano de marketing da oferta, incluindo o *roadshow*[3] (PWC, 2015).
- Advogados – realizam o prospecto da oferta, a reestruturação societária da empresa e organizam o estatuto social (PWC, 2015).
- Consultoria – prepara e orienta a empresa para a abertura de capital (PWC, 2015).

Normalmente, a preparação da empresa para a IPO contempla quatro fases, conforme descrito na sequência.

Fase 1: análise da atratividade do setor e da empresa

É um dos principais fatores na análise dos investidores sobre a oferta de ações. Sem um bom negócio, bem fundamentado, sólido e com boas perspectivas, será difícil atrair novos sócios na bolsa.

É necessário analisar se a venda de parte das ações aos sócios investidores aumentará a riqueza patrimonial dos atuais acionistas da empresa – apesar de os acionistas passarem a ter participação menor – e a rentabilidade da empresa.

A decisão de abrir o capital deve se subordinar a uma análise de sua viabilidade, demonstrando para dado nível de atividade da empresa ser mais conveniente incidir nos custos relativos à abertura de capital do que buscar esses recursos por meio de endividamento.

Na avaliação da atratividade do negócio, os investidores analisam o setor de atuação da empresa considerando a sua sensibilidade às oscilações econômi-

---

3. *Roadshow*: apresentação itinerante da empresa e de sua oferta pública a investidores especializados.

cas, o seu estágio de maturidade, a regulamentação, as barreiras à entrada de novos concorrentes e outras variáveis.

Assim, deve-se realizar as análises da situação financeira da empresa; dos produtos e serviços (*commodities* ou com valor agregado); SWOT (*Strengths, Weaknesses, Opportunities, Threats* – forças, fraquezas, oportunidades e ameaças); da empresa em relação aos concorrentes; do grau de atualização tecnológico; do perfil do endividamento; da viabilidade econômico-financeira dos projetos passados, atuais e futuros (a finalidade dos capital obtido); de alternativas de endividamento que poderiam suportar o crescimento da empresa; e do potencial fundo de capital de risco e negociação de venda de participação minoritária.

Fase 2: avaliação da empresa na situação atual e valor provável da empresa na IPO (considerando o valor dos projetos de investimento)

Nessa fase, há a discussão e a definição da estratégia de abertura de capital, a apresentação dos resultados financeiros, a definição do valor atual da empresa, a estimativa do valor da empresa na IPO e a definição do valor da empresa com a realização dos projetos de investimento.

Fase 3: preparação do plano de negócios da empresa

O plano de negócios deve ser documentado e conservador, incluindo informações qualitativas e quantitativas sobre o investimento pretendido.

Fase 4: preparação da empresa para a IPO

A última fase consiste na análise da adequação dos sistemas da empresa, bem como na análise da contabilidade e dos controles internos dela. Há a escolha de auditoria externa, a realização de auditorias dos balanços, a análise dos benefícios e dos custos da abertura de capital; análise do perfil da empresa; criação da área de relações com investidores, marketing financeiro da IPO da empresa no mercado, via consultores especializados, análise da situação societária da empresa, contratação de advogado especializado, eventuais simplificações societárias, reformas dos estatutos da empresa e acordos de acionistas, escolha da instituição financeira que realizará a distribuição pública das ações e coordenador do processo, escolha do conselho de administração em parceria com a empresa; criação das cláusulas de governança corporativa da empresa, discussão dos planos sucessórios da empresa e responsabilidade dos administradores, discussão sobre a política de distribuição de dividendos, avaliação pré-IPO, avaliação final, preparação do prospecto da IPO, busca de diretor de relações com o mercado, eventual contratação de formador de mercado (para dar liquidez às ações) e, finalmente, abertura de capital.

As atividades anteriormente expostas são as mais comuns em tais processos. A extensão delas depende de cada empresa, podendo ser mais curtas ou longas, já estar feitas ou em, alguns casos, ainda não terem sido discutidas. A Figura 2.5 apresenta as principais etapas envolvidas em um processo de IPO.

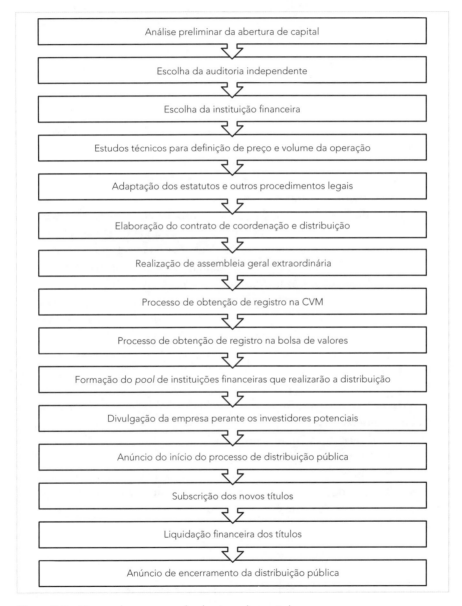

Figura 2.5   Etapas do processo de abertura de capital.

Métodos de avaliação

O investidor avalia as empresas que poderão receber capital, analisando principalmente a capacidade que elas têm de gerar caixa durante os próximos anos. Outro fator importante na análise é a comparação entre os indicadores de valor da empresa e os de companhias similares, porque é importante que as companhias sejam sustentáveis em longo prazo e que tenham um potencial de ganho elevado.

Para essa mensuração, existem algumas metodologias utilizadas, com destaque para o fluxo de caixa descontado (FCD) e o método dos múltiplos. Martelanc et al. (2005), após a realização de entrevistas em profundidade com 29 profissionais do mercado de fusões e aquisições e *private equities* das principais consultorias e bancos do Brasil, concluíram que o fluxo de caixa descontado era o método preferido pelos entrevistados, seguido do método por múltiplos. Além disso, a avaliação do valor da empresa geralmente se baseia em dois ou até três métodos conjuntamente.

O método do fluxo de caixa descontado consiste em projetar todos os fluxos de caixa livres de uma empresa nos próximos anos e depois achar o valor equivalente – valor presente deles na data atual –, levando em conta certa taxa de desconto, geralmente o custo de capital. Com isso, é possível mensurar quanto valem hoje os ganhos futuros que a empresa pode obter no futuro.

Já o método de múltiplos compara alguns indicadores da empresa com os de outras empresas do mercado, tanto nacional como internacionalmente, e assim avalia quanto vale a empresa. Os principais múltiplos usados são:

- Preço da ação/lucro por ação (P/L).
- Preço da ação/Lajida[4] por ação (P/Lajida).
- Preço da ação/valor patrimonial por ação (P/VPA).
- Valor da empresa/Lajida.
- Preço da ação/vendas líquidas por ação.

Portanto, é importante que a empresa que deseja abrir capital se exponha no mercado antes do início do processo, pois as avaliações serão melhores se houver informações disponíveis aos analistas e, por consequência, o preço das ações.

---

4. Lajida: equivalente ao Ebitda, lucro antes dos juros, impostos, depreciação e amortização.

Relações pós-abertura de capital

A abertura de capital deve ser tratada como uma decisão estratégica tomada pela empresa, sendo que seu sucesso dependerá do relacionamento dela com os investidores. Uma boa relação entre empresa e investidores proporcionará boa liquidez no mercado e a possibilidade de novas emissões de ações no futuro.

Por isso, a companhia deve criar meios para facilitar a comunicação com os investidores. A regulamentação da CVM exige medidas básicas, como a nomeação de um diretor de relações com investidores, a criação de um departamento de acionistas (ou de relações com investidores) e o fornecimento de informações periódicas, como demonstrações financeiras trimestrais.

Análise dos casos de abertura de capital no Brasil

A Tabela 2.2 apresenta as 37 companhias que realizaram suas IPOs entre os anos de 2010 e 2015. Nesse período, mais de 240 mil investidores alocaram seus recursos nessas empresas, investindo montante superior a 40 bilhões de reais. A quantidade de IPOs por ano reflete a importância da análise das condições econômicas para escolha do momento da abertura de capital.

Tabela 2.2 IPOs de empresas brasileiras (2010 a 2015)

Nome do pregão	Classificação setorial (segmento)	Início de negociação	N. total de investidores	Volume total (R$)
Aliansce	Exploração de imóveis	29/1/10	1.892	643.500.000
Multiplus	Programas de fidelização	05/2/10	1.388	692.384.000
Br Propert	Exploração de imóveis	08/3/10	1.831	934.388.000
Osx Brasil	Máquinas e equipamentos	22/3/10	184	2.450.400.000
EcoRodovias	Exploração de rodovias	1/4/10	2.647	1.368.028.500
Mills	Serviços diversos	16/4/10	1.358	685.740.734
Julio Simões	Transporte rodoviário	22/4/10	989	477.902.824
Renova	Energia elétrica	13/7/10	619	160.707.000
HRT Petróleo	Exploração e/ou refino	25/10/10	646	2.481.000.000
BR Insurance	Corretoras de seguros	1/11/10	472	644.625.000
Raia	Medicamentos	20/12/10	7.477	654.697.680

(continua)

Tabela 2.2 IPOs de empresas brasileiras (2010 a 2015) *(continuação)*

Nome do pregão	Classificação setorial (segmento)	Início de negociação	N. total de investidores	Volume total (R$)
Arezzo&Co	Tecidos, vestuário e calçados	2/2/11	9.799	565.808.847
Sierra Brasil	Exploração de imóveis	3/2/11	3.739	465.020.860
Autometal	Material rodoviário	7/2/11	3.837	454.311.620
QGEP Part	Exploração e/ou refino	9/2/11	9.722	1.515.079.361
IMC Holdings	Restaurante e similares	9/3/11	805	453.595.721
Time For Fun	Produção de eventos e shows	13/4/11	1.041	503.062.336
Magazine Luiza	Eletrodomésticos	2/5/11	36.995	886.380.736
BR Pharma	Medicamentos	27/6/11	372	414.000.000
Qualicorp	Serviços médicos, hospitalares, análises e diagnósticos	29/6/11	997	1.085.147.882
Technos	Acessórios	1/7/11	739	461.554.055
Abril Educação	Jornais, livros e revistas	26/7/11	1.604	371.134.040
Locamerica	Aluguel de carros	23/4/12	391	272.979.558
BTG Pactual	Bancos	26/4/12	7.221	3.234.375.000
Unicasa	Móveis	27/4/12	1.040	425.596.178
Linx	Programas e serviços	8/2/13	6.923	527.850.000
Senior Sol	Programas e serviços	8/3/13	1.318	57.461.993
Biosev	Açúcar e álcool	19/4/13	961	700.000.005
Alupar	Energia elétrica	24/4/13	5.310	821.226.100
BB Seguridade	Seguradoras	29/4/13	114.335	11.475.000.000
Smiles	Programas de fidelização	29/4/13	4.096	1.132.173.890
CPFL Renováveis	Energia elétrica	19/7/13	1.321	914.687.302
Anima	Serviços educacionais	28/10/13	1.487	504.056.920
Ser Educacional	Serviços educacionais	29/10/13	1.311	619.428.180
CVC Brasil	Viagens e turismo	9/12/13	2.540	541.465.600

(continua)

Tabela 2.2 IPOs de empresas brasileiras (2010 a 2015) *(continuação)*

Nome do pregão	Classificação setorial (segmento)	Início de negociação	N. total de investidores	Volume total (R$)
Ourofino S/A	Medicamentos e outros produtos	21/10/14	2.922	417.980.763
PAR Corretora	Corretoras de seguros	5/6/15	4.527	602.800.014

Verifica-se na Figura 2.6 uma drástica redução na quantidade de IPOs por ano à medida que a economia do país se degrada.

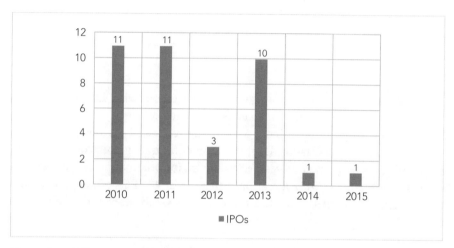

Figura 2.6 IPO por ano no Brasil.
Fonte: adaptada de BM&FBovespa (2015).

Montantes captados e tipo de emissão

Em relação aos montantes captados, a Figura 2.7 permite analisar os valores obtidos com a abertura de capital e também o direcionamento desses recursos na IPO. Verifica-se que o montante de recursos captados é decrescente entre 2010 e 2012, mas se recupera em 2013. Já com o agravamento da crise econômica brasileira entre 2014 e 2015, os volumes captados são baixos em razão da redução do número de IPOs.

Nos anos de 2010, 2011 e 2012, a maior parte dos recursos obtidos era relativa ao volume de ações primárias; portanto, recursos que foram direcionados à própria empresa. Em 2014, o volume captado com emissões primárias foi quase três

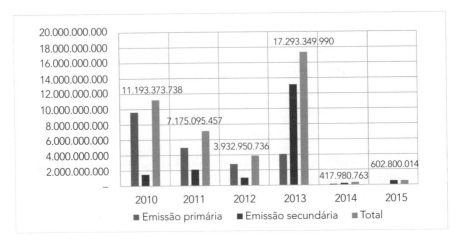

Figura 2.7 Montantes captados em emissões primária, secundária e total.
Fonte: adaptada de BM&FBovespa (2015).

vezes inferior ao volume captado com emissões secundárias. Em 2015, a única abertura de capital não contou com emissões primárias, apenas secundárias.

A Figura 2.8 permite verificar a média de recursos captados por IPO em cada um dos anos analisados. É interessante notar que o maior ou menor volume de IPOs não reflete necessariamente maior volume médio de recursos captados. Em 2010 e 2011, apesar da realização de 11 IPOs por ano, o volume médio captado foi inferior ao de 2012, quando se realizaram apenas três aber-

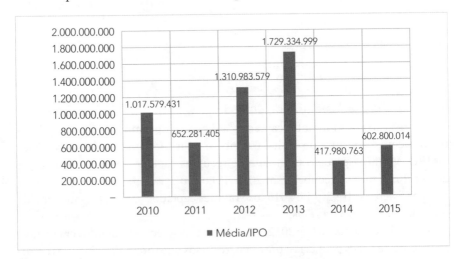

Figura 2.8 Média de recursos captados por IPO em cada ano.
Fonte: adaptada de BM&FBovespa (2015).

turas de capital. A mesma situação vale para 2013, que realizou 10 IPOs, mas obteve volume médio de recursos bastante superior aos outros anos. Em 2014, o volume foi o menor do período considerado, e em 2015 obteve-se volume próximo à média de 2011.

Pessoas físicas

A Figura 2.9 apresenta a porcentagem de pessoas físicas em relação ao total de investidores que direcionaram seus recursos para IPOs nos anos destacados. Verifica-se que a participação desses investidores é bastante relevante, variando de 92% em 2011, a maior porcentagem do período, a 80% em 2010, a menor porcentagem no intervalo.

Apesar da relevância desses investidores, não é possível fazer uma relação direta entre a porcentagem de participação e o volume de recursos financeiros investidos por essas pessoas. O que se verifica, geralmente, é que, apesar de percentualmente as pessoas jurídicas serem inferiores às pessoas físicas nas IPOs, o volume de recursos financeiros investidos por elas é superior aos recursos investidos pelas pessoas físicas.

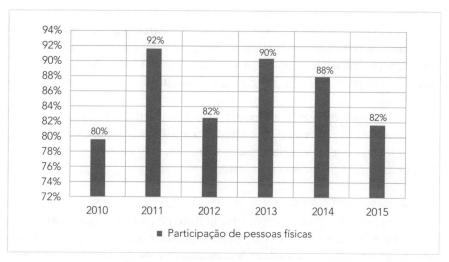

Figura 2.9 Participação de investidores pessoas físicas.
Fonte: adaptada de BM&FBovespa (2015).

Participação estrangeira

A Figura 2.10 permite visualizar a participação percentual de cada tipo de investidor em relação ao volume de recursos investidos por eles. Nota-se que historicamente existe grande participação de investidores estrangeiros e tam-

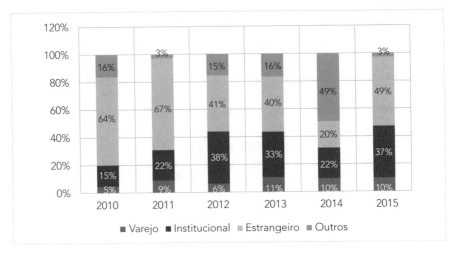

Figura 2.10 Investimentos realizados por tipo de investidor.
Fonte: adaptada de BM&FBovespa (2015).

bém de investidores institucionais nesse mercado. Já os investidores de varejo, portanto, as pessoas físicas, possuem pequena participação percentual relativa ao montante de recursos aplicados, atingindo seu valor máximo em 2013 com 11% dos recursos. Conforme visto na Figura 2.9, apesar de as pessoas físicas serem numerosas em relação às pessoas jurídicas, o volume investido é pequeno.

O grau de investimento alcançado pelo Brasil em 2008 auxiliou a vinda de recursos estrangeiros ao país; contudo, caso ele venha a perder esse selo de qualidade em razão da recente crise econômica e política, os recursos investidos por esse público deverão ser sensivelmente reduzidos.

Análise das aberturas de capital (2010-2015)

As empresas que abriram capital nos últimos cinco anos apresentam grande diversidade de segmentos de atuação. São empresas ligadas aos programas de fidelização de clientes (Multiplus e Smiles), exploração de rodovias (EcoRodovias), farmácias e medicamentos (Raia), tecidos, vestuário e calçados (Arezzo), produção de eventos e shows (Time for Fun), varejo e eletrodomésticos (Magazine Luiza), jornal, livros e revistas (Abril Educação), banco de investimentos (BTG Pactual), açúcar e álcool (Biosev), seguros (BB Seguradora), viagem e turismo (CVC), medicamentos e outros produtos (OuroFino S/A), entre inúmeros outros setores e empresas.

Quanto mais setores e empresas participarem do mercado de ações, menos volátil será a bolsa, tornando-a similar à dos países desenvolvidos, que possuem quantidade enorme de setores listados.

Não se pode generalizar quais setores apresentam condições de ter empresas de capital aberto. Pode-se afirmar que empresas que apresentam bons projetos de investimento, oportunidades de crescimento reais, setores em expansão e consolidação e setores exportadores apresentam boas condições de irem a mercado.

Entretanto, antes de pensar em abertura de capital, é necessário preparar a empresa. As companhias candidatas precisam, antes de tudo, ter suas demonstrações auditadas por empresas confiáveis, estar adaptadas ao IFRS (*International Financial Reporting Standards*), apresentar conselhos respeitáveis e equipe gerencial de primeira linha, e regras de governança corporativa muito bem delineadas, assim como um plano de sucessão.

É desejável, também, que tenham uma equipe de executivos e sócios conhecidos e apreciados pelo mercado que possuam uma imagem corporativa respeitada e que seus diretores tenham opções de ações para que possam trabalhar alinhados com os acionistas, diminuindo assim os problemas de agências que tenham membros externos no conselho de administração e que possuam um departamento de relações com investidores bem estruturados.

Novo mercado

Outro motivo muito utilizado pelos analistas para justificar a valorização das novas empresas listadas na Bovespa deve-se ao fato de que essas empresas já abrem o seu capital fazendo parte do novo mercado, segmento que reúne as empresas que atendem aos níveis mais elevados de governança corporativa.

As empresas que são negociadas nesse mercado precisam cumprir as seguintes exigências:

- Seu capital deve ser formado apenas por ações ordinárias (com direito a voto).
- Todos os acionistas têm direito à venda de suas ações pelo mesmo preço no caso de venda do controle acionário da empresa (*tag along* de 100%).
- Caso o contrato com a BM&FBovespa seja cancelado ou ocorra a deslistagem da empresa, a companhia deverá recomprar as ações de todos os acionistas por meio de oferta pública, oferecendo ao menos o seu valor econômico.
- A composição do conselho de administração deverá contar, no mínimo, com cinco membros, incluindo 20% dos conselheiros independentes, e o mandato máximo deverá ser de dois anos.
- No mínimo, 25% das ações da companhia deverão ser mantidas em circulação (*free float*).

- A divulgação dos dados financeiros deverá ser realizada de forma mais completa, por meio de relatórios trimestrais com demonstração de fluxo de caixa (DFC) e relatórios consolidados auditados e revisados por um auditor independente.
- As disponibilizações dos relatórios financeiros deverão seguir o padrão internacionalmente aceito.
- Caso os diretores, executivos e acionistas controladores realizem negociações com valores mobiliários da companhia, essas operações deverão ser divulgadas mensalmente (BM&FBovespa, 2015).

Vantagens e desvantagens da abertura de capital

Entre as principais vantagens, destacam-se: a opção de financiamento da companhia mais barata que empréstimos de longo prazo e a atenção dos executivos ao desempenho da empresa e de suas ações, uma vez que os resultados são públicos e a troca de informações com analistas e com o mercado, em geral, possibilita uma "consultoria" gratuita destes sobre as decisões estratégicas da empresa. Entre as desvantagens estão os custos relativos à abertura e manutenção de uma empresa de capital aberto, a disponibilização de informações para todos, inclusive para competidores, e, eventualmente, a pressão do mercado por resultados trimestrais, que para algumas empresas podem deturpar a visão de longo prazo.

RETENÇÃO DE RESULTADOS

Aqui será apresentada outra fonte de recurso próprio de uma empresa: o investimento proveniente do lucro líquido gerado pela atividade (Figura 2.11).

Ao final de um exercício (um ano), a empresa deve demonstrar tudo o que realizou: suas receitas, custos, despesas etc. Na apuração desses lançamentos, deve-se destacar o resultado líquido do período, que estará contemplado na conta "lucros acumulados do patrimônio líquido". Só é realizado o investimento dessa fonte quando há a migração do lucro para o capital e a devida contrapartida em investimentos de ativos. No Brasil, normalmente, 75% do resultado líquido é retido pela empresa.

O lucro líquido apurado terá a destinação que melhor convier ao empresário individual, ao sócio ou ao acionista, observados, obviamente, os limites impostos pela lei e pelo ato constitutivo da empresa. Poderá, então, ser reinvestido na própria empresa por meio de reservas e aumento de capital, com consequente investimento em ativos ou distribuído.

Enfim, o repasse do lucro líquido que for alocado ao capital e investido diretamente na empresa, independentemente da forma da empresa, torna-se mais uma fonte de recursos próprios.

Figura 2.11   Utilização das reservas de lucro para investimento em ativos.

DISTRIBUIÇÃO DE RESULTADOS

Nesta seção veremos como são realizados, nos vários tipos de empresa, o processo de distribuição de resultados e a consequente remuneração dos investidores do negócio. Todas as organizações, com ou sem fins lucrativos, públicas ou privadas, precisam ter como objetivo financeiro a obtenção de resultados positivos; caso não o façam, estarão premiando a incompetência da gestão.

É válido ressaltar que a distribuição de resultados deve ser realizada em todo tipo de sociedade, sob pena de serem nela criados mecanismos artificiais de distribuição, como a alocação de despesas pessoais ou familiares nas contas da sociedade, em completa dissonância com a realização dos resultados, por exemplo.

Organizações que não objetivam resultados acabam falindo, em razão de não gerarem recursos para a sua manutenção no tempo. O resultado não precisa ser necessariamente distribuído. No entanto, ele precisa ser obtido para gerar aplicações em investimentos para manutenção ou crescimento da organização.

Assim, reforça-se que toda organização precisa ter como objetivo a obtenção de resultado.

Conforme pode ser observado na Figura 2.12, será analisada a passagem de recursos do patrimônio líquido para o passivo por meio do lucro líquido gerado. Essa distribuição nada mais é que o pagamento ao sócio pelo investimento feito na empresa por meio do capital. No caso do empresário individual, o resultado apurado é totalmente revertido a ele próprio, no final do exercício, assim como o prejuízo é também de responsabilidade do mesmo. Nas sociedades simples e nas sociedades limitadas, normalmente os resultados são distribuídos de acordo com a deliberação dos sócios, tomadas dentro

Figura 2.12   Utilização das reservas de lucros para a distribuição de dividendos.

dos limites impostos pela lei e pelo contrato social. Nada impede que os sócios distribuam somente parte dos lucros e reinvistam o restante. Nas sociedades anônimas, o resultado líquido que não é reinvestido na forma de reservas ou aumento de capital é dividido entre os acionistas de acordo com sua participação (número de ações).

A distribuição de resultados da sociedade anônima ocorre por meio dos dividendos. O dividendo é a reversão para o acionista de parte do lucro líquido da empresa. Para isso, a legislação brasileira determina que ao menos 25% do lucro líquido apurado no balanço anual deve ser distribuído aos acionistas (Lei das SAs, n. 6.404, de dezembro de 1976, art. 202). Valor inferior a 25% poderá ser distribuído desde que aprovado em assembleia de forma unânime.

Caso a empresa não estipule em seu estatuto social a porcentagem mínima do lucro líquido a ser distribuído, a mesma lei determina que ela será de 50%, diminuída ou acrescida das importâncias destinadas à reserva legal e à formação de reserva de contingências.

Os dividendos há muito são estudados, tanto pelas empresas como pelo meio acadêmico. Desses estudos resultaram políticas de distribuição, estratégias determinantes e outros aspectos que serão abordados ao longo desta seção. Além disso, será demonstrado o processo de pagamento de dividendos e outros direitos e proventos que remuneram os acionistas de alguma forma.

Evidências históricas dos dividendos

Segundo Damodaran (2002), em uma análise feita nos Estados Unidos, várias são as conclusões que podem ser tiradas sobre os dividendos. A primeira delas é que os dividendos tendem a acompanhar os lucros. Isso não deve causar surpresa, pois geralmente só há pagamento de dividendos se houver lucros. Ainda nesse estudo, pode-se perceber que a mudança nos dividendos acompanha a mudança nos lucros, de modo que a série de dividendos é mais uniforme que a série de lucros. Quanto à última percepção citada, estudos comprovam que a variação dos rendimentos de lucros entre empresas é muito maior que a variação em rendimentos de dividendos.

A segunda evidência relacionada aos dividendos demonstra que as empresas normalmente não modificam seus dividendos com frequência. Essa relutância está enraizada em diversos fatores. Dentre eles, destacam-se a preocupação em manter os dividendos elevados em períodos futuros e a visão negativa do mercado quanto a quedas no pagamento de dividendos.

Por último, a evidência de que a política de dividendos tende a seguir o ciclo de vida da empresa não causa surpresa, uma vez que geralmente as empresas adotam a política que melhor se adapta ao momento específico de seu ciclo de vida.

Entretanto, existem diferenças de políticas de dividendos entre os países. Essas diferenças são atribuídas a três fatores:

1. Diferenças no estágio de crescimento, de forma simples e objetiva: em países de maior crescimento pagam-se menos dividendos.
2. Diferenças no tratamento tributário: em alguns países, como o Brasil, o dividendo não é tributado, evitando-se a bitributação adotada nos Estados Unidos.
3. Diferenças no controle das empresas: os administradores, por exemplo, têm tendência muito maior para acumular fundos que os acionistas.

Outra discussão acerca dos dividendos é quanto à sua relevância. Há uma escola de pensamento que defende que o montante pago por uma empresa em dividendos é irrelevante e que os acionistas são indiferentes em relação a receber dividendos. Essa teoria advém de estudos de Miller e Modigliani (1961), e o pressuposto desse argumento consiste em que as empresas que pagam mais dividendos oferecem valorização menor, mas devem fornecer o mesmo retorno total para os acionistas, dadas as suas características. Portanto, se não há impostos ou se os dividendos e os ganhos de capital são tributados com a mesma taxa, os investidores devem ser indiferentes entre receber seus retornos como dividendos ou valorizar o preço das ações.

Para que esse argumento de irrelevância se confirme, além de supor que não haja vantagem ou desvantagem tributária associada com dividendos, temos que aceitar algumas condições ou pressupostos, como:

- Não há custos de transação associados à conversão da valorização do preço em moeda por meio da venda das ações. Se isso não for verdadeiro, os investidores que precisam urgentemente de recursos podem preferir receber dividendos.
- Empresas que pagam dividendos em excesso podem emitir ações, mais uma vez sem custos de flutuação ou de transação, para investir em bons projetos.
- As decisões da empresa sobre investimento não são afetadas por suas decisões sobre dividendos, e os fluxos de caixa operacionais são os mesmos, seja qual for a política adotada.
- Administradores de empresa que pagam poucos dividendos não desperdiçam o caixa, buscando seus próprios interesses.

Diante desses pressupostos, pode-se ter realmente uma prova da irrelevância dos dividendos. No entanto, se os dividendos são irrelevantes, as empresas estão gastando tempo desnecessariamente com uma questão a respeito da qual seus acionistas são indiferentes. Uma série de importantes implicações resulta dessa afirmação, entre elas a de que o valor de mercado de uma empresa não deve mudar quando a sua política de dividendos muda. Estudos empíricos brasileiros demonstram que, em longo prazo, não há correlação positiva entre a política de dividendos e o retorno das ações. Alguns estudos relatam que a correlação existente é negativa, pois quando há elevada distribuição de dividendos o valor da empresa tende a diminuir.

A questão dos impostos incidentes nos dividendos também é amplamente discutida. Uma segunda escola de pensamento argumenta que os dividendos criam uma desvantagem para quem os recebe, tendo em vista que são mais pesadamente tributados que em outra alternativa, como ganhos de capital. No entanto, isso varia de país para país. Por exemplo, nos Estados Unidos há bitributação, sendo que a primeira tributação ocorre sobre a empresa, e a segunda, sobre o investidor. Na Inglaterra é permitido aos investidores um crédito tributário; na Alemanha, a parte das receitas pagas como dividendos é tributada com uma alíquota mais baixa que a parte reinvestida na empresa. No Brasil, desde 1996, não há tributação sobre os dividendos. No entanto, é válido ressaltar que há tributação sobre o lucro, o qual é utilizado como base de cálculo dos dividendos.

Políticas de distribuição de dividendos

Na prática, todas as empresas buscam a política de distribuição de dividendos ótima. E qual seria essa política? A distribuição de dividendos ótima é aquela que atinge o equilíbrio entre dividendos correntes e crescimento futuro que maximiza o preço da ação (Brigham e Houston, 1999).

Para atingir esse equilíbrio, várias alternativas são aplicadas na prática. A seguir, elas serão destacadas e detalhadas.

Política do dividendo residual

Essa é a política pela qual o dividendo pago é igualado aos lucros realizados menos a quantia de lucros retidos necessária para financiar o orçamento de capital ótimo da empresa. Para isso, a empresa deve percorrer as etapas a seguir discriminadas:

- Determinar o orçamento de capital ótimo.
- Determinar a quantia de capital necessária para financiar o orçamento.
- Utilizar lucros retidos para fornecer o componente capital próprio, na quantia possível.
- Pagar dividendos somente se estiverem disponíveis mais lucros que os necessários para alimentar o orçamento de capital ótimo (em países onde o dividendo é fixado, como no caso brasileiro, essa etapa fica comprometida).

A palavra "residual" significa "que sobra", e a política residual implica que devem ser pagos dividendos somente com lucros que sobram.

A base da política residual é o fato de que os investidores preferem que a empresa retenha e reinvista os lucros, em vez de distribuí-los sob a forma de dividendos, se a taxa de retorno que a empresa consegue obter sobre os lucros reinvestidos excede a taxa de outros investimentos de risco comparável.

Dividendos constantes ou em crescimento estável

No passado, muitas empresas fixavam um dividendo anual específico em valor por ação e o mantinham, aumentando-o somente quando parecia claro que os lucros futuros seriam suficientes para permitir a manutenção do novo dividendo. Uma regra geral adotada por essa política é a de que nunca se poderia reduzir o dividendo anual.

Dividendo regular baixo mais dividendos extraordinários

Uma política de pagar dividendo baixo, mais um extra no fim do ano, nos anos bons, é um meio-termo entre um dividendo estável (ou uma taxa de crescimento estável) e uma taxa de distribuição constante.

Os diretores podem fixar um dividendo regular relativamente baixo e suplementá-lo com um dividendo extraordinário, nos anos em que estão disponíveis fundos excedentes.

> Vale ressaltar que, de acordo com a legislação brasileira, deve-se obrigatoriamente distribuir os dividendos de acordo com o estatuto da empresa, sendo que a Lei n. 6.404 determina um pagamento mínimo obrigatório de 25% do lucro líquido.

Medidas de política de dividendos

Existem duas medidas comumente utilizadas para analisar os dividendos de uma empresa. A primeira medida diz respeito à mensuração do rendimento de dividendos e pode ser calculada pela seguinte fórmula:

$$\text{Rendimento de dividendos} = \frac{\text{Dividendos anuais por ação}}{\text{Preço de mercado da ação}}$$

A segunda medida, também muito utilizada, é o índice de pagamento de dividendos, que relaciona dividendos pagos com o lucro da empresa. A fórmula dessa medida é a seguinte:

$$\text{Payout} = \frac{\text{Dividendos distribuídos}}{\text{Lucro líquido do exercício}} \; v$$

Estratégias da distribuição de dividendos

No que diz respeito às estratégias empregadas na distribuição de dividendos, tanto o investidor como a empresa procuram sempre satisfazer às suas necessidades. Todavia, também devem ser analisadas as diversas situações da empresa ou do investidor. Algumas dessas estratégias de distribuição de dividendos são destacadas e exploradas a seguir.

- **Falácia do pássaro na mão** – mais vale um dividendo agora que um ganho de capital futuro (investidores mais seguros, aversão ao risco). Essa estratégia admitida pelo investidor pode trazer sérios problemas de interpretação, pois a escolha não é entre dividendos hoje e ganhos de capital incertos no futuro, mas entre dividendos hoje e um montante quase equivalente em aumento de preço hoje.
- **Superávit temporário de caixa** – geração de caixa em excesso. Em alguns casos, as empresas são tentadas a pagar dividendos maiores frente à geração de caixa em excesso. No entanto, isso deve ser muito bem analisado, visto

que podem existir projetos de longo prazo da empresa que necessitem de recursos, de modo que esse dinheiro pode ser mais bem aplicado.
- **Alguns investidores gostam de dividendos** – as famosas ações de viúva dos Estados Unidos. Além desse exemplo, existem evidências empíricas de que em certos tipos de ações, aliadas à questão tributária, em que não se pagam impostos sobre os dividendos, estes são extremamente compensadores. Vários estudos comprovam essas teorias.
- **Questão tributária e legal** – em alguns países, como o Brasil, os dividendos podem ser extremamente interessantes para os investidores, uma vez que são obrigatórios por lei e não são taxados.
- **Efeito clientela** – é a tendência dos investidores a recomprarem ações em empresas que têm políticas de dividendos que casam com suas preferências por dividendos altos, baixos ou nulos.
- **Sinalização de informações ao mercado** – o mercado financeiro examina cada medida que uma empresa toma e que tenha implicações sobre o fluxo de caixa e o valor da empresa. Assim, muitas vezes, os dividendos estrategicamente podem aparecer tanto como sinal positivo quanto negativo, visando a um objetivo estratégico da empresa dentro do mercado.

Processo de distribuição de dividendos

O processo de distribuição de dividendos segue algumas etapas básicas: data de declaração, data de registro, data de ex-dividendos e data de pagamento.

Na data de declaração, a diretoria da empresa emite uma declaração de distribuição de dividendos. A próxima data a ser cumprida é a de registro dos proprietários. Cerca de quatro dias úteis antes da data de registro, ocorre a data de ex-dividendos, quando o direito ao dividendo deixa de acompanhar a ação. Chegando a data de registro, o acionista é registrado e passa a ser detentor do dividendo a ser pago. Logo depois, na data de pagamento, a data determinada pela data de declaração, é efetuado o crédito ao acionista registrado.

Outros direitos e proventos de uma ação

Além dos dividendos, existem outros direitos e proventos que remuneram o acionista, como:

- **Juros sobre o capital próprio** – devem ser tratados como dividendos, mas são calculados com base em legislação própria (Lei n. 9.249, de 1995). O montante dos juros remuneratórios do capital passível de dedução como despesa operacional limita-se ao maior dos seguintes valores: 50% do lucro líquido do período de apuração a que corresponder o pagamento ou crédito dos juros, após a dedução da contribuição social sobre o lucro líquido e antes da provisão para o imposto de renda e da dedução dos referidos juros ou 50% dos saldos de lucros acumulados e reservas de lucros de períodos anteriores e remuneração do capital até o valor da taxa de juros de longo prazo (TJLP). O valor desembolsado é considerado despesa e, portanto, descontado do lucro tributável, diminuindo o imposto de renda a ser pago pela empresa. O acionista é tributado conforme a legislação pertinente.

- **Direito de preferência na subscrição de ações** – direito dos acionistas de aquisição de ações por aumento de capital, com preço e prazo determinados. Bonificação: distribuição gratuita de novas ações aos acionistas, em função do aumento de capital por incorporação de reservas.
- *Split* **ou desdobramento** – distribuição gratuita de novas ações aos acionistas, pela diluição do capital em maior número de ações, com objetivo, entre outros, de dar liquidez.
- **Agrupamento ou** *inplit* – condensação do capital em menor número de ações e, consequentemente, aumento do valor das ações, com o objetivo, dentre outros, de valorizar sua imagem no mercado.
- **Bônus de subscrição** – é adquirido por um preço unitário em determinada data, dando ao seu portador o direito de subscrever nova ação dentro de um prazo determinado, por um preço complementar, corrigido monetariamente ou não.
- **Partes beneficiárias** – títulos nominativos e endossáveis, negociáveis, sem valor nominal e estranhos ao capital social das sociedades anônimas que darão aos seus titulares um direito de crédito eventual contra a companhia.

RESUMO

O patrimônio líquido corresponde à diferença entre o conjunto de bens e direitos (ativo) e as obrigações (passivo) da empresa. Há duas formas de captar recursos próprios para a empresa: por meio dos investidores na formação da empresa e nos aportes de capital seguintes, pelo reinvestimento dos lucros da empresa. No Brasil, a atividade econômica é preponderantemente explorada pelas seguintes formas jurídicas: empresa individual, sociedade simples, sociedade limitada e sociedade anônima. No caso do empresário individual, o resultado apurado é totalmente revertido a ele próprio, no final do exercício. Na sociedade simples e na sociedade limitada, normalmente os resultados são distribuídos de acordo com a deliberação dos sócios, tomada dentro dos limites impostos pela lei e pelo contrato social. Nada impede que os sócios distribuam somente parte dos lucros e reinvistam o restante. Nas sociedades anônimas, o resultado líquido que não é reinvestido, na forma de reservas ou aumento de capital, é dividido entre os acionistas de acordo com sua participação (número de ações). Na prática, todas as empresas buscam a política de distribuição de dividendos ótima, ou seja, aquela que atinge o equilíbrio entre dividendos correntes e crescimento futuro que maximize o preço da ação. Para atingir esse equilíbrio, várias alternativas são aplicadas, como a política do dividendo residual, dividendos constantes, dividendo regular baixo mais dividendos extraordinários e medidas de política de dividendos. O processo de distribuição de dividendos segue etapas básicas, envolvendo desde a data de declaração até a data de pagamento. Além dos dividendos, existem outros direitos e proventos que remuneram o acionista, como juros sobre o capital próprio, direito de subscrição, *split*, *inplit*, bônus de subscrição e partes beneficiárias.

QUESTÕES

1. Defina o patrimônio líquido e sua composição.
2. Quais são as fontes de recursos próprios?
3. O que são sociedades empresárias? Como são classificadas?
4. Dos tipos de sociedades empresárias, quais são os que mais se destacam no Brasil? Explique.
5. Em relação à formação do capital e à distribuição de resultados, diferencie empresário individual, sociedade simples, sociedade limitada e sociedade anônima.
6. Descreva o processo de abertura de capital de uma empresa.
7. Quais fatores influenciam a diferença na política de dividendos dos países?
8. Quais são as alternativas utilizadas pelas organizações para atingir o equilíbrio entre dividendos correntes e crescimento futuro que maximiza o preço da ação?
9. Quais as medidas comumente utilizadas para analisar os dividendos de uma empresa? Explique.
10. Quais as estratégias de dividendos? Explique.

EXERCÍCIOS

1. "Líder absoluta no mercado nacional de cigarros, a Souza Cruz é um dos cinco maiores grupos empresariais do Brasil e subsidiária da British American Tobacco, o mais internacional dos grupos de tabaco, com marcas comercializadas em 180 países do mundo. Fundada pelo imigrante português Albino Souza Cruz, em abril de 1903, no Rio de Janeiro, a Souza Cruz atua em todo o ciclo do produto, desde a produção e processamento de fumo até

a fabricação e distribuição de cigarros. Sua cadeia produtiva, que tem importante impacto social e econômico, inclui desde 45 mil produtores agrícolas familiares até mais de 200 mil pontos de venda atendidos diretamente pela companhia" (Disponível em: <http://www.souzacruz.com.br/>).
Com base em demonstrativos financeiros, relatórios de emissão de ações e análise do setor, analise:
a) Diversificação de investimentos e reinvestimentos.
b) Pagamento de dividendos.
c) Rentabilidade.

2. Relacione o mercado de tabaco, os resultados e as ações da empresa.
3. A partir do contexto apresentado pelo mercado de tabaco, relacione as emissões de ações da empresa e o pagamento dos dividendos, bem como investimentos e diversificação.

ESTUDO DE CASO

A seguir são apresentadas notícias anteriores e posteriores à IPO da empresa Ouro Fino S/A. O objetivo é observar quais eram as expectativas sobre a abertura de capital e o que efetivamente ocorreu. É importante destacar que a IPO ocorreu em outubro de 2014, sendo inclusive a única do ano. Após a leitura, analise o passivo e o patrimônio líquido da empresa e responda às questões.

1. Anúncio de início da oferta pública de distribuição primária e secundária de ações ordinárias de emissão da Ouro Fino Saúde Animal Participações S/A.

    Comunica o início da oferta pública de distribuição (a) **primária** de, inicialmente, 1.923.077 (14,28%) ações ordinárias e (b) **secundária** de, inicialmente, 11.538.462 (85,72%) ações ordinárias, ao preço de R$ 27,00 por ação, perfazendo o total de R$ 363.461.553 e totalizando 13.461.539 ações.

2. General Atlantic deve garantir oferta inicial de ações da Ouro Fino.

    A General Atlantic terá papel âncora na abertura de capital da Ouro Fino. Após a oferta inicial de comprar todas as ações que se propôs, a empresa passará a deter uma fatia de 14,26% da companhia. O acordo firmado entre o fundo de *private equity* e os fundadores da empresa prevê a saída de três acionistas (Dolivar, Fábio e Carlos); já os acionistas majoritários e fundadores da empresa (Jardel e Norival) reduzirão sua participação de 36,88%

cada para 25,94% cada. O BNDESpar também venderá parte de suas ações na IPO, reduzindo sua participação de 19,93% para 10,93%.

3. Ouro Fino, único IPO do ano, estreia com alta de 2,2%.

A companhia especializada em agronegócio Ouro Fino fez hoje (21/10/2014) sua estreia na Bovespa com alta, confirmando as previsões do mercado após o sucesso da oferta inicial de ações e somou R$ 418 milhões.

A Ouro Fino vendeu cada um dos 15,46 milhões de papéis a R$ 27, o valor máximo do intervalo sugerido pelos organizadores JP Morgan, Itaú BBA, Bradesco BBI e BB Investimentos.

Do total arrecadado pela novata, R$ 106 milhões ficarão nos cofres da companhia para investimentos (oferta primária) e o restante irá para os sócios da empresa (oferta secundária).

Tabela 2.3 Passivo e patrimônio líquido Ouro Fino S/A – 6/2014 a 12/2014

	30/6/2014	30/9/2014	31/12/2014
Passivo total	533.574	545.645	627.261
Passivo circulante	135.520	189.698	176.904
Obrigações sociais e trabalhistas	21.908	26.339	24.912
Fornecedores	28.628	24.947	22.390
Obrigações fiscais	3.727	4.439	6.401
Empréstimos e financiamentos	66.461	98.359	103.093
Passivos com partes relacionadas	2.819	24.257	0
Dividendos e JCP a pagar	0	0	8.959
Outros	11.977	11.357	11.149
Passivo não circulante	181.996	128.168	120.288
Empréstimos e financiamentos	150.163	121.994	112.560
Passivos com partes relacionadas	22.857	0	0
Outros	830	1.002	1.164
Tributos diferidos	2.903	2.123	3.812
Provisões	3.007	2.954	2.664
Participação dos acionistas não controladores	2.236	95	88
Patrimônio líquido	216.058	227.779	330.069
Capital social realizado	188.627	192.446	298.889
Reservas de capital	0	0	–6.275

(continua)

Tabela 2.3 Passivo e patrimônio líquido Ouro Fino S/A – 6/2014 a 12/2014 (*continuação*)

	30/6/2014	30/9/2014	31/12/2014
Reservas de lucros	0	0	22.136
Lucros/prejuízos acumulados	15.058	19.971	0
Ajustes de avaliação patrimonial	12.373	15.362	15.319

Fonte: adaptada de Fundamentus (2015).

1. A IPO da Ouro Fino foi bem-sucedida? Qual era a expectativa do número de ações negociadas na IPO e o que realmente foi efetivado nessa oferta inicial? Qual o principal objetivo dessa IPO? Justifique.

2. Analise a participação do passivo de curto prazo, de longo prazo e do patrimônio líquido em relação ao passivo total da Ouro Fino nos períodos de 6/2014 a 12/2014. Quais as alterações percebidas no período? Qual a alteração no patrimônio líquido e como justificá-la?

3. Em 12/2014, a Ouro Fino possuía maior participação de capital de terceiros ou de capital próprio em sua estrutura de capital? Seus empréstimos e financiamentos se concentravam no curto ou no longo prazo? De maneira geral, houve aumento ou redução do seu endividamento oneroso? Justifique.

REFERÊNCIAS

ASSAF NETO, A. *Mercado financeiro*. 6.ed. São Paulo: Atlas, 2005.
ASSAF NETO, A.; LIMA, F.G. *Curso de administração financeira*. 3.ed. São Paulo: Atlas, 2014.
BM&FBOVESPA. *Ofertas públicas*. Disponível em: <http://www.bmfbovespa.com.br/pt-br/mercados/acoes/ofertas-publicas/ofertas-publicas.aspx?idioma=pt-br>. Acesso em: 1 dez. 2015.
_____. *Ser companhia aberta e poder contar com o mercado de capitais para crescer*. Disponível em: <http://www.bmfbovespa.com.br/pt-br/a-bmfbovespa/download/ComoEPorque_internet.pdf>. Acesso em: 1 dez. 2015.
_____. *Como e por que tornar-se uma companhia de capital aberto: utilizando o mercado de capitais para crescer*. Disponível em: <http://www.bmfbovespa.com.br/pdf/guiaaber.pdf>. Acesso em: 2 dez. 2015.
_____. *Novo mercado*. Disponível em: <http://www.bmfbovespa.com.br/pt-br/servicos/solucoes-para-empresas/segmentos-de-listagem/novo-mercado.aspx?idioma=pt-br>. Acesso em: 3 dez. 2015.
BRASIL. Lei n. 10.406, de 10 de janeiro de 2002. *Código Civil Brasileiro*. Legislação Federal. Disponível em: <http: http://www.planalto.gov.br/ccivil_03/leis/2002/L10406.htm>. Acesso em: 30 nov. 2015.
BRAU, J.; FAWCETT, S. Initial public offerings: an analysis of theory and practice. *The Journal of Finance*, v. 47, n. 3, 2006.

BRIGHAM, E.F.; HOUSTON, J.F. *Fundamentos da moderna administração financeira*. Rio de Janeiro: Campus, 1999.

[CPC] COMITÊ DE PRONUNCIAMENTOS CONTÁBEIS. *CPC-00*: Pronunciamento contábil básico (R1). Estrutura conceitual para elaboração e divulgação de relatório contábil-financeiro. Brasília, 12 de novembro de 2015. Disponível em: <http://static.cpc.mediagroup.com.br/Documentos/147_CPC00_R1.pdf>. Acesso em: 9 nov. 2015.

DAMODARAN, A. *Avaliação de investimentos*. Rio de Janeiro: Qualitymark, 1997.

_____. *Finanças corporativas aplicadas*. Trad. Jorge Ritter. Porto Alegre: Bookman, 2002.

FUNDAMENTOS. *Dados históricos OFSA3*. Disponível em: <http://fundamentus.com.br/balancos.php?papel=OFSA3&tipo=1>. Acesso em: 4 abr. 2015.

GALLO, A.J.M. *Estrutura de capital no Brasil: estudo da participação do BNDES nas empresas que realizaram ofertas públicas de ações no período de 2004-2008*. 130 p. Dissertação. Belo Horizonte: Universidade Federal de Minas Gerais, 2009.

MARTELANC, R.; TRIZI, J.S.; PACHECO, A.A.S. et al. *Utilização de metodologias de avaliação de empresas: resultados de uma pesquisa no Brasil*. São Paulo: Semead, 2005.

MILLER, M.; MODIGLIANI, F. Dividend policy, gowth and the valuation of shares. *The Journal of Business*, v. 34, n. 4, p. 411-33, 1961.

PWC. *Como abrir o capital da sua empresa no Brasil (IPO): início de uma nova década de crescimento*. Disponível em: <http://www.bmfbovespa.com.br/pt-br/educacional/download/BMFBOVESPA-Como-e-por-que-tornar-se-uma-companhia-aberta.pdf>. Acesso em: 1 dez. 2015.

PINHEIRO, J.L. *Mercado de capitais: fundamentos e técnicas*. São Paulo: Atlas, 2001.

SANTOS, C.M.; PIMENTA JÚNIOR, T.; CICCONI, E.G. Determinantes da escolha da estrutura de capital das empresas brasileiras de capital aberto: um survey. *Revista de Administração* (FEA-USP), v. 44, p. 70-81, 2009.

WELCH, I. Columbus' egg: The real determinant of capital structure. *National Bureau of Economic Research*, Working Paper 8782, 2002.

WELSCH, G.A. *Orçamento empresarial*. 4.ed. São Paulo: Atlas, 1996.

BIBLIOGRAFIA SUGERIDA

ARENA DO PAVINI. *Ouro Fino, único IPO do ano, estreia com alta de 2,2%*. Disponível em: <http://www.arenadopavini.com.br/artigos/ofertas-publicas/ouro-fino-unico-ipo-ano-estreia-com-alta-de-22>. Acesso em: 4 abr. 2015.

ASSAF NETO, A. *Finanças corporativas e valor*. São Paulo: Atlas, 2003.

BREALEY, R.A.; MYERS, S.C.; MARCUS, A.J. *Fundamentos da administração financeira*. 3.ed. Rio de Janeiro: McGraw-Hill, 2002.

CARVALHO, C.N.; MAGALHÃES, G. *Análise econômico-financeira de empresas*. Lisboa: Universidade Católica Editora, 2002.

COPELAND, T.; KOLLER, T.; MURRIN, J. *Avaliação de empresas*. 3.ed. São Paulo: Makron Books, 2002.

ESTADÃO. *General Atlantic deve garantir oferta inicial de ações da Ouro Fino*. Disponível em: <http://economia.estadao.com.br/noticias/geral,general-atlantic-deve-garantir-oferta-inicial-de-acoes-da-ourofino-imp-,1568853>. Acesso em: 4 abr. 2015.

FERREIRA, A.B.H. *Dicionário Aurélio básico da língua portuguesa*. Rio de Janeiro: Nova Fronteira, 1988.

[FIPECAFI] Fundação Instituto de Pesquisas Contábeis, Atuariais e Financeiras. *Manual de contabilidade das sociedades por ações: aplicável às demais sociedades*. 6.ed. São Paulo: Atlas, 2003.

FORTUNA, E. *Mercado financeiro: produtos e serviços*. 15.ed. Rio de Janeiro: Qualitymark, 2002.

GITMAN, L.J. *Princípios de administração financeira: essencial*. 2.ed. Porto Alegre: Bookman, 2001.

GROPPELLI, A.A.; NIKBAKHT, E. *Administração financeira*. 3.ed. São Paulo: Saraiva, 1998.

MARION, J.C. *Contabilidade empresarial*. 8.ed. São Paulo: Atlas, 1998.

OLIVEIRA, D.P.R. *Planejamento estratégico: conceitos, metodologia e práticas*. 12.ed. São Paulo: Atlas, 1998.

OURO FINO. *Aviso ao mercado – 07/10*. Disponível em: <http://ri.ourofino.com/conteudo_pt.asp?idioma=0&conta=28&tipo=52954&id=0&submenu=0&img=0&ano=2014>. Acesso em: 4 abr. 2015.

RAPAPPORT, A. *Gerando valor para o acionista*. São Paulo: Atlas, 2001.

ROSS, S.A.; WESTERFIELD, R.W.; JAFFE, J.F. *Administração financeira*. Trad. Antônio Zorato Sanvicente. São Paulo: Atlas, 1995.

SAMUELS, J.M. et al. *Management of company finance*. London: International Thomson Business Press, 1996.

SANVICENTE, A.Z.; SANTOS, C.C. *Orçamento na administração de empresas: planejamento e controle*. 2.ed. São Paulo: Atlas, 1983.

SILVA, J.P. *Análise financeira das empresas*. 4.ed. São Paulo: Atlas, 1999.

SILVA, L.R.; BRITO, V.B. *O novo código civil para contadores*. São Paulo: IOB Thomson, 2003.

SOUZA, A.; CLEMENTE, A. *Decisões financeiras e análise de investimentos: fundamentos, técnicas e aplicações*. 5.ed. São Paulo: Atlas, 2004.

VAN HORNE, J.C. *Financial management and policy*. 12.ed. New York: Prentice Hall, 2002.

WESTON, J.F.; BRIGHAM, E.F. *Fundamentos da administração financeira*. São Paulo: Makron Books, 2000.

WRIGHT, P.L.; KROLL, M.J.; PARNELL, J. *Administração estratégica: conceitos*. São Paulo: Atlas, 2000.

3
GESTÃO DA CAPTAÇÃO DE RECURSOS DE TERCEIROS DE LONGO PRAZO

Após a leitura deste capítulo, você poderá compreender as diferenças entre os participantes do mercado monetário, de crédito, de capitais e de câmbio, conhecendo assim as características das instituições e fontes de recursos de longo prazo presentes nesses mercados. Você será capaz também de diferenciar as vantagens e desvantagens na utilização de cada opção de fonte de financiamento de longo prazo, tanto no Brasil como aquelas fornecidas por instituições financeiras internacionais e demais mecanismos de captação de recursos de terceiros no exterior. Além disso, com bases em todos esses conhecimentos sobre as fontes de financiamento de longo prazo, espera-se que você seja capaz de avaliar qual a melhor fonte de financiamento e instrumento para a captação de recursos de terceiros de longo prazo para cada tipo de situação.

O objetivo da administração de uma empresa é gerar valor. O valor pode ser gerado por meio de diversas estratégias financeiras, entre as quais citam-se os financiamentos de longo prazo que a organização necessita obter a fim de realizar seus projetos de investimentos, como os de ampliação do volume de atividade, de reposição e modernização de ativos fixos, de pesquisa e desenvolvimento, de arrendamento ou aquisição ou, ainda, outros projetos de investimento de capital que visem ao aumento do valor da empresa em longo prazo.

O montante de dinheiro investido em uma empresa está representado no seu balanço patrimonial pelo ativo, composto por ativo circulante e não circulante. Em contrapartida, o capital de longo prazo utilizado para o financiamento desses investimentos está demonstrado nas contas do não circulante e do patrimônio líquido, que representam fontes de financiamento de longo prazo vindas de terceiros e obtidas por meio de recursos próprios, respectivamente.

O Quadro 3.1 apresenta uma visão sintética do balanço patrimonial de uma empresa e auxilia na identificação das contas que serão o objeto de estudo deste capítulo, apresentando as principais contas que compõem o ativo e o passivo de longo prazo de uma empresa. Como o objetivo deste capítulo é estudar a gestão da captação de recursos de terceiros de longo prazo, os estudos focarão os recursos presentes nas contas do passivo.

Quadro 3.1 Visão sintética do balanço patrimonial

Ativo	Passivo
Circulante	Circulante
Não circulante	Não circulante
Realizável a longo prazo	Patrimônio líquido
Investimentos	
Imobilizado	
Intangível	

Conforme observado, a empresa pode obter recursos de longo prazo para financiar seus projetos de investimento por meio de terceiros ou com o seu próprio capital. O capital de terceiros de longo prazo se encontra disponível no mercado de crédito e no mercado de capitais, nacional e internacional.

O mercado de crédito é constituído por todas as instituições financeiras bancárias ou monetárias que têm como objetivo suprir a demanda por crédito, de curto, médio ou longo prazos. Caracteriza-se por funcionar a partir de normas contratuais, que envolvem tomadores finais de crédito, doadores finais e intermediários do processo de concessão. Tais normas contratuais estabelecem o valor da operação, o destino de uso dos recursos, o custo do crédito, o prazo, as garantias oferecidas e a forma de liquidação.

As operações no mercado de capitais usualmente são de longo prazo e envolvem a negociação de títulos representativos do capital de empresas (ações) ou de empréstimos feitos por empresas (debêntures conversíveis, bônus de subscrição) sem participação de intermediários bancários.

O MERCADO FINANCEIRO BRASILEIRO

O mercado financeiro pode ser definido como "o conjunto de instituições que se dedicam, de alguma forma, ao trabalho de propiciar condições satisfatórias para a manutenção de um fluxo de recursos entre poupadores e investidores" (Fortuna, 2002). Segundo Pinheiro (2001), o mercado financeiro é o "lugar pelo qual se produz um intercâmbio de ativos financeiros e se determinam seus preços". Em suma, o mercado financeiro é formado por outros quatro mercados, chamados de mercado de crédito, de capitais, de câmbio e monetário.

De acordo com Cavalcante Filho e Misumi (2001), a existência de unidades econômicas com superávit em seus orçamentos e unidades deficitárias ou com projetos de investimentos que exijam recursos acima dos disponíveis resulta em oferta e procura de dinheiro, com as unidades tomadoras tendo que pagar um prêmio (juros ou participação nos lucros) às unidades superavitárias para que estas abram mão dos recursos. Podemos representar essas unidades superavitárias por indivíduos e/ou empresas com sobra de caixa ou de orçamento, enquanto as unidades deficitárias podem ser representadas pelos indivíduos e/ou empresas com falta desses recursos financeiros. Dessa forma, o mercado financeiro age para cobrir as necessidades de recursos em ambas, de ambos os lados.

O sistema financeiro nacional é constituído por três subsistemas, classificados em órgãos normativos, entidades supervisoras e operadores. O subsistema normativo regula e define as políticas e diretrizes gerais do sistema financeiro; o subsistema composto pelas entidades supervisoras é responsável por fiscalizar as instituições sob sua responsabilidade, aplicando as instruções normativas definidas pelos órgãos competentes, dentre outras funções de caráter executivo; o subsistema operativo é composto por todas as demais instituições financeiras que participam desse sistema, sendo responsáveis pela atividade de intermediação dos recursos dos indivíduos e organizações consideradas superavitárias com as deficitárias. Os Quadros 3.2 a 3.4 representam as instituições que fazem parte de cada subsistema do Sistema Financeiro Nacional e suas principais atribuições.

Quadro 3.2 Instituições do subsistema normativo do Sistema Financeiro Nacional

Instituição	Principais funções
Conselho Monetário Nacional (CMN)	Estabelecer as diretrizes gerais das políticas monetária, cambial e creditícia; regular as condições de constituição, funcionamento e fiscalização das instituições financeiras; disciplinar os instrumentos de política monetária e cambial

(continua)

Quadro 3.2 Instituições do subsistema normativo do Sistema Financeiro Nacional *(continuação)*

Instituição	Principais funções
Conselho Nacional de Seguros Privados (CNSP)	Órgão responsável por fixar as diretrizes e normas da política de seguros privados; é composto pelo ministro da Fazenda (presidente), representante do Ministério da Justiça, representante do Ministério da Previdência Social, superintendente da Superintendência de Seguros Privados, representante do Banco Central do Brasil e representante da Comissão de Valores Mobiliários. Dentre as funções do CNSP estão: regular a constituição, organização, funcionamento e fiscalização dos que exercem atividades subordinadas ao CNSP, bem como a aplicação das penalidades previstas; fixar as características gerais dos contratos de seguro, previdência privada aberta, capitalização e resseguro; estabelecer as diretrizes gerais das operações de resseguro; prescrever os critérios de constituição das sociedades seguradoras, de capitalização, entidades de previdência privada aberta e resseguradores, com fixação dos limites legais e técnicos das respectivas operações, disciplinar a corretagem de seguros e a profissão de corretor
Conselho Nacional de Previdência Complementar (CNPC)	Órgão colegiado que integra a estrutura do Ministério da Previdência Social e cuja competência é regular o regime de previdência complementar operado pelas entidades fechadas de previdência complementar (fundos de pensão)

Fonte: adaptado de Cavalcante Filho e Misumi (2001) e Bacen (2015).

Quadro 3.3 Instituições do subsistema das entidades supervisoras do Sistema Financeiro Nacional

Instituição	Principais funções
Banco Central do Brasil (Bacen)	Emitir dinheiro; executar os serviços de circulação do dinheiro; executar o recolhimento de compulsórios, encaixes obrigatórios e depósitos voluntários das instituições financeiras; realizar operações de redesconto e empréstimos a instituições financeiras; controlar e fiscalizar o crédito e o capital estrangeiro; ser depositário de reservas oficiais de ouro e moedas estrangeiras no país; fiscalizar as instituições financeiras e aplicar as penalidades previstas; administrar dívida interna

(continua)

Quadro 3.3 Instituições do subsistema das entidades supervisoras do Sistema Financeiro Nacional *(continuação)*

Instituição	Principais funções
Comissão de Valores Mobiliários (CVM)	Estimular a formação de poupança e sua aplicação em valores mobiliários; promover a expansão e o funcionamento eficiente e regular do mercado de ações e estimular a aplicação permanente em ações de capital social de companhias abertas sob controle de capitais privados nacionais; assegurar o funcionamento eficiente e regular do mercado de bolsa e balcão; proteger os titulares de valores mobiliários e os investidores do mercado contra emissões irregulares de valores mobiliários e atos ilegais de administradores e acionistas das companhias abertas ou de administradores de carteira de valores mobiliários, entre outras ações que digam respeito ao mercado de capitais brasileiro. Possui poder normativo, por meio do qual regula a atuação dos diversos agentes do mercado, e poder punitivo, por meio do qual, assegurado o direito de ampla defesa, permite a penalização de quem descumpre as normas baixadas pelo órgão ou de quem pratica atos fraudulentos no mercado
Superintendência de Seguros Privados (Susep)	Autarquia vinculada ao Ministério da Fazenda; é responsável pelo controle e fiscalização do mercado de seguro, previdência privada aberta e capitalização. Dentre suas atribuições estão: fiscalizar a constituição, organização, funcionamento e operação das sociedades seguradoras, de capitalização, entidades de previdência privada aberta e resseguradores, na qualidade de executora da política traçada pelo CNSP; atuar no sentido de proteger a captação de poupança popular que se efetua por meio das operações de seguro, previdência privada aberta, de capitalização e resseguro; zelar pela defesa dos interesses dos consumidores dos mercados supervisionados; promover o aperfeiçoamento das instituições e dos instrumentos operacionais a eles vinculados; promover a estabilidade dos mercados sob sua jurisdição; zelar pela liquidez e solvência das sociedades que integram o mercado; disciplinar e acompanhar os investimentos daquelas entidades, em especial os efetuados em bens garantidores de provisões técnicas; cumprir e fazer cumprir as deliberações do CNSP e exercer as atividades que por este forem delegadas; prover os serviços de secretaria executiva do CNSP

(continua)

Quadro 3.3 Instituições do subsistema das entidades supervisoras do Sistema Financeiro Nacional *(continuação)*

Instituição	Principais funções
Superintendência Nacional de Previdência Complementar (Previc)	Autarquia vinculada ao Ministério da Previdência Social responsável por fiscalizar as atividades das entidades fechadas de previdência complementar (fundos de pensão). A Previc atua como entidade de fiscalização e de supervisão das atividades das entidades fechadas de previdência complementar e de execução das políticas para o regime de previdência complementar operado pelas entidades fechadas de previdência complementar, observando, inclusive, as diretrizes estabelecidas pelo Conselho Monetário Nacional e pelo Conselho Nacional de Previdência Complementar

Fonte: adaptado de Cavalcante Filho e Misumi (2001) e Bacen (2015).

Quadro 3.4 Instituições do subsistema operativo do Sistema Financeiro Nacional

Instituição	Principais funções
Banco do Brasil (BB)	Exercer funções de agente financeiro do governo federal; executar políticas de crédito rural e industrial, desempenhar atividades de banco comercial
Banco Nacional de Desenvolvimento Econômico e Social (BNDES)	Apoiar os investimentos estratégicos necessários ao desenvolvimento do país e, particularmente, o fortalecimento da empresa privada nacional
Bancos múltiplos	Operar simultaneamente carteiras de banco comercial, de investimento, de crédito imobiliário, de crédito, financiamento e investimento, de arrendamento mercantil e de desenvolvimento
Bancos comerciais	Receber depósitos à vista em contas de movimento e efetuar empréstimos de curto prazo, principalmente para capital de giro das empresas
Caixas econômicas	Receber do público depósitos à vista e depósitos em cadernetas de poupança. Atuar no financiamento habitacional e fornecer empréstimos em geral a particulares
Bancos de investimento	Dar apoio financeiro às empresas. Oferecer serviços como assessoria na realização de negócios em geral, projetos e outros, operar *leasing* financeiro, administrar fundos de investimentos de renda fixa e de ações e clubes de investimentos. Realizar operações de lançamento de títulos no mercado local e no exterior

(continua)

Quadro 3.4 Instituições do subsistema operativo do Sistema Financeiro Nacional *(continuação)*

Instituição	Principais funções
Bancos e companhias de desenvolvimento	Proporcionar o desenvolvimento econômico e social em nível regional, por meio de um sistema de integração com o BNDES, do qual são agentes financeiros
Companhias de crédito financeiro e investimento (financeiras)	Financiar o consumo por meio do crédito direto ao consumidor e financiamento de vendas
Sociedades de crédito imobiliário	Financiar o mercado imobiliário, utilizando caderneta de poupança como investimento de captação
Bolsas de valores	Manter o local adequado ao encontro de seus membros e à realização de transações de compra e venda de títulos de valores mobiliários, em mercado livre e aberto. Proporcionar liquidez às aplicações, fornecendo um preço de referência para os ativos negociados
Sociedades corretoras	Promover a aproximação entre compradores e vendedores de títulos de valores mobiliários
Leasing, factoring e consórcios	As companhias de *leasing* operam no arrendamento mercantil, forma específica de locação. As companhias de *factoring* são empresas comerciais que operam na aquisição de faturamento das empresas. As empresas de consócio administram fundos providos pelos futuros adquirentes de bens móveis, mediante sistema de liberação parcial de recursos
Companhias de seguro	Administrar riscos com obrigação de pagar indenizações se ocorrerem perdas e danos aos bens segurados

Fonte: adaptado de Cavalcante Filho e Misumi (2001) e Bacen (2015).

A forma mais comum de classificar o mercado financeiro é por meio das necessidades de seus participantes. Cada participante tem necessidades diferentes em diversas situações em que se encontram durante suas negociações econômico-financeiras. Essas necessidades podem ser agrupadas em quatro tipos distintos, conforme demonstra o Quadro 3.5.

No presente capítulo, são tratados os mercados de crédito e de capitais nacionais, por serem esses os provedores de recursos de terceiros de longo prazo, além do arrendamento mercantil.

Quadro 3.5 Classificação dos mercados financeiros

Mercado	Características e tipos de operação	Prazos
Monetário	Supre as necessidades do governo de fazer política monetária e dos agentes e intermediários de caixa	Curtíssimo e curto prazos
De crédito	Supre as necessidades de crédito de curto, médio e longo prazos	Curto, médio e longo prazos
De capitais	Supre as necessidades de financiamento de longo prazo; por exemplo, investimentos para as empresas por meio da negociação de títulos	Médio e longo prazos
De câmbio	Supre as necessidades quanto à realização das operações de compra e venda de moeda estrangeira	À vista e curto prazo

Fonte: adaptado de Pinheiro (2001).

O mercado de crédito tem como objetivo suprir a demanda por recursos de curto, médio e longo prazos da economia. Caracteriza-se por funcionar a partir de normas contratuais que envolvem tomadores finais de crédito, doadores finais e intermediários do processo de concessão. As normas contratuais estão descritas no Quadro 3.6.

Quadro 3.6 Normas contratuais do mercado de crédito

Valor da operação	Em moeda ou em percentual sobre o valor do bem a financiar
Destino de uso dos recursos	Crédito industrial, rural, imobiliário, financiamento de capital, pessoal, direto ao consumidor
Custo do crédito	Equivale ao custo de captação dos recursos cedidos, mais impostos e taxas, mais a remuneração do agente de crédito. Pode incidir custo de reciprocidade
Prazo	Prazo entre a captação de recursos e o saldo da dívida
Garantias oferecidas	*Reais*: hipotecas de bens *Pignoratícias*: o próprio bem garante o crédito ou bens equivalentes *Fidejussórias*: quem garante é a idoneidade do devedor e de outros parceiros do contrato *Acessórias*: seguro do bem adquirido
Forma de liquidação	De uma só vez, no vencimento do contrato ou em parcelas mensais e consecutivas

Fonte: adaptado de Cavalcante Filho e Misumi (2001).

Já o mercado de capitais, segundo Pinheiro (2001, p. 87), pode ser definido como "um conjunto de instituições que negociam títulos e valores mobiliários, objetivando a canalização dos recursos dos agentes compradores para os agentes vendedores". Segundo o autor, o mercado de capitais representa um sistema de distribuição de valores mobiliários que tem o propósito de viabilizar a capitalização das empresas e dar liquidez aos títulos emitidos por elas. Na definição da Comissão de Valores Mobiliários (CVM), o mercado de capitais é aquele em que são negociados títulos emitidos pelas empresas para captar, junto ao público, recursos destinados ao financiamento de suas atividades. A principal função desse mercado é o atendimento das necessidades de financiamento de médio e longo prazos por parte das empresas. Ou seja, o mercado de capitais surge como fonte de recursos capaz de financiar projetos de expansão ou de aperfeiçoamento tecnológico das empresas, na medida em que reúne condições para oferecer às companhias um volume adequado de recursos a custos satisfatórios, por meio de instrumentos atraentes para o público quanto a retorno, prazo, liquidez e garantia. O mercado de valores mobiliários, portanto, estimula a poupança e o investimento, sendo essencial para o crescimento das economias modernas.

No Brasil, o mercado de capitais deveria ser a fonte básica de recursos para a expansão da capacidade produtiva da economia. Portanto, deveria ser um dos polos mais importantes de atração da poupança privada que, dessa forma, seria transferida diretamente para a produção, evitando-se os gastos excessivos de intermediação financeira, afirma Osório (2002). Todavia, ao contrário do que ocorre em países desenvolvidos, o mercado de capitais brasileiro é pouco expressivo. Contudo, deve-se destacar que esse mercado tem um imenso potencial que implicaria significativo crescimento da oferta de recursos para o desenvolvimento nos próximos anos. A realização de seu potencial sofre imensos entraves que prejudicam os atributos básicos desse mercado: liquidez, transparência e facilidade de acesso. Ao discutirem os entraves do mercado de capitais brasileiro, Nóbrega et al. (2000, p. 5) afirmam que "a mentalidade predominante entre os empresários e o custo direto e indireto de abertura do capital também prejudicam esse mercado. Cria-se então um círculo vicioso que reduz ainda mais a liquidez e dificulta o acesso".

As operações no mercado de capitais usualmente são de longo prazo e podem envolver a compra de participação acionária no empreendimento. Nesse mercado, os principais títulos negociados são os representativos do capital de empresas (ações) ou de empréstimos feitos via mercado por empresas – debêntures conversíveis, bônus de subscrição (Cavalcante Filho e Misumi, 2001).

FONTES DE RECURSOS DO MERCADO DE CRÉDITO NO BRASIL

As instituições financeiras fazem o repasse dos recursos captados dos agentes econômicos superavitários, ou seja, dos que têm sobra de recursos disponíveis aos agentes econômicos deficitários ou aqueles que necessitam de recursos (Fortuna, 2002).

São discutidas nesta parte do capítulo as fontes nacionais de recursos para empréstimos de longo prazo disponibilizadas no mercado de crédito, por meio dos bancos de desenvolvimento. Tais bancos possuem quantidade significativa de diferentes linhas de crédito que são oferecidas às empresas. Como essas linhas de crédito são alteradas ao longo do tempo e a apresentação de todas elas resultaria em um capítulo muito extenso, o leitor deve consultar o site dos bancos e das agências de fomento para obter informações detalhadas e atualizadas. Serão abordados com maior profundidade os principais bancos de desenvolvimento, dando especial enfoque ao sistema BNDES, além do Sebrae e da Finep, conforme exposto no Quadro 3.7.

Quadro 3.7 Instituições atuantes no mercado de crédito brasileiro

Instituição	Site
Associação Brasileira de Instituições Financeiras de Desenvolvimento (ABDE)	<www.abde.org.br>
Banco Nacional de Desenvolvimento Econômico e Social (BNDES)	<www.bndes.gov.br>
Banco do Nordeste do Brasil (BNB)	<www.bnb.gov.br>
Banco da Amazônia (Basa)	<www.bancoamazonia.com.br>
Banco do Brasil (BB)	<www.bb.com.br>
Caixa Econômica Federal (CEF)	<www.cef.gov.br>
Banco Regional de Desenvolvimento do Extremo Sul (BRDE)	<www.brde.com.br>
Banco de Desenvolvimento de Minas Gerais (BDMG)	<www.bdmg.mg.gov.br>
Banco do Estado do Rio Grande do Sul (Banrisul)	<www.banrisul.com.br>
Banco do Estado do Pará (Banpará)	<www.banparanet.com.br>
Serviço Brasileiro de Apoio às Micro e Pequenas Empresas (Sebrae)	<www.sebrae.com.br>
Financiadora de Estudos e Projetos (Finep)	<www.finep.gov.br>
Agência de Fomento do Amapá S.A. (Afap)	<www.amapa.gov.br>

(continua)

Quadro 3.7 Instituições atuantes no mercado de crédito brasileiro *(continuação)*

Instituição	Site
Agência de Fomento do Estado de Goiás (Goiás Fomento)	<www.fomento.goias.gov.br>
Agência de Fomento do Estado do Amazonas S.A. (Afeam)	<www.afeam.org.br>
Banco Cooperativo do Brasil S.A. (Bancoob)	<www.bancoob.com.br>
Agência de Fomento do Estado de Santa Catarina S.A. (Badesc)	<www.badesc.gov.br>
Agência de Fomento do Paraná S.A. (AFPR)	<www.fomento.pr.gov.br>
Agência de Fomento do Estado da Bahia S.A. (Desenbahia)	<www.desenbahia.ba.gov.br>

Fonte: ABDE (2017).

Banco Nacional de Desenvolvimento Econômico e Social (BNDES)

O BNDES, ex-autarquia federal criada pela Lei n. 1.628, de 20 de junho de 1952, foi enquadrado como empresa pública federal, com personalidade jurídica de direito privado e patrimônio próprio, pela Lei n. 5.662, de 21 de junho de 1971. É um órgão vinculado ao Ministério do Desenvolvimento, Indústria e Comércio Exterior, que tem como objetivo apoiar empreendimentos que contribuam para o desenvolvimento do país. Dessa ação resultam a melhoria da competitividade da economia brasileira e a elevação da qualidade de vida da população.

Desde a sua fundação, em 20 de junho de 1952, o BNDES vem financiando grandes empreendimentos industriais e de infraestrutura, tendo marcante posição no apoio aos investimentos na agricultura, no comércio e serviço, em micro, pequenas e médias empresas, e aos investimentos sociais, direcionados para a educação e saúde, agricultura familiar, saneamento básico e ambiental, e transporte coletivo de massa.

Suas linhas de apoio contemplam financiamentos de longo prazo e custos competitivos para o desenvolvimento de projetos de investimentos e para a comercialização de máquinas e equipamentos novos (fabricados no país), bem como para o incremento das exportações brasileiras. Contribui, também, para o fortalecimento da estrutura de capital das empresas privadas e o desenvolvimento do mercado de capitais. A BNDES Participações S.A. (BNDESPAR), subsidiária integral, investe em empresas nacionais por meio da subscrição de ações e debêntures conversíveis.

O BNDES considera ser de fundamental importância, na execução de sua política de apoio, a observância de princípios ético-ambientais e assume o compromisso com os princípios do desenvolvimento sustentável.

As linhas de apoio financeiro e os programas do BNDES atendem às necessidades de investimentos das empresas e produtores rurais de qualquer porte e setor, estabelecidas no país. A parceria com instituições financeiras, com agências estabelecidas em todo o país, permite a disseminação do crédito, possibilitando maior acesso aos recursos do BNDES.

As ações do BNDES, de acordo com as políticas definidas pelo governo federal, retomam a vocação do banco como agente do desenvolvimento do país, priorizando a inclusão social e a redução das desigualdades entre os brasileiros. Seguindo essa linha de orientação, as diretrizes para a atuação do BNDES definem também as iniciativas do banco em busca da sustentabilidade do crescimento econômico, do fortalecimento da soberania nacional e da integração econômica com os países da América do Sul.

Para alcançar esses objetivos, o BNDES tem quatro grandes linhas de atuação interligadas: a inclusão social; a recuperação e o desenvolvimento da infraestrutura nacional; a modernização e a ampliação da estrutura produtiva; e a promoção das exportações. A primeira dessas linhas, a inclusão social, permeia todas as demais. Nesse sentido, a concessão de crédito do banco para as empresas estabelece estímulos e condicionantes ao apoio pretendido, visando ampliar os efeitos sociais dos empreendimentos.

As ações do BNDES para estimular o crescimento da estrutura produtiva do país visam dar conta de um duplo desafio: aumentar a capacidade de produção da indústria e do setor de serviços, tornando-os mais eficientes e inovadores, além de mais capazes de exportar. São priorizadas as empresas de origem nacional, principalmente de pequeno e médio porte, e as ações que contribuam para reduzir as diferenças regionais. Em busca da ampliação de fontes de recursos para o financiamento da transformação da estrutura produtiva, o BNDES conta com a participação de agentes privados para ampliar sua atuação no mercado de capitais. A política do banco é orientada, prioritariamente, por ações que modernizem as cadeias produtivas e seus elos setoriais, de acordo com as prioridades definidas pelo Ministério do Desenvolvimento, Indústria e Comércio Exterior.

Aumentar as vendas externas e promover a redução relativa das importações é objetivo fundamental do governo da União e absorve parte substancial dos recursos do BNDES. As diretrizes para atuação do banco nesse vetor do desenvolvimento nacional visam agregar valor às vendas brasileiras no mercado externo, por meio de investimentos em tecnologia, apoio financeiro e suporte técnico para as exportações, além de estímulo à ação internacional de empresas brasileiras, especialmente no âmbito da América do Sul, com a implantação de bases de distribuição de produtos nacionais em mercados estratégicos. O desenvolvimento de um setor exportador de produtos com maior intensidade tecnológica visa também atender ao mercado interno, funcionando como poderoso instrumento para substituição de importações. O BNDES acompanha as negociações brasileiras nos fóruns internacionais, objetivando adequar sua política às regras acordadas pelo Brasil e contribuir com os setores governamentais responsáveis pelas negociações. A política do BNDES de apoio ao comércio exterior, articulada com as prioridades definidas pelo governo federal, desenvolve tratamento particularmente diferenciado às operações com os países do Mercosul e demais vizinhos sul-americanos.

A seção seguinte apresenta os principais programas e linhas de apoio oferecidas pelo BNDES. Para obter mais informações ou mesmo verificar atualizações, o leitor deverá visitar o site da instituição.

Linhas BNDES de apoio financeiro

As políticas operacionais do BNDES orientam e normatizam a concessão de financiamento, estabelecendo critérios para priorizar os projetos que promovam o desenvolvimento com inclusão social, estimulando os empreendimentos que criam emprego e renda, contribuindo também para a geração de divisas, em consonância com as orientações do governo federal. As condições de financiamento consideram as variáveis relacionadas às características do proponente e do projeto, como o porte, a localização, a origem do capital e a finalidade do investimento.

As linhas de apoio financeiro reproduzem as especificações das políticas operacionais do BNDES. Essas linhas refletem as condições básicas e as diversas formas de apoio direto (operação realizada diretamente com o BNDES) e de apoio indireto (operação realizada por meio de instituição financeira credenciada). As formas de apoio são apresentadas no Quadro 3.8.

Quadro 3.8   Formas de apoio do BNDES

Direto	Indireto	Misto
Operação realizada diretamente com o BNDES ou por meio de mandatário	Operação realizada por meio de instituição financeira credenciada, podendo ser automática e não automática (sujeita a consulta prévia ao BNDES)	Operação que combina as duas formas anteriores, direta e indireta não automática

Fonte: BNDES (2017).

O Quadro 3.9 apresenta os itens passíveis de apoio.

Quadro 3.9 Itens passíveis de apoio

Investimentos para implantação, ampliação, recuperação e modernização de ativos fixos
Investimentos em máquinas e equipamentos novos, inclusive os conjuntos e sistemas industriais produzidos no país e credenciados no BNDES que apresentem índices de nacionalização iguais ou superiores a 60% ou que cumpram o processo produtivo básico. No segmento agropecuário, também há financiamento de máquinas e equipamentos usados, desde que atendidas algumas condições especiais
Gastos com estudos e projetos de engenharia relacionados ao investimento
Gastos com implantação de projetos de qualidade e produtividade; pesquisa e desenvolvimento; capacitação técnica e gerencial; atualização tecnológica; e tecnologia da informação
Despesas pré-operacionais
Produção de bens para exportação
Prestação ou desenvolvimento de serviços para exportação
Comercialização no exterior de bens elegíveis
Capital de giro associado ao investimento fixo

Além dos itens passíveis de apoio, existem os itens passíveis de apoio condicionado e/ou sujeitos a consulta prévia, que são classificados como itens gerais e específicos. Tais itens são apresentados no Quadro 3.10.

Quadro 3.10 Itens gerais passíveis de apoio condicionado e/ou sujeitos a consulta prévia

A transferência de propriedade de ativos será apoiada exclusivamente nos projetos de reativação de atividades produtivas. Essas operações somente serão apoiadas na forma de apoio direto, indireto não automático ou misto
Aquisição de máquinas e equipamentos usados, apenas para microempresas, no âmbito da linha BNDES Automático e no Programa de Microcrédito
Importação de equipamentos somente por meio de linhas específicas e/ou aval
Despesas decorrentes da internalização de equipamentos importados, desde que não impliquem remessa de divisas, mesmo que a importação não tenha sido financiada pelo BNDES
Operações de reestruturação (financeira, societária ou industrial) de empresas brasileiras sob controle de capital nacional, quando realizadas por meio da modalidade de apoio direto, desde que vinculadas a programas setoriais
Gastos com treinamento somente com objetivos e prazos definidos, limitados a 10% dos itens financiáveis

(continua)

Quadro 3.10   Itens gerais passíveis de apoio condicionado e/ou sujeitos a consulta prévia *(continuação)*

Gastos com a comercialização de novos produtos e serviços, desde que associados aos investimentos fixos
Implantação e/ou expansão de atividades no exterior, sob qualquer forma de apoio, somente em projetos em que estiver garantida a acumulação dos lucros em território nacional e desde que associados à exportação de bens e serviços: • Unidades industriais em países considerados parceiros estratégicos para produção de bens que utilizem insumos, partes e peças, componentes ou equipamentos fabricados no Brasil. • Entrepostos, depósitos, implantação ou expansão de rede de comercialização ou distribuição de produtos ou prestação de serviços pós-venda, desde que os beneficiários já atuem no comércio exterior. • Despesas com registro de patentes, publicidade e marketing vinculadas a marca nacional, desde que associadas a projetos apoiados pelo BNDES.

Fonte: adaptado de BNDES (2017).

Existem, ainda, além dos itens passíveis de apoio e dos itens passíveis de apoio condicionado e/ou sujeitos a consulta prévia, os setores, itens e empreendimentos que não são passíveis de apoio do BNDES. Dentre os setores relacionados estão os ligados ao comércio de armas, motéis, saunas e termas, jogos e os de atividade bancária (com exceção dos que promovem o microcrédito). Dentre os itens não apoiáveis são exemplos a aquisição de terrenos e desapropriações, aquisição de animais para revenda e despesas que impliquem remessas de divisas para o exterior. São muitas as formas de apoio financeiro oferecidas pelo BNDES, existindo outras informações importantes que o leitor poderá consultar no site da instituição.

Cartão BNDES

Financiamentos, com limite máximo, para aquisição de bens credenciados no BNDES, por meio do Portal de Operações do Cartão BNDES.

O cartão BNDES tem a finalidade de financiar os investimentos das micro, pequenas e médias empresas. Oferece crédito rotativo pré-aprovado para aquisição de bens de produção, financiamento automático em até 48 meses e com prestações fixas e taxa de juros atrativos.

Podem obter o cartão empresas de micro, pequeno e médio porte que estejam em dia com suas obrigações junto ao Instituto Nacional do Seguro Social (INSS), Fundo de Garantia por Tempo de Serviço (FGTS), Relação Anual de Informações Sociais (Rais) e demais tributos federais. O mesmo pode ser solicitado por meio do Portal de Operações do BNDES – Cartão BNDES.

Operações de financiamento realizadas por meio de instituições financeiras credenciadas

Financiamentos para a realização de projetos de implantação, expansão, modernização ou relocalização de empresas, incluída a aquisição de máquinas e equipamentos novos, de fabricação nacional, credenciados pelo BNDES, e capital de giro associado, por meio de instituições financeiras credenciadas.

Finame – máquinas e equipamentos

Financiamentos, sem limite de valor, para aquisição isolada de máquinas e equipamentos novos, de fabricação nacional, credenciados pelo BNDES, por meio de instituições financeiras credenciadas.

Finame agrícola

Financiamentos, sem limite de valor, para aquisição de máquinas e equipamentos novos, de fabricação nacional, credenciados pelo BNDES e destinados ao setor agropecuário, por meio de instituições financeiras credenciadas.

Finame leasing

Financiamentos a sociedades arrendadoras, sem limite de valor, para a aquisição de máquinas e equipamentos novos, de fabricação nacional, credenciados pelo BNDES, para operações de arrendamento mercantil. O financiamento é concedido à empresa arrendadora para aquisição dos bens, os quais serão simultaneamente arrendados à empresa usuária (arrendatária).

Finame concorrência internacional

Financiamentos, com limite mínimo de valor de R$ 4 milhões, para a produção e a comercialização de máquinas e equipamentos que estejam requerendo condições de financiamento compatíveis com as ofertadas por congêneres estrangeiros em tomadas de preços ou concorrências internacionais, com exceção de ônibus e caminhões.

Apoio à exportação

Pré-embarque: BNDES Exim

Financiamento ao exportador, na fase pré-embarque, da produção dos bens passíveis de apoio pelo BNDES, que apresentem índice de nacionalização, em valor igual ou superior a 60%. As operações são realizadas por meio das instituições financeiras credenciadas.

Pré-embarque especial: BNDES Exim

Financiamento ao exportador, na fase pré-embarque, da produção de bens passíveis de apoio pelo BNDES, que apresentem índice de nacionalização, em valor igual ou superior a 60%, em condições compatíveis com o mercado internacional, visando ao incremento das exportações brasileiras.

Operações de financiamento realizadas diretamente com o BNDES e/ou por meio de instituições financeiras credenciadas

Financiamento a empreendimentos – Finem

Financiamentos de valor superior a R$ 20 milhões[1] para a realização de projetos de implantação, expansão, modernização ou relocalização de empresas, incluída a aquisição de máquinas e equipamentos novos, de fabricação nacional, credenciados pelo BNDES, e capital de giro associado, realizado diretamente com o BNDES ou por meio das instituições financeiras credenciadas.

Operações de financiamento realizadas diretamente com o BNDES

Financiamento à Marinha Mercante e à construção naval

Financiamento a estaleiros brasileiros para a construção e reparo de navios; a empresas nacionais de navegação para a encomenda de embarcações e equipamentos, reparos e jumborização junto a construtores navais brasileiros. Financiamento à Marinha.

Fundo social

Destina-se ao apoio financeiro não reembolsável de projetos de caráter social, direcionados prioritariamente à população carente, nos segmentos de geração de emprego e renda, serviços urbanos, saúde, educação e desporto, justiça, alimentação, habitação, meio ambiente, cultura, desenvolvimento rural e outros ligados ao desenvolvimento regional e social.

Os recursos direcionados para itens de uso coletivo serão destinados a investimentos fixos de projetos específicos, admitindo-se uma parcela para gastos de treinamento, limitada a 10% do valor do apoio financeiro.

É vedada sua utilização em despesas de custeio, as quais terão sua cobertura garantida pela entidade tomadora do financiamento e/ou por outras fontes.

---

1. Financiamentos de valor igual ou superior a R$ 1 milhão, cujo empreendimento esteja localizado nas áreas de abrangência dos programas regionais, podem ser pleiteados diretamente ao BNDES.

Instituições financeiras credenciadas

Para disponibilizar as linhas de crédito à sociedade, o BNDES, como mencionado anteriormente, conta com instituições financeiras credenciadas que são autorizadas a oferecer produtos BNDES às empresas. A lista de instituições está disponível para consulta no site do BNDES.

Ao disponibilizar recursos à sociedade, as instituições financeiras credenciadas registram desembolsos referentes às linhas de crédito BNDES concedidas às empresas.

Programas BNDES

Os programas complementam as linhas de apoio financeiro e caracterizam-se pela transitoriedade. Os programas, normalmente, possuem dotação orçamentária ou prazo de vigência limitado.

Clientes BNDES

A carteira de clientes BNDES é composta por pessoas físicas, jurídicas e por órgãos e empresas da administração pública. Os possíveis beneficiados com os produtos BNDES devem satisfazer às condições a seguir expostas.

Pessoas físicas

O BNDES financia pessoas físicas que sejam domiciliadas e residentes no país e se incluam nos casos que se seguem:

- Produtor rural: somente em operações realizadas por meio de instituições financeiras credenciadas.
- Transportador autônomo de carga: para a aquisição de chassis de caminhão/carrocerias novos, somente em operações realizadas por meio de instituições financeiras credenciadas.
- Microempreendedor: formal ou informal, por meio dos programas sociais. Nesses programas, as operações são negociadas e contratadas com instituições de microcrédito, como organizações não governamentais (ONGs), sociedades de crédito aos microempreendedores (SCM) ou organizações da sociedade civil de interesse público (Oscip), que se encarregam de repassar os recursos ou realizar financiamento às pessoas físicas.

Pessoas jurídicas

- Pessoas jurídicas de direito privado, sediadas no país, cujo controle efetivo seja exercido, direta ou indiretamente, por pessoa física ou grupo de pessoas físicas, domiciliadas e residentes no país, e nas quais o poder de decisão este-

ja assegurado, em instância final, à maioria do capital votante representado pela participação societária nacional.
- Pessoas jurídicas de direito privado, sediadas no país, cujo controle seja exercido, direta ou indiretamente, por pessoa física ou jurídica domiciliada no exterior, desde que, na forma da legislação vigente, o BNDES disponha de recursos captados no exterior ou o Poder Executivo autorize a concessão de colaboração financeira.
- Empresário individual, desde que exerça atividade produtiva e esteja inscrito no Cadastro Nacional de Pessoas Jurídicas (CNPJ).

Administração pública

Para realizarem operações com o BNDES, os órgãos e empresas da administração pública – federal, estadual e municipal – devem atender à legislação que define e limita o crédito ao setor público, apresentada no site do BNDES. Atendida a legislação, poderá ser pleiteado o financiamento, verificando-se as linhas aplicáveis: Finame, BNDES Automático e Finem.

Banco de Desenvolvimento de Minas Gerais (BDMG)

O BDMG foi criado em 1962 e tem como missão promover e financiar o desenvolvimento econômico e social do estado de Minas Gerais.

Com sede em Belo Horizonte, seu capital é majoritariamente controlado pelo governo do estado e está ligado à Secretaria de Estado de Desenvolvimento Econômico. Como empresa pública, exerce o importante papel de execução da política econômica do estado, por meio de operações de financiamentos de médio e longo prazos para investimentos em ativo fixo e capital de giro para empresas instaladas no estado de Minas Gerais.

A ação do BDMG tem como foco o fomento, apoiando a melhoria da infraestrutura dos municípios mineiros, e o desenvolvimento de atividades rurais, industriais, comerciais e de serviços, convergindo seu papel para benefícios sociais com reflexos positivos nos níveis de emprego, renda e bem-estar da população do estado.

Banco Regional de Desenvolvimento do Extremo Sul (BRDE)

O BRDE é uma instituição financeira pública de fomento criada pelos estados do Rio Grande do Sul, Santa Catarina e Paraná em 15 de junho de 1961. Organizado como autarquia interestadual, o banco conta com autonomia administrativa e personalidade jurídica própria. Como autarquia, com capital partilhado igualmente entre os estados membros, seu acervo integra o patrimônio desses estados, que são subsidiariamente responsáveis por suas obrigações.

Sua área de atuação é a Região Sul do Brasil e, para tanto, possui agências em Porto Alegre (RS), onde também está localizada sua sede, Florianópolis (SC) e Curitiba (PR). Cada agência é responsável pela condução dos negócios no respectivo estado.

Como instrumento governamental à promoção do desenvolvimento da região, o BRDE financiou, nesses 40 anos de atividades, um montante acumulado de US$ 15,6 bilhões, induzindo investimentos totais de US$ 36,2 bilhões, distribuídos entre mais de 40 mil projetos, que resultaram na geração e manutenção estimada de 1,3 milhão de postos de trabalho e em um adicional de arrecadação, para os estados controladores, da ordem de US$ 4,7 bilhões.

Banco do Nordeste (BNB)

O foco do agente produtivo[2] é o diferencial do Banco do Nordeste do Brasil. Além de emprestar dinheiro, o banco se concentra na busca de soluções integradas de negócios.

Com a atração e a promoção de investimentos, o banco reforça seu papel de elo entre capitais estrangeiros e as oportunidades de investimento no Nordeste. A alavancagem de recursos nacionais e internacionais permite ao banco ampliar o nível de investimentos na economia.

A integração dos financiamentos ao desenvolvimento local é a tônica do esforço de capacitar o cliente, promovendo sua autonomia na gestão empresarial e inserindo-o no mercado competitivo.

As parcerias com estados, centros de pesquisa e o setor privado fazem com que o banco cresça de forma descentralizada e seja o líder no financiamento regional. Os recursos são aplicados não em empreendimentos estanques, mas visualizando a interligação das atividades, especialmente aquelas de maior potencial competitivo, como é o caso do turismo, da fruticultura irrigada, dos grãos nos cerrados e outros complexos industriais. Os agentes de desenvolvimento asseguram a presença diferenciada do banco em todos os municípios.

A implantação do CrediAmigo (Central de Microcrédito do Nordeste), destinado aos microempreendedores excluídos do sistema financeiro convencional, é um dos programas do Banco do Nordeste.

---

2. Aquele que tem um negócio de qualquer porte ou um projeto de montar um empreendimento para melhorar sua renda, gerar emprego e entrar na cadeia de produção é o agente produtivo, cliente preferencial do Banco do Nordeste.

O CrediAmigo permite o acesso da população de baixa renda ao crédito, evitando a dependência de agiotas que cobram altas taxas de juros. Isso é possível por conta da metodologia de aval solidário: três a 10 microempresários interessados no crédito formam um grupo que se responsabiliza pelo pagamento integral dos empréstimos.

Outra ação diz respeito à sustentabilidade ambiental. O banco financia empresas ecologicamente saudáveis, por meio do FNE-Verde, e mantém parcerias voltadas para o manejo florestal sustentado no Nordeste e fomento do mercado de produtos ecológicos.

Banco da Amazônia (Basa)

O Banco da Amazônia participa ativamente do centro do processo de desenvolvimento da Amazônia. Criado em 1942, com o nome de Banco de Crédito da Borracha, tinha por finalidade garantir o suprimento de borracha natural aos aliados, durante a Segunda Guerra Mundial. Cumprida a missão inicial, ao fim do conflito mundial o banco passou a fomentar o desenvolvimento de novas atividades produtivas, com a denominação de Banco de Crédito da Amazônia, buscando proporcionar melhores condições de vida às populações regionais.

A drástica restrição de recursos limitou bastante a ação do banco nesse período. Nessas duas fases, o banco conviveu com um processo de crescimento que, se de um lado gerava ínfimos desgastes ambientais, de outro apresentava reduzido dinamismo para atender às necessidades da crescente população regional.

Com a transferência da capital federal para a área central do país e a construção das grandes rodovias que facilitaram o acesso à região, criaram-se as condições favoráveis à expansão da fronteira econômica, em direção da Amazônia, mudando significativamente o processo de ocupação até então predominante.

Dentro desse quadro, mudou também a ação do governo federal em relação à região, tendo em vista a integração da Amazônia à economia nacional e a redução das disparidades regionais, objetivos principais da "Operação Amazônia", deflagrada em 1966.

No bojo dessas mudanças, que incluíam a estratégia de intensificar a ocupação da região, o banco sofreu nova transformação. Com o nome de Banco da Amazônia S.A. (Basa; Lei n. 5.122, de 28 de setembro de 1966), passou a agregar a função especial de agente financeiro da política do governo federal para o desenvolvimento da Amazônia Legal, atuando, portanto, em uma área que compreende 59% do território nacional, onde opera como banco comercial e de fomento.

A missão do Basa é "ser o principal banco da Amazônia, promovendo o desenvolvimento integrado da região, por meio de recursos de fomento, produtos e serviços, visando à satisfação da sociedade, clientes e acionistas".

Nessa nova fase, o banco reforçou sua condição de organismo indutor do desenvolvimento regional. Atuando como agente financeiro de importantes programas de crédito – Proterra, Polamazônia, Pesac, Probo e Finame –, estimulou a implantação e a modernização de empreendimentos agrícolas, pecuários e industriais de grande impacto para a economia regional, consolidando, dessa forma, as linhas de ação já experimentadas.

Banco Cooperativo do Brasil (Bancoob)

O Bancoob é um banco comercial especializado no atendimento às cooperativas de crédito que compõem o Sistema de Cooperativas de Crédito do Brasil (Sicoob). Sua missão é "prestar serviços de natureza financeira, operacional e consultiva ao Sicoob, suportados na sua organização e nos seus recursos humanos e tecnológicos, com vistas ao fortalecimento do sistema".

As cooperativas de crédito são instituições financeiras pertencentes ao Sistema Financeiro Nacional e controladas pelo Banco Central. São de propriedade coletiva, democraticamente administradas e têm como dirigentes pessoas do seu quadro social. No entanto, não têm acesso à Câmara de Compensação, à Reserva Bancária e ao Mercado Interfinanceiro. Sendo assim, para operarem, necessitam de um banco comercial como parceiro.

Essa é a razão principal pela qual foi criado o Bancoob. Após a sua constituição, as cooperativas de crédito passaram a ter, sobretudo, produtos e serviços adequados à sua realidade, autonomia operacional, custos mais baixos e melhores serviços.

As cooperativas de crédito, no entanto, não são e não desejam ser bancos. Ao contrário, fazem questão de ser cooperativas, para que não percam esse importante diferencial. O Bancoob, com efeito, não substitui as cooperativas nem com elas compete.

As cooperativas de crédito do Sicoob utilizam, por meio de convênio, os serviços prestados pelo Bancoob, mas não são uma "rede de agências do Bancoob". O Bancoob tem uma ligação operacional com as cooperativas do Sicoob. Tanto o Bancoob como as cooperativas centrais e singulares são instituições jurídicas completamente independentes. O Bancoob não interfere nas questões jurídicas, administrativas e políticas das cooperativas. Não interfere, ainda, no relacionamento e na responsabilidade da cooperativa de crédito com os seus sócios e/ou funcionários.

O Bancoob obteve autorização de funcionamento do Banco Central em 2 de julho de 1997. Iniciou suas atividades operacionais em 1º de setembro de 1997, fazendo em 3 de outubro de 1997 suas primeiras operações com as cooperativas centrais e singulares integrantes do novo sistema.

O modelo de funcionamento do Bancoob foi concebido sobre bases conceituais, estruturais e filosóficas sólidas e profundas. Os debates envolveram a participação de diversas lideranças do cooperativismo de crédito que, posteriormente, constituíram o banco.

O Bancoob, como instituição prestadora de serviço operacional e financeiro às cooperativas centrais de crédito e de suas filiadas, administra a disponibilidade do Sicoob. Por meio do Bancoob, a liquidez do sistema é rentabilizada no mercado financeiro, além de permitir o acesso das cooperativas de crédito aos programas de repasses de recursos governamentais e a futuros parceiros internacionais. Por meio das cooperativas de crédito, o banco também presta toda a gama de serviços bancários de que os seus associados necessitam, proporcionando seu objetivo de autonomia operacional.

Banco Cooperativo Sicredi

Em 16 de outubro de 1995, autorizadas pelo Conselho Monetário Nacional, as cooperativas filiadas à Central do Sicredi-RS (Sistema de Crédito Cooperativo) constituíram o Banco Cooperativo Sicredi S.A. (Bansicred), primeiro banco cooperativo privado brasileiro, para ter acesso a produtos e serviços bancários vedados às cooperativas pela legislação vigente e administrar em maior escala os seus recursos financeiros.

A agência matriz do Bansicred foi inaugurada em 1996, em Porto Alegre (RS). Nesse ano, as cooperativas dos estados do Paraná e Rio Grande do Sul decidiram unir-se para fortalecer o Bansicred, tornando-o, assim, um banco interestadual.

O Bansicred, por meio das suas cooperativas de crédito localizadas nos estados do Rio Grande do Sul, Santa Catarina, Paraná, São Paulo, Rio de Janeiro, Goiás, Tocantins, Mato Grosso, Mato Grosso do Sul, Rondônia e Bahia, oferece uma linha de financiamento de longo prazo para pessoas físicas e jurídicas.

Banco do Brasil (BB)

O Banco do Brasil foi criado em 1808, quando Dom João VI trouxe a imprensa e abriu os portos brasileiros. O banco iniciou suas atividades em 11 de dezembro de 1809, época em que era o quarto emissor em todo o mundo – até então, apenas a Suécia, a Inglaterra e a França dispunham de bancos emissores.

Nos últimos anos, tornou-se uma empresa ágil, moderna e competitiva, comprometida com o desenvolvimento econômico e social do Brasil. O banco tem a capacidade de atender a segmentos do mercado com produtos, serviços e soluções em negócios, e cuidar do papel social de fomentador de programas, projetos e iniciativas que reafirmam os valores brasileiros.

A preocupação social, sempre presente na cultura do banco, tomou contornos expressivos com a Fundação Banco do Brasil, em 1988, e foi reforçada, em 2003, pela criação de área específica para gestão da responsabilidade socioambiental nos negócios da empresa.

Com suas ações negociadas em bolsa desde 1906, o BB está organizado, atualmente, na forma de banco múltiplo: 14 empresas formam hoje o conglomerado Banco do Brasil.

A partir do final dos anos 1980, o BB passou a destacar-se como instituição de fomento econômico. Para a agricultura, destinou as primeiras linhas de crédito em 1888, utilizadas no recrutamento de imigrantes europeus para assentamento em lavouras de café, então sob o impacto da libertação da mão de obra escrava.

Em 1937, com a criação da Carteira de Crédito Agrícola e Industrial (Creai), o banco instituiu o crédito rural especializado e lançou as bases para o fomento da nascente atividade industrial brasileira. Em 1953, foi criada a Carteira de Comércio Exterior (Cacex), em substituição à antiga Carteira de Exportação e Importação do Banco do Brasil, instalada em 21 de maio de 1941.

A missão do BB é "ser um banco competitivo e rentável, atuando com espírito público em cada uma de suas ações junto a toda a sociedade".

Além dos empréstimos para as empresas, o Banco do Brasil também oferece produtos especialmente desenvolvidos para associações e cooperativas.

O Banco do Brasil oferece linhas de crédito para pessoas jurídicas, divididas de acordo com o segmento a que a empresa pertence: micro e pequena empresa, média e grande, e *corporate*.

Caixa Econômica Federal (CEF)

Fundada em 12 de janeiro de 1861, na cidade do Rio de Janeiro, pelo imperador Dom Pedro II, a Caixa tinha como missão conceder empréstimos e incentivar a poupança popular. Um dos objetivos do imperador era inibir a atividade de outras empresas que não ofereciam garantias aos depositantes e ainda concediam empréstimos a juros exorbitantes. A instituição atraiu príncipes, barões e escravos, que, ávidos por comprarem suas cartas de alforria, nela depositavam seus recursos.

Em 1874, a empresa começou sua expansão, instalando-se nas províncias de São Paulo, Alagoas, Pernambuco, Paraná e Rio Grande do Sul. Somente em 1969, quase 100 anos depois, aconteceria a unificação das 22 Caixas Econômicas Federais, que passaram a atuar de forma padronizada.

As carteiras hipotecária e de cobrança e pagamentos surgiram em 1934, durante o Governo Vargas, quando tiveram início as operações de crédito comercial e consignação.

As loterias federais começaram a ser operacionalizadas pela Caixa em 1961, representando um importante passo na execução dos programas sociais do governo, já que parte da arrecadação é destinada à seguridade social, ao Fundo Nacional de Cultura, ao Programa de Crédito Educativo e entidades de prática esportiva, dentre outros.

A década de 1970 marcou a implantação e a regulamentação do Programa de Integração Social (PIS), além da criação e expansão da loteria esportiva em todo o país. Nesse período, a Caixa assumiu a gestão do crédito educativo e passou a executar a política determinada pelo Conselho de Desenvolvimento Social, por meio do Fundo de Apoio ao Desenvolvimento Social (FAS).

Com a extinção do Banco Nacional de Habitação (BNH) em 1986, a empresa se transformou na maior agência de desenvolvimento social da América Latina, administrando o Fundo de Garantia do Tempo de Serviço (FGTS) e tornando-se o órgão-chave na execução das políticas de desenvolvimento urbano, habitação e saneamento. Em 1990, a instituição foi incumbida de centralizar quase 130 milhões de contas de FGTS que se encontravam distribuídas em 76 bancos. O desafio foi vencido e, em 1993, ela efetuou o pagamento de cerca de 72 milhões de contas inativas.

As atividades da Caixa incluem, ainda, o patrocínio ao esporte, em parceria com o Ministério dos Esportes, e à cultura, por iniciativa própria e em conjunto com o Ministério da Cultura. No cenário empresarial, detém 48% do capital da Caixa Seguros (ex-Sasse) e é a patrocinadora da Fundação dos Economiários Federais (Funcef), que trata das aposentadorias de seus empregados, o segundo maior fundo de pensão do Brasil.

A missão da Caixa é "atuar na promoção da cidadania e do desenvolvimento sustentável do país, como instituição financeira, agente de políticas públicas e parceira estratégica do Estado brasileiro".

As linhas de crédito oferecidas pela Caixa Econômica Federal estão disponíveis no site da instituição.

Banco do Estado do Rio Grande do Sul (Banrisul)

Fundado em 12 de setembro de 1928, o banco tem se caracterizado como uma instituição de crédito que se destaca também na recuperação de setores econômicos em crise e no desenvolvimento de novas atividades empresariais.

Por cerca de 200 anos, a pecuária liderava a economia gaúcha. Desprezado pelos governos desde a descoberta do Brasil, em meio a disputas entre Portugal e Espanha, o Rio Grande do Sul só passou a ser colonizado de forma sistemática no século XVIII. A chegada dos imigrantes alemães e italianos, no século XIX, intensificou o desenvolvimento econômico do estado.

Depois de uma fase promissora, os pecuaristas atravessaram uma crise de grandes proporções, por volta de 1920. Premidos pelas dívidas, os criadores de gado reivindicaram do governo estadual incentivos especiais (financeiros e tributários), a fim de ultrapassar as dificuldades e impulsionar o desenvolvimento do setor.

Em 1927, com a realização do 1º Congresso de Criadores, surgiu a proposta da criação de um banco de crédito rural. O evento visava analisar os problemas da economia estadual, com foco direto sobre a crise enfrentada pelas charqueadas e por toda a produção relacionada à pecuária.

Os argumentos eram fortes demais para passarem despercebidos pelo governo federal, de modo que o presidente Washington Luís baixou decreto autorizando o estado a criar um banco de crédito. Às 10 h do dia 12 de setembro de 1928, em solenidade que contou com a presença do então presidente do estado, Getúlio Vargas, foi criado o Banco do Rio Grande do Sul.

O principal objetivo da nova instituição era atender às necessidades de crédito da pecuária gaúcha. Como banco oficial, passou a arrecadar, logo de início, toda a tributação estadual, até então recebida pelo Banco Pelotense, que posteriormente foi incorporado pelo Banrisul.

Em 1969 e 1970, a instituição incorporou, respectivamente, o Banco Real de Pernambuco S.A. e o Banco Sul do Brasil S.A., estendendo sua rede até Pernambuco e Ceará, além de ampliar o número de agências já existentes em Santa Catarina, São Paulo e Rio de Janeiro. A abertura de uma agência em Nova York, em 1982, inseriu o Banrisul no grupo de operadores internacionais.

Em março de 1990, o Banrisul obteve autorização do Banco Central para operar como banco múltiplo, com as carteiras comercial, de crédito imobiliário e de crédito, financiamento e investimento.

Em 1992, incorporou o Banco de Desenvolvimento do Estado do Rio Grande do Sul (Badesul) e a Distribuidora de Títulos e Valores Mobiliários do Estado do Rio Grande do Sul (Divergs), ao mesmo tempo em que foi instituída a presidência única para o Sistema Financeiro Estadual – Banrisul e Caixa Econômica Estadual.

Em 1998, o Banrisul incorporou as agências da antiga Caixa Econômica Estadual, consolidando sua posição de maior rede de distribuição do sul do país, além de tornar-se um banco de varejo. As ações calcadas em linhas de crédito de longo prazo passaram a ser operacionalizadas, em 2002, pela Caixa Estadual S.A. – agência de fomento.

O governo do estado é o acionista controlador do Banrisul, o que define a conjugação das naturezas comercial e pública da instituição. Com permissão para funcionar como banco múltiplo, atua em diversas frentes do sistema financeiro, por meio de suas carteiras comercial, de investimento e desenvolvimento, de crédito imobiliário e de crédito ao consumidor.

O papel social da instituição, como agente de desenvolvimento do estado, é verificado a partir de uma série de ações promovidas em parceria com as secretarias e órgãos do governo. Alguns exemplos são os programas de recuperação de setores econômicos e o crédito para a agricultura familiar.

Banco do Estado do Pará (Banpará)

O Banpará é uma sociedade de economia mista, organizado sob a forma de banco múltiplo, com a missão de atuar como agente do desenvolvimento socioeconômico do estado do Pará.

Desde 1961, o Banpará passou a atender à comunidade paraense e a contribuir para o desenvolvimento do estado.

O Banpará foi criado pela Lei n. 1.819, de 30 de novembro de 1959, no governo Moura Carvalho. Embora criado em 1959, somente em 1961 teve a sua carta-patente aprovada pela Superintendência da Moeda e do Crédito (Sumoc), que, na época, era o órgão fiscalizador do setor bancário.

Em 18 de fevereiro de 1966, foi inaugurada a primeira agência do Banpará no interior do estado, na cidade de Santarém. Fora do estado, a agência do Rio de Janeiro foi a primeira a ser inaugurada, em 1967.

Em 12 de dezembro de 1979 foi aprovada a mudança da sigla do banco, de BEP para Banpará, uma vez que se confundia com a de outras instituições financeiras. A troca permitiu uma identificação mais imediata do banco com o estado do Pará.

AGÊNCIAS DE FOMENTO

As agências de fomento surgiram a partir de um amplo processo de reestruturação do sistema financeiro do Brasil, pós-Plano Real, tanto no setor privado, com inúmeros casos de mudança de controle acionário e entrada de instituições internacionais, como no setor público, principalmente via privatizações.

As agências de fomento têm origem na Resolução 2.828 do Conselho Monetário Nacional, tendo como objeto social o financiamento de capital fixo e de giro, associado a projetos na unidade da federação onde tenham sede e mais as características a seguir:

- Devem ser sociedades por ações de capital fechado.
- Subordinadas à supervisão e à fiscalização do Banco Central do Brasil, inclusive, somente podendo funcionar segundo autorização deste.
- Somente podem praticar operações com recursos próprios e de repasses originários de fundos constitucionais, recursos orçamentários, organismos nacionais e internacionais de desenvolvimento.
- Permitidas a prestação de garantias, a utilização da alienação fiduciária em garantia e de cédulas de crédito industrial e comercial, e a cobrança de encargos nos moldes praticados pelas instituições financeiras.
- Facultada a atuação como prestador de serviços de consultoria, agente financeiro e administrador de fundos de desenvolvimento, desde que sem a assunção de riscos.

O mesmo normativo trouxe ainda vedações importantes, como:

- Acesso às linhas de assistência financeira do Banco Central.
- Acesso à conta Reservas Bancárias no Banco Central.
- Captação de recursos junto ao público.
- Contratação de depósitos interfinanceiros, tanto como depositante como depositário.

Em virtude da própria definição legal, são quatro as operações básicas das agências de fomento:

1. Concessão de financiamentos de médio e longo prazos para capital fixo e de giro.
2. Captação de recursos para repasse.
3. Administração de fundos constitucionais.
4. Prestação de serviços de consultoria.

A seguir, é apresentada uma das principais agências de fomento que atuam no Brasil, a Financiadora de Estudos e Projetos (Finep).

Financiadora de Estudos e Projetos (Finep)

A missão da Finep é "promover e financiar a inovação e a pesquisa científica e tecnológica em empresas, universidades, centros de pesquisa, governo e entidades do terceiro setor, mobilizando recursos financeiros e integrando instrumentos para o desenvolvimento econômico e social do Brasil" (Finep, 2000).

A Finep promove e financia a inovação e a pesquisa científica e tecnológica cujos resultados possam gerar impactos positivos no desenvolvimento socioeconômico brasileiro, contribuindo para:

- Expandir e aperfeiçoar o Sistema Nacional de Comunicação, Tecnologia e Inovação (C,T&I), incentivando o aumento da produção do conhecimento e da capacitação científica e tecnológica do país.
- Induzir e estimular atividades que promovam a ampliação da capacidade de inovação, de geração e incorporação de conhecimento científico e tecnológico na produção de bens e serviços.
- Colaborar para o sucesso das metas definidas pelas políticas públicas do governo federal.

A Finep tem financiado os mais diversos projetos, de forma reembolsável e não reembolsável, tendo participação como um dos principais instrumentos de fomento do desenvolvimento científico e tecnológico do país.

Seguem alguns projetos de sucesso apoiados pela Finep:

- Laboceano: é o mais profundo tanque oceânico do mundo para simulação de exploração de petróleo, além de ser o maior da América Latina. Inaugurado em abril de 2003, o projeto custou R$ 16 milhões, sendo que 94% do valor foi financiado pela Finep, com recursos do CT-Petro. Hoje, o Brasil é líder mundial na exploração de petróleo em águas profundas.
- Embrapa (Empresa Brasileira de Pesquisa Agropecuária): a Finep financiou não só o desenvolvimento da Embrapa, como também diversos de seus projetos. Só um deles, ligado à substituição de fertilizantes da cultura da soja, gerou uma economia superior a US$ 1 bilhão por ano.
- Desenvolvimento do avião Tucano da Embraer: esse modelo e várias outras atividades da Embraer foram financiados pela Finep.
- Proeduc (Programa de Educação para a Competitividade): financiou 19 projetos, com programas de educação fundamental e ensino médio oferecidos pelas empresas, que beneficiaram mais de 21 mil trabalhadores alunos.
- Proninc (Programa Nacional de Incubadoras de Cooperativas Populares): promover iniciativas voltadas para o desenvolvimento de novas formas de gestão social, por meio da transferência para a sociedade de conhecimentos existentes nas universidades, é a motivação principal para a inserção da Finep na questão do cooperativismo, forma de organização econômica e social que integra a chamada economia solidária. A partir dos resultados alcançados no Rio de Janeiro, extremamente favoráveis e superando as expectativas iniciais, com a constituição de número expressivo de coo-

perativas e a criação de mais de mil postos de trabalho em diversos setores de atividade, a experiência foi expandida para diversas universidades no Nordeste e Sudeste, com resultados estimulantes.

Mais informações sobre os programas financiados pela Finep, sua forma de atuação e as maneiras de se obter financiamento devem ser obtidas no site <www.finep.gov.br>.

FONTES DE RECURSOS DO MERCADO DE CAPITAIS NO BRASIL

Investidores institucionais

Investidor institucional é a instituição que dispõe de vultosos recursos mantidos com certa estabilidade, destinados à reserva de risco ou à renda patrimonial, que investe esses recursos no mercado de capitais.

No mercado de capitais atua um conjunto de atores, como os diversos bancos, os estados, os investidores institucionais e as empresas. Cerca de uma década atrás, os bancos e os estados dominavam os mercados de capitais, sendo que os primeiros eram os elementos fundamentais da gestão de riscos e oferta no mercado de capitais disponíveis, e os segundos, os principais destinatários dos fundos colocados em investimento.

As transformações ocorridas no mercado de capitais nos últimos anos alteraram o panorama. A globalização e a internacionalização das atividades, a desregulamentação, bem como a procura de melhores condições, quer pelos detentores de poupanças, quer por aqueles que procuram fundos, causaram o aumento da importância de outros participantes, como os investidores institucionais, que pelas suas características (regulamentação, dimensão, conhecimentos de mercado etc.) têm possibilidade de oferecer taxas superiores de rentabilidade.

Fundos de pensão

Os fundos de pensão são um dos investidores institucionais tradicionais. Caracterizam-se por serem um conjunto de recursos – proveniente de contribuições de empregados e da própria empresa – administrados por uma entidade a ela vinculada, cuja destinação é a aplicação em uma carteira diversificada de ações, outros títulos mobiliários e imóveis. O objetivo do fundo de pensão é gerar uma renda complementar para a aposentadoria de pessoas físicas.

Segundo Pinheiro, Paixão e Chedeak (2005), os fundos de pensão constituem pessoas jurídicas e têm por objetivo a administração e a execução dos planos de benefícios de natureza previdenciária. Gerem, portanto, recursos de terceiros (os participantes), acumulados em um ou mais planos de benefícios de caráter previdenciário, sendo que, no caso de administrarem mais de um plano, a contabilização e o controle devem ser feitos de forma segregada por plano e consolidados por entidade fechada de previdência complementar (Pinheiro, Paixão e Chedeak, 2005).

Os fundos de pensão têm as seguintes características:

- São instituições que gerem contribuições referentes a um conjunto de indivíduos com o objetivo de oferecer um rendimento (reforma) no período posterior à vida ativa.
- As contribuições têm origem no beneficiário e em outra entidade (empresa ou sindicato) que tem como responsabilidade garantir o bom funcionamento do fundo.
- A gestão dos investimentos do fundo pode ser realizada diretamente por essa entidade associada ou por outra instituição.
- Os fundos de pensão podem ter dois tipos de sistemas: de contribuições determinadas ou de cotizações determinadas, sendo que no primeiro caso (repartição) a pensão é calculada a partir do salário do beneficiário, devendo a entidade responsável pelo fundo garantir a solvabilidade do mesmo. No segundo caso (capitalização), o beneficiário escolhe o fundo em que são colocadas as suas cotizações regulares e as contribuições da entidade, recebendo uma pensão correspondente à capitalização em mercado de valores do investimento (nesse caso, o risco de falência do fundo é assumido pelo beneficiário).

Para a consecução de seus fins, os planos previdenciários administrados por fundos de pensão recebem contribuições previdenciárias e investem os recursos arrecadados. Essa é sua atividade-meio. Com os capitais assim acumulados e rentabilizados, os planos de previdência fazem o pagamento de benefícios de caráter previdenciário, o que constitui a sua atividade-fim (Pinheiro, Paixão e Chedeak, 2005).

Assim, tem-se que o sucesso dos fundos de pensão (pagamento de benefícios) depende do êxito das aplicações dos recursos de terceiros arrecadados e investidos.

Pinheiro, Paixão e Chedeak (2005) afirmam que o fundo de pensão, como administrador de recursos de terceiros acumulados em planos de previdência, deve avaliar a segurança do investimento, o balanceamento entre a parcela de recursos que pode ser investida no longo prazo (alcançando maior rentabilidade) e a parcela que deve ser mantida com a devida liquidez (honrar os compromissos de curto prazo, como despesas administrativas e benefícios já concedidos).

Seguradoras

A chamada Lei da Reforma Bancária (Lei n. 4.595, de 31 de dezembro de 1964), que reformulou o Sistema Financeiro Nacional, enquadrou as seguradoras como instituições financeiras, subordinando-as a novas disposições legais, sem, contudo, introduzir modificações de profundidade na legislação específica aplicável à atividade.

Uma seguradora nada mais é que a administradora de grande número de interesses que compõem a massa de segurados, devendo, assim, gerir de forma racional a aceitação de riscos, cujos limites são difundidos pela Superintendência de Seguros Privados (Susep).

Para arcar com eventuais sinistros, constituem um fundo de reserva técnica que garanta o pagamento desses sinistros.

Torna-se, por essa razão, grande investidor institucional do mercado financeiro e, por isso, se sujeita às normas do Conselho Monetário Nacional (CMN) sobre a aplicação de suas reservas técnicas.

As seguradoras são orientadas pelo Banco Central quanto aos limites de aplicação de suas reservas técnicas nos mercados de renda fixa e renda variável.

Fundos imobiliários

Os fundos imobiliários (FI) foram criados em junho de 1993 pela Lei n. 8.668 e regulamentados pela CVM em janeiro do ano seguinte, configurando condomínios de investidores, à semelhança dos fundos de ações e renda fixa, administrados por instituições financeiras e fiscalizados pela CVM.

Os fundos imobiliários podem ser definidos como instrumentos do mercado de capitais, utilizados para captação da poupança popular, por meio de quotas representativas de valores mobiliários de renda variável. As quotas são parcelas de valores mobiliários não resgatáveis, isto é, o quotista deve vender a terceiros, como se fossem ações de companhias abertas, parcela de suas quotas para retomar seu investimento. As quotas são emitidas para subscrição mediante ofertas públicas e devem ser comercializadas no mercado secundário em mercado de balcão ou de bolsa.

O fundo está isento de impostos, inclusive de imposto de renda. Este incide apenas sobre as receitas financeiras provenientes da aplicação das disponibilidades de caixa do fundo na distribuição de rendimentos aos participantes e no ganho de capital que o quotista obtiver por ocasião da venda de suas quotas. As normas tributárias vigentes estabelecem retenção na fonte de valor equivalente a 20% do rendimento distribuído e do ganho de capital. Os benefícios tributários estão regulados pela Lei n. 9.779/99.

Os fundos imobiliários são formados por grupos de investidores, com o objetivo de aplicar recursos, solidariamente, no desenvolvimento de empreendimentos imobiliários ou em imóveis prontos. O modelo de FI adotado no Brasil possui as seguintes características: 1) pode ser constituído de bens e direitos imobiliários, que podem ser utilizados para integralização; 2) é, obrigatoriamente, administrado por instituição financeira; 3) não tem personalidade jurídica própria – a instituição financeira que o administra "empresta" sua personalidade jurídica ao fundo, tornando-se proprietária fiduciária dos bens integrantes do patrimônio, os quais não se comunicam com o patrimônio da instituição; 4) pelo menos 75% do patrimônio do fundo deve estar aplicado em bens e direitos imobiliários, de modo que o saldo em caixa deve ser aplicado em ativos de renda fixa; 5) para os casos de fundos destinados a construir imóveis, as integralizações podem ser parceladas em séries; os fundos podem, também, efetuar aumento de capital mediante a emissão de novas quotas; 6) é um fundo fechado, ou seja, não permite resgate das quotas – o retorno do capital investido se dá por meio da distribuição de resultados, da venda das quotas ou, quando for o caso, da dissolução do fundo com a venda dos seus ativos e distribuição proporcional do patrimônio aos quotistas.

As principais vantagens do fundo imobiliário referem-se à possibilidade de fracionar o investimento, à agregação das vantagens do mercado mobiliário aos investimentos em imóveis, à transparência da operação e à versatilidade.

Fundos de participações

Em 2003, foi aprovada nova instrução (CVM n. 391/2003), que regula os chamados fundos de investimento em participações (FIPs). As novas regras adequaram-se melhor às necessidades do setor, dando maiores flexibilidade e agilidade aos fundos que desejam obter recurso de fundos de pensão ou até mesmo de pessoas físicas, para investimentos do tipo *private equity* (Ribeiro e Almeida, 2005).

Segundo Instrução n. 391, de julho de 2003, divulgada pela CVM, um fundo de participações constituído sob a forma de condomínio fechado é uma comunhão de recursos destinados à aquisição de ações, debêntures, bônus de subscrição ou outros títulos e valores mobiliários conversíveis ou permutáveis em ações de emissão de companhias, abertas ou fechadas, participando do processo decisório da companhia investida, com efetiva influência na definição de sua política estratégica e na sua gestão, notadamente por meio da indicação de membros do conselho de administração.

Os fundos de investimento em participações, segundo Rocca (2004), configuram instrumentos que viabilizam o financiamento de curto e longo prazos do setor produtivo, inclusive para sustentar a participação do setor privado nas parcerias público-privadas. Os FIPs visam a operações de *venture capital* e *private equity*.

Os fundos de *venture capital* (VC) e *private equity* (PE) são veículos de mobilização de recursos captados predominantemente por investidores institucionais (destaque para fundos de pensão), alocados na forma de capital de risco e de empréstimos em empresas emergentes e de grande potencial. A recuperação desses investimentos, em termos de retorno e liquidez, ocorre tipicamente em médio prazo (em geral entre três e sete anos), após a maturação das empresas investidas, mediante colocação de ações em bolsas de valores (IPO) ou venda de participações a investidor estratégico. Os fundos de VC e PE se caracterizam pela participação ativa de seus gestores na administração da empresa, desde a definição da estratégia e o recrutamento de profissionais qualificados até o apoio da gestão financeira, acesso a fontes de financiamento e parceiros nacionais e internacionais (Rocca, 2004).

Fundos de investimentos

Os fundos de investimentos são instrumentos de poupança coletiva resultante das aplicações de vários investidores. A gestão é realizada por um profissional (gestor de fundos) que acompanha constantemente os mercados financeiros, analisando as tendências e identificando as oportunidades. O gestor de fundos é responsável pela escolha dos papéis, avaliação dos cenários e montagem das carteiras, buscando a maximização dos retornos e a redução dos riscos de investimentos. Os administradores de fundos são as instituições financeiras responsáveis legais perante os órgãos normativos e reguladores (CVM e Banco Central), e também determinam a política e o regulamento de cada fundo.

Assim, tem-se que os fundos de investimentos configuram uma forma de investimento que reúne diversos aplicadores, com receitas e despesas divididas. Existem fundos conservadores e fundos mais agressivos, com graus de risco definidos de acordo com o seu objetivo.

Os recursos depositados nos fundos de investimentos são convertidos em cotas, e os cotistas (indivíduos que integram o fundo) tornam-se proprietários de partes da carteira, proporcionalmente ao capital investido.

Uma das principais razões para se investir em fundos é a comodidade para o investidor, que prefere deixar sob os cuidados de especialistas a gestão de seus recursos. Em virtude do volume de dinheiro captado, o fundo consegue taxas mais vantajosas em várias operações que um pequeno e médio investidor individualmente conseguiria. Os fundos são investimentos com alta liquidez, o que permite, na grande maioria dos casos, saques a qualquer momento sem qualquer tipo de carência.

Os fundos de investimento podem ser classificados em duas grandes categorias:

- **Renda fixa** – devem aplicar, no mínimo, 51% do seu patrimônio em títulos de renda fixa que pagam juros pré ou pós-fixados. Esses fundos dividem-se em FIFs (fundos de investimento financeiro) e FACs (fundos de aplicação em cotas). Os FIFs investem o seu patrimônio diretamente em títulos diversos do mercado, como títulos públicos federais, certificados de depósito bancário (CDBs) e debêntures, entre outros. Todo o patrimônio líquido dos FIFs pode ser alocado em títulos públicos federais.

    De acordo com o Bacen, o investimento em ações e cotas de fundos de ações não pode ultrapassar 49% do patrimônio líquido (PL). O percentual da carteira em títulos emitidos por uma mesma pessoa jurídica, sociedades por ela controladas ou coligadas, deve ser igual ou inferior a 10% do patrimônio. Aplicações em papéis de uma única instituição financeira ou coligada não podem representar mais que 20% dos recursos. Já os FACs aplicam seu patrimônio em cotas de diferentes tipos de FIFs, em proporções variáveis. Os FACs, portanto, são fundos de fundos, o que significa que, em vez de aplicar diretamente em ativos, preferem aplicar em cotas de fundos diversos, inclusive de outras instituições.

    Os títulos de renda fixa mais comuns que compõem as carteiras dos fundos são o CDB e os títulos públicos. Os títulos com juros prefixados têm definido no momento do investimento o percentual que será pago. Os títulos com juros pós-fixados têm sua valorização atrelada a um indicador, como, por exemplo, o depósito interbancário (DI). Isso significa que o investidor não sabe, no momento da aplicação, quanto serão os juros pagos ao final do período, pois eles dependerão da *performance* do indicador.

- **Renda variável** – devem ter, no mínimo, 51% de sua carteira aplicada em títulos de renda variável, além de também poderem operar no mercado futuro. Esses fundos, portanto, estão sujeitos a fortes oscilações em sua rentabilidade, possuem alto risco, possibilidade de altos retornos e eventuais perdas. São conhecidos popularmente como fundos de ações e chamados oficialmente de fundos de investimento em títulos e valores mobiliários (FITVM).

    Os fundos de renda variável podem ser divididos em três grupos: fundos passivos, fundos ativos e fundos setoriais. O FITVM pode aplicar seu patrimônio em ações de emissão de companhias com registro na CVM; valores mobiliários cuja distribuição tenha sido objeto de registro na CVM; certificados ou recibos de depósitos de valores mobiliários, regulados pelo CMN ou pela CVM; títulos públicos de emissão do Tesouro Nacional ou do Bacen; títulos de renda fixa de emissão de instituições financeiras; cotas de FIF, cotas de FAC e cotas de fundo de investimento no exterior (Fiex); operações com derivativos, envolvendo contratos referenciados em títulos e valores mobiliários, realizadas em pregão ou em sistema eletrônico que atendam às mesmas condições dos sistemas competitivos administrados por bolsas; operações de empréstimos de ações, na forma regulada pela CVM; e operações compromissadas de acordo com a regulamentação do CMN, limitadas a 5% do PL do fundo. Os fundos passivos têm como objetivo seguir um indexador, por exemplo, o Ibovespa. Os fundos ativos buscam superar a rentabilidade de seu indexador. Os fundos setoriais possuem como estratégia investir em ações de um setor específico.

Cada fundo de investimento constitui-se como pessoa jurídica própria, não se confundindo com a instituição gestora. Ou seja, o dinheiro aplicado em um fundo está resguardado de qualquer eventual problema financeiro que a administradora ou a gestora venha a ter.

Debêntures

De acordo com Cavalcante Filho e Misumi (2001), a debênture é um título de dívida. Quando uma empresa lança debêntures, está contraindo uma dívida de longo prazo sobre a qual incidem juros e correção de algum tipo de indexador.

Debêntures são títulos de crédito de médio e longo prazos, emitidos por sociedades anônimas, para captar volumes expressivos de recursos, junto aos investidores individuais e institucionais. O emitente sempre é uma empresa não financeira, uma sociedade anônima de capital aberto ou fechado. Os recursos captados normalmente são destinados a investimentos, reestruturação de passivos de empresas, substituição de linhas externas de médio e longo prazos por linhas domésticas e outras destinações.

As debêntures podem ser de dois tipos, segundo o Quadro 3.11.

Quadro 3.11 Tipos de debêntures

Simples	Nasce e permanece para sempre como um título de dívida, ou seja, pagam-se os juros e amortiza-se o principal até o encerramento da dívida
Conversível em ações	Nasce como um título de dívida; a partir de determinado momento, o debenturista (credor) tem direito de converter o título em ações, mediante fórmula de cálculo preestabelecida para conversão

Fonte: Cavalcante Filho e Misumi (2001).

A captação de recursos no mercado de capitais via emissão de debêntures pode ser feita por sociedades por ações (S.A.), de capital fechado ou aberto. Entretanto, somente as companhias abertas, com registro na CVM, podem efetuar emissões públicas de debêntures. A emissão pública é direcionada ao público investidor em geral, enquanto a emissão privada é voltada a um grupo restrito de investidores, não sendo necessário o registro junto à CVM.

A emissão de debêntures é decidida em assembleia geral de acionistas ou em reunião do conselho de administração da emissora, ambos com poderes para estabelecer todas as condições da emissão. A companhia deve escolher uma instituição financeira (banco de investimento ou múltiplo, corretora ou distribuidora de títulos de valores mobiliários) para estruturar e coordenar todo o processo de emissão. Essa instituição, denominada coordenador líder, é responsável pela modelagem da operação; transformação da empresa em sociedade por ações e obtenção de registro de companhia aberta, caso seja necessário; preparação de documentação e registro da emissão pública junto à CVM; formação do consórcio de distribuição; apresentações (*road shows*); e colocação dos títulos junto aos investidores. O coordenador é responsável, ainda, pela realização de uma diligência sobre as informações da emissora que serão distribuídas ao público investidor e utilizadas na elaboração do prospecto de emissão.

A escritura de emissão é o documento em que estão descritas as condições sob as quais a debênture será emitida, como direitos conferidos pelos títulos, deveres da emissora, montante da emissão e quantidade de títulos, datas de emissão e vencimento, condições de amortização e remuneração, juros, prêmio etc.

A data de resgate de cada título deve estar definida na escritura de emissão. A companhia pode também emitir títulos sem vencimento denominados debêntures perpétuas.

Em função do tipo de garantia oferecida ou da ausência de garantia, as debêntures podem ser classificadas de acordo com o Quadro 3.12.

Quadro 3.12 Tipos de debêntures segundo as garantias oferecidas

Tipo de debênture	Garantia
Com garantia real	Garantias por bens integrantes do ativo da companhia emissora ou de terceiros, sob forma de hipoteca, penhor ou anticrese
Com privilégio geral ou garantia flutuante	Assegura privilégio geral sobre o ativo da emissora, em caso de falência. Os bens objeto da garantia flutuante não ficam vinculados à emissão, o que possibilita à emissora dispor dos mesmos sem prévia autorização dos debenturistas
Quirografária ou sem preferência	Não oferece privilégio algum sobre o ativo da emissora, concorrendo em igualdade de condições com os demais credores sem preferência em caso de falência da companhia
Subordinada	Na hipótese de liquidação da companhia, oferece preferência de pagamento tão somente sobre o crédito de seus acionistas

Fonte: adaptado de <www.debentures.com.br>.

As debêntures também podem receber um *rating*, que é uma classificação efetuada por empresa especializada independente (agência de *rating*) que reflete sua avaliação sobre o grau de risco envolvido em determinado instrumento de dívida. No caso de emissão de debêntures, indica a probabilidade de a companhia emissora honrar os compromissos financeiros assumidos na escritura da emissão.

O mercado primário de debêntures é aquele em que os títulos são ofertados pela primeira vez pela companhia emissora, por meio de um intermediário financeiro. O mercado secundário é aquele em que são efetuadas as operações de compra e venda de debêntures pelos investidores.

O *underwriting* é a operação de distribuição primária de debêntures, ou seja, a primeira venda de títulos após a sua emissão. Tal processo é conduzido por instituição financeira contratada pela emissora (coordenador líder ou *underwriter*).

A empresa emissora deve escolher a modalidade de contrato de distribuição que firmará com o *underwriter* contratado. Tal contrato pode ser classificado como "melhores esforços" (*best effort*), em que o *underwriter* se compromete a envidar todos os esforços, mas não garante toda a colocação, devolvendo as sobras ao emitente. No contrato denominado "garantia firme", o *underwriter* garante toda a colocação, ficando com eventuais sobras. A escolha de uma das modalidades ou a combinação delas influencia a comissão de colocação paga para as instituições financeiras.

A colocação primária das debêntures ocorre no Sistema de Distribuição de Títulos (SDT), que é parte integrante do Sistema Nacional de Debêntures (SND) e responsável pela etapa de registro e distribuição do título no sistema. Após a negociação primária, o papel passa a ser negociado no SND.

O sistema de distribuição primária e negociação secundária de debêntures operacionalizadas pela Cetip (Central de Custódia e Liquidação Financeira de Títulos Privados) tem como função colocar títulos de emissão pública e a respectiva viabilização de um mercado secundário eficiente e transparente.

De posse da escritura de emissão, é possível entrar com título no sistema, apresentando também os documentos como termo de compromisso do emissor, termo de compromisso do banco mandatário, ficha cadastral do emissor, escritura de emissão, cartões de autógrafos, com abono do banco mandatário da pessoa jurídica, breve histórico da empresa emissora e logomarca do emissor. Tal procedimento deve ocorrer paralelamente ao pedido de registro na CVM.

O registro na CVM ocorre praticamente no mesmo período em que é feita a inserção do título no sistema, passando a ter validade assim que for conferido o número de registro na CVM.

De posse do número de registro da CVM, o emissor informará diretamente à Câmara de Custódia e Liquidação (Cetip) ou publicará em forma de edital a obtenção do mesmo. Nesse ponto, a debênture está apta a "ganhar vida". Para tanto, o emissor remeterá uma carta à Cetip especificando as instituições que participarão da distribuição, bem como a quantidade de títulos que cada uma estará colocando. Por outro lado, os participantes da distribuição farão o pedido de depósito dos títulos via sistema, não sendo necessária a existência de documento físico. As instituições que participam da distribuição estarão vendendo aos "compradores definitivos" as quantidades que se propuseram a colocar, no prazo de 180 dias contados a partir da data da AGE. Findo esse prazo, se o contrato firmado entre o emissor e o *underwriter* for do tipo *best efforts*, os títulos não colocados serão devolvidos para seu posterior cancelamento no sistema.

Encerrado o período de distribuição, os colocadores informam ao sistema os dados relativos aos compradores finais e a Cetip emite o boletim de subscrição, que servirá para transferência fiduciária. Desse momento em diante, os títulos passam a ser negociados no mercado secundário no SND.

A forma mais comum de negociar debêntures no mercado secundário é o mercado de balcão organizado – sistema de negociação de títulos supervisionado por entidades autorreguladoras, devidamente autorizadas pela CVM. No caso das debêntures, o principal é o SND, administrado pela Associação Nacional das Instituições do Mercado Aberto (Andima) e pela Cetip. As debêntures podem ser negociadas também nas bolsas de valores.

Uma característica interessante das debêntures refere-se à existência de uma cláusula de repactuação de juros, a qual prevê que as taxas contratadas para determinado período podem ser repactuadas (renegociadas) periodicamente. Na hipótese de não se alcançar um acordo com a empresa, o debenturista nessa situação poderá exigir o resgate de sua aplicação, incidindo rendimentos somente até a data de sua saída.

A captação de recursos via debêntures apresenta vantagens significativas para as empresas, se comparada a outros mecanismos de financiamento. A principal delas é que a debênture pode ser planejada sob medida para atender às necessidades de cada empreendimento. A flexibilidade nos prazos, garantias e condições de pagamento permite adequar os pagamentos de juros e amortizações às características do projeto e à disponibilidade de recursos da companhia. A emissão pode ser dividida em séries a serem integralizadas nos períodos desejados pela empresa emissora.

Por ser um título de longo prazo, a debênture, em geral, apresenta custos de captação menores, especialmente em relação a empréstimos bancários de curto prazo.

Outra vantagem para as empresas é que os pagamentos de juros são deduzidos como despesas financeiras, ao contrário dos dividendos, que não são dedutíveis na apuração do resultado anual da empresa. Além disso, a emissão de debêntures permite a captação de recursos de longo prazo sem alterar o controle acionário da companhia, a menos que haja cláusula de conversão em ações.

Ao definir as características da emissão, as empresas podem ainda incluir cláusulas que tornem a debênture mais atrativa para os compradores (participação nos lucros, conversibilidade, repactuações etc.), ampliando a demanda pelo título e reduzindo os seus custos de captação.

Essas facilidades tornaram a debênture o instrumento mais utilizado para captar recursos de médio e longo prazos no mercado de capitais brasileiro. Nos últimos 15 anos, o SND, criado pela Andima e pela Cetip, direcionou mais de US$ 68 bilhões para as empresas instaladas no país. Cerca de 80% desse total, ou US$ 55 bilhões, foram captados a partir da implantação do Plano Real, o que parece demonstrar a preferência pela debênture em períodos de estabilidade econômica, como o que experimentamos atualmente.

Utilizada em diversos países, a debênture adquiriu características peculiares no Brasil, ajustando-se às modernas técnicas de engenharia financeira existentes.

Em razão de sua flexibilidade, o título tem sido utilizado por centenas de empresas de diferentes setores da economia para financiamento de novos projetos, securitização de ativos, reestruturação de passivos financeiros ou obtenção de capital de giro, entre outros objetivos.

Em 1º de junho de 2004, a América Latina Logística (ALL) fez sua terceira emissão de debêntures. Para ilustração do que foi exposto nesta parte do capítulo, o Quadro 3.13 mostra um resumo com algumas informações relativas à oferta de debêntures pela empresa.

Quadro 3.13 Oferta de debêntures – ALL

Emissora	ALL (América Latina Logística S.A.)
Valor total da oferta	R$ 100.000.000
Valor nominal unitário das debêntures	R$ 10.000
Número total de debêntures	10.000
Data de emissão	1º de junho de 2004
Data de vencimento	1º de junho de 2007
Conversibilidade	As debêntures não serão conversíveis em ações da emissora

(continua)

Quadro 3.13 Oferta de debêntures – ALL *(continuação)*

Emissora	ALL (América Latina Logística S.A.)
Espécie	Quirografária
Garantia fidejussória	Fiança prestada pela ALL e pela ALL Intermodal ("garantidoras")
Destinação dos recursos	Os recursos líquidos a serem captados pela emissora na oferta serão utilizados para alongar o perfil do endividamento da emissora, de modo que os recursos serão destinados ao pagamento de dívidas de curto prazo da emissora, da ALL e da ALL Intermodal. Ainda será dada preferência ao pagamento das dívidas de curto prazo em que tenha sido dada como garantia parcela da receita das empresas integrantes do grupo ALL
Colocação, procedimento e negociação	As debêntures serão objeto de distribuição pública com intermediação do coordenador, inexistindo reservas antecipadas, lotes mínimos ou máximos de debêntures, sendo atendidos, preferencialmente, os clientes do coordenador que desejarem subscrever as debêntures independentemente de ordem cronológica de apresentação das respectivas manifestações de interesse, para subscrição e integralização por meio do SDT, administrados pela Andima e para negociação por meio do SND, administrados pela Andima e operacionalizados pela Cetip e o Sistema de Negociação Bovespa Fix, da BM&F Bovespa, custodiado na Companhia Brasileira de Liquidação e Custódia (CBLC)
Inadequação do investimento para certos investidores	O investimento em debêntures representa um investimento de risco, portanto investidores que pretendam investir nas debêntures estão sujeitos à volatilidade do mercado. Ainda assim, não há nenhuma classe ou categoria de investidor que esteja proibido por lei de adquirir as debêntures
Pagamento de juros	Semestral, vencendo-se os juros no dia 1º de junho e 1º de dezembro de cada ano, sendo o primeiro vencimento em 1º de dezembro de 2004 e o último na data de vencimento ou na data em que ocorrer vencimento antecipado das debêntures, se for o caso

Fonte: adaptado de <www.all-logistica.com>.

OPERAÇÕES ESTRUTURADAS

Securitização de recebíveis

Recebíveis são títulos que representam um direito de crédito originário de venda a prazo de bens, serviços ou operações imobiliárias.

O objetivo da operação de securitização de recebíveis é permitir a uma empresa obter recursos sem comprometer o seu limite de crédito junto aos credores e sem prejudicar os índices de endividamento do seu balanço.

A premissa básica para esse tipo de operação é que a empresa tenha recebíveis de curto prazo bastante pulverizados.

O risco de crédito leva em conta o índice de inadimplência histórica da carteira de recebíveis de cada empresa.

Na forma clássica dessas operações, cria-se uma sociedade de propósito específico (SPE) cujo objetivo será, exclusivamente, adquirir os recebíveis da empresa que a constituiu pela emissão de debêntures. Como os recebíveis são normalmente de curto prazo e as debêntures de longo prazo, a SPE terá caixa muito antes do vencimento das debêntures. No resgate das debêntures, a SPE se extingue automaticamente.

Os recebíveis adquiridos pela SPE são suficientes para cobrir o principal mais encargos das debêntures e ainda ter sobra suficiente para cobrir a inadimplência histórica dessa carteira de recebíveis.

Nomeia-se um banco para ser o agente fiduciário – *trustee*. Ele será responsável pela gestão do caixa da SPE. A empresa com recebíveis pulverizados contrata um auditor independente para auditar a SPE e o trabalho do *trustee*.

No caso de a empresa pedir concordata, a SPE não entrará em concordata. Em nenhuma hipótese a empresa com recebíveis terá acesso ao caixa da SPE, pois este é administrado pelo *trustee*.

No caso de falência da empresa, os recebíveis da SPE não entrarão na massa falida, pois foram cedidos à SPE pela empresa em uma etapa anterior à decretação da falência.

O único custo variável é a taxa de remuneração das debêntures. O custo de estruturação da operação, a remuneração do *trustee*, a remuneração do auditor independente, os custos de emissão e o registro das debêntures e de abertura da SPE são todos fixos.

A Figura 3.1 mostra o fluxo e os participantes de uma operação de securitização de recebíveis.

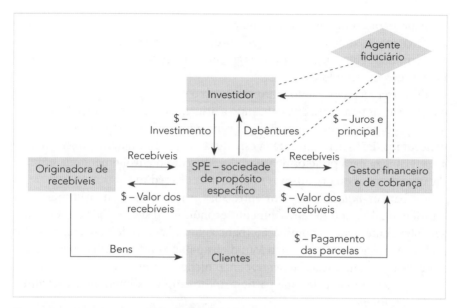

Figura 3.1   Securitização de recebíveis.

Project finance

O *project finance* ou financiamento de projetos é uma operação financeira estruturada que permite dividir o risco entre o empreendedor e o financiador, os quais serão remunerados pelo fluxo de caixa do empreendimento, motivo da operação, após sua implantação. É extremamente útil na implantação e expansão de negócios, principalmente naqueles que exigem elevados investimentos.

A grande vantagem do *project finance* é a ruptura da abordagem tradicional centrada na empresa que busca financiamento para a implantação de um projeto e a adoção de um conceito mais amplo, o do empreendimento com vários participantes. Caracteriza-se como uma parceria de negócios em risco e retorno.

É essencial que as garantias para o financiamento sejam o fluxo de caixa do projeto, seus ativos, recebíveis e contratos, e que seja claramente demonstrada a viabilidade do projeto e as receitas que podem ser geradas para garantir o seu retorno, pois o empreendimento deve ser sua própria garantia e ser capaz de convencer os financiadores/investidores de sua viabilidade econômico-financeira, já que os investidores estão mais preocupados com o fluxo de caixa do empreendimento.

A preparação de um contrato de *project finance* é demorada porque deve ser feita sob medida caso a caso. Além disso, os contratos têm que estar em conformidade com a legislação em vigor, tanto no país do empreendedor como no país dos financiadores.

O *project finance* é muito importante sob o ponto de vista operacional, pois envolve vários parceiros, diversificando a origem dos recursos alocados ao projeto e proporcionando condições para um retorno mais seguro dos créditos concedidos. Por ser muito cara, a estrutura de um contrato de *project finance* só se viabiliza para projetos de valor elevado, com o envolvimento de um sindicato de bancos ou organismos multilaterais de crédito.

Os bancos *multilaterais* têm entre suas prioridades o suporte financeiro e profissional para o desenvolvimento econômico e social dos países em desenvolvimento. Essa denominação (bancos multilaterais de desenvolvimento) aplica-se, tipicamente, ao Banco Mundial, ao Banco Interamericano e a outros bancos que atuam, *exclusivamente*, com o nicho de *project finance*.

Os *players* são aqueles que participam do empreendimento e da estrutura do *project finance*.

- **Sponsors** (empreendedores) – têm ao seu cargo a implementação do projeto e são os acionistas da SPE do empreendimento.
- **Lenders** (financiadores) – são os bancos e os demais agentes financeiros que fornecem a maior parte dos recursos ao empreendimento.

Por ser o fluxo de caixa uma informação vital para os *lenders*, há uma tendência a supervalorizar essa informação, assumindo que ela seja a única peça financeira relevante para a decisão do negócio. Vale ressaltar que o *project finance* é, acima de tudo, uma técnica de estruturação contratual que quebra ou segmenta os diversos padrões de risco-retorno de um empreendimento entre os seus participantes, possibilitando um financiamento com base nos recebíveis, motivo pelo qual é necessário levantar, no mínimo, duas informações importantes quanto ao fluxo de caixa:

- Os riscos estão sendo apropriadamente identificados e mensurados para que possam ser mitigados ou, conscientemente assumidos por um ou mais participantes do empreendimento, em troca de remuneração adequada ao risco assumido.
- Cada participante está sendo remunerado dentro de suas expectativas. Faz-se necessário a projeção das demonstrações financeiras e os respectivos resultados econômicos que considerem a abordagem no foco da criação de valor ao acionista.

A ideia de viabilizar o *project finance* visa, essencialmente, ao isolamento entre o *risco do projeto* e o *risco dos acionistas*. Dessa forma, no *project finance* puro não é solicitada nenhuma espécie de garantia e aporte de recursos próprios dos empreendedores.

Em toda operação de *project finance* existe a figura do *sponsor* ou *project developer* (líder do empreendimento) e o arranjo contratual, do qual podem participar governos, agências multilaterais de crédito, agências de crédito de exportação, bancos de desenvolvimento, bancos públicos e privados, fundos de pensão, seguradoras e demais instituições financeiras, além de entidades não financeiras, como empresas de engenharia e de projetos, consultores financeiros e jurídicos, fornecedores, clientes e operadores.

Patrocinadores do projeto

Os patrocinadores do projeto, frequentemente, buscam financiar a compra de equipamentos, principalmente durante a fase de construção. Alguns projetos também adotam o modelo de codesenvolvimento, no qual fornecedores e fabricantes desenvolvem conjuntamente o produto, compartilhando riscos e investimentos. Nesse modelo, os fornecedores são uma importante fonte de crédito complementar.

Depois de uma análise de viabilidade econômico-financeira do empreendimento ou da capacidade de criar valor, temos que considerar sua viabilidade técnica e legal, o que pode levantar questões como:

- Os riscos de engenharia e tecnológicos são conhecidos com a devida profundidade?
- O empreendimento já está formalizado e aprovado pelas entidades competentes?
- A previsibilidade das receitas e custos é suficientemente conhecida e administrável?
- As estruturas legais são adequadas para suportar o empreendimento?

Dos riscos de um empreendimento

A forma usual de classificar os riscos é dividi-los em dois grandes grupos:

- **Risco sistêmico** – é aquele ao qual o sistema econômico, político ou social submete o empreendimento. Crises econômicas em países emergentes normalmente valorizam ativos dolarizados, mas sacrificam empresas dependentes de importação.
- **Risco próprio** – é aquele intrínseco à atividade, como, por exemplo, o esgotamento de uma jazida mineral ou geológico, na construção de barragem.

Para os investidores, é essencial que os riscos do empreendimento sejam previamente identificados, para então serem mitigados de várias formas:

- Controlados ou compartilhados nos contratos.
- Financiados por meio de empréstimos.
- Reduzidos por meio de pesquisas ou estudos.
- Alocados a um participante para ser coberto, absorvido ou assumido.

O risco será trabalhado (mitigado/minimizado) dependendo de sua natureza e seu impacto no empreendimento.

O desenvolvimento do projeto e a alocação dos riscos terão como base os diversos instrumentos contratuais firmados entre os participantes do empreendimento.

Quadro 3.14   Principais riscos de um projeto e causas fundamentais

Risco	Descrição	Causa
Conclusão	Projeto não venha a ser concluído	- O projeto deixa de ser lucrativo - Inviabilidade técnica
Tecnológico	Tecnologia não apresenta desempenho de acordo com as especificações ou se torna prematuramente obsoleta	- Tecnologia desconhecida - Falhas no projeto - Tecnologia em rápida evolução - Novos produtos concorrentes
Fornecimento de matéria-prima	Indisponibilidade de fatores de produção durante a vida do projeto	- Erros nos estudos do dimensionamento das reservas naturais
Econômico	Demanda pelos produtos e serviços do projeto não é suficiente para gerar a receita projetada	- Declínio do preço final da produção - Aumento no custo de uma matéria-prima - Mau dimensionamento dos custos de produção
Financeiro	Taxas de juros crescentes podem pôr em perigo a capacidade de o projeto atender o serviço da dívida	- Instabilidade econômica - Risco inflacionário
Cambial ou de moeda	Fluxo de receita e/ou custos denominado em mais de uma moeda ou em moedas diferentes	- Mudanças nas taxas de câmbio

(continua)

Quadro 3.14 Principais riscos de um projeto e causas fundamentais *(continuação)*

Risco	Descrição	Causa
Político	Possibilidade de autoridades políticas do anfitrião interferirem no desenvolvimento pontual e/ou na viabilidade econômica	• Tributação excessiva • Restrições legais onerosas • Expropriação
Por força maior	Evento que possa prejudicar ou impedir a operação por período de tempo prolongado após a conclusão do projeto	• Catastrófica falha técnica • Greve • Incêndio, terremoto, maremoto, guerra etc.
Ambiental	Efeitos sobre o meio ambiente que possam causar atrasos no desenvolvimento ou tornem necessário um oneroso reprojeto	• Mudanças na regulamentação ambiental • *Lobbies* agressivos e desafios legais montados por grupos de ambientalistas • Descaso ou mau dimensionamento dos impactos ambientais

Contrato

Os contratos do *project finance*, normalmente, são numerosos, volumosos e complexos, em razão da redução ou ausência das garantias.

Diante desse cenário, é imprescindível que a sua elaboração e negociação sejam realizadas por profissionais especializados, capazes de conciliar os interesses das partes e do empreendimento em si.

- Ser economicamente *segregável* por meio de uma SPE.
- O projeto pode ser visto como público-privado (misto), pois o Estado pode conceder a propriedade ou o direito de operação de determinados serviços ou produtos para uma SPE.
- O financiamento é concedido à SPE e não é consolidado no balanço dos patrocinadores/controladores (*off balance sheet*).
- Exigir financiamentos em volumes elevados.
- Apresentar fluxo de caixa com boa previsibilidade.
- Cabe notar que, em razão dos recentes escândalos contábeis mundiais, os organismos reguladores dos mercados de capitais têm voltado suas atenções para financiamentos *off balance sheet*, de modo que em vários países é necessário que o patrocinador informe suas operações dessa natureza em notas de rodapé nas demonstrações financeiras.

Vantagens e desvantagens ao realizar o *project finance*

Vantagens:

- Aumento da alavancagem financeira dos patrocinadores.
- Segregação e compartilhamento do risco entre os participantes.
- Substituição de parte das garantias reais por garantias de desempenho do projeto (*covenants*).
- Os investidores possuem o controle sobre o destino do retorno de seus investimentos.
- Benefícios fiscais (créditos tributários).

Desvantagens:

- Custos superiores: estrutura contratual complexa, onerosa e que exige mais tempo para se concretizar.
- Complexidade na alocação de riscos: conjunto de operações complexas, podendo resultar em conflitos de interesses na alocação de riscos entre os participantes.
- Maiores taxas de juros: as taxas de juros podem ser maiores em razão da morosidade da estrutura do *project finance*.

CONSÓRCIOS NO BRASIL

De acordo com o Banco Central do Brasil, as operações de consórcio tiveram origem no Brasil no início dos anos 1960, em razão da carência de instituições financeiras empenhadas na concessão de financiamentos à aquisição de bens, aliada à necessidade de as indústrias recentemente instaladas escoarem sua produção. A Resolução n. 67, de 21 de setembro de 1967, do Conselho Monetário Nacional, foi a primeira norma específica para as operações de consórcio, seguida pela Lei n. 5.768, de 20 de dezembro de 1971, que determinou que essas atividades dependeriam de prévia autorização do Ministério da Fazenda.

Posteriormente, o Decreto n. 70.951, de 9 de agosto de 1972, que regulamentou a Lei n. 5.768/71, aprovou regras para o funcionamento do sistema de consórcio e estabeleceu que as atribuições de regulamentação da atividade ficariam sob a responsabilidade do Ministério da Fazenda, por intermédio da Secretaria da Receita Federal.

Essa base legal estabeleceu as condições para que aqueles órgãos passassem a regular o sistema por intermédio de portarias e instruções normativas, entre as quais se destacam a Portaria MF n. 190/89, que definiu o conceito de con-

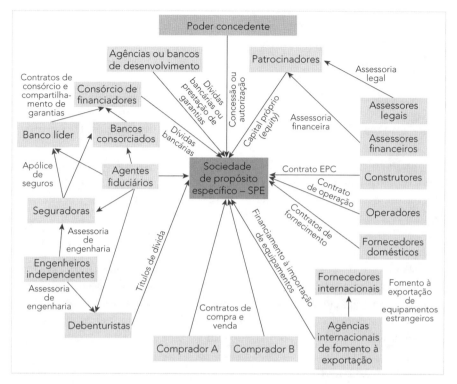

Figura 3.2   Estrutura padrão de um *project finance*.

sórcio, e a Portaria MF n. 25, de 25 de março de 1991, que disciplinou a organização e o funcionamento dos consórcios destinados à aquisição ou construção de imóveis residenciais.

Em março de 1991, a Lei n. 8.177 determinou a transferência das atribuições pertinentes à regulamentação, fiscalização e aplicação de punições ao Banco Central do Brasil, que então passou a monitorar o sistema.

Os primeiros atos normativos do Banco Central sobre o assunto foram a Circular n. 1.983, de 4 de julho de 1991, que alterou algumas regras da Portaria MF n. 190/89, e a Circular n. 2.071, de 31 de outubro de 1991, que estabeleceu a obrigatoriedade da remessa ao Banco Central de dados sobre as operações de consórcio por parte das administradoras.

A partir de outubro de 1991, passou-se a divulgar estatísticas mensais sobre as operações de consórcio, envolvendo, entre outras, as seguintes informações:

- Quantidade de grupos em andamento por segmento.
- Cotas subscritas no mês por segmento.

- Cotas subscritas contempladas no mês e acumuladas.
- Número de participantes ativos.
- Índice de pendência.
- Índice de inadimplência.
- Taxa média de administração cobrada.
- Quantidade de bens pendentes de aquisição por administradora.
- Relação das administradoras impedidas de constituir grupos de consórcio.

Atualmente, a Circular n. 2.889, de 20 de maio de 1999, dispõe sobre a prestação, ao Banco Central do Brasil, de informações relativas às operações de consórcios, estabelecendo que as informações devam ser segregadas nos seguintes segmentos:

- Imóveis.
- Tratores, equipamentos rodoviários, máquinas e equipamentos agrícolas, embarcações, aeronaves, veículos automotores destinados ao transporte de carga com capacidade superior a 1.500 kg e veículos automotores destinados ao transporte coletivo com capacidade para 20 passageiros ou mais.
- Veículos automotores não incluídos no segmento anterior, exceto motocicletas e motonetas.
- Motocicletas e motonetas.
- Outros bens duráveis.
- Serviços turísticos.

Informações referentes aos consórcios no Brasil estão disponíveis no site do Banco Central (<www.bcb.gov.br>). Nele são encontrados dados estatísticos sobre os consórcios, legislação e normas, bem como informações fornecidas pelas administradoras dos consórcios.

ARRENDAMENTO MERCANTIL (*LEASING*) NO BRASIL

Segundo Fortuna (2002), em sentido amplo, *leasing* ou arrendamento mercantil é uma operação realizada mediante contrato, na qual o dono do bem (arrendador) concede a outrem (arrendatário) a utilização do mesmo, por prazo determinado.

Trata-se de financiamento de médio e longo prazos, no sentido financeiro, podendo o contrato incluir cláusula prevendo sua renovação ou compra do bem pelo arrendatário (opção de compra), ao final do seu prazo de vigência. A estrutura básica do *leasing* é apresentada na Figura 3.3.

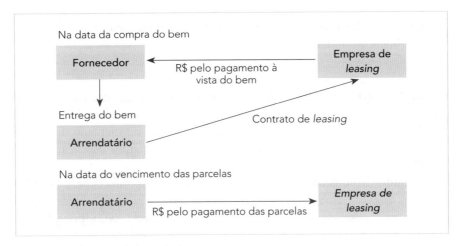

Figura 3.3   Estrutura básica do *leasing*.

Quando da assinatura do contrato de *leasing*, já é estabelecido um valor residual garantido (VRG). O arrendatário que faz uso do bem tem a opção de comprar esse bem ao final do contrato de *leasing* pelo valor do VRG.

Sobre a operação de *leasing* não incide Imposto sobre Operações Financeiras (IOF), porém incide Imposto sobre Serviços (ISS). A alíquota desse imposto depende da cidade onde a empresa de *leasing* tem sede.

Assim, o *leasing* financia integralmente, em longo prazo, qualquer bem móvel ou imóvel, novo ou usado, de fabricação nacional ou estrangeira, para uma empresa sem que ela precise se descapitalizar. Além de o custo do *leasing* ser lançado como despesa operacional, esse tipo de operação permite a modernização constante do equipamento, por meio de sua substituição quando se tornar obsoleto.

O *leasing* é uma forma de "ter sem comprar", dentro do princípio de que o lucro vem da utilização do bem e não de sua propriedade.

Fortuna (2002) lista como vantagens do *leasing*:

- Financiamento total do bem.
- Liberação de capital de giro.
- Possibilidade de atualização dos equipamentos durante a vigência dos contratos.
- Prazo da operação compatível com a amortização econômica do bem.
- Flexibilidade nos prazos de vencimento.
- Dupla economia de imposto de renda (dedutível de aluguéis e não imobilização de equipamento).

- Aceleração da depreciação, gerando maior eficiência fiscal.
- Simplificação contábil.
- Melhoria dos índices financeiros.

Até 28 de agosto de 1996, o *leasing* financeiro era a única modalidade existente no Brasil, sendo permitida apenas para pessoas jurídicas. Nessa data, a Resolução n. 2.309 promoveu importantes mudanças no mercado de *leasing* no país, liberando o *leasing* para pessoas físicas e criando o *leasing* operacional.

A seguir, demonstramos os tipos de operações disponíveis de *leasing*, os encargos dos contratos e as vantagens obtidas nas operações. As informações pertinentes a esses tópicos foram extraídas de Fortuna (2002), por ser uma obra completa no que se refere a operações de arrendamento mercantil.

Leasing operacional

É a operação, regida por contrato, praticada diretamente entre o produtor de bens (arrendador) e seus usuários (arrendatários), podendo o arrendador ficar responsável pela manutenção do bem arrendado ou por qualquer outro tipo de assistência técnica que seja necessária para seu perfeito funcionamento (Fortuna, 2002).

Tal tipo de contrato, feito por período de tempo inferior à vida útil do bem arrendado, é geralmente encontrado no ramo de equipamento de alta tecnologia, como telefones, computadores, aviões, máquinas copiadoras, porque, em princípio, o equipamento e/ou a empresa arrendadora satisfaz uma das condições a seguir:

- O equipamento possui alto valor de revenda e mercado secundário ativo.
- A empresa arrendadora presta serviços adicionais aos seus clientes.
- A empresa arrendadora é a fabricante do equipamento.

Ao contrário do *leasing* financeiro, o arrendatário pode rescindir o contrato a qualquer tempo, mediante pré-aviso contratualmente especificado.

Essa opção permite a redução de custos para o arrendatário, já que as prestações não amortizam o bem e ele não tem a opção de compra no final do contrato. Na prática, as opções de *leasing* operacional funcionam quase como um aluguel. Se o arrendatário quiser adquirir o bem ao final do contrato, terá que negociar com a empresa de *leasing*, e a aquisição, se houver, será feita pelo valor de mercado.

Leasing financeiro

Para Fortuna (2002), o *leasing* financeiro é uma operação de financiamento sob a forma de locação particular, de médio ou longo prazos, com base em um contrato, de bens móveis ou imóveis, em que intervêm uma empresa de *leasing* (arrendador), a empresa produtora do bem objeto do contrato (fornecedor) e a empresa que necessita utilizá-lo (arrendatária).

Essa operação se aproxima, no sentido financeiro, de um empréstimo que utilize o bem como garantia e que pode ser amortizado em determinado número de aluguéis periódicos, geralmente correspondentes ao período de vida útil do bem.

Ao final do contrato, que não pode ser rescindido, a arrendatária tem as seguintes alternativas:

- Comprar o bem em questão por um valor que pode ser previamente contratado ou VRG, que pode, inclusive, ser o valor de mercado.
- Renovar o contrato por um novo prazo, geralmente por taxas mais baixas e tendo como principal o valor residual.
- Devolver o bem à arrendadora.

O prazo mínimo de arrendamento é de dois anos para bens com vida útil de até cinco anos, e de três anos para os demais. Veículos têm prazo mínimo de 24 meses, e os demais equipamentos e imóveis têm prazo mínimo de 36 meses (bens com vida útil superior a cinco anos).

O contrato de arrendamento mercantil, que estabelece as condições da operação de *leasing* e os direitos/obrigações do arrendador e do arrendatário, é extenso e complexo, em função das peculiaridades do *leasing*.

É importante notar que as despesas adicionais ficam a cargo do arrendatário, tais como despesas com seguro, manutenção, registro de contrato, ISS e demais encargos que incorram sobre os bens arrendados.

No que tange às garantias contratuais, normalmente, a operação de *leasing* é garantida por notas promissórias avalizadas, equivalentes aos aluguéis contratuais e ao valor residual, sendo possível, no entanto, ser negociada qualquer outra garantia.

Sale and lease back

É uma operação variante do *leasing* financeiro pela qual uma pessoa jurídica vende bens do seu imobilizado a uma empresa de *leasing* e, simultaneamente, os arrenda de volta com operação de compra exercitável após o término do prazo contratual.

Trata-se de uma alternativa adequada para empresas cujo imobilizado excessivo impede a otimização dos recursos disponíveis ou como forma de obtenção de recursos para capital de giro, razão pela qual se tornou uma operação privativa das instituições financeiras.

Leasing imobiliário

Há quatro tipos de arrendamento mercantil imobiliário, todos com pessoa jurídica, pois o imóvel deve, obrigatoriamente, destinar-se à atividade econômica da empresa. São eles:

Normal

Consiste na compra de um imóvel inteiro, pronto e acabado. A arrendadora adquire o imóvel especificado pela arrendatária, à vista, e o arrenda.

O cliente pagará, no prazo contratado (em média, oito anos), uma contraprestação equivalente à parcela do principal mais os juros (taxa de compromisso). Ao término do contrato, restará um valor residual que pode oscilar de 1 a 30% do total de financiamento.

As alternativas, ao final, são idênticas às do *leasing* financeiro.

Construção de edifícios

O terreno pode ser comprado de terceiros ou ser feito o *lease back* do terreno da arrendatária. Durante a fase de construção, a operação fica sob o regime de pré-*leasing*. Nesse período, a arrendatária paga à arrendadora apenas a taxa de compromisso, que incidirá sobre as importâncias desembolsadas no decorrer da construção. Essa fase de cálculo dos juros é cumulativa.

Se, no primeiro mês, gastaram-se 100, a taxa de compromisso incide sobre 100; se, no segundo mês, gastaram-se 200, a taxa de compromisso incidirá sobre 300.

O acerto de contas entre arrendadora e contratante ocorre, geralmente, uma vez por mês. A arrendatária examina esses números, e o pagamento só é liberado depois de sua autorização. Quando a obra termina, inicia-se o contrato de *leasing* propriamente dito, calculado sobre o valor da obra concluída.

A taxa de compromisso incidente no pré-*leasing* pode ser capitalizada e incorporada ao custo da operação.

Lease back imobiliário

Normalmente, é utilizado por empresas que desejam mudar o perfil de seus passivos com uma operação saneadora. Em síntese, como já foi visto, consiste na venda do imóvel pela empresa proprietária à empresa de *leasing*. A ex-proprietária, ato contínuo, contrata a recompra desse mesmo imóvel, por meio do arrendamento mercantil. O próprio imóvel é dado em garantia de pagamento.

Para a arrendatária, a vantagem é grande, pois continua na posse do bem e pode abater integralmente do imposto de renda as contraprestações referentes ao arrendamento como despesa operacional.

Operações sindicalizadas

São utilizadas para viabilizar grandes projetos. Nesse tipo de arrendamento, várias empresas de *leasing* se reúnem, formando um *pool* que elegerá, entre elas, um coordenador do empreendimento. Este poderá abranger desde a compra do terreno até a instalação de todos os equipamentos.

As operações sindicalizadas podem envolver companhias de *leasing* nacionais e estrangeiras.

Encargos dos contratos de *leasing*

Normalmente, são considerados três encargos, detalhados a seguir.

Taxa de abertura de crédito

Esse tipo de encargo é cobrado eventualmente em casos especiais, quer por conveniência do usuário que deseja diminuir o valor financiado, quer por questões de aprovação do crédito por parte da sociedade arrendadora, que exige pagamento inicial equivalente a uma "entrada" na assinatura do contrato.

Taxa de compromisso ou taxa de adiantamento

Este tipo de encargo é previsto em quase todo contrato padrão utilizado pelas sociedades arrendadoras. Ele ocorre nas operações em que as liberações de pagamentos aos fornecedores ocorrem em datas diferentes da que inicia o prazo do arrendamento, como, por exemplo, contratos com diversos fornecedores ou nos arrendamentos de equipamentos comprados por encomenda, em que se exige pagamento do sinal no ato do pedido.

A taxa de compromisso, em geral, é cobrada mensalmente pelas arrendadoras, havendo casos em que a mesma é cobrável no início do prazo do arrendamento ou, então, incorporada ao custo do bem, para efeito de cálculo dos aluguéis. Esse tipo de encargo equivale a um percentual mensal do valor dos adiantamentos efetuados pela empresa de *leasing*, até o início do prazo do arrendamento, acrescido de correção monetária ou variação cambial.

Taxa de arrendamento, aluguel ou contraprestação de arrendamento

A taxa de arrendamento, em geral, é cobrada mensalmente, sendo que a periodicidade máxima admitida é a semestral. É calculada normalmente como um percentual do custo da aquisição dos bens arrendados, incluídos todos os encargos suportados pela arrendadora e adicionando-se, eventualmente, a taxa de compromisso não paga pela arrendatária.

O percentual para a base de cálculo do aluguel pode ser fixo durante o prazo do contrato, como também pode ser um percentual obtido por meio de uma fórmula matemática que leva em conta as taxas de juros internacionais.

O tributo direto que incide na operação (ISS) poderá ou não estar incluído no coeficiente do cálculo de contraprestação de arrendamento. Os aluguéis poderão ser fixos, reajustáveis pelo dólar ou por outro indexador autorizado pelo Bacen.

As contraprestações são dedutíveis do lucro tributável como despesa de *leasing* e o valor residual é garantido.

Vantagens do *leasing*

Dada a importância das operações de *leasing* como alavancadoras de negócios dos bancos e instrumentos fundamentais para investimento na atividade empresarial, é importante destacar as vantagens do arrendamento mercantil.

Financiamento total do equipamento ou imóvel

Quem adquire o bem é a empresa de *leasing*, que é a única responsável pelo pagamento do preço de aquisição. Normalmente, os encargos de instalação e serviços adicionais também são incluídos na operação.

Liberação de capital de giro

Os recursos não investidos para a aquisição dos bens podem ser aplicados em outras atividades rentáveis da empresa, como, por exemplo, na aquisição de matéria-prima à vista em lotes maiores, passando a empresa a usufruir de descontos especiais.

Utilização de equipamentos com tecnologia atualizada

Já que não necessita investir capital adicional para a obtenção do equipamento, a empresa arrendatária pode substituir, frequentemente, os seus equipamentos, utilizando tecnologia sempre atualizada.

Prazo da operação compatível com a amortização econômica do bem

O *leasing* permite que a arrendatária compatibilize o prazo da operação com o prazo de retorno do investimento em ativo permanente.

Encargos prefixados e totalmente quantificáveis

Todos os encargos das operações de arrendamento mercantil são fixados na assinatura do contrato e não há qualquer outro ônus indireto incidindo sobre a operação.

Conservação de linhas de crédito

O contrato de *leasing* não é contabilizado como empréstimo, portanto não é incluído no exigível da empresa como uma de suas obrigações. Dessa maneira, mantêm-se inalterados os índices financeiros da empresa, conservando assim sua capacidade de obtenção de novos empréstimos.

Flexibilidade

O arrendamento mercantil é a modalidade de financiamento mais flexível disponível no mercado financeiro e pode adequar-se às necessidades específicas de cada cliente.

Economia de imposto de renda

As despesas de *leasing* são totalmente dedutíveis no lucro tributável para efeito de cálculo do imposto de renda, ocasionando, consequentemente, redução substancial no custo final da operação.

Outras conveniências do *leasing*

O arrendamento mercantil simplifica o processo contábil fiscal e de contabilidade de custos. Esse fato é muito importante nas empresas menores, com estrutura administrativa menos sofisticada.

Transfere para a arrendadora o ônus administrativo das operações de compra e revenda de bens e a administração e o controle de ativos (seguro).

Leva o empresário a reanalisar o custo/benefício do equipamento após o prazo do contrato, quando do exercício da opção de compra do mesmo, de forma a se garantir contra a obsolescência.

Normalmente, é muito rápida a obtenção de equipamento por meio do *leasing*, permitindo a concretização da compra em tempo hábil, para usufruir descontos especiais ou solucionar casos de emergência.

Permite que os escalões administrativos inferiores tomem decisões de investimento. Esse fato é importante nas organizações mais sofisticadas, que estabelecem orçamentos de investimentos muito rígidos, com revisões muito demoradas.

MERCADO INTERNACIONAL

De acordo com Gremaud, Vasconcellos e Toneto Jr. (1999), as alterações no cenário mundial e o rápido processo de inovações no setor de informações e comunicações proporcionaram grandes alterações no sistema financeiro internacional. As principais alterações ocorridas referem-se aos processos de globalização financeira, por meio dos quais os mercados de capitais nacionais ficaram totalmente interligados, possibilitando em qualquer lugar do mundo realizar operações com qualquer moeda e ativo; e à securitização dos títulos, que permitiu profundas inovações financeiras em termos de garantias, proteção de risco etc., levando a um deslocamento dos mecanismos de financiamento para o mercado de capitais.

Um aspecto importante da inserção do Brasil no movimento internacional de capitais são as mudanças institucionais promovidas no mercado de câmbio brasileiro, mudanças que podem ser chamadas de abertura financeira. Essa abertura tem dois aspectos básicos: a ampliação da conversibilidade da moeda nacional e a liberalização do ingresso/saída de recursos externos na economia brasileira.

O Brasil aproveitou-se das vantagens desse fluxo, que lhe possibilitaram tanto o acesso a um crédito internacional barato, se comparado com o preço dos empréstimos internos, como um fluxo de recursos que viabilizaram a manutenção de significativos déficits comerciais.

Esta globalização vem exigindo o apoio dos governos às empresas para que se tornem mais competitivas. É possível conseguir recursos para importar, exportar, comprar equipamentos ou mesmo para capital de giro, utilizando financiamentos captados no exterior ou no Brasil por meio de bancos de desenvolvimento e outras instituições que, por sua vez, captam esses recursos no exterior para repassar às empresas.

Neste capítulo serão discutidas algumas fontes de financiamento de longo prazo no mercado internacional. Serão apresentados instituições financeiras internacionais e mecanismos de captação de recursos de terceiros no exterior.

Instituições financeiras públicas internacionais

The World Bank Group

Junto ao estabelecimento do Fundo Monetário Internacional (FMI) em 1944, foi decidida a criação de um banco que se concentrasse em financiar a reconstrução das economias europeias pós-guerra. Esse banco foi chamado de International Bank for Reconstruction and Development – Banco Interamericano para a Reconstrução e o Desenvolvimento (Bird).

Como o Plano Marshall garantiu um fluxo de capitais constante para aquele fim, sem o envolvimento do Bird, este passou a ter suas operações gradualmente direcionadas para os países em desenvolvimento.

O Bird passou a ser conhecido como World Bank (Banco Mundial), e esse nome inclui suas instituições irmãs, posteriormente criadas com funções específicas, a International Finance Corporation (IFC) e a International Development Association (IDA), sediadas em Washington.

Todas têm o mesmo objetivo principal de promover o progresso social e econômico dos países em desenvolvimento pelo aumento da produtividade econômica, de modo que não só fornecem crédito e empréstimos, mas, também, consultoria técnica e econômica aos setores público e privado, com recursos próprios ou estimulando o fluxo de capital privado para esses países.

Os países que quiserem pertencer ao Banco Mundial devem inicialmente ingressar no Fundo Monetário Internacional.

As facilidades de crédito do Bird pretendem financiar projetos de alta qualidade ou programas que deem uma contribuição direta ao desenvolvimento econômico, mas que não atraem capital privado em condições satisfatórias.

Todos os empréstimos do Banco Mundial são feitos apenas de governo para governo ou instituições garantidas pelo governo. Tal fato o caracteriza como uma instituição intergovernamental. Ao mesmo tempo, diferentemente do FMI, o capital privado é a fonte mais importante de financiamento para os empréstimos do Banco Mundial. O Quadro 3.15 apresenta um comparativo entre o Fundo Monetário Internacional (FMI) e o Banco Mundial.

Quadro 3.15 Comparativo entre Fundo Monetário Internacional e Banco Mundial

	FMI	Banco Mundial
Características	Instituição monetária	Instituição de desenvolvimento
Funções	Estabilização do sistema monetário e financiamento de déficits temporários do balanço de pagamentos	Promover e financiar o desenvolvimento econômico
Horizonte	Curto prazo	Longo prazo
Fonte de financiamento	Reservas oficiais e recursos dos países membros	Empréstimos no mercado internacional de capitais
Beneficiário	Todos os membros	Países em desenvolvimento

(continua)

Quadro 3.15 Comparativo entre Fundo Monetário Internacional e Banco Mundial
(continuação)

Características	FMI Instituição monetária	Banco Mundial Instituição de desenvolvimento
Prazo de amortização	3-5 anos (em alguns casos, 10 anos)	15-20 anos (40 anos na IDA – International Development Assistance)
Staff	2.300 pessoas	6.400 pessoas

Fonte: Fortuna (2002).

O Banco Mundial ajuda os países em desenvolvimento no estabelecimento de programas de investimento e formulação de projetos específicos. O banco tem importante papel de conselheiro político, particularmente nos países em dificuldade pelo tamanho da dívida externa.

Em 1988, foi criada a Multilateral Investment Guarantee Agency (Miga) com o objetivo de promover o investimento direto nos países em desenvolvimento. Por essa razão, ela fornece garantias de proteção ao investimento estrangeiro privado direto, nos países em desenvolvimento, contra riscos não comerciais (principalmente riscos políticos, como nacionalização e restrições ao câmbio). A Miga complementa as atividades do Banco Mundial.

Em 1991, foi criada a Global Environment Facilities (GEF) com o objetivo de viabilizar projetos que garantam a proteção da biodiversidade, reduzam os efeitos na camada de ozônio e aumentem a qualidade da água. Esses projetos são, normalmente, incluídos nos programas do Banco Mundial, criando um "selo verde" para os projetos do banco.

Cada país membro faz uma contribuição de capital ao Banco Mundial, aumentada a intervalos regulares, sendo parte integralizada de imediato (6%) e o restante sendo chamado quando necessário. O volume emprestado não pode ser superior ao total do capital mais reservas.

Atualmente, a contribuição dos países membros tem papel secundário no financiamento dos empréstimos aos membros. Os recursos obtidos no mercado financeiro internacional como *funding* já representam 85% do total emprestado, particularmente na forma de emissão de títulos de médio e longo prazos e na colocação privada de papéis junto a governos, bancos centrais e bancos comerciais.

The International Finance Corporation (IFC)

Foi criada em 1956 com o objetivo de promover o empreendimento privado nos países em desenvolvimento e suplementar as atividades do Bird, que estavam mais voltadas para os empreendimentos governamentais.

Promovendo o investimento privado, a IFC estimula o crescimento econômico naqueles países. A IFC concede empréstimos e, paralelamente, adquire participação direta minoritária no capital da empresa financiada, sem exigir nenhuma garantia do governo do país da empresa.

A participação da IFC aumenta o *status* da empresa e estimula a confiança dos demais provedores de capital. Atua, dessa forma, como catalisador na obtenção de capital para a empresa.

A IFC tem criado inúmeros fundos de investimento nos quais mantém uma participação e que são usados para adquirir participações em empresas. Esses fundos também ajudam a desenvolver as bolsas de valores nos países mais desenvolvidos.

Entre as prioridades da IFC, nos países em desenvolvimento, estão o desenvolvimento dos mercados de capitais domésticos, a reestruturação e privatização das participações estatais e o desenvolvimento das pequenas e médias empresas.

The International Development Association (IDA)

Ao final de 1950, verificou-se que as condições de empréstimo do Banco Mundial estavam além da capacidade econômica dos países em desenvolvimento mais pobres. Para atender a esses países, em 1960 foi criada a IDA (com aproximadamente 160 países membros), com o objetivo de fornecer empréstimos de longo prazo de até 40 anos, a fundo perdido e carência de 10 anos, embora com pequena taxa de administração.

A IDA não tem capital, mas recebe donativos para financiar os empréstimos como parte da cooperação para o desenvolvimento dos países industrializados, além de receber parte da renda líquida do Bird.

Banco Interamericano de Desenvolvimento (BID)

Criado em 1959, com a inclusão de 19 países da América Latina, Caribe e Estados Unidos, tem sede em Washington. Seu principal objetivo é promover o investimento para o desenvolvimento de capital público e privado na América Latina e no Caribe. Seus 46 membros incluem países da América Latina, Caribe e países industrializados, porém seus empréstimos são destinados somente a membros da América Latina e do Caribe.

O BID financia normalmente até 50% do total do custo do projeto. Seus empréstimos são:

- Para instituições públicas e privadas com projetos que promovam o desenvolvimento econômico da América Latina e Caribe.
- Para financiar projetos de grande valor social.

- Com termos mais simples que aqueles oferecidos pelo mercado monetário e de capitais.

Os empréstimos do BID para a América Latina e Caribe têm sido feitos para uma extensa variedade de programas. Por exemplo, o BID emprestou US$ 10,4 bilhões no ano de 2015 para os países mutuários localizados na América Latina e no Caribe. Desse total, a maior parte foi destinada à projetos relacionados ao meio ambiente e infraestrutura, com um total de 39% dos recursos, seguido por projetos relacionados ao desenvolvimento institucional, com 32% de participação, projetos relacionados à programas nos setores social, com destinação de 21% dos recursos e projetos de integração regional, com 8% do montante (IADB, 2016).

Japanese Bank for International Corporation (JBIC)

A proposta do JBIC é contribuir para o desenvolvimento do Japão e da economia mundial, por meio de empréstimos e outras operações financeiras. Procura promover as exportações, importações ou atividades econômicas japonesas no exterior, promover estabilidade nas finanças internacionais e estabilidade econômica nas áreas de desenvolvimento, sem competir com instituições financeiras comerciais. As operações do JBIC consistem em dois componentes distintos:

1. *International Financial Operation* (*IFO Operations*) – contribui para a promoção das importações e das exportações japonesas, assim como suas atividades econômicas externas e para a estabilidade financeira internacional. Isso inclui financiamento das exportações, importações, investimentos no estrangeiro e participações em projetos estrangeiros de empresas japonesas.
2. *Official Development Assistance* (*ODA Operations*) – provê assistência financeira, como empréstimos no longo prazo e baixas taxas de juros, necessários para países em desenvolvimento, incluindo infraestrutura social e estabilização econômica, suporte nas atividades de investimento do setor privado e pesquisas relacionadas ao desenvolvimento.

As fontes de financiamento dessas operações são compostas de contribuições de orçamento geral, fundos de investimentos fiscais e programas de financiamento, entre outras. Desde 1970, o JBIC mantém com o BNDES cinco linhas de crédito para exportação japonesa ao Brasil, um financiamento não vinculado para medidas contra poluição industrial, dois financiamentos não vinculados destinados aos BNDES automático e o Finame. O JBIC financia o

Banco do Brasil, cuja linha de crédito disponível atualmente financia a importação de bens e equipamentos do Japão pelas empresas brasileiras na forma de repasse.

Em resumo, o JBIC tem como principal referência o próprio Japão e suas relações internacionais, tendo como principal foco o suporte a essas atividades. Entretanto, o JBIC realiza cooperação econômica, inclusive para o Brasil. Realiza empréstimos por meio de linhas, projetos e programas, mas principalmente por projetos.

Outras instituições regionais

Asian Development Bank (ADB)

O ADB começou suas operações em 1966, em sua sede em Manila, Filipinas. Seu objetivo principal é fomentar o desenvolvimento econômico das nações asiáticas por meio de empréstimos para países menos desenvolvidos que são membros do ADB. Esses empréstimos podem ser destinados a projetos de setores privados sem garantia governamental. Alguns dos empréstimos do ADB são feitos para bancos asiáticos e repassados para projetos da iniciativa privada.

Em 2015 esse valor chegou a marca de US$ 27,1 bilhões, divididos principalmente entre linhas para empréstimos e cofinanciamentos.

O ADB possui quatro funções principais:

1. Fornecer empréstimos para o desenvolvimento social e econômico dos países membros.
2. Fornecer serviços de aconselhamento e assistência para a preparação e execução de projetos de desenvolvimento.
3. Promover investimentos de capital público e privado para o desenvolvimento.
4. Dar assistência na coordenação de políticas e planos de desenvolvimento dos países membros.

O ADB investiu fundos em uma extensa variedade de projetos em países asiáticos. Seus 67 países membros, compostos por 48 países localizados na região da Ásia e mais 19 pertencentes a outras regiões, reúnem um total de aproximadamente 3.100 funcionários da instituição. Desde sua criação até junho de 2016, o ADB já realizou empréstimos no volume de US$ 182,7 bilhões de dólares, distribuídos principalmente entre países como Índia, com US$ 37,9 bilhões; China com US$ 34 bilhões; Indonésia com US$ 29,7 bilhões; Paquistão com US$ 17 bilhões e Filipinas com US$ 15,5 bilhões (ADB, 2016).

The European Bank for Reconstruction and Development

O European Bank for Reconstruction and Development (EBRD) é uma das instituições financeiras internacionais mais novas, tendo sido fundado em 1990. Sua missão é o desenvolvimento da Europa Central e do Leste Europeu, depois que muitos desses países deixaram de ter um governo socialista ou comunista. O acordo para a criação do EBRD foi assinado por 47 representantes de 42 nações, European Investment Bank e da Comunidade Europeia.

O maior acionista do EBRD são os Estados Unidos, com 10% do capital subscrito. Todavia, os países europeus juntos detêm a maior parte do capital. O banco foi fundado com o objetivo de destinar pelo menos 60% de seus empréstimos para o setor privado dos países. O foco do EBRD inclui a Europa e a Ásia Central.

North American Development Bank (NADB)

O NADB começou suas operações em 1994. Essa nova instituição financeira foi fomentada pelo Nafta. A ênfase do NADB é atender a problemas ecológicos na fronteira entre México e Estados Unidos.

O NADB, estabelecido em San Antonio, Texas, é uma instituição internacional administrada e capitalizada em partes iguais pelo México e pelos Estados Unidos, com o propósito de financiar projetos de infraestrutura ambiental ao longo de sua fronteira comum.

Sua função é atuar como sócio e catalisador bilateral nas comunidades da zona de fronteira, com a finalidade de melhorar a viabilidade de financiamento, desenvolvimento em longo prazo e operações de infraestrutura que promovam um ambiente limpo e saudável para os habitantes da região. Pode proporcionar apoio financeiro para entidades públicas e privadas que interferem no desenvolvimento de obras de infraestrutura ambiental na região da fronteira. O abastecimento de água potável, o tratamento de águas residuais e o manejo de resíduos sólidos municipais constituem os setores básicos em que opera o banco e são suas maiores prioridades. No entanto, também promove assistência em outros setores ambientais, como qualidade do ar, energia limpa e resíduos perigosos.

European Investment Bank (EIB)

O European Investment Bank (EIB) foi fundado em 1958 pelos membros da Comunidade Europeia. O banco faz investimentos em infraestrutura econômica e indústria básica em países membros. Seus empréstimos têm maturidade de 12-20 anos. Possui três áreas de responsabilidade:

1. Projetos envolvendo dois ou mais governos membros.

2. Promoção de resultados obtidos a partir de economias de escala por meio da expansão da operação de plantas ou firmas, em países com vantagem competitiva em alguma linha de negócio.
3. Alcance de uniformidade e maiores níveis de maturidade econômica.

Instrumentos do mercado internacional de capitais

Dexia Group

Em 1996, como resultado da fusão do Crédit Local de France e do Crédit Communal de Belgique, surgiu o Dexia Group. A incorporação, em 2000, da Financial Secutiries Assurance (FSA), nos Estados Unidos, principal mercado de negociação de títulos públicos municipais, fez do Dexia líder nesse segmento. Na Europa, possui grande presença em países como Bélgica e França, além de ser considerado um dos 20 maiores bancos do mundo.

A estratégia adotada pelo grupo é de desenvolvimento em segmentos de mercado onde a liderança seja possível, conciliando a busca de retornos elevados com gestão rigorosa de risco. Porém, em 2009, como decorrência da crise financeira que se alastrou pelo mundo e a exposição do grupo aos títulos da dívida grega, o Dexia Group se viu em uma situação complicada, sem conseguir crédito por meio das demais instituições financeiras para continuar suas atividades. Nesse momento, os governos da Bélgica e da França injetaram cada um aproximadamente 3 bilhões de euros, no sentido de manter as atividades do banco e evitar que uma crise se alastrasse por seus sistemas financeiros.

Banobras

O Banco Nacional de Obras y Servicios Públicos (Banobras) do México é um banco de desenvolvimento que tem por objetivo promover e financiar atividades prioritárias do setor público, assim como concessionários privados de serviços públicos, nas áreas de desenvolvimento urbano, infraestrutura e serviços públicos, habitação, comunicação e transportes.

Mais especificamente, suas linhas de atuação são: solo, infraestrutura urbana, infraestrutura regional, equipamentos, habitação, fortalecimento institucional e meio ambiente.

O Banobras considera como obras financiáveis: água potável, redes de esgoto e pluviais, tratamento de água e esgoto, eletrificação, geração, cogeração e autoconsumo de energia, telefonia, rede de gás, imagem urbana e resíduos sólidos.

Para solicitar um crédito no Banobras, é necessário apresentar um estudo de viabilidade econômico-financeira do projeto e ter certificação de que os estudos, projetos e suas respectivas obras estão considerados nos planos de desenvolvimento do município e do estado. Para mais informações, o leitor deve acessar <www.banobras.gob.mx>.

Instrumentos do mercado de capitais

Bônus/eurobônus de empresas

São títulos lançados no exterior, para captação de recursos em valores elevados, por empresas nacionais com penetração internacional. Em função dos volumes, tais lançamentos são feitos por meio de bancos sindicalizados. Podem ser lançados títulos com taxas de juros fixas ou flutuantes. No primeiro caso, são as *fixed rate notes* e, no segundo, as *floating rate notes*.

O Bacen determina o prazo mínimo de captação no mercado internacional por meio da emissão de títulos (bônus ou *commercial papers*), operações de empréstimo entre empresas (*inter companies*) e as operações da Resolução 63, de agosto de 1967, pelas quais um banco no país contrata empréstimos no exterior e repassa internamente às empresas, tendo fixado ou não os prazos mínimos para que tais títulos possam beneficiar-se da isenção fiscal do imposto de renda de 25% sobre ganhos de capital.

Um bônus (*bond*), portanto, é uma emissão de médio/longo prazos, ou seja, uma promessa de pagamento, sendo uma das alternativas existentes para as empresas no sentido de captar recursos no mercado de capitais, adequando assim a sua necessidade de caixa *versus* maturação e capacidade de repagamento.

Na emissão de um *bond*, o emissor (*issuer*) promete ao comprador (*bondholder/owner*) o pagamento de uma remuneração por meio de taxa de juros preestabelecida ao longo de um período predeterminado. No final do período (*maturity*), o emissor se compromete, igualmente, a pagar/recomprar o título pelo seu valor de face (*face value*, *principal amount* ou *par value*).

Em geral, um *bond* internacional é aquele vendido fora do país do tomador e distribuído frequentemente em vários países. Quando um *bond* é vendido basicamente no país da moeda de emissão é chamado *bond* estrangeiro. Quando um *bond* internacional é vendido basicamente em outros países que não o país da moeda na qual a emissão é denominada, é chamado de *eurobond*. Assim, uma multinacional estabelecida nos Estados Unidos poderia colocar um *eurobond* em vários mercados de capitais europeus, subscrito por um sindicato internacional e denominado em dólares americanos.

O preço de um *bond*, seja na emissão, seja no mercado secundário, normalmente é estabelecido por meio de um percentual do seu valor de face. Por exemplo, um *bond* adquirido por um preço de 100 significa 100% do valor de face, ou seja, para um *bond* com valor de $ 1.000 o investidor desembolsou o equivalente a $ 1.000 na sua compra. Um preço de 90 significa 90% do valor de face, sendo, no exemplo anterior, 90% de $ 1.000, um custo de compra equivalente a $ 900.

A taxa de juros (também referida como cupom, *interest rate* ou *yield*) é estabelecida na emissão do *bond* e permanece nominalmente a mesma até o vencimento final do papel. Porém, uma vez que esses papéis são emitidos por prazos de 5, 10, 20 e até 30 anos, as oscilações nas taxas de juros praticadas pelo mercado acabam afetando o preço dos *bonds* emitidos, os quais já estão sendo negociados no mercado secundário, causando assim uma desvalorização (desconto) ou até valorização (prêmio) no seu valor de face. Se as taxas de juros sobem, o valor de face dos *bonds* já emitidos declina de forma a manter a mesma paridade com emissões mais recentes, bem como com o custo de oportunidade, comparativamente à taxa de juro praticada no mercado naquele momento. Assim sendo, preço e taxa de juros manterão uma relação inversamente proporcional.

Assim, a relação existente entre taxas de juros e preços é de extrema importância na avaliação de preços de um *bond*. À medida que as taxas de juros sobem, o preço dos *bonds* já emitidos sofre uma desvalorização (desconto). Inversamente, à medida que as taxas de juros são reduzidas, os preços dos *bonds* já emitidos passam a sofrer uma valorização (prêmio).

Cabe salientar que *bonds* emitidos por empresas estrangeiras e colocados no mercado americano, em momentos de crise de credibilidade, muitas vezes imputada ao país do emissor, poderão causar uma desvalorização no valor de face do título, fato que não significa necessariamente a deterioração da situação econômico-financeira do emissor.

Debêntures emitidas no exterior

As debêntures são reguladas pela Lei n. 6.404/76, alterada pela Lei n. 9.457/97. São títulos emitidos por empresas constituídas na forma de sociedade anônima. O art. 52 da referida lei diz: "A companhia poderá emitir debêntures que conferem aos seus titulares direito de crédito contra ela, nas condições constantes da escritura de emissão e do certificado."

O art. 54 prevê que é possível as debêntures terem seus valores convertidos em moeda estrangeira. Também afirma que pode ser prevista correção monetária aos mesmos coeficientes de correção da dívida pública ou com base na variação cambial.

É possível as companhias adquirirem as próprias debêntures, desde que por valor igual ou inferior ao nominal, devendo o fato constar do relatório da administração e demonstrações financeiras, conforme prevê o art. 55.

A debênture somente poderá ser emitida e criada com autorização da assembleia geral de acionistas e pode ser convertida em ações desde que prevista essa condição. O valor total de emissão não pode ultrapassar o valor do capital social, ficando a cargo da CVM fixar outros limites para emissões negociadas em bolsa ou balcão, ou ainda distribuí-las no mercado. A Decisão Conjunta n. 3 do Bacen/CVM, de 7 de fevereiro de 1996, estabelece regras de remuneração das debêntures.

A emissão de debêntures no exterior está prevista no art. 73, seção IX, da Lei n. 6.404/76. Podem-se emitir debêntures no exterior somente com autorização do Banco Central do Brasil, desde que com garantia real ou flutuante de bens situados no país. As empresas estrangeiras no Brasil também podem emitir debêntures e colocá-las no exterior, mas dependem de autorização do Bacen. Também são permitidas negociações de debêntures emitidas no estrangeiro e colocadas no Brasil, desde que autorizadas previamente pela CVM.

Securitização de empréstimos

Trata-se da transformação de empréstimos em títulos negociáveis e revendidos a investidores interessados em aplicações com prazos menores que os dos bônus/eurobônus.

Operações de *forfaiting*

Forfaiting é o desconto de notas promissórias internacionais, sem direito de regresso ao exportador. Basicamente, é uma técnica muito flexível que permite ao exportador receber à vista e ao importador pagar a prazo, sem a necessidade de apertar seu próprio fluxo de caixa, liberando recursos para investimentos em outros negócios.

Adicionalmente, o *forfaiting* permite tanto ao exportador como ao importador se protegerem contra desfavorável movimentação de juros ou da moeda durante o período do crédito. No *forfaiting*, o exportador não tem que se preocupar com o risco potencial de inadimplência pelo comprador, ficando livre de gastos com tempo e controle da cobrança.

Com respeito a produtos e períodos de financiamento, o *forfaiting* pode ser usado para financiar uma vasta gama de produtos por enorme variedade de períodos. Por exemplo, dependendo da base de crédito, *commodities* podem ser financiadas por um período mínimo de 180 dias e máximo de 18 meses. Bens de capital, assim como equipamentos médicos, podem ser financiados em 1-5 anos, e equipamentos industriais pesados podem ser financiados em 5-10 anos, dependendo da condição de crédito do tomador do empréstimo e do valor da transação. Em alguns casos, podem ser dados períodos de carência estendidos para satisfazer as necessidades dos seus clientes ou para lhes prover uma vantagem competitiva.

As etapas do *forfaiting* são:

- O exportador e o importador acertam a transação comercial.
- O exportador embarca a mercadoria.
- O exportador entrega os documentos de embarque.
- O banco envia os documentos ao banqueiro no exterior (emitente do crédito ou avalista), para que obtenha o aceite do importador.
- O banqueiro no exterior entrega os documentos ao importador e recebe os saques devidamente aceitos.
- O banqueiro é instruído pelo banco no Brasil a entregar os saques ao *forfaiter*, contra pagamento, sem direito ao regresso.
- O *forfaiter*, após examinar os saques, efetua o pagamento ao banco no Brasil.
- O banco, ao receber as divisas, liquida a operação de câmbio com o exportador.
- No vencimento, o *forfaiter* cobra o valor do saque junto ao importador e, se não pago, recorre ao banqueiro garantidor.

Outros instrumentos de captação de recursos de terceiros

Certificado de recebíveis do agronegócio (CRA)

O CRA é um título que gera um direito de crédito ao investidor, ou seja, o mesmo terá direito a receber uma remuneração (geralmente juros) do emissor e, periodicamente ou no vencimento do título, poderá receber de volta o valor investido (principal) (BM&F Bovespa, 2015a).

Como o CRA é um instrumento de captação de recursos destinados a financiar transações do mercado do agronegócio, é emitido com lastro em recebíveis originados de negócios entre produtores rurais ou suas cooperativas e terceiros, inclusive financiamentos ou empréstimos relacionados à produção, comercialização, beneficiamento ou industrialização de produtos ou insumos agropecuários ou de máquinas e implementos utilizados na produção agropecuária (BM&F Bovespa, 2015a).

Por ser um produto de renda fixa, sua remuneração ocorre por meio de juros fixos ou flutuantes e sua atualização monetária é permitida, desde que seja a mesma dos direitos creditórios vinculados ao CRA.

Os CRAs podem ser negociados em bolsa de valores ou em mercados de balcão autorizados pela CVM.

Dentre os principais exemplos de CRAs temos:

- Cédula de produto rural (CPR).
- Duplicata mercantil (DM).
- Duplicata rural (DR).
- Nota promissória rural (NPR).

- Cédula rural pignoratícia (CRP).
- Cédula rural pignoratícia e hipotecária (CRPH).
- Cédula rural hipotecária (CRH).
- Cédula de crédito bancário (CCB).
- Cédula de crédito à exportação (CCE).
- Nota de crédito à exportação (NCE).

As principais vantagens das CRAs são: previsão do fluxo de caixa das remunerações e amortizações do título; regime fiduciário que garante a segregação do risco da emissora; rendimentos do CRA isentos de imposto de renda para pessoa física, conforme a Lei n. 11.311/2006 (Brasil, 2006). Entretanto, os títulos apresentam baixa liquidez e pequena acessibilidade a pequenos investidores, já que o investimento inicial é de cerca de R$ 300 mil (Dana, 2012).

Certificado de recebíveis imobiliários (CRI)

O CRI é um instrumento de captação de recursos destinado a financiar transações do mercado imobiliário. É lastreado em créditos imobiliários, como financiamentos residenciais, comerciais ou para construções, contratos de aluguéis de longo prazo etc. (BM&F Bovespa, 2015b).

As securitizadoras de créditos imobiliários são instituições não financeiras constituídas sob a forma de sociedade por ações, que têm por finalidade a aquisição e securitização desses créditos e a emissão e colocação, no mercado financeiro, de CRIs, podendo emitir outros títulos de crédito. Não há investimento mínimo, porém a maior parte dos CRIs possui valor unitário de R$ 300 mil (BM&F Bovespa, 2015b).

O CRI transforma fluxos de recebíveis de médio ou longo prazos em ativos financeiros negociáveis à vista. Dessa forma, permite que incorporadoras, construtoras, imobiliárias e instituições financeiras que tenham créditos com lastro imobiliário contem com mais recursos para aplicar no segmento (Cetip, 2015).

Segundo a Cetip (2015), há dois tipos de emissões de CRI: as baseadas em contratos performados (com empreendimentos que deram origem aos contratos que servem de lastro e emissão concluídos) e contratos não performados (empreendimentos não finalizados).

Contudo, como o título está ligado ao fluxo financeiro dos empreendimentos imobiliários, o aplicador assume o risco de crédito do emissor e o risco de mercado, dependendo do indexador utilizado na emissão do título. No caso de necessidade de resgate antes das datas contratadas, o investidor pode vender seus papéis em ambiente de bolsa, porém estes possuem baixa liquidez no mercado secundário.

A remuneração do CRI é garantida por taxa prefixada, flutuante ou índice de preços. Dentre os principais atrativos está a isenção de imposto de renda para pessoas físicas.

Fundos de investimento em direitos creditórios (FIDC)

O FIDC é um tipo de aplicação em que a maior parte dos recursos é destinada à aquisição de direitos creditórios (BM&F Bovespa, 2015c).

Os direitos creditórios derivam dos créditos que uma empresa tem a receber, como duplicatas, cheques, contratos de aluguel e outros. Assim, os créditos originados de operações realizadas nos segmentos financeiro, comercial, industrial, imobiliário, de hipotecas, de arrendamento mercantil e de prestação de serviços podem ser transformados em cotas de FIDC (BM&F Bovespa, 2015c).

Os FIDCs apresentam dois tipos de cotas: subordinadas (cedem direito de preferência às cotas seniores para fim de resgate e amortização, funcionando como um colchão de garantia para elas) e seniores (possuem preferência e remuneração predefinida) (Infomoney, 2014).

Além disso, os FIDCs podem ser abertos ou fechados, sendo abertos aqueles em que os cotistas podem efetuar mais aplicações ou solicitar o resgate de suas contas a qualquer momento, e fechados aqueles em que o resgate ocorre na liquidação do FIDC (Infomoney, 2014).

Na montagem de um FIDC, é possível distinguir quatro figuras principais: cedente (empresa que gera os direitos creditórios); estruturador (instituição financeira e escritório de advocacia contratados para montar a operação); custodiante (instituição financeira que realiza os serviços de custódia e controle de recebíveis); administrador (responsável legal do FIDC) (Infomoney, 2014).

As principais vantagens dos FIDCs são a desintermediação financeira, já que eles vinculam diretamente o tomador do crédito com o investidor em uma estrutura simples e isenta de tributos intermediários; para os detentores de recebíveis, custo menor que os empréstimos bancários, pela desintermediação e pelo fato de que, muitas vezes, o *rating* dos fundos é melhor que o da empresa (BM&F Bovespa, 2015c).

Em relação aos tributos, observa-se que a compra de recebíveis por meio do FIDC não é fato gerador de IOF nem incidem tributos como PIS, Cofins e ISS. O imposto de renda, no caso de fundos fechados, pode ser diferido e, no caso de pessoas físicas, existem alíquotas regressivas de acordo com o prazo do investimento.

Os FIDCs são uma boa opção para diversificar a carteira de investimento, mas só estão acessíveis para investidores qualificados com, no mínimo, R$ 300 mil investidos e declaração formal de sua condição, no caso de pessoas físicas (Infomoney, 2011).

Fundos de investimentos imobiliários (FII)

Os FII são fundos que investem em empreendimentos imobiliários. Como principais exemplos temos *shopping centers*, hospitais e edifícios comerciais. O retorno do capital investido se dá por meio da distribuição de resultados do fundo ou pela venda das cotas do fundo (BM&F Bovespa, 2015d).

Para investir em um FII é necessário ser cliente de uma corretora que negocie esse produto. Além disso, por serem constituídos sob a forma de condomínio fechado, o resgate das cotas ocorre mediante a negociação no mercado secundário, semelhante à venda de uma ação (BM&F Bovespa, 2015d).

Com relação aos tributos, para os rendimentos provenientes de aluguéis de imóveis físicos incide imposto de renda, contudo, para os fundos imobiliários, os investidores pessoa física são isentos de IR nos dividendos recebidos. Entretanto, é necessário pagar IR sobre a eventual valorização das contas dos fundos imobiliários negociados em bolsa, no mês seguinte à venda dos ativos (Infomoney, 2015).

Dentre as principais vantagens dos FIIs temos: gestão profissional, acesso à compra de cotas de grandes empreendimentos, facilidade de negociação na bolsa e custos menores (Infomoney, 2015).

Entretanto, os riscos em que o investidor incorre são de inadimplência (o inquilino do imóvel não pagar o aluguel ou pagar com atraso), liquidez (mesmo com o aumento de negociação das cotas na bolsa, há fundos em que é necessário oferecer algum deságio para uma venda com agilidade), mercado (o empreendimento pode perder valor e afetar as cotas) e vacância (o imóvel pode eventualmente ficar desocupado).

Fundos de investimentos em participações (FIP)

Os FIPs, também conhecidos como *private equity*, são destinados exclusivamente a investidores qualificados e são constituídos sob a forma de condomínios fechados. Os recursos sob sua administração são destinados à aquisição de ações, debêntures, bônus de subscrição e outros títulos e valores mobiliários conversíveis ou permutáveis em ações de emissão de companhias abertas e fechadas (Infomoney, 2008).

As aquisições propiciam ao fundo participação no processo decisório da companhia investida, com efetiva influência na gestão estratégica e de curto prazo, por meio de indicação de membros do conselho de administração, por exemplo.

Os investidores brasileiros, pessoas físicas ou jurídicas, somente são tributados na amortização de suas cotas, incidindo imposto de renda retido na fonte (IRRF), calculado sobre a diferença entre o montante inicial investido no FIP e o valor recebido após a amortização das quotas do FIP ou quando o mesmo é liquidado em sua totalidade (Noronha e Freitas, 2015).

O uso da estrutura do FIP permite também a distribuição de dividendos isentos diretamente aos cotistas do FIP, com esse ganho sendo aplicado para cotistas brasileiros e estrangeiros (Noronha e Freitas, 2015).

Como o prazo de carência dos FIPs é de no mínimo cinco anos, é considerado um investimento de longo prazo e, por suas cotas possuírem valores expressivos, é pouco acessível para o público em geral. Todavia, é um investimento com grandes oportunidades de ganho em relação aos fundos tradicionais de ações, pois busca investimentos com alto potencial de maturação e retorno, além de selecionar empresas iniciantes e promissoras ponderando a relação risco/retorno (Infomoney, 2008).

RESUMO

O objetivo da administração de uma empresa é gerar valor. Este pode ser gerado por meio de diversas estratégias financeiras, entre as quais estão as decisões de financiamento de longo prazo. O dinheiro utilizado pela empresa para financiar seus ativos pode ser obtido de três formas: financiamentos de curto prazo, financiamentos de longo prazo e capital próprio. A empresa pode obter recursos de longo prazo para financiar seus projetos de investimento por meio de terceiros ou com o seu próprio capital. O capital de terceiros de longo prazo encontra-se disponível no mercado de crédito e no mercado de capitais, nacional e internacional. O mercado de crédito é constituído por todas as instituições financeiras bancárias ou monetárias que têm como objetivo suprir a demanda por crédito, de curto, médio ou longo prazos. As operações no mercado de capitais usualmente são de longo prazo e envolvem a negociação de títulos representativos do capital de empresas (ações) ou de empréstimos feitos via mercado de capitais por empresas (debêntures conversíveis, bônus de subscrição). É válido ressaltar que esses recursos de longo prazo provenientes de terceiros devem ser caracterizados como capital. Em outras palavras, isso quer dizer que tais recursos não devem ser liquidados, mas sempre substituídos/renovados por outros ou pelas mesmas fontes, renegociando-se taxas, prazos etc.

QUESTÕES

1. Quais os tipos de financiamentos utilizados pelas organizações para financiar seus ativos? Diferencie e explique.
2. O que é mercado financeiro? Classifique e explique.

3. Quais os principais mercados provedores de recursos de longo prazo? Explique.
4. O Sistema Financeiro Nacional é constituído pelo subsistema normativo e o subsistema operativo. Diferencie cada um deles e exemplifique.
5. Quais os principais bancos de desenvolvimento nacionais que disponibilizam recursos no mercado de crédito? Explique e exemplifique.
6. Qual a principal função do BNDES? Quais suas principais linhas de financiamento? Explique.
7. O que são agências de fomento? Quais suas funções? Explique e exemplifique.
8. Quais as principais fontes de recursos do mercado de capitais? Explique.
9. Explique:
    a) Securitização de recebíveis..
    b) *Project finance*.
    c) Arrendamento mercantil.
    d) *Leasing* financeiro.
    e) *Leasing* operacional.
    f) *Sale and lease back*.
    g) *Leasing* imobiliário.
    h) Consórcio.
10. Quais as principais instituições financeiras internacionais? Como são feitas as captações?

EXERCÍCIOS

1. O Finame é um produto do BNDES para financiamentos, sem limite de valor, para aquisição isolada de máquinas e equipamentos novos, de fabricação nacional e capital de giro associado para micro, pequenas e médias empresas, por meio de instituições financeiras credenciadas. A partir das informações disponíveis no site do BNDES, responda:
    a) Qual a composição do custo de captação?
    b) Qual o custo financeiro?
    c) Qual o custo de captação?
    d) Em que situações esse produto do BNDES é válido para as empresas? Como administrador, em que condições utilizaria? Explique.
    e) Diferencie Finame de Finem, explicitando o custo de captação e as condições referentes a cada um deles.

2. Acesse o site do Banco Mundial e analise o Projeto de Combate à Pobreza Rural do Estado do Piauí (<http://www.bancomundial.org.br/index.php/content/view_projeto/496.html>).

Mutuário	Governo do estado do Piauí
Coordenação do projeto	Secretaria de Planejamento
Financiamento (US$ milhões)	22,5 (total do projeto: 30)
Aprovação	26 de junho de 2001
Fechamento	31 de janeiro de 2007

Verifique as condições do projeto, o período de implementação e os custos de captação.

ESTUDO DE CASO

A Bioenergia, antes de sua implantação, realizou um detalhado estudo dos fluxos de captação, remuneração e devolução do capital de terceiros empregado na empresa. O capital de terceiros da Bioenergia é formado, principalmente, por um financiamento de longo prazo do BNDES, sendo a operação – intermediada por um grande banco comercial – o primeiro caso de investimento do BNDES em geração de energia elétrica a partir de biomassa, o que viria a se consolidar em uma linha especial de financiamento alguns anos mais tarde.

Ao realizar os estudos necessários, a Bioenergia lidou, basicamente, com três grandes desafios: mensurar os volumes de recursos necessários, determinar as alternativas de captação e gerenciar os fluxos de caixa desse capital de terceiros.

A primeira etapa consistiu em um detalhado estudo dos investimentos de infraestrutura necessários ao projeto, entre novos ativos imobilizados e transferência de parte dos ativos dos sócios controladores (usinas São Francisco e Santo Antônio). Em razão de características operacionais do projeto, quase a totalidade do investimento em ativos imobilizados seria feita antes do início da operação efetiva da Bioenergia, no espaço de apenas uma entressafra.

Determinada a necessidade de capital, partiu-se para o estudo das alternativas de modalidades de empréstimo disponíveis. Em razão da novidade que constituía o projeto, da situação macroeconômica relativa ao crédito industrial entre 1999-2001 e da modalidade planejada – *project finance* –, apenas um banco de desenvolvimento teria o perfil adequado ao financiamento do capital de terceiros necessário. Após um dos agentes repassadores do BNDES (um grande banco comercial atuante no Brasil) ter se interessado pelo projeto Bioenergia, iniciou-se uma série de tratativas para promover a liberação do crédito junto ao BNDES, um processo longo e que não contava com nenhum *benchmarking* anterior.

Dois aspectos interessantes da engenharia financeira da captação de terceiros devem ser citados: a formação de uma conta reserva e carência de um ano para pagamento dos juros, assunto oportunamente discutido neste caso; e o fluxo de amortizações coincidente com o período de safra, uma vez que a Bioenergia tem receitas apenas durante o período de safra de cana-de-açúcar, normalmente de abril a novembro. Assim, os fluxos de pagamentos foram ajustados aos fluxos gerais de caixa esperados do projeto.

O cronograma de liberação previsto no início do projeto e o cronograma de amortizações (parcial) são exibidos na Tabela 3.1.

Tabela 3.1 Cronograma de liberações e amortizações

Mês	Cronograma físico	R$
0	7,69%	1.410
1	7,69%	1.410
2	7,69%	1.410
3	7,69%	1.410
4	7,69%	1.410
5	7,69%	1.410
6	7,69%	1.410
7	7,69%	1.410
8	7,69%	1.410
9	7,69%	1.410
10	7,69%	1.410
11	7,69%	1.410
12	7,69%	1.410

REFERÊNCIAS

[ABDE] ASSOCIAÇÃO BRASILEIRA DE INSTITUIÇÕES FINANCEIRAS DE DESENVOLVIMENTO. Disponível em: http://www.abde.org.br. Acesso em: 13 jul. 2017.

[ADB] ASIAN DEVELOPMENT BANK. Disponível em: https://www.adb.org/sites/default/files/institutional-document/191221/investor-presentation-sep2016.pdf. Acesso em: 30 set. 2016.

[ANDIMA] ASSOCIAÇÃO NACIONAL DAS INSTITUIÇÕES DO MERCADO FINANCEIRO. Disponível em: http://www.andima.com.br. Acesso em: 30 mar. 2015.

[BACEN] BANCO CENTRAL DO BRASIL. Disponível em: http://www.bcb.gov.br/Pre/composicao/cnsp.asp. Acesso em: 30 set. 2016.

_____. *Entidades fechadas de previdência complementar (fundos de pensão)*. Disponível em: http://www.bcb.gov.br/pre/composicao/efpp.asp. Acesso em: 30 mar. 2015.

_____. *Composição e evolução do sistema financeiro nacional*. Disponível em: http://www.bcb.gov.br/?SFNCOMP. Acesso em: 30 mar. 2015.

[BANPARÁ] BANCO DO ESTADO DO PARÁ. Disponível em: http://www.banparanet.com.br. Acesso em: 30 mar. 2015.

[BANRISUL] BANCO DO ESTADO DO RIO GRANDE DO SUL. Disponível em: http://www.banrisul.com.br. Acesso em: 30 mar. 2015.
[BANSICRED] BANCO DO SISTEMA INTEGRADO DE COOPERATIVAS DE CRÉDITO. Disponível em: http://www.sicredi.com.br. Acesso em: 30 mar. 2015.
[BASA] BANCO DA AMAZÔNIA. Disponível em: http://bancoamazonia.com.br. Acesso em: 10 fev. 2006.
[BB] BANCO DO BRASIL. Disponível em: http://www.bb.com.br. Acesso em: 30 mar. 2015.
[BDMG] BANCO DE DESENVOLVIMENTO DE MINAS GERAIS. Disponível em: http://bdmg.mg.gov.br. Acesso em: 30 mar. 2015.
BM&F BOVESPA. *Renda fixa privada: certificado de recebíveis do agronegócio.* 2015a. Disponível em: <http://www.bmfbovespa.com.br/pt-br/mercados/download/folheto-CRA.pdf>. Acesso em: 3 dez. 2015.
_____. *Renda fixa privada: certificado de recebíveis imobiliários.* 2015b. Disponível em: http://www.bmfbovespa.com.br/pt-br/mercados/download/folheto-CRI.pdf. Acesso em: 3 dez. 2015.
_____. *Renda fixa: FIDCs.* 2015c. Disponível em: http://www.bmfbovespa.com.br/pt-br/renda-fixa/o-que-sao-fidcs.aspx?idioma=pt-br. Acesso em: 3 dez. 2015.
_____. *Como investir: fundo de investimento imobiliário.* 2015d. Disponível em: http://www.bmfbovespa.com.br/pt-br/invista-ja/tipos-de-investimentos/fundo-de-investimento-imobiliario.aspx?idioma=pt-br. Acesso em: 4 dez. 2015.
[BNB] BANCO DO NORDESTE DO BRASIL. Disponível em: http://www.bnb.gov.br. Acesso em: 30 mar. 2015.
[BNDES] BANCO NACIONAL DE DESENVOLVIMENTO ECONÔMICO E SOCIAL. Disponível em: http://www.bndes.gov.br. Acesso em: 30 mar. 2017.
BRASIL. *Lei n. 11.311, de 13 de junho de 2006.* Altera a legislação tributária federal, modificando as Leis n. 11.119, de 25 de maio de 2005, 7.713, de 22 de dezembro de 1988, 9.250, de 26 de dezembro de 1995, 9.964, de 10 de abril de 2000, e 11.033, de 21 de dezembro de 2004. Disponível em: http://www.planalto.gov.br/ccivil_03/_ato2004-2006/2006/Lei/L11311.htm. Acesso em: 2 dez. 2015.
[BRDE] BANCO REGIONAL DE DESENVOLVIMENTO DO EXTREMO SUL. Disponível em: http://www.brde.com.br. Acesso em: 30 mar. 2015.
CAVALCANTE FILHO, F.; MISUMI, J.Y. *Mercado de capitais.* Rio de Janeiro: Campus, 2001.
[CEF] *Caixa Econômica Federal.* Disponível em: http://www.cef.gov.br. Acesso em: 30 mar. 2015.
CETIP *Instrumentos financeiros: certificado de recebíveis imobiliários.* 2015. Disponível em: https://www.cetip.com.br/valores-mobiliarios/cri. Acesso em: 2 dez. 2015.
COPELAND, T.; KOLLER, T.; MURRIN, J. *Avaliação de empresas.* 3.ed. São Paulo: Makron Books, 2002.
CRUZ, R.C.; FIGUEIRA, S.P. Sistema de distribuição de títulos (SDT) e sistema nacional de debêntures (SND). *Disclosure das Transações Financeiras,* ano III, n. 30, mar. 1998.
CVM. *Comissão de Valores Mobiliários.* Disponível em: <http://www.cvm.gov.br>. Acesso em: 28 jan. 2006.
_____. *Instrução CVM n. 391 de 16 de julho de 2003.* Disponível em: http://www.cvm.gov.br/asp/cvmwww/atos/exiato.asp?Tipo=I&File=/inst/inst391.htm. Acesso em: 11 jan. 2007.
DAMODARAN, A. *Avaliação de investimentos.* Rio de Janeiro: Qualitymark, 1997.
_____. *Finanças corporativas aplicadas.* Porto Alegre: Bookman, 2002.
DANA, S. *Instrumentos financeiros n. 10: certificados de recebíveis do agronegócio.* 20 nov. 2012. Disponível em: http://carodinheiro.blogfolha.uol.com.br/2012/11/20/instrumentos-financeiros-no10-certificados-de-recebiveis-do-agronegocio-cra/. Acesso em: 3 dez. 2015.

FERREIRA, A.B.H. *Dicionário Aurélio básico da língua portuguesa*. Rio de Janeiro: Nova Fronteira, 1988.

[FINEP] *Financiadora de estudos e projetos*. Disponível em: http://finep.gov.br. Acesso em: 30 mar. 2015.

[FIPECAFI] FUNDAÇÃO INSTITUTO DE PESQUISAS CONTÁBEIS, ATUARIAIS E FINANCEIRAS. *Manual de contabilidade das sociedades por ações: aplicável às demais sociedades*. 6.ed. São Paulo: Atlas, 2003.

FORTUNA, E. *Mercado financeiro: produtos e serviços*. 15.ed. Rio de Janeiro: Qualitymark, 2002.

GAMBOA, C.L. *Disclosure das Transações Financeiras*, ano II, n. 15, dez. 1996.

GITMAN, L.J. *Princípios de administração financeira: essencial*. 2.ed. Porto Alegre: Bookman, 2001.

GREMAUD, A.; VASCONCELLOS, M.A.; TONETO Jr., R. *Economia brasileira contemporânea*. São Paulo: Atlas, 1999.

GROPPELLI, A.A.; NIKBAKHT, E. *Administração financeira*. 3.ed. São Paulo: Saraiva, 1998.

[IADB] INTER-AMERICAN DEVELOPMENT BANK. Disponível em: http://www.iadb.org/pt/noticias/comunicados-de-imprensa/2016-01-20/emprestimos-e-garantias-us113-bilhoes--em-2015,11391.html. Acesso em: 30 set. 2016.

INFOMONEY. *Entenda o que é um fundo de participações e quais vantagens ele apresenta*. 1 jul. 2008. Disponível em: http://www.infomoney.com.br/minhas-financas/noticia/1218324/entenda-que-eacute-fundo-participa-ccedil-otilde-quais-vantagens-ele. Acesso em: 3 dez. 2015.

_____. *Conheça mais sobre os fundos de investimento em direitos creditórios*. 10 nov. 2011. Disponível em: http://www.infomoney.com.br/onde-investir/noticia/2254590/fidcs-conheca-mais-sobre-fundos-investimento-direitos-creditorios. Acesso em: 7 dez. 2015.

_____. *Entenda o que são FIDCs e os riscos e vantagens de investir*. 30 set. 2014. Disponível em: http://www.infomoney.com.br/onde-investir/palavra-de-especialista/noticia/3605577/entenda-que-sao-fidcs-riscos-vantagens-investir. Acesso em: 7 dez. 2015.

_____. *Fundos imobiliários: como começo a investir?* 2015. Disponível em: http://www.infomoney.com.br/imoveis/fundos-imobiliarios/noticia/2617768/fundos-imobiliarios-como-comeco-investir. Acesso em: 4 dez. 2015.

IUDÍCIBUS, S.; MARION, J.C. *Curso de contabilidade para não contadores*. São Paulo: Atlas, 1998.

MARION, J.C. *Contabilidade empresarial*. 8.ed. São Paulo: Atlas, 1998.

NÓBREGA, M. et al. *O mercado de capitais*: sua importância para o desenvolvimento e os entraves com que se defronta no Brasil. 2000. Pesquisa elaborada para a série Estudos para o desenvolvimento do mercado de capitais da Bovespa. Disponível em: http://www.bovespa.com.br. Acesso em: 5 abr. 2004.

NORONHA, L.F.; FREITAS, M.H.I. *Considerações tributárias relevantes sobre FIP brasileiro*. 2015. Disponível em: http://mhmlaw.com.br/site/pt/pages/newsletterDetail/214.html. Acesso em: 7 dez. 2015.

OSÓRIO, J.L. *Latin finance awards 2002*. Palestra. Disponível em: http://www.cvm.gov.br/port/Public/publ/Publ_Disc.asp. Acesso em: 21 mar. 2002.

PINHEIRO, J.L. *Mercado de capitais: fundamentos e técnicas*. São Paulo: Atlas, 2001. 323p.

PINHEIRO, R.P.; PAIXÃO, L.A.; CHEDEAK, J.C.S. *Regulação dos investimentos nos fundos de pensão*: evolução histórica, tendências recentes e desafios regulatórios. 2005. Disponível em: http://www.previdencia.gov.br/arquivos/office/3_081014-104121-110.pdf. Acesso em: 30 set. 2016.

RIBEIRO, L.L.; ALMEIDA, M.I.R. Estratégia de saída em capital de risco. *Revista Adm*, São Paulo, v. 40, n. 1, p. 55-67, jan./fev./mar. 2005.

ROCCA, C.A. Mercado de capitais eficiente: condição para o crescimento sustentado. In: Fórum Nacional – Economia do Conhecimento, Crescimento Sustentado e Inclusão Social, 16. Rio de Janeiro, maio de 2004. Disponível em: http://www.forumnacional.org.br/publi/ep%5CEP0067.pdf. Acesso em: 11 jan. 2007.

[SEBRAE] SERVIÇO BRASILEIRO DE APOIO ÀS MICRO E PEQUENAS EMPRESAS. Disponível em: http://sebrae.com.br. Acesso em: 6 fev. 2005.

BIBLIOGRAFIA SUGERIDA

ASSAF NETO, A. *Finanças corporativas e valor*. São Paulo: Atlas, 2003.

BAKER, J.C. *International finance*. New Jersey: Prentice Hall, 1998.

BANCO BGN. *Fundos de investimentos*. Disponível em: http://www.bgn.com.br/info_financeiras/info_financeiras_aplicacoes_fundo.php. Acesso em: 5 jan. 2007.

[BANCOOP] COOPERATIVA HABITACIONAL DOS BANCÁRIOS. Disponível em: http://www.bancoop.com.br. Acesso em: 30 mar. 2015.

BONOMI, C.A.; MALVESSI, O. *Project finance no Brasil: fundamentos e estudos de casos*. 3.ed. São Paulo: Atlas, 2008.

BREALEY, R.A.; MYERS, S.C.; MARCUS, A.J. *Fundamentos da administração financeira*. 3.ed. Rio de Janeiro: McGraw-Hill/Irwin, 2002.

BRIGHAM, E.F.; HOUSTON, J.F. *Fundamentos da moderna administração financeira*. Rio de Janeiro: Campus, 1999.

CAFEO, R. Fundos de investimentos. *Economia On-Line*. Disponível em: <http://www.economiaonline.com.br/template.zapp?pagina=guru12.zapp&d=guru>. Acesso em: 6 jan. 2007.

CARVALHO, C.N.; MAGALHÃES, G. *Análise econômico-financeira de empresas*. Lisboa: Universidade Católica Editora, 2002.

MARTELANC, R.; PASIN, R.; CAVALCANTE, F. *Avaliação de empresas: um guia para fusões & aquisições e gestão do valor*. São Paulo: Prentice Hall, 2005.

NOSSA CAIXA. Disponível em: http://www.nossacaixa.com.br. Acesso em: 5 jan. 2006.

O ESTADO DE S. PAULO. *Investimentos*. Disponível em: http://www.estadao.com.br/ext/economia/financas/investimentos/fundos.htm. Acesso em: 6 jan. 2007.

OLIVEIRA, D.P.R. *Planejamento estratégico: conceitos, metodologia e práticas*. 12.ed. São Paulo: Atlas, 1998.

RIBEIRO, P.A. *Agências de fomento: ambientes institucional, legal e operacional*. Disponível em: http://www.desenbahia.ba.gov.br/files/AGENCIAS_DE_FOMENTO_Ambiente_institucional_operacional_e_legal-v.221102.doc. Acesso em: 22 jun. 2004.

ROSS, S.A.; WESTERFIELD, R.W.; JAFFE, J.F. *Administração financeira*. Trad. Antônio Zorato Sanvicente. São Paulo: Atlas, 1995.

SANVICENTE, A.Z.; SANTOS, C.C. *Orçamento na administração de empresas: planejamento e controle*. 2.ed. São Paulo: Atlas, 1983.

[SDN] SISTEMA NACIONAL DE DEBÊNTURES. *O que são debêntures*. Disponível em: http://www.debentures.com.br/introducao/oquesaodebentures.asp. Acesso em: 20 jun. 2004.

SILVA, L.R.; BRITO, V.B.. *O novo código civil para contadores*. São Paulo: IOB: Thomson, 2003.

SOUZA, A.; CLEMENTE, A. *Decisões financeiras e análise de investimentos: fundamentos, técnicas e aplicações*. 5.ed. São Paulo: Atlas, 2004.

SUZUKI, O. Forfaiting. *Disclosure das Transações Financeiras*, ano I, n. 11, ago. 1996.

VAN HORNE, J.C. *Financial management and policy*. 12.ed. New York: Prentice Hall, 2002.

WELSCH, G.A. *Orçamento empresarial*. 4.ed. São Paulo: Atlas, 1996.

WESTON, J.F.; BRIGHAM, E.F. *Fundamentos da administração financeira*. São Paulo: Makron Books, 2000.

WRIGHT, P.L.; KROLL, M.J.; PARNELL, J. *Administração estratégica*: *conceitos*. São Paulo: Atlas, 2000.

4

GESTÃO DO CUSTO DE CAPITAL DE LONGO PRAZO

> Após a leitura deste capítulo você será capaz de compreender como o custo de capital influencia a gestão de valor das organizações, conhecer as diferentes metodologias de cálculo do custo do capital próprio e efetuar o cálculo do custo médio ponderado de capital.

Neste capítulo e no próximo, nos quais trataremos da estrutura de capital, finalizaremos esta parte do livro discutindo um tema que é o elo entre a teoria desenvolvida nesta seção e a próxima, nas quais será discutida a gestão de valor das organizações.

Até aqui, discutimos as fontes de capital disponíveis às empresas para financiarem suas atividades e projetos de investimentos. Foram abordadas as fontes de capital de terceiros e de capital próprio de longo prazo. Neste capítulo trataremos do custo dessas fontes de capital, ou seja, o custo do capital próprio e o custo do capital de terceiros, além do custo total de capital de longo prazo, medida normalmente denominada *custo médio ponderado de capital* (CMPC).

O custo de capital de uma empresa reflete, em essência, a remuneração mínima exigida pelos proprietários de suas fontes de recursos (credores como capital de terceiros e acionistas como capital próprio). É utilizado como taxa mínima de atratividade das decisões de investimentos, indicando criação de riqueza econômica quando o retorno operacional auferido superar a taxa requerida de retorno determinada pela alocação de capital. Esse é o critério básico de aceitação de uma proposta de investimento.

Em seguida, tratamos dos impostos sobre o custo de capital e do conceito de custo marginal. Na sequência abordamos a relação entre custo de capital e estrutura de capital de uma empresa. Na última seção, tratamos da relação entre custo total de capital e custo de oportunidade (ou taxa mínima de atratividade).

CUSTO DE CAPITAL DE TERCEIROS DE LONGO PRAZO

O custo de capital de terceiros é definido de acordo com os passivos onerosos identificados nos empréstimos e financiamentos mantidos pela empresa. É calculado por meio das taxas de juros de mercado, obtidos na captação de recursos com terceiros, por meio de instituições financeiras ou emissão de debêntures.

No Brasil, diante da dedutibilidade fiscal permitida aos encargos financeiros (juros), de acordo com o art. 46 da Lei n. 4.506/64, o custo de capital de terceiros (K_i) deve ser apurado após a respectiva provisão para o imposto de renda. É importante destacar que a efetiva dedução do imposto de renda do custo de capital de terceiros implica a hipótese de a empresa não ser isenta desse tributo e apresentar lucro tributável no exercício.

A expressão de cálculo apresenta-se assim:

$$K_i \text{(após IR)} = K_i \text{(antes IR)} \times (1 - \text{IR})$$

Sendo:
K_i: custo do capital de terceiros.
IR: alíquota de imposto de renda considerada para a decisão.

Para ilustrar o cálculo do custo de capital de terceiros líquido, admita um financiamento de $ 500.000 tomado à taxa de 15% ao ano. Supondo uma alíquota de 30% de imposto de renda da empresa, os juros de competência do período atingem:

Despesas financeiras brutas:
$ 500.000 × 15%: $ 75.000
Economia de IR: $ 75.000 × 30%: $ 22.500
Despesas financeiras líquidas do IR: $ 52.500

Relacionando-se os encargos financeiros de competência do período com o passivo gerador dessas despesas, tem-se o custo líquido de captação do imposto de renda, ou seja:

$$K_i = 15\% \times (1 - 0{,}30) = 10{,}5\% \text{ a.a.}$$

Os resultados demonstram uma redução dos juros de 15% a.a. para 10,5% a.a., determinada pelo benefício fiscal gerado pelos encargos financeiros.

Em operações de dívidas, o risco do credor é menor comparativamente ao do acionista. Entretanto, do ponto de vista da empresa, seu risco financeiro eleva-se ao vincular condições preestabelecidas na devolução do capital emprestado, sem relações formais diretas com os resultados apurados.

Por ser mais seguro ao credor, o capital de terceiros é notadamente mais barato que o capital próprio. Todavia, diferentemente do que ocorre em economias desenvolvidas, as empresas brasileiras são pouco endividadas. Nas duas últimas décadas, verifica-se que o índice médio de endividamento das companhias brasileiras de capital aberto (passivo/patrimônio líquido) vem registrando uma média de 0,50. Padrões de endividamento em economias mais desenvolvidas elevam esse índice para 1,50.

Um dos maiores motivos para tal fato ocorrer é a grande preocupação das empresas brasileiras com o alto nível das taxas de juros do mercado e sua volatilidade. Com condições de taxas de juros elevadas e instabilidade econômica, as empresas vêm adotando uma postura mais conservadora em relação às suas decisões financeiras, atribuindo prioridade maior à capitalização.

ESTIMAÇÃO DO CUSTO DO CAPITAL PRÓPRIO

De forma geral, o capital próprio é utilizado para financiar as necessidades de longo prazo das organizações, e cabe aos seus acionistas o risco principal do negócio. Assim, pode-se definir o custo do capital próprio (K_e) como o retorno exigido pelos investidores nas ações de uma companhia e cotistas de empresas de capital fechado.

A determinação do custo do capital próprio é um dos assuntos mais polêmicos nos meios acadêmicos, governamentais e empresariais, sobretudo pela falta de consenso quanto aos critérios e às premissas que a fundamentam. Nos tópicos seguintes vamos discutir as principias técnicas utilizadas no seu cálculo.

Modelo de precificação de ativos de capital (CAPM)

A metodologia mais difundida para o cálculo desse custo é o CAPM (*Capital Asset Pricing Model*). O CAPM reflete o risco da empresa e exprime o custo de captação de recursos próprios e de terceiros de longo prazo.

O CAPM é baseado na ideia de que o risco tem duas partes: risco diversificável e risco não diversificável.

O risco diversificável ou não sistemático representa a parcela de risco do ativo avaliado que está associada às suas características e que pode ser diminuída com a diversificação. Ele é representado por eventos específicos que afetam determinado ativo, como características operacionais e financeiras particulares do ativo, greves, processos trabalhistas, ações regulatórias, perda de cliente importante e falta de suprimento de matérias-primas. Quando construímos uma carteira de ativos, podemos, com a diversificação, diminuir tal risco.

O risco não diversificável ou sistemático é atribuído a fatores de mercado que afetam, em geral, todas as empresas e que não podem ser eliminados ou diminuídos com a diversificação. Fatores como guerra, inflação e crises internacionais, políticas, sociais e econômicas são eventos de risco não diversificável. Pressupõe-se que todo investidor pode, com a diversificação, eliminar os riscos diversificáveis. Portanto, o único risco relevante para aqueles que têm posições em diversas ações, títulos e empresas é o não diversificável.

Pelo CAPM, o retorno esperado de um ativo é a soma do retorno de um ativo sem risco com um prêmio pelo risco. Esse prêmio é o diferencial de retorno entre o retorno da carteira de mercado e o do ativo livre de risco, ponderado por um fator que indica o grau de sensibilidade do ativo em questão às variações no retorno desse diferencial.

Um ativo sem risco (R_f) é aquele que possui risco mínimo de *default*, ou seja, quase não há risco de a instituição emissora não honrar o compromisso. No Brasil, segundo Lemes Jr., Rigo e Cherobim (2010), as taxas Selic para títulos do governo são frequentemente usadas como custo de capital livre de risco. Nos Estados Unidos, os títulos de longo prazo do Tesouro norte-americano de 10 ou 30 anos são considerados ativos sem risco. De acordo com Brigham e Ehrhardt (2007), empresas altamente conceituadas usam a taxa sobre os títulos da dívida de longo prazo do Tesouro para calcular o CAPM.

O prêmio pelo risco de mercado ($R_m - R_f$) é a diferença entre a taxa de retorno esperada do portfólio de mercado e a taxa de retorno do ativo sem risco. De acordo com Martelanc, Pasin e Cavalcante (2005), o retorno da carteira de ações da Standard & Poor's 500 Stock Composite Index (S&P 500) geralmente é utilizado para medir o retorno de mercado nos Estados Unidos.

O coeficiente beta (β) é uma medida de risco não diversificável, indicando o grau de variabilidade do retorno de um ativo em resposta à variação do retorno de mercado. No caso de empresas de capital aberto, o beta da ação é calculado com a regressão de seus retornos periódicos com relação ao índice de mercado selecionado durante um ou dois anos anteriores à data-base da avaliação.

Tendo estimado a taxa de risco zero, o prêmio de risco e o beta, pode-se estimar o retorno esperado ao investir em capital próprio em qualquer empresa. No CAPM, esse retorno esperado pode ser apresentado assim:

Retorno esperado = taxa livre de risco + prêmio de risco esperado

As principais fontes de informação sobre betas são os sistemas de informação Bloomberg, Reuteurs, Economática e Lafis, além do site <www.risktech.com.br>, voltado exclusivamente para empresas brasileiras.

Um erro que não deve ser cometido, principalmente em países emergentes, consiste em utilizar fluxos de caixa projetados em moeda real e taxas de desconto nominais (feitas com base nas taxas do mercado norte-americano). Fluxos de caixa em moeda real exigem taxa de desconto real, porém fluxos de caixa em moeda nominal exigem taxa de desconto nominal.

Dados os problemas apresentados, é usual em países emergentes calcular o custo do capital próprio das empresas com base no modelo CAPM com dados norte-americanos, ajustados ao chamado risco soberano. Assim, tem-se que:

$$K_e = R_f + (R_m - R_f) + R_p$$

Sendo:
K_e: custo de capital próprio ou taxa requerida de retorno para o título.
R_f: taxa de retorno do ativo livre de risco.
R_m: taxa de retorno da carteira de mercado.
$(R_m - R_f)$: prêmio por unidade de risco de mercado.
R_p: risco país.

Quando a avaliação está sendo feita para uma empresa fora dos Estados Unidos, e os dados básicos do modelo do cálculo do custo do capital próprio são oriundos de tal mercado, faz-se necessária a inclusão de um prêmio pelo risco do país que sedia a empresa objeto da avaliação.

A metodologia do CAPM tem como principais características: por meio da diversificação, o investidor eliminará todo risco não sistemático, diversificável; concentrará seus investimentos em um ativo livre de risco, em uma carteira de mercado ou em uma combinação de ambos.

O retorno esperado sobre um investimento em ações de uma empresa, levando em consideração seu risco, tem fortes implicações tanto para os investidores como para os administradores. Para os investidores, é a taxa que eles precisam obter para serem compensados pelo risco de mercado que assumiram ao investir na empresa. Se, após analisar um investimento, eles concluírem que não podem obter esse retorno, não farão esse investimento. Em contraposição, se decidem que podem obter um retorno maior, eles o farão.

Para os administradores da empresa, o retorno que os investidores precisam obter para passar a lucrar com seus investimentos em ações se torna o retorno que eles devem buscar e proporcionar para que esses investidores não fiquem insatisfeitos e descontentes. Portanto, o K_e se torna a taxa que eles devem obter em termos de retorno sobre seus investimentos em capital próprio. Resumindo, esse é o custo de capital próprio da empresa.

Modelo de precificação por arbitragem (APM)

O APM (*Arbitrage Pricing Model*) pode ser visto como análogo ao CAPM, mas com múltiplos fatores. O CAPM explica os retornos de títulos como função de um fator, chamado de índice de mercado, geralmente medido como a taxa de retorno sobre uma carteira bem diversificada. Segundo Copeland, Koller e Murrin (2002), o custo do capital próprio, no APM, é definido como sendo:

$$K_s = R_f + [E(F_1) - R_f]_1 + [E(F_2) - R_f]_2 + ... + [E(F_k) - R_f]_k$$

Em que:
$E(F_k)$: taxa prevista de retorno de uma carteira que simula o fator K e independe de todas as demais.
β_k: sensibilidade do retorno da ação ao fator k.

Em vez de uma medida do risco sistêmico, o APM inclui diversas delas. Cada beta (β) mede a sensibilidade do retorno das ações de uma empresa a um fundamento econômico independente. O trabalho empírico sugere que cinco fatores fundamentais são as variações:

- Do índice de produção industrial, uma medida do estado da economia em termos de produção efetiva.
- Da taxa real de juros de curto prazo, medida pela diferença entre o rendimento da *Treasury Bills* e o Índice de Preços ao Consumidor.
- Da inflação, medida por alterações inesperadas do Índice de Preços ao Consumidor.
- Da inflação de longo prazo, medida como a diferença entre o rendimento no vencimento dos bônus do governo dos Estados Unidos de curto e longo prazos.
- Do risco de inadimplência, medido como a diferença entre o rendimento até o vencimento de títulos empresariais de longo prazo de ratings *Aaa*– e *Baa*–.

As evidências empíricas sugerem, ainda, que o APM explique os retornos previstos melhor que o CAPM de um só fator.

Modelo de precificação global de ativos (GAPM)

O GAPM (*Global Asset Pricing Model*) é mais um modelo que segue a analogia do CAPM. No entanto, essa forma de calcular o custo de capital leva em consideração os aspectos dos países envolvidos na análise e a carteira global dos países. Questões do tipo "Em qual país devo investir em uma subsidiária, filial ou matriz da minha empresa, com o menor custo de capital próprio?" são respondidas pelo GAPM, que na verdade é mais uma das reformulações do CAPM.

A formulação do GAPM ocorre da seguinte maneira:

$$\text{Custo de capital próprio} = R_f + \beta_g(K_g - R_f) + \beta_q(K_q - R_f)$$

Em que:
R_f: taxa livre de risco.
β_g: medida do risco da carteira global.
β_q: medida do risco de um indexador da taxa de câmbio.
K_g: retorno da carteira global.
K_q: taxa esperada de mudanças no valor corrente do país analisado em relação à carteira global.

CUSTO MÉDIO PONDERADO DE CAPITAL (CMPC OU WACC)

O custo médio ponderado de capital (ou *Weighted Average Cost of Capital*) é o custo da captação de longo prazo, tanto de recursos de terceiros como de recursos próprios. No balanço patrimonial, esses recursos aparecem no passivo, mais especificamente no exigível em longo prazo (ELP) e no patrimônio líquido (PL), como demonstra a Figura 4.1.

Figura 4.1   Balanço patrimonial.

A taxa de captação do ELP é o custo dos empréstimos e financiamentos de longo prazo, bem como de outras modalidades de financiamento, como debêntures e outros títulos emitidos, por exemplo. Já a taxa de captação de recursos próprios (PL) é o custo de oportunidade dos acionistas, ou seja, a taxa de retorno esperada em função do risco da empresa.

Os retornos que os investidores exigem para comprar ações de uma empresa são maiores do que exigiriam para emprestar dinheiro, em razão do maior risco de investir em ações. Contudo, o custo de capital de uma empresa não é função somente do custo de remuneração dos capitais de terceiros e próprio, mas também do volume de cada uma dessas fontes na estrutura de capital da empresa.

Por enquanto, vamos desconsiderar que a proporção de recursos de terceiros na composição total do capital pode influenciar o custo de capital da empresa. Assim, o retorno[1] médio ponderado esperado pelos fornecedores de capitais de terceiros e próprios será igual ao custo de oportunidade do capital.

Essa relação está incorporada no custo médio ponderado de capital (CMPC), também conhecido como WACC. Pode ser escrito sob a seguinte equação:

$$CMPC = (Wi \times Ki) + (We \times Ke)$$

Em que:
Wi: proporção de capital de terceiros de longo prazo.
Ki: custo do capital de terceiros (depois do IR).
We: proporção de capital próprio.
Ke: custo do capital próprio.

Exemplo de cálculo do CMPC depois de impostos

Segue um exemplo do cálculo do custo médio ponderado de capital. Vamos assumir que uma empresa capta recursos de longo prazo conforme os dados nas três primeiras colunas da Tabela 4.1. Os impostos totalizam 30% (ou 0,30).

---

1. Ao longo do texto vamos intercalar o uso das expressões *taxa de retorno* e *custo de uma fonte de capital*. Lembre-se de que o que é custo em uma ponta para a empresa – a tomadora de recursos em nosso caso – é retorno para os fornecedores de recursos na outra ponta. A diferença de termos surge apenas por uma questão de diferença de pontos de vista.

Tabela 4.1 Composição de capital

Fonte	Valores (em R$)	Custo (a.a.)	Custo efetivo (a.a.)
Ações ordinárias (capital próprio)	1.000.000,00	20%	20%
Empréstimos bancários (terceiros)	300.000,00	15%	15% (1 − 0,3) = 10,50%
Financiamento BNDES (terceiros)	500.000,00	10%	10% (1 − 0,3) = 7,00%

O valor total captado pela empresa (V) é calculado somando-se os valores de empréstimos, financiamentos e ações:

V = e + f + a = 300.000,00 + 500.000,00 + 1.000.000,00 = 1.800.000,00

A proporção de cada tipo de recurso captado é simplesmente o valor captado dividido pelo valor total captado pela empresa:

Proporção de empréstimos = (e/V) = 300.000,00/1.800.000,00 = 0,1667 = 16,67%

Proporção de financiamentos = (f/V) = 500.000,00/1.800.000,00 = 0,2778 = 27,78%

Proporção de ações = (a/V) = 1.000.000,00/ 1.800.000,00 = 0,5556 = 55,56%

Note que a soma das proporções é, necessariamente, 100%. Aplicando a fórmula que desenvolvemos, temos que o CMPC* é:

CMPC = (0,105 × 0,1667) + (0,07 × 0,2778) + (0,20 × 0,5556)

CMPC = 14,81%

O custo médio resultante para a empresa é 14,81%. Supondo que não seja alterado seu nível de risco, ela deve aceitar todos os projetos que tenham retorno superior a 14,81%.

Esquemas de ponderação

Como apresentado anteriormente, o cálculo do custo médio ponderado de capital é feito ponderando-se o custo de cada fonte específica de capital de longo prazo por sua proporção na estrutura de capital da empresa. Segundo Gitman (2001), existem algumas maneiras distintas de calcular os pesos de cada uma das fontes de capital. Esses pesos podem ser obtidos por meio do valor contábil (também chamado de valor de livro), valor de mercado e valor histórico ou valor meta.

- Valor contábil *versus* valor de mercado: ao calcular os pesos, pode-se escolher entre usar os valores contábeis e os valores de mercado para estabelecer as

proporções de cada tipo de fonte de capital. Isso é especialmente relevante quando a captação da empresa é feita por meio de títulos (debêntures, por exemplo) e ações, pois os valores de mercado desses papéis podem diferir significativamente de seus respectivos valores contábeis. Contudo, pode ser mais difícil usar o valor de mercado de ações e debêntures, pois esses valores podem variar diariamente. Deve-se buscar um valor ou uma média de cotações que represente o mais precisamente possível o valor de mercado da fonte de capital. Ainda assim, os valores de mercado são preferidos sobre os valores contábeis, já que fornecem uma estimativa mais próxima da realidade.
- Valor histórico *versus* valor meta: o valor histórico é aquele baseado em dados passados efetivos, e os valores meta (ou pesos meta) refletem as proporções de uma estrutura ótima de capital. Para efeito de diagnóstico ou avaliação de desempenho passado, o uso de valores históricos pode ser considerado adequado. Já para planejamento, avaliação e tomada de decisões, o uso de pesos meta é mais coerente.

De acordo com Brigham e Ehrhardt (2007), os pesos corretos são aqueles baseados na estrutura de capital-alvo da empresa, uma vez que essa é a melhor estimativa de como as empresas, em média, levantarão dinheiro no futuro.

Custo marginal ponderado de capital (CMPCM)

Uma vez que a empresa tenha seu CMPC calculado, ela pode avaliar decisões que produzam impactos diretos ou indiretos em seu custo de capital, observando os reflexos que estratégias alternativas poderiam ter em seu custo médio ponderado de capital. A diferença entre a estratégia atual e a proposta se refletirá em uma diferença no CMPC. A essa diferença chamamos de *custo marginal ponderado de capital* (CMPCM). A empresa pode, a partir dos cálculos de CMPCM, avaliar ativos e projetos cujo nível de risco seja o mesmo que o da empresa.

Podemos pensar em custo marginal de capital de terceiros ou de capital próprio. Obviamente, podemos também pensar em custo marginal do capital total de longo prazo. É nesse valor que estamos interessados aqui. É suficiente, por enquanto, manter em mente que uma das formas de atingir o objetivo de criar valor é pela redução do CMPC. Mas é intuitivo perceber que, quanto menor o custo de captação de recursos próprios ou de terceiros, maior o valor gerado pela empresa (mantido o mesmo retorno). Como o próprio nome indica, o custo médio ponderado de capital é um custo; sendo assim, minimizá-lo é uma forma de atingir o objetivo de criar valor.

Exemplo de cálculo do CMPCM

Estratégias alternativas de captação podem ser avaliadas tomando-se por base o cálculo do CMPCM. Suponha, por exemplo, que a empresa esteja avaliando substituir os R$ 300.000 de empréstimos pela emissão de R$ 100.000 em ações por R$ 200.000 em recursos do BNDES, à mesma taxa cobrada atualmente. A Tabela 4.2 resume a nova composição de capital.

Tabela 4.2 Nova composição de capital

Fonte	Valor (em R$)	Custo (a.a.)	Custo efetivo (a.a.)
Ações ordinárias (capital próprio)	1.100.000,00	20	20%
Financiamento BNDES (terceiros)	700.000,00	10%	10% (1 − 0,3) = 7,00%

As novas proporções seriam:

Proporção de financiamentos = (f/V) = 700.000,00/1.800.000,00 = 0,3889 = 38,89%

Proporção de ações = (a/V) = 1.100.000,00/ 1.800.000,00 = 0,6111 = 61,11%

O novo custo de capital depois dos impostos seria:

$$CMPC = (0,07 \times 0,3889) + (0,20 \times 0,6111)$$
$$CMPC = 14,95\%$$

A estratégia, portanto, aumentaria ligeiramente o custo médio ponderado de capital da empresa. Dado o objetivo de reduzir o custo de captação de recursos de longo prazo como forma de criar valor, a estratégia não valeria a pena. O custo marginal de capital seria, portanto:

$$CMPC_M = CMPC_2 - CMPC_1 = 14,95\% - 14,81\% = 0,14\%$$

O valor positivo para o $CMPC_M$ indica o aumento (indesejável) do custo de capital de longo prazo da empresa.

De maneira mais ampla, que envolva todas as fontes de capital, a empresa procede da seguinte maneira para obter o custo marginal ponderado de capital:

1º passo: determinar proporções meta ou histórica de estrutura ótima de capital. Para nosso exemplo, supomos: 60% de capital próprio e 40% de terceiros (BNDES).

2º passo: levantar os custos correntes de mercado de cada uma das fontes de capital para diferentes níveis de utilização dos recursos tomados por meio daquela fonte (Tabela 4.3).

Os custos de capital próprio sobem, por exemplo, em função do custo de emissão de novas ações, assim como o custo de capital de terceiros sobe porque o fornecedor de recursos pode julgar mais arriscado um empréstimo maior, dada a mesma capacidade de geração de caixa da empresa.

Tabela 4.3 Custos correntes de mercado para diferentes fontes de capital

Fonte	Faixa de financiamento (em R$)	Custo efetivo[3] (a.a.)
Ações ordinárias (capital próprio)	1.000.000,00 a 1.500.000,00	20%
	1.500.000,01 a 2.000.000,00	21%
Financiamento BNDES (terceiros)	700.000,00 a 1.000.000,00	7,00%
	1.000.000,01 a 1.200.000,00	8,50%

3º passo: calcular o custo médio ponderado de capital para diferentes níveis de captação total, ou seja, tanto com recursos próprios quanto com recursos de terceiros. A Tabela 4.4 sintetiza os cálculos.

Tabela 4.4 CMPC para diferentes níveis de captação

Captação total	Fonte	Proporção meta	Custo efetivo (a.a.)	Custo efetivo ponderado (a.a.)
2.000.000,00	Ações	60% = 1.200.000,00	20,00%	12,00%
	BNDES	40% = 800.000,00	7,00%	2,80%
Custo médio ponderado de capital				14,80%
3.000.000,00	Ações	60% = 1.800.000,00	21,00%	12,60%
	BNDES	40% = 1.200.000,00	8,50%	3,40%
Custo médio ponderado de capital				16,00%

Os custos de novos empréstimos, financiamentos e capital próprio aumentam em patamares, ou seja, o aumento não é contínuo, mas dividido em patamares. No exemplo, o custo de capital próprio permaneceu o mesmo entre 1.000.000,00 e 1.500.000,00, mas já é maior para 1.500.000,01, pois existem custos fixos associados à emissão de ações que independem da quantidade de ações emitidas.

Por outro lado, o banco determina faixas de valores para os quais a empresa pode captar a determinada taxa. Por uma questão de operacionalização, não seria viável para o banco calcular diferentes taxas para intervalos relativamente pequenos de recursos tomados pela empresa. Assim, o banco define um pequeno número de intervalos e as taxas para cada um desses intervalos. A Figura 4.2 ajuda a visualizar esse crescimento em patamares do custo de capital.

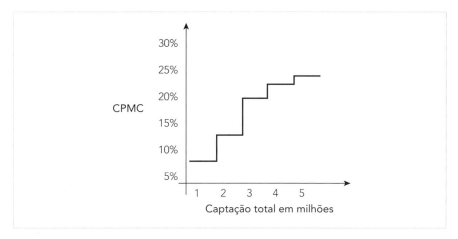

Figura 4.2   CMPC marginal para diferentes níveis de captação total de longo prazo.

CUSTO DE OPORTUNIDADE OU TAXA MÍNIMA DE ATRATIVIDADE

Ao analisarmos um investimento, estaremos interessados em saber qual valor o mesmo vai gerar para a empresa. O retorno mínimo exigido pela empresa, nesses casos, é dado em função do custo de oportunidade ou taxa mínima de atratividade de um investimento. Assim, para dado nível de risco, a empresa exigirá um retorno de seu investimento que supere uma taxa mínima aceitável.

Para projetos com maior risco, a taxa também deverá ser maior. A taxa ainda deve refletir o *mix* de financiamentos utilizados, tanto de capital próprio como de terceiros. A essa altura, é simples para o leitor entender que o custo de capital é reflexo direto do *mix* de financiamentos e, sendo assim, a taxa mínima aceitável que a empresa determinará para seus investimentos deve ser suficiente para remunerar o capital investido.

Uma das maiores dificuldades para avaliação de investimentos é a determinação da taxa apropriada para avaliar o investimento. Na literatura básica de finanças, frequentemente, essa questão é negligenciada, de modo que o foco fica por conta da explicação de quais são os modelos para avaliação de um investimento e como funcionam. O leitor entende como os modelos funcionam, mas não é capaz de aplicá-los apropriadamente na prática, uma vez que um dos mais importantes *inputs* para esses modelos – o custo de capital ou taxa mínima de atratividade – não costuma ser abordado de forma clara e objetiva.

Determinar a taxa adequada para avaliar um investimento é tarefa relativamente simples, uma vez que o gestor da empresa entenda quais fatores terão impacto mais significativo nessa taxa. O problema reside na identificação desses fatores e no entendimento dos impactos que esses fatores podem ter. Cada investimento pode estar exposto a um grupo diferente de fatores, sendo que o impacto de cada um dos fatores pode ainda variar para diferentes tipos de investimento, para diferentes empresas, com a época em que o investimento é realizado e para diferentes países ou regiões de um mesmo país. Fica evidente que seria impraticável buscar relacionar todos os fatores, em virtude da grande quantidade de fatores que poderiam ser relacionados.

Alguns desses fatores, entretanto, se repetem com alguma frequência, independentemente do investimento de quem o faça ou da época em que o investimento é realizado. Dois desses fatores já foram abordados brevemente neste capítulo: o risco do investimento e o *mix* de financiamento usado para financiar o investimento. Vamos retomar esses fatores e apresentar outros que frequentemente trazem impactos significativos para determinação da taxa mínima de atratividade de um investimento. O objetivo é fornecer um entendimento básico de como calcular a taxa de atratividade e permitir ao leitor entender como identificar as variáveis mais relevantes para análise de seu investimento, especificamente.

FATORES RELEVANTES PARA DETERMINAÇÃO DO CUSTO DE CAPITAL

Os fatores que, de uma forma ou de outra, têm impacto significativo na determinação do custo de capital para a empresa ou para o investimento devem ser observados para a determinação do custo de oportunidade ou taxa mínima de atratividade. Dentre esses fatores, destacam-se alguns que serão abordados na sequência.

Risco e retorno do investimento

O investidor e a empresa comparam o risco e o retorno de um investimento em análise com o risco e o retorno de outros investimentos existentes. Se o risco do investimento em análise for o mesmo que o risco de outro investimento existente qualquer, o investidor exigirá do investimento em análise retorno mínimo igual ao do investimento existente. Não haveria racionalidade se a empresa ou o investidor estivesse disposto a levar adiante um investimento tão arriscado quanto outro existente, mas que fornecesse retorno inferior ao investimento existente.

Dessa forma, suponha que uma empresa estivesse avaliando a possibilidade de investimento em uma unidade produtora de suco de laranja. Se a unidade produtora de suco tiver risco igual ao de uma empresa produtora de suco com ações negociadas em bolsa, o retorno mínimo para o investimento na nova unidade produtora de suco deverá ser o mesmo que fornece as ações da empresa listada em bolsa. Caso o retorno seja inferior, a empresa estará destruindo valor ao implementar a unidade produtora de suco.

A melhor alternativa, nesse caso, seria investir diretamente nas ações de uma empresa listada ou distribuir os recursos aos proprietários da empresa, permitindo que os mesmos invistam nas ações da empresa listada em bolsa. Assim, a empresa ou seus proprietários estariam mais "ricos", ou seja, criariam mais valor ao final de um período futuro, pelo investimento em ações que pela construção de uma unidade produtora de suco. Concluímos que a nova unidade produtora de suco só faria sentido se fosse possível um retorno mínimo igual a um ativo de mesmo risco, que nesse caso específico seria a ação da empresa de suco de laranja negociada em bolsa.[2]

Risco e especificidade do ativo

O risco de um ativo é importante para avaliação do risco de um investimento. Se o investimento será feito em ativos que possam ser facilmente vendidos caso necessário, ou seja, ativos que possam ser vendidos rapidamente e por valor bem próximo ao valor de aquisição, o risco associado a esse ativo (e ao investimento nesse ativo) é considerado baixo e, portanto, o custo de capital para esse tipo de investimento será menor que para um investimento em ativos altamente específicos e que exigem mais tempo e um desconto expressivo para serem vendidos.

Quanto mais específico um ativo, mais difícil será vendê-lo rapidamente e sem desconto. Assim, há maior risco e custo de capital para uma empresa que seja constituída por esse tipo de ativo. Uma empresa cujo principal ativo seja um submarino usado em prospecção de petróleo em alto-mar terá – mantidas outras variáveis constantes – custo de capital superior ao de uma joalheria cujo principal ativo seja um estoque de ouro. Em caso de falência, por exemplo, os

---

2. Lembre-se de que custo de oportunidade dos fornecedores de recursos é custo de capital para a empresa.

acionistas da joalheria têm chances muito maiores de receber um valor justo pelo estoque de ouro que os acionistas da empresa que opera o submarino.

Encontrar compradores para a *commodity* ouro é mais fácil que encontrar compradores para um submarino. Sendo assim, a necessidade de desconto para vender o ouro é muito menor ou sequer existe. Os proprietários (acionistas) e os credores estão cientes dessa dificuldade e por isso exigirão um retorno maior da empresa de submarino que da joalheria, para recompensá-los pelo risco extra.

Disponibilidade e acesso a outros investimentos

Anteriormente, ao discutirmos a relação entre risco e retorno, assumimos que, se uma unidade produtora de suco de laranja não pudesse gerar o mesmo retorno que um ativo de mesmo nível de risco gera, a empresa ou seus proprietários poderiam facilmente comprar o outro ativo e obter o retorno desejado. Resumindo, assumimos que o acesso a outros ativos é amplo e pode ser feito a baixo custo. Isso implica que o custo de oportunidade é igual para todos os investidores, dado que todos têm as mesmas possibilidades para investimentos.

Em mercados financeiros, especialmente em mercados de capitais menos desenvolvidos, o acesso a outros ativos pode ser limitado ou restrito, e isso se traduz em investidores com diferentes custos de oportunidade. Um investimento na unidade produtora de suco talvez fosse levado adiante, mesmo com um retorno inferior ao de um investimento de mesmo risco, se os proprietários não tivessem acesso a outro investimento de mesmo risco, como adquirir ações de empresas de suco de laranja, ou se não existissem ações de empresas de suco de laranja sendo negociadas.

Disponibilidade e acesso a fontes de financiamento

Da mesma forma que a disponibilidade e o acesso a investimentos afetam o custo de oportunidade de um investidor, a disponibilidade e o acesso a fontes de financiamento afetam o custo de capital da empresa. Mercados financeiros e de capitais pouco desenvolvidos apresentam imperfeições e ineficiências que afetam diretamente o custo de capital de uma empresa. Uma subsidiária brasileira de uma companhia multinacional pode, por exemplo, ter acesso a recursos, por meio da "empresa-mãe" em outros países, a taxas de juros menores[3] que uma concorrente brasileira dessa subsidiária. Dessa forma, investimentos

---

3. Nesses casos, além da taxa de juros, as taxas projetadas de câmbio são usadas para calcular os custos em moeda local (reais) para comparação com taxas de juros de financiamento locais.

que não criariam valor para a empresa brasileira talvez possam criar valor para a empresa estrangeira, uma vez que ela possui custo de capital inferior.

Sistemas de avaliação de crédito

Bancos, fornecedores de capital de terceiros e agências de classificação de risco possuem modelos para avaliar e classificar a posição de crédito de uma empresa. Como todo modelo, os modelos de avaliação de crédito possuem limitações.[4] Além disso, por força de custos operacionais e questões práticas, essas instituições classificam as empresas em categorias, divididas em critérios essencialmente arbitrários.

Veremos adiante uma forma simplificada de classificação de dívida de empresa. Usaremos um único fator que considera apenas o índice de cobertura de juros para determinação da classificação de um título de dívida. O índice de cobertura de juros é definido como Lajir dividido pelo valor das despesas com juros, indicando quantas vezes o lucro cobre as despesas com juros.

Se o critério para classificar uma dívida é o descrito na Tabela 4.5, notamos que uma empresa que tenha índice de cobertura de juros igual a 6,49 terá provavelmente um custo de dívida proporcionalmente maior que uma empresa cujo índice seja de 6,51, uma vez que estão em faixas diferentes de classificação de dívida: a primeira é classificada como A+ e a segunda como AA. No entanto, são empresas muito próximas da realidade, ainda que o critério de classificação as separe em grupos distintos de classificação.

Tabela 4.5 Índice de cobertura de juros, classificação de dívida e taxa de juros

Classificação	Índice de cobertura de juros Alto	Índice de cobertura de juros Baixo	Taxa de juros	Taxa de juros depois de impostos (30%)
AAA	8,51	∞	19,29%	13,50%
AA	6,51	8,50	19,43%	13,60%
A+	5,51	6,50	21,14%	14,80%

É prática comum também avaliar as empresas em função de seus índices comparados aos do setor em que atuam. Se uma empresa é mais endividada que a média das empresas que atuam no setor, automaticamente será avaliada como mais arriscada, de modo que uma taxa de juros superior será exigida para empréstimos ou financiamentos. De fato, a empresa pode ser a mais en-

---

4. Se modelos são, por definição, simplificações da realidade, é natural esperar que sejam limitados ou imperfeitos, ainda que úteis.

dividada não porque é "pior" administrada que suas concorrentes mais próximas, mas por ter melhores alternativas de investimento, precisando por isso de uma proporção maior de recursos financeiros de terceiros para financiar seus investimentos ou sua expansão.

Os exemplos anteriores demonstram que algumas imperfeições e simplificações podem afetar de forma muito subjetiva o custo de capital da empresa. Entender e monitorar essas imperfeições são os primeiros passos para evitar possíveis impactos negativos sobre o custo de capital da empresa.

Incentivos fiscais na forma de linhas de crédito subsidiadas

Diversas variáveis podem afetar o custo e o acesso a capital de terceiros, especialmente por influência de governos. Várias são as formas de subsídios que um governo pode oferecer. Uma delas, as linhas de crédito subsidiadas, afeta diretamente o custo de capital, enquanto outros tipos de subsídios possuem impactos diretos sobre os fluxos de caixa, e não sobre o custo de capital propriamente.

Existem regiões que possuem bancos e agências de desenvolvimento regional que fornecem recursos a taxas subsidiadas. Algumas atividades específicas também podem ser incentivadas pelo governo por meio de linhas de crédito subsidiadas. Assim, investimentos em atividades distintas, mas que possuam o mesmo risco, podem ter custos de capital total distintos porque o governo está disposto a incentivar uma dessas atividades.

Sistema tributário legal

O planejamento estrutural da empresa e de seus investimentos pode trazer efeitos sobre o custo de capital. O planejamento estrutural consiste na organização jurídica da empresa em uma ou mais pessoas físicas. Dependendo da forma como a empresa e o investimento são estruturados legalmente, existem diferentes percepções de risco para os fornecedores de capital e, portanto, diferentes custos de capital.

Além desses fatores mais amplos e gerais, é provável que cada investimento possua fatores específicos e relevantes para seu custo de capital. O gestor deve ser capaz de entender quais são os fatores relevantes para o custo de capital de seu investimento (seja a empresa, um projeto ou ativo específico) e de que forma pode agir para minimizar o custo de capital. Ou seja, ele deve buscar uma configuração de seus fatores de forma a minimizar o custo de capital. É importante que o custo total do investimento seja minimizado. Minimizar o custo de capital está inserido nesse contexto. Buscar reduções no custo de capital que trarão aumentos maiores de outros custos associados ao investimento não seria uma estratégia coerente.

RELAÇÃO ENTRE CUSTO MÉDIO PONDERADO DE CAPITAL E CUSTO DE OPORTUNIDADE

Se considerarmos que uma empresa é o conjunto de seus ativos, podemos pensar no valor da empresa como sendo a soma dos valores presentes de seus ativos. Assim, teremos:

Valor da empresa = VP(AB) = VP(A) + VP(B) + sinergia = soma dos valores presentes de cada ativo

Se os ativos A e B pudessem ser desmembrados em "miniempresas" A e B, e os investidores pudessem investir em cada uma dessas "miniempresas", a nova empresa A seria avaliada descontando-se seus respectivos fluxos de caixa projetados por um custo de oportunidade que refletisse o risco de A. Da mesma forma, os investidores avaliariam B descontando seus fluxos de caixa por um custo de oportunidade que refletisse o risco de B. O risco de cada ativo e, consequentemente, o custo de oportunidade de cada um raramente serão iguais. Ou seja, o custo de oportunidade corresponde ao custo médio ponderado de capital quando se considera a empresa em sua totalidade.

O verdadeiro custo de capital depende do uso que se pretende para esse capital. Dessa forma, se um projeto ou um ativo, como, por exemplo, o ativo B citado, tiver risco maior que um ativo, como o ativo A, é de se esperar que a taxa de retorno que os investidores exigiriam seja maior para B que para A. Portanto, cada ativo terá um custo específico de capital. Na verdade, isso é uma implicação do princípio usado para calcular o valor da empresa como soma dos valores de cada ativo que introduzimos antes.

A Tabela 4.6 apresenta um exemplo. Nela, um ativo de maior risco tem seus fluxos trazidos a valor presente por uma taxa superior ao custo médio ponderado de capital da empresa (CMPC). Ativos de risco similar ao do negócio atual são avaliados com o uso do CMPC da empresa e, se o ativo ou projeto for percebido como tendo risco inferior ao do negócio atual, a taxa é menor que do CMPC.

Tabela 4.6 Exemplo de custo de capital para ativos de risco distintos

Ativo	Retorno exigido
Nova fábrica para novos produtos	25%
Ampliação da fábrica atual	18% (CMPC da empresa)
Automação da linha de produção atual	10%

Quando analisamos a empresa como um todo, ou seja, se não estamos separando os fluxos gerados por cada ativo como se fossem "miniempresas", estamos interessados em identificar uma taxa que nos permita descontar os fluxos de caixa incrementais gerados por todos os ativos da empresa indistintamente. Essa taxa é o custo médio ponderado de capital (CMPC) da empresa. O CMPC reflete o risco da empresa como um todo.

Como já sabemos, o retorno exigido pelos fornecedores de capital próprio e fornecedores de capitais de terceiros é função do risco percebido por cada um desses fornecedores. Ao ponderarmos o custo de cada fonte pela proporção em que são utilizadas na composição do capital total da empresa, estamos calculando uma taxa que reflete o risco da empresa.

Usando CAPM para avaliar riscos e custo de oportunidade

Foi apresentado o CAPM como modelo para calcular o custo de capital próprio. Aqui aplicaremos o mesmo modelo, só que em um contexto distinto. Vamos usar o CAPM para avaliar o risco de um ativo, calculando o beta (β) do ativo a partir do seu valor (seus fluxos de caixa descontados). Apenas substituiremos os valores das cotações da ação pelo valor do ativo em foco. Ou seja, da mesma forma que avaliamos o risco de uma ação, dado por seu beta em relação à carteira de mercado, vamos avaliar o risco de um projeto dado por seu beta em relação à carteira de mercado.[5]

Suponha que, usando dados referentes ao valor da ação de uma empresa e ao valor projetado para o ativo, aplicando a fórmula do CAPM, tenhamos obtido um β de 2,0 para o ativo e de 1,5 para nossa empresa. O retorno exigido do ativo e da empresa pode ser assim calculado:

$$R_{empresa} = R_f + \beta_{empresa}(R_m - R_f) = 10\% + 1{,}5(20\% - 10\%) = 10\% + 15\% = 25\%$$

$$R_{ativo} = R_f + \beta_{ativo}(R_m - R_f) = 10\% + 2{,}0(20\% - 10\%) = 10\% + 20\% = 30\%$$

Lembre-se de que o retorno das ações da empresa corresponde ao custo de capital próprio apenas e que, consequentemente, é diferente do custo médio ponderado de capital, que inclui também o custo de recursos de terceiros.

---

5. Pode-se pensar também em calcular o beta do ativo em função do beta da empresa, que nada mais é que uma carteira de ativos. Nesse caso, o retorno sobre a carteira de mercado é substituído pelo retorno da carteira de ativos (empresa), que corresponde ao CMPC dessa empresa. Existem, contudo, certas restrições estatísticas que limitariam a acuracidade desses cálculos do risco do ativo.

Cuidados ao usar o CMPC como critério de avaliação de investimentos

Algumas confusões são comuns na literatura e no ensino de custo médio ponderado de capital. Frequentemente, o uso do CMPC é abordado como critério para avaliar um novo projeto ou ativo. Quando o risco de um novo empreendimento é o mesmo de outro empreendimento similar, a regra prevê que se deve aceitar qualquer projeto que ofereça uma taxa de retorno superior ao custo médio ponderado de capital da empresa. No entanto, quando os riscos são diferentes, essa taxa deve ser ajustada ao risco do empreendimento.

Podemos entender que essa regra, aplicada da forma como descrito, pode nos levar a algumas decisões pouco coerentes. Uma empresa que se utilizasse desse critério tenderia a recusar bons projetos de baixo risco e a aceitar projetos pobres de alto risco. Assim, uma empresa que pudesse escolher entre projetos, como os apresentados anteriormente, rejeitaria o projeto de automação da fábrica que apresenta risco muito menor que o da nova fábrica para uma nova linha de produtos, e aceitaria este último, ainda que os fluxos de caixa da nova fábrica sejam muito mais arriscados que os da automação da fábrica atual. Como veremos adiante, isso não leva, necessariamente, à maximização do valor da empresa.

A Figura 4.3 permite visualizar uma comparação entre critérios para avaliar projetos usando o CMPC e usando o CAPM para determinação da taxa de retorno exigida.

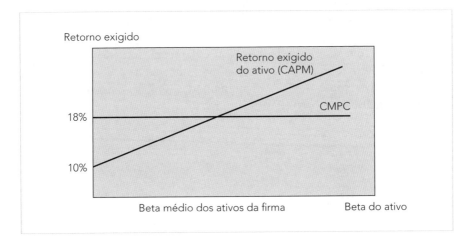

Figura 4.3   CAPM e CMPC como critérios para avaliação de projetos.

Se o leitor encontrar em outros livros o uso do CMPC como critério para avaliar investimentos, lembre-se de que o autor está partindo do pressuposto de que o investimento avaliado possui risco igual ou muito próximo ao risco atual da firma. Para projetos com risco diferente do risco da empresa, seja o risco maior ou menor, tal critério pode levar a decisões impróprias.

CMPC como valor inferior para taxa mínima de atratividade

Vamos retomar os valores apresentados anteriormente. O projeto para automação da linha de produção possui retorno de 10%. Se a empresa capta a um custo médio de 18%, não faz sentido aplicar a 10%. A empresa está visivelmente destruindo valor. Apenas como ilustração, imagine que serão investidos R$ 100.000 no projeto de automação. Esse investimento dará um retorno de 10%, ou R$ 10.000, mas o capital usado para financiar esse investimento custará 18% para a empresa, ou R$ 18.000. O projeto destrói R$ 8.000 (18.000 − 10.000) do valor da empresa.

Esse investimento só teria sentido se permitisse redução do custo de captação, se fosse possível financiá-lo com recursos mais baratos que o retorno projetado ou se a partir dele pudessem ser desenvolvidos novos investimentos que gerassem valor mais que suficiente para cobrir o valor destruído em um primeiro momento. Considere, por exemplo, que o investimento em automação permita ganhos de participação de mercado ou que um cliente exija tal investimento para garantir a qualidade do produto e que se a empresa não fizer tal investimento perderá o cliente.

Vemos, portanto, que o CMPC estabelece um limite inferior ao retorno exigido de projetos para empresa. Quando combinamos o risco do projeto com o *mix* de recursos necessários para financiá-lo, e se nenhuma das condições descritas no parágrafo anterior for satisfeita, os retornos exigidos passam a ser como os descritos anteriormente. O CMPC também deve ser analisado em função do custo que se projeta para a empresa depois de aceito o projeto ou depois que novas fontes tenham sido analisadas. O CMPC atual não será o mesmo e a análise deve partir desse pressuposto.

Tabela 4.7 Exemplo de custo de capital para ativos de riscos distintos e *mix* de financiamento

Ativo	Retorno exigido
Nova fábrica para novos produtos	25%
Ampliação da fábrica atual	18% (CMPC da empresa)
Automação da linha de produção atual	18% (CMPC da empresa)

A RELAÇÃO ENTRE ESTRUTURA DE CAPITAL DA EMPRESA E SEU CMPC

Quando discutimos a relação entre o custo de capital e o custo de oportunidade (ou taxa mínima de atratividade), dissemos que o retorno exigido pelos fornecedores de capital próprio e fornecedores de capitais de terceiros é função do risco percebido por cada um desses grupos. Até o momento, contudo, não discutimos quais efeitos diferentes proporções de recursos de terceiros na composição total de capital possuem sobre os custos de captação da empresa.

A estrutura de capital de uma empresa, resultado da proporção de recursos próprios e de terceiros que a empresa capta, influencia o risco da empresa percebido por investidores. Quanto maior a proporção de recursos de terceiros na composição dos recursos totais captados, maiores serão os custos fixos financeiros que a empresa terá de honrar a cada período. Ou seja, quanto maior a alavancagem financeira, maior o risco associado à empresa.

Quanto menores as despesas fixas com juros, mais fácil será para a empresa gerar fluxos suficientes (ou lucro líquido) para cobrir tais despesas. No entanto, à medida que a proporção dessas despesas cresce e passa a consumir parte significativa dos fluxos gerados pela empresa, cresce também o risco de que, por uma redução inesperada na geração de fluxos da empresa, esta não seja mais capaz de honrar as despesas fixas para remuneração do capital de terceiros que utiliza e se torne assim inadimplente.

É simples compreender que, mantidas constantes outras condições, um banco ou o comprador de uma debênture exigirá menores taxas de uma empresa que pode pagar suas despesas fixas de juros mais facilmente e que exigirá taxas mais elevadas daquela empresa que apresentar alguma dificuldade, ainda que pequena, para fazê-lo. Caso a dificuldade atinja um nível preocupante, do ponto de vista do fornecedor de recursos, é provável que o mesmo se recuse a continuar financiando a empresa. Esse é o risco de inadimplência, isto é, o risco de não pagamento de uma dívida.

A Tabela 4.8 ajudará a compreender o efeito da alavancagem financeira de uma empresa. Suponha um lucro antes de juros constantes de 10% sobre as vendas e dois níveis de alavancagem correspondendo, respectivamente, ao pagamento de R$ 50.000 e R$ 100.000 de juros anuais. Veja que, em X2, a variação de vendas foi de 29% em relação ao ano anterior. Para um grau de alavancagem financeira com juros fixos de R$ 50.000, a variação do lucro líquido foi de 44%, e para juros fixos de R$ 100.000 foi muito maior, chegando a 100% em relação ao período anterior.

Em uma empresa cujos fluxos gerados são usados, principalmente, para cobrir despesas financeiras do capital de terceiros, nem os fornecedores de capital próprio gostariam de possuir ações dela. Se esse for o caso, é provável que o valor das ações seja reduzido o suficiente para garantir aos investidores a taxa de retorno exigida. Caso contrário, nenhum investidor se interessará por comprar ações dessa empresa.

Mais grave: se os acionistas mudarem sua percepção de risco, exigirão uma taxa de retorno ainda maior e isso se traduzirá em uma redução ainda mais acentuada do valor da ação, colocando a empresa em um ciclo vicioso que normalmente termina com algum tipo de reestruturação ou mesmo insolvência e falência.

Tabela 4.8 Efeito da alavancagem financeira sobre o lucro líquido

Juros de R$ 50.000						
Ano	Vendas (mil R$)	Variação vendas (%)	Lucro antes de juros	Juros (fixos)	Lucro líquido (mil R$)	Variação lucro (%)
X1	2.500		140	50	90	
X2	1.800	29	180	50	130	44
X3	1.400	17	210	50	160	23
X4	2.900	10	230	50	180	13
X5	2.300	26	290	50	240	33
Juros de R$ 100.000						
Ano	Vendas (mil R$)	Variação vendas (%)	Lucro antes de juros	Juros (fixos)	Lucro líquido (mil R$)	Variação lucro (%)
X1	2.500		140	100	40	
X2	1.800	29	180	100	80	100
X3	1.400	17	210	100	110	38
X4	2.900	10	230	100	130	18
X5	2.300	26	290	100	190	46

CMPC alavancado

Agora que entendemos a influência exercida pela estrutura de capital no custo médio ponderado de capital de uma empresa, vamos estudar como proceder para calcular o CMPC para diferentes níveis de alavancagem. Para compreendermos melhor o efeito que a estrutura de capital possui no CMPC, vamos dividi-lo em seus dois componentes básicos: o custo de capital próprio e o custo de capital de terceiros.

O efeito da estrutura de capital ou do grau de alavancagem financeira, no custo de capital próprio, pode ser representado pelo beta alavancado (Damodaran, 2002). Segundo o autor, o aumento do grau de alavancagem financeira aumentará o beta das ações de uma empresa. O pagamento de dívidas aumenta a variância do lucro líquido.

Um grau maior de alavancagem financeira aumenta os lucros durante períodos de crescimento das receitas da empresa e reduz os lucros em tempos ruins. Se considerarmos que não existem riscos de mercado para as dívidas (isto é, o beta da dívida é zero) e que existem benefícios fiscais trazidos pelos pagamentos de juros, o beta alavancado de uma empresa será calculado como segue:

$$\beta_{alavancado} = \beta_{não\ alavancado} \left[1 + (1 - I) \frac{t}{pl} \right]$$

Em que:
$\beta_{alavancado}$: beta alavancado para a ação da empresa.
$\beta_{não\ alavancado}$: beta não alavancado, isto é, beta da empresa sem dívida alguma.
I: taxa de imposto corporativo.
t: valor de mercado do capital de terceiros (dívida).
pl: valor de mercado do capital próprio (patrimônio líquido).

Vamos analisar o caso de uma empresa que nos últimos três anos teve ações cujo beta era de 1,50 e cujo índice de valor de mercado da dívida/valor de mercado do patrimônio líquido tenha ficado em 20% no período. Com esses dados podemos calcular o valor do beta não alavancado ($\beta_{não\ alavancado}$) para essa empresa. Vamos assumir impostos de 30%.

$$\beta_{alavancado} = \beta_{não\ alavancado} \left[1 + (1 - I) \frac{t}{pl} \right]$$

$$1,50 = \beta_{não\ alavancado} (1 + (1 - 0,30) (0,20))$$

$$\beta_{não\ alavancado} = 1,3158$$

Se considerarmos que existe risco para a dívida, a fórmula pode ser reescrita com o beta da dívida.

O beta da dívida baseia-se na classificação da dívida e é estimado descontando retornos passados sobre cada categoria de classificação contra os retornos sobre um índice de mercado.

Com o valor do beta não alavancado para a empresa podemos calcular o beta alavancado para qualquer nível de alavancagem. Os diferentes valores de beta para cada valor de alavancagem tornam possível calcular diferentes custos de capital próprio usando o CAPM.

Veja a Tabela 4.9. Usando os valores apresentados anteriormente, podemos calcular o custo de capital próprio para os diferentes níveis de participação do capital de terceiros na estrutura de capital da empresa. A primeira coluna da tabela indica o índice de endividamento, ou seja, quanto da captação total da empresa é feito com recursos de terceiros [dívida/(patrimônio líquido +

dívida)]. A segunda coluna é o índice de valor de mercado da dívida/valor de mercado do patrimônio líquido que foi usado na fórmula. Quando 50% da captação da empresa é feita com recursos de terceiros, o valor da dívida e do patrimônio líquido (os outros 50%) são iguais. Divididos um pelo outro temos 1 ou 100%, como demonstra a Tabela 4.9.

Quanto ao custo de capital de terceiros, o impacto que o aumento do índice de valor de mercado da dívida/valor de mercado da ação (t/p) causa pode ser avaliado de diferentes maneiras. A pequena empresa pode, por exemplo, avaliar as linhas de crédito que tem à sua disposição e a taxa cobrada para diferentes linhas e diferentes volumes de recursos tomados em cada linha. Uma consulta aos gerentes de diferentes bancos ou um pedido de crédito aos mesmos bancos pode fornecer várias informações sobre o impacto da estrutura de capital da empresa e sobre o seu custo de captação de recursos de terceiros.

Tabela 4.9 Diferentes valores do custo de capital próprio para diferentes estruturas de capital

[t/(pl +t)]	(t/pl)	$\beta_{alavancado}$	Custo de capital (CAPM)
0%	0%	1,3158 (1 + (1 − 0,30) (0,00)) = 1,3158	10% + 1,3158 (20% − 10%) = 23,16%
10%	11%	1,3158 (1 + (1 − 0,30) (0,11)) = 1,4171	10% + 1,4171 (20% − 10%) = 24,17%
20%	25%	1,3158 (1 + (1 − 0,30) (0,25)) = 1,5461	10% + 1,5461 (20% − 10%) = 25,46%
30%	43%	1,3158 (1 + (1 - 0,30) (0,43)) = 1,7119	10% + 1,7119 (20% − 10%) = 27,12%
40%	67%	1,3158 (1 + (1 − 0,30) (0,67)) = 1,9329	10% + 1,9329 (20% − 10%) = 29,33%
50%	100%	1,3158 (1 + (1 − 0,30) (1,00)) = 2,2369	10% + 2,2369 (20% - 10%) = 32,37%
60%	150%	1,3158 (1 + (1 − 0,30) (1,50)) = 2,6974	10% + 2,6974 (20% − 10%) = 36,97%
70%	233%	1,3158 (1 + (1 − 0,30) (2,33)) = 3,4619	10% + 3,4619 (20% − 10%) = 44,62%
80%	400%	1,3158 (1 + (1 − 0,30) (4,00)) = 5,0000	10% + 5,0000 (20% − 10%) = 60%
90%	900%	1,3158 (1 + (1 − 0,30) (9,00)) = 9,6053	10% + 9,6053 (20% − 10%) = 106,05%

Para empresas de capital aberto que emitem dívida na forma de debêntures, existem agências de *rating* que classificam esses títulos e fornecem valores de referência para as taxas exigidas pelos investidores. Os sofisticados modelos usados por bancos de investimento e por essas agências, como Standard & Poor's ou Moody's, são elaborados a partir de uma série de índices financeiros. Modelos de previsão de insolvência são construídos da mesma forma. Seria possível usar um desses modelos ou até mesmo elaborar um modelo próprio para avaliar o impacto da alavancagem no custo de capital de terceiros. Os modelos usualmente ponderam cada um dos índices em função da relevância do mesmo para a capacidade de pagamento da empresa ou para previsão de insolvência.

Para nosso objetivo, vamos considerar uma versão bastante simplificada de um modelo, sugerida por Damodaran (2002), que considera apenas o índice de cobertura de juros para determinação da classificação de um título de dívida (em nosso caso, debênture). O índice de cobertura de juros é definido como:

$$\text{Índice de cobertura de juros} = \frac{\text{Lajir}}{\text{Despesas com juros}}$$

A classificação de títulos e a taxa de juros, em função do índice de cobertura de juros, são dadas na Tabela 4.10.

Tabela 4.10 Classificação de título e taxa de juros em função do índice de cobertura de juros

Classificação	Índice de cobertura de juros Alto	Índice de cobertura de juros Baixo	Taxa de juros	Taxa de juros depois de impostos (30%)
AAA	8,50	∞	19,29%	13,50%
AA	6,50	8,50	19,43%	13,60%
A+	5,50	6,50	21,14%	14,80%
A	4,25	5,50	21,43%	15%
A−	3,00	4,25	21,79%	15,25%
BBB	2,50	3,00	22,14%	15,50%
BB	2,00	2,50	22,86%	16%
B+	1,75	2,00	23,57%	16,50%
B	1,50	1,75	24,64%	17,25%
B−	1,25	1,50	26,07%	18,25%
CCC	0,80	1,25	27,14%	19%
CC	0,65	0,80	28,57%	20%
C	0,20	0,65	30,71%	21,50%
D	−∞	0,20	34,29%	24%

Fonte: adaptada de Damodaran (2002).

Para calcular as classificações de uma empresa e obter o custo de capital de terceiros em função de diferentes níveis de endividamento, projetamos uma

DRE para cada nível de endividamento, calculamos o índice de cobertura de juros para cada nível e encontramos a classificação e o custo de capital de terceiros correspondentes ao mesmo. A Tabela 4.11 mostra o raciocínio que acabamos de descrever.

Tabela 4.11 Classificação e taxa de juros para diferentes níveis de endividamento

[t/(pl + t)]	Índice de cobertura de juros	Classificação	Custo da dívida	Custo da dívida depois de impostos (30%)
10%	9,00	AAA	19,29%	13,50%
20%	6,70	AA	19,43%	13,60%
30%	4,00	A–	21,79%	15,25%
40%	2,75	BBB	22,14%	15,50%
50%	2,25	BB	22,86%	16%
60%	2,00	BB	22,86%	16%
70%	1,25	B–	26,07%	18,25%
80%	0,80	CCC	27,14%	19%
90%	0,65	CC	28,57%	20%

Combinados, os efeitos da estrutura de capital no custo de capital próprio e no custo de capital de terceiros fornecem o efeito da estrutura de capital para o custo médio ponderado de capital da empresa. A Tabela 4.12 sintetiza os efeitos discutidos anteriormente. Observe que o custo médio ponderado de capital é minimizado (23,09%) para o índice de endividamento de 20%. Essa é a estrutura ótima, uma vez que minimiza o custo de capital e, portanto, aumenta o valor da empresa.

Tabela 4.12 Custo de capital (CMPC) para diferentes estruturas de capital

[(t/(pl + t)]	Custo da dívida	Custo de capital próprio	CMPC
0%	0%	23,16%	23,16%
10%	13,50%	24,17%	23,10%
20%	13,60%	25,46%	23,09%
30%	15,25%	27,12%	23,56%
40%	15,50%	29,33%	23,80%
50%	16%	32,37%	24,18%
60%	16%	36,97%	24,39%
70%	18,25%	44,62%	26,16%
80%	19%	60%	27,20%
90%	20%	106,05%	28,61%

RESUMO

O custo de capital de uma empresa reflete, em essência, a remuneração mínima exigida pelos proprietários de suas fontes de recursos (credores como capital de terceiros e acionistas como capital próprio). É utilizada como taxa mínima de atratividade das decisões de investimentos, indicando criação de riqueza econômica quando o retorno operacional auferido superar a taxa requerida de retorno determinada pela alocação de capital. Esse é o critério básico de aceitação de uma proposta de investimento. O custo de capital próprio, de terceiros e o custo total de capital de longo prazo podem ser obtidos por meio de uma média ponderada dos custos de cada fonte utilizada pela empresa. Tal medida normalmente é chamada de custo médio ponderado de capital (CMPC), também denominado WACC, a sigla em inglês de *Weighted Average Cost of Capital*. Tratou-se também dos impostos sobre o custo de capital, do conceito de custo marginal, da relação entre custo de capital e estrutura de capital e da relação entre custo total de capital e custo de oportunidade (ou taxa mínima de atratividade). Observando a relação entre o custo de capital e o custo de oportunidade (ou taxa mínima de atratividade), tem-se que o retorno exigido pelos fornecedores de capital próprio e fornecedores de capitais de terceiros é determinado em função do risco percebido por cada um desses grupos.

QUESTÕES

1. O que é custo de capital e qual sua utilidade na tomada de decisões?
2. Em que consiste o retorno esperado na gestão financeira de uma empresa? Quais seus componentes? Explique cada um deles.
3. Explique o modelo de precificação por arbitragem.
4. Diferencie o modelo GAPM e o modelo CAPM.
5. Em que consiste o custo médio ponderado de capital (CMPC ou WACC)? Quais seus componentes? Explique.
6. Diferencie o custo médio ponderado de capital e o custo marginal ponderado de capital.
7. Quais são os fatores relevantes para a determinação do custo de capital? Explique.
8. O que é custo de oportunidade? Como é utilizado na tomada de decisão?
9. Relacione custo médio ponderado de capital e custo de oportunidade. Em relação à avaliação de projetos, como deve ser calculado o custo de capital? Justifique.

EXERCÍCIOS

1. Selecione uma empresa nacional de capital aberto e obtenha seus demonstrativos financeiros. Calcule:
   a) Retorno esperado.
   b) Custo do capital próprio (APM).
   c) Custo do capital próprio (GAPM).
   d) Custo médio ponderado de capital (CMPC ou WACC) antes dos impostos.
   e) Custo médio ponderado de capital (CMPC ou WACC) depois dos impostos.
   f) Custo marginal ponderado de capital (CMPCM).

ESTUDO DE CASO

Em razão da sua estrutura institucional e gerencial, a determinação do custo de capital total estava toda estruturada, desde o início do funcionamento da Bioenergia até o prazo durante o qual se fizeram os arranjos iniciais da SPE que lhe dá suporte.

O custo de capital próprio foi estimado pelos acionistas tendo em vista sua taxa de oportunidade, calculada a partir de métodos simplificados que, adotando premissas de mercado e do setor de atuação do acionista controlador, estabeleceram o seu parâmetro. Já o custo de capital de terceiros foi fixado nos contratos de financiamento de longo prazo, sendo parte variável (atrelada à TJLP – taxa de juros de longo prazo) e parte fixa, correspondendo aos *spreads* pagos pela Bioenergia a partir dessa taxa.

REFERÊNCIAS

BRIGHAM, E.F.; EHRHARDT, M.C. *Administração financeira: teoria e prática*. 10.ed. São Paulo: Thomson Learning, 2007.

COPELAND, T.; KOLLER, T.; MURRIN, J. *Avaliação de empresas*. 3.ed. São Paulo: Makron Books, 2002.

FERREIRA, A.B.H. *Dicionário Aurélio básico da língua portuguesa*. Rio de Janeiro: Nova Fronteira, 1988.

GITMAN, L.J. *Princípios de administração financeira: essencial*. 2.ed. Porto Alegre: Bookman, 2001.

LEMES Jr.; RIGO, M.; CHEROBIM, M.S. *Administração financeira*. 3.ed. São Paulo: Campus, 2010.

MARION, J.C. *Contabilidade empresarial*. 8.ed. São Paulo: Atlas, 1998.

MARTELANC, R.; PASIN, R.; CAVALCANTE, F. *Avaliação de empresas: um guia para fusões & aquisições e gestão do valor*. São Paulo: Prentice Hall, 2005.

BIBLIOGRAFIA SUGERIDA

ASSAF NETO, A. *Finanças corporativas e valor*. São Paulo: Atlas, 2003.
_____. *Mercado financeiro*. 6.ed. São Paulo: Atlas, 2005.
BREALEY, R.A.; MYERS, S.C.; MARCUS, A.J. *Fundamentos da administração financeira*. 3.ed. Rio de Janeiro: McGraw-Hill, 2002.
BRIGHAM, E.F.; HOUSTON, J.F. *Fundamentos da moderna administração financeira*. Rio de Janeiro: Campus, 1999.
CARVALHO, C.N.; MAGALHÃES, G. *Análise económico-financeira de empresas*. Lisboa: Universidade Católica Editora, 2002.
DAMODARAN, Aswath. *Avaliação de investimentos*. Rio de Janeiro: Qualitymark, 1997.
_____. *Finanças corporativas aplicadas*. Trad. Jorge Ritter. Porto Alegre: Bookman, 2002.
[FIPECAFI] FUNDAÇÃO INSTITUTO DE PESQUISAS CONTÁBEIS, ATUARIAIS E FINANCEIRAS. *Manual de contabilidade das sociedades por ações: aplicável às demais sociedades*. 6.ed. São Paulo: Atlas, 2003.
FORTUNA, E. *Mercado financeiro: produtos e serviços*. 15.ed. Rio de Janeiro: Qualitymark, 2002.
GROPPELLI, A.A.; NIKBAKHT, E. *Administração financeira*. 3.ed. São Paulo: Saraiva, 1998.
OLIVEIRA, D.P.R. *Planejamento estratégico: conceitos, metodologia e práticas*. 12.ed. São Paulo: Atlas, 1998.
PINHEIRO, J.L. *Mercado de capitais: fundamentos e técnicas*. São Paulo: Atlas, 2001.
RAPAPPORT, A. *Gerando valor para o acionista*. São Paulo: Atlas, 2001.
ROSS, S.A.; WESTERFIELD, R.W.; JAFFE, J.F. *Administração financeira*. Trad. Antônio Zorato Sanvicente. São Paulo: Atlas, 1995.
SAMUELS, J.M. et al. *Management of company finance*. London: International Thomson Business Press, 1996.
SANVICENTE, A.Z.; SANTOS, C.C. *Orçamento na administração de empresas: planejamento e controle*. 2.ed. São Paulo: Atlas, 1983.
SILVA, J.P. *Análise financeira das empresas*. 4.ed. São Paulo: Atlas, 1999.
SILVA, L.R.; BRITO, V.B. *O novo código civil para contadores*. São Paulo: IOB: Thomson, 2003.
SOUZA, A.; CLEMENTE, A. *Decisões financeiras e análise de investimentos: fundamentos, técnicas e aplicações*. 5.ed. São Paulo: Atlas, 2004.
VAN HORNE, J.C. *Financial management and policy*. 12.ed. New York: Prentice Hall, 2002.
WELSCH, G.A. *Orçamento empresarial*. 4.ed. São Paulo: Atlas, 1996.
WESTON, J.F.; BRIGHAM, E.F. *Fundamentos da administração financeira*. São Paulo: Makron Books, 2000.
WRIGHT, P.L.; KROLL, M.J.; PARNELL, J. *Administração estratégica: conceitos*. São Paulo: Atlas, 2000.

5
GESTÃO DA ESTRUTURA DE CAPITAL

> Após a leitura deste capítulo, você poderá analisar como uma empresa é, ou deve ser, financiada, ou seja, de onde vêm os recursos nela investidos, compreendendo as fontes disponíveis de capital e as consequências da escolha de cada uma na composição desse *mix* de financiamento denominado estrutura de capital. Você também estará apto a utilizar o conceito de alavancagem, que significa melhorar os indicadores de rentabilidade por meio de alterações na estrutura de capital da empresa.

O dinheiro investido por uma empresa em ativos pode ser financiado por fontes internas e externas, conforme exposto na Figura 5.1. Considerando as fontes apresentadas, pode-se verificar que as empresas definem um *mix* de fontes ao decidir a maneira como se financiam, formando, então, a sua estrutura de capital.

A teoria financeira atual propõe que as organizações devem objetivar a maximização de seu valor por meio da gestão de seus recursos de longo prazo, que envolve a tomada de decisões a respeito de seus investimentos, financiamentos e distribuição de dividendos (Damodaran, 2002). Decisões sobre financiamento resultam na escolha de um *mix* de fontes de recursos que maximize os valores dos projetos selecionados e envolva, de forma direta ou indireta, a busca por uma estrutura ótima de capital capaz de minimizar o custo de capital das empresas por meio da combinação ideal de capital próprio e de terceiros.

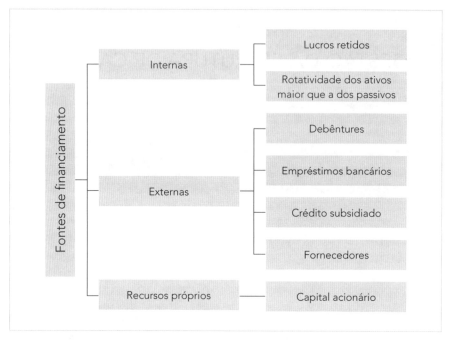

Figura 5.1 Principais fontes de financiamento utilizadas pelas empresas.
Fonte: adaptada de Cavalcante e Misumi (2001).

ESTRUTURA DE CAPITAL

A estrutura de capital de uma empresa é a proporção entre capital próprio e capital de terceiros de longo prazo, utilizados por uma entidade para financiar suas atividades. A estrutura de capital está relacionada à organização das origens dos financiamentos no âmbito de longo prazo, ou seja, quanto é obtido de capitais de terceiros (exigíveis em longo prazo) e quanto é proveniente de capital próprio (patrimônio líquido). A estrutura de capital explica, portanto, quanto dos recursos da empresa são financiados por ela mesma e quanto é financiado com recursos de outras fontes.

O fato de a empresa poder utilizar capital próprio ou capital de terceiros para o financiamento de seus investimentos gera diferentes proporções entre endividamento e recursos próprios, o que resulta em diferentes custos do capital que a empresa utiliza. Sabe-se que capital de terceiros e capital próprio oferecem riscos diferentes e, portanto, representam custos diferentes, que devem ser levados em consideração na definição da melhor combinação entre capital próprio e de terceiros.

Com isso, o foco deste capítulo é o lado direito do balanço patrimonial, o passivo, analisando a proporção entre patrimônio líquido (PL) e exigível em longo prazo (ELP). Para fins didáticos, nas análises que serão desenvolvidas deve-se ter em mente que a soma entre PL e ELP se mantém constante, mudando apenas a proporção entre eles. Para facilitar a compreensão, é como se existisse uma régua que definisse os limites entre o PL e o ELP. A localização dessa "régua" definirá a estrutura do capital de longo prazo (ECLP) da empresa. A função do administrador financeiro, nessa situação, é "deslocar" essa régua a fim de estabelecer um ponto ótimo para a criação de valor e o nível de risco aceito pela entidade.

O conceito de valor é entendido como a diferença entre o retorno dos investimentos e o custo das fontes de financiamento. Logo, sendo o capital de terceiros mais barato, pode-se optar por atingir o maior volume possível desse tipo de capital; porém, é preciso lembrar que, quanto mais capital de terceiros, maior o endividamento e o risco a que a entidade está exposta.

ESCOLHA DE FINANCIAMENTO

Como já visto nos capítulos anteriores, em uma visão simplificada é possível dizer que uma organização pode adquirir financiamento de duas maneiras: por endividamento (capital de terceiros) ou por seu capital próprio. A diferença legal entre essas duas modalidades de financiamento é que a dívida representa um direito fixo ao credor, independentemente do desempenho operacional da empresa, com prazo definido para o seu pagamento. A dívida ainda pode ser dedutível no imposto de renda (no caso brasileiro, se a empresa for tributada pelo regime de lucro real) e é tida como prioridade de pagamento diante de dificuldades financeiras que a organização venha a sofrer. Ademais, os credores não exercem nenhum poder administrativo na empresa.

Por outro lado, os financiamentos por ações (capital próprio) estão ligados aos direitos sobre a organização, de modo que seu retorno depende, geralmente, do retorno que as operações da empresa geram, dentro de um prazo de vencimento não delimitado. A distribuição de lucros ou o pagamento de dividendos não são dedutíveis do imposto de renda e, em caso de falência da empresa, eles não têm prioridade nenhuma no recebimento. Os proprietários ou acionistas, geralmente, exercem algum tipo de influência na administração da firma.

Entretanto, pode haver títulos que representem características mistas. Eles são chamados de títulos híbridos, como é o exemplo dos títulos conversíveis (uma dívida que, por acordo, pode ser convertida em ações sob determinada taxa de conversão) e das ações preferenciais, que têm pagamento mínimo prometido em cada período, ao mesmo tempo que têm características de ações, como a não dedutibilidade do imposto de renda.

ALAVANCAGEM

Para entender melhor a questão da estrutura de capital dentro de uma organização e para facilitar a assimilação dos conceitos que serão discutidos pelas teorias de estrutura de capital, é importante conhecer outra consequência da escolha do nível de endividamento de uma entidade: o seu grau de alavancagem financeira (GAF). Como complemento, estudaremos também o grau de alavancagem operacional, que, junto com o GAF, resulta na alavancagem total.

Alavancagem é um conceito emprestado da física; utilizar uma alavanca significa conseguir movimentar determinado objeto utilizando esforço menor ou movimentar um objeto maior utilizando o mesmo esforço; em outras palavras, é conseguir melhores resultados com menor esforço.

Na medição do grau de alavancagem operacional (GAO), esse melhor resultado é o resultado operacional, e o menor esforço é o volume de atividade (receita e produção), ou seja, quanto maior o GAO de uma empresa, mais ela consegue melhorar o seu resultado operacional (interpretado aqui como o resultado antes de juros e imposto de renda) em relação a determinada alteração em sua receita.

Já na mediação do grau de alavancagem financeira (GAF), o melhor resultado a ser obtido é o melhor lucro líquido em vista do menor esforço, o qual é o valor de lucro operacional.

Grau de alavancagem financeira (GAF)

O GAF é consequência da quantidade de endividamento escolhida pela empresa. A verificação do GAF de uma empresa consiste em calcular o quanto o retorno dos acionistas (ROE ou RSPL: retorno sobre o patrimônio líquido) aumenta em relação ao ROA (retorno sobre os ativos).

Considere, por exemplo, a empresa A, que se financia exclusivamente com capital próprio, ou seja, em seu passivo há apenas patrimônio líquido (Tabela 5.1).

Tabela 5.1 Balanço apenas com capital próprio

Ativo		Passivo	
Ativo total	80.000	Patrimônio líquido	80.000

Com receita de $ 30.000, custos e despesas operacionais no valor de $ 12.000 e imposto de renda com alíquota de 34% produziria um lucro líquido no valor de $ 11.880, como demonstrado na Tabela 5.2.

Tabela 5.2 Demonstração de resultados

	Empresa A
Receitas	$ 30.000
Custos e despesas operacionais	–$ 12.000
Lucro operacional	$ 18.000
Imposto de renda	–$ 6.120
Lucro líquido	$ 11.880

Para analisar a rentabilidade dessa empresa poderíamos calcular o ROA (retorno dos ativos, do inglês *Return on Investments*) e o ROE (retorno sobre o patrimônio líquido, do inglês *Return on Equity*).

O ROA é calculado dividindo-se o lucro operacional, ajustado com a retirada da parcela de imposto de renda (o qual é chamado de lucro operacional ajustado líquido), pelo total dos ativos; seu resultado significa o retorno gerado pela empresa, independentemente da forma como é financiada.

$$ROA = \frac{\text{Lucro opercional ajustado líquido}}{\text{Ativo total}} = \frac{18.000\,(1-0,34)}{80.000} = 14,85\%$$

Já o ROE é calculado dividindo-se o lucro líquido pelo total do patrimônio líquido.

$$ROE = \frac{\text{Lucro líquido}}{\text{Patrimônio líquido}} = \frac{11.880}{80.000} = 14,85\%$$

Pode-se observar que o valor do ROE é igual ao do ROA. Sempre que uma empresa não possui nível algum de endividamento, ou seja, não possui nenhuma alavancagem, o retorno dos ativos é igual ao retorno dos sócios.

Caso essa mesma empresa possuísse algum nível de endividamento, o ROE seria diferente do ROA, o qual é o mesmo, independentemente de a empresa possuir endividamento ou não. Imagine a mesma empresa, mas com patrimônio líquido de $ 30.000 e capital de terceiros (empréstimos e financiamentos) no valor de $ 50.000, totalizando o mesmo valor de $ 80.000, suficientes para financiar o mesmo volume de ativos. O novo balanço patrimonial seria como o apresentado na Tabela 5.3.

Tabela 5.3 Balanço com endividamento

Ativo		Passivo	
		Capital de terceiros	50.000
Ativo total	80.000	Patrimônio líquido	30.000

Considerando-se juros de 15% sobre o endividamento ($ 50.000 × 15% = $ 7.500), a apuração dos resultados seria como a demonstrada na Tabela 5.4.

Tabela 5.4 Demonstração de resultados

	Empresa A
Receitas	30.000
Despesas	–12.000
Lucro antes de juros e imposto de renda	18.000
Despesas financeiras	–7.500
Lucro antes do imposto de renda	10.500
Imposto de renda	–3.570
Lucro líquido	6.930

Considerando um imposto de renda de 34%, o cálculo do ROA seria o seguinte:

$$ROA = \frac{\text{Lucro operacional ajustado líquido}}{\text{Ativo total}} = \frac{18.000\,(1-0,34)}{80.000} = 14,85\%$$

E o cálculo do ROE:

$$ROE = \frac{\text{Lucro líquido}}{\text{Patrimônio líquido}} = \frac{6.930}{50.000} = 23,10\%$$

Novamente, o ROA significa o retorno gerado pela operação da empresa, independentemente da forma como é financiada; o lucro operacional ajustado líquido é utilizado para pagar os juros dos credores e os lucros dos acionistas ou donos do capital.

Já o ROE é utilizado para pagar apenas os lucros, por isso é dividido apenas pelo capital investido pelos acionistas. Pode-se observar que o lucro no período foi menor, mas, como o capital investido pelos acionistas também foi menor, o retorno sobre o capital investido (ROE) foi maior. Esse efeito é consequência do grau de alavancagem financeira (GAF) utilizado pela empresa; o GAF é obtido por meio da seguinte fórmula:

$$GAF = \frac{ROE}{ROA} = \frac{23,10\%}{14,85\%} = 1,55$$

Grau de alavancagem operacional (GAO)

Para analisar o GAO, utilizam-se as medidas receita, custos e despesas variáveis, e custos e despesas fixos, sendo os variáveis aqueles que variam conforme o volume de produção, e os fixos os que não variam conforme o volume de produção. Temos um exemplo na Tabela 5.5.

Tabela 5.5 Demonstração de resultados

Empresa A	Momento A
Receita	$ 10.000
(–) Custos e despesas variáveis	$ 3.000
(–) Custos e despesas fixos	$ 2.000
(=) Resultado operacional	$ 5.000

O aspecto-chave para a decisão do GAO é o volume de custo fixo a ser mantido. No exemplo apresentado, a empresa A, em seu momento A, produz um resultado operacional de $ 5.000. Caso a empresa tenha aumento de 20% no volume de atividade – receita, custos e despesas variáveis (que se alteram conforme a quantidade produzida) –, o que acontece com o resultado operacional?

Tabela 5.6 Demonstração de resultados com aumento de receitas

Empresa A	Momento B
Receita	$ 12.000
(–) Custos e despesas variáveis	$ 3.600
(–) Custos e despesas fixos	$ 2.000
(=) Resultado operacional	$ 5.400

Conforme pode ser observado, o resultado operacional foi elevado para $ 5.400, um aumento de 28%. Agora, vamos imaginar que uma empresa B, idêntica à empresa A, tenha como diferenças: 1) valor maior de custos e despesas fixos ($ 3.500); 2) volume menor de custos e despesas variáveis ($ 1.500). Essa diminuição nos custos e despesas variáveis em relação à empresa A poderia ocorrer, por exemplo, em decorrência da escolha de comprar uma máquina melhor e mais cara, que demande menor quantidade de matéria-prima. O que aconteceria com o resultado operacional da empresa B ao passar do momento A para o momento B? Observe a Tabela 5.7.

Tabela 5.7   Demonstração comparativa de resultados

Empresa B	Momento A	Momento B
Receita	$ 10.000,00	$ 12.000,00
(–) Custos e despesas variáveis	$ 1.500,00	$ 1.800,00
(–) Custos e despesas fixos	$ 3.500,00	$ 3.500,00
(=) Resultado operacional	$ 5.000,00	$ 6.700,00

Note que o volume de atividade (receitas e volume produzido) permanece igual ao da empresa A; porém, após aumento de 20% no volume de atividade no momento B, o resultado operacional teve aumento de 34%.

Os custos e despesas fixos é que fazem o papel de alavanca; quanto maior forem, maior a probabilidade de aumentar o resultado operacional em relação a um aumento no volume de atividade. O nível de alavancagem operacional de uma empresa é dado pelo cálculo de GAO, que é obtido por meio da fórmula a seguir:

$$GAO = \frac{\Delta\% \text{ Resultado operacional}}{\Delta\% \text{ Volume de atividade}}$$

O GAO da empresa A é de:

$$GAO = \frac{28\%}{20\%} = 1,40$$

E o GAO da empresa B é de:

$$GAO = \frac{34\%}{20\%} = 1,70$$

Logo, a empresa B é mais alavancada operacionalmente que a empresa A, já que consegue obter aumento percentual maior do resultado operacional quando há aumento no volume de atividade. Contudo, o contrário é verdadeiro: diante de uma diminuição no volume de atividade (receita, custos e despesas variáveis), o resultado operacional da empresa B também apresenta diminuição mais que proporcional em relação à empresa A. Observe a Tabela 5.8 considerando os momentos C como o cenário de diminuição no volume de atividade.

Note que, diante de uma diminuição de 20% no volume de atividade, a redução do resultado operacional da empresa A foi de 28%, enquanto a redução do resultado operacional da empresa B foi de 34%. Com esses valores chegaríamos aos mesmos graus de alavancagem operacional: 1,4 e 1,7 para as empresas A e B, respectivamente. Ou seja, quanto maior o GAO, também maior será o risco ao qual uma empresa estará exposta, caso haja redução no volume de atividade.

Tabela 5.8 Demonstração comparativa de resultados

Empresa A	Momento A	Momento C
Receita	$ 10.000	$ 8.000
(–) Custos e despesas variáveis	$ 3.000	$ 2.400
(–) Custos e despesas fixos	$ 2.000	$ 2.000
(=) Resultado operacional	$ 5.000	$ 3.600
Empresa B	Momento A	Momento C
Receita	$ 10.000	$ 8.000
(–) Custos e despesas variáveis	$ 1.500	$ 8.000
(–) Custos e despesas fixos	$ 3.500	$ 3.500
(=) Resultado operacional	$ 5.000	$ 3.300

Para analisar a decisão que uma empresa pode tomar, considere que a empresa C tenha dois cenários para escolher. No cenário 1, ela pode investir em máquinas, equipamentos e pessoal, que gerariam um volume de custos e despesas fixos no valor de $ 7.000; com essa tecnologia, os custos e despesas variáveis de cada unidade produzida seriam de $ 15. No cenário 2, com a escolha de outra tecnologia para a produção dos mesmos itens, o volume de custos e despesas fixos seria de $ 14.500, porém os custos e despesas variáveis por unidade seriam de $ 10. Considerando o preço de venda unitário de $ 25 nos dois momentos e a quantidade produzida de 1.500 unidades no momento A e de 2.000 unidades no momento B, qual dos dois cenários é mais alavancado e qual deles gera maior volume de resultado operacional?

Tabela 5.9 Demonstração comparativa de GAO

| | Cenário 1 | | Cenário 2 | |
	Momento A	Momento B	Momento A	Momento B
Preço	$ 25	$ 25	$ 25	$ 25
Quantidade	1500	2000	1500	2000
Custos e despesas variáveis Unitários	$ 15	$ 15	$ 10	$ 10
Receita	$ 37.500	$ 50.000	$ 37.500	$ 50.000
(–) Custos e despesas variáveis	$ 22.500	$ 30.000	$ 15.000	$ 20.000
(–) Custos e despesas fixos	$ 7.000	$ 7.000	$ 14.500	$ 14.500
(=) Resultado operacional	$ 8.000	$ 13.000	$ 8.000	$ 15.500

(continua)

Tabela 5.9 Demonstração comparativa de GAO *(continuação)*

	Cenário 1		Cenário 2	
	Momento A	Momento B	Momento A	Momento B
Δ% no resultado operacional		63%		94%
Δ% no volume de atividade		33%		33%
GAO (Δ% no resultado operacional/Δ% no volume de atividade)		1,88		2,81

Nos cenários 1 e 2, podemos observar aumento de 33% no volume de atividade entre os momentos A e B; entretanto, no cenário 1, o resultado operacional aumenta 63%, enquanto no cenário 2 esse aumento é de 94%, o que resulta em GAO de 1,88 no cenário 1 e de 2,81 no cenário 2.

Ao decidir pelo cenário 2, a empresa optaria por uma posição mais alavancada operacionalmente, o que tornaria mais fácil aumentar o resultado operacional em um cenário de expansão do volume de atividade. Contudo, o risco ao qual a empresa estaria exposta também seria maior, já que em caso de contração no volume de atividade, a redução no resultado operacional também seria maior.

Além da opção de simular aumentos ou reduções no volume de atividade para verificar o impacto no resultado operacional e enfim calcular o GAO, há a opção de utilizar a fórmula a seguir nessa tarefa:

$$GAO = \frac{q\,(RVu - CVu)}{q\,(RVu - CVu) - CF}$$

Em que:
q: quantidade.
RVu: receita de venda unitária (preço).
CVu: custos e despesas variáveis unitários.
CF: custo fixo.

Utilizando o último exemplo teríamos:

$$GAO_{Cenário\,A} = \frac{1.500\,(25 - 15)}{1.500\,(25 - 15) - 7.000} = 1,88$$

$$GAO_{Cenário\,B} = \frac{1.500\,(25 - 10)}{1.500\,(25 - 10) - 14.500} = 2,81$$

Considerando que:

$$q\,(Rvu - CVu) = RVt - CVt$$

Em que:
q: quantidade.
RVu: receita de venda unitária (preço).
CVu: custos e despesas variáveis unitários.
RVt: receita de venda total.
CVt: custos e despesas variáveis totais.
Ainda teríamos a expressão a seguir para o cálculo do GAO:

$$GAO = \frac{RVt - CVt}{RVt - CVt - CF}$$

No exemplo anterior:

$$GAO_{Cenário\,A} = \frac{37.500 - 22.500}{37.500 - 22.500 - 7.000} = 1,88$$

$$GAO_{Cenário\,B} = \frac{37.500 - 1.500}{37.500 - 15.000 - 14.500} = 2,81$$

AS TEORIAS SOBRE ESTRUTURA DE CAPITAL

A teoria sobre estrutura de capital é extensa. O que alguns autores afirmam, entretanto, é que o artigo de Modigliani e Miller, publicado em 1958, foi um grande influenciador da moderna teoria de finanças. "A formulação explícita da estrutura de capital, por meio de uma política de endividamento, desenvolveu-se, realmente, a partir do estudo de Modigliani e Miller (M&M) em 1958" (Famá e Grava, 2000). A partir desse trabalho, grande esforço de pesquisa tem sido direcionado ao estudo da estrutura de capital das empresas.

Anteriormente a tal estudo, o que se observa são as teorias defendidas pelos chamados tradicionalistas, que afirmavam que riscos maiores pediam recompensas maiores, ou seja, um retorno mínimo exigido maior; assim, quanto maior o risco, maior o custo de capital e, por consequência, menor o valor da empresa (Daher, 2004).

Mesmo não dispondo de instrumental analítico para o desenvolvimento de estudos de risco e retorno, já era evidente para os tradicionalistas que organizações com saúde financeira mais frágil, ao buscar empréstimos junto às instituições financeiras, acabavam por pagar taxas de juros maiores, o que resultava em custo de capital mais elevado, impactando no valor da empresa (Famá e Grava, 2000).

A teoria dos tradicionalistas de que o aumento do risco resultava em aumento de custo podia também ser aplicada ao capital acionário: os investidores relutavam em aplicar seus recursos em negócios percebidos como mais arriscados, precisando ser atraídos por retornos maiores.

Para os tradicionalistas, a percepção era de que a reação dos mercados ao risco era pequena em baixos níveis de endividamento, mas intensificava-se à medida que o risco de insolvência se acentuava. De acordo com a Figura 5.2, que demonstra o pensamento tradicionalista, tanto o custo do capital próprio como o custo da dívida apresentam, até certo ponto, pequena elevação quando a alavancagem sobe; a partir desse ponto, a elevação nos custos se acentua.

A figura revela que, em um primeiro momento, a substituição do capital acionário por dívidas, com custo mais baixo, produzia redução do custo de capital total da empresa. Todavia, no momento em que os dois custos começam a sofrer aumento acentuado, refletindo o risco de inadimplência ou insolvência percebido, o custo total do capital sobe, caracterizando a ideia de que o risco elevado aumenta o custo do capital e afeta, portanto, o valor da empresa.

Fica evidente que, segundo os tradicionalistas, a empresa deveria procurar uma estrutura de capital ótima, em que o custo total de seu capital fosse o mínimo, definindo proporções entre dívida e capital acionário que maximizassem seu valor. Segundo Famá e Grava (2000), o raciocínio aplicado pelos tradicionalistas satisfaz o bom senso, já que defende o fato de que riscos maiores resultam em custos de capital maiores e de que a substituição de fontes de recursos mais caras por fontes mais baratas reduz esses custos.

Durand (1952) foi um dos pioneiros na investigação de que a escolha de uma estrutura de capital ótima é capaz de maximizar o valor das empresas. O autor afirmou que, admitindo-se o método de precificação da empresa baseado em seu fluxo de caixa esperado trazido a valor presente e mantendo-se

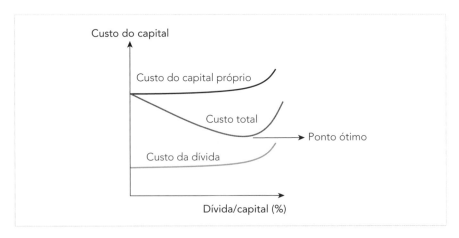

Figura 5.2   Teoria tradicionalista.

constante o fluxo de caixa esperado, é possível que a empresa tenha seu valor aumentado por meio da redução da taxa de desconto, que pode ser vista como o custo de oportunidade do capital empregado.

Contrapondo-se à visão dos tradicionalistas, que defendia a busca por uma estrutura de capital ótima que reduzisse o custo de capital total da empresa e maximizasse o seu valor, em 1958, Modigliani e Miller publicaram o artigo *The cost of capital, corporation finance and the theory of investment*. Em tal artigo, que é considerado o marco do estudo sobre estrutura de capital, os autores afirmaram que não há estrutura de capital ótima, já que o valor da empresa é independente da forma como são financiados seus ativos e está relacionado exclusivamente com o retorno esperado dos projetos da companhia.

Modigliani e Miller (1958) foram os primeiros a descrever formalmente os mecanismos pelos quais a estrutura de capital não influi no valor das empresas, dentro de um contexto de equilíbrio parcial do mercado. De acordo com Ross, Westerfield e Jaffe (1995), M&M afirmaram que o custo médio ponderado de capital da empresa não pode ser reduzido por meio da substituição de capital próprio por capital de terceiros, mesmo sendo o capital de terceiros considerado mais barato que o capital próprio. Tal fato ocorre porque, à medida que a empresa acrescenta mais capital de terceiros, o capital próprio remanescente torna-se mais arriscado. À medida que esse risco se eleva, o custo de capital próprio aumenta, o que compensa a vantagem obtida com a maior proporção da empresa financiada com capital de terceiros mais barato. "Na verdade, M&M provam que os dois efeitos compensam um ao outro exatamente, de modo que o valor da empresa e o custo geral de capital acabam sendo insensíveis ao grau de endividamento" (Ross, Westerfield e Jaffe, 1995, p. 312).

A Figura 5.3 ilustra a proposição inicial de M&M (1958), demonstrando que o custo total do capital (ou o WACC, custo médio ponderado de capital) é constante, independentemente do nível de endividamento, já que a redução de custos gerada pela maior utilização de capital de terceiros é compensada pelo aumento no custo do capital próprio.

A teoria de Modigliani e Miller (1958) foi desenvolvida admitindo-se algumas premissas, como a desconsideração da incidência de imposto de renda, a ausência de custos de transação, a inexistência de assimetria de informações entre indivíduos de dentro e de fora da empresa, a inexistência dos custos de agência, além de outros pressupostos (Copeland e Weston, 1992).

Famá, Barros e Silveira (2001) destacaram que, apesar de alguns pressupostos assumidos por Modigliani e Miller (1958) serem pouco realistas, podem ser relaxados sem que alterem materialmente os resultados obtidos. Todavia, pode-se admitir que existam pressupostos que limitam a obra de M&M, como, por exemplo, a presunção de ausência de impostos incidindo sobre os lucros da

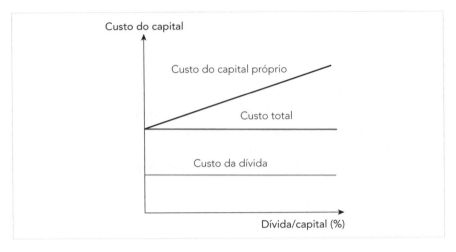

Figura 5.3 Proposição inicial de M&M (1958).

corporação. Ainda no artigo de 1958, os autores afirmaram que, mesmo com a incidência de impostos corporativos, a indiferença da estrutura de capital poderia ser mantida.

Contudo, corrigindo tal afirmação, Modigliani e Miller publicaram outra obra em 1963, que apontou para esse erro no trabalho original e propôs nova formulação para o caso da existência de uma alíquota de imposto corporativo maior que zero. Nesse artigo, os autores reconheceram haver um ganho decorrente da alavancagem pelo fato de a remuneração da dívida (juros) ser descontada do lucro tributável na forma de despesa.

Modigliani e Miller (1963) sugeriram que a estrutura de capital pode sofrer influência dos benefícios fiscais resultantes do endividamento. De acordo com o estudo, quanto maior a alavancagem da empresa, menor o montante de imposto de renda pago para um mesmo lucro antes de impostos, o que evidencia o benefício proporcionado pelo endividamento.

Na literatura há uma oposição entre a obra de Modigliani e Miller (1958) e outros autores, os quais defenderam a hipótese de que a estrutura de capital afeta o valor das empresas.

Afetar o valor da empresa significa dizer que há uma alteração no custo de capital da empresa (ou WACC), utilizado como taxa de desconto ou taxa mínima de atratividade nas principais técnicas de avaliação de empresas adotadas pelo mercado.

Esses outros autores, incluindo os tradicionalistas já apresentados, acreditam que a estrutura de capital altera o custo total de capital – logo, alteram para mais ou para menos o valor da empresa –, enquanto a obra inicial de M&M

(Modigliani e Miller, 1958) afirma que o custo de capital se mantém constante, independentemente da estrutura de capital escolhida, ou seja, a estrutura de capital não afeta o valor da empresa. A Figura 5.4 apresenta um resumo desse entendimento e das cinco teorias tradicionalistas que serão apresentadas em seguida.

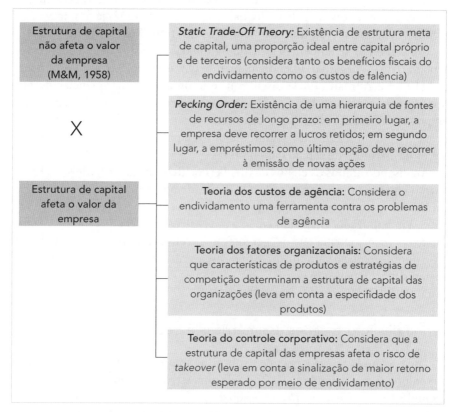

Figura 5.4 Teorias sobre estrutura de capital.
Fonte: adaptada de Santos (2006).

Static Trade-off Theory

Meyers (1984) discutiu duas correntes teóricas relacionadas à definição da estrutura de capital das empresas: a *Static Trade-off Theory* e a *Pecking Order Theory*. Segundo o autor, a teoria denominada *Static Trade-off* afirma que as empresas devem buscar uma estrutura de capital ótima que maximize os benefícios e minimize os custos do endividamento.

A utilização de capital de terceiros gera dois efeitos opostos. O efeito positivo da dívida é resultante do benefício fiscal obtido por meio da dedução no pagamento do imposto de renda corporativo dos juros da dívida. Tal benefício do endividamento foi observado por Modigliani e Miller (1963), que afirmaram que, quanto maior a alavancagem da empresa, menor o montante de imposto de renda pago para um mesmo lucro antes de impostos, o que evidencia o benefício proporcionado pelo endividamento. Durand (1952) já destacava esse efeito benéfico da dívida antes da publicação dos trabalhos de M&M.

Contrapondo-se ao benefício fiscal da dívida, os custos de falência representam o efeito negativo do endividamento. Obras como Baxter (1967), Warner (1977) e Altman (1984) discutiram que uma das consequências do endividamento são os custos de falência, que encarecem o custo de capital das empresas, na medida em que o retorno exigido, tanto pelos credores como pelos investidores, aumenta quanto maior for a participação de capital de terceiros na estrutura de capital das empresas.

Analisando ambos os efeitos da dívida (positivo e negativo), Meyers (1984) afirmou que as empresas, segundo a *Static Trade-off Theory*, devem substituir o capital de terceiros por capital próprio e vice-versa até o ponto em que o seu valor seja maximizado, chegando então a uma estrutura meta de capital. A *Static Trade-off Theory* afirma que os "gerentes financeiros devem aumentar a dívida até o ponto em que o valor de incentivos fiscais resultantes de juros adicionais é exatamente compensado pelos custos adicionais de possível dificuldade financeira" (Brealey, Myers e Marcus, 2002, p. 451).

Teoria das informações assimétricas e *Pecking Order*

Uma segunda teoria capaz de explicar a definição da estrutura de capital das empresas não defende a existência de uma estrutura meta de capital, a qual, segundo a *Static Trade-off Theory*, é aquela em que os custos de falência se contrapõem ao benefício fiscal da dívida. A teoria do *Pecking Order* afirma que a empresa deve respeitar uma hierarquia de fontes de recursos de longo prazo ao definir sua estrutura de capital.

O *Pecking Order* pode ser sustentado pela teoria das informações assimétricas, que defende a existência de assimetria entre as informações de posse dos gestores (*insiders*) e aquelas disponíveis ao mercado. Os gestores geralmente contam com informações privadas sobre características de retornos da empresa e suas oportunidades de investimento, informações que nem sempre são disponibilizadas para conhecimento dos investidores, dos credores e do mercado em geral.

A principal contribuição da teoria do *Pecking Order* consiste na identificação de uma ordem de fontes de financiamento adotada pelas empresas, resultante da existência dessa assimetria de informações. Em outras palavras, o fato de *insiders* e mercado possuírem informações diferentes sobre uma empresa faz com que a mesma opte por seguir uma hierarquia de fontes de financiamento para que a assimetria de informações não seja prejudicial à organização, já que sem todas as informações existentes os credores e o mercado não conseguem avaliar corretamente a empresa e poderiam cobrar um retorno acima do necessário. Por isso, tal hierarquia começa com a escolha de fontes internas (fluxos de caixa das operações, retenção de dividendos, lucros acumulados etc.) – quem tem mais informações sobre a empresa – e termina com a emissão de ações – quem tem menos informações sobre a empresa.

Meyers (1984) afirmou que as empresas, em geral, preferem os financiamentos internos aos externos e o endividamento à nova emissão de ações. Segundo Kayo (2002), as empresas, seguindo a teoria do *Pecking Order*, preferem financiar seus investimentos em um primeiro momento, com recursos internos. No caso de tais recursos não serem suficientes para financiar todos os projetos de investimento, busca-se o endividamento para cobrir a necessidade de capital. A última opção para obtenção de recursos é a emissão de novas ações.

Para explicar a preferência das empresas por fontes internas, Myers e Majluf (1984) demonstraram que, se os investidores possuem menos informações que os *insiders* sobre o valor dos ativos da companhia, possivelmente as ações da empresa estarão erroneamente precificadas pelo mercado. Assim, ao necessitar de recursos, a empresa não deve optar por emitir ações, já que serão subprecificadas pelos investidores, que não dispõem de informações suficientes para definir seu preço justo.

Teoria dos custos de agência

A teoria de agência reconhece, segundo Van Horne (1998), que a separação entre propriedade e controle nas modernas corporações resulta em potenciais conflitos entre donos e gestores, o que possibilita que os objetivos a serem alcançados pela direção difiram daqueles dos acionistas da empresa. Portanto, as organizações enfrentam o problema de agência, ou seja, a possibilidade de os administradores colocarem seus objetivos pessoais à frente dos objetivos da empresa. Tal problema ocorre porque nem sempre os gestores priorizam o objetivo de maximizar a riqueza dos proprietários da organização, já que, na prática, aqueles também se preocupam com riqueza pessoal, segurança no emprego, estilo de vida e outras vantagens.

Assim, as empresas acabam tendo que utilizar mecanismos para minimizar os problemas de agência, contribuindo para a maximização da riqueza dos proprietários, o que resulta nos custos de agência, que são "custos de conflitos de interesse entre acionistas, credores e administradores" (Ross, Westerfield e Jaffe, 1995, p. 670). Os custos de agência podem ser considerados custos com os quais a organização deve incorrer para evitar que os gestores priorizem seus interesses em detrimento dos interesses dos proprietários.

De acordo com Harris e Raviv (1991), as pesquisas sobre custos de agência foram iniciadas por Jensen e Meckling (1976), que identificaram dois tipos de custos de agência.

O primeiro está associado ao conflito de interesses existente entre os acionistas e os gestores, e ocorre quando os últimos utilizam as fontes de recursos da organização para benefício próprio, prejudicando a busca pela maximização do valor da empresa – objetivo máximo dos acionistas. Tal conflito pode ser minimizado por meio de duas soluções possíveis. A primeira é aumentar a participação acionária dos gestores, alinhando seus interesses aos da empresa. A segunda é utilizar capital de terceiros de forma mais intensiva.

Jensen (1986) afirmou que, quanto maior for o fluxo de caixa livre, ou seja, o caixa excedente após o financiamento de todos os projetos que apresentem valor presente líquido positivo, maior a tendência do gestor de gastar os recursos excedentes em mordomias ou em projetos que não remunerem o capital investido (Kayo, 2002). Segundo Jensen (1986), quanto maior o endividamento da empresa, maior a saída de caixa para pagamento da dívida e, portanto, menor a quantidade de recursos disponíveis para serem utilizados em benefício dos interesses dos gestores. Assim, a diminuição de conflitos poderia ser considerada um benefício do endividamento.

O segundo tipo de custos de agência são os que envolvem os credores e os acionistas. Harris e Raviv (1991) afirmaram que esse tipo de conflito surge porque os contratos de dívida fazem com que os acionistas optem por investimentos mais arriscados, já que se apropriam da maior parte dos ganhos, caso o investimento resulte em retorno positivo, maior que o valor de face da dívida. Caso o investimento fracasse, os credores são os responsáveis pela maior parte dos custos associados a ele. Consequentemente, os acionistas têm um incentivo para aceitar investimentos de alto risco, mesmo com grandes possibilidades de reduzir o valor da empresa.

A taxa de juros cobrada pelos credores, quando da realização de um empréstimo, é calculada tendo como parâmetro o risco da empresa. Dessa forma, quanto maior a confiança do credor na gestão da organização, menores as possibilidades de elevação das taxas de juros cobradas nos contratos de empréstimos. Todavia, os custos de agência que envolvem credores e acionistas ocorrem porque assim que os administradores – nesse caso, representantes dos interesses dos proprietários – obtêm empréstimos junto aos bancos ou por meio da venda de títulos de dívida à determinada taxa, a propensão de a organização aumentar o seu risco, investindo em projetos mais arriscados ou incorrendo em empréstimos adicionais, torna-se elevada.

Tal procedimento pode resultar no enfraquecimento do credor, ao mesmo tempo em que rende lucros aos acionistas, uma vez que o pagamento das obrigações junto aos credores permanece inalterado. Nesse caso, o fluxo de caixa excedente, gerado pela entrada positiva de resultados de um projeto arriscado, aumenta o valor da empresa para seus proprietários. Portanto, o conflito surge na medida em que o sucesso de um investimento arriscado beneficia diretamente os acionistas, de modo que seu fracasso impacta também seus credores.

A teoria do conflito de agência defendida por Jensen e Meckling (1976) afirma que uma estrutura ótima de capital pode ser obtida por meio da compensação dos custos de agência resultantes dos conflitos de interesses entre credores e acionistas pelos benefícios do endividamento observados nos conflitos de interesses entre acionistas e gestores. Portanto, a estrutura ótima de capital ocorre quando o custo de agência total é minimizado. Dessa forma, fica explícita a influência dos custos de agência na determinação da estrutura de capital das organizações.

Teoria baseada em fatores organizacionais

Harris e Raviv (1991) definiram que modelos de estrutura de capital baseados em teorias relacionadas às organizações industriais também fazem parte da literatura a respeito da estrutura de capital das empresas, apesar de se encontrarem na fase inicial de estudos. Tais modelos exploram tanto a relação entre estrutura de capital e estratégia de mercado para o produto da empresa quanto a estrutura de capital e as características de produtos e insumos, podendo assim ser divididos em duas categorias. A primeira diz respeito ao relacionamento entre a estrutura de capital da empresa e sua estratégia de competição no mercado, voltada à decisão de preço e quantidade. A segunda categoria relaciona a estrutura de capital das organizações com as características de seus produtos ou insumos.

A teoria que relaciona fatores organizacionais com a estrutura de capital pode também ser discutida com base na especificidade dos ativos da empresa. Ativos específicos podem ser definidos como ativos em que o uso seria mais eficiente em uma empresa específica do que em qualquer outra empresa, conforme estudos de Balakrishnan e Fox (1993). Em outras palavras, a realocação para uma atividade que não foi programada geraria perda de valor. Por isso, o investimento em tais ativos tende a gerar diferenciais competitivos para as empresas, garantindo, assim, maiores margens e melhor posicionamento de mercado. São esses ativos que garantem à empresa competitividade de mercado e dificultam a cópia ou imitação de suas operações pela concorrência.

Segundo Balakrishnan e Fox (1993), no caso de quebra e liquidação da empresa, os ativos mais especializados têm maior perda de valor, e os empréstimos protegidos por essa categoria de ativos contam com pouca proteção. Portanto, o custo de financiamento de tais ativos por dívida é maior.

Os ativos específicos são, em sua maioria, intangíveis e difíceis de ser avaliados e controlados. Além da dificuldade de avaliação e controle, há ainda um fator adicional de risco incidente sobre tais investimentos: dificilmente um ativo específico pode ser utilizado para outro negócio ou mesmo em outra empresa de características semelhantes. Além disso, o alto grau de risco associado a esse tipo de investimento, aliado ao longo prazo de retorno e à difícil mensuração, torna a captação de recursos mais difícil, tendendo a ser realizada, basicamente, por capital próprio.

Balakrishnan e Fox (1993) definiram a relação entre a natureza dos ativos e o endividamento da firma em quatro proposições sobre a alavancagem da empresa:

1. Deve ser positivamente relacionada ao nível de reutilização de seus ativos.
2. Está positivamente relacionada aos seus investimentos em ativos tangíveis.
3. Está negativamente relacionada aos seus investimentos em ativos intangíveis e ativos específicos.
4. Está positivamente relacionada a investimentos em ativos que sinalizem o compromisso com o mercado em que ela atua.

Analisando ainda a relação entre fatores organizacionais e estrutura de capital, Harris e Raviv (1991) também destacaram que empresas cujos produtos são exclusivos ou companhias que estão relacionadas com produtos ou serviços de alta qualidade geralmente são menos endividadas. Consumidores, fornecedores e empregados de empresas que fabricam produtos mais específicos sofrem custos maiores no caso de liquidação. Os consumidores podem não encontrar outros fornecedores equivalentes, os fornecedores podem ter dificuldades em vender seus produtos para outras empresas, e os empregados podem ter habilidades específicas que dificilmente serão aproveitadas em outras organizações. Como o endividamento está associado a maior risco de falência, quanto mais específico o produto da empresa, menor deve ser a utilização de endividamento. Empresas altamente sindicalizadas ou cujos trabalhadores possuem habilidades facilmente transferíveis são mais alavancadas (Harris e Raviv, 1991).

Teoria do controle corporativo

Essa quinta corrente teórica relaciona estrutura de capital com disputa pelo controle das organizações. Nesse contexto, Harris e Raviv (1991) referiram-se a controle por meio da palavra *takeover*, que Ross, Westerfield e Jaffe (1995) definiram como um termo genérico e impreciso que se refere à transferência do controle de uma empresa de um grupo de acionistas a outro. Segundo esses autores, os *takeovers* podem ocorrer por aquisição, disputa por procurações e fechamento de capital.

Para um *takeover* por meio de aquisição, precisa haver fusão, oferta de compra de ações ou compra de ativos. Em fusões e ofertas de compra, a empresa adquirente compra as ações ordinárias com direito a voto da empresa adquirida. No caso da disputa por procurações, um grupo de acionistas tenta conquistar o controle do conselho de administração elegendo novos diretores. Uma procuração autoriza o seu portador a votar em todas as matérias de uma assembleia de acionistas. Nas operações de fechamento de capital, todas as ações de uma companhia aberta são compradas por um grupo de investidores e retiradas das bolsas de valores, não podendo mais ser compradas no mercado aberto.

Segundo Harris e Raviv (1991), os resultados dos trabalhos que relacionam a disputa pelo controle corporativo e estrutura de capital sugerem que a ameaça de transferência do controle organizacional aumenta o endividamento da empresa por fazê-la buscar efeito positivo no preço de suas ações; esse desafio do *takeover* pode induzir os administradores a maximizarem o preço das ações para se defenderem. Para isso, conforme foi discutido anteriormente, a empresa pode recorrer ao endividamento com o objetivo de sinalizar ao mercado boa saúde financeira, aumentando assim o valor de suas ações.

PONTO ÓTIMO DE ESTRUTURA DE CAPITAL

Depois de apresentadas as teorias sobre estrutura de capital, fica evidente que a questão que muito preocupa os estudiosos é encontrar a proporção ideal de estrutura de capital que possa representar o melhor custo-benefício aos acionistas da organização. Por um lado, tem-se o capital próprio, um recurso proveniente dos acionistas da empresa, cuja atratividade é calculada por modelos como o CAPM; de outro tem-se o capital de terceiros, formado pelas dívidas da empresa e que pode ser calculado de forma mais simplificada pelos métodos de matemática financeira.

Nesse contexto, vale ressaltar que o custo de capital próprio costuma ser maior que o custo de capital de terceiros porque o investidor tem risco muito maior aplicando em ações da empresa do que emprestando recursos para ela, visto que algum desequilíbrio nos negócios da empresa pode comprometer a distribuição de divisas aos acionistas. Entretanto, isso não afeta a remuneração dos credores, que têm direito fixo ao recebimento de dividendos, independentemente do desempenho operacional da empresa.

Além do mais, o benefício fiscal que o capital de terceiros pode trazer com a redução de pagamento de juros faz com que o seu custo seja ainda menor que o de capital próprio.

Às vezes pode-se observar que algumas empresas preferem manter sua estrutura de capital com predominância de capital próprio, mesmo que este seja mais oneroso que o capital de terceiros. Isso ocorre porque, quanto mais dívidas uma empresa obtém, maior é sua obrigação em carga de empréstimos a pagar (capitais de terceiros), o que coloca o pagamento de dividendos cada vez mais em segundo plano, já que os acionistas não têm o direito de recebimento tão forte quanto os credores (dívidas). Por isso, o capital do acionista se torna mais arriscado, o que exige maiores taxas de retorno ao capital próprio para compensar esse risco.

Contudo, como visto anteriormente na teoria tradicionalista, existe um ponto mínimo (ponto ótimo) de custo total de capital. Não há como a empresa deixar sua estrutura de capital ser dominada exclusivamente por capitais de terceiros, que são mais baratos, porque, a partir desse ponto mínimo, o custo total de capital da organização passa a crescer em decorrência do elevado risco financeiro que ela tem. Isso ocorre porque o risco de maior endividamento que possa comprometer a empresa passa a ser preocupante, visto que existe uma pressão maior para que os compromissos financeiros da empresa sejam respeitados e, caso não sejam, os fluxos de caixa da organização podem ser prejudicados, podendo acarretar dificuldades financeiras, levando a empresa à falência. Isso pode prejudicar também a obtenção de novos financiamentos em instituições financeiras, que atribuem maior risco de falência diante de tantas dívidas e obrigações da organização (decorrentes do alto nível de participação do capital de terceiros na empresa). Por isso, a importância de um equilíbrio entre capitais de terceiros e próprios.

O que se observa na prática sobre as estruturas de capitais é que cada setor tem uma tendência específica para a proporção de participação de capital próprio e de terceiros. Como não existe um índice universal que diga qual a melhor solução para a estrutura de capital de longo prazo, o que se pode observar é que empresas farmacêuticas, de biotecnologia, de *software* ou internet, por exemplo, costumam depender quase totalmente do financiamento de patrimônio. Por outro lado, bancos, varejistas e outros setores têm na dívida uma parcela considerável de seu valor de mercado.

Em um mercado financeiro globalizado e complexo, em que há maiores riscos conjunturais e pressões de mercado, as empresas podem querer optar por estratégias de maior independência financeira, que pode representar um custo de capital total mais caro, dado que esses custos totais não estariam sendo minimizados.

Nessa discussão de ponto ideal de estrutura de capital, existem estudiosos que defendem o uso mais intenso de capitais de terceiros. Todavia, costumam ser teorias sem embasamento de realidade e, geralmente, não consideram fatores como os custos de *agency* e de falência.

Portanto, não existe um ponto correto para a estrutura de capital de uma empresa, visto que essa preferência pode depender do setor em que a empresa atua e das estratégias de segurança que a organização adota perante o mercado. O mais comum de encontrar são empresas trabalhando dentro de um intervalo de variação de proporção da estrutura de capital que pode estar influenciado pelo *benchmarking* do setor em que essa firma atua.

ESTRUTURA DE CAPITAL NO BRASIL

Como visto anteriormente, a conjuntura macroeconômica pode influenciar na estrutura de capital da empresa. Entretanto, esses aspectos influenciam na organização e nas suas escolhas de proporção de capitais captados. Os estudos referentes à estrutura de capital tiveram como cenário economias desenvolvidas, cujas principais características são: taxa de juros dadas pelo mercado; equilíbrio entre todos os agentes econômicos (superavitários e deficitários) que conseguem ter seus desejos de captação satisfeitos; não há interferências não naturais no mercado que impedem seu livre funcionamento; não há inflação elevada que possa comprometer as decisões financeiras do mercado.

O problema do caso brasileiro é que algumas dessas características podem não existir. Por isso a importância de calcular valores de custos reais e não nominais, para que não aconteçam erros na mensuração de custos totais da empresa.

Segundo Assaf Neto (2003), outro fator que causa problemas decorrentes da realidade brasileira é que muitas formas de captação das empresas estão vinculadas à indexação de preços (por meio da variação cambial, IGP-M etc.) e é comum no mercado financeiro nacional a utilização de diferentes indexadores de preços. Pode ocorrer, em situação de utilização de múltiplos indexadores de preços, que a estrutura de capital da empresa se altere sem que se modifique sua composição, com captação de novos recursos ou amortizações de dívidas.

O que pode ocorrer, de acordo com a teoria tradicionalista, é que uma alteração na estrutura de capital da empresa reflete na mudança do custo total de capital. A tendência é pensar que após 1994, com o Plano Real, houve certa estabilização dos indexadores de preços da economia brasileira. Entretanto, o que se observa na prática é que ainda existem diferenças relevantes entre um indexador e outro.

Ademais, recomenda-se que, para o estudo de estrutura de capital no Brasil, observem-se, além de dívidas de longo prazo, as de curto prazo também.

Em relação aos custos de captação no mercado brasileiro, o que se encontra são diversos tipos de taxas, desde as que são naturalmente definidas pelo mercado até as que possuem subsídios por parte do governo (podendo apresentar até mesmo custos reais de captação negativos). As políticas econômicas brasileiras se caracterizam também pelo racionamento na oferta de fundos, o que causa problemas de liquidez para as empresas, fazendo com que o custo de capital de terceiros das organizações nacionais seja dependente tanto do risco financeiro (P/PL) como da disponibilidade de recursos disponíveis no mercado. Nesse contexto, o comportamento do custo de capital de terceiros tem a forma expressa na Figura 5.5.

A parte negativa do gráfico (AB) representa os custos de capital de terceiros subsidiados. A parte BC representa as fontes de financiamentos de terceiros menos onerosos à empresa; quando se esgotam, fazem com que a organização busque capitais de terceiros mais caros, como os que se localizam no trecho CD do gráfico.

Portanto, no Brasil, não se pode mensurar o valor do custo de capital de terceiros sem que se tenham informações sobre subsídios de financiamentos,

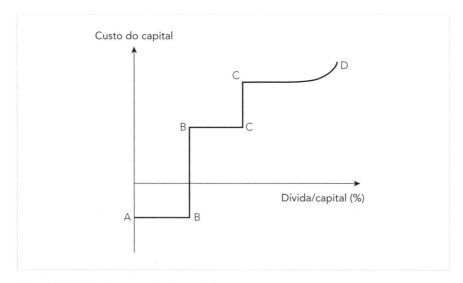

Figura 5.5   Estrutura e custo de capital.

se o ativo investido é monetário ou não, e sobre as limitações de captação da empresa no mercado diante do racionamento de oferta de financiamento.

Outra diferença importante é que, em estudo realizado por Valle (2002), as empresas brasileiras demonstraram-se com custos de captação e, consequentemente, o prêmio médio pago por elas é, em geral, superior aos pagos por empresas de alto *rating*, sendo assim equiparados aos prêmios pagos por firmas de baixo *rating* nos Estados Unidos ou no Canadá.

A DECISÃO SOBRE ESTRUTURA DE CAPITAL DAS EMPRESAS BRASILEIRAS

Santos (2006) desenvolveu uma pesquisa com empresas brasileiras de capital aberto que teve como objetivo verificar como as empresas tomavam suas decisões a respeito da definição da sua estrutura de capital. Foram aplicados questionários aos administradores financeiros e, como resultado, puderam-se estudar as respostas de 40 empresas.

A pesquisa constatou que metade das companhias respondeu possuir uma estrutura meta de capital, defendida pela teoria do *Static Trade-off*. Tal estrutura deve ter uma proporção ideal entre capital próprio e de terceiros, considerando tanto os benefícios fiscais da dívida como os seus custos de falência. Assim, verificou-se que 50% das empresas estudadas buscam um *mix* de financiamento ideal que seja capaz de maximizar os benefícios e reduzir os custos da dívida, chegando a um nível de endividamento que possibilite minimizar o custo médio do capital da organização e, consequentemente, aumentar seu valor no mercado.

A teoria do *Pecking Order*, que preconiza a existência de uma hierarquia das fontes de recursos de longo prazo, colocando em primeiro lugar lucros retidos, em segundo, empréstimos, e em último lugar a emissão de novas ações no mercado, foi a opção de 28% das empresas da amostra. Tal teoria leva em consideração o problema de assimetria de informações, o que justifica a não emissão de ações pela empresa, já que as mesmas estariam, na maior parte do tempo, subprecificadas pelo mercado, que não possui todas as informações necessárias para poder precificar as ações de maneira justa. O aproveitamento das oportunidades de financiamento mais vantajosas no momento da captação de recursos de longo prazo foi a escolha de 13% das companhias analisadas, que seguem o que é denominado oportunismo.

Na pesquisa realizada, as empresas tiveram que enumerar, de acordo com o grau de importância, os motivos que as levam a optar por determinadas fontes de recursos. Pôde-se verificar que 73% das empresas que compuseram a amostra escolheram menor custo financeiro, representado pelos juros, como o fator que mais influencia a escolha das fontes de recursos. A preocupação das empresas com os juros pode ser considerada uma consequência direta do ambiente econômico brasileiro.

Como segundo fator que mais influencia a escolha de fontes de recursos foram citadas a conveniência de prazos por 23% das empresas e a exigência de garantias por 20%. Adequação de volumes disponíveis e menores riscos e incertezas foram citados por 13% das empresas como terceiro fator mais importante na escolha das fontes de recursos. Os benefícios fiscais da dívida, tão explorados pela teoria financeira, foram considerados como segundo fator mais importante para 13% das companhias.

A utilização do mercado de capitais na captação de recursos, por meio da emissão de ações ou debêntures, também foi abordada na pesquisa. Buscou-se identificar os motivos que levavam as empresas a não utilizar o mercado de capitais como fonte de recursos. Verificou-se que 63% das empresas analisadas utilizam o mercado de capitais na busca de recursos de longo prazo para suas atividades. Tal resultado coincide com o esperado, já que se tem observado no Brasil aumento da utilização desse mercado na captação de recursos de longo prazo pelas empresas, dado o crescente número de emissões e o aumento de liquidez no mercado secundário.

O motivo mais citado como a principal justificativa para a não utilização do mercado de capitais na captação de recursos foi a não necessidade de volumes financeiros elevados: 13% das empresas que compuseram a amostra escolheram esse motivo como primeira opção. A burocracia exagerada no Brasil para que uma companhia participe do mercado de capitais foi considerada o segundo motivo por 13% das empresas. Como terceira razão para a não utilização do mercado de capitais pode-se considerar os elevados custos operacionais.

Quando questionadas sobre os motivos que levavam à utilização do mercado de capitais na captação de recursos de longo prazo, 25% das companhias analisadas consideraram que o principal motivo eram os custos atraentes. O segundo principal motivo, considerado por 20% das empresas, foi a utilização do mercado de capitais como estratégia de crescimento e/ou valorização da empresa, acompanhado pela maior visibilidade no mercado financeiro (segunda opção de 15% das empresas).

Finalmente, foram abordados os fatores determinantes na definição da estrutura de capital das organizações. Procurou-se verificar quais fatores mais influenciam a decisão da empresa a respeito do seu nível de endividamento. Os custos de transação envolvidos nas operações de crédito e a flexibilidade financeira foram os fatores mais citados como os que exercem influência na definição da estrutura de capital das empresas pesquisadas. Benefícios fiscais da dívida e *rating* da empresa também foram apontados como fatores importantes, porém com importância menor que os citados anteriormente. O nível de endividamento de empresas concorrentes não foi considerado fator determinante da estrutura de capital por 88% das companhias da amostra.

AVALIAÇÃO DE ENDIVIDAMENTO

No intuito de verificar qual estrutura de capital pode auferir melhores resultados para uma organização, busca-se avaliar o nível de endividamento da empresa. Nos Estados Unidos, berço da maioria dos estudos a respeito do assunto, utiliza-se um método de avaliação pelo qual, diante da estimativa do lucro operacional do exercício da empresa, busca-se a melhor combinação de financiamento próprio e de terceiros, ou seja, a que é capaz de produzir maior lucro por ação.

Nos Estados Unidos, o lucro por ação se dá por meio da obtenção do lucro líquido, que, debitado o pagamento de um valor fixo de dividendos preferenciais, é dividido entre os acionistas preferenciais e ordinários. No Brasil, esse valor fixo a ser primeiramente pago para os dividendos preferenciais não é fixado; ele tem, na verdade, um valor mínimo, em que o acionista preferencial pode ter seu dividendo calculado como porcentagem do capital social em caso de o valor mínimo de pagamento de dividendo a eles ser maior que o dividendo mínimo obrigatório.

Relação entre lucro operacional e lucro por ação

Uma estrutura de capital considerada preferível é aquela que tem certo lucro por ação diante de necessidade menor de lucro operacional. Quando o lucro operacional é igual ao nível de equilíbrio financeiro, diz-se que o volume de lucro é exatamente aquele necessário para cobrir despesas financeiras e pagar os impostos da empresa.

No caso de o lucro operacional ser maior que o nível de equilíbrio financeiro, o lucro por ação é consequentemente positivo; caso o lucro operacional seja menor que o nível de equilíbrio financeiro e a empresa não consiga saldar suas despesas financeiras nem seus impostos, o lucro por ação é obviamente negativo.

Teoria da substitutibilidade

Tentando avaliar o nível de endividamento de uma empresa, é comum observar gestores que tendem a aumentar o nível de endividamento da firma até o ponto em que os incentivos fiscais provenientes dos pagamentos de juros se equilibrem com outros custos extras de dificuldades financeiras. Ou seja, pode haver um momento em que o ganho marginal de um novo empréstimo seja negativo porque ganhos resultantes dos benefícios fiscais passam a ser superados pelos custos crescentes do endividamento.

RESUMO

A estrutura de capital de uma empresa está relacionada à organização de suas fontes de financiamentos de longo prazo, ou seja, ao *mix* de fontes utilizadas ou à participação de capital próprio e de capital de terceiros na estrutura de longo prazo das organizações. A escolha entre o financiamento por meio de maior endividamento ou de maior participação de capital próprio é uma decisão complexa que envolve diversos fatores, devendo a organização analisar a relação risco/retorno de cada uma das opções em questão, considerando os custos de capital e a flexibilidade financeira da empresa.

A alavancagem de uma organização pode ser financeira e/ou operacional, e elas são capazes de demonstrar a situação de geração de retorno da empresa conforme sua administração de custos e endividamento. Essencialmente, cabe a cada organização escolher a proporção de financiamentos entre capital de terceiros e próprios capazes de lhe trazer os melhores retornos sob a relação de custo/benefício de cada opção.

A teoria tradicionalista parte do pressuposto de que existe uma combinação ótima entre os recursos próprios da empresa e os de terceiros em que a organização consegue definir um valor mínimo para seu custo total de capital, e com isso maximizar a renda dos acionistas dessa empresa. A teoria M&M (Modigliani e Miller) sem impostos adota a ideia de que o custo total de capital de uma empresa é independente da sua estrutura de capital, não existindo um ponto ótimo para o custo total de capital da organização.

Pode-se afirmar que não existe um ponto certo para a estrutura de capital de uma empresa, visto que essa preferência pode depender do setor em que a empresa atua e das estratégias de segurança que a organização adota perante o mercado.

QUESTÕES

1. O que é estrutura de capital? Qual a sua importância na gestão financeira de uma organização?
2. Qual a relação existente entre estrutura de capital e custos? Qual o impacto na tomada de decisões?

3. O que é alavancagem? Qual o seu impacto na gestão estratégica da organização?
4. Diferencie alavancagem financeira e alavancagem operacional. Qual a função estratégica de ambas na gestão de uma organização? Quais os impactos positivos e negativos decorrentes de sua utilização?
5. Quais as duas principais maneiras de uma organização adquirir financiamento? Qual a diferença entre elas?
6. Diferencie:
7. a) Teoria convencional de estrutura de capital.
   b) Modelo MM.
8. Quais os fatores determinantes da estrutura de capital? Como influenciam na tomada de decisões da empresa?
9. Em que consiste a teoria da substitutibilidade?

EXERCÍCIOS

1. Selecione uma empresa nacional de capital aberto e obtenha seus demonstrativos financeiros. Calcule e analise:
   a) Alavancagem financeira.
   b) Alavancagem operacional.
2. Analise a estrutura de capital da empresa selecionada e dê um parecer como gestor financeiro, verificando os pontos positivos e negativos em relação ao seu setor de atuação.

ESTUDO DE CASO

Mais uma vez, a condição de SPE (sociedade de propósitos específicos) exerce papel importante na análise da gestão financeira de longo prazo da empresa Bioenergia. A estrutura de capital é um dos componentes cuja gestão é predeterminada, em linhas gerais, no momento de constituição de uma SPE. Dessa forma, a Bioenergia já foi toda projetada considerando-se o fluxo do financiamento do BNDES, o oferecimento dos fluxos de caixa do projeto, como a garantia de seus próprios financiadores, e outros aspectos de gestão financeira.

Nesse sentido, a realização de novos aportes de capital dos sócios, a emissão de novos papéis ou mesmo as operações de securitização têm limitações amplas, podendo ocorrer apenas após entendimentos entre as partes envolvidas, considerando-se, principalmente, a *golden share* detida por um grande banco comercial. Assim, a gestão básica da estrutura de capital corresponde ao monitoramento estreito da mudança progressiva da estrutura que ocorre a cada amortização do empréstimo, resultando na transferência de recursos gerados nas operações para redução da participação do capital de terceiros e, consequentemente, no aumento da proporção do capital próprio.

REFERÊNCIAS

ALTMAN, E. A further empirical investigation of the bankruptcy cost question. *Journal of Finance*, v. 39, n. 4, p. 1067-1089, set. 1984.

ASSAF NETO. *Finanças corporativas e valor*. São Paulo: Atlas, 2003.

ASSAF NETO, A.; LIMA, F.G. *Curso de administração financeira*. São Paulo: Atlas, 2014.

BALAKRISHNAN, S.; FOX, I. Asset specificity, firm heterogenity and capital structure. *Strategic Management Journal*, v. 14, p. 3-16, 1993.

BAXTER, N. Leverage, risk of ruin and the cost of capital. *Journal of Finance*, v. 22, p. 395-403, set. 1967.

BREALEY, R.A.; MEYERS, S.C.; MARCUS, A.J. *Fundamentos da administração financeira*. Rio de Janeiro: McGraw-Hill: Irwin, 2002.

CAVALCANTE FILHO, F.; MISUMI, J.Y. *Mercado de capitais*. Rio de Janeiro: Campus, 2001.

COPELAND, T.E.; WESTON, J.F. *Financial theory and corporate policy*. 3.ed. Massachusetts: Addison-Wesley, 1992.

DAHER, C.E. Testes empíricos de teorias alternativas sobre a determinação da estrutura de capital das empresas brasileiras. Dissertação (Mestrado) – Departamento de Ciências Contábeis da Universidade de Brasília, UnB, Brasília, 2004.

DAMODARAN, A. *Finanças corporativas aplicadas: manual do usuário*. Porto Alegre: Bookman, 2002.

DURAND, D. The cost of capital, corporate finance and the theory of investment: comment. *American Economic Review*, v. 49, n. 4, p. 639-655, set. 1959.

_____. Cost of debt and equity funds for business: trends and problems of measurement. *Conference on Research on Business Finance*. New York, 1952.

FAMÁ, R.; GRAVA, J.W. Teoria da estrutura de capital: as discussões persistem. *Caderno de Pesquisa em Administração*, São Paulo: FEA/USP, v. 1, n. 11, 2000.

FAMÁ, R.; BARROS, L.A.B.C.; SILVEIRA, A.M. A estrutura de capital é relevante? Novas evidências a partir de dados norte-americanos e latino-americanos. *Caderno de Pesquisa em Administração*, São Paulo: FEA/USP, v. 8, n. 2, p. 71-84, abr./jun. 2001.

FERRI, M.G.; JONES, W.H. Determinants of financial structure: a new methodological approach. *The Journal of Financial Economics*, v. 34, n. 3, jun. 1979.

FINNERTY, J.D.; EMERY, D.R. *Debt management: a practitioner's guide*. Boston: Harvard University School Press, 2001.

GITMAN, L.J. *Princípios de administração financeira*. 2.ed. Porto Alegre: Bookman, 2001.

HARRIS, M.; RAVIV, A. The theory of capital structure. *Journal of Finance*, v. 46, n. 1, p. 297-355, mar. 1991.

JENSEN, M.; Agency costs of free cash flow, corporate finance, and takeovers. American Economic Review. v. 76, p. 323–329, 1986.

JENSEN, C.M.; MECKLING, W. Theory of the firm: managerial behavior, agency cost, and capital structure. *Journal of Financial Economics*, v. 3, p. 305-360, out. 1976.

KAYO, E.K. *A estrutura de capital e o risco das empresas tangível e intangível-intensivas*. Tese (Doutorado em administração) – Departamento de Administração da Faculdade de Economia, Administração e Contabilidade (FEA/USP), São Paulo, 2002.

MEYERS, S.C. The capital structure puzzle. *Journal of Finance*, p. 575-592, jul. 1984.
MILLER, M.H. Debt and taxes. *Journal of Finance*, v. 32, n. 2, p. 261-275, maio 1977.
MODIGLIANI, F.; MILLER, M. The cost of capital, corporate finance and the theory of investment. *American Economic Review*, v. 48, p. 261-297, jun. 1958.
_____. Corporate income taxes and the cost of capital: a correction. *American Economic Review*, jun. 1963.
MYERS, S.C.; MAJLUF, N. Corporate financing and investment decision when firms have information that investors do not have. *Journal of Financial Economics*, v. 13, n. 2, p. 187-221, jun. 1984.
ROSS, S.A.; WESTERFIELD, R.W.; JAFFE, J.F. *Administração financeira: corporate finance.* São Paulo: Atlas, 1995.
SANTOS, C.M. *Levantamento dos fatores determinantes da estrutura de capital das empresas brasileiras.* Dissertação (Mestrado em administração das organizações) – Faculdade de Economia, Administração e Contabilidade da Universidade de São Paulo. Ribeirão Preto, 2006.
VALLE, M.R. Mercado de bonds: risco, rating e custo de captação. *Revista de Administração da Universidade de São Paulo*, São Paulo, v. 37, n. 2, abr./jun. 2002.
VAN HORNE, J. *Financial management and policy.* 11.ed. London: Prentice Hall, 1998.
WARNER, J.B. Bankruptcy, absolute priority, and the pricing of risky debt claims. *Journal of Financial Economics*, v. 4, n. 3, p. 239-276, maio 1977.

BIBLIOGRAFIA SUGERIDA

ARCHER, S.H.; D'AMBROSIO, C.A. *Administração financeira: teoria e aplicação.* São Paulo: Atlas, 1976.
ASSAF NETO, A. *Estrutura e análise de balanços.* 5.ed. São Paulo: Atlas, 2000.
BODIE, Z.; MERTON, R.C. *Finance.* Upper Saddle River: Prentice Hall, 1998.
BONESS, A.J.; CHEN, A.H.; JATUSIPITAK, S. On relations among stock price behavior and changes in the capital structure of the firm. *The Journal of Financial and Quantitative Analysis*, v. 7, n. 4, p. 1967-1982, set. 1972.
BRADLEY, M.; JARREL, G.A.; KIM, E.H. On the existence of an optimal capital structure: theory and evidence. *The Journal of Finance*, v. 39, n. 3, jul. 1984.
BREWER, D.E.; MICHAELSEN, J.B. The cost of capital, corporations finance, and the theory of investment: comment. *The American Economic Review*, v. 55, n. 3, p. 516-524, jun. 1965.
DAMODARAN, A. *Corporate finance: theory and practice.* 2.ed. New York: John Wiley, 2001.
FAMA, E.F. The effects of a firm's investment and financing decisions. *American Economic Review*, v. 68, p. 272-284, 1978.
HOJI, M. *Administração financeira: uma abordagem prática.* 3.ed. São Paulo: Atlas, 2001.
INEPAD, Instituto de Ensino e Pesquisa em Administração. *Volume de crédito e taxa de juros*, 2007.
ITZCOVICH, S.; MESSUTI, D. La empresa y el análisis de inversiones en un contexto de desarrollo. *Administración de Empresas*, Buenos Aires, n. 50, maio 1974.
JENSEN, C.M.; MECKLING, W. Agency costs of free cash flow, corporate finance, and takeovers. *American Economic Review*, v. 76, n. 2, p. 323-329, maio 1986.
JORGE, S.; ARMADA, M. Fatores determinantes do endividamento: uma análise em painel. *Revista de Administração Contemporânea*, v. 5, n. 2, maio/ago. 2001.
KLOCK, S.; THIES, F. Determinants of capital structure. *Review of Financial Economics*, v. 1, n. 2, p. 40-52, 1992.

LEAL, R.P.C.; COSTA Jr., N.C.A.; LEMGRUBER, E.F. *Finanças corporativas*. São Paulo: Atlas, 2000.

LEVY, H. *Principles of corporate finance*. Cincinnati: South-Western College Publishing, 1998.

MARSH, P. The choice between equity and debt: an empirical study. *Journal of Finance*, v. 37, n. 1, p. 121-144, mar. 1982.

MARTELANC, R.; PASIN, R.; CAVALCANTE, F. *Avaliação de empresas: um guia para fusões & aquisições e gestão do valor*. São Paulo: Prentice Hall, 2005.

MOREIRA, M.M.; PUGA, F.P. *Como a indústria financia o seu crescimento: uma análise do Brasil pós-Plano Real*. Textos para discussão n. 84. Rio de Janeiro: BNDES, 2000. 33p.

PEROBELLI, F.F.C.; FAMÁ, R. Fatores determinantes da estrutura de capital: aplicação a empresas de capital aberto no Brasil. *RAUSP*, São Paulo, v. 37, n. 3, jul./set. 2002.

RAJAN, R.G.; ZINGALES, L. What do we know about capital structure? Some evidence from international data. *The Journal of Finance*, v. 50, n. 5, dez. 1995.

RAO, R.K.S. *Financial management: concepts and aplications*. 3.ed. Cincinnati: South-Western College Publishing, 1995.

ROSIFINI JUNIOR, V. *Estudo dos fatores determinantes da estrutura de capital em empresas de capital aberto no Brasil*. Dissertação (Mestrado em administração) – Departamento de Administração da Faculdade de Economia, Administração e Contabilidade (FEA/USP), São Paulo, 2004.

SMITH JR., C.W. *The modern theory of corporate finance*. 2.ed. New York: McGraw-Hill, 1990.

SOLOMON, E.A. *The theory of financial management*. New York: Columbia University Press, 1963.

TITMAN, S.; WESSELS, R. The determinants of capital structure choice. *The Journal of Finance*, v. 43, n. 1, p. 1-19, mar. 1988.

TOY, N. et al. A corporative international study of growth, profitability and risk as determinants of corporate debt ratios in the manufacturing sector. *Journal of Financial and Quantitative Analysis*, nov. 1974.

VAN HORNE, J.; WACHOWICZ Jr., J.M. *Fundamentals of financial management*. 10.ed. Upper Saddle River: Prentice Hall, 1998.

WESTON, J.F. A test of cost of capital prepositions. *Southern Economic Journal*, NC: University of Nortn Carolina, v. XXX, n. 2, out. 1963.

WESTON, J.F.; BRIGHAM, E.F. *Fundamentos da administração financeira*. 10.ed. São Paulo: Makron Books, 2000.

ZONENSCHAIN, C.N. Estrutura de capital das empresas no Brasil. *Revista BNDES*, n. 10, 1998.

Parte II

APLICAÇÃO DE RECURSOS FINANCEIROS DE LONGO PRAZO

6
ANÁLISE DE INVESTIMENTOS DE CAPITAL DE LONGO PRAZO

> Após a leitura deste capítulo você poderá discutir os tipos de investimento a partir de uma abordagem estratégica; apresentar as principais técnicas de análise de investimento comparando suas vantagens e limitações; discutir o conceito de risco e apresentar as principais técnicas para análise de risco e retorno; apresentar o modelo de opções reais para análise de investimento de projetos flexíveis.

Durante a década de 1990, no Brasil, vários fatores econômicos provocaram profundas mudanças no ambiente empresarial, como a abertura da economia, a evolução do processo de globalização e a estabilização do processo inflacionário. A estabilização da economia nos anos 1990 foi acompanhada nos anos 2000 de melhoria no nível de renda da população brasileira e fortalecimento da economia em uma perspectiva internacional. Esses fatos, quando analisados em conjunto, demonstram que as organizações atuais vivem em um mercado altamente competitivo, influenciadas pelo consumo e pela possibilidade de acesso a ofertas de diversas organizações.

Nesse tipo de ambiente, o processo de análise de investimentos se fortalece como prática para manutenção da vantagem competitiva organizacional. As organizações devem ser capazes de tomar boas decisões de investimentos, alinhadas com seu planejamento estratégico e com prazos e taxas condizentes com sua realidade financeira. Para tal, este capítulo focará a análise de investimento de capital de longo prazo.

Primeiro serão tratados aspectos introdutórios, como a classificação dos tipos de investimento, o relacionamento com o plano estratégico da organização, o orçamento de capital e o fluxo incremental de projetos de investimento. Em outras palavras, essa primeira parte trata de como os investimentos devem ser pensados como uma forma concreta de colocar o planejamento estratégico em prática, enquadrando-os no orçamento de capital da empresa e projetando os fluxos incrementais que são gerados.

A segunda parte abordará as principais técnicas oferecidas pela ciência da administração financeira para avaliar os projetos de investimento que foram elaborados, fornecendo subsídios para que a alta administração possa hierarquizá-los. Serão discutidas as três técnicas principais de análise de investimento: valor presente líquido (VPL), tempo de retorno do investimento (*payback*) e taxa interna de retorno (TIR). A última parte analisará a importância de considerar o risco que eles apresentam ao se analisarem tais projetos.

TIPOS DE INVESTIMENTO

Conforme a finalidade e o nível hierárquico, a organização pode elaborar diversos projetos de investimento. As classificações mais comuns são: projetos operacionais, estratégicos e financeiros.

Operacionais

Projetos operacionais podem ser de curto e longo prazos. Projetos de curto prazo geralmente estão envolvidos, por exemplo, com a necessidade de capital de giro da organização. Já os projetos de longo prazo têm relação com o ativo realizável em longo prazo. São exemplos de projetos operacionais de longo prazo: adiantamento a fornecedores e crédito a coligadas, participações societárias, pesquisa e desenvolvimento.

Os instrumentos operacionais de longo prazo são os mais comuns nas organizações, pois estão diretamente relacionados ao incremento das atividades. Como são contabilizados em duas contas do ativo permanente, optou-se ainda por dividi-los em imobilizados e diferidos:

- *Imobilizados* – são investimentos feitos pela aquisição de móveis, imóveis, equipamentos, máquinas e veículos.
- *Diferidos* – são despesas incorridas que podem trazer benefícios aos exercícios futuros (médio e longo prazos); portanto, podem ser amortizadas "contra" eles e não contabilizadas imediatamente quando ocorrem. Exemplos: despesas com divulgação da imagem institucional da organização, com

treinamento de funcionários e com pesquisa e desenvolvimento (P&D) de novos produtos ou serviços.

Estratégicos

Enquanto os investimentos operacionais estão voltados para a atividade da empresa, os investimentos estratégicos são feitos, normalmente, por organizações de grande porte e contabilizados em outra conta do ativo permanente, a conta "investimentos". Trata-se, normalmente, de participações acionárias em outras organizações controladas e/ou coligadas. De acordo com Assaf Neto (2003), os investimentos são permanentes quando realizados para produzirem benefícios à investidora por meio de participação nos resultados das controladas e/ou coligadas, para obtenção de relacionamento com clientes e fornecedores, ou mesmo para a especulação sem prazos definidos.

Financeiros

Os investimentos financeiros tratam de recursos investidos no mercado financeiro e que, normalmente, serão resgatados dentro de um prazo preestabelecido. Geram receitas não operacionais, pois são investimentos que não estão envolvidos com a atividade principal da organização. São exemplos: fundos de investimento, certificados de depósito bancário, debêntures e ações, com intenção de venda.

RELAÇÕES COM O PLANEJAMENTO ESTRATÉGICO

Naturalmente, uma organização não deve elaborar aleatoriamente suas propostas de investimento. O direcionamento central de quais tipos de investimento realizar deve estar em orientação com o planejamento estratégico.

De acordo com Oliveira (1998), pode-se definir planejamento estratégico como uma metodologia gerencial que permite estabelecer a direção a ser seguida pela organização, visando maior grau de interação com o ambiente. Segundo Chiavenato e Sapiro (2004), o mesmo consiste em uma formulação de estratégias organizacionais no qual se procura a inserção da organização e de sua missão no ambiente em que ela está atuando.

O planejamento estratégico compreende as estratégias e políticas que devem ser delineadas pela alta administração e que abrangem a organização como um todo, focando o longo prazo. Para que ele seja colocado em prática, é necessário que o nível gerencial de cada departamento elabore seu planejamento tático e, posteriormente, os responsáveis por cada um dos setores (subdivisões dos departamentos) elaborem seu planejamento operacional. O sucesso do planejamento estratégico depende dos planejamentos táticos de cada departamento, que dependem dos planejamentos operacionais de cada setor da organização.

Na verdade, os três tipos de planejamento devem ser colocados em prática por meio de planos de ação. Suponha que uma organização contemple, em seu planejamento estratégico, o aumento progressivo de sua rentabilidade. Diante disso, a alta administração visualiza que é imprescindível que se conquiste o mercado internacional. Para tanto, decide fazer um projeto de investimento para obter a certificação ISO 14.000, que é um atestado que ratifica sua preocupação com o meio ambiente. O departamento financeiro visualiza a necessidade de informatizar suas operações e propõe um projeto de investimento em tecnologia da informação. O setor de crédito, ligado ao departamento financeiro, em razão do aumento da inadimplência visualiza a necessidade de fazer um projeto de investimento em treinamento de seus funcionários.

Partindo dessa visão sobre planejamento estratégico, é possível traçar a seguinte definição para investimento: os planos de aplicação de recursos financeiros são balizados pelo planejamento estratégico, elaborados pelos diversos níveis hierárquicos, que visam fazer com que a organização aumente seu valor, mantendo ou ganhando novas vantagens competitivas.

A elaboração do planejamento estratégico deve seguir uma metodologia. Wright et al. (2000) sugerem que se deve fazer uma análise externa e interna, antes de se formularem as estratégias e os planos de uma organização. A análise externa visa identificar as ameaças e as oportunidades que o ambiente oferece, e a interna, os pontos fortes e fracos que a organização possui. A análise pode ser feita utilizando-se a matriz SWOT (*Strengths, Weaknesses, Opportunities, Threats* – forças, fraquezas, oportunidades e ameaças).

Após a elaboração dessas análises, tem-se um diagnóstico da situação da organização, podendo-se então definir sua missão, que é o "horizonte" dentro do qual atua ou poderá atuar no futuro. A missão não precisa ser eterna, mas também não pode mudar a todo momento.

Com o suporte da missão é hora de avaliar, por meio de uma análise SWOT, os pontos fortes, fracos e de oportunidades e ameaças. A partir da SWOT, Oliveira (1998) sugere que as organizações adotem posturas estratégicas diferentes, dependendo do diagnóstico estratégico que foi identificado (Figura 6.1).

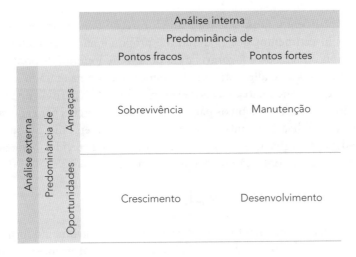

Figura 6.1 Riscos financeiros.
Fonte: Oliveira (1998).

Posturas estratégicas por meio da SWOT

Os investimentos devem estar relacionados com a postura estratégica em que a organização se encontra:

- Sobrevivência: não há recursos nem perspectivas de mercado para implementar investimentos. A empresa deve adotar estratégias de sobrevivência, como redução de custos e desinvestimentos (venda de ativos ou de organizações coligadas). Em casos extremos, deve-se adotar a estratégia de liquidação de negócio.
- Manutenção: o mercado não é favorável, mas a organização possui predomínio de pontos fortes. Pode-se implementar investimentos apoiados em tais pontos, como os investimentos em especialização, por exemplo. A organização investe na consolidação dos produtos ou serviços que possui e/ou busca diversificação cautelosa, lançando produtos complementares.
- Crescimento: apesar de a organização ter predominância de pontos fracos, o mercado é favorável; portanto, deve-se implementar investimentos para atender tal demanda. Pode-se citar como exemplos a formação de *joint ventures* (a organização se associa com outra para produzir determinado produto ou serviço, com risco para as partes) ou os investimentos em inovações (desenvolvimento de novas tecnologias para o portfólio de produtos que já possui e/ou lançamento de novos produtos).

- Desenvolvimento: nessa situação, a organização tem condições de implementar investimentos que poderão lhe proporcionar crescimento sustentável, pois o mercado é favorável e ela possui predomínio de pontos fortes. Pode-se citar como alternativas a diversificação, que é a entrada em mercados nos quais ainda não atua (por exemplo, durante o período de privatizações no Brasil, alguns bancos participaram de consórcios para aquisição de empresas públicas), e a integração vertical, que é a entrada em outros elos da cadeia produtiva (por exemplo, uma indústria de tecidos pode adquirir ou montar uma confecção para a fabricação de peças de vestuário).

ORÇAMENTO EMPRESARIAL

Pode-se definir orçamento empresarial como um instrumento formalizado de planejamento e controle das atividades de uma organização, elaborado por meio da alocação de receitas e gastos entre seus diferentes departamentos e setores. Sanvicente e Santos (1983) afirmam que o planejamento estratégico da organização norteia o início do orçamento realizado anualmente. Assim, o orçamento pode ser visto como o detalhamento anual de um planejamento de longo prazo anteriormente realizado. A responsabilidade sobre o processo de elaboração do orçamento, em organizações de grande porte, fica a cargo do setor de orçamento, ligado ao departamento de controladoria, que normalmente é subordinado à diretoria ou vice-presidência financeira. Apesar de ser uma responsabilidade atribuída a esse setor, o processo de elaboração do orçamento deve contar com a participação de todos, pois cada indivíduo que exerce uma função gerencial deve elaborar, em conjunto com seus funcionários, o orçamento de gastos para o funcionamento do setor. Além do orçamento de gastos operacionais (salários, matérias-primas, materiais de escritório, energia etc.), cada departamento deve elaborar também seu orçamento preliminar de capital. Ou seja, deve-se fazer uma previsão dos gastos com os investimentos que se pretende implementar.

Esse processo inicia-se, normalmente, dois ou três meses antes do início do ano subsequente. O departamento comercial, além de projetar seus gastos, também tem a responsabilidade de projetar as receitas operacionais da organização.

A alta administração, que é responsável pela aprovação final do orçamento, definirá quais são os projetos de investimento viáveis, ou seja, aqueles que se enquadram no planejamento estratégico e na verba da qual a organização dispõe para investir. Deve-se dar aos departamentos autonomia para decidir sobre pequenos investimentos, para que a alta administração não fique sobrecarregada.

Os gastos com investimentos inexpressivos, como a compra de um martelo por $ 15, devem ser tratados, segundo Gitman (2001), como gastos operacionais que não exigem análise formal. Ele afirma que a alta administração deve somente se preocupar com projetos de investimento que gerem desembolsos financeiros acima de certo montante predefinido.

Dificilmente haverá recursos para implementar todos os projetos de investimento preliminares; por isso, é imprescindível que a alta administração os hierarquize. Welsch (1996) destaca que os projetos de investimento devem ser compatíveis com a posição de caixa e com as considerações financeiras criadas.

Após o levantamento do custo do projeto de investimento, surge a parte mais complexa do processo, que é o dimensionamento dos fluxos de caixa que serão gerados, caso tal projeto seja implementado. "O passo mais importante, mas também mais difícil, na análise de um projeto de capital, está na estimativa de seus fluxos de caixa" (Weston e Brigham, 2000).

FLUXO DE CAIXA INCREMENTAL

A elaboração do fluxo de caixa de um projeto de investimento envolve projeções de curto, médio e longo prazos. Atualmente, em razão das constantes transformações que ocorrem no mercado, a elaboração de tais projeções tornou-se tarefa altamente complexa e sujeita a oscilações. Quanto mais turbulento é o mercado no qual a organização atua e quanto maior é o horizonte de tempo das projeções, maior é a chance de ocorrerem erros.

Mesmo diante dessas dificuldades, acredita-se que a elaboração desses fluxos seja imprescindível, pois, uma vez projetados, passam a servir como meta quantitativa a ser atingida pela organização. Caso ocorram imprevistos no decorrer do projeto de investimento, providências podem ser tomadas e estratégias podem ser revistas para que as metas que foram projetadas sejam cumpridas.

Nesse âmbito, entende-se como fluxo de caixa incremental o fluxo de caixa adicional que a organização passará a ter acima do fluxo de caixa operacional projetado. Um projeto de investimento, uma vez implementado, passará a gerar novas receitas (entradas no caixa) e novos gastos (saídas de caixa). Ao deduzir tais gastos das receitas, obtém-se o fluxo de caixa incremental líquido.

Segundo Ross, Westerfield e Jaffe (2010), o uso de fluxos de caixa incrementais apresenta muitas armadilhas na prática, que envolvem os custos irrecuperáveis, o custo de oportunidade e os efeitos colaterais.

Os custos irrecuperáveis são custos já incorridos e, portanto, não podem ser afetados pela decisão de aceitar ou rejeitar o projeto, não sendo considerados fluxos de caixa incrementais. O custo de oportunidade é o custo de algo que se deixou de ganhar para realizar o projeto (por exemplo, o que a empresa poderia ganhar vendendo um ativo necessário para o projeto). Esse custo deve ser incluído como fluxo de caixa incremental.

Outra dificuldade para determinar os fluxos de caixa incrementais resulta dos efeitos colaterais do projeto proposto sobre outras partes da empresa, e esses efeitos devem ser considerados fluxos de caixa incrementais. O efeito colateral mais importante é denominado erosão, o que corresponde ao fluxo de caixa transferido para um novo projeto por clientes e vendas de outros produtos da empresa (Ross, Westerfield e Jaffe, 2010)

Normalmente, na elaboração do fluxo de caixa incremental é necessário obter informações de mais de um departamento. Isso pode se tornar mais uma dificuldade, caso eles não trabalhem em sintonia.

Apresenta-se, a seguir, um exemplo prático, que tem o objetivo de ilustrar as dificuldades e a importância de elaborar fluxos de caixa incrementais líquidos para a avaliação de projetos de investimento.

Suponha que uma indústria de médio porte tenha adotado uma postura estratégica de crescimento e definido, em seu planejamento estratégico, atuar em uma nova região do país. Diante dessa premissa, o responsável pelo departamento de produção propõe a compra de uma nova máquina, com o objetivo de aumentar a capacidade produtiva da organização. Foi adotado um horizonte de cinco anos para análise desse projeto de investimento.

O primeiro passo a ser adotado é o levantamento dos fabricantes que oferecem tais máquinas. Posteriormente, deve-se analisar as máquinas que se enquadram nas necessidades da organização e fazer uma cotação de preços, identificando a que oferece o melhor custo × benefício. No final dessa primeira fase, o gerente do departamento de produção conclui que deve ser comprada uma máquina que custa $ 120.000. Tal máquina, para efeito de depreciação, tem vida útil de cinco anos.

O próximo passo é a elaboração do fluxo de caixa incremental que será gerado caso ela seja adquirida. Para tanto, é necessário que o departamento de produção recorra ao departamento comercial, que deverá elaborar a projeção da quantidade de unidades que serão vendidas e o preço de venda, pois, com essas informações, pode-se obter o valor das receitas operacionais, que representarão as entradas de caixa. Além disso, tal departamento deve projetar também as despesas de vendas (por exemplo, comissão dos vendedores). Além dessa despesa operacional, há outras, como as despesas com distribuição, que devem ser projetadas pelo departamento de logística.

O departamento de produção, tendo a projeção de vendas em mãos, pode elaborar a projeção do CPV (custo do produto vendido). Na composição do CPV estão incluídos diversos custos, como gastos com matérias-primas e embalagens, salários e encargos dos operários da linha de produção e os custos indiretos (energia consumida na produção, manutenção etc.).

No caso da compra de uma máquina, não se pode esquecer a despesa de depreciação. Apesar de não afetar diretamente o caixa, pois não é uma despesa desembolsável, contabilmente fará com que o lucro operacional seja reduzido, o que, consequentemente, fará com que o valor do imposto de renda (IR) a ser pago seja menor. Nesse exemplo, considera-se uma depreciação linear de 20% ao ano. Como a máquina será adquirida por $ 120.000, a despesa anual com depreciação será de $ 24.000.

Na prática, todas as projeções devem ser feitas mensalmente, acompanhando as possíveis sazonalidades que possam existir durante o ano. Somente para efeito de simplificação, os itens que compõem o fluxo de caixa incremental do projeto de investimento serão apresentados utilizando-se o ano como unidade de tempo (conforme Tabela 6.1).

Tabela 6.1 Fluxo de caixa incremental líquido de um projeto de investimento

Previsões de entradas e saídas ($)	Ano 1	Ano 2	Ano 3	Ano 4	Ano 5
Receitas operacionais	240.000	259.200	279.900	302.300	326.500
Custo do produto vendido	(118.900)	(124.900)	(131.100)	(138.600)	(144.700)
Resultado bruto	121.100	134.300	148.800	163.700	181.800
Despesas operacionais	(43.200)	(45.800)	(48.500)	(51.500)	(54.600)
Despesas de depreciação	(24.000)	(24.000)	(24.000)	(24.000)	(24.000)
Resultado operacional	53.900	64.500	76.300	88.200	103.200
Provisão para IR (25%)	(13.475)	(16.125)	(19.075)	(22.050)	(25.800)
Resultado líquido	40.425	48.375	57.225	66.150	77.400
Despesas de depreciação	24.000	24.000	24.000	24.000	24.000
Fluxo incremental líquido	64.425	72.375	81.225	90.150	101.400

Com o fluxo de caixa incremental líquido concluído, o gerente de produção pode incluir o projeto de investimento no orçamento de capital do seu departamento. Ao receber tal projeto, a alta administração utilizará ferramentas financeiras de análise de investimento para avaliar sua viabilidade, para incorporá-lo ou não no orçamento de capital oficial da organização.

TÉCNICAS DE ANÁLISE DE INVESTIMENTO

Depois de definido o tipo de investimento e a sua relação com o planejamento estratégico, após gerados os fluxos de caixa incrementais é chegado o momento da análise de investimentos. Conforme já explicitado, cabe à alta administração analisar os projetos de investimento elaborados pelos diversos departamentos. A hierarquização dos projetos que comporão o orçamento de capital da organização não pode ser elaborada de forma aleatória. Para isso, existem diversas técnicas quantitativas para auxiliar os executivos na análise de tais projetos. Dentre as técnicas existentes, serão estudadas as três mais utilizadas: o valor presente líquido (VPL), o tempo de retorno do investimento (*payback*) e a taxa interna de retorno (TIR).

Valor presente líquido (VPL)

Para calcular o VPL de um projeto de investimento, deve-se trazer todos os fluxos incrementais líquidos para valor presente, somá-los e deduzir o valor que será investido. O cálculo do VPL pode ser expresso pela seguinte fórmula:

$$VPL = \sum \text{fluxos descontados} - \text{valor do investimento}$$

Para trazer os fluxos para valor presente, deve-se utilizar uma taxa. Gropelli e Nikbakht (1998) comentam que o ponto crítico do cálculo do VPL está na decisão de qual taxa de desconto utilizar. Eles sugerem que os projetos que envolvam maior risco devem ter seus fluxos descontados a uma taxa maior e, consequentemente, os de menor risco devem ser descontados a uma taxa menor. Essa sugestão também é dada por Brealey et al. (2002), citando inclusive o caso da Siemens, gigante da indústria alemã, que utiliza 16 taxas de desconto diferentes, dependendo do risco de cada um de seus negócios.

De acordo com Gitman (2001), essa taxa recebe diversas denominações: taxa de desconto, retorno exigido, custo de capital ou custo de oportunidade. Apesar da diversidade de nomenclaturas utilizadas, Gitman (2001) comenta que, na verdade, elas se referem ao retorno mínimo que deve ser conseguido de um projeto para não alterar negativamente o valor da organização no mercado.

Diante dessa afirmação, didaticamente acredita-se que a nomenclatura taxa mínima de atratividade (TMA), também encontrada na literatura financeira, é a que melhor expressa o verdadeiro objetivo da taxa de desconto utilizada no cálculo do VPL. A TMA demonstra qual é a rentabilidade mínima que uma organização pretende obter com um investimento.

A seguir, será calculado o VPL do projeto de investimento anteriormente apresentado, utilizando-se uma taxa mínima de atratividade de 35% ao ano:

Análise de investimentos de capital de longo prazo   245

64425	CHS FV	1 n	35 i	0 PMT PV	=	47.722,22
72375	CHS FV	2 n		PV	=	39.711,93
81225	CHS FV	3 n		PV	=	33.013,26
90150	CHS FV	4 n		PV	=	27.141,30
101400	CHS FV	5 n		PV	=	22.613,57

Figura 6.2 Cálculo dos fluxos descontados na calculadora HP-12C.

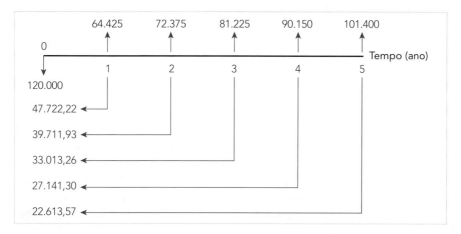

Figura 6.3 Cálculo do VPL.

VPL = Σ fluxos descontados – valor do investimento
VPL = (47.722,23 + 39.711,93 + 33.013,26 + 27.141,30 + 22.613,57) – 120.000,00
VPL = $ 50.202,29

Figura 6.4 Cálculo direto do VPL na calculadora HP-12C.

Resultado obtido no cálculo: VPL de $ 50.202,29.

Ao calcular o VPL, pode-se chegar a três situações diferentes. Cada resultado tem um significado em relação à viabilidade do projeto de investimento em análise:

VPL = 0: significa que o projeto pode ser implementado, pois atende exatamente à expectativa de rentabilidade da organização, representada pela TMA.

VPL > 0: quando o resultado é positivo, significa que o projeto vai além das expectativas; portanto, também pode ser implementado.

VPL < 0: quando o resultado é negativo, significa que o projeto não atende à expectativa de rentabilidade, por isso não deve ser implementado. O resultado negativo não significa, necessariamente, que o projeto dará prejuízo, significa que ele não atende à TMA estipulada pela organização.

No exemplo elaborado, o projeto poderia ser implementado, pois o VPL é positivo. Os fluxos incrementais líquidos descontados gerarão um ganho extra de $ 50.202,29, além da TMA, que foi estipulada em 35% ao ano. Suponha que a organização, ao analisar tal projeto, tivesse adotado uma TMA de 60% ao ano. Nesse caso, seria obtido um VPL negativo de $ 8.206,51; portanto, o projeto não deveria ser implementado. Esse valor não representa o prejuízo que o projeto geraria, e sim quanto faltaria, em unidades monetárias, para que ele atingisse a TMA de 60% ao ano.

Comparação de projetos e relacionamento de capital

Quando se analisam projetos, deve-se atentar para o tempo de duração (tempo de vida) de cada um e também para a questão do relacionamento de capital. Descrever dois aprimoramentos no orçamento de capital – comparação de projetos com vidas desiguais e relacionamento de capital – frequentemente exige formas especiais de análise.

O valor presente líquido anualizado (VPLA) é o método mais eficiente de comparação de projetos em andamento mutuamente excludentes e que apresentam vidas desiguais. Ele converte os VPLs de projetos com vidas desiguais em um montante anual equivalente – VPLA – por meio da divisão do VPL de cada projeto pelo fator de valor presente para uma anuidade, ao custo de capital e número de anos do projeto. O projeto com maior VPLA será o melhor, e assim por diante.

Embora na teoria não devesse existir racionamento de capital, na prática é comum sua ocorrência. As duas abordagens básicas para a escolha de projetos sob condições de racionamento de capital são a taxa interna de retorno e a do valor presente líquido. Das duas, a técnica do VPL é a que melhor realiza o objetivo de utilizar o orçamento para gerar o maior valor presente das entradas de caixa.

Considerações sobre o VPL

Para que o VPL obtido seja realmente verdadeiro, é necessário que os fluxos incrementais líquidos, recebidos ao longo do tempo, sejam reinvestidos à taxa de desconto utilizada na avaliação do projeto de investimento. Caso não sejam reinvestidos com a mesma TMA, a análise fica comprometida.

Caso uma organização consiga utilizar os fluxos incrementais líquidos recebidos ao longo do tempo, para investir em novos projetos avaliados por meio do VPL, utilizando uma mesma TMA, os resultados obtidos nas análises não serão afetados negativamente.

A análise de investimentos por meio da técnica do VPL também apresenta limitações. A economia é muito dinâmica, e as taxas de juros podem se alterar constantemente, influindo nos custos de levantamento de novos capitais. Diante dessa realidade, adotar uma TMA constante, por um período de tempo muito longo, torna-se praticamente tarefa impossível.

Diante das três possíveis ferramentas de análise apresentadas, uma dúvida pode surgir: qual deve ser usada para avaliar um projeto de investimento? A resposta não é simples, pois, conforme apresentado, cada uma possui suas vantagens e limitações.

O VPL é uma técnica recorrente e de grande importância para a análise de investimentos. Segundo Ross, Westerfield e Jaffe (2010), ele apresenta três atributos fundamentais: 1) o uso de fluxos de caixa nos cálculos; 2) o uso de todos os fluxos de caixa do projeto (outros enfoques ignoram os fluxos de caixa além de certa data); 3) o desconto correto dos fluxos de caixa, considerando o valor do dinheiro no tempo. Contudo, o analista deve pensá-lo em conjunto com as duas próximas técnicas que ainda serão discutidas (TIR e *payback*):

- "Não se deve ignorar a importância da TIR, principalmente por se constituir, na maioria das vezes, num indicador econômico de compreensão mais evidente e lógico de muitas pessoas" (Assaf Neto, 2003).
- "Apesar de uma forte preferência acadêmica pelo VPL, as pesquisas indicam que os executivos preferem a TIR ao VPL por uma margem de 3 a 1" (Weston e Brigham, 2000).
- "Tendo em vista que uma variedade de métodos são disponíveis para evitar ciladas da TIR, seu amplo uso não deve ser visto como um reflexo da falta de sofisticação da parte dos tomadores de decisões de finanças" (Gitman, 2001).

Não se pode esquecer a importância da técnica do tempo de retorno, que, apesar de não mensurar a rentabilidade do projeto de investimento, demonstra o tempo necessário para que o valor investido retorne. Em situações nas quais a organização prevê restrições de caixa no curto prazo ou riscos de mercado, pode-se abrir mão de investimentos mais rentáveis para buscar maior liquidez.

Tempo de retorno (payback)

Dentre as técnicas existentes, a mais generalizada no mercado é o cálculo do tempo de retorno do investimento, ou seja, em quanto tempo a organização conseguirá recuperar o valor desembolsado para implementar o projeto de investimento, por meio dos fluxos incrementais líquidos que ele gerará.

O tempo de retorno do investimento, também conhecido como período de *payback*, de acordo com Weston e Brigham (2000), foi o primeiro método formal usado para avaliação de projetos. Acredita-se que tal técnica seja uma das mais conhecidas e utilizadas pelas organizações porque é de fácil entendimento e não exige a utilização de cálculos complexos.

Para calcular o tempo de retorno (*payback*) de um investimento, basta somar os fluxos futuros de caixa para cada ano até que o custo inicial do projeto de capital seja atingido.

O exemplo apresentado na Tabela 6.2 elucidará nossa exposição.

Tabela 6.2   Projetos A e B

Período (ano)	Projeto A	Projeto B
0 (momento do investimento)	($ 10.000)	($ 10.000)
1	$ 8.000	$ 2.000
2	$ 2.000	$ 8.000

- Quanto tempo o investidor precisa esperar até que os fluxos de caixa acumulados dos projetos igualem ou superem seu investimento inicial?

Esta é a pergunta a que o *payback* procura responder. Vamos nos deter, por enquanto, apenas no projeto A. Repare que, no projeto A, o investimento inicial é de $ 10.000. No primeiro ano, o fluxo de caixa é de $ 8.000. No segundo ano, o fluxo de caixa é de $ 2.000, e a empresa recupera totalmente o investimento inicial realizado ($ 8.000 + $ 2.000 = $ 10.000).

Portanto, o projeto A paga-se em dois anos. É esse exatamente o significado do *payback*. Usando uma linguagem de mercado, diríamos que o projeto A possui *payback* de dois anos.

Também é comum o uso do inverso do *payback*. O inverso do *payback* é o retorno esperado, ou seja, 1/2 = 50% ao ano no caso do projeto A. Caso o investidor no projeto A tenha determinado previamente que aceita projetos com *payback* inferior ou igual a três anos (ou seja, o tempo necessário para recuperar o investimento inicial é inferior ou igual a três anos), o projeto A será aceito.

Portanto, para utilizar o critério do *payback* é necessário previamente escolher um período ou tempo limite para recuperação do investimento inicial.

Na maioria das vezes, os números não são perfeitos, como no exemplo anterior, e é necessário utilizar frações. Imagine que os fluxos do projeto A fossem $ 4.000 no primeiro ano e $ 9.000 no segundo ano.

Tabela 6.3   Projeto A

Período (ano)	Projeto A
0 (momento do investimento)	($ 10.000)
1	$ 4.000
2	$ 9.000

Nesse caso, o investimento seria recuperado em algum momento do segundo ano. Como foram recuperados $ 4.000 no primeiro ano, restaram $ 6.000 para serem recuperados no período seguinte.

Podemos calcular o período do ano em que o investimento será recuperado supondo que o fluxo de $ 9.000 ocorra de maneira uniforme durante o ano. Teríamos, então, $ 6.000/$ 9.000 = 6/9 = 2/3. Ou seja, o investimento seria recuperado em um ano mais 2/3 de ano. Se preferir, em um ano e oito meses.

Tempo de retorno (*payback*) descontado

O *payback* descontado é semelhante ao *payback* regular com a exceção de que os fluxos de caixa esperados são descontados pelo custo de capital do projeto (Weston e Brigham, 2000).

O primeiro passo para calcular o tempo de retorno descontado de um projeto de investimento, segundo Weston e Brigham (2000), é descontar os fluxos incrementais líquidos por uma taxa que represente o custo de capital do projeto. Essa taxa não é constante, e varia de organização para organização, dependendo, basicamente, da estrutura de capital que a empresa possui (relação entre capital próprio e de terceiros).

Posteriormente, deve-se acumular (somando) os fluxos descontados até que se complete o valor desembolsado para implementar o investimento. Dessa forma, obtém-se o tempo necessário para que o valor investido seja recuperado. Essa metodologia de cálculo é ilustrada, na Figura 6.5, utilizando-se os dados do projeto de investimento apresentado e adotando um custo de capital de 18% ao ano.

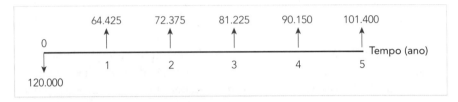

Figura 6.5 Valor do projeto e seu fluxo de caixa.

64425	CHS	FV	1	n	18	i	0	PMT	PV	= 54.597,46
72375	CHS	FV	2	n					PV	= 51.978,60
81225	CHS	FV	3	n					PV	= 49.436,04
90150	CHS	FV	4	n					PV	= 46.498,37
101400	CHS	FV	5	n					PV	= 44.322,87

Figura 6.6 Cálculo dos fluxos descontados na calculadora HP-12C.

Tabela 6.4 Cálculo do tempo de retorno descontado do projeto de investimento

| | \multicolumn{5}{c}{Horizonte de análise} |
	Ano 1	Ano 2	Ano 3	Ano 4	Ano 5
Fluxos descontados	54.597,46	51.978,60	49.436,04	46.498,37	44.322,87
Montantes necessários para recuperação do investimento	54.597,46 100%	51.978,60 100%	13.423,94 27,15%	#	#
Fluxos acumulados	54.597,46	106.576,06	120.000	#	#

O valor total a ser desembolsado para implementar esse projeto de investimento é $ 120.000. No primeiro ano, serão recuperados $ 54.597,46, por meio do fluxo incremental líquido descontado. Precisa-se de 100% desse valor para recuperar uma parte do valor investido. No segundo ano, recuperam-se mais $ 51.978,60, o que totaliza um valor recuperado de $ 106.576,06 nos dois primeiros anos. Portanto, precisa-se também de 100% do fluxo do *segundo* ano. Para atingir o valor de $ 120.000, falta um montante de $ 13.423,94. Como a HP-12C guarda na memória os últimos valores calculados para as funções financeiras (n, i, PV, PMT e FV), deve-se inserir, na função que não está sendo utilizada, o valor 0.[1]

No cálculo apresentado, ao se inserir 0 na função PMT, eliminou-se o valor que estava armazenado na memória e que poderia afetá-lo. Outra opção seria limpar todos os valores armazenados nas funções financeiras. Caso seja necessário, pode-se expressar a parte fracionária do número encontrado em outras unidades de tempo. Considerando que um ano comercial possui 360 dias, é possível calcular que 0,2715 ano é igual a 98 dias ou três meses e oito dias. O tempo de retorno descontado de 2,2715 anos equivale a dois anos, três meses e oito dias.

Payback e VPL

Quando comparamos o *payback* com o VPL nos deparamos com três limitações muito graves.

Primeira limitação: repare que, quando calculamos o período de *payback* para o projeto A, não levamos em consideração qualquer taxa de desconto. Isso significa que o valor do dinheiro no tempo foi totalmente ignorado. Vamos recordar a Tabela 6.2, na qual são apresentados os dois projetos.

Observe que, como o período assumido é o ano, ambos os projetos (A e B) possuem um *payback* de dois anos. Portanto, a primeira limitação no cálculo clássico do *payback* está em não considerar o valor do dinheiro no tempo. Receber $ 8.000 no momento 1 é melhor que receber $ 8.000 no momento 2.

Qualquer que seja a taxa de juros utilizada para trazer os fluxos de entradas dos momentos 1 e 2 para o momento zero fará com que o projeto A seja uma opção melhor de investimento.

Segunda limitação: o *payback* também não considera diferenças no risco do projeto. Quando utilizamos uma taxa de desconto para calcular o VPL de um projeto estamos levando o risco associado a esse projeto. O cálculo do *payback* para um projeto muito arriscado e para um projeto seguro seria feito exatamente da mesma maneira, como mostrado anteriormente.

Como corrigir as duas primeiras limitações?

Desconte os fluxos de caixa projetados pelo custo do capital empatado para realizar o investimento.

Esse custo de capital contemplará uma média do custo do capital de terceiros e do custo do capital próprio. Para definir o custo do capital próprio,

---

1. A HP-12C demora algum tempo para fornecer o resultado, pois utiliza também o método de tentativa e erro. Enquanto o cálculo estiver sendo elaborado, a mensagem *running* aparecerá no visor.

leva-se em consideração o risco do investimento. Portanto, a taxa de desconto contempla o risco do investimento.

Terceira limitação (e a mais séria): é mais importante e não podemos realizar nenhum tipo de adaptação. Vejamos no exemplo da Tabela 6.5.

Tabela 6.5   Projetos X e Y

Período (ano)	Projeto X	Projeto Y
0 (momento do investimento)	($ 10.000)	($ 10.000)
1	$ 4.000	$ 5.000
2	$ 4.000	$ 6.250
3	$ 4.000	$ 0
4	$ 4.000	$ 0

Vamos supor que o investidor considere apropriado um período de *payback* menor ou igual a dois anos. Repare que os dois projetos demandam investimento de $ 10.000.

Fazendo os cálculos como mostramos anteriormente, teríamos:

Payback do projeto X = 2 + $ 2.000/$ 4.000 = 2,5 anos.

Payback do projeto Y = 1 + $ 5.000/$ 6.250 = 1,8 ano.

Pelo critério do *payback*, o projeto X seria recusado, e o projeto Y seria aceito.

O que queremos saber é se realmente essa é a melhor decisão. Para responder a tal questão vamos imaginar que o custo do capital investido nesses projetos seja de 10% e vamos calcular o VPL.

$$VPL\ X = -\$\ 10.000 + \frac{\$\ 4.000}{(1+0,10)} + \frac{\$\ 4.000}{(1+0,10)^2} + \frac{\$\ 4.000}{(1+0,10)^3} + \frac{\$\ 4.000}{(1+0,10)^4} =$$

$$VPL\ Y = \$\ 2.679,46$$

$$VPL\ Y = -\$\ 10.000 + \frac{\$\ 5.000}{(1+0,10)} + \frac{\$\ 6.250}{(1+0,10)^2} =$$

$$VPL\ Y = -\$\ 289,25$$

Nesse caso, chegamos a uma situação de impasse. Na verdade, o VPL do projeto Y, que foi escolhido pelo critério do *payback*, é negativo. Isso significa que esse projeto reduz o valor do capital dos acionistas.

Por sua vez, o VPL do projeto X, que foi de $ 2.679,46 e recusado pelo critério do *payback*, é um projeto que aumenta a riqueza dos acionistas.

O *payback* "empurra" a preferência dos investidores para os projetos de retorno mais rápido, enquanto a preferência deveria recair sobre os projetos de maior valor agregado para o acionista.

Com esse exemplo acreditamos que conseguimos convencer definitivamente o leitor das deficiências do *payback*.

O exemplo anterior mostra que, quando não levamos em consideração o valor do dinheiro no tempo, corremos o risco de aceitar projetos que valem menos do que custam, como é o caso do projeto Y. Esse projeto custa $ 10.000 e, na verdade, vale $ –289,25.

Por outro lado, quando ignoramos os fluxos de caixa depois do período limite determinado, estamos correndo o risco de ignorar projetos rentáveis para o acionista em longo prazo, como no caso do projeto X. Por essa razão afirmamos que o *payback* possui um viés de curto prazo. Para finalizar, temos que destacar que não existe fundamentação econômica na escolha de um período limite correto. Isso significa que a escolha do período limite é arbitrária.

Vamos resumir o que dissemos até aqui sobre o *payback*:

1. O *payback* não leva em consideração o valor do dinheiro no tempo. Ou seja, o *payback* apenas soma os fluxos de caixa sem aplicar qualquer taxa de desconto (limitação corrigível).
2. O *payback* também não leva em consideração as diferenças de risco nos projetos. Calculamos o *payback* de um projeto muito arriscado e de um projeto pouco arriscado exatamente da mesma maneira (limitação corrigível).
3. O *payback* ignora os fluxos de caixa posteriores ao período limite de recuperação do investimento (limitação incorrigível).
4. Ao não levar em consideração o valor do dinheiro no tempo, o *payback* pode nos induzir a aceitar projetos que, na verdade, valem menos que o investimento.
5. Ao não levar em consideração os fluxos de caixa após o período limite de recuperação do investimento, o *payback* pode nos induzir a rejeitar projetos que aumentam o valor para o acionista no longo prazo.
6. A escolha de um período limite para retorno é arbitrária. Na verdade, a informação relevante é o impacto que o investimento terá sobre o valor da empresa para o acionista, e não o tempo necessário para recuperar o investimento inicial.

Considerações sobre o *payback*

A maioria das organizações atua em ambientes turbulentos, nos quais as mudanças são rápidas e constantes. Diante desse cenário, quanto maior for o tempo necessário para se recuperar um investimento, maior será o risco de que as mudanças estarão ocorrendo. Para contornar esse problema, durante o processo de hierarquização de projetos de investimento, algumas organizações estipulam tempos de retorno limite. Por exemplo, uma organização selecionará somente os investimentos que tenham tempo de retorno máximo de três anos.

Utilizando o tempo de retorno como técnica de análise de investimento, quanto menor for o número encontrado, melhor será o investimento.

A grande restrição levantada para a eficácia do tempo de retorno, como técnica de análise de investimento, é o fato de se desconsiderarem os fluxos incrementais líquidos que entrarão no caixa após a recuperação do valor investido. Essa afirmação pode ser mais bem compreendida utilizando-se um exemplo. Suponha que uma organização tenha somente um valor de $ 50.000 para investir, com dois projetos de investimento em análise, e que o seu custo de capital seja de 22% ao ano (Figura 6.7).

Figura 6.7 Projeto de investimento A (valor e seus respectivos fluxos incrementais líquidos).

Figura 6.8 Projeto de investimento B (valor e seus respectivos fluxos incrementais líquidos).

Tabela 6.6 Cálculo do tempo de retorno descontado do projeto de investimento A

	Horizonte de análise				
	Ano 1	Ano 2	Ano 3	Ano 4	Ano 5
Fluxos descontados	20.491,80	22.843,32	15.970,50	9.930,78	6.659,99
Fluxos necessários para recuperação do investimento	20.491,80 100%	22.843,32 100%	6.664,88 41,73%	#	#
Fluxos acumulados	20.491,80	43.335,12	50.000	#	#

Tempo de retorno descontado do investimento A: 2,4173 anos.

Tabela 6.7 Cálculo do tempo de retorno descontado do projeto de investimento B

	Horizonte de análise				
	Ano 1	Ano 2	Ano 3	Ano 4	Ano 5
Fluxos descontados	16.393,44	16.796,56	16.521,21	15.798,97	14.799,97
Fluxos necessários para recuperação do investimento	16.393,44 100%	16.796,56 100%	16.521,21 100%	288,79 1,83%	#
Fluxos acumulados	16.393,44	33.190	49.711,21	50.000	#

Tempo de retorno descontado do investimento B: 3,0183 anos.

Utilizando a técnica do tempo de retorno, a organização deveria optar pelo projeto de investimento A, pois é o que recupera o valor investido em menos tempo. O problema dessa decisão é que, no longo prazo, os fluxos incrementais líquidos do projeto B tornam-se progressivamente maiores, enquanto os do projeto A tornam-se menores. Essa é a grande restrição atribuída a essa técnica, pois a metodologia de cálculo do tempo de retorno desconsidera que, no longo prazo, o projeto B é melhor. Em cinco anos, o projeto B trará um retorno total de $ 80.310,15 (Σ dos fluxos incrementais descontados), enquanto o projeto A trará $ 75.896,39.

Outra restrição importante é que o tempo de retorno encontrado para um projeto de investimento não tem relação direta com o grande objetivo da administração financeira, que é a busca da maximização do valor das organizações.

Apesar dessas restrições, não se pode negar a importância da técnica do tempo de retorno para avaliar projetos de investimento. Gitman (2001) afirma que tal técnica é amplamente utilizada por grandes organizações para avaliar pequenos projetos, e por pequenas para avaliar a maioria dos projetos. Ross, Westerfield e Jaffe (2010) afirmam que o critério do *payback* é bastante utilizado por empresas grandes na tomada de decisões rápidas que envolvem montantes pequenos.

O papel da técnica do tempo de retorno, no processo de análise de investimentos, é resumido por Assaf Neto (2003) ao concluir que é uma medida auxiliar, sendo indispensável o uso simultâneo de outras técnicas mais sofisticadas, evitando que a decisão de investir seja baseada, com mais intensidade, somente no tempo de retorno.

Taxa interna de retorno (TIR)

De forma simplificada, pode-se dizer que a TIR é uma medida da rentabilidade de um projeto de investimento expressa por meio de uma taxa de juros, normalmente anual. Na literatura financeira, dentre as definições de TIR, acredita-se que a mais clara seja a formulada por Gitman (2001): "TIR é a taxa de desconto que iguala o valor presente de fluxos de entrada de caixa com o investimento associado a um projeto".

Por meio dessa definição, pode-se elaborar uma equação para obter a TIR:

$$Cf_0 + \frac{Cf_1}{(1+TIR)^1} + \frac{Cf_2}{(1+TIR)^2} + \ldots + \frac{Cf_n}{(1+TIR)^n} = 0$$

Onde Cf_0 é o valor do projeto e Cf são os valores dos fluxos incrementais líquidos.

A seguir, será calculada a TIR do projeto de investimento apresentado inicialmente:

$$-120.000 + \frac{64.425}{(1+TIR)^1} + \frac{72.375}{(1+TIR)^2} + \frac{81.225}{(1+TIR)^3} + \frac{90.150}{(1+TIR)^4} + \frac{101.400}{(1+TIR)^5} = 0$$

A resolução dessa equação só é possível utilizando o método de tentativa e erro, ou seja, deve-se atribuir, aleatoriamente, uma taxa para verificar se a solução encontrada será igual a zero. Caso o resultado encontrado seja maior que zero (positivo), deve-se recalcular a equação utilizando uma taxa mais alta. Caso seja menor que zero (negativo), deve-se utilizar uma taxa mais baixa. O processo deve ser repetido até que a taxa utilizada faça com que o resultado da equação seja igual a zero.

Uma metodologia muito útil para a obtenção da TIR é o uso do sistema binário, em que uma série de taxas é testada.

Inicia-se o teste obtendo a taxa mediana, no caso 75%, e dividindo a tabela em duas partes: a superior, com taxas acima de 75%, e a inferior, com taxas abaixo de 75%.

- Se o VPL obtido for maior que zero, utiliza-se a mediana da parte superior da tabela (115%) e repete-se o processo desde o início.
- Se o VPL obtido for negativo, utiliza-se a mediana da parte inferior da tabela (35%) e repete-se o processo desde o início.
- Se o VPL obtido for igual a zero, essa é a taxa interna de retorno.

Esse cálculo pode ser feito de forma mais rápida, caso se utilize uma calculadora financeira.

Resultado obtido no cálculo: TIR de 55,25% ao ano.

Tabela 6.8 Taxas para cálculo da TIR – tentativa e erro

Ordem	TIR	VPL
1	150%	(R$ 29.642,17)
2	140%	(R$ 29.468,69)
3	130%	(R$ 29.058,66)
4	120%	(R$ 28.326,50)
5	110%	(R$ 27.152,86)
6	100%	(R$ 25.368,75)
7	90%	(R$ 22.730,97)
8	80%	(R$ 18.882,73)
9	70%	(R$ 13.289,27)
10	60%	(R$ 5.129,07)
11	50%	R$ 6.895,88
12	40%	R$ 24.903,83
13	30%	R$ 52.483,07
14	20%	R$ 95.982,19
15	10%	R$ 167.220,78
16	0%	R$ 289.575

Para utilizar a TIR como critério de aceitação ou não de um projeto de investimento, deve-se comparar o resultado encontrado com outra taxa. Weston e Brigham (2000) sugerem que se utilize o custo de capital da organização ou uma taxa exigida de retorno. A sugestão de Assaf Neto (2003) é que se compare a TIR com a rentabilidade mínima requerida pela organização para seus investimentos. No exemplo elaborado, caso a taxa mínima de retorno estipulada pela organização fosse menor que 55,25% ao ano, o projeto deveria ser implementado; caso contrário, não.

Figura 6.9 Cálculo da TIR na calculadora HP-12C.

Considerações sobre a TIR

O cálculo da TIR apresenta um pressuposto que, na prática, faz com que a taxa encontrada não seja verdadeira. Ao implementar o projeto de investimento, a organização receberá os fluxos incrementais líquidos ao longo do tempo. Tais fluxos não ficarão parados no caixa e deverão ser reinvestidos.

O cálculo da TIR parte do pressuposto de que os fluxos serão reinvestidos à própria taxa que foi encontrada. Sendo assim, a TIR de 55,25% somente será verdadeira caso se reinvistam os fluxos incrementais líquidos, à medida que eles entrem no caixa, a uma taxa de 55,25% ao ano, até o final do horizonte de análise do projeto (cinco anos).

Caso as taxas de reinvestimento dos fluxos incrementais líquidos encontradas no futuro sejam superiores à TIR, o projeto terá uma taxa real de retorno superior a 55,25% ao ano. Caso contrário, a taxa real será inferior.

Na prática, é muito difícil reinvestir todos os fluxos à TIR encontrada. Portanto, deve-se buscar taxas mais realistas, as quais serão utilizadas para reaplicação dos fluxos incrementais líquidos. Esse tipo de cálculo é conhecido como TIR *modificada*.

Taxa interna de retorno modificada (TIRM)

A metodologia de cálculo da TIRM é simples. O primeiro passo é reinvestir cada um dos fluxos incrementais líquidos até o final do horizonte de análise do projeto, utilizando uma taxa mais coerente. Weston e Brigham (2000) sugerem que se utilize o custo de capital da organização. Posteriormente, deve-se somar todos os fluxos reinvestidos, mais o fluxo do último ano, obtendo o valor terminal (VT) do investimento. A TIRM é obtida ao comparar o valor do investimento com o valor terminal.

Na Figura 6.11, é calculada a TIRM do projeto de investimento apresentado anteriormente, utilizando taxa de reinvestimento de 27% ao ano.

$$VT = 167.598,19 + 148.251,72 + 131.007,80 + 114.490,50 + 101.400,00$$
$$VT = \$ 662.748,21$$

Resultado obtido no cálculo: TIRM de 40,75% ao ano.

A TIRM obtida para esse projeto de investimento é menor que a TIR, porque a taxa de reinvestimento utilizada no cálculo foi 27% ao ano, enquanto a TIR é 55,25%.

Análise de investimentos de capital de longo prazo 259

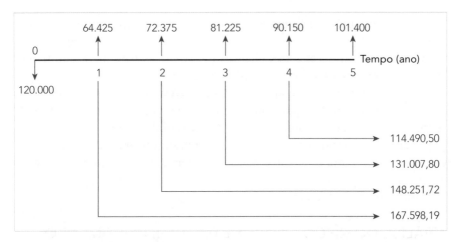

Figura 6.10 Cálculo da TIRM.

64.425	CHS	FV	4	n	27	i	0	PMT	PV	=	167.598,19
72.375	CHS	FV	3	n		PV				=	148.251,72
81.225	CHS	FV	2	n		PV				=	131.007,80
90.150	CHS	FV	1	n		PV				=	114.490,50

Figura 6.11 Cálculo do reinvestimento dos fluxos incrementais líquidos na calculadora HP-12C.

120.000,00 CHS PV
662.748,21 FV
5 n
0 PMT i

Figura 6.12 Cálculo da TIRM na calculadora HP-12c.

Considerações sobre TIRM

Além de o cálculo da TIRM ser mais coerente, ele é importante para demonstrar que a rentabilidade de um projeto de investimento depende também das taxas de reinvestimento, e não somente dos fluxos incrementais líquidos que serão gerados.

Acredita-se que não há uma técnica melhor em relação à outra, pois todas fornecem informações importantes. Portanto, sugere-se que as organizações utilizem, no mínimo, essas três técnicas quantitativas para hierarquizar seus projetos de investimento e consolidar seu orçamento de capital.

Essa opinião também é compartilhada por Weston e Brigham (2000), pois os autores comentam que, para qualquer decisão específica, mais peso poderia ser dado a uma técnica do que à outra, mas seria tolice ignorar a informação proporcionada pelas demais. Além disso, lembram que empresas como IBM, GE e General Motors calculam e consideram várias técnicas de análise de investimento, pois cada uma proporciona aos tomadores de decisão informação relevante, um tanto diferente das outras.

ANÁLISE DO RISCO EM PROJETOS DE INVESTIMENTO

No processo de análise de projetos de investimento, já se comentou que a etapa mais complexa é a projeção dos fluxos incrementais líquidos que eles gerarão. Até o momento, foi suposto que os projetos gerariam apenas uma alternativa de fluxos. Considerou-se, nessas projeções, um cenário realista, ou seja, o que mais tem probabilidade de ocorrer. As organizações não têm controle sobre as variáveis ambientais que podem afetar a implementação do projeto, como fornecedores, concorrentes, clientes, sindicatos, políticas governamentais e crises internacionais. Esses fatores, na prática, podem afetar os fluxos previstos, tanto positiva como negativamente.

Diante dessa constatação, as organizações devem estar conscientes de que a incerteza está associada à implementação de projetos de investimento, e deve ser considerada no processo de análise. Sempre que a incerteza puder ser mensurada, pode-se dizer que a decisão de investir está sendo tomada sob uma situação de risco.

Dependendo do contexto, pode-se encontrar muitas definições para a palavra *risco*. Gitman (2001) afirma que risco, dentro do contexto do orçamento de capital, refere-se ao grau de variabilidade de fluxos de caixa.

Assaf Neto (2003) comenta que, nas decisões de investimento, o risco pode ser considerado de forma explícita ou implícita. Na forma explícita, há variações nos fluxos incrementais líquidos, de modo que a taxa de desconto utilizada para a avaliação é considerada como sem risco. Na forma implícita, o risco pode ser inserido na taxa de desconto selecionada para a análise dos fluxos incrementais líquidos, adicionando-se uma taxa de juros como prêmio pelo risco assumido.

Pode-se identificar, de acordo com Weston e Brigham (2000), três tipos distintos de risco em projetos de investimento: o risco do próprio projeto, o risco da empresa e o risco de mercado (risco *beta*). Este capítulo preocupa-se apenas em abordar o primeiro tipo, utilizando as duas técnicas mais conhecidas: a *análise de sensibilidade* e a *análise de cenários*. Também será apresentada a importância da flexibilidade em projetos de investimento, pelos conceitos de árvores de decisão e opção de abandono.

Análise de sensibilidade

Para a obtenção do fluxo de caixa incremental líquido de um investimento é necessário projetar várias variáveis, como receitas e despesas operacionais e custo do produto vendido. O objetivo da análise de sensibilidade é verificar o impacto no valor presente líquido, caso uma dessas variáveis seja alterada.

A técnica da análise de sensibilidade deve ser utilizada, segundo Souza e Clemente (2004), em casos em que há poucos componentes do fluxo incremental sujeitos a aleatoriedade e se o grau dessa aleatoriedade for baixo.

Para a elaboração da análise de sensibilidade deve-se escolher uma variável e projetar incrementos negativos e positivos para ela, mantendo as demais constantes. Utilizando os novos valores para as variáveis, encontra-se outro fluxo incremental líquido e calcula-se um novo VPL. Dessa forma, pode-se observar os impactos no VPL do projeto de investimento caso uma variável sofra alterações. Entretanto, essa análise de cada variável de maneira isolada pode ser considerada uma limitação dessa técnica, dado que na realidade as diversas variáveis coexistem e estão relacionadas (Ross, Westerfield e Jaffe, 2010).

Utilizando o projeto de investimento, citado nos próximos capítulos, e seus respectivos fluxos incrementais, serão elaboradas análises de sensibilidade considerando alterações em três variáveis: receitas, CPV (custo do produto vendido) e despesas operacionais. Além do cenário realista, que foi utilizado para a elaboração da Tabela 6.1, foram levados em conta dois outros cenários. Tanto no cenário otimista como no pessimista foram consideradas alterações (reduções ou aumentos) de 30% nas variáveis.

Com o intuito de facilitar a visualização dos impactos que a alteração de uma variável gera nos fluxos incrementais líquidos, foram elaborados três quadros, utilizando-se o aumento de 30% nas variáveis. Os aumentos incidiram sobre os valores originais, que constam na Tabela 6.9.

A Tabela 6.12 apresenta o VPL original do projeto de investimento (alteração "0" nas variáveis), assim como os VPLs calculados por meio dos fluxos de caixa incrementais líquidos gerados com as alterações de 30% nas variáveis. Para os cálculos dos VPLs, utilizou-se uma TMA constante de 20% ao ano e um valor de $ 120.000 para implementação do projeto de investimento.

Tabela 6.9 Fluxos líquidos com aumento de 30% nas receitas operacionais

Previsões de entradas e saídas ($)	Ano 1	Ano 2	Ano 3	Ano 4	Ano 5
Receitas operacionais	312.000	336.960	363.870	392.990	424.450
Custo do produto vendido	(154.570)	(162.370)	(170.430)	(180.180)	(188.110)
Resultado bruto	157.430	174.590	193.440	212.810	236.340
Despesas operacionais	(43.200)	(45.800)	(48.500)	(51.500)	(54.600)
Despesas de depreciação	(24.000)	(24.000)	(24.000)	(24.000)	(24.000)
Resultado operacional	90.230	104.790	120.940	137.310	157.740
Provisão para IR (25%)	(22.558)	(26.198)	(30.235)	(34.328)	(39.435)
Resultado líquido	67.672	78.592	90.705	102.982	118.305
Despesas de depreciação	24.000	24.000	24.000	24.000	24.000
Fluxo incremental líquido	91.672	102.592	114.705	126.982	142.305

Tabela 6.10 Fluxos líquidos com aumento de 30% no CPV

Previsões de entradas e saídas ($)	Ano 1	Ano 2	Ano 3	Ano 4	Ano 5
Receitas operacionais	240.000	259.200	279.900	302.300	326.500
Custo do produto vendido	(154.570)	(162.370)	(170.430)	(180.180)	(188.110)
Resultado bruto	85.430	96.830	109.470	122.120	138.390
Despesas operacionais	(43.200)	(45.800)	(48.500)	(51.500)	(54.600)
Despesas de depreciação	(24.000)	(24.000)	(24.000)	(24.000)	(24.000)
Resultado operacional	18.230	27.030	36.970	46.620	59.790
Provisão para IR (25%)	4.558	6.758	9.243	11.655	14.948
Resultado líquido	13.672	20.272	27.727	34.965	44.842
Despesas de depreciação	24.000	24.000	24.000	24.000	24.000
Fluxo incremental líquido	37.672	44.272	51.727	58.965	68.842

Tabela 6.11 Fluxos líquidos com aumento de 30% nas despesas operacionais

Previsões de entradas e saídas ($)	Ano 1	Ano 2	Ano 3	Ano 4	Ano 5
Receitas operacionais	240.000	259.200	279.900	302.300	326.500
Custo do produto vendido	(118.900)	(124.900)	(131.100)	(138.600)	(144.700)
Resultado bruto	121.100	134.300	148.800	163.700	181.800
Despesas operacionais*	(56.160)	(59.540)	(63.050)	(66.950)	(70.980)
Despesas de depreciação	(24.000)	(24.000)	(24.000)	(24.000)	(24.000)
Resultado operacional	40.940	50.760	61.750	72.750	86.820

(continua)

Tabela 6.11 Fluxos líquidos com aumento de 30% nas despesas operacionais
(continuação)

	Horizonte de análise do projeto de investimento				
Previsões de entradas e saídas ($)	Ano 1	Ano 2	Ano 3	Ano 4	Ano 5
Provisão para IR (25%)	(10.235)	(12.690)	(15.438)	(18.188)	(21.705)
Resultado líquido	30.705	38.070	46.312	54.562	65.115
Despesas de depreciação*	24.000	24.000	24.000	24.000	24.000
Fluxo incremental líquido	54.705	62.070	70.312	78.562	89.115

* Como o CPV é composto, basicamente, por custos variáveis, um aumento nas vendas gerará, consequentemente, um aumento no CPV (considerou-se um aumento proporcional de 30%).

Tabela 6.12 Análises de sensibilidade do projeto de investimento

	Valores presentes líquidos		
Alterações nas variáveis	Receita operacional	CPV	Despesa operacional
30%	212.444,64	28.174,49	83.081,57
0	115.178,63	115.178,63	115.178,63
(30%)	17.912,62	202.182,76	147.275,68

Pode-se concluir que o projeto não apresenta grande risco, pois mesmo que ocorra queda de 30% nas receitas ou aumento de 30% no CPV ou nas despesas operacionais, os VPLs continuam sempre positivos. Quanto à análise de sensibilidade, verifica-se que o projeto é menos sensível a alterações nas despesas operacionais porque, caso elas ocorram, a variação nos VPLs será menor, de $ 83.081,57 a $ 147.275,68. Por outro lado, ele se mostra mais sensível a alterações nas receitas e no CPV, principalmente nas receitas, onde a variação nos VPLs será maior, de $ 17.912,62 a $ 212.444,64.

Análise de cenários

A análise de cenários é uma técnica similar à análise de sensibilidade, pois ela também usa o cálculo do VPL como parâmetro. A diferença entre elas é que, na análise de cenários, são atribuídas probabilidades aos diversos VPLs calculados. Essa técnica é uma variação da análise de sensibilidade, considerando o movimento conjunto dos vários fatores sob cenários distintos, minimizando o problema da análise de sensibilidade de observar apenas uma variável de cada vez (Ross, Westerfield e Jaffe, 2010)

Suponha que uma organização esteja analisando um projeto de investimento e preveja que poderão ocorrer cenários diferentes. Para cada um, são elaboradas as projeções do fluxo de caixa incremental líquido e é calculado o VPL correspondente. Posteriormente, deve-se atribuir as probabilidades de ocorrência de cada cenário.

Apesar das mudanças constantes que ocorrem no mercado, acredita-se que as organizações tenham conhecimento razoável dos fatores ambientais que exercem influência no mercado onde atuam. Portanto, as empresas têm condições de prever, com certo nível de exatidão, se os cenários são mais ou menos favoráveis. Acredita-se que a maior dificuldade esteja na atribuição de probabilidades à ocorrência desses cenários.

A Tabela 6.13 apresenta os VPLs de um projeto de investimento calculados de acordo com cenários mais favoráveis ou menos favoráveis, que podem ocorrer durante sua implementação. Por meio de uma análise ambiental consistente foram atribuídas probabilidades de ocorrência para cada um dos cinco cenários. Com essas informações, são calculadas três medidas estatísticas – média ponderada, desvio-padrão e coeficiente de variação –, que podem ser utilizadas para medir o risco e o retorno do projeto em questão.

Tabela 6.13 Análise de cenários

Cenário	Valores presentes líquidos	Probabilidade de ocorrência
Muito pessimista	($ 22.410)	15%
Pessimista	$ 1.310	20%
Realista	$ 15.840	40%
Otimista	$ 23.560	15%
Muito otimista	$ 37.730	10%

VPL esperado (média ponderada)

O VPL esperado é a média dos vários VPLs estimados pela probabilidade de ocorrência de cada um. Pode ser calculado pela fórmula:

$$VPL\ E = \Sigma\ P \times VPL$$

Utilizando essa fórmula, dentre os vários VPLs projetados, pode-se calcular o VPL esperado, ou seja, o VPL mais provável para esse projeto de investimento.

$$VPL\ E = -22.410 \times 0,15 + 1.310 \times 0,20 + 15.840 \times 0,40 + 23.560 \times 0,15 + 37.730 \times 0,10$$
$$VPL\ E = \$\ 10.544$$

Risco do VPL (desvio-padrão)

O VPL esperado é uma média ponderada; portanto, pode ocorrer, durante a implementação do projeto, um VPL diferente. O desvio-padrão é uma medida estatística que, nesse caso, tem por objetivo medir a variabilidade (grau de dispersão) dos outros possíveis VPLs em relação ao VPL esperado. O risco do VPL (desvio-padrão) pode ser calculado pela fórmula:

$$\text{Risco do VPL} = \sqrt{\Sigma\ P(VPL - VPLE)^2}$$

Utilizando essa fórmula, pode-se calcular a dispersão dos VPLs em relação ao VPL esperado. Quanto maior o valor encontrado para o risco do VPL (desvio-padrão), maior será o risco do projeto de investimento em questão, ou seja, maior a chance de que ocorra um VPL que não seja o VPL esperado.

$$\text{Risco do VPL} = \sqrt{0{,}15\ (-22.410 - 10.544)^2 + 0{,}20\ (1.310 - 10.544)^2 + 0{,}40\ (15.840 - 10.544)^2 + 0{,}15\ (23.560 - 10.544)^2 + 0{,}10\ (37.730 - 10.544)^2}$$

$$\text{Risco do VPL} = \sqrt{162.894.917 + 17.053.351 + 11.219.046 + 25.412.438 + 73.907.860}$$

$$\text{Risco do VPL} = \$\ 17.044$$

Coeficiente de compensação entre risco e retorno (coeficiente de variação)

Na prática, o retorno e o risco são grandezas diretamente proporcionais, ou seja, os investimentos que oferecem maior retorno são aqueles que apresentam os maiores riscos. Apesar disso, as organizações tendem a implementar projetos de investimento que ofereçam maior retorno e menor risco. Diante disso, torna-se importante utilizar uma medida que compare o retorno (VPL esperado) e o risco (risco do VPL) de um projeto.

Recorrendo à estatística, pode-se utilizar, para esse intuito, o cálculo do coeficiente de variação, que indica a dispersão relativa das variáveis, ou seja, o risco por unidade de retorno esperado. Nesta obra, o coeficiente de variação será chamado de coeficiente de compensação entre risco e retorno (CCRR), e pode ser obtido pela fórmula:

$$CCRR = \frac{\text{Risco do VPL}}{VPL\ E}$$

Utilizando essa fórmula, pode-se calcular o coeficiente de compensação entre risco e retorno do projeto de investimento em questão:

$$CCRR = \frac{17.044}{10.544} \qquad CCRR = 1{,}62$$

Quanto menor for o CCRR encontrado, melhor será o projeto de investimento sob a perspectiva da compensação entre o risco e o retorno que ele oferece.

Considerações sobre as medidas estatísticas na análise de cenários

As medidas estatísticas apresentadas podem ser utilizadas pela alta administração de uma organização para hierarquizar seus projetos de investimento e consolidar seu orçamento de capital. Ao utilizar tais medidas, obtêm-se informações sobre o retorno e o risco projetados para os investimentos em análise.

Basicamente, existem três perfis de investidor: conservador, moderado e arrojado. O conservador tem aversão ao risco e opta por investimentos com baixo risco, mesmo que o retorno esperado não seja alto. O arrojado busca retornos mais altos, mesmo que um alto risco esteja associado a ele. O moderado não toma sua decisão de investir, observando somente o risco ou o retorno; ele busca a ponderação entre essas variáveis.

Acredita-se que os altos executivos de uma organização também tomem suas decisões de investir com base no perfil que possuem. O conjunto desses perfis acaba refletindo o perfil da organização para investir. Diante dessa afirmação, pode-se concluir que a definição do orçamento de capital de uma organização é altamente influenciada pelo seu perfil.

Suponha que uma organização esteja diante de três projetos de investimento e que possa optar por somente um deles. As medidas estatísticas de risco e retorno desses projetos são apresentadas na Tabela 6.14.

Tabela 6.14 Medidas estatísticas de projetos de investimento

Medidas estatísticas	Projetos de investimento		
	A	B	C
VPL esperado	$ 10.544	$ 15.385	$ 8.650
Risco do VPL	$ 17.044	$ 27.310	$ 14.972
ICCR	1,62	1,78	1,73

Diante dessas opções, uma organização com perfil de investimento conservador optaria pelo projeto C, pois é o que apresenta o menor risco do VPL. Caso tivesse um perfil arrojado, optaria pelo projeto B, pois é o que oferece o maior VPL esperado. O projeto A seria escolhido por uma organização com perfil moderado, pois é o que oferece a melhor compensação entre o VPL esperado e o risco associado a ele.

Não se pode dizer que um projeto é melhor ou pior que outro, pois a escolha dependerá do risco que a organização está disposta a correr em relação ao retorno que deseja obter.

FLEXIBILIDADE EM PROJETOS DE INVESTIMENTO

Alguns projetos de investimento permitem uma implementação sequencial, ou seja, podem ser implementados em etapas. Em vez de desembolsar valor expressivo de uma só vez, pode-se implementar um projeto piloto e avaliar seus resultados, permitindo, posteriormente, que ele seja expandido ou abandonado.

A flexibilidade do projeto, ou seja, a opção de abandoná-lo permite que maiores prejuízos sejam evitados, caso as expectativas previamente estabelecidas não sejam atingidas. Essa flexibilidade gera, consequentemente, um projeto com menor risco. Brealey et al. (2002) comentam que os executivos valorizam mais os projetos flexíveis, aqueles que permitam minimizar o efeito de surpresas desagradáveis e capitalizar as agradáveis. Segundo eles, quanto mais incerto é o futuro, mais valiosa é a flexibilidade do projeto.

Projetos de investimento flexíveis geram, durante sua implementação, opções de expansão e de abandono.

Opções de expansão

A opção de expansão consiste em expandir as atividades quando as condições econômicas são favoráveis, e é proveitosa quando a demanda é elevada (Ross, Westerfield e Jaffe, 2010).

Desse modo, suponha que uma construtora preveja que haverá, após 10 anos, forte crescimento de determinada cidade em direção à Região Sul. Atualmente, os terrenos nessa região estão com preço convidativo, mas não seria interessante, no momento, iniciar a construção de um condomínio fechado de casas, pois o local ainda não é atrativo.

Caso a construtora possua recursos para investir, ela pode adquirir o terreno e aguardar, durante alguns anos, que suas projeções de crescimento e valorização da região se concretizem. Diante do cenário favorável, pode-se iniciar a construção do condomínio. Obviamente, caso não ocorra o crescimento previsto, a opção de expansão do projeto de investimento não poderá ser concretizada, mas, por outro lado, o prejuízo será infinitamente menor em relação à opção de iniciar a obra imediatamente após a compra do terreno. Diante dessa flexibilidade, o projeto torna-se menos arriscado.

Opções de abandono

A opção de abandono consiste em desistir de um projeto ou investimento. Dando continuidade ao exemplo do projeto de investimento da construtora, o terreno adquirido poderá ser vendido no futuro, caso a previsão de crescimento da região não se concretize. A possibilidade de encerrar um projeto durante sua implementação é chamada de opção de abandono.

Van Horne (2002) propõe duas regras gerais para que as organizações optem pelo abandono de um projeto de investimento:

1. Os recursos financeiros a serem obtidos com a opção de abandoná-lo superam os fluxos incrementais líquidos que entrariam no caixa, caso tivesse continuidade.
2. O cenário que se projeta indica que, financeiramente, é mais vantajoso abandonar o projeto nesse momento que mantê-lo por mais tempo, protelando a decisão para o futuro.

No caso da construtora, a opção de abandonar o projeto faria com que o terreno adquirido fosse colocado à venda. O valor apurado nessa venda é chamado de valor de abandono.

Em relação ao valor de abandono de um projeto de investimento, Assaf Neto (2003) faz duas sugestões:

1. Os projetos devem ser avaliados a cada intervalo de tempo para determinar se o valor de abandono excede ou não o valor presente de mantê-los.
2. A estimativa do valor de abandono deve ser feita, também, na suposição de os ativos não serem alienados no mercado, mas direcionados para outros setores da organização.

Árvores de decisão

Quando uma organização está diante de um projeto de investimento flexível, os eventos que poderão ocorrer e as opções de decisão podem ser representados graficamente por meio de um diagrama, conhecido como árvore de decisão. Suponha que uma organização que atua no segmento de bebidas esteja desenvolvendo a tecnologia para fabricação de cervejas *diet*. Em vez de passar a produzir e distribuir a cerveja em nível nacional, opta-se pela utilização de um projeto piloto, ou seja, em uma primeira etapa, a produção será em pequena escala e o lançamento ocorrerá em apenas uma região do país. A árvore de decisão permite visualizar se vale a pena correr o risco de implementar o projeto-piloto, levando-se em conta que há a probabilidade de o produto não ser aceito no mercado.

A estruturação e a implementação da primeira fase levará um ano e custará $ 120.000. A organização prevê que o projeto piloto tem 60% de chance de obter sucesso, ou seja, 60% de chance de o produto atingir o nível de vendas orçado. Nesse caso, será construída uma nova fábrica para produzir somente a cerveja *diet*, que exigirá um novo investimento de $ 850.000 e que projeta fluxos incrementais líquidos anuais de $ 330.000 para os cinco anos subsequentes. Caso se adote uma TMA de 22% ao ano, o VPL dessa nova etapa do investimento será de $ 95.001,12. Por outro lado, há 40% de chance de o projeto fracassar. Nessa circunstância, será considerado que o abandono do projeto gera um VPL de $ 5.400.

Diante desses dados, surge uma dúvida: vale a pena implementar o projeto piloto? Analisando-o, verifica-se que a implementação do projeto tem 40% de probabilidade de gerar um VPL de $ 5.400 e 60% de um VPL de $ 95.001,12. Calculando o VPL esperado, obtém-se $ 54.840,67 como resultado (95.001,12 * 0,60 − 5.400 * 0,40).

Conclui-se que o projeto piloto oferece VPL de $ 54.840,67 sobre um investimento inicial de $ 120.000. Portanto, trata-se de um projeto interessante, apesar do risco inerente.

Todos esses dados podem ser representados por uma árvore de decisão (Figura 6.13). Por convenção, os autores representam as decisões que podem ser tomadas por meio de quadrados, e os eventos que poderão ocorrer por meio de círculos.

Esse exemplo mostra a árvore de decisão como uma ferramenta que serve para identificar as decisões sequenciais na análise de VPL.

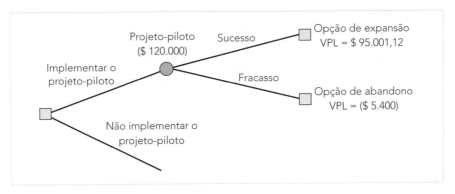

Figura 6.13 Árvore de decisão de um projeto de investimento.

CRÍTICAS AOS MODELOS DE AVALIAÇÃO DE PROJETOS

Segundo Rigolon (1999) apud Vicente e Pereira Jr. (2005), ao longo dos últimos anos a eficiência dos métodos tradicionais (TIR e VPL) vem sendo constantemente questionada. Dixit e Pindyck (1994) apud Vicente e Pereira Jr. (2005), por exemplo, indagam que a sua utilização pode levar a decisões de investimento erradas. A razão é que eles ignoram duas características importantes dessas decisões: a irreversibilidade, ou seja, o fato de que o investimento é um custo afundado, de modo que o investidor não consegue recuperá-lo totalmente em caso de arrependimento; a possibilidade de adiamento da decisão de investir.

Essas características, juntamente com a incerteza sobre o futuro, fazem com que a oportunidade de investimento seja como uma opção financeira, segundo Dixit e Pindyck (1994) apud Vicente e Pereira Jr. (2005). Na presença de incerteza, uma organização com oportunidade de investimento irreversível possui uma opção, ou seja, tem o direito, mas não a obrigação, de comprar um ativo (o projeto). Há críticas relevantes ao uso do modelo de opções reais na avaliação de investimentos, dentre as quais se destacam:

- O fato de o ativo a ser estudado não ser negociado em bolsa e a teoria de opções e modelo Black-Sholes ser construída, segundo Damodaran (1999), sobre a premissa de que o ativo a ser analisado faz parte de uma carteira, a qual é negociada em bolsa, fato que não ocorre na análise de projeto.
- Também se pode destacar na obra de Damodaran (1999) o fato de o ativo a ser analisado seguir um preço contínuo, sendo o modelo Black-Sholes derivado desse aspecto. A dificuldade viria então do fato de o modelo não prever saltos de preço, o que pode ocorrer em um projeto que está sob efeito de inúmeras variáveis.
- A variância é conhecida e não se altera durante a vida da opção. Esse pressuposto é bem razoável ao se pensar nas opções negociadas em bolsas que têm vida útil bem pequena (curto prazo). No entanto, quando se parte para uma opção real em um projeto que envolve financiamento de longo prazo, é pouco provável que a variância se mantenha a mesma.

TEORIA DE OPÇÕES COMO FORMA DE AVALIAÇÃO DE INVESTIMENTOS

Damodaran (1999) faz diversas considerações sobre o uso da teoria de opções para a avaliação de ativos reais, principalmente no que tange a empresas e projetos que exploram ativos minerais, que têm caráter finito. Em razão do caráter do produto, a teoria de opções pode ser usada de forma muito relevante, pois há claramente a opção de parar de investir, manter os investimentos ou aumentá-los de acordo com o comportamento das variáveis que norteiam os resultados finais do projeto.

Hull (1995) apud Vicente e Pereira Jr. (2005) traz a parte "técnica" da teoria de opções, como funcionam seus modelos matemáticos, suas implicações, e conceitua os componentes dos modelos utilizados na TOR (teoria das opções reais).

Opções

Hull (1995) apud Vicente e Pereira Jr. (2005) conceitua opção como um instrumento contratual que dá ao seu detentor ou comprador o direito, ou o dever, dependendo do tipo de contrato, de comprar (opção de compra ou *call option*) ou de vender (opção de venda ou *put option*), bem determinado pelo preço acordado na efetivação do contrato (preço de exercício).

Segundo Copeland e Antikarov (2001, p. 6) apud Vicente e Pereira Jr. (2005), "uma opção real é o direito mas não a obrigação de empreender uma ação" a um custo predeterminado, que será denominado preço de exercício, por um período previamente estabelecido, que seria a vida da opção.

Segundo Damodaran (1999), o valor de uma opção depende de uma série de variáveis relativas ao ativo que está sendo analisado e aos mercados financeiros. Dentre essas variáveis destacam-se:

1. **Valor atual do ativo subjacente (opções, mercado financeiro)** – como opções são ativos que têm o seu valor derivado do valor de um ativo subjacente, pode-se entender que variações no valor desse ativo subjacente causem variações no valor das opções sobre esse ativo. Como já destacado, as opções de compra dão direito ao detentor do contrato de adquirir o ativo subjacente a um preço fixo. Então, qualquer valorização do ativo subjacente acarretará valorização das opções, sendo que o oposto ocorre para as opções de venda que se desvalorizam à medida que o ativo subjacente sobe de valor.
2. **Valor do ativo subjacente sujeito a risco** – no caso das opções reais, segundo Copland e Antikarov (2001) apud Vicente e Pereira Jr. (2005), trata-se de um projeto, um investimento ou aquisição. Se o valor do ativo subjacente aumenta, o mesmo acontece com o valor de compra de uma opção. Pode-se perceber que uma das principais diferenças entre as opções financeiras e as opções reais é que uma pessoa que possua uma opção financeira não pode afetar o valor do ativo subjacente (por exemplo, uma ação de um grande

banco comercial). No entanto, as pessoas que dirigem um ativo real podem interferir no seu valor por meio de suas decisões sobre como conduzi-lo, influenciando na definição do valor das opções reais.

3. **Variância no valor do ativo subjacente (opções financeiras)** – o comprador de uma opção está adquirindo o direito de comprar ou vender um ativo a um preço fixo. Quanto maior for a variância do valor do ativo, maior será o valor da opção. Isso é verificado tanto nas opções de compra como nas de venda. Esse fato pode parecer estranho, pois a variância é uma medida de risco e, no caso das opções, quanto mais ela aumenta, mais aumenta o valor da opção. O mercado de opções possui essa peculiaridade, já que as perdas se limitam ao prêmio pago pelas opções e os agentes econômicos podem obter ganhos expressivos que se originam nos grandes movimentos de preço.

4. **Desvio-padrão do valor do ativo subjacente sujeito a risco (opções reais)** – uma das principais características observadas em uma opção é o seu preço de exercício. Nas opções de compra, o preço de exercício é inversamente proporcional ao preço da opção, ou seja, o valor da opção cairá à medida que o preço de exercício subir nas opções de venda, que são aquelas cujo detentor tem o direito de vender a um preço fixo. O valor aumentará à medida que o preço de exercício aumentar.

5. **Prazo até o vencimento** – ambos os tipos de opção (compra e venda) têm o seu valor aumentado na medida em que o prazo até o vencimento aumenta. Quando o prazo até o vencimento é maior, a opção tem mais "espaço" para ganho, pois o ativo tem um potencial de variação maior em um intervalo maior de tempo.

6. **Variáveis relativas ao mercado financeiro (taxa de juros livre de risco × opção)** – sempre que se pensa em algum tipo de investimento, tem que se pensar em custos de oportunidade. Com opções, não é diferente. Como o comprador da opção paga o prêmio da opção à vista, há um custo de oportunidade que depende diretamente do nível em que se encontram as taxas de juros do mercado e o prazo até o vencimento das opções.

7. **Opções americanas × europeias (variáveis relativas ao exercício antecipado)** – existem dois tipos de opções: as americanas e as europeias. Pode-se destacar que as opções do tipo americano podem ser exercidas a qualquer momento antes de seu vencimento, enquanto as europeias só podem ser exercidas na data de seu vencimento.

Pelo fato de a opção americana poder ser exercida em qualquer momento, ela é mais valorizada que a opção europeia e também se torna mais difícil de ser avaliada. Há, no entanto, um fator de equilíbrio que permite que as opções americanas sejam avaliadas nos modelos projetados para as europeias. Segundo Damodaran (1999, p. 443), "na maioria dos casos, o prêmio de tempo associado ao prazo a decorrer da opção torna o exercício antecipado subótimo". Por isso, pode-se concluir que o exercício antecipado não é condizente com a maximização de aproveitamento das opções buscadas pelo agente econômico.

A outra exceção é quando um investidor possui tanto o ativo subjacente como grande quantidade de opções de venda do tipo *in the money*, opção de compra (venda) cujo preço do ativo está sendo negociado em mercado por um preço maior (menor) que o preço do exercício sobre aquele ativo. Damodaran (1999) afirma que, em um momento em que as taxas de juros estiverem altas, o prêmio de venda sobre a opção poderá ser menor que o ganho potencial decorrente do exercício antecipado da opção de venda e do rendimento de juros sobre o preço de exercício.

Quadro 6.1 Determinantes do valor de uma opção

Fator	Valor da opção de compra	Valor da opção de venda
Aumento no preço da ação	Aumenta	Diminui
Aumento no preço de exercício	Diminui	Aumenta
Aumento na variância do ativo subjacente	Aumenta	Diminui
Aumento no prazo até o vencimento	Aumenta	Diminui
Aumento nas taxas de juros	Aumenta	Diminui
Aumento nos dividendos pagos	Diminui	Aumenta

Fonte: Damodaran (1999).

Dixit e Pindyck (1994) apud Vicente e Pereira Jr. (2005) afirmam que muitas das oportunidades de investimento são semelhantes ao exercer uma opção do tipo *call option*. A TOR possibilita incorporar as características consideradas fundamentais na análise econômica dos investimentos em produção de biodiesel no Brasil, por exemplo. Com isso, pode-se agrupar e montar algumas das variáveis envolvidas em um projeto de produção de biodiesel no Brasil, como: as incertezas sobre o preço futuro do petróleo e do óleo diesel fóssil, principais concorrentes do biodiesel no mercado; preço e incertezas sobre o futuro das *commodities* que servem de matéria-prima para a produção; a irreversibilidade total ou parcial do investimento no maquinário aplicado à produção.

O cálculo da TOR permite mostrar a flexibilidade encontrada na execução de um projeto de produção de biodiesel no Brasil apontando as alternativas. Como se trata, aqui, de uma teoria de opções, pode-se entender que durante a execução do projeto há alternativas de aumentar, postergar, diminuir e parar a produção do óleo. Minardi (2000) aponta entre as alternativas possíveis sua analogia referente às opções financeiras (Quadro 6.3).

Quadro 6.2 Comparação entre opções financeiras × opções reais

Grandezas	Opções financeiras	Opções reais
Custos	Preço do exercício	Valor presente do investimento
Ativo subjacente	Ação	Valor do investimento
Retorno do capital	Retorno da ação	Retorno do projeto
Ganhos do capital (ativo)	Variações no preço da ação	Variação no valor do projeto
Dividendos	Fluxo de dividendos da ação	Fluxo de dividendos do projeto
Incerteza	Volatilidade no preço da ação	Volatilidade do valor do projeto
Maturidade	Tempo de expiração do contrato	Vida útil do projeto

Fonte: adaptada de Siegel et al. (1988) apud Vicente e Pereira Jr. (2005).

Quadro 6.3 Analogia entre opções reais e financeiras

Opção real	Opção financeira
Postergar	Opção de compra americana do valor presente do projeto
Cancelar novas etapas do investimento	Opção composta em que cada etapa da construção é encarada como uma opção de compra no valor das etapas subsequentes, sendo o preço de exercício a prestação do investimento necessária para prosseguir para a próxima etapa
Expandir a escala de produção	Opção de compra de uma parcela de x% da escala-base do projeto
Contrair a escala de produção	Opção de venda de uma parcela de x% da escala-base do projeto
Fechar temporariamente	A operação de cada ano é vista como uma opção de compra de receita de caixa do ano. Podemos também encarar o problema como uma opção entre obter o valor do projeto menos os custos variáveis e fechar e receber o valor do projeto menos a receita de caixa prevista para o ano
Abandonar pelo valor	Opção de venda americana do valor do projeto

Fonte: Minardi (2000).

Com base nas considerações feitas anteriormente, pode-se utilizar alguns dos modelos mais usados no mercado para modelagem de opções reais. Algumas das grandes empresas do mundo já fazem uso das opções reais para dar suporte à tomada de decisão de investimento. O Quadro 6.4 mostra algumas das empresas que estão utilizando a teoria de opções para ganhar flexibilidade na tomada de decisão. A próxima seção traz a explicação de alguns dos modelos matemáticos envolvidos no processo que está sendo discutido.

Quadro 6.4 Empresas que já utilizam opções

Empresa	Quando	Aplicação
Enron	1994	Desenvolvimento de novos produtos, opções de conversão para turbinas a gás
Hewlett-Packard	Início de 1990	Produção e distribuição
Andark Petroleum	Década de 1990	Leilões de reservas petrolíferas
Apple	1995-1996	Decisão de saída para seus negócios com computadores pessoais
Candence Design Systems	Década de 1990	Método alicerçado em opções para valoração de licenciamentos
Tennessee Valley Authority	1994	Opções de aquisição de energia elétrica
Mobil	1996	Desenvolvimento de campos de gás natural
Exxon	Década de 1990	Exploração e extração de petróleo
Airbus Industrie	1996	Valoração de opções de entrega
Ici	1997	Construção de nova fábrica
Texaco	Década de 1990	Exploração e produção

Fonte: Copeland (2004) apud Vicente e Pereira Jr. (2005).

A precificação de opções usando o modelo de Black e Scholes

Nos anos 1970, Fischer Black e Myron Scholes desenvolveram um modelo para a precificação de opções de ações. Esse modelo acabou tendo enorme influência sobre a forma de precificar e "hedgear"[2] opções pelos participantes do mercado. Nesta seção serão explicados os resultados, a fórmula e as premissas em que se baseiam, e finalmente será discutido como os resultados de Black e Scholes podem ser usados para a análise de viabilidade de projetos como o do biodiesel.

A suposição lognormal

Segundo Hull (1995) apud Vicente e Pereira Jr. (2005), o modelo de precificação de opções de ações deve partir de algumas hipóteses sobre como os

---

2. O termo "hedgear" significa buscar a proteção de um ativo contra variações de mercado, por meio da realização de uma operação de *hedge*, a qual realizará a indexação do valor do ativo objeto a outro ativo do mercado.

preços das ações evoluem com o tempo. Por exemplo: se uma ação vale hoje R$ 80,00, qual a distribuição de probabilidades que o seu preço pode atingir em um dia, uma semana, um ano?

Black e Scholes definiram que os preços da ação seguem um movimento aleatório. Isso significa que as mudanças proporcionais no preço da ação, em um curto período de tempo seguem distribuição normal de probabilidade (Copeland e Antikarov, 2001 apud Vicente e Pereira Jr., 2005).

Uma distribuição normal pode assumir qualquer valor, negativo ou positivo, enquanto uma variável que segue uma distribuição lognormal pode assumir apenas valores positivos. Uma distribuição normal é simétrica, enquanto uma variável lognormal é assimétrica e tem as medidas de caráter central (média, moda, mediana) distorcidas.

O valor presente líquido (VPL)

O valor presente líquido é a ferramenta mais utilizada pelas empresas na análise de investimentos. Sundem e Geijsbeek (1978) apud Vicente e Pereira Jr. (2005) tomaram uma amostra de 424 grandes empresas e verificaram que 86% delas recorriam ao VPL.

Segundo Ross (2000, p. 215) apud Vicente e Pereira Jr. (2005), "a diferença entre o valor de mercado de um investimento e seu custo é denominada valor presente líquido do investimento, abreviada por VPL". Com isso, pode-se concluir que o valor presente líquido é um indicador que fornece uma medida de quanto valor é agregado por se realizar um investimento.

Ainda segundo Ross (2000) apud Vicente e Pereira Jr. (2005), o usuário do VPL encontrará dificuldades para cumprir seu objetivo (realizar um orçamento de capital) se o ativo for novo no mercado. Como exemplo hipotético, há um projeto de construção de uma usina de cana-de-açúcar, e realiza-se um investimento com custo estimado de R$ 180 milhões. Ao se concluir o projeto, com base no mercado regional, percebe-se que uma usina de mesmo porte vale R$ 200 milhões e que a usina do exemplo também pode ser vendida por R$ 200 milhões, ou seja, esses R$ 20 milhões (originários da diferença entre o custo e o valor atual de venda) são valor adicionado pela administração. Então, conclui-se com o exemplo que o valor do negócio é maior que o seu custo de implantação. Tem-se então que o projeto possui VPL positivo.

RESUMO

A maioria das organizações atua em mercados altamente competitivos. Diante desse contexto, é imprescindível que tais organizações façam investimentos constantes para conquistar ou manter vantagens competitivas. Os níveis hierárquicos de uma organização podem elaborar diversos tipos de projetos de investimento: operacionais, estratégicos e financeiros. Os investimentos realizados devem estar relacionados com a postura estratégica na qual a organização se encontra: sobrevivência, manutenção, crescimento ou desenvolvimento. Os investimentos constituem uma forma concreta de colocar o planejamento estratégico em prática, enquadrando-os no orçamento de capital da organização e projetando os fluxos incrementais que serão gerados. O tempo de retorno (*payback*), o tempo de retorno descontado, o valor presente líquido (VPL) e a taxa interna de retorno (TIR) são algumas das técnicas oferecidas pela administração financeira para avaliar os projetos de investimento elaborados, fornecendo subsídios para que a alta administração possa hierarquizá-los. Ao analisar os projetos de investimentos, deve-se considerar também o risco que eles apresentam. Há três tipos distintos de risco em projetos de investimento: o risco do próprio projeto, o risco da empresa e o risco de mercado (risco beta). Para análise de risco, algumas alternativas podem ser utilizadas, como a análise de cenário, de sensibilidade e de risco e retorno. Além disso, em projetos com flexibilidade, é possível reduzir o risco quando se consideram as opções de abandono ou de expansão. Também é possível a utilização da teoria de opções, comparando opções reais com opções financeiras.

QUESTÕES

1. Quais os tipos de projetos de investimentos? Explique as principais características de cada um deles.
2. O que é planejamento estratégico? Qual a sua finalidade e como deve ser realizado?
3. Qual a relação existente entre os projetos de investimentos e o planejamento estratégico organizacional? Explique.
4. O que é orçamento de capital? Explique sua finalidade e importância.
5. O que é fluxo de caixa? Qual a sua importância? Explique.
6. Diferencie fluxo de caixa e fluxo de caixa incremental. Qual a importância, aspectos positivos e aspectos negativos do fluxo de caixa incremental? Explique.
7. Defina as técnicas quantitativas de análise de projetos, suas vantagens e limitações:
   a) Tempo de retorno (*payback*).
   b) Valor presente líquido (VPL).
   c) Taxa interna de retorno (TIR).
8. Quais os tipos de riscos inerentes aos projetos de investimento?
9. Em relação ao risco de projeto, quais são as técnicas utilizadas para sua análise? Explique.

10. Qual a importância de se elaborarem projetos flexíveis? Quais as opções que tais projetos fornecem ao gestor?

EXERCÍCIOS

1. A empresa é uma tradicional produtora e vendedora de arroz nacional e sempre acompanhou a evolução de seu produto quanto aos tipos de apresentação, seguindo tendências mundiais. Paula, a diretora da empresa que responde pela área de comercialização, incluindo marketing e vendas, tem mostrado ao presidente e dono da empresa a nova área de oportunidade com maior valor agregado, uma linha formada de dois produtos de arroz: preparação instantânea e risotos. Essa recomendação está suportada pelos resultados de venda desses dois tipos de produtos importados pela empresa que estão conquistando a preferência dos consumidores e aumentando o seu consumo de forma consistente.

O analista de novos projetos foi encarregado de coordenar a elaboração do projeto de lançamento das duas novas linhas de produtos. Ele preparou as estimativas relevantes do novo projeto de investimento:

a) As vendas líquidas e os custos totais, operacionais e administrativos, gerados pelo projeto de lançamento dos dois tipos de produtos durante os cinco anos do prazo de análise do projeto, estão registrados na Tabela 6.15. Esses valores estão em moeda constante, ou seja não incluem correções anuais dos preços.

Tabela 6.15

Ano	1	2	3	4	5
(+) Vendas	$ 14.000.000	$ 15.000.000	$ 16.000.000	$ 17.000.000	$ 18.000.000
(–) Custos	$ 9.000.000	$ 9.500.000	$ 10.000.000	$ 10.350.000	$ 10.500.000

b) A nova planta de processamento de arroz será construída dentro de um prédio existente que atualmente não está sendo utilizado. O total de investimento na data zero do fluxo de caixa é de $ 12.000.000. A depreciação dos ativos será realizada de forma linear e total durante os cinco anos do prazo de análise do projeto. No final do quinto ano, o valor de mercado dos ativos será nulo, adotando uma postura conservadora e considerando que antes de completar o quinto ano haverá mudanças tecnológicas significativas.

Construa o fluxo de caixa do projeto de investimento considerando a alíquota total de impostos sobre a renda de 35% (Laponi, 2006, p. 393).

2. Leia o "Prospecto Definitivo de 29 de janeiro de 2004. Distribuição pública de debêntures das Lojas Americanas", disponível em <http://www.debentures.com.br>, e responda:
   a) Qual o destino dos recursos captados pela emissão de debêntures das Lojas Americanas?
   b) Qual o impacto no fluxo de caixa da empresa? Analise.
   c) Qual a importância dessa emissão no planejamento estratégico da empresa?
   d) Quais os fatores de risco envolvidos? Como afetam a emissão e a organização?
   e) Por que o investimento é necessário para a empresa? Há alguma vantagem competitiva envolvida?
   f) Faça uma análise da situação econômico-financeira da empresa. Você compraria uma debênture emitida por ela? Justifique.

ESTUDO DE CASO

A gestão de investimentos no longo prazo da Bioenergia é direcionada à continuidade de suas operações após o prazo inicial de expiração do contrato de venda de energia, que rege o seu funcionamento, em 2012. Então, os ativos operacionais estarão razoavelmente depreciados, e os contratos que tornaram possível todo um arranjo de viabilidade econômica e financeira de longo prazo ao projeto expirarão, exigindo novas negociações entre as partes. Dessa forma, os investimentos de longo prazo devem ser pensados à luz do cenário completo de funcionamento da Bioenergia após esse período. À medida que esse *deadline* se aproximar, os arranjos celebrados entre as partes envolvidas determinarão as condições de necessidade, viabilidade e risco sob as quais a administração poderá planejar tais investimentos.

REFERÊNCIAS

ASSAF NETO, A. *Mercado financeiro*. 6.ed. São Paulo: Atlas, 2005.
BREALEY, R.A.; MYERS, S.C.; MARCUS, A.J. *Fundamentos da administração financeira*. 3.ed. Rio de Janeiro: McGraw-Hill Irwin, 2002.
CHIAVENATO, I; SAPIRO, A. *Planejamento estratégico: fundamentos e aplicações*. 12.ed. Rio de Janeiro: Campus, 2004.
DAMODARAN, A. *Avaliação de investimentos*. Rio de Janeiro: Qualitymark, 1999.
FERREIRA, A.B.H. *Dicionário Aurélio básico da língua portuguesa*. Rio de Janeiro: Nova Fronteira, 1988.
GITMAN, L.J. *Princípios de administração financeira: essencial*. 2.ed. Porto Alegre: Bookman, 2001.
GROPPELLI, A.A.; NIKBAKHT, E. *Administração financeira*. 3.ed. São Paulo: Saraiva, 1998.
LAPONI, J.C. *Matemática financeira*. Rio de Janeiro: Elsevier, 2006. p. 393.

MINARDI, A.M.A.F. Teoria de opções aplicada a projetos de investimento. *Revista de Administração de Empresas*, v. 40, n. 2, 2000.
OLIVEIRA, D.P.R. *Planejamento estratégico: conceitos, metodologia e práticas*. 12.ed. São Paulo: Atlas, 1998.
ROSS, S.; WESTERFIELD, R.W.; JAFFE, J.F. *Administração financeira*. Trad. Antônio Zorato Sanvicente. 2.ed. São Paulo: Atlas, 2010.
SANVICENTE, A.Z.; SANTOS, C.C. *Orçamento na administração de empresas: planejamento e controle*. 2.ed. São Paulo: Atlas, 1983.
SOUZA, A.; CLEMENTE, A. *Decisões financeiras e análise de investimentos: fundamentos, técnicas e aplicações*. 5.ed. São Paulo: Atlas, 2004.
VAN HORNE, J.C. *Financial management and policy*. 12.ed. New York: Prentice Hall, 2002.
VICENTE, E.F.R.; PEREIRA Jr., R.L. O uso da teoria de opções reais (TOR) na avaliação de projetos: um estudo de caso do biodiesel no Brasil. *Anais do IX Congresso Internacional de Custos*. Florianópolis, 28-30 nov. 2005.
WELSCH, G.A. *Orçamento empresarial*. 4.ed. São Paulo: Atlas, 1996.
WESTON, J.F.; BRIGHAM, E.F. *Fundamentos da administração financeira*. São Paulo: Makron Books, 2000.

BIBLIOGRAFIA SUGERIDA

ASSAF NETO, A. *Finanças corporativas e valor*. São Paulo: Atlas, 2003.
BRIGHAM, E.F.; HOUSTON, J.F. *Fundamentos da moderna administração financeira*. Rio de Janeiro: Campus, 1999.
CARVALHO, C.N.; MAGALHÃES, G. *Análise económico-financeira de empresas*. Lisboa: Universidade Católica Editora, 2002.
COPELAND, T.; KOLLER, T.; MURRIN, J. *Avaliação de empresas*. 3.ed. São Paulo: Makron Books, 2002.
COPELAND, T. *Avaliação de investimentos: ferramentas e técnicas para a determinação do valor de qualquer ativo*. Trad. Bazan Tecnologia e Linguística. Rio de Janeiro: Qualitymark, 1997.
_____. *Finanças corporativas aplicadas*. Trad. Jorge Ritter. Porto Alegre: Bookman, 2002.
[FIPECAFI] FUNDAÇÃO INSTITUTO DE PESQUISAS CONTÁBEIS, ATUARIAIS E FINANCEIRAS. *Manual de contabilidade das sociedades por ações: aplicável às demais sociedades*. 6.ed. São Paulo: Atlas, 2003.
FORTUNA, E. *Mercado financeiro: produtos e serviços*. 15.ed. Rio de Janeiro: Qualitymark, 2002.
MARION, J.C. *Contabilidade empresarial*. 8.ed. São Paulo: Atlas, 1998.
PINHEIRO, J.L. *Mercado de capitais: fundamentos e técnicas*. São Paulo: Atlas, 2001.
RAPAPPORT, A. *Gerando valor para o acionista*. São Paulo: Atlas, 2001.
ROSS, S.A.; WESTERFIELD, R.W.; JAFFE, J.F. *Administração financeira*. Trad. Antônio Zorato Sanvicente. São Paulo: Atlas, 1995.
SAMUELS, J.M. et al. *Management of company finance*. London: International Thomson Business Press, 1996.
SILVA, J.P. *Análise financeira das empresas*. 4.ed. São Paulo: Atlas, 1999.
SILVA, L.R.; BRITO, V.B. *O novo Código Civil para contadores*. São Paulo: IOB: Thomson, 2003.
WRIGHT, P.L.; KROLL, M.J.; PARNELL, J. *Administração estratégica: conceitos*. São Paulo: Atlas, 2000.

7
AVALIAÇÃO FINANCEIRA DE NEGÓCIOS

> Após a leitura deste capítulo, você poderá entender os principais conceitos e premissas que são fundamentais para se discutir um modelo de avaliação de empresa, assim como entender a modelagem pelo método do fluxo de caixa descontado, o método dos múltiplos e a avaliação pelo método do lucro econômico.

Nos capítulos anteriores, apresentamos e explicamos as razões pelas quais a criação de valor deve ser o objetivo principal da gestão financeira das empresas, sem entrarmos em detalhes sobre como determinar o valor de um negócio. Discutimos também o conceito de valor e suas implicações. Agora estudaremos métodos e técnicas que podemos usar para realizar uma mensuração quantitativa do valor de um negócio (*valuation*, na notação da língua inglesa).

Uma infinidade de agentes, pessoas e outras organizações têm interesse em conhecer o valor de uma empresa para a tomada das decisões mais variadas possíveis. Exemplificamos, a seguir, apenas algumas das situações nas quais conhecer o valor de um negócio é fundamental para uma tomada de decisão acertada:

- Pessoa física com grandes reservas monetárias pessoais deseja selecionar melhores empresas para investir em suas ações, com foco no longo prazo.
- Fundo de pensão que apresenta superávit de caixa, por se encontrar na etapa de acumulação (arrecada muito mais contribuições dos cotistas que suas despesas de pagamento de benefícios previdenciários), precisa escolher melho-

res empresas para se tornar sócio, a fim de gerar retorno sobre o patrimônio dos cotistas, viabilizando o pagamento futuro de aposentadorias.
- Banco de investimento assessora empresa de grande porte para fazer captação de recursos, sob a forma de debêntures de 10 anos futuramente conversíveis em ações, junto a investidores internacionais e precisa sustentar a atratividade da empresa para financiadores que poderão se tornar acionistas.
- Sócios de um conglomerado de empresas, todos descendentes do fundador, desejam reestruturar a gestão (incluída nesse processo a venda de 55% das ações da empresa para um grupo multinacional) e precisam saber quais os termos ideais de negociação dessa operação de alienação de controle societário.
- Diretor financeiro de empresa do setor siderúrgico avalia a atratividade econômica da aquisição do principal concorrente no nicho de mercado de aços laminados para aplicações especiais.
- Conselho de administração de uma *holding* do setor de energia deseja saber se é melhor realizar uma distribuição extraordinária de lucros que se acumularam aos sócios ou investir em uma nova empresa de geração termelétrica de energia.
- Analista financeiro de investimentos deseja calcular a sobrevalorização ou subvalorização do preço atual da ação em relação ao seu preço justo para várias empresas listadas na bolsa de valores.

Assim, conhecer o valor de uma empresa é uma necessidade de muitas pessoas atuando nos mais diferentes papéis, com objetivos e usos distintos no uso da informação sobre o valor da empresa. Por isso, a avaliação de um negócio, mediante o cálculo do seu valor, leva em conta não apenas o negócio avaliado, mas também variáveis relacionadas a quem é o cliente e usuário dessa avaliação. Outra implicação importante desse fato é que um mesmo negócio pode ter diferentes valores para dois agentes diferentes.

Concluímos, então, que determinar o valor de um negócio *hoje* para um agente qualquer é conhecer a expressão monetária atual, para esse agente, de todos os eventos futuros, com implicação econômica, decorrentes de um cenário detalhado de operação do negócio previsto a partir da realidade atual, de mudanças internas esperadas e de influências externas possíveis.

PRESSUPOSTOS BÁSICOS DA AVALIAÇÃO DE NEGÓCIOS

Os vários modelos de avaliação de negócios que serão apresentados diferem na metodologia e nas técnicas empregadas. No entanto, eles compartilham um conjunto de características comuns ao processo de *valuation*, cujo entendimento é importante para a execução e uso adequado dos cálculos do valor de um negócio, bem como para entendermos de forma mais profunda a finalidade do processo de determinação do valor de uma empresa.

Valor – conceito inerente à propriedade do negócio

Muitos parâmetros financeiros podem ser apurados para negócios de uma forma geral. Alguns desses parâmetros podem incluir o termo *valor* em suas denominações e, assim, causar alguma confusão com o conceito de *valuation* que estamos estudando aqui.

Em marketing, por exemplo, existe uma medida chamada *client's life value* (apresentada em diversas versões com mudanças de nome, mas com a mesma natureza), que corresponde à diferença líquida, para uma empresa que esteja analisando sua carteira de clientes, entre a receita que espera ser gerada por determinado cliente ao longo do seu ciclo de vida (da juventude à aposentadoria, por exemplo, se tratarmos de uma indústria de automóveis), deduzidos os custos associados aos produtos que espera que essa pessoa vá adquirir ao longo de sua vida, e todas as demais despesas do composto de marketing (distribuição, promoção etc.). Esse parâmetro representa o "valor do cliente" para a empresa, possibilitando tomadas de decisão de segmentação, níveis de atendimento e serviço, entre outras. Trata-se, portanto, de uma medida que adota o nome de valor, mas associada à condição de cliente, em uma relação horizontal na cadeia produtiva.

Ao falarmos em *valuation*, no entanto, estamos sempre nos referindo a uma medida de valor associada à condição de propriedade do negócio, ainda que a determinação do valor de uma empresa interesse a muitos outros agentes, além dos proprietários ou potenciais proprietários de uma empresa qualquer.

Foco no futuro

O processo de determinação do valor de uma empresa é focado no futuro. Sua preocupação principal é avaliar, em expressão monetária atual, os mais variados eventos e condicionantes futuros que se espera que ocorram no negócio que é avaliado e no ambiente externo no qual ele opera, desde a geração de receita futura até os custos de capital esperados e evolução da carga tributária, por exemplo.

Obviamente, em todos os modelos de determinação do valor de negócio parte-se, sempre, da realidade presente do negócio em avaliação e do ambiente externo que o cerca para a projeção de comportamento futuro dessas variáveis internas e externas ao negócio.

O desempenho empresarial passado, que determina a situação atual de uma empresa – o "ponto de partida" de todos os modelos de determinação de valor de negócio –, é um fator a ser fortemente considerado para essa projeção do comportamento futuro. Entretanto, por si só, o desempenho passado não tem nenhum impacto primário e direto na determinação do valor de um negócio. Contudo, quando são sustentadas pelos resultados passados, as premissas são mais confiáveis/aceitáveis.

Dependência de previsões

Justamente por depender fortemente dessas previsões de comportamento futuro, os modelos de determinação de valor de negócios têm sua efetividade atrelada diretamente ao emprego de uma metodologia consistente e adequada de realização de previsões.

Ao contrário do que o senso comum poderia sugerir, o objetivo do analista ao realizar tais previsões (seja utilizando apenas dados primários, seja tomando previsões já realizadas por outros agentes internos e externos ao negócio que está sendo avaliado) não é o de "acertar", exatamente, o comportamento futuro de variáveis, mas o de determinar os valores prováveis esperados em determinado cenário, procurando determinar a sensibilidade sobre a determinação do valor, das variáveis utilizadas nos diferentes modelos de previsão (assunto a ser abordado com mais detalhes no final deste capítulo).

Caráter dinâmico do valor de um negócio

Uma vez que o valor do negócio depende essencialmente de expectativas sobre o comportamento futuro de variáveis internas e externas, ele pode sofrer constantes alterações sempre que um dos condicionantes dessas variáveis é alterado.

Essas alterações não são necessariamente inesperadas e imprevisíveis, mas uma característica inerente ao foco no futuro que caracteriza os modelos de avaliação de valor: quanto mais próximo o horizonte de projeção, menos variabilidade é esperada para o comportamento de determinada variável e, assim, menores desvios em relação a um valor provável estimado do negócio podem ser esperados.

Por exemplo, uma previsão de vendas realizada em setembro de 2015, referente às vendas previstas no quarto trimestre de 2015, tende (se bem conduzidas) a variar muito menos em torno de um valor mais provável que tenha sido calculado ou atribuído do que a previsão, realizada nesse mesmo mês de setembro de 2015, para as vendas do primeiro trimestre de 2020.

Dependendo do setor de atividade dessa empresa hipotética, a maioria dos pedidos para o quarto trimestre de 2015 já estará fechada no momento da avaliação do valor da mesma, sendo possível definir com grande precisão o comportamento futuro das vendas no curto prazo. Por outro lado, estimar o comportamento das vendas em um trimestre que se inicia mais de quatro anos após a data da determinação do valor é um processo que implica maior possibilidade de variação de fatores internos (preços, produtos, parque industrial), externos (disponibilidade de crédito, custo do capital de terceiros, crescimento da demanda) e intangíveis (imagem da marca e do produto, opinião pública etc.).

Objetivos diferentes de *valuation* e escrituração contábil

Retomando a questão do foco no futuro (inerente, como já dito, a todos os modelos de determinação de valor de negócio), cabe fazer uma importante distinção entre determinação de valor e escrituração contábil, em relação aos fins de cada um desses processos. O uso conjunto de uma série de termos, demonstrativos e estruturas de apresentação de dados financeiros pode confundir o usuário das técnicas e levá-lo a cometer erros de decisão decorrentes do não entendimento apropriado das finalidades do processo de determinação do valor de negócio e do processo de escrituração contábil.

Esta procura, basicamente, mensurar, quantificar e padronizar a apresentação de dados que refletem os eventos passados ocorridos na empresa, seja por meio de uma série de ferramentas que demonstram os fluxos financeiros e econômicos durante certo período (demonstração de resultados do exercício, DRE; demonstração das mutações do patrimônio líquido, DMPL; demonstração de fluxo de caixa, DFC; demonstração do valor adicionado, DVA etc.), seja refletindo a situação econômica transversalmente apurada em um momento qualquer (balanço patrimonial).

A escrituração contábil em sua forma tradicional permite, por meio da análise de seus demonstrativos, o conhecimento da realidade passada da empresa e a investigação dos motivos que determinaram o desempenho financeiro e econômico passados. Identificando tendências do desempenho empresarial, torna-se possível construir os cenários de comportamento de variáveis – anteriormente discutidos –, que são requisitos à aplicação da maioria dos modelos de determinação do valor da empresa.

MODELOS DE DETERMINAÇÃO DO VALOR

O valor de um negócio pode ser apurado por meio de vários modelos, chamados aqui de modelos de avaliação. Analisaremos alguns desses modelos, que às vezes possuem mais de uma variação, relacionada à forma de apuração, cálculo das variáveis independentes e dependentes etc.

Cada modelo será apresentado em termos de sua estrutura, demonstrando-se as técnicas para sua aplicação e discutindo-se sobre as vantagens e desvantagens associadas a cada um deles.

Figura 7.1   Integração entre análise financeira e *valuation* no tempo.

Escolhendo o melhor modelo

A escolha de um dentre os modelos apresentados neste livro, ou mesmo de outros modelos não apresentados aqui, deve ser feita com critério por parte do usuário da informação. *A priori*, não existe um modelo que seja melhor que os demais em todas as situações possíveis. Como vimos, a determinação do valor pode ser diferente de acordo com o contexto e a condição do usuário/decisor dessa informação. Ao decidir pelo modelo de determinação de valor a utilizar, o usuário/decisor deve levar em consideração as seguintes questões:

- Que decisão será tomada a partir da determinação de valor?
- Qual o acesso disponível à informação?
- Qual a posição do usuário/decisor em relação à empresa cujo valor se busca determinar (interna, externa)?
- Qual o custo e o benefício associados à escolha de um ou outro método?
- Quanto tempo leva para desenvolver o trabalho e qual o grau de acuracidade desejado?

MÉTODO DE VALOR A MERCADO

As bolsas de valores em todo o mundo negociam – dentre outros ativos financeiros – ações de empresas dos mais variados setores de atividade econômica. Uma ação representa uma fração do capital total da empresa, conferindo ao seu detentor a condição de proprietário da empresa. Portanto, quem negocia ações no mercado de capitais (por meio de bolsa de valores, mercado de balcão ou outras formas de negociação cuja discussão foge ao objetivo deste livro) está negociando a propriedade da empresa cujo papel é transacionado.

Quando ocorre um negócio de compra e venda de ações, está sendo realizado um comércio da propriedade da empresa (ainda que, em geral, cada negócio realizado em bolsa de valores represente uma parcela ínfima de seu capital total). Para que esse negócio se realize, as partes acertam entre si um preço para a parcela desse capital (representada pelo volume de ações que é movimentado em cada negócio), representado pelo preço da ação utilizado no fechamento de cada negócio, multiplicado pela quantidade de ações que é negociada entre as duas partes.

Preço de mercado e valor a mercado

Um dos métodos de determinação do valor de uma empresa utiliza o preço de negociação das ações dessa empresa para determinar o seu valor de mercado. Na prática, o valor a mercado especifica o valor da empresa como sendo igual ao seu preço de mercado.

O valor a mercado ou preço de mercado (coincidentes nesse modelo), em um momento qualquer, é calculado da seguinte forma:

$$V = p_s * Q_s$$

Em que:
V: valor da empresa para o acionista.
p_s: preço de uma ação.
Q_s: quantidade total de ações da empresa.

Caso a empresa possua mais de um tipo de ação em circulação, o cálculo do valor deve levar em conta as cotações e quantidades de cada tipo de ação. No entanto, normalmente os valores das diferentes categorias de ações (considerando-se as que têm liquidez satisfatória) possuem cotações próximas e, assim, a fórmula anterior pode ser aplicada tomando-se a quantidade total de ações e a cotação das ações ordinárias, que efetivamente representam o capital com direitos de propriedade amplos vinculados.

Pressupostos e implicações

Toma-se como medida de valor o preço pelo qual a propriedade da empresa (suas ações) é negociada em mercado razoavelmente amplo. A utilização desse método pressupõe que seja válida, no mínimo, a hipótese semiforte de mercado eficiente para o mercado no qual determinada empresa tem suas ações negociadas.

A hipótese de mercado eficiente é uma estrutura teórica concebida na década de 1960 para explicar o comportamento dos mercados financeiros em situações nas quais há grande número de compradores e vendedores, informação padronizada, barata e detalhada das transações, alto volume de negociação e pulverização dos volumes transacionados – cenário típico de bolsas de valores desenvolvidas. Provar ou questionar a validade e aplicabilidade dessa hipótese em mercados e/ou regiões é uma atividade de pesquisa que ocupa vários financistas acadêmicos.

Existem três versões dessa hipótese: a fraca, a semiforte e a forte. A hipótese fraca leva em consideração que os preços dos bens negociados, como as ações, são um reflexo de toda a informação disponível publicamente. A hipótese semiforte considera que os preços refletem essas informações, mas também mudam instantaneamente para refletir novas informações. A hipótese forte afirma que os preços refletem não só as informações disponíveis, mas também as sigilosas ou privilegiadas.

De forma específica, a forma da hipótese de mercado eficiente semiforte, que é o foco nesta seção, pressupõe que o preço de uma ação reflete, em um momento qualquer, todas as expectativas futuras dos agentes decorrentes de informações publicamente disponíveis acerca da companhia, sejam elas financeiras, operacionais, relativas aos aspectos tangíveis ou intangíveis de suas operações.

Assim, os agentes do mercado de capitais, tomados em seu conjunto, ao negociarem a propriedade de uma empresa (suas ações), estariam automaticamente apurando o seu valor real, pois, em seu conjunto, negociariam os papéis de forma a indicar o valor intrínseco da empresa a cada momento.

Nesse sentido, as oscilações constantes do preço das ações refletem as variações das expectativas do mercado em relação à empresa, à medida que novas informações vão sendo incorporadas pelo mercado, sejam essas informações relacionadas a aspectos internos à empresa (lançamento de produtos, demissão de executivo-chave, punição em processo judicial, aquisição de concorrentes etc.) ou externos, com impacto no desempenho futuro (cotação de moedas internacionais, mudanças na legislação tributária, barreiras ou subsídios ao comércio exterior, crescimento da renda dos consumidores etc.).

De acordo com esse modelo de determinação de valor, todos os possíveis impactos futuros esperados sobre o desempenho da empresa já estão refletidos no preço, de forma que qualquer estimativa individual do valor intrínseco geral do negócio seria menos adequada que o preço de mercado. Para os interessados em compreender melhor essa formulação, sugerimos a leitura de manuais avançados de formação de preços de ativos financeiros e de mercados financeiros, que discutem e apresentam em detalhes a hipótese de mercado eficiente, suas implicações e aplicações.

Vantagens

A principal vantagem do método de determinação de valor a mercado é sua facilidade de aplicação: basta verificar a cotação da ação da empresa cujo valor se quer conhecer na bolsa de valores em que ela é negociada, obter o número total de ações da empresa e fazer os cálculos apropriados. Nenhum outro método fornece de forma tão simples e objetiva uma estimativa de valor para a empresa como o valor a mercado.

Podemos, por exemplo, em poucos minutos conhecer o valor de mercado de algumas grandes empresas brasileiras que têm ações negociadas na Bolsa de Valores de São Paulo (Bovespa).

Outra vantagem associada a esse método é o fato de que – aceitos os pressupostos que validam sua utilização – ele leva em conta a disseminação de informações por um público muito amplo, que então determinará o preço (coincidente com o valor, no caso, da empresa). Outros métodos, normalmente, envolvem avaliação por um analista, por um comitê ou por número limitado de pessoas internas e/ou externas à empresa.

Por fim, a determinação de valor a mercado dispensa qualquer preocupação com informações futuras sobre aspectos operacionais, técnicos, gerenciais, competitivos ou financeiros da empresa que está sendo avaliada: o mercado se encarrega de processar essas informações, determinar-lhes um impacto correspondente sobre o preço da ação e, então, fornecer ao usuário o valor adequado da empresa.

Limitações e desvantagens

O método do valor a mercado só pode ser aplicado a um conjunto muito pequeno de empresas que têm seus papéis negociados em uma bolsa de valores, relativamente ao conjunto geral de empresas existentes em determinado país ou região mundial. Nem mesmo toda grande empresa é, necessariamente, listada na bolsa de valores. No caso do Brasil, há pouco mais de 500 empresas cujas ações são negociadas na Bovespa.

Além disso, nem todas as ações de empresas negociadas em bolsas de valores têm liquidez suficiente, ou seja, apresentam volume e frequência rotineiros de negociação capazes de assegurar que haja um número significativamente grande de agentes operando com ações de determinada empresa. Sem liquidez suficiente, pode-se facilmente questionar tanto a aplicabilidade ao caso da hipótese de mercado eficiente como a representatividade do preço apresentada pelo mercado, inviabilizando o uso desse método de determinação de valor.

Por fim, o método da avaliação a mercado não é aplicável a projetos, unidades, operações específicas da empresa ou mesmo subsidiárias integrais de uma *holding*, já que permite apenas a avaliação do valor total da empresa que tenha seus papéis listados em determinada bolsa de valores.

MÉTODO DO FLUXO DE CAIXA DESCONTADO

O modelo de fluxo de caixa descontado é o mais consolidado em termos de uso em razão da forma pela qual traz a valor presente os fluxos de caixa futuros da empresa. Antes de conceituarmos o modelo de desconto do fluxo de caixa líquido de empresas, é necessário lembrar que o valor de um ativo deve ser função de três variáveis.

1. Montante do fluxo de caixa: quanto ele gera em fluxo de caixa?
2. Cronograma dos fluxos de caixa: quando esses fluxos de caixa ocorrem?
3. Risco dos fluxos de caixa: qual o nível de incerteza associado a eles?

A avaliação do fluxo de caixa descontado reúne essas três variáveis ao calcular o valor presente dos fluxos de caixa esperados desse ativo redescontado a uma taxa que reflete o risco do fluxo de caixa.

O mais consagrado modelo de avaliação de empresa é uma abordagem para avaliar o valor de toda a empresa, descontando os fluxos de caixa para todos os detentores de valor de uma empresa utilizando a média ponderada do custo de capital (taxa que reflete tanto o risco dos projetos da empresa como o *mix* de financiamentos utilizados para financiá-los). Em outras palavras, corresponde aos fluxos de caixa provenientes da atividade operacional da empresa disponíveis a todos os provedores de capital, próprios e de terceiros, que são descontados a uma taxa de remuneração desse capital (custo médio ponderado do capital) (Assaf Neto, 2005).

O valor de uma empresa é formado pelo valor presente dos fluxos de caixa esperados. Se a empresa, após n anos, alcançar uma situação de equilíbrio e começar a crescer a uma taxa de crescimento estável g, seu valor será descrito como:

$$\text{Valor da empresa} = \left\{ \sum \frac{FCLE_t}{(1 + CMPC)^t} \right\} + \left\{ \frac{\frac{FCLE_{t+1}}{(CMPC - g)}}{(1 + CMPC)^t} \right\}$$

Em que:
FCLE: fluxo de caixa livre da empresa (FCFF: *free cash flow to the firm*).
CMPC: custo médio ponderado de capital.
g: taxa perpétua de crescimento dos fluxos de caixa da empresa.
t: ano t.
O modelo de desconto do fluxo de caixa líquido da empresa contém duas partes:

$$1^{\underline{a}} \text{ parte} = \boxed{\frac{FCLE_t}{(1 + CMPC)^t}}$$

$$2^{\underline{a}} \text{ parte} = \boxed{\frac{\frac{FCLE_{t+1}}{(CMPC - g)}}{(1 + CMPC)^t}}$$

A primeira parte corresponde aos fluxos de caixa previstos descontados a valor presente. A segunda parte corresponde ao valor da perpetuidade da empresa, também chamado por Damodaran (1997) de *terminal value*, que corresponde aos fluxos de caixa em um período infinito trazidos a valor presente e que significam o valor que a empresa gerará continuamente após o período previsto. Este último é calculado simplesmente dividindo-se o valor do fluxo constante pela taxa.

Determinando o valor de uma empresa: exemplo

Primeiramente nos concentraremos no cálculo dos fluxos de caixa líquidos da empresa, ou fluxos de caixa para todos os detentores de valor, fluxos de caixa provenientes da atividade operacional da empresa que estão disponíveis a todos os provedores de capital, próprios e de terceiros. Utilizamos, aqui, uma compilação do método a partir de Assaf Neto (2005), Damodaran (1997) e Ross (2002).

Fluxo de caixa livre da empresa

O fluxo de caixa livre da empresa, também denominado FCFF (*free cash flow to the firm*), representa o genuíno caixa formado depois de impostos, pelas operações da empresa, caso ela não tenha dívidas. É o valor residual após atender a todas as despesas operacionais, às necessidades de investimento e impostos, antes somente do pagamento de dívidas.

Para o seu cálculo, o ponto de partida é o Lajir (lucro antes dos juros e imposto de renda), com separação completa entre operações e financiamento, deduzindo-se a depreciação e efeitos operacionais de caixa não incorporados no cálculo do lucro, como novos investimentos e aumentos/diminuições no capital de giro operacional da empresa.

Lucro antes dos juros ajustados de impostos

Lajir ajustado de impostos (Nopat), o qual já aprendemos a calcular. Dessa forma, é só fazer o seu cálculo para cada ano do demonstrativo financeiro projetado.

Depreciação

Corresponde às despesas não desembolsáveis, que são somadas de volta por não serem saídas de caixa. Esses valores representam montantes de caixa que ficarão dentro da empresa.

Investimentos em capital fixo (Capex – *Capital Expenditure*)

Investimentos de capital correspondem à parte dos fluxos futuros que será utilizada para financiar máquinas e equipamentos, imóveis, veículos, instalações etc. Investimentos em ativos fixos (permanentes), na maioria das vezes, são necessários para se atingir a capacidade de geração de caixa operacional projetada; assim, a empresa necessitará de novos investimentos em imobilizado. Esses investimentos futuros serão retirados dos fluxos de caixa futuros da empresa.

Variação no capital de giro

Variações no capital de giro correspondem às alterações no capital de giro causadas pelos futuros financiamentos a clientes, prazos de estoques, financiamento de fornecedores. Conforme a empresa cresce, aumenta a necessidade de novos investimentos para ampliar o seu capital de giro. Isso significa aumento no financiamento natural das contas de estoques, contas a receber, de fornecedores, salários, tributos e outras.

Fluxo de caixa livre da empresa

Fluxo de caixa livre da empresa = Lajir ajustado de impostos – Nopat.

(+) Depreciação
(–) Investimentos de capital
(±) Mudanças de capital de giro

O FCLE é o rendimento mensal ou anual que pode ser destinado aos provedores de capital sem que seja reduzido o valor da empresa. É o montante que ela pode fornecer de forma natural e contínua aos provedores de capital.

O FCLE é um conceito semelhante ao do lucro, só que em regime de caixa e não de competência. A diferença mais importante é que para cálculo do fluxo de caixa não é considerada a depreciação (a não ser para a apuração dos impostos sobre o lucro real), mas em contrapartida é necessário levar em conta os investimentos reais a serem efetuados na substituição e modernização dos imobilizados que vão ficando obsoletos, desgastados ou fora de moda, além dos investimentos a serem feitos no capital de giro operacional da empresa.

Exemplo de aplicação

Quais são os Lajir ajustados de impostos para o período de 2015 a 2019? Recordando:

LAJ ajustado de impostos = Lajir
(–) Impostos sobre o Lajir
(±) Mudança nos impostos diferidos

Tabela 7.1   Cálculo do Lajir

Lajir	2015	2016	21/12/2017	2018	2019
Receita bruta	252.000	302.400	362.880	435.456	522.547
Impostos sobre vendas	(23.333)	(27.222)	(31.759)	(37.052)	(43.228)
Custo de produtos vendidos	(120.000)	(144.000)	(172.800)	(207.360)	(248.832)
Despesas com vendas	(17.250)	(19.838)	(22.813)	(26.235)	(30.170)
Despesas de depreciação	(9.790)	(10.769)	(11.846)	(13.030)	(14.334)
Despesas administrativas	(25.300)	(29.095)	(33.459)	(38.478)	(44.250)
Despesas tributárias	(10.350)	(11.903)	(13.688)	(15.741)	(18.102)
Outras receitas, despesas operacionais	(4.725)	(4.961)	(5.209)	(5.470)	(5.743)
Amortização de ativos diferidos	–	–	–	–	–
Lajir	41.252	54.613	71.305	92.089	117.888

(continua)

Tabela 7.1 Cálculo do Lajir *(continuação)*

Impostos sobre Lajir

	2015	2016	21/12/2017	2018	2019
Alíquota do IR + CS: 34%					
Resultado financeiro	(10.620)	(12.532)	(14.787)	(17.449)	(20.590)
	(3.611)	(4.261)	(5.028)	(5.933)	(7.001)
Resultado não operacional	(2.862)	(3.034)	(3.216)	(3.409)	(3.613)
	(973)	(1.031)	(1.093)	(1.159)	(1.228)
Equivalência patrimonial	5.500	(2.750)	1.375	(688)	344
	1.870	(935)	468	(234)	117
Impostos sobre Lajir	(2.714)	(6.227)	(5.654)	(7.325)	(8.112)
Provisão de imposto de renda	(11.353)	(12.436)	(18.809)	(24.489)	(33.128)
Provisão de IR + impostos sobre o Lajir	(14.067)	(18.663)	(24.463)	(31.814)	(41.240)

Mudanças nos impostos diferidos

	2015	2016	21/12/2017	2018	2019
Passivo, impostos diferidos	7.405	9.256	11.570	14.463	18.079
Ativo, impostos diferidos	(6.000)	(914)	(1.828)	(3.656)	(7.312)
Saldo do imposto diferido*	1.405	8.342	9.742	10.807	10.767
Mudanças nos impostos diferidos**	(13.595)	6.937	1.400	1.065	(40)

AJ ajustado de impostos (Nopat)

	2015	2016	2017	2018	2019
Lajir	41.252	54.613	71.305	92.089	117.888
Impostos sobre Lajir	(14.067)	(18.663)	(24.463)	(31.814)	(41.240)
Mudanças nos impostos diferidos	(13.595)	6.937	1.400	1.065	(40)
LAJ ajustado de impostos (Nopat)	13.590	42.886	48.243	61.340	76.607

Despesas de depreciação

	2015	2016	21/12/2017	2018	2019
Depreciação	9.790	10.769	11.846	13.030	14.334

Caixa anual a ser investido em ativo fixo

Investimento em ativos fixos	2015	2016	2017	2018	2019
Permanente	95.448	114.995	136.619	166.467	197.182
Depreciação	9.790	10.769	11.846	13.030	14.334
Investimentos anuais, ativos fixos	20.338	20.548	20.548	28.663	29.412

(continua)

Tabela 7.1 Cálculo do Lajir *(continuação)*

Fluxo de caixa para financiar o capital de giro

Mudanças em capital de giro	2015	2016	2017	2018	2019
Ativo circulante (AC)	119.532	143.082	175.733	221.717	299.412
Passivo circulante – financiamentos de CP-PC	66.549	79.953	97.810	135.274	191.050
Capital de giro – (AC – PC)	52.983	63.129	77.923	86.442	108.362
Mudanças em capital de giro	8.583	13.404	17.857	37.465	55.776

Fluxo de caixa livre

FCLE = FCFF	2015	2016	2017	2018	2019
LAJ ajustado de impostos (Nopat)	13.590	42.886	48.243	61.340	76.607
Depreciação	9.790	10.679	11.846	13.030	14.334
Investimento em ativo fixo	(20.338)	(18.568)	(20.548)	(28.663)	(29.412)
Variações no capital de giro	(8.583)	(13.404)	(17.857)	(37.465)	(55.776)
FCLE	(5.541)	21.683	21.683	8.242	5.753

* Saldo em 21/12/2014 igual a 15.000.
** Saldo atual – saldo anterior.

Essa é a versão que incorpora os conceitos de lucro operacional e de fluxo de caixa operacional, que serão utilizados ao longo do livro. É importante notar que tanto o lucro operacional como o fluxo de caixa operacional já vêm descontados dos efeitos tributários decorrentes das operações.

Encontramos para a empresa ALGC S.A. o seu FCLE para cada ano. O próximo passo é calcular seu fluxo de caixa da perpetuidade. Para tanto, estipulamos que vendas, custos e despesas ficarão constantes a partir de 2019 e não haverá necessidade de novos investimentos em giro ou em ativos fixos.

Tabela 7.2 Cálculo do FCLE

$FCLE_{t+1}$	Perpetuidade
LAJ ajustado de impostos (Nopat)	76.607
Depreciação	24.683
Investimentos anuais, ativos fixos	–
Mudanças em capital de giro	–
$FCLE_{t+1}$	101.290

Calculamos o FVLE e o FCLE na perpetuidade. Agora podemos calcular o valor da empresa trazendo a valor presente cada um desses FCLE por meio da taxa de desconto apropriada a remunerar os proprietários de capital.

A taxa de desconto apropriada é a taxa que reflete o risco dos projetos da empresa e o *mix* de financiamentos utilizados para financiá-los corresponde ao seu custo médio ponderado de capital. Para a empresa ALGC S.A., o CMPC ficou entre 7 e 7,5% entre os anos de 2012 e 2014. Porém, prevemos um aumento na taxa básica de juros, o que elevará seu CMPC para 11% nos anos seguintes. Outro dado importante é que as previsões econômicas estipulam um crescimento da economia de 5% a.a. para os próximos cinco anos.

Assim, o cálculo do valor da empresa será o mostrado na Tabela 7.3.

Tabela 7.3 Cálculo do FCLE

$$\Sigma \frac{FCLE_t}{(1 + CMPC)^t} + \frac{\frac{FCLE_{t+1}}{(CMPC - g)}}{(1 + CMPC)^t}$$

CMPC	11%				
g	5%				
	31/12/2011	31/12/2012	31/12/2013	31/12/2014	31/12/2015
t	1	2	3	4	5
$FCLE_t$	(5.541)	21.683	21.683	8.242	5.753
$(CMPC + 1)^t$	111%	123%	137%	152%	169%
$\Sigma FCLE_t$	(4.992)	17.599	15.855	5.429	3.414
$(1 + CMPC)^t$	37.305				
t	6				
$FCLE_{(t+1)}$	101.290				
$(CMPC - g)$	6%				
$(CMPC + 1)^t$	187%				
$\frac{FCLE_{t+1}}{(CMPC - g)} \over (1 + CMPC)^t$	902.565				
	Valor da empresa				
$\Sigma \frac{FCLE_t}{(1 + CMPC)^t} + \frac{\frac{FCLE_{t+1}}{(CMPC - g)}}{(1 + CMPC)^t}$	939.870				

Situações particulares na aplicação do modelo

Como as empresas e seus negócios podem diferir do padrão aqui apresentado, gostaríamos de atentar para alguns pontos:

1. Quando a empresa é formada por vários negócios, cada um deles deve ser avaliado separadamente. Mais tarde, se necessário, o valor das partes pode novamente ser somado para formar o todo.

2. Quando a empresa apresenta ativos não operacionais, como é o caso de terrenos, estes devem ser avaliados pelos seus valores de mercado, e não se consideram sua despesa e sua receita não operacional.
3. Quando a empresa possui ativos financeiros não operacionais, como, por exemplo, as aplicações financeiras mantidas acima do necessário pelas operações da empresa, essas contas e todos os seus efeitos para a empresa também devem ser desconsiderados.
4. Quando a empresa possui obrigações ou direitos ainda em situação pendente – como, por exemplo, riscos trabalhistas, ambientais, fiscais e tributários, em razão de incorreções do passado e não reconhecidos pela empresa, mas que um dia podem voltar à tona, ou quaisquer outros que gerem obrigações ou direitos para a empresa e/ou seus sócios e que também devem ser considerados –, para não deixar qualquer item importante de fora, uma técnica é pensar em todas as características atuais da empresa que possam ser utilizadas em uma negociação para aumentar ou diminuir o seu valor. Essas obrigações ou direitos frequentemente não são contabilizados, o que dificulta a sua identificação e relação completa.

MODELO DE DESCONTO DE DIVIDENDOS

O modelo básico e mais utilizado para avaliar o valor da ação é o que toma o valor presente dos dividendos que se espera que ela gere. Uma ação possui dois fluxos de caixa: os dividendos durante o período e o preço esperado ao final desse período. No modelo de desconto de dividendos (MDD), o valor de uma ação é o valor presente dos dividendos até o infinito.

Nesse modelo prevemos os dividendos futuros e os descontamos à taxa do custo de capital próprio. Para obter dividendos futuros, traçam-se hipóteses sobre a taxa de crescimento dos lucros futuros e índices de *payout*.

Com base em diferentes hipóteses sobre o crescimento futuro dos lucros da empresa desenvolveram-se diferentes MDD. Temos, então, MDD para taxa de crescimento estável, crescimento em dois estágios e crescimento em três estágios. Aqui apresentaremos o MDD para taxa de crescimento estável, porém indicamos o livro de Damodaran (1997) para mais explicações dos outros métodos.

Exemplo de aplicação

A empresa apresentou taxa de crescimento estável (é a taxa de crescimento que uma empresa pode manter por tempo ilimitado, tanto em lucros quanto em dividendos e fluxo de caixa). Em nosso exemplo, essa taxa será de 9% a.a. Temos:

$$\text{Valor da ação} = \frac{DIV_1}{(CCP - z)}$$

Em que:
DIV_1: dividendos esperados daqui a um ano.
CCP: taxa exigida de retorno para o capital próprio.
z: taxa de crescimento perpétua de dividendos.

Tabela 7.4 Cálculo do valor por ação

MDD	
DIV1	9.119
CCP	9%
z	8%
MDD	911.900
N. de ações	100.000
Valor por ação	9,12

Pelo método anteriormente descrito, podemos verificar o valor por ação da empresa simplesmente dividindo o valor calculado pelo método de desconto de dividendos pelo número total de ações possuídas pela empresa na data de sua aplicação.

Divergências de valores

Pode-se verificar divergências quando se apura o valor pelo método de desconto de dividendos e pelo método de desconto dos fluxos de caixa livre.

O valor apurado pelo método do desconto dos dividendos pode ser diferente daquele apurado pelo método do desconto do fluxo de caixa livre da empresa, ainda que as mesmas taxas de desconto sejam utilizadas. Isso ocorre porque a empresa pode não distribuir – e normalmente não o faz – como dividendos exatamente o seu fluxo de caixa livre (Assaf Neto, 2005).

Nessas circunstâncias, a empresa pode estar aplicando a diferença entre o valor presente dos fluxos em projetos com valor presente líquido negativo ou, ainda, estar contraindo novas dívidas ou emitindo ações para gerar os recursos utilizados para pagar seus dividendos.

MODELOS DE AVALIAÇÃO POR MÚLTIPLOS

O mercado financeiro desenvolveu uma série de indicadores que relacionam informações relativas ao desempenho empresarial das empresas em termos de duas ou mais de suas variáveis. Uma família desses indicadores, comumente utilizada como ferramenta de determinação do valor de negócios, terminou denominada em múltiplos, por relacionarem razões matemáticas que permitem a comparação entre o desempenho de diversas empresas e sua aplicação a outras empresas.

O modelo de avaliação relativa avalia uma empresa por meio da comparação de alguns de seus índices de desempenho de mercado com os índices das demais empresas comparáveis do mercado, avaliando seu valor e concluindo se a empresa está subavaliada ou superavaliada. Utilizando médias de múltiplos do mercado, pode-se determinar também o valor de empresas a partir das variáveis conhecidas.

Nesse modelo, o valor de um negócio é comparado ou calculado a partir de valores de negócios similares no mercado. Apresentaremos e discutiremos os principais e mais consagrados múltiplos utilizados no mercado.

Preço/valor patrimonial (P/VPA)

Esse múltiplo mede a razão entre o preço por ação e o valor patrimonial por ação. Se o P/VPA é maior que 1, isso significa que o mercado atribui à empresa maior valor que aquele apurado segundo o critério contábil.

Normalmente, empresas com perspectivas futuras minimamente razoáveis apresentam um P/VPA maior que 1. Isso ocorre porque o patrimônio da empresa implica a propriedade de ativos que, se estão gerando valor, certamente são avaliados acima do seu preço contábil.

A comparação do P/VPA deve ser feita tomando-se em conta as características operacionais semelhantes, uma vez que diferentes setores de atividade econômica apresentam diferentes possibilidades de alavancagem.

Lucro/preço (LPA/P)

Outro parâmetro pelo qual o preço da ação é o lucro por ação, resultado da divisão do lucro líquido pelo número de ações emitidas pela empresa. O LPA/P, medido em uma unidade de tempo dada (normalmente o ano), expressa o número de unidades de tempo necessárias para que a geração de lucros se acumule até o preço pago pela ação.

Dividendo/preço (*Dividend/yield*)

A relação entre dividendo e preço mede, em dado período de tempo, o percentual do preço pago que retornou ao acionista sob a forma de dividendo pago. Esse múltiplo pode ser calculado utilizando-se tanto a informação do preço inicial como do preço final do período ou seu preço médio.

Price sales ratio (PSR)

O *price sales ratio* é um múltiplo que expressa a relação entre a receita líquida de vendas por ação (calculada pela divisão da receita líquida total pelo número de ações emitidas) e o preço de cada ação. Ele é muito útil na comparação e determinação de valores de empresas com atuação semelhante, mas deve ser utilizado com cautela ao se estabelecerem comparações de empresas diferentes.

MEDINDO A CRIAÇÃO/DESTRUIÇÃO DE VALOR NO PASSADO

Até o momento, avaliamos medidas de determinação do valor de um negócio. No entanto, em várias circunstâncias torna-se interessante conhecer a geração de valor em um período do passado. O mais consagrado método utilizado para tanto é o EVA (*Earned Value Analysis*®), metodologia patenteada por uma empresa de consultoria norte-americana, a Stern, Stweart & Co.

De uma forma simples, podemos dizer que valor econômico é agregado quando as empresas investem capital (investimento em giro e investimentos estruturais) a taxas de retorno que excedem o seu custo de capital. Essa regra aplica-se a todos os tipos de empresas, de qualquer área e local de atuação.

O EVA®, ou VEA (valor econômico agregado), provém da diferença entre o retorno sobre o capital investido em ativos existentes e o custo do capital investido, expresso em moeda, ou seja, a empresa cria valor quando o retorno de suas operações ultrapassa a remuneração exigida pelos detentores de capital, de modo que por detentores de capital entendem-se credores de curto e longo prazos, além de acionistas e proprietários.

O VEA é fundamental para que os administradores tenham as melhores informações da realidade dos negócios e tomem as decisões financeiras que maximizem a riqueza dos proprietários, em detrimento de decisões que simplesmente melhorem os resultados da empresa, em termos de margem e retorno.

Tornar os sócios mais ricos é uma tarefa relacionada com o longo prazo e com a estratégia futura da empresa. Mais que gerar resultados presentes, uma organização deve garantir aos sócios e demais *stakeholders* que, no futuro, continuará gerando resultados que sejam superiores às suas expectativas de retorno, garantindo a sua disposição aos investimentos e à continuidade dos negócios.

Exemplo de cálculo do VEA com uma empresa fictícia

Observemos os demonstrativos financeiros da empresa ALGC S.A. na Tabela 7.5.

Tabela 7.5 Demonstração de resultados (ALGC S.A.)

	2015	2016	2017
Receita bruta	100.000	150.000	210.000
Impostos sobre vendas	15.000	15.000	20.000
Receita líquida operacional	5.000	135.000	190.000
Custo dos produtos vendidos	40.000	60.000	90.000
Lucro bruto	50.000	75.000	100.000
Despesas com vendas	9.000	12.000	15.000
Despesas com depreciação	8.500	9.700	8.900
Despesas administrativas	20.000	21.000	22.000
Despesas tributárias	7.000	8.000	9.000
Lucro operacional Ebit	5.500	24.300	45.100
Resultado financeiro	(6.000)	(7.000)	(9.000)
Juros sobre capital próprio	–	–	–
Outras receitas, despesas operacionais	(3.000)	(1.800)	(4.500)
Equivalência patrimonial	15.000	8.000	(11.000)
Lucro operacional	11.500	23.500	20.600
Resultado não operacional	(1.600)	(5.700)	(2.700)
Lair	9.900	17.800	17.900
Provisão de imposto de renda	2.800	5.372	2.346
IR diferido	4	5	18
Participação de acionistas minoritários	–	–	–
Lucro líquido	7.096	12.423	15.536
Ativo total	147.846	178.523	210.036
Ativo circulante	60.446	80.600	100.900
Disponível e investimento CP	1.200	1.700	1.000
Aplicações financeiras CP	500	1.000	1.500
Clientes	28.650	45.000	60.000
Outros créditos CP	5.000	3.900	2.900
Estoques	24.096	27.000	34.000

(continua)

Tabela 7.5 Demonstração de resultados (ALGC S.A.) *(continuação)*

	2015	2016	2017
Outros ativos CP	2.000	2.000	1.500
Realizável LP	**11.400**	**14.923**	**21.136**
Clientes	5.000	10.000	15.000
Impostos diferidos LP	1.000	1.000	3.000
Controladas	400	923	1.136
Outros ativos LP	5.000	3.000	2.000
Permanente	**76.000**	**83.000**	**88.000**
Investimento em subsidiárias e outros	10.000	15.000	17.000
Imobilizado	60.000	66.000	68.000
Diferido	6.000	2.000	3.000
Passivo e patrimônio líquido	**150.846**	**180.523**	**211.036**
Passivo circulante	**83.000**	**95.100**	**116.500**
Financiamento CP	40.000	50.000	60.000
Fornecedores CP	20.000	30.000	35.000
Impostos a pagar CP	7.000	5.000	10.000
Dividendos a pagar CP	5.000	3.000	2.000
Provisões CP	6.000	1.600	3.500
A pagar a controladas CP	4.000	4.500	5.000
Outros passivos CP	1.000	1.000	1.000
Exigível LP	**38.000**	**47.000**	**50.000**
Financiamento LP	20.000	24.000	25.000
Provisões LP	5.000	8.000	6.000
Impostos diferidos LP	10.000	12.000	18.000
Outros passivos LP	3.000	3.000	1.000
Resultados de exercícios futuros	–	–	–
Participação de acionistas minoritários	–	–	–
Patrimônio líquido	**29.846**	**38.423**	**44.536**
Capital social	20.000	22.000	22.000
Reservas de capital	–	2.000	4.000
Reservas de reavaliação	–	–	–
Reserva de lucros	2.750	4.000	3.000
Lucros acumulados	7.096	12.423	15.536

A partir desses dados, propomo-nos a responder à pergunta: a empresa ALGC S.A. está gerando ou destruindo valor?

Como vimos, o VEA calcula quanto uma empresa criou ou destruiu de valor em um período. É a diferença entre o retorno do capital investido menos o custo total do capital investido.

Para respondermos se a empresa está gerando ou destruindo valor necessitamos antes saber:

- Qual é o capital total investido na empresa?
- Qual é o custo de seu capital?
- Qual é o retorno gerado por seus investimentos?

O capital investido representa o valor investido nas operações da empresa, ou seja, consiste no total dos recursos próprios e de terceiros captado pela empresa e aplicado em seu negócio. Representa o capital investido em atividades operacionais, do qual se exige uma taxa de remuneração, dos sócios ou de terceiros.

O capital investido engloba o patrimônio líquido, que é o capital próprio investido na empresa, e também o passivo oneroso, correspondente ao capital de terceiros de curto e longo prazos que exige remuneração. Extraímos do capital investido as demais contas de ativos que não representam investimentos nas operações da empresa, como, por exemplo, as contas de caixa, aplicações financeiras e títulos negociáveis, quando apresentarem saldos incomuns e impactarem a análise. Para considerá-los como "incomuns", o mercado geralmente utiliza uma "regra de bolso" de que quaisquer saldos em caixa ou títulos negociáveis acima de 0,5 e 2% do faturamento anual devem ser considerados como excedentes.

Temos os cálculos para a empresa ALGC S.A. na Tabela 7.6.

Tabela 7.6   Cálculo do capital investido

Capital investido	2015	2016	2017
Passivo e PL			
Passivo circulante	83.000	95.100	116.500
Exigível LP	38.000	47.000	50.000
Patrimônio líquido	29.846	38.423	44.536
Ativo			
Investimento em subsidiárias e outros	(10.000)	(15.000)	(17.000)
Capital investido	140.846	165.523	194.036

Sabemos, assim, que nos anos de 2015 e 2016 os capitais totais investidos nas operações da empresa eram, respectivamente, de R$ 163.523,00 e R$ 194.036,00.

A resposta da segunda pergunta (qual é o custo de seu capital?) é o custo médio ponderado de capital (Tabela 7.7).

Tabela 7.7 Custo médio ponderado de capital

2015	2016	2017
7,32%	7,31%	7,39%

Conforme vimos no Capítulo 5, o custo médio ponderado representa o custo do dinheiro para a empresa como um todo ou a remuneração mínima exigida aos projetos e investimentos de uma empresa. Como já foram explicados os passos para o cálculo do custo médio ponderado de capital, apenas informaremos seus valores para a empresa ALGC S.A.

Como podemos ver, durante os anos de 2015 a 2017, o capital investido da empresa exigiu um retorno mínimo de aproximadamente 7% ao ano. Os cálculos foram suprimidos, uma vez que esse assunto já foi abordado em capítulos anteriores.

Partiremos agora para a última pergunta antes de calcularmos o VEA: qual é o retorno gerado por seus investimentos?

O retorno sobre o capital investido consiste no retorno real das operações da empresa sobre o capital total investido para gerá-lo.

Roic = LAJ – ajustado de impostos/capital total investido

Em que:
Roic: retorno sobre o capital investido (o qual desejamos calcular).
LAJ ajustado de impostos: lucro antes dos juros ajustado de impostos.

O retorno sobre o capital investido é uma função do lucro operacional da empresa ajustado de impostos e sem as despesas financeiras (LAJ ajustado de impostos) dividido pelo capital total investido.

O LAJ ajustado de impostos é conhecido em inglês pela sigla Nopat (*net operation profit after tax*) ou Noplat (*net operating profits less adjusted taxes*), que significa lucro operacional líquido depois do pagamento do imposto de renda.

Cálculo do lucro antes de juros ajustados de impostos

O LAJ ajustado de impostos representa o lucro gerado pelas operações da empresa que estaria disponível para o pagamento dos juros de remuneração do capital total investido (bancos, fornecedores, acionistas).

LAJ ajustado de impostos = Lajir
(−) Impostos sobre o Lajir
(−) Mudança nos impostos diferidos

Para melhor entendermos cada parte da equação, descreveremos cada item.

Lajir ou Ebit

A sigla Lajir corresponde a lucro antes dos juros e imposto de renda, podendo também ser utilizada a sigla em inglês Ebit, *Earning Before Interest and Taxes* (resultado antes de juros e impostos).

Revela, em essência, a genuína capacidade de geração de caixa de uma empresa, ou seja, sua eficiência financeira determinada pelas estratégias operacionais adotadas. Quanto maior, mais eficiente a formação de caixa oriunda das operações (ativos) e melhor a capacidade de pagamento aos proprietários de capital e investimentos demonstrados pela empresa. Corresponde ao resultado operacional antes de impostos que a empresa teria tido se estivesse livre de endividamento. Inclui-se no Lajir todo tipo de receita e despesa operacional, e se excluem receitas e despesas financeiras, resultados extraordinários e rendimentos de investimentos que não tenham origem nas operações. Calcula-se da seguinte forma:

1. Receita bruta da empresa.
2. (−) Tributos sobre a receita. Na época em que este capítulo foi escrito, os principais eram: PIS, ISS, Cofins, IPI e ICMS.
3. (−) Custos diretos. Mercadoria (no comércio), serviços, materiais, energia e mão de obra direta (na manufatura e em serviços).
4. (−) Custos indiretos. Incluem atividades não diretamente alocáveis aos produtos ou serviços vendidos, como supervisão, engenharia de processo, manutenção, controle de qualidade, serviços de infraestrutura, aluguel.
5. (−) Despesas comerciais. Despesas de força de vendas, promoção, propaganda e comissões de vendedores e representantes.
6. (−) Despesas gerais, operacionais e administrativas. Despesas de pessoal, de recursos humanos, de escritório, da tesouraria, da controladoria, de informática e todas as outras despesas relacionadas à administração da empresa. Incluem o aluguel e a depreciação dos escritórios.
7. (−) Depreciação. É o reconhecimento do gasto que a empresa faz quando investe, só que distribuído ao longo de uma série de anos. Não representa uma saída de caixa.

8. (−) Amortização de ativos diferidos. Tem interpretação análoga à depreciação. Não se pode confundir com a amortização de dívidas.
9. = Lajir − lucro antes dos juros e imposto de renda. É a receita menos os custos, despesas, depreciação e amortização.

Tabela 7.8 Lajir

Lajir	2015	2016	2017
Receita bruta	100.000	150.000	210.000
Impostos sobre vendas	(10.000)	(15.000)	(20.000)
Custo de produtos vendidos	(40.000)	(60.000)	(90.000)
Despesas com vendas	(9.000)	(12.000)	(15.000)
Despesas administrativas	(20.000)	(21.000)	(22.000)
Outras receitas, despesas operacionais	(3.000)	(1.800)	(4.500)
Despesas de depreciação	(8.500)	(9.700)	(8.900)
Despesas tributárias	(7.000)	(8.000)	(9.000)
Amortização de ativos diferidos	–	–	–
Lajir	2.500	22.500	40.600

Impostos sobre Lajir

Quanto mais despesas financeiras uma empresa tiver, menor será seu lucro antes do imposto de renda (Lair) e, consequentemente, menor será a quantidade de imposto a ser paga. Despesas financeiras, equivalências patrimoniais negativas e outros eventos não operacionais geram ganhos fiscais para a empresa, pois reduzem o Lair, de modo que as empresas acabam pagando menos impostos.

É necessário, então, que se exclua do cálculo dos impostos o ganho fiscal que a empresa obteve das despesas financeiras e demais contas não operacionais, pois se deseja saber quais impostos a empresa pagaria se não tivesse dívida, aplicações financeiras ou despesas não operacionais. Assim, o lucro operacional será exclusivamente o decorrente das operações, e os tributos sobre a renda serão chamados de ajustados.

Dessa forma, os impostos sobre o Ebit (Lajir) são calculados somando o ganho fiscal ao imposto de renda provisionado na demonstração de resultados.

O ganho fiscal é calculado multiplicando a alíquota marginal regulamentar do imposto de renda para cada uma das contas:

- Resultado financeiro.
- Equivalência patrimonial.
- Qualquer receita ou despesa advinda de itens não operacionais.

Tabela 7.9 Impostos sobre Lajir

Impostos sobre Lajir	2015	2016	2017
Alíquota do IR + CS: 34%			
Resultado financeiro	(6.000)	(7.000)	(9.000)
	(2.040)	(2.380)	(3.060)
Resultado não operacional	(1.600)	(5.700)	(2.700)
	(544)	(1.938)	(918)
Equivalência patrimonial	15.000	8.000	(11.000)
	5.100	2.720	(3.740)
Impostos sobre Lajir	2.516	(1.598)	(7.718)
Provisão de imposto de renda	(2.804)	(5.377)	(2.364)
Provisão de IR + impostos sobre o Lajir	(288)	(6.975)	(10.082)

Lajida ou Ebitda

Outra medida possível para a análise do valor e de outros parâmetros intermediários é o Lajida (lucro antes de juros, impostos, depreciação ou amortização) ou Ebitda (*Earnings Before Interest, Taxes, Depreciation and Amortization*).

O Ebitda/Lajida é equivalente ao Ebit/Lajir deduzido de dois itens, que, embora representem impacto econômico, não implicam saída efetiva de caixa. O Ebitda/Lajida costuma ser utilizado como uma medida da geração operacional de resultado estritamente financeiro, comparado com frequência à receita líquida para medir o resultado operacional livre de impactos financeiros.

Existe alguma aproximação entre o conceito de margem de contribuição e o do Ebitda/Lajida. A margem de contribuição mede a receita deduzida dos custos operacionais diretos, enquanto o Ebitda/Lajida também apropria, em seu cálculo, as despesas administrativas indiretas, porém operacionais.

Considera-se o fato de que, com a sofisticação cada vez maior dos processos produtivos, nas últimas décadas o Ebitda/Lajida acaba refletindo melhor um conceito de resultado operacional "livre" que a margem de contribuição. No entanto, a margem de contribuição se presta a um espectro amplo de análise e não deve ser ignorada, por exemplo, ao se analisar a receita marginal decorrente da expansão ou retração de vendas de determinadas linhas de produtos da empresa, por exemplo. Substituir a margem de contribuição pelo Ebitda/Lajida, nessas circunstâncias, pode resultar em interpretações equivocadas.

Vários ajustes gerenciais são aplicados ao Ebitda para extrair os resultados extraordinários ou não operacionais.

Mudanças nos impostos diferidos

Para encontrarmos o lucro gerado pelas operações da empresa que estaria disponível para o pagamento dos juros de remuneração do capital total investido, devemos subtrair as alterações nos impostos diferidos.

As alterações nesses impostos exercem impacto no cálculo do resultado da empresa e não produzem efeitos em seu caixa. Precisamos então extrair essas alterações do caixa. Correspondem, por exemplo, a impostos que a empresa deixou de pagar e que não foram provisionados em seu demonstrativo de resultado. As mudanças nos impostos diferidos são calculadas pela alteração anual da diferença entre os passivos de impostos diferidos e os ativos de impostos diferidos.

Tabela 7.10 Mudanças nos impostos diferidos

Mudanças nos impostos diferidos	2015	2016	2017
Passivo de impostos diferidos	10.000	12.000	18.000
Ativo de impostos diferidos	(1.000)	(1.000)	(3.000)
	9.000	11.000	15.000
Mudanças nos impostos diferidos		2.000	4.000

Assim, o LAJ ajustado de impostos para a empresa ALGC S.A. será o mostrado na Tabela 7.11.

Tabela 7.11 LAJ ajustado de impostos para a ALGC S.A.

LAJ ajustado de impostos (Nopat)	2015	2016
Lajir	22.500	40.600
Impostos sobre Lajir	(6.975)	(10.082)
Mudanças nos impostos diferidos	2.000	4.000
LAJ ajustado de impostos (Nopat)	17.525	34.518

Cálculo e interpretação do retorno sobre o capital investido

O retorno sobre o capital investido (*return on invested capital*, Roic), para a empresa ALGC S.A., será o mostrado na Tabela 7.12.

O aspecto mais importante do retorno sobre o capital investido é a definição do numerador e do denominador consistentemente. Em outras palavras, se um ativo for incluído no capital investido, a receita relacionada a ele deve estar no LAJ ajustado de impostos.

Tabela 7.12 Roic para a ALGC S.A.

Roic	2015	2016
LAJ ajustado de impostos (Nopat)	17.525	34.518
Capital investido	165.523	194.036
Roic	10,59%	17,79%

O Roic é uma ferramenta analítica que demonstra o verdadeiro desempenho operacional de uma empresa, mostrando-se melhor que o retorno sobre o patrimônio líquido, porque este mistura o desempenho operacional e a estrutura financeira. A empresa ALGC S.A. obteve um retorno sobre o capital investido de 13% a.a. em 2014 e 21% a.a. em 2015.

Cálculo e análise do EVA® (ou VEA)

Nesse ponto conseguimos responder às perguntas-chave para o entendimento do conceito do VEA.

Agora podemos apresentar os métodos para calcular o valor econômico agregado e responder se a empresa está criando ou destruindo valor.

A fórmula de cálculo do VEA é:

VEA = (LAJ ajustado de impostos − [capital investido × CMPC])

Tabela 7.13 Valor econômico adicionado

VEA = (LAJ ajustado de impostos − [capital investido × CMPC])	2015	2016
LAJ ajustado de impostos (Nopat)	17.525	34.518
Capital investido	165.523	194.036
Custo médio ponderado de capital (CMPC)	7,33%	7,39%
VEA	5.400	20.170

RESUMO

O objetivo das empresas é o de maximizar o seu valor. Para que o valor das empresas seja maximizado, a empresa deve dar sempre o enfoque na maximização da riqueza aos seus acionistas. O sucesso de um empreendimento é medido por sua capacidade de adicionar riqueza aos seus acionistas dentro de um horizonte indeterminado de tempo, e não entendido dentro de uma visão efêmera dos resultados, muitas vezes consequência de variáveis que não se repetirão no futuro. A ótica do valor prioriza essencialmente o longo prazo, a continuidade da empresa, sua capacidade de competir, ajustar-se em transformação e agregar valor a seus proprietários. A empresa cria valor quando sua atividade gera retorno maior que o retorno mínimo exigido pelos detentores do capital, acionistas ou proprietários. A ferramenta utilizada para mensurar se a empresa cria ou não valor e como o faz é chamada de valor econômico agregado (VEA). A avaliação de empresas abrange desde gestão de carteiras e análise de aquisições até a gestão das finanças corporativas. Existem duas formas de avaliar uma empresa em circunstâncias normais: 1) pelo valor de liquidação (preço de venda de cada um de seus ativos subtraído dos custos para efetuar essas vendas e diminuído dos seus passivos com terceiros); 2) pelo valor de funcionamento (dependerá dos recursos financeiros que ela produzirá no futuro e mostra o potencial de uma empresa). Os modelos de avaliação podem ser quantitativos, mas os dados de entrada deixam margem suficiente para julgamentos subjetivos. O valor obtido de qualquer modelo de avaliação é afetado por informações específicas da empresa e de mercado. Mesmo ao final de uma avaliação minuciosa e detalhada haverá incertezas quanto aos números finais, distorcidos pelas pressuposições que fazemos quanto ao futuro da empresa e da economia. Consequentemente, o valor se modificará a cada nova informação. A avaliação tem papel fundamental em gestão de carteiras de investimento, fusões e aquisições e gestão de finanças corporativas.

QUESTÕES

1. Qual o objetivo principal das empresas? Como tal objetivo pode ser alcançado?
2. Por que medidas de criação de valor tornaram-se importantes na gestão organizacional? Como essa mensuração é realizada?
3. Explique o conceito de EVA e sua importância na gestão administrativa.
4. Defina os conceitos e explique o impacto de cada um na gestão financeira:
    a) Capital total investido.
    b) Custo de capital próprio.
    c) Custo de capital de terceiros.
    d) Nopat.
    e) Ebit.
    f) Roic.
5. Como as previsões de despesas financeiras são realizadas? Quais análises devem ser realizadas quanto à previsão futura dos demonstrativos financeiros?
6. Qual o objetivo da *valuation*? Como pode ser realizada?

7. Quais os principais modelos utilizados na avaliação de empresas? Diferencie-os.
8. Explique detalhadamente o modelo de fluxo de caixa descontado.
9. Qual o conceito de fluxo de caixa livre? Explique.
10. Em que consiste a análise de opções reais? Qual a importância para as organizações?

EXERCÍCIOS

1. Explique quais os objetivos, distintos, do VEA e do FCLE. Escolha uma empresa de capital aberto e realize os cálculos para exemplificar.
2. Vários métodos de determinação do valor de um negócio podem ser utilizados. Comente sobre as diferentes vantagens e desvantagens de cada um deles, exemplificando.
3. O FCLE tem algumas premissas que guardam algumas restrições no que diz respeito à aplicação do modelo. Quais as principais?
4. Qual o conceito implícito na definição do *return on invested capital* (Roic)?
5. Comente sobre a diferença entre os objetivos da escrituração contábil e da avaliação de valor. Exemplifique.

ESTUDO DE CASO

A Bioenergia, por ser um projeto totalmente independente dos outros negócios dos seus controladores, torna-se um caso bastante interessante para que se possa analisar como o processo de *valuation* pode ser aplicado para determinação de viabilidade econômica e valor esperado de um projeto novo. O principal fator a tornar o caso da Bioenergia *sui generis* é sua modalidade de execução, na forma de *project finance*.

O *project finance* constitui um tipo de financiamento e controle financeiro de projetos baseado estritamente na geração dos seus fluxos de caixa. Das várias formas que um projeto, tal qual o da Bionergia, poderia assumir, o *project finance* é o que melhor isola o projeto de outros fatores externos relativos aos acionistas e aos negócios correlatos, permitindo uma análise precisa e detalhada do projeto em si. Apresentamos as projeções de demonstrações de resultados dos exercícios analisados na fase de estudos do projeto (1999-2001) e, a seguir, vários aspectos relacionados às previsões realizadas.

Tabela 7.14 Demonstrativo de resultados da Bioenergia

Valores em R$ mil

Anos	0	1	2	3	4	5	6	7	8	9	10	11	12	13	14	15
(=) Receita operacional bruta	0	11.950	22.232	21.860	21.625	19.294	19.294	19.294	19.294	19.294	19.294	19.294	19.294	19.294	19.294	19.294
(-) PIS/Cofins sobre vendas		(436)	(811)	(798)	(789)	(704)	(704)	(704)	(704)	(704)	(704)	(704)	(704)	(704)	(704)	(704)
(-) ICMS sobre vendas		(1.077)	(1.992)	(1.992)	(1.971)	(1.971)	(1.971)	(1.971)	(1.971)	(1.971)	(1.971)	(1.971)	(1.971)	(1.971)	(1.971)	(1.971)
(=) Receita operacional líquida	0	10.437	19.428	19.069	18.864	16.618	16.618	16.618	16.618	16.618	16.618	16.618	16.618	16.618	16.618	16.618
(-) Bagaço		(431)	(696)	(696)	(681)	(681)	(681)	(681)	(681)	(681)	(681)	(681)	(681)	(681)	(681)	(681)
(-) Água		(443)	(715)	(715)	(700)	(700)	(700)	(700)	(700)	(700)	(700)	(700)	(700)	(700)	(700)	(700)
(-) Insumos químicos		0	0	0	0	0	0	0	0	0	0	0	0	0	0	0
(-) Acesso à linha		0	0	0	0	0	0	0	0	0	0	0	0	0	0	0
(=) Custos variáveis	0	(873)	(1.411)	(1.411)	(1.381)	(1.381)	(1.381)	(1.381)	(1.381)	(1.381)	(1.381)	(1.381)	(1.381)	(1.381)	(1.381)	(1.381)
(-) Manutenção		(831)	(831)	(831)	(831)	(831)	(831)	(831)	(831)	(831)	(831)	(831)	(831)	(831)	(831)	(831)
(-) Mão de obra industrial		0	0	0	0	0	0	0	0	0	0	0	0	0	0	0
(-) Mão de obra administrativa		(42)	(42)	(42)	(42)	(42)	(42)	(42)	(42)	(42)	(42)	(42)	(42)	(42)	(42)	(42)
(-) Mão de obra – prestação de serviços		(802)	(802)	(802)	(802)	(802)	(802)	(802)	(802)	(802)	(802)	(802)	(802)	(802)	(802)	(802)
(-) Aluguel		(40)	(40)	(40)	(40)	(40)	(40)	(40)	(40)	(40)	(40)	(40)	(40)	(40)	(40)	(40)
(-) Seguro		(208)	(208)	(208)	(208)	(208)	(208)	(208)	(208)	(208)	(208)	(208)	(208)	(208)	(208)	(208)

(continua)

Avaliação financeira de negócios 313

Tabela 7.14 Demonstrativo de resultados da Bioenergia (continuação)

Valores em R$ mil

Anos	0	1	2	3	4	5	6	7	8	9	10	11	12	13	14	15
(=) Custos fixos	0	(1.922)	(1.922)	(1.922)	(1.922)	(1.922)	(1.922)	(1.922)	(1.922)	(1.922)	(1.922)	(1.922)	(1.922)	(1.922)	(1.922)	(1.922)
(=) Lucro operacional antes de depreciação – Ebitda	0	7.641	16.095	15.736	15.561	13.315	13.315	13.315	13.315	13.315	13.315	13.315	13.315	13.315	13.315	13.315
(–) Depreciação parque novo		(3.200)	(3.200)	(3.200)	(3.200)	(3.200)	(3.200)	(3.200)	(3.200)	(3.200)	(3.200)	0	0	0	0	0
(–) Depreciação parque existente		(1.906)	(1.906)	(1.906)	(1.906)	(1.906)	0	0	0	0	0	0	0	0	0	0
(=) Lucro operacional – Ebit	0	2.535	10.989	10.630	10.455	8.209	10.115	10.115	10.115	10.115	10.115	13.315	13.315	13.315	13.315	13.315
(+) Receita financeira																
(–) Despesa financeira	(146)	(1.284)	(1.626)	(1.501)	(1.363)	(1.211)	(1.043)	(860)	(659)	(440)	(202)	0	0	0	0	0
Paga	0	(804)	(739)	(669)	(591)	(505)	(411)	(309)	(197)	(76)	0	0	0	0	0
Acruada	(146)	(1.284)	(823)	(762)	(694)	(620)	(538)	(448)	(350)	(243)	(127)	0	0	0	0	0
(+) Valor residual	0	0	0	0	0	0	0	0	0	0	0	0	0	0	0	1.905
(=) Lucro antes do IR e CSLL	(146)	1.250	9.362	9.128	9.091	6.998	9.072	9.255	9.456	9.674	9.913	13.315	13.315	13.315	13.315	15.220
(–) Imposto de renda		647	(421)	(413)	(408)	(362)	(362)	(362)	(362)	(362)	(362)	(362)	(362)	(362)	(362)	(400)
(–) CSLL		(129)	(240)	(236)	(234)	(208)	(208)	(208)	(208)	(208)	(208)	(208)	(208)	(208)	(208)	(229)
(=) Lucro líquido	(146)	1.768	8.701	8.479	8.449	6.428	8.501	8.685	8.886	9.104	9.342	12.745	12.745	12.745	12.745	14.591

REFERÊNCIAS

ASSAF NETO, A. *Finanças corporativas e valor*. São Paulo: Atlas, 2005.
DAMODARAN, A. *Avaliação de investimentos: ferramentas e técnicas para a determinação do valor de qualquer ativo*. Rio de Janeiro: Qualitymark, 1997.
ROSS, S. *Administração financeira*. São Paulo: Atlas, 2002.

BIBLIOGRAFIA SUGERIDA

BREALEY, R.; MAYERS, S. *Investimento de capital e avaliação*. Porto Alegre: Bookman, 2006.
COPELAND, T. et al. *Valuation: calculando e gerenciando o valor das empresas*. 3.ed. São Paulo: Makron Books, 2002.
DAMODARAN, A. *Finanças corporativas: teoria e prática*. 2.ed. Porto Alegre: Bookman, 2004.
GITMAN, L. *Princípios de administração financeira*. 10.ed. São Paulo: Addison Wesley, 2004.
GRINBLATT, M.; TITMAN, S. *Mercados financeiros e estratégia corporativa*. Porto Alegre: Bookman, 2005.
MARTELANC. R.; PASIN, R,; Pereira, F. *Avaliação de empresas: um guia para fusões e aquisições e private equity*. São Paulo: Pearson Education, 2010.

8
GESTÃO DO VALOR FINANCEIRO DE LONGO PRAZO

Após a leitura deste capítulo, você poderá compreender o conceito de geração de valor, que se baseia na ideia de que toda atividade em uma empresa é financiada por uma fonte de capital que tem um custo, assim como toda atividade deve gerar um retorno; quando o retorno é maior que o custo, há geração de valor. Compreendendo este conceito, você estará apto a analisar as atividades de uma empresa e tomar decisões de modo a aumentar o seu valor.

Os capítulos anteriores apresentaram, de forma isolada, a gestão de todos os componentes da gestão financeira de longo prazo. Foram descritos os aspectos mais relevantes na gestão de riscos financeiros, na análise de projetos de investimento, na captação de recursos financeiros de longo prazo de terceiros, na gestão dos recursos próprios, na estrutura de capital e na avaliação de negócios. No entanto, é necessário que o gestor financeiro cuide de todos esses componentes de longo prazo de forma integrada e em ambiente competitivo e dinâmico.

Os objetivos deste capítulo são:

- Definir o objetivo da gestão do valor.
- Integrar a gestão dos elementos financeiros de longo prazo.
- Apresentar um modelo de gestão integrada, baseado no conceito de geração de valor, para a administração do capital de longo prazo.
- Apresentar estratégias funcionais de gestão de valor no longo prazo.

- Apresentar estratégias de nível de atividade na gestão financeira de longo prazo.
- Apresentar estratégias de gestão de valor em reorganizações empresariais.

OBJETIVO DA CRIAÇÃO DE VALOR

Diversos estudos indicam que ter a maximização da riqueza dos proprietários como objetivo das organizações não concentra a renda nem espolia as classes trabalhadoras. Significa gerar valor para todos os seus *stakeholders*, que são aqueles que financiam a organização (acionistas, credores e fornecedores) e aqueles inseridos no seu ambiente interno e externo (empregados, governo e sociedade em geral). O resultado líquido de uma empresa representa em torno de 3% da receita líquida[1] que, sob regime de competência, traduz a remuneração ao capital investido pelos proprietários. Portanto, cerca de 97% dos recursos arrecadados com as vendas, das empresas em geral, remunerarão fornecedores de bens e serviços, funcionários, representantes comerciais, despesas gerais e governo, ficando 5% para reinvestimentos e distribuição de resultados aos proprietários. Caso a empresa não gere valor, isso significará o desinteresse em sua continuidade, inclusive por parte dos trabalhadores.

Como exemplo, o Quadro 8.1 apresenta as demonstrações de uma grande empresa brasileira, a JBS S.A., sobre a qual se observa que o resultado líquido representa, no período de dois anos, em média 2% das receitas líquidas da companhia, ou seja, 98% das receitas destinam-se a outros interessados na companhia que não os acionistas: no item custo dos produtos temos matéria-prima, mão de obra direta e gastos gerais de fabricação; no item despesas de vendas temos comissões sobre vendas, salários de vendedores e de pessoal de suporte, gastos com publicidade e propaganda e gastos diretos com vendas; no item despesas administrativas temos gastos com pessoal administrativo, insumos administrativos e gastos diretos administrativos; despesas financeiras são gastos com juros por recursos captados; impostos e contribuições são imposto de renda e contribuição social; e resultado líquido é o que sobra, sendo que uma parte será reinvestida e a outra parte, normalmente 25%, será distribuída.

---

1. Estudo realizado para este livro, pelo Cepefin, com 292 empresas de capital aberto e dados financeiros relativos aos anos de 2014 e 2015, indicou que a margem líquida mediana dessas empresas era de 3,17%, sendo que aqui está sendo arredondada para 3% para facilitar o cálculo e o entendimento das abordagens.

Quadro 8.1   Demonstração de resultados dos anos de 2013 e 2014 da empresa JBS S.A.

Demonstrações do resultado para os exercícios findos em 31 de dezembro de 2014 e 2013 (em milhares de reais)

	Consolidado	
	2014	2013
Receita líquida	120.469.719	92.902.798
Custo dos produtos vendidos	(101.796.347)	(81.056.088)
Lucro bruto	18.673.372	11.846.710
(Despesas) Receitas operacionais		
Administrativas e gerais	(3.330.042)	(2.519.993)
Com vendas	(7.154.335)	(5.262.199)
Resultado financeiro líquido	(3.637.620)	(2.380.331)
Resultado de equivalência patrimonial	26.103	6.722
Outras receitas (despesas)	(385.655)	84.086
	(14.481.549)	(10.071.715)
Resultado antes da provisão para Imposto de renda e contribuição social	4.191.823	1.774.995
Imposto de renda e contribuição social corrente	(1.656.879)	(166.231)
Imposto de renda e contribuição social diferidos	(128.517)	(490.439)
	(1.785.396)	(656.670)
Lucro líquido	2.406.427	1.118.325

Assim, a distribuição aos proprietários será algo como 25% de 2%, ou seja, somente 0,5% da receita líquida será distribuído aos proprietários (na avaliação da desigualdade que pode ser gerada, é necessário levar em conta, ainda, entre quantas pessoas esse valor é dividido e qual a diferença entre o valor recebido pelo agente mais bem remunerado e o menos bem remunerado). É óbvio, ainda, que o resultado líquido deve ser preservado e mantido de forma contínua, pois do contrário não haverá interesse no empreendimento do negócio, prejudicando todos os envolvidos, principalmente os não proprietários.

O resultado líquido é uma sobra, tanto que em alguns planos contábeis o nome é sobra líquida; há um esforço corporativo para que essa sobra ocorra, o que não é fácil. Ao buscar maximizar o lucro contínuo, normalmente por meio de expansão dos negócios, os gestores estarão gerando valor a todos os envolvidos com a organização. Assim, buscar maximizar a riqueza dos proprietários significa, principalmente, gerar valor para todos os envolvidos e com interesse na organização.

Neste capítulo, o importante não é discutir a repartição do valor agregado, mas como a organização gera valor e qual a participação do gestor financeiro nesse processo. Nesse contexto, o papel do gestor financeiro é captar recursos e zelar para que sejam investidos em ativos que proporcionem retornos maiores que os custos de captação, que são, em parte, consequência do risco observado pelos financiadores em relação à organização – todas as decisões financeiras são norteadas pela relação entre o risco e o retorno.

O objetivo da gestão das organizações é gerar valor para os proprietários, que, como vimos, é também gerar valor para os *stakeholders*. Uma forma de medir o valor gerado é pelas técnicas de valor econômico adicionado (VEA) (do inglês EVA, *Economic Value Added*®) e GTV (geração total de valor). Esses conceitos têm sido aplicados na gestão das organizações, e intuito deste capítulo é especificá-los para a gestão financeira de longo prazo.

Por que o conceito de geração de valor não tem sido aplicado na gestão do capital de parte das organizações? Acreditamos que o motivo principal seja uma aparente dificuldade operacional para quantificar custos e retornos dos ativos e passivos correntes das organizações, bem como a excessiva noção operacional, em contraponto à visão estratégica – as empresas gastam o tempo de seus gestores para administrar o dia a dia. A abordagem tradicional tem conduzido – notadamente pela dispersão de gestão de seus diversos componentes – ao aumento do capital investido, até porque alguns empreendedores e gestores gostam de acumular riqueza física em imóveis. A abordagem de geração de valor proporciona ao gestor melhor tomada de decisão, deixando mais evidentes quais são os direcionadores de valor na gestão do capital.

DINÂMICA DA GERAÇÃO DE VALOR

O método EVA, mais divulgado na literatura e conhecido no mercado, é representado por diversas fórmulas, sendo uma delas:

$$EVA = (ROI - CMPC) \times I$$

Em que:
ROI: retorno percentual sobre o investimento.
CMPC: custo médio ponderado de capital.
I: capital investido (obtido por meio das fórmulas: ativo total menos passivos de funcionamento ou patrimônio líquido mais passivos onerosos).

Por meio do método exposto, é possível analisar se todo o capital investido na organização (I), em conjunto, está gerando valor, já que esse método avalia se o retorno gerado (ROI) é maior que o custo de obtenção do capital investido (CMPC), independentemente de ser capital próprio ou de terceiros.

No entanto, por meio do método EVA, no molde apresentado, não é possível verificar quais atividades da empresa geram valor e quais não geram. Por exemplo, uma organização pode destruir valor ao manter determinado nível de estoques, e isso ser encoberto pelo valor gerado na atividade produtiva.

Além disso, o modelo EVA, geralmente, não considera os custos de passivos de funcionamento, também chamados de passivos não onerosos (apesar do nome, ainda há custos envolvidos se pensarmos no desconto pelo pagamento à vista). Já o GVT considera todo o capital investido, seja próprio, seja de terceiros ou de funcionamento.

Nesse sentido, na Figura 8.1 é apresentado o modelo da geração total de valor (GTV)[2], que funciona como uma espécie de derivação do EVA, possibilitando que diversas áreas da empresa sejam avaliadas individualmente no quesito de geração ou destruição de valor, incluindo as áreas que lidam com passivos de funcionamento.

A geração total de valor (GTV) em uma organização é dividida em geração de valor no longo prazo e geração de valor no curto prazo. O primeiro caso é resultado dos investimentos classificados contabilmente no ativo não circulante, que se divide em ativo realizável em longo prazo, investimento, imobilizado e intangível; no segundo, o valor gerado no curto prazo é formado pela geração de valor na atividade (GVA) e pela geração de valor em finanças (GVF). Ou seja, a geração de valor em uma organização pode ocorrer em sua atividade operativa (produção, vendas e administração) e em sua atividade financeira (giro, tesouraria e impostos). Considera-se, aqui, o giro como uma atividade financeira porque, assim considerada, pode ser gerida de forma a gerar valor.

Por este ser um livro que trata da administração das finanças no longo prazo, após a apresentação do modelo GTV, aprofundaremos apenas a discussão do conteúdo relativo à geração de valor no longo prazo (GVLP):

$$GVLP = VGRLP + VG_{Investimento} + VG_{Imobilizado} + VG_{Intangível}$$

Em que:
GVLP: geração de valor no longo prazo.
VGRLP: valor gerado pelo realizável em longo prazo.
$VG_{Investimento}$: valor gerado pelos investimentos.
$VG_{Imobilizado}$: valor gerado pelo imobilizado.
$VG_{Intangível}$: valor gerado pelo intangível.

---

2. Neste livro abordaremos em mais detalhes o modelo chamado GTV (geração total de valor), desenvolvido pelo autor.

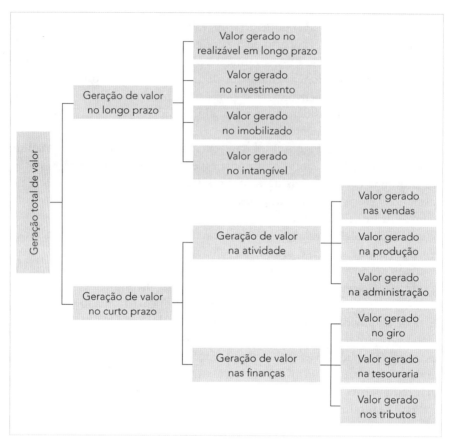

Figura 8.1   Representação gráfica do modelo da geração total de valor.

Decomposição do modelo GTV para a análise do longo prazo

Analisando o balanço patrimonial, é possível dividir os investimentos e as fontes de financiamento de uma empresa nas categorias demonstradas na Figura 8.2.

No lado direito do balanço patrimonial são registradas as fontes de financiamento da empresa, ou seja, a origem dos recursos investidos – passivos; no lado esquerdo são registrados os destinos, onde o capital foi alocado – ativos. Entre diversas classificações dos ativos e passivos, uma consiste em segregar o que é de longo prazo (não circulante) e o que é de curto prazo (circulante).

No passivo de circulante são registrados os passivos de funcionamento (contas a pagar, fornecedores, impostos a pagar etc.) e empréstimos e financiamentos de curto prazo. No longo prazo, são registrados os empréstimos e

Figura 8.2   Composição do balanço patrimonial.

financiamentos de longo prazo (passivo não circulante) e o patrimônio líquido (capital próprio).

Já no ativo circulante, são registradas as contas que representam bens e direitos que se transformaram em dinheiro até o final do período subsequente (caixa, estoque, contas a receber etc.), enquanto no ativo não circulante estão classificados os grupos a seguir descritos, segundo Marion (2012), os quais também representam as unidades de análise utilizadas no modelo GTV:

- Realizável em longo prazo: bens e direitos que se transformarão em dinheiro após o final do ano subsequente (contas a receber em longo prazo, adiantamentos a fornecedores, créditos tributários e depósitos judiciais).
- Investimentos: investimentos permanentes em outras empresas, terrenos para expansão futura, prédios não utilizados na atividade principal (alugados para terceiros, por exemplo) e obras de arte.
- Imobilizado: bens corpóreos ou direitos utilizados na manutenção da atividade principal da empresa.
- Intangível: bens incorpóreos (ativo invisível, impalpável) destinados à manutenção da empresa (marcas, licenças e patentes).

A diferença entre o capital de longo prazo (passivo não circulante + patrimônio líquido) e os investimentos de longo prazo é chamada de capital circulante líquido (CCL). Sempre que o capital de longo prazo é maior que os investimentos de longo prazo significa que os recursos de longo prazo são suficientes para financiar também os investimentos de curto prazo, além dos de longo prazo, o que demonstra equilíbrio financeiro na empresa.

O CCL também pode ser calculado subtraindo-se o passivo circulante do ativo circulante. Caso o CCL seja negativo, a entidade está em desequilíbrio financeiro, já que possui recursos de curto prazo financiando investimentos de longo prazo (prazo das origens e dos destinos dos recursos em desequilíbrio).

O capital de longo prazo (recursos) possui determinado custo: os juros sobre os empréstimos e financiamentos e o retorno mínimo exigido pelo capital próprio. Em contrapartida, esse capital é aplicado nos investimentos de longo prazo e gera um retorno. Quando o retorno é maior que o custo, a entidade gera valor; caso contrário, destrói.

Custo médio ponderado do capital de longo prazo (CMPCLP)

O custo médio ponderado do capital de longo prazo (CMPCLP) é a forma de se determinar o custo do investimento em longo prazo. Quando o capital de giro líquido (CGL) é positivo, situação mais comum na prática – 70% das empresas de capital aberto no Brasil possuem CGL positivo[3] –, há somente a necessidade de calcular o custo médio entre os itens do passivo não circulante e do patrimônio líquido, conforme pode ser visto na Figura 8.3.

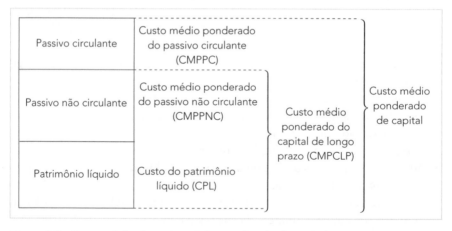

Figura 8.3 Composição do custo médio ponderado de capital.

Quando o capital de giro líquido (CGL) é negativo, situação de 45% das empresas de capital aberto brasileiras, há necessidade de se avaliarem três com-

---

3. Segundo estudo elaborado para este livro pelo Cepefin, com dados de 292 empresas de capital aberto brasileiras, em 2014 e 2015.

ponentes: o custo médio ponderado do passivo circulante (CMPPC) – porque parte dele estará financiando o investimento em longo prazo –, o custo médio ponderado do passivo não circulante e o custo do patrimônio líquido. A Figura 8.3 apresenta essa análise.

O financiamento de ativos de longo prazo por passivos circulantes decorre, normalmente, do vencimento das captações de longo prazo, da dificuldade em operacionalizar captações de longo prazo e da incorporação da atividade financeira por fornecedores e *tradings*.

Estratégias de redução do custo de capital de longo prazo

A estratégia financeira mais importante na geração de valor é a de custo de captação. Quanto menor o custo de captação de uma empresa, maior a facilidade de geração de valor. Como visto, o custo médio ponderado do capital de longo prazo pode ser formado por captações de curto e longo prazos. Assim, quanto menor o custo de captação de recursos de curto e longo prazos, menor o CMPCLP. Isso pode ser obtido por troca de linhas de crédito de custo mais elevado por outras de custo menor, por exemplo.

Em momentos de expectativa de valorização da moeda local, captações internacionais podem conduzir à redução do CMPCLP por ganhos cambiais. A estratégia de exportar ou de agregar uma atividade agropecuária para ter acesso a linhas mais baratas de financiamento pode ser uma opção para reduzir o custo de capital.

Ainda nesse sentido, a redução da percepção dos riscos financeiros pelos mercados financeiros conduz, normalmente, à redução das taxas de juros cobradas pelos investidores ou à redução do custo implícito no CAPM, método de cálculo do custo do capital próprio. Dessa forma, a adequada gestão dos riscos financeiros torna-se importante para a valorização da empresa.

Na aquisição de ativos imobilizados, normalmente, obtém-se financiamento por parte dos próprios fornecedores ou de seus financiadores, em operações que podem reduzir o custo do capital do projeto.

A negociação com prefeitos, governadores e presidência da República, em projetos de interesse público, pode conduzir à negociação de arrecadação de tributos com carência de até 10 anos e com juros de 6% ao ano ou menos.

Geração de valor no realizável em longo prazo

O realizável em longo prazo representa, na mediana das empresas brasileiras de capital aberto, cerca de 11% do ativo total, segundo estudo do Inepad, sendo que 22% dessas empresas apresentam índice superior a 25%. O realizável em longo prazo constitui importante componente da gestão financeira de uma organização, em razão, principalmente, da perda de valor em seus valores.

A geração de valor no realizável em longo prazo ocorre quando o retorno do investimento em realizáveis em longo prazo (RRLP) é superior ao custo médio ponderado do capital de longo prazo (CMPCLP).

$$VGRLP = [(RRLP - CMPCLP) \times IRLP] \times (1 - IR)$$

Em que:
RRLP: retorno do investimento no realizável em longo prazo.
CMPCLP: custo médio ponderado do capital de longo prazo.
IRLP: investimento em realizáveis em longo prazo.
IR: alíquota efetiva de IR.

Retorno sobre o investimento em realizáveis em longo prazo (RRLP)

O retorno sobre o investimento em realizáveis em longo prazo (RRLP) é calculado como o retorno médio ponderado de todos os itens do realizável em longo prazo. A tarefa é identificar o retorno de cada componente do realizável em longo prazo e calcular a média ponderada desses retornos pela participação de cada conta no total do realizável em longo prazo:

- **Retorno dos créditos de longo prazo a receber de clientes** – esses créditos de longo prazo a clientes surgem, normalmente, em operações de vendas a prazo nos mercados internacionais, nos mercados de bens de capital (máquinas e equipamentos) e nos mercados de ciclos mais longos (como o agropecuário, de indústria da construção civil ou indústria naval, por exemplo). De forma geral, deve-se utilizar como taxa de retorno a taxa implícita na venda a prazo ou, na sua falta, a taxa da respectiva operação de financiamento. Assim, no tocante ao crédito à pessoa física, pode-se utilizar a taxa do crédito direto ao consumidor (CDC) da operação e, quanto ao crédito à pessoa jurídica, poderá ser usada a taxa de financiamento bancário de capital de giro. A empresa pode, ainda, em razão da necessidade de crescimento de suas vendas ou da própria manutenção em períodos de crise econômica, aplicar taxas de juros menores – financeiramente condicionadas ao custo médio ponderado do capital de longo prazo ou de taxa específica de captação de recurso.
- **Retorno de aplicações financeiras de longo prazo** – essas aplicações podem ser realizadas em títulos públicos ou privados, nacionais ou internacionais, ou ainda em fundos de investimentos. Seu retorno constitui a taxa de juros das aplicações, excluindo-se tributação e taxas de administração

dos corretores. Exemplos práticos das organizações brasileiras podem ilustrar sua opção também pela geração de valor na tesouraria de longo prazo. Um exemplo simples é o caso das empresas brasileiras do setor de agronegócios e empresas exportadoras. Em razão de sua atuação, essas empresas têm acesso a créditos rurais de curto prazo, subsidiados pelo Estado, ou créditos à exportação a taxas baixas, frente às taxas locais. Analisando suas demonstrações financeiras, podemos observar que, muitas vezes, captam recursos por meio desses créditos rurais ou de exportação a baixas taxas de juros e, alternativamente ao investimento operacional no negócio, aplicam esses recursos em títulos públicos a taxas maiores ou mesmo em aplicações no mercado financeiro, como fundos de renda fixa e fundos de investimento em direitos creditórios (FIDCs). Dessa forma, obtêm um ganho financeiro por meio da tesouraria de longo prazo. Essas operações geram valor para a empresa e são possíveis pela vantagem de acesso ao crédito barato (tais operações podem variar bastante, dependendo da conjuntura macroeconômica do momento em análise).

- **Retorno de aplicações em depósitos judiciais em longo prazo** – essas aplicações são originadas, normalmente, de discussões judiciais sobre a arrecadação de tributos e encargos. Seu rendimento é o utilizado na atualização monetária do valor depositado, somado a outras taxas.
- **Retorno dos adiantamentos a fornecedores em longo prazo** – geralmente, os fornecedores oferecem descontos no pagamento antecipado de compras que ainda não foram entregues e não constam nos estoques das empresas. Quando o objeto das compras é entregue, a contabilidade zera a conta "adiantamento a fornecedores" e a incorpora na conta "estoques". Esse é o caso, por exemplo, da compra de uma turbina de geração de energia – os contratos preveem um adiantamento do cliente para início do projeto e pagamentos parcelados durante a conclusão de algumas etapas até a entrega do produto final. Nesses casos, a taxa de retorno é zero, pois não estão sendo oferecidos descontos pelo pagamento adiantado. São apenas cláusulas contratuais normais nesse tipo de venda, já que o fornecedor não pode ou não deseja arcar com todo o investimento na fabricação do produto. Assim, a taxa de retorno do adiantamento a fornecedores será a taxa de desconto obtida ou zero.
- **Retorno dos créditos tributários de longo prazo** – esses créditos surgem em operações de exportação, isentas de impostos, com créditos de tributos pagos na cadeia de produção – como, por exemplo, de ICMS –, em tributos pagos a maior, em situações de imposto de renda a compensar por prejuízos ou, ainda, em aquisição de empresas com prejuízo, portanto, com compensação tributária.

- **Retorno dos estoques de longo prazo** – esses estoques surgem, normalmente, em atividades econômicas de ciclo longo – construção civil, engenharia naval, agropecuária, entre outras. Na realidade, sob a ótica financeira, consideramos os estoques um "mal necessário". São recursos investidos em ativos esperando para serem trabalhados (matéria-prima e produtos em produção) ou ativos prontos (produtos acabados) esperando a sua venda. Normalmente, não há retorno financeiro sobre esses ativos, e essa análise exclui a especulação financeira com estoques. Consideramos também que a gestão de estoque mantenha um nível adequado de estoque que não prejudique as vendas da organização. Caso contrário, os estoques geram um custo de oportunidade de perda de vendas ou atraso de encomendas. Nesse ponto, o importante é encontrar o estoque mínimo de funcionamento, tentando custeá-los à menor taxa possível. Assim, sua taxa de retorno é zero. Vale ressaltar que, nesta análise do RRLP, foram desconsiderados os ativos imobilizados referentes à gestão do estoque (armazéns, maquinário de transporte etc.), pois estamos avaliando somente o valor gerado pelo capital investido nos estoques.
- **Retorno dos outros ativos realizáveis em longo prazo** – há necessidade de se levantarem as taxas de retorno específicas desses ativos.

Gestão de valor no investimento

Os investimentos constituem, principalmente, aplicações de recursos, de caráter permanente, em empresas ligadas, coligadas ou controladas. Tais aplicações são realizadas em aquisições, parciais ou totais, de empresas concorrentes, empresas importantes na logística empresarial, empresas fornecedoras, instituições financeiras que ajudem no financiamento das atividades da empresa[4] ou mesmo em empresas que diversifiquem o negócio da empresa. Quando a empresa resolver vender esse investimento, ele passará ao ativo circulante ou realizável em longo prazo. Existem ainda classificados em investimentos, aplicações de recursos em incentivos fiscais, normalmente originados do imposto de renda, em aplicações regionais nas regiões Norte, Nordeste ou Centro-Oeste. A legislação orienta também a classificação em investimentos de "direitos de qualquer natureza, não classificáveis no ativo circulante e que não se destinem à manutenção da atividade da companhia". Assim se entendem aplicações em obras de arte e imobilizados que não são de uso da empresa, como, por exemplo, um imóvel da empresa alugado a terceiros.

---

4. A instituição financeira não pode financiar a própria empresa.

O retorno dos investimentos ($R_{Investimentos}$) é obtido pelo resultado gerado pela aplicação desses recursos. No caso de investimentos em empresas ligadas, coligadas e controladas, seu resultado estará expresso na conta "resultado de equivalência patrimonial", na demonstração do resultado. Dividindo o resultado de equivalência patrimonial[5] pelo valor da conta "investimentos", do ativo permanente, ter-se-á o retorno dos investimentos ($R_{Investimento}$) para o período da demonstração do resultado. Esse retorno, para gerar valor, precisa ser superior ao custo médio ponderado do capital de longo prazo. Assim:

$$VG_{Investimento} = (R_{Investimento} - CMPCLP) \times investimentos$$

Em que:
$VG_{Investimento}$: valor gerado pelos investimentos.
$R_{Investimento}$: retorno dos investimentos.

O valor gerado pela aplicação de recursos financeiros nos investimentos pode aumentar se o retorno aumentar e/ou o CMPCLP diminuir. A análise da redução do CMPCLP já foi realizada em seção anterior.

O aumento do retorno dos investimentos ($R_{Investimento}$) pode decorrer:

- Nos resultados auferidos pelos investimentos realizados em participações societárias, por meio de ações nessas empresas que aumentem suas receitas além das despesas ou reduzam suas despesas.
- Na valorização de obras de arte.
- Na valorização de investimentos em incentivos fiscais, por meio do controle desses investimentos e cobrança de resultados ou aplicações sob total controle da empresa.

Gestão de valor no imobilizado

Os imobilizados são aplicações de recursos em bens tangíveis – terrenos, construções, instalações, benfeitorias (inclusive em imóveis de terceiros), móveis, máquinas, equipamentos, ferramentas, *softwares*, veículos, direitos sobre recursos naturais (florestamento, reflorestamento, jazidas), entre outros.

O retorno financeiro desses imobilizados ocorre pela própria atividade da empresa. Para se ter o retorno do conjunto de imobilizados, é necessário:

---

5. O resultado de equivalência patrimonial corresponde aos resultados e quaisquer variações patrimoniais, em participações societárias, reconhecidos no momento de sua geração.

- Calcular a taxa interna de retorno modificada (TIRm) de cada projeto que originou tais imobilizados.
- Calcular a participação percentual do valor dos imobilizados de cada projeto sobre o total do imobilizado.
- Calcular a taxa do retorno do ativo imobilizado ($R_{Imobilizado}$) pela média ponderada da TIRm com o percentual de participação.

Assim, o valor gerado em ativos imobilizados ($VG_{Imobilizado}$) pode ser calculado como:

$$VG_{Imobilizado} = (R_{Imobilizado} - CMPCLP) \times imobilizado$$

O valor gerado em ativos imobilizados pode decorrer de:

- Aumento da TIRm dos projetos relativos a esses ativos imobilizados, por aumento de receitas dos projetos e/ou redução de custos. Estudos têm indicado que, normalmente, os retornos reais dos projetos são inferiores aos idealizados sob condições econômicas normais.
- Redução dos valores dos imobilizados projetados inicialmente.

Em síntese, a geração de valor nos projetos dependerá da qualidade desses projetos, mas também do controle para a realização deles, sendo a controladoria de projetos de essencial importância.

Gestão de valor no intangível

Segundo o CPC 04, um ativo intangível é um ativo não monetário, identificável e sem substância física; um ativo intangível é contabilizado quando:

- For separável, isto é, capaz de ser separado ou dividido da entidade e vendido, transferido, licenciado, alugado ou trocado, individualmente ou em conjunto com um contrato, ativo ou passivo relacionado.
- Resultar de direitos contratuais ou de outros direitos legais, quer esses direitos sejam transferíveis, quer sejam separáveis da entidade ou de outros direitos e obrigações.

Além disso, esse ativo é reconhecido apenas se for provável que os benefícios econômicos futuros esperados, atribuíveis ao ativo, serão gerados em favor da entidade e se o custo do ativo puder ser mensurado com segurança. É válido destacar ainda que o ágio derivado da expectativa de rentabilidade futura (*goodwill*) gerado internamente não deve ser reconhecido como ativo, assim como marcas, títulos de publicações, listas de clientes e itens semelhantes gerados internamente.

São exemplos de ativos intangíveis: lista de clientes adquirida, patentes, marca comercial adquirida, autorização de rota de linha aérea, autorização de transmissão (*broadcasting*), *copyright*, entre outros.

O retorno financeiro dos valores investidos no intangível é decorrente de a taxa de retorno desses projetos ser superior ao CMPCLP. Assim, é necessário calcular a TIRm desses projetos, quer efetiva, quer por aproximação da experiência histórica, calculando a taxa ponderada pelos valores investidos em cada projeto, gerando o retorno do ativo intangível ($R_{Intangível}$).

O valor gerado pelos ativos intagíveis ($VG_{Intangível}$) será:

$$VG_{Intangível} = (R_{Intangível} - CMPCLP) \times intangível$$

O aumento na geração de valor nos ativos intangíveis poderá ocorrer, por exemplo:

- Por aumento dos resultados nos projetos de pesquisa e desenvolvimento, normalmente por redução nos prazos de realização e rapidez na implantação dos projetos.
- Pela escolha de adquirir os ativos intangíveis que proporcionem maior diferença entre retorno esperado ($R_{Intangível}$) e taxa de retorno mínima exigida (CMPCLP).

Estratégia de desinvestimento de recursos

Os maiores problemas na aplicação de recursos financeiros em investimentos de caráter permanente ocorrem pela inadequada avaliação de seu retorno ou de sua capacidade sinérgica de associação com a empresa. Assim, a participação de membros externos nessa avaliação e o seu monitoramento são essenciais.

A imobilização pode acarretar problemas sérios de perda de liquidez, principalmente se o capital investido em longo prazo tiver origem em captações de curto prazo ou em reduções de ativos correntes. Para investimentos em imobilizado, o ideal seria a captação de recursos de longo prazo ou o uso de recursos próprios, ou disponibilidades nos casos em que as empresas possuam um efetivo de caixa excedente.

A imobilização é uma característica de insolvência, conforme indicam inúmeros trabalhos. Muitas empresas quebram no momento em que estão crescendo e investindo, pois caso ocorra uma queda brusca no nível de vendas, as empresas em crescimento tendem a apresentar desequilíbrios financeiros, ameaçando sua solvência.

A desmobilização dos recursos pode ser efetuada por meio de:

- **Venda simples de itens imobilizados ociosos, como máquinas e equipamentos e instalações** – essa é a situação na qual a organização possui imobilizados que não estão sendo utilizados.
- **Venda com locação de itens imobilizados** – por exemplo, os bancos vendem regularmente suas agências a investidores com imediata elaboração de contrato de locação por um período garantido longo – a locação é realizada com taxa ao redor de 0,7% ao mês do valor do imóvel, e o banco aplica o valor obtido em suas operações com taxas de até 12% ao mês. A venda com locação poderia ainda ser realizada com fundos imobiliários.
- **Operações de *sale and lease back* junto às companhias de arrendamento mercantil (*leasing*)** – permitem às empresas gerar recursos para aplicações em curto prazo, além de melhorar seus índices de imobilização. A empresa vende um imobilizado para a companhia de arrendamento mercantil e arrenda esse imobilizado de volta, pagando uma contraprestação periodicamente. Normalmente, é uma operação para gerar liquidez, mas não retorno, na gestão do capital de giro.

DECISÕES PELAS QUAIS A EMPRESA CRIA VALOR

Falamos em maximizar o valor da empresa. Se, por um lado, a literatura converge na direção de que o objetivo da administração financeira é o de maximizar o valor, por outro há divergências sobre como isso deve ser entendido na prática. Alguns autores falam em maximizar o valor da ação, outros em maximizar a riqueza dos acionistas, e ainda outros em maximizar o valor da empresa (Damodaran, 2004).

Estratégias para criação de valor

A administração orientada para valor pressupõe ações que visam às oportunidades de criação de valor. Essas ações podem ir desde um processo de reestruturação de sistemas produtivos, aquisição de tecnologia, passando por fusões e aquisições, chegando até a venda ou encerramento de um negócio. Essas ações podem ter grandes ou pequenos impactos no valor da empresa. As prioridades são definidas em função do valor que será criado por cada ação estratégica, dados o esforço e o custo de implementá-las.

Valor é uma medida que exige informações completas e permite comparar fluxos de caixa em diferentes períodos, ajustados ao risco. Para ser entendido, pressupõe uma visão de longo prazo, diferentemente de lucro ou ganhos por ação, que são medidas orientadas para o curto prazo e que, quando usadas como medida para remuneração da administração, incentivam ações de curto prazo que maximizam o retorno nesse período breve. Uma das formas de maximizar o retorno no curto prazo é a redução de investimentos necessários para o desenvolvimento de longo prazo da empresa. Fica evidente que decisões tomadas para maximizar esse tipo de medida podem comprometer o desenvolvimento futuro da empresa.

Uma vez que as possibilidades para ações estratégicas se mostram bastante variadas, é útil que se estabeleça uma estrutura para diagnóstico e definição de estratégias para criar valor. Segundo Copeland et al. (2002), o primeiro passo nesse sentido é o entendimento de que a administração não pode atuar diretamente sobre o valor da empresa. A administração pode, por outro lado, atuar sobre as variáveis que são responsáveis pela criação de valor naquela empresa.

Consequentemente, um passo importante para a definição de ações estratégicas que criem valor é o entendimento de como o valor é criado, por quais variáveis e qual a importância relativa de cada uma dessas variáveis para a criação de valor. O conhecimento sobre as variáveis que possuem maior impacto na criação de valor constitui o primeiro passo para a definição de estratégias de criação de valor. Essas variáveis de maior impacto são chamadas também de direcionadores de valor. Tais direcionadores podem ser genéricos e aplicáveis a qualquer empresa ou negócio, bem como ser específicos de determinado negócio ou empresa (Copeland et al., 2002).

Direcionadores de valor

Como identificar essas variáveis e seus respectivos impactos no valor? Como descrevemos no Capítulo 7, o valor de uma empresa é determinado em função do fluxo de caixa líquido gerado e da taxa apropriada ao risco. Identificar as variáveis responsáveis pela maior proporção do fluxo de caixa criado (ou destruído) e as variáveis que explicam, na maior parte, a taxa utilizada para avaliar a empresa é a forma para identificar as variáveis que criam (ou destroem) valor.

Uma empresa com várias unidades, por exemplo, pode criar valor em uma unidade de negócio e destruir parte desse valor em uma segunda unidade. Também pode ocorrer que uma empresa crie valor por meio de atividades de produção de alta produtividade e destrua parte desse valor em atividades de marketing mal planejadas. Identificar tais variáveis é identificar onde o valor está sendo criado ou destruído. Da mesma forma, uma empresa pode criar valor por meio de suas atividades operacionais e destruí-lo pelo uso de fontes de recursos financeiros inadequadas ou desproporcionalmente caras.

A análise dos demonstrativos financeiros da empresa fornece um bom ponto de partida para a identificação de variáveis responsáveis pela criação de valor. Não se deve esperar, entretanto, que a análise de demonstrativos financeiros forneça todas as respostas para um diagnóstico da empresa. O mais coerente é pensar na análise financeira como ponto inicial a partir do qual são feitas as perguntas para que se obtenha um diagnóstico adequado da empresa.

Outras variáveis, como crescimento projetado de vendas, crescimento projetado de lucros depois de juros e impostos, margem líquida, margem operacional, giro de ativos, giro de estoques, imobilização, investimento em capital de giro, alíquotas de impostos, custo do capital próprio e de terceiros, enfim, um vasto número de variáveis pode ser usado como *input* para prever a geração futura de fluxos de caixa operacionais. É importante manter em mente que essas variáveis devem ser consideradas em função do que se projeta para o futuro, ou seja, dados de desempenho passado não são os melhores indicadores de desempenho futuro.

A Figura 8.4 traz um exemplo simplificado de quais variáveis têm maior impacto na geração de valor de uma empresa. Nesse exemplo, o valor é função de custos operacionais e da margem bruta de vendas. Custos operacionais, por sua vez, são definidos em função de custos de mão de obra, número de *setups* realizados durante o processo de produção e tamanho dos lotes de produção.

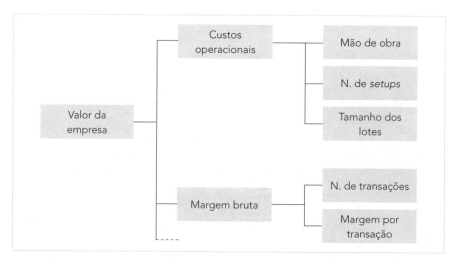

Figura 8.4   Direcionadores de valor.

As variáveis que possuem grande impacto nos custos operacionais e, portanto, no valor da empresa, são o número de *setups* e o tamanho dos lotes produzidos. Esses são os direcionadores de valor para essa empresa. Além deles, a margem por transação também é um direcionador de valor. Para ser efetiva na criação de valor, toda estratégia deve, de alguma forma, agir sobre os direcionadores de valor.

Estratégias que não atuem diretamente sobre os direcionadores de valor também influenciam o valor da empresa, mas em proporções menores. A tendência é que ações dirigidas para variáveis que não sejam direcionadores sejam menos efetivas. Ou seja, dado o custo de implementá-las, essas ações produzirão resultados (valor criado) que são proporcionalmente menores para as variáveis que não sejam direcionadores do que seriam para os direcionadores de valor. Sendo assim, o administrador que busca criar valor de forma significativa deve primeiro identificar tais direcionadores e depois focar estratégias que influenciem os direcionadores de valor. Conhecer os direcionadores de valor permite ao administrador hierarquizar as estratégias para criação de valor, em função do impacto que cada uma traz para o valor da empresa.

Além de identificar as variáveis que criam valor – os direcionadores de valor –, o administrador deve compreender também como suas decisões sobre investimento e financiamento afetarão a empresa como um todo. Qualquer ativo, projeto ou, de forma ampla, qualquer investimento terá efeitos colaterais sobre a empresa. Esses efeitos podem ser negativos ou positivos e até desprezíveis em alguns casos, mas muito significativos em outros. Se o investimento em questão tiver grande impacto sobre direcionadores de valor, é de se esperar que tenha grande impacto sobre a capacidade de criação de valor da empresa.

Podemos concluir que certos investimentos e estratégias talvez se justifiquem não isoladamente, mas pelo impacto que podem trazer para a criação de valor da empresa. Podem ser as inter-relações entre investimento planejado e investimentos existentes (ativos ou projetos) que justificarão a implementação de uma estratégia ou um investimento específico. Se, por exemplo, um projeto considerado isoladamente não cria valor, mas quando considerado em conjunto com outros ativos e projetos existentes pode reduzir o custo médio ponderado de capital da empresa, então o projeto se justifica e se torna aceitável pelo efeito que produzirá e não por si próprio.

Além do conhecimento do negócio e da avaliação de demonstrativos financeiros, existe uma forma simples de avaliar o impacto de uma variável e determinar se estamos diante de um direcionador de valor ou não. Basta simular o impacto provocado por uma variação percentual qualquer da variável em questão e verificar o impacto resultante na geração de fluxo de caixa ou no custo de capital da empresa, que serão usados para determinar o valor da empresa.

Com os demonstrativos projetados em uma planilha eletrônica é possível verificar o impacto de diferentes variáveis no valor da empresa. Vamos tomar por base as variáveis da Figura 8.4. Uma redução de 10% nos custos de mão de obra reduziria os custos operacionais e se desdobraria em um aumento de 1% no valor da empresa. Por outro lado, suponha que com o mesmo investimento necessário para a redução de 10% na mão de obra fosse possível uma redução de 5% no número de *setups*, o que provocaria uma redução dos custos operacionais, e esta, por sua vez, levaria a um aumento de 10% no valor da empresa. Fica evidente que a importância relativa do número de *setups* é maior e, por isso, essa é uma variável considerada um direcionador de valor. O mesmo exercício pode ser repetido com qualquer variável: aumento de 1% na margem de lucro, diminuição de 10% no estoque etc. O que torna uma estratégia comparável com a outra é o esforço e o investimento necessários para implementá-las.

ESTRUTURA PARA DIAGNÓSTICO E DEFINIÇÃO DE ESTRATÉGIAS CRIADORAS DE VALOR

Dada a variabilidade de estratégias, uma estrutura para análise, diagnóstico e definição de estratégias se torna útil. Copeland et al. (2002) sugerem a estrutura seguinte para avaliação e consecução de estratégias para criação de valor (Figura 8.5). Nessa estrutura, uma empresa deve ser vista como um investimento em capacidade produtiva, de produtos ou serviços, que permite um retorno superior ao custo de capital fornecido ou não. Se o retorno não é satisfatório ou, pior, é inferior ao custo de capital, não está sendo criado valor da forma como seria de se esperar, de modo que são necessárias estratégias que permitam aumentar ou retomar a criação de valor.

Por meio dessa estrutura, o administrador toma uma perspectiva externa da empresa, que lhe permite avaliar as estratégias que tomam proveito das oportunidades existentes ou criam novas oportunidades para aumentar o valor da empresa. O processo deve ser visto como contínuo e repetitivo. Se, inicialmente, forem exigidas ações e estratégias mais drásticas para garantir a criação de valor, o uso repetido dessa abordagem levará a um processo de melhoria contínua e gradativa, diminuindo a distância entre o desempenho potencial e o desempenho obtido pela empresa.

Geração de valor pelas estratégias de melhorias internas

Uma vez que a administração entenda exatamente quais componentes da empresa criam valor, quais os direcionadores de valor em cada um desses componentes e como a inter-relação entre esses componentes se reflete na criação

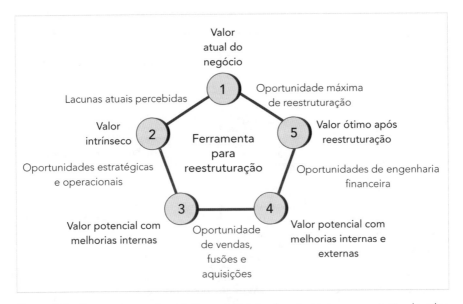

Figura 8.5 Estrutura para diagnóstico e definição de estratégias para criação de valor.
Fonte: Copeland et al. (2002).

de valor, ela estará apta a definir estratégias, tanto de melhorias internas como as que envolvam melhorias externas. Nesta seção vamos manter o foco sobre as melhorias internas.

Existe um valor potencial que pode ser criado a partir de estratégias de melhorias internas da empresa (Figura 8.6). Esse valor potencial vem a ser somado ao valor atual da empresa na mesma proporção em que as melhorias forem capazes de aumentar os fluxos de caixa da empresa. Obviamente, esse valor não é considerado no cálculo de valor de uma empresa, a menos que as melhorias já tenham sido ou estejam sendo implantadas e seus resultados já possam ser incorporados com razoável grau de certeza aos fluxos de caixa da empresa. Se o risco em relação aos resultados de uma melhoria for elevado, os investidores se recusarão a considerar o valor dessa melhoria como parte integrante do valor potencial da empresa e muito menos do valor atual.

O primeiro passo para avaliar o potencial de melhorias internas a partir dos direcionadores de valor é um diagnóstico do desempenho da empresa naquele aspecto específico do direcionador de valor. Esse diagnóstico, muito frequentemente, é realizado tomando por base o desempenho de outras empresas, concorrentes diretos ou não. Quando se trata de empresas com mais de um setor, unidade ou fábrica realizando a mesma atividade, o primeiro passo pode ser a comparação do desempenho interno entre essas diferentes unidades ou setores.

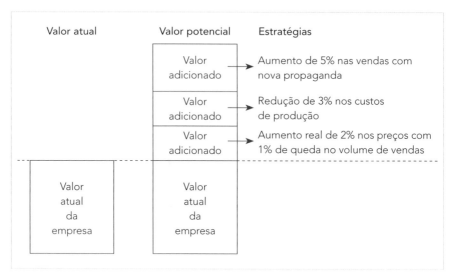

Figura 8.6   Valor criado por estratégias de melhoria interna.

Cada direcionador de valor pode ser considerado uma dimensão crítica para avaliação do desempenho interno atual. Cada direcionador também pode ser subdividido em outras dimensões críticas que, por sua vez, também podem ser direcionadores de valor. Assim, o diagnóstico para uma empresa está baseado nos direcionadores apresentados na Figura 8.6. Nesse exemplo, custos operacionais e margem bruta de vendas podem ser considerados dimensões críticas a serem avaliadas pela empresa para seu diagnóstico. Custos operacionais, por sua vez, podem ser subdivididos em outras dimensões críticas (direcionadores): número de *setups* realizados durante o processo de produção e tamanho dos lotes de produção. O custo de mão de obra não se caracteriza como dimensão crítica, dada sua importância reduzida para a criação de valor.

A Figura 8.7 representa graficamente uma análise dos direcionadores de valor como dimensões críticas. O desempenho atual da empresa ou de uma parte específica da empresa, como unidade ou fábrica, é representado pela linha tracejada. A figura é útil, visto que fornece uma maneira simples para a observação das dimensões que precisam receber maior atenção. Nesse caso, o desempenho da empresa é problemático nos direcionadores 2 e 5. As estratégias devem atuar fortemente sobre esses direcionadores, para que aumentem o valor criado pela empresa. Uma vez feito o diagnóstico dos direcionadores cujo desempenho precisa melhorar de forma expressiva, segue-se com a definição de quais estratégias responderão diretamente a essas necessidades e com a mensuração do impacto que cada estratégia trará, em última análise, para o valor da empresa.

Gestão do valor financeiro de longo prazo 337

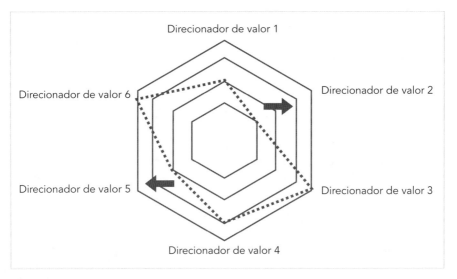

Figura 8.7 Avaliação de uma empresa em função de dimensões críticas para seu negócio.

Geração de valor pela diversificação interna

É outra forma de aumentar o valor da empresa por melhorias internas, que não seja apenas pelo aumento dos fluxos de caixa, mas, principalmente, pela redução da taxa que os investidores e credores exigem para financiar a empresa, dado o seu risco. Ou seja, são estratégias de melhoria interna que permitam a redução do custo de capital da empresa.

Uma das formas mais difundidas desse tipo de estratégia de melhoria interna é a diversificação interna de produtos ou linhas de produtos que sejam contracíclicos aos produtos ou linhas de produtos existentes atualmente. Dessa forma, a empresa consegue evitar os efeitos prejudiciais da sazonalidade, que são associados diretamente à volatilidade de fluxos de caixa ao longo do ano. A sazonalidade dificulta o uso eficiente dos recursos produtivos, humanos e financeiros, na medida em que os sobrecarrega em determinados períodos e os subutiliza em outros períodos.

Essa variabilidade na obtenção de receitas e no uso dos recursos da empresa traduz-se diretamente na volatilidade de fluxos de caixa da empresa. Como apresentado no Capítulo 1, o risco está intensamente associado à variabilidade ou à volatilidade. Em nosso caso, estamos falando em volatilidade de fluxos de caixa. Se quanto maior a volatilidade, maior o risco, é de se esperar que empresas com maior volatilidade de seus fluxos de caixa possuam riscos maiores que se reflitam em custos de capitais maiores. Se considerarmos duas empresas idênticas, cuja única diferença seja a variabilidade de seus fluxos de caixa ao longo do ano, é de se esperar que a empresa exposta a algum tipo de sazonalidade possua maior variabilidade de seus fluxos de caixa e, por isso, tenha um custo de capital superior.[6]

Como já sabemos, para criar valor, nesse caso, é preciso reduzir o custo de capital da empresa. Para tanto, é preciso reduzir a variabilidade dos fluxos de caixa, uma vez que é essa a causa de custos maiores de capital. A diversificação com produtos contracíclicos, por exemplo, permite suavizar essa volatilidade dos fluxos de caixa quando um produto está em seu pico de vendas e outro está em baixa e vice-versa. Essa combinação permite que os fluxos de caixa se equilibrem ao longo do ano, diminuindo a volatilidade, reduzindo, portanto, o risco associado ao negócio e o custo de capital do mesmo. A empresa, dessa forma, cria valor pela diversificação interna.

É preciso apenas ter cuidado ao avaliar uma estratégia de diversificação interna. O critério estratégico deve ser mantido em mente, e a empresa claramente não deve ir em busca de oportunidades que não permitam ganhos de sinergia com os atuais recursos disponíveis para ela. Dito de outra forma, a empresa não deve abrir mão de seu foco estratégico. Toda diversificação sugerida deve permanecer dentro das fronteiras estratégicas delimitadas pela missão e pelos objetivos estratégicos da empresa. Não haveria sentido algum em uma estratégia de diversificação em que não se utilizasse qualquer vantagem competitiva que uma empresa possui e, portanto, eliminasse uma fonte importante de criação de valor.

Uma empresa produtora de alimentos que passasse a produzir produtos de higiene apenas para suavizar seus fluxos sazonais estaria cometendo um grave erro estratégico se essa nova linha de produtos, ainda que compartilhando vários recursos produtivos e humanos, não capitalizasse uma vantagem competitiva existente ou, pior, comprometesse a vantagem adquirida com a linha de alimentos.

Geração de valor pelas melhorias externas

Assim como as melhorias internas vêm somar valor potencial na mesma proporção em que forem capazes de aumentar os fluxos de caixa da empresa ou de reduzir seu custo de capital, as melhorias externas também buscam o

---

6. Nesse ponto, nossa discussão se limita a tratar o risco em função da variabilidade de fluxos de caixa causada por sazonalidade. Não estamos considerando outros fatores que influenciam a variabilidade desses fluxos, como, por exemplo, o nível de alavancagem financeira.

objetivo da criação de valor. A lógica por trás desse tipo de estratégia é similar à lógica por trás das estratégias de melhorias internas. Entretanto, as estratégias de melhorias externas possuem um leque de opções muito maior, já que não estão limitadas aos fatores internos da empresa.

Uma vez que a empresa identificou os direcionadores críticos que precisam de maior atenção e avaliou quais estratégias de melhorias internas poderiam ser consideradas, o próximo passo seria avaliar estratégias de melhorias externas para a solução das questões relativas aos direcionadores de valor. Comparando-se os resultados potenciais de cada tipo de estratégia ou, de outra forma, o valor que pode ser criado por cada tipo de estratégia, toma-se a decisão sobre qual tipo de estratégia será implementado. Essas estratégias não são, contudo, necessariamente concorrentes. Pelo contrário, na maioria dos casos trata-se de estratégias complementares ou integráveis. Em situações em que diferentes estratégias sejam complementares, a criação de valor máximo (ou maximização do valor) será obtida pela combinação de mais de um tipo de estratégia. O valor máximo pode ser criado, por exemplo, por uma estratégia de melhoria interna de uma unidade de negócio, seguida de uma estratégia de melhoria externa, como a venda dessa mesma unidade. Ou, em outro exemplo, pela venda de uma unidade de negócios cujo valor recebido será usado para investimentos na melhoria da produtividade de uma fábrica mantida pela empresa.

Inúmeras são as estratégias que podem levar a melhorias por meio de ações que envolvam algum tipo de participação ou transação externa à empresa, como:

- Compra de ativos, fábricas, unidades de negócios, entre outras.
- Venda de ativos (desimobilização).
- Fusões e aquisições.
- Cisão ou desmembramento da empresa em outras empresas (*spin-off*).
- Descapitalização, reorganização e liquidação.

Fusões, aquisições e incorporações

Assuntos relacionados com fusões, aquisições e incorporações recebem bastante atenção, tanto pública quanto acadêmica. Normalmente, uma fusão ou aquisição de grandes empresas é bastante noticiada e recebe grande atenção, mesmo de um público leigo em negócios. Vamos iniciar esta seção procurando diferenciar cada um desses termos: fusão, aquisição e incorporação. Questões administrativas, legais e contábeis os diferenciam. Entretanto, para evitar que a leitura se torne confusa, ao longo do texto vamos usar essas palavras como se fossem intercambiáveis.

Nos dois extremos temos as fusões e as aquisições. Quando duas empresas se unem voluntariamente sob forma de uma nova empresa, e as administrações e acionistas de cada uma das antigas empresas compartilham o poder de decisão e a propriedade da nova empresa, respectivamente, estamos falando de uma fusão. Normalmente, uma fusão se dá entre empresas de portes aproximados, ainda que não seja uma regra obrigatória. Quando o negócio envolve a perda de controle por parte de acionistas de uma das empresas e a administração dessa mesma empresa é excluída do processo decisório, ou pelo menos tem sua capacidade de decisão severamente limitada na nova empresa, estamos falando de uma aquisição ou de uma incorporação. Se uma empresa se torna alvo de uma aquisição porque seu desempenho tem sido inferior ao esperado, é provável que haja resistência da administração de uma empresa sendo adquirida, já que gerentes e diretores provavelmente perderão o emprego após a aquisição. Quanto aos termos *aquisição* e *incorporação*, para efeitos do negócio não se distinguem. Normalmente, uma aquisição envolve a compra de uma empresa menor por uma maior, ainda que também não seja uma regra obrigatória. As compras alavancadas (*leveraged by-outs* – LBO), feitas com alto índice de endividamento, podem ser feitas por uma empresa menor que adquire uma empresa maior.

Já se pode notar, entretanto, que na prática a diferenciação entre um tipo de negócio e outro não é tão simples. Ao contrário do que foi dito anteriormente, por exemplo, a administração da empresa adquirida pode ser favorável à aquisição se ela estiver acontecendo graças ao bom desempenho e ao potencial futuro da empresa adquirida. Alguns países, como o Reino Unido, definem critérios legais para classificação de um negócio como fusão ou aquisição. Esses critérios envolvem uma avaliação da participação da administração de cada empresa na nova e também o novo perfil de controle acionário, que deve ser dividido de forma equitativa entre os antigos acionistas em uma fusão. Esses são, provavelmente, os melhores critérios para classificar os negócios como fusão ou aquisição.

A criação de valor permite uma avaliação mais objetiva sobre fusões e aquisições. Em vez de usar vários índices que não levam necessariamente à criação de valor, a medida de valor fornece um parâmetro mais objetivo e por isso garante melhores decisões. O preço a ser pago em uma aquisição ou fusão passa a ser definido em função do impacto que trará para a criação de valor na empresa pós-fusão ou aquisição.

As empresas-alvo em um processo desses devem ser avaliadas da mesma forma que usamos para avaliar a empresa "compradora". A empresa-alvo deve ter seu valor intrínseco identificado, o valor de melhorias internas, que podem ser obtidas sem fusões e aquisições, e somente então as sinergias criadas e o valor decorrente dessas sinergias por uma fusão com a empresa "compradora" especificamente são calculados. O prêmio pago pela empresa para aquisição ou fusão não deve ser superior ao valor criado por meio das sinergias. O valor que pode ser criado, por melhorias internas independentes de fusões ou aquisições, não deve ser considerado. Uma vez que esse valor pode ser obtido independentemente da fusão ou aquisição, não faz sentido pagar um prêmio por ele.

De fato, não faz sentido nenhum adquirir uma empresa por conta desse tipo de valor, a menos que haja interesse em vender rapidamente a empresa adquirida depois que as melhorias forem feitas e o valor criado puder ser refletido nessa venda. Nesse caso, a estratégia de criação de valor é pela aquisição, reorganização e venda de empresas. Esse tipo de valor é criado apenas em um primeiro momento, diferentemente de sinergias que serão mantidas enquanto as operações compartilharem os mesmos recursos e, portanto, criarão valor continuamente.

Caso haja mais de uma empresa interessada em uma fusão ou aquisição, também deve ser avaliado o valor que as sinergias podem criar para as empresas concorrentes na fusão. Isso permite avaliar quanto cada concorrente está disposto a pagar, inclusive a própria empresa. Essa avaliação permite entender quem está melhor posicionado para fazer uma oferta maior e ainda assim criar valor para a própria empresa. Se uma empresa concorrente está disposta a pagar um prêmio, digamos, 30% maior que o prêmio que sua empresa está disposta a pagar pela aquisição de uma terceira empresa, não faz sentido cobrir a oferta se o prêmio pago corresponder a um valor maior ou mesmo igual ao valor presente das sinergias potenciais. Se o valor for maior que o valor presente das sinergias criadas, a administração estará destruindo valor para a empresa adquirente, enquanto, se o valor presente das sinergias for igual ao prêmio pago, a administração estará transferindo todo o valor potencial para os acionistas da empresa adquirida.

A sinergia criada entre negócios, ou a criação de valor obtida por meio dessa sinergia, é frequentemente uma das justificativas apresentadas para fusões e aquisições e para o pagamento de altos prêmios pelo controle de uma empresa. Muito constantemente, esse potencial de criação de valor por meio de sinergias é analisado sem um grau de ceticismo adequado, e a tendência tem sido superestimar os ganhos que decorrem de efeitos sinérgicos entre as operações das empresas que se unem. De fato, diversas pesquisas feitas analisando processos de fusão e aquisição ocorridos em anos anteriores indicam que a grande maioria desses processos não levou aos ganhos inicialmente previstos.

Sinergias ocorrem quando empresas unidas são capazes de criar mais valor que criariam operando separadamente. Note que unir empresas não se faz exclusivamente por meio de fusões e aquisições. Acordos de cooperação, *joint ventures*, entre outros, são formas de união que não envolvem necessariamente uma fusão ou uma aquisição. A sinergia pode decorrer de inúmeras fontes. Fontes como ganhos de escala, ganhos de poder de barganha nas negociações junto a fornecedores e clientes, união de capacidades e recursos complementares, enfim, qualquer oportunidade criada por meio da união entre empresas que permita aumentar os fluxos de caixa ou reduzir custos de captação de maneira significativa é uma fonte de sinergia.

Os custos de pesquisa e desenvolvimento, marketing ou, de maneira ampla, custos fixos podem ser divididos em uma base maior por meio de uma fusão e levar a aumentos nos fluxos de caixa gerados. O poder de barganha da empresa pode exigir maiores descontos em suas compras, o que reduz seus custos de produção, por exemplo. A escala da nova empresa permite acesso a fontes de recursos mais baratos que antes não podiam ser obtidos, reduzindo o custo de capital.

A união entre duas empresas também pode resultar em uma redução do custo de capital de uma das empresas envolvidas, mas deve ser suficiente para garantir um benefício para ambas. No caso AmBev e Interbrew, a nova empresa formada a partir da fusão[7] teria custo de capital maior que o da Interbrew isoladamente, mas a redução do custo de capital da AmBev seria grande o suficiente para compensar o aumento do custo de capital da Interbrew e ainda assim criar valor. A Figura 8.8 ajudará a compreender esse raciocínio. Se fosse calculada simplesmente uma média ponderada dos custos de capital da nova empresa, a partir da soma dos custos e fontes de cada uma das empresas, teríamos um custo de capital ponderado teórico como mostra a figura. Entretanto, o custo que a nova empresa consegue captar é menor que esse custo teórico, calculado utilizando a média ponderada. Esse ganho se dá porque o risco da nova empresa é menor que a simples média ponderada dos riscos das empresas atuais.

De outra forma, o pré-requisito para obtenção de sinergias é que cada empresa possa oferecer recursos especializados que, quando combinados, criem valor que não seria gerado sem a união. Idealmente, esse valor será criado continuamente e não apenas em um momento inicial, por exemplo, por meio da reorganização de uma das empresas envolvidas. O valor será resultado da criação de vantagens competitivas sustentáveis que não seriam possíveis ou custariam muito mais para serem obtidas isoladamente. Uma união que não produza ganhos contínuos ou não crie uma vantagem competitiva sustentável não deve ser necessariamente descartada. A administração, entretanto, deve

---

7. O termo *fusão* é usado aqui por ter sido o termo usado pelas empresas envolvidas. Por outro lado, tecnicamente, pode-se considerar uma aquisição.

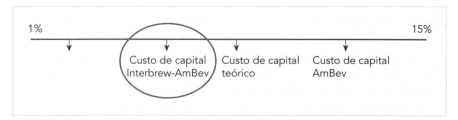

Figura 8.8   Custo de capital Interbrew-AmBev.

estar ciente desses fatos para evitar acordos que produzam resultados abaixo do esperado.

Ainda no caso AmBev e Interbrew, uma justificativa para a fusão foi que cada uma das empresas traria recursos complementares capazes de colocar a nova empresa em melhor situação competitiva em que cada uma das empresas isoladamente poderia estar. A Interbrew teria acesso aos mercados latino-americanos, que crescem a taxas superiores à média mundial e teria acesso a conhecimentos de distribuição superiores. A AmBev, por sua vez, teria acesso a mercados de capitais e conhecimentos de marketing mais avançados.[8]

Além dos motivos já citados, existem também motivos fiscais que incentivam as fusões e aquisições. Uma empresa que tem lucro pode adquirir outra com prejuízos e, consequentemente, com créditos tributários junto ao governo para recuperação desses prejuízos. Dependendo do país, esses créditos são mais ou menos restritos. O fato é que a empresa adquirente pode reduzir sua carga tributária por meio dos créditos que a empresa adquirida possui com o governo. Assim, se a empresa tivesse que pagar, digamos, 25% de impostos sobre seus lucros, ela poderia usar os créditos obtidos com a empresa adquirida para abater desses impostos. Observa-se que não é um ganho duradouro, mas de curto prazo, que só é válido enquanto durar o benefício fiscal. Além disso, há o risco de que, juntas, a empresa que tinha problemas, e por isso tinha prejuízos, contamine a operação da empresa saudável e destrua valor. Se a empresa adquirente não for capaz de reestruturar a empresa adquirida, o valor criado pela estratégia inicial de benefícios fiscais pode ser totalmente destruído no médio prazo. No longo prazo pode-se destruir mais valor que o criado inicialmente.

Por fim, podemos diferenciar dois tipos de fusões (e aquisições): horizontais e verticais. As fusões horizontais são aquelas em que duas empresas de um mesmo tipo de negócios se unem. São empresas que estão no mesmo nível

---

8. Essas justificativas foram apresentadas pelas empresas envolvidas no negócio.

dentro de uma cadeia. A integração vertical ocorre quando uma empresa, em determinado nível da cadeia, adquire um fornecedor em nível anterior ou um distribuidor/varejista em nível posterior na cadeia. A fusão horizontal cria valor na medida em que atende aos requisitos apresentados anteriormente. Já a fusão vertical pode criar valor na medida em que há maior controle e integração sobre uma parte da cadeia ou até mesmo toda a cadeia.

Vemos, na Figura 8.9, três cadeias distintas. Partindo de uma situação inicial em comum (cadeia 1), uma empresa busca a redução de seus estoques isoladamente na cadeia, mas isso traz problemas para seus fornecedores, que precisam aumentar seus estoques para atender a um novo tempo de resposta de entrega para a empresa, e para seus distribuidores, que precisam aumentar seus estoques, dado que a empresa leva agora mais tempo para atender pedidos não planejados (cadeia 2). Na cadeia 3, todos os níveis podem se coordenar melhor, trocar informações rapidamente e acelerar os fluxos, de forma que todos podem reduzir seus estoques. Fica evidente que, para um mesmo custo de capital, a cadeia 3 é mais competitiva, pois precisa financiar um volume de estoques ao longo da cadeia.[9]

Figura 8.9   Fusão vertical e criação de valor.

Cisão ou desmembramento (spin-off)

As empresas, além de comprarem negócios e outras empresas ou se fundirem, também podem se dividir ou criar uma nova empresa a partir de um de seus negócios atuais, o chamado desmembramento de unidades de negócio.

---

9. Pode-se obter melhor coordenação de outras maneiras, que não fusões e aquisições (F&A). Mas F&A verticais levam a melhor coordenação se feitas adequadamente.

Segundo Brealey e Myers (2006), muitas vendas e desmembramentos realizados envolvem ativos adquiridos pouco tempo antes em fusões e aquisições, mas que não fazem parte do foco estratégico de negócios da empresa ou do negócio principal da empresa, dependendo do caso.

O desmembramento ou *spin-off* de subsidiárias vem em substituição da venda de ativos (no caso, uma unidade de negócios ou empresa de um grupo de empresas). A subsidiária é desmembrada da empresa-mãe, e ações dessa subsidiária são distribuídas para os acionistas da empresa-mãe. Em vez de vender simplesmente o ativo, um dos motivos para esse tipo de arranjo pode ser encontrado na legislação tributária.

Desmembramentos também permitem que investidores interessados em investir especificamente naquele ativo que agora é uma empresa, mas que não o faziam porque não tinham interesse em investir também na empresa-mãe, possam fazê-lo diretamente. A empresa desmembrada, por sua vez, pode ser capaz de captar recursos que anteriormente não seria capaz de conseguir a taxas que não seriam possíveis enquanto fizesse parte da empresa-mãe. Outro motivo para desmembramento seria parte de uma estratégia de substituição de ativos, da mesma forma que se faz para a venda de ativos.

Em vez de vender os imóveis que ocupam suas agências, os bancos brasileiros poderiam formar empresas ou fundos de investimentos imobiliários cujos ativos ou carteiras de investimento fossem compostos essencialmente por esses imóveis e cujas ações ou quotas fossem distribuídas aos atuais acionistas dos bancos ou vendidas, dependendo do que criasse maior valor para os bancos.

Além dos motivos citados, o mais importante para desmembramentos está relacionado à eficiência. Ao se desfazer de um ativo que não possuía nenhum tipo de relação sinérgica com o restante da empresa e que não contribuía para criação de valor da empresa, já que normalmente não são ativos diretamente ligados à atividade principal da empresa, a administração poderá se concentrar no negócio principal da empresa, no qual os recursos são mais eficientemente aplicados. Isso evita que uma atividade criadora de valor tenha seus fluxos drenados para uma atividade fora do negócio principal da empresa e que não crie valor ou até mesmo destrua valor. Colocado de outra forma, evita-se o uso menos eficiente dos fluxos gerados pela empresa em sua atividade principal.

Os casos envolvendo cisões são mais raros. Nesses casos, uma empresa se separa em duas ou mais novas empresas, e os acionistas têm suas ações da empresa existente trocadas pelo equivalente em ações das novas companhias criadas a partir da companhia existente. Muitas das cisões também ocorrem em empresas que cresceram por meio de fusões e aquisições, mas que em dado instante percebem que a criação de valor está comprometida pela forma como a empresa está estruturada.

Normalmente, a administração se dá conta dessa situação quando as ações dessas empresas são negociadas com desconto substancial sobre o valor intrínseco da soma de seus ativos, obrigando a administração a tomar providências no sentido de reverter essa situação. Se não o fizer, a empresa poderá se tornar alvo preferencial para uma aquisição hostil, cujos novos acionistas implantarão as estratégias necessárias e substituirão a administração existente. Caso não haja uma aquisição, em situação extrema, a empresa pode até se tornar insolvente.

Um exemplo de empresa que optou pela cisão é o da ICI (Britain's Imperial Chemical Industries), que se separou em 1992, criando uma nova ICI (química) e a Zeneca (farmacêutica). Na época, a empresa era o resultado de décadas de integração vertical, criando diversas unidades de negócios que iam de empresas químicas a farmacêuticas em diversos países. Esses dois *clusters* tinham tecnologias e características bem distintas e nenhuma sinergia significativa entre eles. Por isso acabaram dando origem a duas novas empresas. O negócio de farmacêuticos criava valor e estava em processo acelerado de crescimento, mas os negócios antigos (químicos), cujo crescimento já havia estabilizado há algumas décadas e cujo valor criado era menor, impediam que os preços das ações refletissem as possibilidades do negócio de farmacêuticos.

Somando-se os fatores financeiros, estratégicos e operacionais, a administração concluiu pela cisão em duas novas empresas, ICI e Zeneca. Cada uma delas possuía vantagens de uma organização mais simples, com foco mais bem definido, mas mantinham vantagens da manutenção de negócios que compartilhavam tecnologia, competências técnicas e necessidades financeiras similares. Além disso, cada nova companhia era bastante forte nos mercados em que atuavam. A cisão permitiu assim criar valor que estava preso dentro da estrutura antiga e, por isso, não se traduzia no valor da antiga ICI.

Geração de valor pelas decisões de financiamento

Assim como as melhorias internas e externas, a engenharia financeira busca criar valor pela redução do custo de capital. Esse é o principal objetivo da engenharia financeira. Não que a procura por aumento de fluxos de caixa não seja possível por meio da engenharia financeira. Isso pode até resultar de alguma estratégia de engenharia financeira, mas o foco principal desse tipo de estratégia é voltado para as fontes de financiamento da empresa, o passivo, e não para as aplicações de recursos da empresa, representadas pelo seu ativo. Sendo assim, esse tipo de estratégia busca primeiramente a redução do custo de capital da empresa. Se também houver aumento dos fluxos de caixa, ele será uma consequência secundária, que obviamente não deve ser nunca ignorada, pois se os fluxos caem podem destruir todo o valor criado pela redução do custo de capital ou até mais.

As estratégias de engenharia financeira estão diretamente ligadas às decisões de criação de valor pelas decisões de financiamento. Essas decisões estão relacionadas ao *mix* de financiamentos que leve a uma estrutura ótima de capital e, consequentemente, reduza o custo de capital, e aos tipos de financiamentos que serão usados. Os tipos de financiamentos devem ser ajustados com o ativo sendo financiado, conquanto haja discussão sobre essa premissa (Gitman, 2004).

Muito da teoria relativa ao objetivo de minimizar o custo de capital foi apresentado no Capítulo 4, quando se abordou o custo de capital. A busca por uma estrutura de capital que minimizasse o custo, ou seja, a busca por um nível ótimo de endividamento que reduzisse o custo total de captação para a empresa foi definida no Capítulo 5. O que a engenharia financeira busca é justamente esse tipo de estratégia para redução do custo total de capital da empresa.

Uma vez que a nova condição de operação da empresa tenha sido definida em função de melhorias internas e externas combinadas, a administração está em condições de avaliar qual o melhor *mix* de financiamentos para financiar as atividades aprimoradas pelas estratégias de melhoria. Também se trata aqui de quais tipos de financiamento podem ser usados e quais estão de acordo com o perfil dos novos ativos.

Geração máxima de valor

Depois de definidas e escolhidas as melhores estratégias, elas serão combinadas para compor um plano estratégico voltado para a criação de valor. Algumas alternativas terão de ser descartadas, pois outras estratégias fornecem maiores possibilidades de criação de valor, e outras serão selecionadas e combinadas para compor o plano estratégico que servirá de base para a reestruturação da companhia na busca pela geração máxima de valor. A Figura 8.10 exemplifica como diferentes estratégias combinadas se traduzem em criação de valor. À medida que as estratégias vão sendo combinadas, maior o valor potencial que pode ser obtido.

Uma vez atingido o valor potencial, o processo se repete: o atual valor potencial passa a ser então o valor atual da empresa e será usado como base para definição de um novo valor potencial. É mais provável que, da primeira vez em que o ciclo for executado, os ganhos de valor sejam bem maiores. À medida que o ciclo vai sendo repetido, as oportunidades de ganhos expressivos já terão

Figura 8.10 Valor potencial com melhorias em diversos níveis.

sido exploradas, e os ganhos passam a ser incrementais. É nessa condição que a empresa está mais próxima de seu valor máximo e, portanto, a administração está sendo eficiente.

O plano desenvolvido com foco na criação de valor será a base para o desenvolvimento de objetivos e métricas de controle, sistema de remuneração e revisão do processo de planejamento. Também servirá de base como ferramenta para avaliar as decisões de investimentos, financiamentos e dividendos em função do reflexo que trazem para o valor. O planejamento centrado em valor é a base para o estabelecimento da administração baseada em valor, que apresentaremos no capítulo seguinte.

RESUMO

Neste capítulo, estudamos como a gestão por valor pode ser transformada em termos da gestão dos diversos componentes do valor gerado de uma empresa no longo prazo. Além disso, verificamos como direcionadores de valor podem ser utilizados como ferramenta de determinação de oportunidades de incremento de valor na gestão da empresa. Esse incremento de valor pode se dar tanto por melhorias externas à empresa como por melhorias internas. Vimos, também, que o aumento do valor gerado na empresa no longo prazo reflete, indiretamente, um aumento do retorno sobre os ativos de longo prazo ou uma redução no custo de capital de longo prazo. Estratégias de aumento de valor contemplam uma ou ambas dessas alternativas para aumentar o valor gerado pela empresa, que por sua vez foi apresentado em termos de uma metodologia própria de medida de geração de valor total.

QUESTÕES

1. Quais as formas de criação de valor para as empresas? Explique.
2. Quais são as estratégias básicas para a criação de valor? Explique.
3. O que são direcionadores de valor? Qual a finalidade na gestão organizacional?
4. Explique a estrutura para diagnóstico e definição de estratégias para a criação de valor. Qual a sua importância na gestão organizacional?
5. O que é valor intrínseco de uma empresa? Como é calculado? Qual a sua importância na gestão organizacional?
6. Em que consiste a geração de valor por melhorias internas? Explique e exemplifique.
7. Em que consiste a geração de valor por melhorias externas? Explique e exemplifique.
8. Em que consiste a estratégia de compra e venda de ativos? Explique e exemplifique.
9. Qual a importância da criação nas decisões de fusões e aquisições? Explique e exemplifique.
10. O que é gestão baseada em valor? Qual a sua importância na tomada de decisões?

EXERCÍCIOS

1. Explique de que forma a fusão de duas empresas pode representar, por si só, uma operação capaz de gerar valor aos negócios combinados de ambas. Relacione pelo menos um exemplo de geração de valor interna e geração de valor externa que possa ser consequência de uma operação estruturada e bem-sucedida de fusão.
2. Analisamos a geração de valor no longo prazo, diferenciando-a da geração de valor de curto prazo na empresa. Comente sobre as implicações dessa abordagem, manifestando suas vantagens e suas limitações.
3. Como uma empresa pode utilizar direcionadores de valor para praticar uma gestão baseada em valor?
4. Um aumento no custo de capital, por si só, é suficiente para se afirmar que a estratégia empresarial associada a esse aumento é destruidora de valor? Explique.
5. A demonstração de valor adicionado é um demonstrativo não obrigatório cada vez mais adotado por empresas nacionais e internacionais. Encontre duas demonstrações de valor adicionado para grandes companhias de ca-

pital aberto brasileiras (uma para cada empresa, preferencialmente do mesmo setor) mais recente e então:
a) Identifique e comente as principais informações relevantes que não são facilmente percebidas pelo usuário que tiver apenas o balanço patrimonial, a demonstração de resultado de exercícios (DRE) e a demonstração de origem e aplicação de recursos (DOAR).
b) Analise a distribuição de valor entre os diferentes *stakeholders* de cada empresa.

ESTUDO DE CASO

O projeto Bioenergia foi concebido em um horizonte de longo prazo, a partir da modalidade *project finance*. Nessa modalidade, a garantia do projeto é o seu próprio fluxo de caixa, conforme já comentado. Assim, fazer a gestão do valor é garantir a própria viabilidade continuada do projeto ao longo do tempo.

Nesse sentido, a gestão do valor financeiro de longo prazo da Bioenergia pode ser dividida em dois horizontes temporais. O primeiro corresponde ao período de planejamento inicial do negócio, financiado nas modalidades comentadas e com fluxos de caixa alocados ao seu *project finance* (2002-2017). Nesse período, a gestão do valor de longo prazo compreende duas ações básicas:

1. Monitorar a evolução das premissas utilizadas na especificação do projeto e determinar o impacto de suas eventuais variações em relação à geração de valor estimada.
2. Identificar oportunidades de incremento de valor por meio de modificações do projeto, em um nível limitado.

Em razão da forma como o projeto foi estruturado, as oportunidades de melhoria interna, na fase inicial, são limitadas. Antes que se atinja esse período, no entanto, deve-se fazer uma gestão marginal do valor, com o objetivo de assegurar a geração futura quando os financiamentos de instalação forem totalmente amortizados e a Bioenergia passar a operar em outro contexto operacional, estratégico e até jurídico. Vários dos condicionantes de geração de valor decorrem de arranjos contratuais que expirarão em prazos já determinados.

A antecipação de novas oportunidades ou de inovações na gestão, na comercialização ou nos processos produtivos é essencial para que a Bioenergia continue gerando valor enquanto negócio independente. Um exemplo direcionador de valor potencialmente adotável é a geração de valor por MW/h produzido.

REFERÊNCIAS

BREALEY, R.; MYERS, S. *Investimento de capital e avaliação*. Porto Alegre: Bookman, 2006.
COPELAND, T. et al. *Valuation: calculando e gerenciado o valor das empresas*. 3.ed. São Paulo: Makron Books, 2002.
DAMODARAN, A. *Finanças corporativas: teoria e prática*. 2.ed. Porto Alegre: Bookman, 2004.
GITMAN, L. *Princípios de administração financeira*. 10.ed. São Paulo: Addison Wesley, 2004.
MARION, J.C.; *Contabilidade empresarial*. São Paulo: Atlas, 2012.

BIBLIOGRAFIA SUGERIDA

ASSAF NETO, A. *Finanças corporativas e valor*. São Paulo: Atlas, 2005.
DAMODARAN, A. *Avaliação de investimentos: ferramentas e técnicas para a determinação do valor de qualquer ativo*. Rio de Janeiro: Qualitymark, 1997.
GRINBLATT, M.; TITMAN, S. *Mercados financeiros e estratégia corporativa*. Porto Alegre: Bookman, 2005.
ROSS, S. *Administração financeira*. São Paulo: Atlas, 2002.

9
CONTROLE DO VALOR FINANCEIRO DE LONGO PRAZO

> Após a leitura deste capítulo, você poderá entender a importância do controle da gestão das organizações de longo prazo. Normalmente os executivos preocupam-se com o controle financeiro dos resultados, mas não do valor. Este capítulo apresenta questões modernas do controle da gestão.

O presente capítulo apresenta os principais conceitos relacionados ao tema da governança corporativa, procurando favorecer o ponto de vista da mesma como instrumento do controle de valor.

O capítulo também discute os conflitos de interesse presentes na organização, sobretudo o conflito entre a propriedade (os acionistas) e o controle (os gestores) da organização. Apresenta brevemente a teoria de agência e a prevenção que determina a grande perda acarretada pelos interesses de curto prazo dos gestores em contraposição aos interesses de geração de valor dos acionistas.

A governança corporativa é apresentada como um conjunto integrado de controles internos e externos que harmonizam os conflitos de interesse entre gestores e acionistas, em uma visão que pode se tornar um instrumento de aumento da eficiência de gestão. Problemas de *agency* referem-se justamente aos conflitos e às diferenças de objetivos entre gestores (agentes) e acionistas (principal).

A governança é vista, dessa forma, como um meio de tornar o relacionamento da organização com a sociedade e com o mercado um instrumento de sua valorização, partindo da premissa de que esse relacionamento ocorre com base em princípios como a equidade, a transparência, a prestação de contas e a responsabilidade corporativa.

Conforme o conceito passou a gozar de prestígio e aceitação, surgiram os modelos de governança corporativa. Dentre esses modelos, um dos mais consolidados é o do Instituto Brasileiro de Governança Corporativa (IBGC), orientando as organizações a observarem os seguintes pontos em seus próprios códigos de governança corporativa: propriedade, conselho de administração, gestão, auditoria, conselho fiscal, conduta e conflito de interesses.

A abertura dos mercados internacionais traz à tona a necessidade de uma regulação de alcance também internacional. Nesse contexto, surgem os códigos da Organização para a Cooperação e Desenvolvimento Econômico (OCDE), preservando os direitos dos acionistas e garantindo a eles tratamento equânime. A OCDE reforça ainda a necessidade de divulgação e transparência das informações relativas à empresa e informa acerca das responsabilidades do conselho, consoante com o IBGC.

A popularização dos mercados de investimentos e a crescente necessidade de informações confiáveis levaram a Bovespa a criar um rol de regulamentos de governança corporativa para a boa valorização das ações e outros ativos emitidos pela companhia. As empresas podem ser classificadas em nível 1, nível 2 ou novo mercado, sendo essa sequência a ordem crescente de adoção de práticas mais arrojadas de governança.

Ainda sobre as necessidades internacionais de boas práticas de governança corporativa, em 2002 surgiu a Lei Sarbanes-Oxley, motivada pelas fraudes ocorridas em 2002 em organizações como Enron, WorldCom e Arthur Andersen, em que as fraudes ocorridas foram possíveis e tomaram as dimensões conhecidas por motivo de flagrante falta de transparência.

Compreende-se ainda como instrumento de regulação e de governança corporativa o mercado financeiro de investimentos, uma vez que a valorização de uma organização considera também o quanto o mercado a vislumbra como organização transparente e rentável em longo prazo.

Apesar do julgamento do mercado, eficiente como instrumento de perpetuação de uma organização no mercado, é preciso que haja regulamentos para preservar os direitos dos acionistas. O sistema regulatório apoia as boas práticas de governança, por exemplo, por meio dos regulamentos do Conselho de Controle de Atividades Financeiras (Coaf) do Banco Central e do Índice de Ações com Governança Corporativa Diferenciada (IGC) da Bovespa, além, é claro, dos regulamentos impostos pelo Código de Defesa do Consumidor e dos regulamentos do Programa de Orientação e Proteção ao Consumidor (Procon).

Por fim, todo o sistema de governança que surge como necessidade da organização para sua permanência no mercado e para o incremento de sua comunicação com o mesmo deve se converter em um sólido sistema de controles internos que a organize de maneira que as boas práticas de governança se tornem parte de seu sistema de administração. O sistema de controles internos materializa-se, normalmente, por meio de auditoria interna e, modernamente, com a instalação de comitês de *compliance*.

GOVERNANÇA CORPORATIVA

Governança corporativa é o sistema pelo qual as organizações são dirigidas, monitoradas e incentivadas, envolvendo as práticas e os relacionamentos entre proprietários, conselho de administração, diretoria e órgãos de controle. As boas práticas de governança corporativa convertem princípios em recomendações objetivas, alinhando interesses com a finalidade de preservar e otimizar o valor da organização, facilitando seu acesso ao capital e contribuindo para a sua longevidade (Instituto Brasileiro de Governança Corporativa – IBGC).

Governança corporativa, portanto, refere-se aos sistemas de controle, monitoramento e incentivos estabelecidos pelos acionistas controladores de determinada empresa ou corporação, de tal modo que os administradores tomem suas decisões sobre a alocação dos recursos de acordo com o interesse dos proprietários.

Existem duas condições efetivas inseridas nos mecanismos de governança: uma estratégia que aborde o *gap* entre os interesses de administradores e acionistas e um impacto significante na *performance* e no valor corporativo.

Apesar da modernidade do tema, o conceito de governança corporativa não é novo. Berle e Means (1932) e Coase (1937) observaram que proprietário e controlador de uma grande corporação estavam frequentemente separados, questionando se isso tinha consequências, considerando a seguinte preocupação: o potencial de expropriação associado ao esforço cooperado na tomada de decisões, bem como a possível falta de alinhamento entre acionistas e gestores.

Atualmente, pode-se afirmar que o sistema de governança corporativa saiu do anonimato, passando a ser a palavra de ordem no mercado corporativo e de capitais do mundo, uma vez que cria valor a acionistas/cotistas e partes interessadas, contribuindo para o desenvolvimento econômico e social dos países. É positivo que qualquer tipo de empresa, companhia aberta ou fechada, de controle estatal ou familiar, concentrado ou pulverizado, contenha a inserção de conceitos de boas práticas de governança que aumentem a eficiência da gestão, reduzam o custo de capital, atraiam novos investimentos e possibilitem o crescimento das empresas, afirma Araújo (2003).

A McKinsey (empresa de consultoria financeira), em parceria com a Korn/Ferry (empresa de recrutamento de altos executivos), concluiu um estudo em

2001 sobre as práticas brasileiras de governança. Foram pesquisadas 74 empresas com faturamento anual a partir de US$ 250 milhões. A pesquisa buscava responder quais as razões apontadas pelas corporações para efetivarem alguma alteração em sua estrutura de governança. As respostas foram dadas por membros do conselho administrativo ou pelo proprietário. As razões identificadas para justificar uma mudança de governança da empresa estão no Quadro 9.1.

Quadro 9.1 Razões para práticas de governança

34%	Necessidade de renovar a visão estratégica por causa de mudanças no cenário competitivo	Mudança externa
24%	Necessidade de ter acesso ao mercado de capitais e de adotar suas normas de governança	Mudança externa
21%	Mudança na estrutura de controle	Mudança interna
20%	Necessidade de mudança no estilo de gestão	Mudança interna
12%	Conflito entre os acionistas	Mudança interna
6%	Pressões dos acionistas minoritários e de órgão regulador por meio da nova Lei das S.A.	Mudança externa

Fonte: McKinsey (2001).

Definição

Segundo Williamson (1988), governança corporativa refere-se ao conjunto integrado de controles internos e externos que harmonizam os conflitos de interesse entre gestores e acionistas dada a separação entre propriedade e controle.

Silveira (2010) coloca a governança corporativa como o conjunto de mecanismos que visam fazer com que as decisões econômicas sejam sempre tomadas a fim de maximizar a perspectiva de valor de longo prazo para o negócio.

Para Schmidt (1997), governança corporativa é a totalidade dos mecanismos institucionais e organizacionais e seus correspondentes processos decisórios, direitos a intervenção e controle que servem para diminuir conflitos entre os vários grupos que tenham interesses em uma firma e que, isolada ou interativamente, determinem como importantes decisões são tomadas em uma empresa e, em última instância, também determinem quais decisões serão tomadas.

Schleifer e Vishny (1997) definem governança corporativa como o meio pelo qual fornecedores de capitais às corporações se asseguram do retorno do investimento.

Governança corporativa tem dimensões externa e interna. Internamente, refere-se aos mecanismos de controle entre gestores, empregados, conselho de administração, acionistas e emprestadores. [...] externamente, determina como externos – acionistas, legisladores, força de trabalho, cidadãos podem influenciar esses poderosos atores da economia global. (Wolfensohn, 1999, s.p.)

Lodi (2000) conceitua como governança corporativa o sistema que assegura aos sócios proprietários o governo estratégico da empresa e a efetiva monitoração da diretoria executiva. A relação entre propriedade e gestão se dá por meio do conselho fiscal, instrumento fundamental para o exercício do controle. A boa governança corporativa assegura aos sócios equidade, transparência, responsabilidade pelos resultados e obediência às leis do país.

Objetivos

Boas práticas de governança corporativa aumentam a eficiência da gestão, reduzem o custo de capital, atraem novos investimentos e possibilitam o crescimento das empresas. Maior transparência resulta em menor risco para investidores e, consequentemente, aumenta a valorização da empresa.

Nesse sentido, segundo Silveira (2010), a governança corporativa possui benefícios externos e internos. Os externos ocorrem porque ela possibilita a facilidade na captação de recursos e a redução no custo de capital. Os internos acontecem porque a governança cria condições para o aprimoramento dos processos decisórios de alta gestão.

Entretanto, além dos benefícios, a governança corporativa traz custos. De acordo com Silveira (2010), esses custos podem ser explícitos (como gastos adicionais na produção de relatórios mais sofisticados e gastos da montagem de uma área dedicada ao relacionamento com os investidores) ou implícitos (por exemplo, a probabilidade de prejudicar a posição competitiva da empresa, com a facilitação da observação das suas estratégias pelos concorrentes).

Princípios

O Instituto Brasileiro de Governança Corporativa, entidade de âmbito nacional sem fins lucrativos, fundado em 1995 com o propósito de ser a principal referência nacional em governança corporativa, conhecendo, desenvolvendo e fomentando os melhores conceitos e práticas no Brasil, assim contribuindo para o melhor desempenho das organizações e, consequentemente, para uma sociedade responsável e transparente, estabelece como princípios básicos da governança corporativa:

- **Transparência** – deve-se cultivar o desejo de informar porque, da boa comunicação interna e externa, resulta um clima de confiança tanto internamente como nas relações com terceiros. A comunicação não deve restringir-se ao desempenho econômico-financeiro, mas contemplar também os demais valores (inclusive intangíveis) que norteiam a ação gerencial, como mercado, estratégia e atividades de criação de valor.
- **Equidade** – caracteriza-se pelo tratamento justo e igualitário de todos os *stakeholders*. Atitudes ou políticas discriminatórias, sob qualquer pretexto, são totalmente inaceitáveis.
- **Prestação de contas (*accountability*)** – os agentes da governança corporativa devem prestar contas de sua atuação a quem os elegeu e responder integralmente por todos os atos que praticarem no exercício de seus mandatos.
- **Responsabilidade corporativa** – conselheiros e executivos devem zelar pela perenidade das organizações, devendo incorporar considerações ambientais e sociais na definição dos negócios e operações da empresa. É uma visão ampla da estratégia empresarial, contemplando todos os relacionamentos da empresa com a comunidade em que atua. Em sua função social, a empresa deve incluir a criação de oportunidades de emprego, qualificação e diversidade da força de trabalho, estímulo ao desenvolvimento científico por meio de tecnologia, garantia de direitos humanos, liberdade de associação e comércio justo, dentre outras formas de criação de riqueza para a sociedade em geral.

Os conflitos de interesse

Nem sempre os interesses de todos os envolvidos na empresa são os mesmos. O principal conflito é gerado pela PROPRIEDADE *versus* CONTROLE, em razão das informações assimétricas. Os problemas gerados por essa dicotomia são objeto de análise da teoria da agência, que, segundo Jensen e Meckling (1976), analisa os conflitos de interesse entre as pessoas envolvidas e o equilíbrio resultante do comportamento das organizações.

Especificamente, esses problemas, denominados problemas de *agency* ou do agente principal, são conflitos entre os gestores ou agentes (tomadores de decisão) e os acionistas ou principal (pessoas que confiam as decisões a terceiros). Esses conflitos ocorrem porque acredita-se que nem sempre o agente agirá no melhor interesse do principal, pois as pessoas buscam sempre maximizar seu bem-estar pessoal. Assim, os acionistas monitoram as atividades dos executivos e estabelecem incentivos adequados a eles, o que gera custos aos acionistas, denominados custos de agência.

A teoria da agência, segundo Eisenhardt (1985), explica como organizar melhor os relacionamentos entre duas partes: a principal, que determina o trabalho, e o agente, que a empreende.

Para que não exista conflito, é necessário a existência do agente perfeito. Agente perfeito, segundo Jensen e Meckling (1976), é aquele que toma as decisões não de acordo com suas próprias preferências, mas de acordo com os interesses do empregador ou do acionista principal.

Adam Smith, em 1776, já chamava a atenção para o conflito de interesse entre os acionistas e os gerentes e diretores da companhia. Ele não utilizava a linguagem de custos de agência, mas acreditava no forte poder do interesse próprio e no conflito gerado, sendo extremamente pessimista em relação à capacidade de uma companhia de capital aberto sobreviver, mesmo na mais simples das atividades, sem que o comportamento dos gerentes pudesse ser facilmente monitorado. Ele observou 12 empresas e concluiu que as empresas que obtinham sucesso e não exerciam nenhum monopólio eram aquelas monitoradas.

A teoria da agência, segundo Eisenhardt (1985), discute em circunstâncias de incerteza e de informações incompletas – que caracterizam a maioria dos ajustes do negócio – dois problemas de agência: seleção adversa e perigo moral. Como seleção adversa compreende-se a circunstância sob a qual a parte principal não pode verificar se o agente detém a habilidade de fazer o trabalho para que está sendo pago, e o perigo moral, a circunstância sob a qual o principal não pode estar certo de que o agente empenhe o máximo esforço na realização de sua tarefa. A provisão de direitos de posse reduz o incentivo para a seleção adversa e o perigo moral dos agentes, uma vez que o faz dependente da compensação, de acordo com o seu desempenho.

Jensen e Meckling (1976) argumentam que conflitos de interesses geram problemas e perdas às partes envolvidas, e essas partes têm forte motivação para minimizar os custos de agência. O conflito de interesses é considerado o segundo maior motivo desses custos, os custos incorridos como resultados de problemas de autocontrole.

Os conflitos gerados pela divergência entre a maximização do crescimento buscada pelos executivos e a maximização do valor almejada pelos acionistas são balanceados pela compensação e benefícios sociais de curto prazo. A aversão ao risco por parte da administração, para preservação do cargo, faz com que deem preferência a projetos de lucro no curto prazo, em vez da geração de valor.

A governança corporativa estabelece uma estrutura capaz de deixar explícitos os objetivos da empresa, determinando os meios de alcançá-los, acompanhando o desempenho dos executivos, agindo no sentido de prevenir as perdas para as quais alertam Jensen e Meckling (1976). De forma geral, a governança corporativa ajuda a minimizar os problemas de agência e diminui as possibilidades dos gestores de tomarem decisões visando apenas ao seu próprio bem-estar. Entre os principais mecanismos internos de governança para o alinhamento de interesses entre os acionistas e os gestores estão o conselho de administração e o sistema de remuneração. Entre os mecanismos externos podem ser citadas a divulgação de informações periódicas, a presença de um mercado de aquisições hostis e a existência de um mercado de trabalho competitivo.

MODELOS DE GOVERNANÇA

Os principais modelos de governança corporativa são:

- Sistema de governança anglo-saxão (*outsider system*).
- Sistema de governança da Europa continental e Japão (*insider system*).
- Códigos da Organização de Cooperação e Desenvolvimento Econômico (OCDE).
- IBGC.
- Bovespa – rol de regulamentos de governança corporativa para a boa valorização das ações e outros ativos.

Cada um deles é explicado a seguir.

Modelos *outsider* e *insider system*

Os modelos *outsider* e *insider* são os modelos internacionais de governança mais conhecidos. As diferenças entre eles, ilustradas pelas suas principais características, estão no Quadro 9.2.

Quando esses modelos são comparados à governança corporativa no Brasil, é possível encontrar uma mistura dos dois. Segundo o IBGC – explorado em detalhes na seção a seguir –, o sistema brasileiro é semelhante ao anglo-saxão no sentido da crescente importância do mercado acionário como fonte de financiamento, do surgimento de algumas empresas com capital disperso e do ativismo de acionistas ganhando importância, mas, por outro lado, é parecido com o modelo europeu e japonês em razão da predominância da propriedade concentrada, do papel relevante do mercado de dívida, da forte presença de empresas familiares e controladas pelo Estado e do fato de ser mais orientado às partes interessadas (inclusive por disposições legais).

Quadro 9.2 Diferenças entre os modelos *outsider* e *insider*

	Sistema anglo-saxão (*outsider system*)	Sistema europeu continental e japonês (*insider system*)
Países	Estados Unidos e Reino Unido	França, Alemanha e Japão, principalmente
Acionistas	Fora do comando diário das operações da empresa	No comando diário das operações da empresa
Estrutura de propriedade	Dispersa	Concentrada
Crescimento e financiamento das empresas	Fundamentalmente via mercado de ações	Principalmente via mercado de dívida e títulos
Ativismo e porte dos investidores	Alto	Baixo
Presença de empresas familiares e controladas pelo Estado	Baixa	Alta
Foco	Acionistas	Outros *stakeholders*

IBGC

O Instituto Brasileiro de Governança Corporativa instituiu um código com as melhores práticas de governança corporativa, indicando caminhos para todos os tipos de empresas, sociedades por ações de capital aberto ou fechado, sociedades limitadas ou sociedades civis, visando aumentar o valor da empresa, melhorar seu desempenho, facilitar seu acesso ao capital a custos mais baixos e contribuir para sua perenidade. O primeiro código brasileiro das melhores práticas de governança corporativa foi editado pelo IBGC em 1999. A quarta edição desse código está em vigor desde 2009 (<www.ibgc.org.br>).

O código está dividido em seis capítulos:

1. **Propriedade**

   - Uma ação, um voto: as empresas que contemplam a abertura de capital devem pensar exclusivamente em ações ordinárias ou em criar condições para que os acionistas preferenciais possam deliberar sobre seus direitos.
   - Acordos entre sócios: não devem vincular ou restringir o exercício do direito de voto de qualquer membro do conselho de administração.
   - Assembleia geral/reunião de sócios: órgão soberano da sociedade. Suas principais competências são: aumento ou redução do capital social e

outras reformas do estatuto/contrato social; eleger ou destituir, a qualquer tempo, conselheiros de administração e conselheiros fiscais; tomar, trimestralmente, as contas dos administradores e deliberar sobre as demonstrações financeiras; deliberar sobre transformação, fusão, incorporação, cisão, dissolução e liquidação da sociedade.
- *Tag along*: a oferta de compra de ações/cotas que resulte em transferência do controle societário deve ser dirigida a todos os sócios e não apenas aos detentores do bloco de controle. Todos os sócios devem ter a opção de vender suas ações/cotas nas mesmas condições.
- *Insider information*: deverá ser vedada aos sócios conselheiros de administração, diretores, conselheiros fiscais, membros de órgãos técnicos e consultivos, bem como pessoas que, em razão de seus cargos, tenham acesso a informação privilegiada, ainda não divulgada ao mercado, de que tenham conhecimento sob confidencialidade, capaz de propiciar para si ou para outros vantagem indevida mediante negociação de cotas/ações, em nome próprio ou de terceiros. A sociedade deverá ter política de informações relevantes, além de regras que determinem os períodos e as situações em que a negociação de ações/cotas por aqueles que têm acesso a informações privilegiadas seja expressamente vedada.
- Mediação e arbitragem: os conflitos entre os sócios, e entre estes e a sociedade, devem ser resolvidos preferencialmente por meio de arbitragem. É recomendada a inclusão desses mecanismos no estatuto ou em compromisso a ser firmado entre as partes, devendo constar do estatuto e do compromisso a ser firmado individualmente, em termo próprio.
- Liquidez dos títulos: as companhias de capital aberto devem se esforçar para preservar a liquidez de seus títulos, mantendo em circulação um número adequado de ações por meio de uma gestão ativa da base.

2. **Conselho de administração** – independentemente de sua forma societária, de ser companhia aberta ou fechada, toda sociedade deve ter um conselho de administração eleito pelos sócios. O conselho tem como atribuição orientar investimentos da corporação política de planejamento estratégico, envolvendo-se com questões de natureza mais estratégica e vinculada ao valor da organização. O conselho deve ainda prevenir e administrar divergências de opiniões e conflitos de interesses para que o interesse da organização sempre prevaleça.

3. **Gestão** – em que são estabelecidas as competências do executivo principal (CEO), que deve prestar contas ao conselho de administração e é o responsável pela execução das diretrizes por ele fixadas, sendo seu dever a lealdade

para com a sociedade. Cada um dos diretores indicados pelo CEO e aprovados pelo conselho de administração é pessoalmente responsável pelas suas atribuições na gestão, e deve prestar contas disso ao CEO e, sempre que solicitado, ao conselho de administração, aos sócios e demais envolvidos, na presença do CEO. O CEO e os demais diretores são responsáveis pelo relacionamento transparente com as partes interessadas, prestando todas as informações que sejam pertinentes, além das obrigatórias por lei ou regulamento, tão logo estejam disponíveis, prevalecendo a substância sobre a forma, buscando a clareza e a objetividade das informações, por meio de linguagem acessível ao público-alvo. As informações devem ser equilibradas e de qualidade, abordando tanto os aspectos positivos como os negativos, devendo ser divulgadas imediata e simultaneamente aquelas que possam influenciar nas decisões de investimento.

- Diretoria: tem como atribuição gerenciar suas atividades e operações; é responsável por propor diretrizes a serem aprovadas pelo conselho de administração e, principalmente, pela execução dessas diretrizes de maneira proveitosa para a organização.
- Relatórios periódicos: envolvem todos os aspectos da atividade empresarial, incluindo os de ordem socioambiental, operações com partes relacionadas e os custos políticos das atividades filantrópicas. Destinam-se a um público diversificado. O relatório deve ser apresentado ao menos no site da empresa de maneira completa, tempestiva, objetiva e igualitária. Deve conter, ainda, uma mensagem de abertura escrita pelo presidente do conselho de administração ou da diretoria, o relatório da administração e o conjunto das demonstrações financeiras, acompanhados, quando for o caso, do parecer da auditoria independente e do conselho fiscal. O relatório anual deve ser elaborado observando as normas internacionais de contabilidade e apresentar:
  – Práticas de governança corporativa.
  – Participações e remuneração dos conselheiros e diretores.
- Controles internos: o CEO é responsável pela criação de sistemas de controles internos que organizem e monitorem um fluxo de informações corretas, reais e completas sobre a empresa, como as de natureza financeira, operacional, de obediência às leis e outras que apresentem fatores de risco importantes. A efetividade de tais sistemas deve ser revista anualmente.
- Código de conduta: a diretoria deve desenvolver um código de conduta a ser aprovado pelo conselho de administração, devendo zelar pelo seu cumprimento por toda a sociedade.

- Avaliação do CEO e da diretoria: o CEO deve ser avaliado pelo conselho de administração e é responsável pelo processo de avaliação da diretoria e pela informação do resultado ao conselho de administração.
- Remuneração dos gestores: a remuneração da diretoria deve ser estruturada de forma a vincular-se a resultados e a metas de curto e longo prazos, por meio de incentivos inteligentes e coerentes, para que seu desempenho coincida com o que seja melhor para a empresa e para os sócios. Essa definição deve ser estabelecida observando o conflito entre propriedade e controle, remunerando-se os executivos pela geração de resultados alinhados aos desejos da organização, por resultados de curto e médio prazos ou pela geração de valor:
  - Deve ser estabelecida de forma a criar os incentivos apropriados para a geração de valor de longo prazo, aplicando-se não só à diretoria, mas aos funcionários em todos os níveis da sociedade.
  - As organizações devem ter um procedimento formal e transparente para desenvolver sua política de remuneração e estabelecer o pacote de salários de seus executivos, não devendo nenhum diretor estar envolvido em qualquer decisão que abranja sua própria remuneração.
  - Os sistemas de avaliação e remuneração devem ter caráter de longo prazo, além de uma simetria de riscos que não permita atitudes que beneficiem a diretoria em detrimento dos acionistas, devendo o sistema de remuneração ser suficientemente atrativo, considerando o potencial de geração de valor ao acionista.
  - A estrutura de incentivos deve incluir um sistema de freios e contrapesos que indique os limites de atuação de cada agente, evitando que uma mesma pessoa controle o processo decisório e a sua respectiva fiscalização.
- Acesso a instalações, informações e arquivos: a diretoria deve facilitar o acesso dos membros do conselho de administração e do conselho fiscal às instalações da companhia e às informações, arquivos e documentos necessários ao desempenho de suas funções.

4. **Auditoria independente** – agente de governança corporativa de grande importância para todas as partes interessadas, uma vez que sua atribuição básica é verificar se as demonstrações financeiras refletem adequadamente a realidade da sociedade. O parecer dos auditores independentes deve expressar opinião, de forma clara e precisa, em relação às demonstrações, refletir a posição patrimonial e financeira e os resultados do período, incluindo o escopo, os trabalhos efetuados e a responsabilidade assumida.

O conselho de administração e/ou o comitê de auditoria estabelece, com os auditores independentes, o plano de trabalho e o acordo de honorários. O comitê de auditoria deve recomendar ao conselho a contratação, a remuneração, a retenção e a substituição do auditor independente:

- Os auditores independentes devem reportar ao comitê de auditoria e, na falta deste, diretamente ao conselho de administração os seguintes pontos: discussão das principais políticas contábeis; deficiências relevantes e falhas significativas nos controles e procedimentos internos; tratamentos contábeis alternativos; casos de discordâncias com a diretoria; avaliação de riscos; e análise de possibilidade de fraudes.
- Recomenda-se que os auditores sejam contratados por períodos predefinidos, podendo ser recontratados após avaliação formal e documentada, efetuada pelo comitê de auditoria e/ou conselho de administração, de sua independência e desempenho, observadas as normas profissionais, legislação e os regulamentos em vigor, considerando-se um prazo máximo de cinco anos, desde que submetida à aprovação da maioria dos acionistas presentes em assembleia geral. Para as companhias abertas devem ser observadas as regras aplicáveis.
- Serviços extra-auditoria: o conselho de administração deve assegurar-se de que os procedimentos adotados pelos auditores contenham independência e objetividade.
- Normas profissionais de independência: o auditor independente deve assegurar, anualmente e por escrito, ao comitê de auditoria ou, na sua ausência, ao conselho de administração, a sua independência em relação à sociedade. O relacionamento entre os auditores independentes e o CEO, os diretores e a sociedade devem ser pautados pelo profissionalismo e pela independência.

5. **Conselho fiscal** – órgão não obrigatório que tem como objetivos fiscalizar os atos da administração, opinar sobre determinadas questões, especialmente de natureza estratégica, da organização. O conselho deve ainda atuar como agente de informações aos sócios. Deve ser visto como uma das ferramentas que visam agregar valor para a sociedade, agindo como um controle independente para os sócios.

- Composição: a lei define a forma de eleição dos conselheiros fiscais. Os sócios controladores devem abrir mão da prerrogativa de eleger a maioria dos membros, permitindo que o último membro do conselho fiscal

seja eleito por sócios que representem a maioria do capital social, em assembleia na qual cada ação representa um voto.
- Agenda de trabalho: as prioridades do conselho fiscal devem ser estabelecidas pelos seus membros, em sintonia com as expectativas dos sócios. A agenda deve incluir uma relação das reuniões ordinárias, assim como as informações que serão enviadas periodicamente aos conselheiros.

6. **Conduta e conflito de interesses** – dentro do conceito das melhores práticas de governança corporativa, além do respeito às leis do país, toda sociedade deve ter um código de conduta que comprometa administradores e funcionários, elaborado pela diretoria de acordo com os princípios e políticas definidos pelo conselho de administração e por este aprovado. Alguns códigos de conduta contemplam ainda o comportamento de funcionários terceirizados e de prestadores de serviço que se encontram na organização; em algumas situações, esse código de conduta pode fazer parte do contrato de prestação de serviços estabelecido. Esse tipo de cuidado parece fazer sentido ainda maior quando se trata de prestadores de serviços especializados, que, pela natureza de seu trabalho, podem ter amplo acesso a informações da organização. O código de conduta deve também definir responsabilidades sociais e ambientais.

- Abrangência: o código de conduta deve abranger o relacionamento entre conselheiros, sócios, funcionários, fornecedores e demais partes relacionadas (*stakeholders*). O código de conduta deve cobrir, principalmente, os seguintes assuntos: cumprimento das leis e pagamento de tributos; pagamentos ou recebimentos questionáveis; conflito de interesses; informações privilegiadas; recebimento de presentes; discriminação no ambiente de trabalho; doações; meio ambiente; assédio moral ou sexual; segurança no trabalho; atividades políticas; relações com a comunidade; uso de álcool e drogas; direito à privacidade; nepotismo; exploração do trabalho adulto ou infantil; política de negociação das ações da empresa; processos judiciais e arbitragem; mútuos entre partes relacionadas; prevenção e tratamento de fraudes.
- Conflito de interesses: caracteriza-se conflito de interesse o envolvimento de alguém não independente em relação a matéria em discussão que pode influenciar ou tomar decisões motivadas por interesses distintos daqueles da organização. É importante prezar pela separação de funções e definição clara dos papéis e responsabilidades associados aos cargos para minimizar possíveis focos de conflitos de interesses.

- Uso de informação privilegiada (*insider information*): o código de conduta deve enquadrar como violação ao princípio básico da equidade o uso de informação privilegiada, além de dispor sobre os procedimentos a serem adotados para evitar ou punir tal prática.

Organização para a Cooperação e Desenvolvimento Econômico (OCDE)

A OCDE, criada em abril de 1948 no contexto da Convenção de Paris, é um órgão internacional que tem como compromisso a regulação do mercado internacional junto a governos democráticos.

Os princípios de governança corporativa da OCDE visam assegurar governos membros e não membros em seus esforços de avaliação e aperfeiçoamento da estrutura jurídica, institucional e regulamentar para a governança corporativa em seus países, proporcionando orientação e sugestões para bolsas de valores, investidores, empresas e outras entidades que desempenhem algum papel no processo de desenvolvimento de boa governança corporativa. Os princípios são baseados nos elementos comuns subjacentes dos modelos de governança existentes, com a intenção de serem concisos, compreensíveis e acessíveis à comunidade internacional. Deve-se considerar a natureza evolutiva, revendo sempre que houver mudanças significativas.

Os princípios compreendem cinco áreas.

1. Os **direitos dos acionistas** devem ser protegidos pela estrutura de governança corporativa:

    - Direitos básicos: garantir métodos seguros de registro de participação acionária; alienar ou transferir ações; obter informações relevantes sobre a empresa oportuna e regularmente; participar e votar em assembleias gerais ordinárias; eleger conselheiros e participar dos lucros da empresa.
    - Direito de participar das decisões, bem como ser suficientemente informados sobre decisões relativas a mudanças corporativas fundamentais (mudanças em regimento interno, contrato social, autorização para novas emissões de ações, transações especiais que resultem na venda da empresa).
    - Os acionistas devem ter a oportunidade de participar efetivamente e votar nas assembleias gerais ordinárias, bem com ser informados sobre regulamentos, inclusive procedimentos de votação, que controlam as assembleias gerais de acionistas.

- Estruturas de capital e medidas que permitam a alguns acionistas obter um nível de controle desproporcional à sua participação no capital da empresa devem ser divulgadas.
- Deve-se permitir que os mercados acionários funcionem de maneira eficiente e transparente.
- Os acionistas, inclusive investidores, devem considerar os custos e benefícios de exercer seus direitos de voto.

2. O **tratamento equânime** a todos os acionistas, inclusive os minoritários e os estrangeiros. Todos deverão ter a oportunidade de obter efetiva reparação por violação de seus direitos:

   - Todos os acionistas da mesma categoria deverão ser igualmente tratados.
   - Práticas baseadas em informações privilegiadas e negociações abusivas em nome próprio deverão ser proibidas.
   - Conselheiros e diretores deverão divulgar quaisquer fatos relevantes de transações ou assuntos que digam respeito à empresa.

3. A estrutura da governança corporativa deve reconhecer os **direitos das partes interessadas**, conforme previsão em lei, e incentivar a cooperação ativa entre empresas e partes interessadas na criação de riquezas, empregos e na sustentação de empresas economicamente sólidas.

4. A estrutura da governança corporativa deverá assegurar a **divulgação e transparência** oportuna e precisa de todos os fatos relevantes referentes à empresa, inclusive situação financeira, desempenho, participação acionária e governança da empresa.

5. **As responsabilidades do conselho** – a estrutura da governança corporativa deverá garantir a orientação estratégica da empresa, a fiscalização efetiva da diretoria pelo conselho e a prestação de contas do conselho à empresa e aos acionistas:

   - Os conselheiros deverão atuar com base em informações completas, bem fundamentadas e de boa-fé, agir com critério, tomando as devidas precauções e no melhor interesse da empresa e dos acionistas.
   - O conselho deve tratar todos os acionistas com justiça, ainda que suas decisões possam afetar de maneira diferente os diversos grupos acionários.

Bovespa

O crescimento dos mercados de capitais, resultante da liberalização dos investimentos em portfólio nos países desenvolvidos e emergentes, ampliou o debate sobre a governança, que passou a contemplar também a forma de representação dos interesses dos investidores institucionais nos diversos mercados em que atuam. Organizações multilaterais, como IFC e OCDE, passaram a incorporar essa preocupação nas suas políticas de investimento.

No Brasil, parte significativa das companhias abertas já se empenha em oferecer aos seus investidores melhorias nas práticas de governança e de transparência. No entanto, essas mudanças têm sido adotadas com pouca visibilidade por parte das empresas, uma vez que são resultado de esforços localizados. A adesão aos "níveis diferenciados de governança corporativa" da Bovespa atribui maior destaque aos esforços da empresa na melhoria da relação com investidores e eleva o potencial de valorização dos seus ativos.

A Bovespa define governança corporativa como um conjunto de normas de conduta para empresas, administradores e controladores consideradas importantes para uma boa valorização das ações e outros ativos emitidos pela companhia. A adesão a essas práticas distingue a companhia como nível 1, nível 2 ou novo mercado, dependendo do grau de compromisso assumido pela empresa.

GOVERNANÇA CORPORATIVA NO BRASIL

A governança corporativa no Brasil ganhou importância em razão do processo de intensificação da globalização financeira nos anos 1980 e das transformações econômicas ocorridas no país na década de 1990.

A globalização financeira pode ser entendida como a interação de três processos distintos ao longo dos últimos 20 anos: a expansão extraordinária dos fluxos financeiros internacionais, o acirramento da concorrência nos mercados internacionais de capitais e a maior integração entre os sistemas financeiros nacionais (Gonçalves et al., 1998, p. 147).

Diante desse cenário, as iniciativas dos órgãos reguladores ou ligados ao mercado de capitais – CVM, Bovespa, Andima, Associação Brasileira das Companhias Abertas (Abrasca), Instituto Brasileiro de Relações com Investidores (IBRI), entre outros – buscaram dar incentivos às empresas, para que elas evoluíssem em direção ao modelo de práticas de governança corporativa.

Em razão do acirramento da competitividade ao longo dos anos, houve várias iniciativas com o intuito de inserir as práticas de governança corporativa nas empresas brasileiras. Uma das principais instituições que surgiram com esse intuito foi o Instituto Brasileiro de Governança Corporativa (IBGC), conforme exposto anteriormente.

Apesar de o IBGC ter indicado alguns elementos a serem respeitados em qualquer sistema de governança corporativa, ele contribuiu ainda mais com a instauração de um código com as melhores práticas de governança corporativa com o objetivo de indicar caminhos para todos os tipos de empresas, sociedades por ações de capital aberto ou fechado, sociedades limitadas ou sociedades civis, visando aumentar o valor da empresa, melhorar seu desempenho, facilitar seu acesso ao capital a custos mais baixos e contribuir para sua perenidade.

O primeiro código brasileiro das melhores práticas de governança corporativa foi editado pelo IBGC em 1999. A quarta edição desse código está em vigor desde 2009. O código está dividido em seis capítulos, conforme exposto anteriormente.

Novo mercado

O novo mercado é um segmento de listagem destinado à negociação de ações emitidas por empresas que se comprometem, voluntariamente, com a adoção de práticas de governança corporativa e *disclosure* adicionais em relação ao que é exigido pela legislação.

A valorização e a liquidez das ações de um mercado são influenciadas positivamente pelo grau de segurança que os direitos concedidos aos acionistas oferecem e pela qualidade das informações prestadas pelas empresas. Essa é a premissa básica do novo mercado.

A entrada de uma empresa no novo mercado significa a adesão a um conjunto de regras societárias, genericamente chamadas de "boas práticas de governança corporativa", mais rígidas que as presentes na legislação brasileira. Essas regras, consolidadas no Regulamento de Listagem, ampliam os direitos dos acionistas, melhoram a qualidade das informações usualmente prestadas pelas companhias e, ao determinar a resolução dos conflitos por meio de uma câmara de arbitragem, oferecem aos investidores a segurança de uma alternativa mais ágil e especializada.

A principal inovação do novo mercado em relação à legislação é a proibição de emissão de ações preferenciais. Contudo, não é a única. Resumidamente, a companhia aberta participante do novo mercado tem obrigações adicionais. Além de presentes no Regulamento de Listagem, alguns desses compromissos deverão ser aprovados em assembleias gerais e incluídos no estatuto social da companhia, um contrato assinado entre a Bovespa e a empresa, com a participação de controladores e administradores, fortalecendo a exigibilidade do seu cumprimento.

Quadro 9.3   Práticas de governança corporativa

	N1	N2	NM
Divulgação de acordos de acionistas e programas de *stock options*	•		
Disponibilização de um calendário anual de eventos corporativos	•		
Realização de ofertas públicas de colocação de ações por meio de mecanismos que favoreçam a dispersão do capital	•	•	•
Manutenção em circulação de uma parcela mínima de ações representando 25% do capital	•	•	•
Introdução de melhorias nas informações prestadas trimestralmente, entre as quais a exigência de consolidação e de revisão especial	•	•	•
Cumprimento de regras de *disclosure* em operações envolvendo ativos de emissão da companhia por parte de acionistas controladores ou administradores da empresa	•	•	•
Extensão para todos os acionistas das mesmas condições obtidas pelos controladores quando da venda do controle da companhia		•	•
Estabelecimento de um mandato unificado de um ano para todo o conselho de administração		•	•
Disponibilização de balanço anual seguindo as normas do US GAAP ou IAS GAAP		•	•
Obrigatoriedade de realização de uma oferta de compra de todas as ações em circulação, pelo valor econômico, nas hipóteses de fechamento do capital ou cancelamento do registro de negociação no nível 2 ou novo mercado		•	•
Direito de voto às ações preferenciais em algumas matérias como transformação, incorporação, cisão ou fusão da companhia e outros assuntos que possam gerar conflitos de interesses entre o controlador e a companhia		•	•
Adesão à câmara de arbitragem para resolução de conflitos societários		•	•
Proibição de emissão de ações preferenciais			•

N1 = Nível 1; N2 = Nível 2; NM = Novo Mercado.

Com o novo mercado, a Bovespa abre uma nova frente de atuação visando ao desenvolvimento do mercado de capitais brasileiro, oferecendo para as empresas uma excelente oportunidade para a captação de recursos a custos competitivos e, para os aplicadores, um mercado mais seguro para o investimento de longo prazo.

Níveis 1 e 2

As companhias nível 1 se comprometem, principalmente, com melhorias na prestação de informações ao mercado e com a dispersão acionária. Para a classificação como companhia nível 2, além da aceitação das obrigações contidas no nível 1, a empresa e seus controladores adotam um conjunto bem mais amplo de práticas de governança e de direitos adicionais para os acionistas minoritários e a prática de utilizar a câmara de arbitragem para a resolução de conflitos societários.

LEI SARBANES-OXLEY E LEI ANTICORRUPÇÃO

A criação da Lei Sarbanes-Oxley, também conhecida como Lei contra a Fraude Corporativa, foi motivada pelos problemas de governança corporativa ocorridos em 2002, como os casos Enron, WorldCom e Arthur Andersen, em que as fraudes ocorridas foram possíveis e tomaram as dimensões conhecidas por motivo de flagrante falta de transparência. A lei ganhou esse nome em referência aos dois membros do Congresso norte-americano responsáveis pela sua elaboração: Paul S. Sarbanes e Michael Oxley. A Lei Sarbanes-Oxley promoveu ampla reforma nas normas contábeis e de governança mundiais. Com o objetivo de proteger os investidores por meio do aprimoramento da precisão e da confiabilidade das informações divulgadas pelas empresas, a lei alcança até mesmo companhias brasileiras com ADRs (*American Depositary Receipt*, que, conforme a Bovespa, é o recibo de ações de companhia não sediada nos Estados Unidos, emitido por um banco e custodiado em banco norte-americano) admitidos à negociação pública nos Estados Unidos e entrou em vigor em 2004.

As principais disposições são:

- O CEO e o CFO deverão certificar os relatórios anuais. O conteúdo da certificação está explícito em lei e não pode sofrer qualquer alteração.
- As companhias devem manter "controles e procedimentos" de divulgação de informações. Os procedimentos devem assegurar que a coleta, o processamento e a divulgação das informações sejam feitos de forma adequada, inclusive para as empresas subsidiárias, e a avaliação da aplicação dos procedimentos deverá ser emitida junto do relatório anual.
- As companhias devem manter "controles internos" que garantam a fidelidade das informações financeiras prestadas ao mercado, e esses controles devem ser avaliados periodicamente. O resultado da avaliação deve ser emitido com o certificado da auditoria externa, por ocasião da emissão dos relatórios anuais.
- As companhias deverão ter um comitê de auditoria, composto por membros do conselho de administração. Os integrantes do comitê de auditoria deverão ser independentes e pelo menos um de seus membros deve ser especialista financeiro.

- Como padrões de conduta são exigidos:
  - Proibição de empréstimos a administradores.
  - Exigências com relação a períodos de vedação de negociação de valores mobiliários pelos administradores.
  - Proibição de influenciar de maneira imprópria a auditoria.
  - Proibição de alguns diretores serem oriundos de empresas de auditoria.
  - Proibição dos auditores prestarem serviços à companhia.
  - Sigilo de informações.
  - As empresas devem informar se adotam ou não um código de ética para os administradores e, em caso negativo, explicar porquê.

- Estipula penalidades aos responsáveis e às empresas envolvidas:
  - Responsabilidade criminal para executivos ou gestores que, consciente ou intencionalmente, divulguem informações imprecisas ou inadequadas.
  - Responsabilidade criminal para responsáveis por destruição de registros de auditoria ou registros sob investigação.

Em termos nacionais, foi criada em 2013 a Lei Anticorrupção (Lei n. 12.846/2013), que pune empresas por atos de corrupção contra a administração pública. As empresas serão responsabilizadas por práticas ilícitas e poderão pagar multa de até 20% de seu faturamento, que é considerado um valor alto.Ela entrou em vigor em 2014, mas apenas em 2015 foi regulamentada para esclarecer questões como a dosimetria da pena, que pode chegar a 20% do faturamento bruto de uma empresa condenada, e quais órgãos seriam responsáveis pela fiscalização.

Em detalhes, a nova legislação dispõe sobre a responsabilização administrativa e judicial da pessoa jurídica, seus administradores e sócios, por atos considerados lesivos ao Poder Público, federal, estadual ou municipal, do Legislativo, Executivo ou Judiciário. Essa responsabilização impõe penas pesadas que vão desde multas calculadas com base no faturamento anual da empresa, exposição pública da pena aplicada, perda de bens ou direitos, suspensão ou interdição de atividade, dissolução compulsória da pessoa jurídica e proibição de receber qualquer incentivo, subsídios, subvenções, doações ou empréstimos de órgãos públicos.

A aplicação dessas penas considerará atos de corrupção ativa e passiva e fraude a licitações, sendo a responsabilidade aplicada de forma objetiva, ou seja, sem necessidade de avaliar se houve intenção ou não do agente, bastando comprovar o dano e o nexo causal entre este e a ação do funcionário ou representante da pessoa jurídica. Se o ato lesivo causar algum benefício à pessoa jurídica, não importa quem o praticou (funcionário ou gestor), a empresa será responsabilizada.

A única forma de defesa seria a quebra do nexo causal que está sendo apontado entre a atividade empresarial e a lesão ao agente público, ou seja, mostrar que a atitude lesiva não fluiu de sua ordenação, comando ou interesse. Para isso, a empresa deve adotar internamente um código de conduta que coloque em conformidade legal suas atividades, com o fim de evitar atos de corrupção ou fraude.

A adoção do código de conduta passou a exigir uma conformização das posturas em relação às normas. O *compliance* é justamente um trabalho de assessoria, nas áreas de gestão e jurídica, que confere toda a rotina e a operação da empresa e a coloca em conformidade com a lei, criando um programa que normatiza a conduta de gestores e funcionários, legal e eticamente, com a finalidade de inibir a ocorrência de atos lesivos, fraudes e de corrupção.

Sendo sério o trabalho de *compliance*, a empresa conseguirá demonstrar que a sua normatização interna inibe a prática de atos de corrupção ou fraude, evidenciando, em uma eventual acusação, que a prática contrária a isso teria sido isolada de um funcionário ou gestor, sem qualquer relação com o comando ou interesse da empresa.

Se algum funcionário ou gestor da empresa envolver-se na prática de corrupção e não houver a gestão interna desse risco, a pessoa jurídica, seus administradores, sócios e empresas do mesmo grupo serão responsabilizados pelo ato do funcionário ou gestor e receberão as graves penas previstas na Lei Anticorrupção. Isso porque a ausência de conformidade legal interna indica que o ato do funcionário ou gestor teria ocorrido sob seu interesse ou comando.

Por outro lado, se a empresa demonstrar que atua direta e efetivamente no combate da prática corruptora ou da fraude, poderá mitigar o seu risco, reduzindo a sanção ou a excluindo, com a demonstração de que o funcionário ou gestor agiu contra o seu interesse.

A criação da norma de conduta interna dissociará a ação do funcionário corrupto, sendo permitido à empresa seu desligamento com a cobrança dos prejuízos materiais e morais que causou com sua prática delitiva.

Apesar de entender que já existia lei para punir a prática da corrupção ou fraude, a responsabilização da pessoa jurídica facilita a apuração dos fatos, chegando diretamente ao real beneficiário da conduta corruptora e aplicando sanções que, efetivamente, inibirão a prática ilícita. Temos uma cultura de corrupção sistêmica, justamente por nossa tolerância ao ilícito. A nova legislação inspira a esperança de punição dessa prática ou, pelo menos, seu combate.

MERCADO DE CAPITAIS

O mercado de capitais é definido como o conjunto de instituições e instrumentos que negociam títulos e valores mobiliários, tendo como objetivo a viabilização dos recursos dos agentes compradores para os vendedores. O mercado de capitais representa o sistema de distribuição de valores mobiliários com o propósito de proporcionar opções para as empresas se capitalizarem, criando assim liquidez aos títulos por ela emitidos.

O mercado de capitais também é uma forma de exercício de controle sobre as empresas. Embora a governança corporativa seja uma forma de controle e monitoramento que emane do mercado, por meio dos acionistas, há também outras formas. E elas vão além das exigências da CVM para colocação de ações em bolsas. Por exemplo, empresas que adotam mecanismos e procedimentos tidos como mais eficientes, de melhor controle e tomada de decisão, tendem a apresentar uma valoração superior à média. A regulagem do grau de endividamento também é feita pelos acionistas e pelo sistema bancário, por meio da avaliação de risco.

O papel e a composição dos conselhos de administração também são resultados da competição no mercado financeiro, em virtude do desejo dos acionistas de possuírem papéis de empresas que possam adotar decisões apressadas, equivocadas ou arriscadas. Quanto mais vulnerável a organização for a decisões gerenciais arbitrárias, maior é o papel de um conselho.

Sistemas de monitoramento e incentivo, por meio de balanços, relatórios e bônus em ações visam fazer com que os administradores gerenciem as empresas de acordo com os interesses dos acionistas. O modelo nipo-germânico busca, principalmente, o controle interno. O mesmo ocorreria com a participação de outras corporações, capital bancário e seguradoras, promovendo uma participação cruzada. Já o modelo de controle anglo-saxão ocorre, principalmente, pelo mercado de capitais. Para o mesmo, o desempenho das empresas e dos respectivos administradores é medido pelo preço das ações, que reflete o julgamento do mercado. O controle acionário é pulverizado e o mecanismo de controle é externo (o próprio mercado de capitais).

O debate entre os modelos é influenciado pelo desempenho das respectivas economias. Enquanto nos anos 1980 o modelo japonês tendia a ser mais valorizado, a situação se inverteu com o crescimento da economia norte-americana nos anos 1990. Entretanto, no final dessa década e início da seguinte, ambos enfrentaram reveses. A crise asiática expôs os limites do modelo de monitoramento interno em manter sob controle os níveis de alavancagem financeira, elevados pelo desejo de expansão dos negócios por parte dos administradores.

SISTEMA REGULATÓRIO

O sistema regulatório consiste em maneiras de intervenção do Estado em um ambiente econômico tido como liberal. Ele consiste em maneiras de intervenção do Estado em um ambiente econômico, agindo sobre as muitas formas de atuação dos agentes econômicos de um mercado ou país, e pode incluir a implantação e atuação de agências reguladoras. Em outras palavras, o sistema regulatório ou marco regulatório é o conjunto de atividades que fundamentam a operacionalização institucional e permite a sua materialização na prática. Permite aos produtores e consumidores a sinalização correta para um funcionamento adequado e eficiente do mercado, induzindo e incentivando a concorrência, sendo possível e conveniente à atuação do órgão regulador como substituto das forças do mercado nos casos em que a estrutura econômica é monopolista.

Nas últimas décadas, observou-se o aparecimento, não só na América Latina, mas também nos países membros da OCDE, de novas formas institucionais no ambiente econômico e social.

Os sistemas regulatórios agem sobre as formas de atuação dos agentes econômicos em um mercado ou país e podem incluir a implementação e atuação de agências reguladoras, sua forma mais visível.

> O marco regulatório define a estrutura econômica e as regras do jogo para o desenvolvimento das diversas atividades e o respectivo desempenho dos agentes econômicos que intervêm nos mesmos. Desse modo, o sistema regulatório ou marco regulatório é o conjunto de atividades que fundamentam a operacionalização do esquema institucional e permitem a sua materialização na prática. É o fator que permite aos produtores e consumidores a sinalização correta para um funcionamento adequado e eficiente do mercado, induzindo e incentivando a concorrência, sendo possível e conveniente à atuação do órgão regulador como substituto das forças do mercado nos casos onde a estrutura econômica é monopolista. (Pontes, 1998)

O atual contexto capitalista faz necessária a presença reguladora do Estado para corrigir o sistema. As agências reguladoras são "pessoas jurídicas de direito público, espécie do gênero autarquia, às quais são conferidas as funções de regulamentação, fiscalização e decisão em caráter descentralizado no âmbito de determinado setor da atividade econômica e social de grande interesse público" (Gomes, 2004, s.p.). O objetivo era criar órgãos estatais que tivessem conhecimento setorial e agilidade para supervisionar e interferir em setores econômicos. Sua atuação, embora possua funções que compreendam elementos dos três poderes estatais, faz-se independente dos mesmos.

Como exemplo na área financeira, pode-se citar o Conselho de Controle de Atividades Financeiras (Coaf), criado pela Lei n. 9.613, de 3/3/1998, no âmbito do Ministério da Fazenda. Entre os seus objetivos destacam-se o recebimento de denúncias, exame e identificação de ocorrências suspeitas de atividades ilícitas relacionadas a lavagem de dinheiro, disciplinar atividades financeiras visando evitar o referido processo e aplicar penas administrativas. O órgão também participa de fóruns internacionais relacionados ao tema e elabora relatórios anuais de suas atividades.

Todavia, a criação das agências reguladoras não resultou de uma discussão quanto ao modelo de regulação. O primeiro passo foi o encaminhamento das leis e, depois, a discussão sobre os conceitos básicos do modelo. As reformas não foram baseadas em amplo consenso na sociedade civil, conforme indicavam as experiências de outros países (Fachin, 1998; Fadul, 1998; Fischer, Teixeira e Heber, 1998; Peci, 2002).

Uma das principais proposições do modelo regulatório instituído no Brasil é a da equidistância do órgão regulador em relação aos polos de interesse de regulação: o poder concedente (governo), concessionárias e usuários de serviços públicos. Para lidar com essa questão, as agências reguladoras estão instituídas com base em um modelo em que são colocadas no centro de um triângulo isósceles – com o governo em um dos vértices e operadores (empresas reguladas) e usuários nos outros dois vértices –, tentando-se obter uma equidistância entre o órgão regulador e esses agentes (Fachin, 1998). A existência de controle social é vista como um pré-requisito para o bom andamento do modelo regulatório, de certa forma igualando o poder e a capacidade de articulação e pressão que o governo, empresas reguladas e usuários apresentam.

Metodologias de análise, índices e outras formas também podem ser incluídos como parte de sistemas regulatórios. O Banco Central do Brasil também adota a inspeção global consolidada, que analisa as organizações de maneira mais global, incluindo consolidadas, dependências no país e no exterior, e verificação no conglomerado econômico de operações entres empresas não financeiras e financeiras.

A Bovespa possui o Índice de Ações com Governança Corporativa Diferenciada (IGC). O índice mede o desempenho de uma carteira teórica composta por ações de empresas que sejam negociadas no novo mercado ou que estão classificadas nos níveis 1 ou 2 de governança da Bovespa. O mesmo possui critérios para inclusão e exclusão de ações, requisitos mínimos de liquidez, critérios de ponderação (que levam em conta o fator de governança) e avaliações periódicas.

CONTROLES INTERNOS

O presente capítulo já explicitou algumas implicações da separação entre propriedade e controle nas empresas. No entanto, quando uma empresa expande seus negócios, ocorre um processo no qual o proprietário, ou mesmo o administrador, perde contato com todos os processos que ocorrem na empresa, não conseguindo supervisionar todos eles pessoalmente. Esse é um processo que pode se iniciar bem antes da separação entre propriedade e controle.

Como resultado, cresce a necessidade de se criarem procedimentos ou normas internas e, consequentemente, de formas de acompanhamento que verifiquem se os mesmos estão sendo efetivamente seguidos. As formas de auditoria interna têm, então, a sua origem. Ela é mais periódica, analisa outras áreas além da contabilidade e possui grau maior de profundidade que a auditoria externa.

O controle interno de uma organização pode ser definido como o "conjunto de procedimentos, métodos ou rotinas com os objetivos de proteger os ativos, produzir dados contábeis confiáveis e ajudar a administração na condução ordenada dos negócios da empresa" (Almeida, 1996, p. 50). Em outras palavras, o controle interno é uma vertente de gestão: a ideia básica é nortear a gestão e operações da empresa a cada novo patamar tecnológico e organizacional.

O controle interno só existirá se houver planejamento. Ele é aplicado com o foco em gestão de negócios empresariais no sentido de assegurar que determinados princípios éticos e morais sejam mantidos na organização. Consequentemente, todo o processo de tomada de decisão está inserido no sistema de controle interno para que possa garantir os objetivos traçados pela alta administração.

Assim, os administradores devem formular o sistema de controle interno, estabelecer maneiras de verificar se o mesmo está sendo seguido e realizar, caso surja a necessidade, adaptações no mesmo.

Embora seja um empregado da organização, o auditor interno deve possuir independência, não estar subordinado àqueles cujos trabalhos examina e não desenvolver atividades que possa vir a examinar algum dia. A aplicação do controle interno abrange os níveis operacional, gerencial e estratégico. Ele é ligado ao ciclo de negócios da empresa, no qual se apresentam os processos de receitas, compras e gastos, produtos e suprimentos financeiros. De forma geral, os controles internos devem seguir alguns princípios, como atribuições e responsabilidades bem definidas entre os funcionários, amarrações dentro do sistema de controle interno, definição e limitação do acesso dos funcionários a ativos, segregação entre acesso aos ativos e acesso aos registros contábeis para os funcionários, de rotinas internas em manuais, confronto dos registros contábeis com os ativos, controle físico dos ativos, existência efetiva de auditoria interna e controle compatível com os benefícios esperados.

Os controles se dividem em controles contábeis e administrativos. O primeiro está voltado para controle e segurança, e consiste em exercer proteção de bens, avaliar a exatidão e a fidelidade dos dados da empresa. Essa área de controle interno leva em consideração os princípios e convenções da contabilidade, como integridade, confidencialidade, fidelidade da informação (em relação aos dados), segurança ambiental, segurança lógica, segurança física, conformidade e irrevogabilidade.

O segundo está ligado ao desempenho da gestão empresarial e corresponde à promoção da eficiência operacional e ao estímulo ao cumprimento das diretrizes administrativas estabelecidas pela direção da empresa. Para que as empresas se mantenham competitivas, são necessários princípios que regem o controle interno em nível administrativo e gerencial: disponibilidade, eficácia, eficiência, obediência às diretrizes administrativas e aplicações de controles internos.

Especificamente, são eles:

Controles contábeis:

- Sistemas de conferência, aprovação e autorização.
- Segregação de funções (pessoas que têm acesso aos registros contábeis não podem custodiar ativos da empresa).
- Controles físicos sobre ativos.
- Auditoria interna.

Controles administrativos:

- Análises estatísticas de lucratividade por linha de produtos.
- Controle de qualidade.
- Treinamento de pessoas.
- Estudos de tempos e movimentos.
- Análise das variações entre os valores orçados e os incorridos.
- Controle dos compromissos assumidos, mas ainda não realizados economicamente.

Vale ressaltar que os controles internos podem possuir algumas limitações resultantes, principalmente, de negligência na execução de tarefas, falta de instrução em relação a normas internas ou conluio para obtenção de bens organizacionais, devendo a administração prestar atenção aos possíveis problemas.

Para isso, informações sobre o sistema de controle interno podem ser obtidas com a realização de inspeções, conversas ou leituras dos manuais e, posteriormente, registradas. As mesmas também podem servir para identificar se o que está previsto nos manuais está realmente sendo seguido. Para avaliar o sistema de controle interno, deve-se, ainda, identificar quais erros ou irregularidades poderiam acontecer e verificar se o sistema atual detectaria imediatamente as irregularidades. Assim, seriam percebidas as fraquezas do sistema e poderiam ser tomadas medidas para o aprimoramento contínuo do sistema de controle interno.

Compliance

O termo *compliance* origina-se no inglês *to comply*, que tem como significado "agir de acordo com uma regra, um pedido ou um comando". O *compliance* da organização tem, portanto, a função de monitorar a instituição para que ela cumpra as regras aplicáveis a seu negócio. Inserido no contexto dos controles internos da organização, tem íntima relação com o respeito da organização por normas éticas e pela legislação do país, ou seja, é o cumprimento estrito e rigoroso das leis, normas e regulamentos vigentes nos países e jurisdições de atuação na empresa.

Conforme a Federação Brasileira de Bancos (Febraban), as funções do *compliance* na empresa são:

1. Leis: certificar-se da aderência e do cumprimento.
2. Princípios éticos e de normas de conduta: assegurar-se da existência e observância.
3. Regulamentos e normas: assegurar-se da implementação, aderência e atualização.
4. Procedimentos e controles internos: assegurar-se da existência de procedimentos associados aos processos.
5. Sistema de informações: assegurar-se da implementação e funcionalidade.
6. Planos de contingência: assegurar-se da implementação e efetividade por meio de acompanhamento de testes periódicos.
7. Segregação de funções: assegurar-se da adequada implementação da agregação de funções nas atividades da instituição, a fim de evitar o conflito de interesses.
8. Prevenção à lavagem de dinheiro: fomentar a cultura de prevenção à lavagem de dinheiro, por meio de treinamentos específicos.
9. Cultura de controles: fomentar a cultura de controles em conjunto com os demais pilares do sistema de controles internos na busca da sua conformidade.

10. Relatório do sistema de controles internos (gestão de *compliance*) – avaliação dos riscos e dos controles internos: elaborar ou certificar-se da elaboração do referido relatório com base nas informações obtidas junto às diversas áreas da instituição, visando apresentar a situação qualitativa do sistema de controles internos em atendimento à Resolução n. 2.554/98.
11. Participar ativamente do desenvolvimento de políticas internas, que previnam problemas futuros de não conformidade e a regulamentação aplicável a cada negócio.
12. Relações com órgãos reguladores e fiscalizadores: assegurar-se de que todos os itens requeridos pelos reguladores sejam prontamente atendidos pelas várias áreas da instituição financeira assertivamente e com representatividade e fidedignidade.
13. Relações com auditores externos e internos:

- Assegurar que todos os itens de auditoria relacionados à não conformidade com as leis, regulamentações e políticas da instituição financeira sejam prontamente atendidos e corrigidos pelas várias áreas da instituição financeira.
- Manter a sinergia entre as áreas de auditoria interna, auditores externos e *compliance*.

14. Relações com associações de classe e importantes participantes do mercado para promover a profissionalização da função e auxiliar na criação de mecanismos renovados de revisão de regras de mercado, legislação e regulamentação pertinentes, em linha com as necessidades dos negócios, visando à integridade e à credibilidade do sistema financeiro.

Ou seja, a função de *compliance* está então relacionada ao respeito que a organização deve ter pelas leis e por seus próprios regulamentos internos e é um dos pilares da governança corporativa.

Mercado de produtos

O controle sobre uma organização também pode ocorrer por meio do mercado em que atua, especialmente pela avaliação de seus produtos. Nos últimos 20 anos podem ser verificados grandes avanços em relação à legislação e aos órgãos de defesa dos consumidores, e também aos próprios consumidores mais conscientes e mobilizados, embora ainda haja muito a ser feito.

Um marco nesse sentido foi o Código de Defesa do Consumidor. Ele surgiu como forma de compensar possíveis vulnerabilidades econômicas dos consumidores nas suas relações com provedores de produtos ou serviços. É uma forma de tutela dos direitos e garantias dos consumidores e de intervenção do Estado na economia. A responsabilidade perante a sociedade em relação aos produtos e serviços providos foi incrementada e explicitada. Ainda que o consumidor não fosse prejudicado de maneira dolosa, os fornecedores passaram a ser também responsabilizados por imprudência, imperícia ou negligência, sendo dos mesmos a responsabilidade de provar que não teriam cometido o ato.

Além do código, órgãos foram criados para a defesa do consumidor. O Programa de Proteção e Defesa do Consumidor (Procon) foi fundado em 1986 e é ligado ao Poder Executivo dos municípios, atuando em problemas diversos. Possuindo poderes próprios da administração pública, sua maior eficácia está na resolução de questões que envolvem diretamente um cidadão com uma empresa. Ele recebe denúncias, requer explicações, realiza investigações e pode multar empresas. Já a Promotoria de Defesa do Consumidor (Prodecon), que está vinculada ao Ministério Público, atua em questões e circunstâncias mais amplas, de defesa de direitos coletivos, nas quais diversas pessoas estão ligadas. A Delegacia de Defesa do Consumidor (Decon), fundada em 1995, tem como atribuições a prevenção, apuração e repressão de crimes contra o consumidor, os quais podem colocar em risco a economia, a saúde, a segurança ou mesmo a vida dos consumidores, por meio de produtos ou serviços com preços majorados ou que possam ser perigosos ou nocivos. Por fim, o Instituto Brasileiro de Defesa do Consumidor (Idec), fundado em 1987, tem como missão a defesa do consumidor, sua representação em causas coletivas e a orientação quanto aos direitos nas relações de consumo. É uma associação de consumidores, não possuindo fins lucrativos ou vínculo com empresas ou governos.

Em conjunto com essas organizações, o Ministério da Justiça e as secretarias estaduais da Justiça também atuam na proteção dos direitos do consumidor. Existe um Cadastro Nacional de Reclamações Fundamentadas e um Sistema Integrado de Informações de Defesa do Consumidor. O Ministério da Justiça, por exemplo, possui um programa para criação e aperfeiçoamento de Procons e de entidades civis, promove eventos de educação e conscientização sobre direitos do consumidor e distribui material informativo.

Além do Código de Defesa do Consumidor e de organizações para esse fim, um controle também pode ser exercido pelas garantias oferecidas pelas empresas. As empresas têm obrigação de oferecer termos de garantias, de acordo com a lei e sem nenhum tipo de manobra para enganar o consumidor, deixando claras suas condições de validade. Embora exista uma legislação específica, garantias maiores tendem a ser vistas como uma vantagem extra ou uma prova de melhor qualidade do produto ou serviço fornecido. O aumento da garantia ao cliente pode ser utilizado como uma tática para melhorar ou manter a posição no mercado, assim como uma empresa que oferece mais garantias a seus fornecedores e credores tende a obter financiamentos em melhores condições.

RESUMO

O sistema de governança corporativa de um país engloba normas formais e informais, junto com práticas aceitas e mecanismos de fiscalização, públicos e privados. Esse conjunto governa as relações entre as pessoas que controlam efetivamente as empresas e as que nelas investem. As práticas de governança corporativa têm a finalidade de otimizar o desempenho da empresa e facilitar o acesso ao capital, abrangendo os assuntos relativos ao poder de controle e direção de uma empresa, bem como as diferentes formas e esferas de seu exercício e os diversos interesses que, de alguma forma, estão ligados à vida das sociedades comerciais. Além disso, a governança corporativa proporciona aos proprietários (acionistas ou cotistas) a gestão estratégica de sua empresa e a monitoração efetiva da administração. As principais ferramentas que asseguram o controle da propriedade sobre a gestão são o conselho de administração, a auditoria independente e o conselho fiscal. A empresa que opta pelas práticas de governança corporativa adota como linhas mestras a transparência, a prestação de contas (*accountability*) e a equidade.

QUESTÕES

1. O que é governança corporativa? Qual a sua importância?
2. Quais os princípios básicos da governança corporativa? Como auxiliam a gestão corporativa?
3. Quais as vantagens e dificuldades em adotar as práticas de governança corporativa?
4. Quais as principais ferramentas que asseguram o controle da propriedade sobre a gestão?
5. A governança corporativa pode evitar os conflitos presentes em empresas familiares?
6. Relacione controle de valor e governança corporativa.
7. Relacione governança corporativa e mercado de capitais.
8. O que é *accountability*? Qual o impacto na gestão organizacional?
9. Em que consiste o *compliance*? Qual o impacto na gestão organizacional?
10. Como a governança corporativa pode evitar ou minimizar conflitos nas organizações?

EXERCÍCIOS

1. Leia o artigo "Petrobras jamais teve as melhores práticas de governança" (*Estadão*, maio de 2015, disponível em: <http://economia.estadao.com.br/noticias/governanca,petrobras-jamais-teve-as-melhores-praticas-de-governanca,1685476>, acessado em: 27 jun. 2017).
   a) Qual a importância da governança corporativa no contexto apresentado?
   b) Faça um paralelo entre o cenário de governança corporativa apresentado na Petrobras e os futuros investimentos internacionais no Brasil. Há uma imagem prejudicada? Quais podem ser as consequências disso?
2. Selecione uma organização nacional. Analise a adoção de práticas de governança corporativa e quais os propósitos dessa adoção.
3. Selecione uma empresa nível 1 e uma empresa nível 2, segundo a classificação da Bovespa. Quais as principais diferenças existentes entre uma empresa nível 1 e uma empresa nível 2?
4. Analise as notícias divulgadas pela mídia e faça uma ligação com os principais tópicos estudados neste capítulo.
   a) Ex-diretor da Enron é condenado a seis anos de prisão:

O ex-diretor-financeiro da gigante americana do setor de energia Enron, Andrew Fastow, 44, foi condenado nesta terça-feira a seis anos de prisão e dois anos de serviços comunitários. [...] Fastow havia sido originalmente alvo de 98 acusações, incluindo fraude, uso de informações privilegiadas e lavagem de dinheiro. Ele admitiu participar de diversos esquemas para esconder as dívidas da Enron e inflar os resultados para obter ganho particular. A colaboração de Fastow ajudou na condenação do fundador e ex-presidente da Enron, Kenneth Lay (morto em julho deste ano, antes de receber a sentença) e do antigo executivo-chefe da Enron, Jeffrey Skilling. No julgamento de ambos, Fastow disse que tinham conhecimento das fraudes financeiras na empresa. A Enron pediu concordata em dezembro de 2001, após ter sido alvo de uma série de denúncias de fraudes contábeis e fiscais. Com uma dívida de US$ 13 bilhões, o grupo arrastou consigo a Arthur Andersen, que fazia a sua auditoria. Segundo investigadores federais, a Enron criara parcerias com empresas e bancos que permitiram manipular o balanço financeiro e esconder débitos de até US$ 25 bilhões. O lucro e os contratos da Enron foram inflados artificialmente.
Folha de S. Paulo, 26 set. 2006. Disponível em: <http://www1.folha.uol.com.br/folha/dinheiro/ult91u111285.shtml>. Acessado em: 27 jun. 2017

   b) Corrupção da Petrobras põe Brasil à beira do precipício:

[...] o rastro da bilionária corrupção que domina de cima a baixo a maior empresa pública da América Latina, a Petrobras, e que sacode o país: contratos forjados no valor de bilhões de reais, obras superfaturadas para a construção de refinarias, contas bancárias repentinamente esvaziadas para que não sejam congeladas, arrependidos que fazem acordos após pagar quase 100 milhões de reais, maletas com notas de dinheiro que vêm e vão, jatinhos levando somas estonteantes, um tesoureiro do PT envolvido na trama e intermediários que se entregam após passar dias foragidos da polícia.
Jornal El País, 23 nov. 2014. Disponível em: <http://brasil.elpais.com/brasil/2014/11/23/politica/1416770529_247157.html>

c) Presidente da Toshiba se demite após escândalo de fraude contábil:

O presidente da Toshiba, Hisao Tanaka, renunciou ao cargo nesta terça-feira. A decisão ocorre após uma investigação externa indicar que ele e outros funcionários da empresa protagonizaram um escândalo de contabilidade pelo qual a companhia japonesa de produtos eletrônicos ampliou artificialmente seus lucros em mais de 1,2 bilhão de dólares ao longo de sete anos. "Vejo isso como o evento mais danoso para nossa marca nos 140 anos de história da companhia", disse Tanaka em entrevista coletiva após curvar-se em penitência diante das câmeras.
Revista Veja, 21 jul. 2015. Disponível em: <http://veja.abril.com.br/noticia/economia/presidente-da-toshiba-se-demite-apos-escandalo-de-fraude-contabil/>

d) Manobras da Gerdau irritam acionistas e provocam suspeitas:

Mas, na bolsa, as ações caíram 40% neste ano, para o menor preço em 12 anos, e acumulam queda de 63% em três anos – no mesmo período, as ações da CSN e da Usiminas caíram 49% e 35%, respectivamente. O problema é que, a despeito do modelo de gestão, a Gerdau vem batendo de frente com seus 130.000 acionistas minoritários e enche o mercado de dúvidas – o que faz suas empresas ser negociadas com desconto.
Antes, os desentendimentos eram esporádicos. Em 2002, a Gerdau emprestou 45 milhões de reais ao haras de Jorge Gerdau Johannpeter, ex-presidente e pai do atual presidente, André (o empréstimo foi pago). Em 2006, a família tentou cobrar *royalties* milionários dos acionistas pelo uso do nome (a ideia foi abortada). Mas, nos últimos meses, os desencontros entre a família e os minoritários ganharam uma proporção inédita.
O auge foi no dia 14 de julho, quando a Gerdau comprou 4%, em média, de participação acionária em empresas controladas, como a Gerdau Aços Longos

e a Açominas, por dois bilhões de reais. O principal vendedor foi o banco Itaú. A Gerdau argumentou que a operação já estava nos planos e que viu uma oportunidade de preço e de forma de pagamento. Mas ninguém entendeu por que a família fez isso agora – muito menos por esse preço.

Para a corretora BB Investimentos, a Gerdau pagou um prêmio de 30% – ou seja, gastou quase 600 milhões de reais a mais do que deveria, considerando o valor patrimonial das aquisições e os múltiplos da compra comparados aos da própria Gerdau.

A companhia disse que parte do pagamento será feita com 802 milhões de reais em créditos que tem a receber da Eletrobrás – acontece que, como destacou um relatório do banco BTG Pactual, ninguém nunca soube que esse dinheiro existia, pois não estava descrito nos balanços.

Revista Exame, 3 ago. 2015. Disponível em: <http://exame.abril.com.br/revista-exame/edicoes/1094/noticias/manobras-da-gerdau-irritam-acionistas-e-provocam-suspeitas>

ESTUDO DE CASO

O controle de valor financeiro no longo prazo é uma das premissas da Bioenergia desde quando ela era apenas um projeto esboçado à procura de financiadores, em razão da forma como foi realizado. Sem a oferta de qualquer garantia aos terceiros financiadores, além dos fluxos de caixa do próprio projeto, à administração da Bioenergia foi imposta a necessidade de controle estrito do valor gerado e das perspectivas futuras de geração de valor. Na Bioenergia, então, o interesse pelo controle do valor é muito maior que na maioria dos negócios, e seu controle, uma decorrência dos princípios que determinaram a formação da sociedade de propósito específico que dá forma jurídica à Bioenergia.

A formação da Bioenergia compreendeu alguns elementos de *compliance* e governança corporativa:

- Os gestores da empresa têm metas explícitas medidas em termos de variáveis mais associadas à geração de valor (Ebitda, geração de fluxos de caixa, EVA) do que aquelas às quais normalmente são submetidos em organizações de porte semelhante.
- O banco repassador do principal financiamento de instalação da Bioenergia atua de forma a garantir os interesses das partes na SPE.

REFERÊNCIAS

[ABBI/FEBRABAN] ASSOCIAÇÃO BRASILEIRA DE BANCOS INTERNACIONAIS/FEDERAÇÃO BRASILEIRA DE BANCOS. *Documento consultivo: função de compliance*. Grupo de trabalho: versão 2004. Disponível em: http://www.febraban.org.br/Arquivo/Destaques/Funcao_de_Compliance.pdf. Acesso em: 10 dez. 2004.

ALMEIDA, M.C. *Auditoria: um curso moderno e completo*. 5.ed. São Paulo: Atlas, 1996.

ARAÚJO, R.P. *Governança corporativa nas relações internacionais contemporâneas. Estudo de caso: aspectos Brasil*. 111 f. Monografia (Relações Internacionais) – Universidade Estácio de Sá, Rio de Janeiro, 2003.

[BACEN] BANCO CENTRAL DO BRASIL. Disponível em: http://www.bcb.gov.br. Acesso em: 12 jun. 2004.

BERLE, A.A.; MEANS, G.C. *The modern corporation and private property*. Nova York: Macmillan, 1932.

[BOVESPA] BOLSA DE VALORES DE SÃO PAULO. Disponível em: http://www.bovespa.com.br. Acesso em: 20 fev. 2007.

COASE, R.H. The nature of the firm. *Economica*, new series, 1937.

EISENHARDT, K.M. Control: organizational and economic approaches. *Management Science*, v. 31, p. 134-149, 1985.

FACHIN, R.C. Reforma do Estado e agências de regulação: o caso do Rio Grande do Sul. In: *Seminário Internacional sobre Reestruturação e Reforma do Estado: Brasil e América Latina no Processo de Globalização*, São Paulo, 1998.

FADUL, E.M.C. Reforma do Estado e serviços públicos: transformação de um modelo ou adaptação à uma nova ordem social? In *Seminário Internacional sobre Reestruturação e Reforma do Estado: Brasil e América Latina no Processo de Globalização*. São Paulo, 1998.

FISCHER, T.; TEIXEIRA, E.; HEBER, F. Estratégias de gestão e reconfiguração organizacional: os setores de energia elétrica e telecomunicações. *Revista de Administração Pública*, v. 32, n. 3, 9-28, maio/jun. 1998.

FOLHA DE S. PAULO. Disponível em: http://www1.folha.uol.com.br/fsp/dinheiro/fi1312200602.htm. Acesso em: 13 dez. 2006.

GOMES, J.B.B. *Agências reguladoras: a "metamorfose" do Estado e da democracia*. Disponível em: http://www.mundojuridico.adv.br/html/artigos/documentos/texto027.htm. Acesso em: 12 jun. 2004.

GONÇALVES, R. et al. *A nova economia internacional: uma perspectiva brasileira*. Rio de Janeiro: Campus, 1998.

JENSEN, M.C.; MECKLING, W.H. Theory of the firm: managerial behavior, agency costs and ownership structure. *Journal of Financial Economics*, v. 3, n. 4, p. 305-360, out. 1976.

LODI, J.B. *Governança corporativa: o governo da empresa e o conselho de administração*. 3.ed. Rio de Janeiro: Campus, 2000.

MACKINSEY & CO; KORN/FERRY INT. *Panorama de governança corporativa no Brasil*. São Paulo, 2001. Disponível em: http://www.ibgc.org.br. Acesso em: 10 jan. 2007.

MINISTÉRIO DA JUSTIÇA. Disponível em: http://www.mj.gov.br. Acesso em: 12 jun. 2004.

MINISTÉRIO DA FAZENDA. Disponível em: http://www.mf.gov.br. Acesso em: 12 jun. 2004.

PECI, A. Modelos regulatórios na área de transportes: a experiência americana. *Anais do Congresso Internacional del Clad sobre la Reforma del Estado e de la Administración Pública*, Buenos Aires, Argentina, v. 7, 2002.

PONTES, J.R. *A indústria de energia elétrica no Brasil: causas fundamentais de sua reestruturação*. 1998. Dissertação (Mestrado) – Departamento de Engenharia de Produção e Sistemas, Universidade Federal de Santa Catarina, Florianópolis. Disponível em: http://www.eps.ufsc.br/disserta98/randolfo/. Acesso em: 12 jun. 2004.

SCHMIDT, K. Managerial incentives and product market competition. *Review of Economic Studies*, v. 64, n. 2, p. 191-213, abr. 1997.

SHLEIFER, A.; VISHNY, R. A survey on corporate governance. *Journal of Finance*, v. 52, n. 2, p. 737-783, 1997.

SILVEIRA, A.D.M. *Governança corporativa no Brasil e no mundo:teoria e prática*. Rio de Janeiro: Elsevier, 2010.

WILLIAMSON, O.E. Corporate finance and corporate governance. *The Journal of Finance*, v. 43, n. 3, p. 567-591, jul. 1988.

WOLFENSOHN, J. *Governança corporativa*. 1999. Disponível em: http://www.ibgc.org.br. Acesso em: 10 jan. 2007.

BIBLIOGRAFIA SUGERIDA

BREALEY, R.A.; MYERS, S.C.; MARCUS, A.J. *Fundamentos da administração financeira*. Rio de Janeiro: McGraw-Hill/Irwin, 2002.

CASTOR, B.V. *O Brasil não é para amadores: Estado, governo e burocracia na terra do jeitinho*. Curitiba: Ebel-IBQP-PR, 2000.

CAMPOS, A.M. Accountability: quando poderemos traduzi-la para o português? *Revista de Administração Pública*, Rio de Janeiro, v. 24, n. 2, p. 30-50, 1990.

DAMODARAN, A. *Corporate finance: theory and practice*. 2.ed. New York: John Wiley, 2001.

EISENHARDT, K.M. Agency theory: an assessment and review. *The Academy of Management Review*, Academy of Management, v. 14, n. 1, p. 57, 1989.

GITMAN, L.J. *Princípios de administração financeira*: essencial. 2.ed. Porto Alegre: Bookman, 2001.

PINHEIRO, J.L. *Mercado de capitais: fundamentos e* técnicas. 7.ed. São Paulo: Atlas, 2014.

VAN H.J.C.; WACHOWICZ Jr., J.M. *Fundamentals of financial management*. 10.ed. Nova Jersey: Prentice Hall, 1998.

10
SUSTENTABILIDADE FINANCEIRA

Após a leitura deste capítulo, você deverá entender a importância do direcionamento da gestão financeira para a perpetuidade das organizações. Para isso, deverá compreender o conceito de sustentabilidade e a sua aplicação na gestão financeira, reduzindo os riscos que afetam a continuidade das empresas, passando por todas as áreas gerenciais e estratégicas.

A sustentabilidade é um conceito que surgiu após a década de 1960 e desde o início ganhou destaque na academia e no ambiente empresarial. O seu desenvolvimento surgiu com as primeiras preocupações sobre o crescimento econômico e a preservação dos recursos naturais (Claro, Claro e Amâncio, 2008).

A difusão do termo veio após a Conferência das Nações Unidas para o Meio Ambiente e Desenvolvimento (CNUMAD), realizada no Brasil em 1992, conhecida como ECO-92. Não há precedentes de outro assunto tão rapidamente aceito pela comunidade acadêmica e tão agilmente incorporado por diversos setores empresariais (Barbieri et al., 2010).

Entretanto, embora o conceito tenha sido rapidamente incorporado pelas organizações e pela sociedade, ele é muito amplo, não havendo ainda claro entendimento de suas aplicações. As pesquisas demonstram que as empresas, em geral, adotaram a sustentabilidade apenas no discurso (Claro, Claro e Amâncio, 2008).

Em resposta às pressões internas e externas, as organizações estão cada vez mais introduzindo princípios de sustentabilidade nos seus negócios (Leite,

2012). No entanto, as suas concepções ao redor da sustentabilidade e a adoção na prática pelas empresas ainda não estão claramente definidas. A maior quantidade de publicações realizadas na área foi sob enfoques puramente teóricos, como revisões literárias ou abordagens conceituais (Leite, 2012).

A grande quantidade de publicações sob essa temática deve-se à variedade de interpretações do termo sustentabilidade e de suas aplicações às organizações, sobretudo as empresariais (Claro, Claro e Amâncio, 2008).

O objetivo deste capítulo é trazer uma abordagem específica dos conceitos de sustentabilidade aplicados à gestão financeira das empresas. Procura-se contribuir para a orientação estratégica voltada à perpetuidade das organizações empresariais, evitando prejuízos econômicos, sociais e ambientais que o fracasso das empresas proporciona.

Para isso, deveríamos refletir: qual é a missão de uma organização? Definir a missão das organizações possibilita uma série de divagações nas áreas de finanças, economia, sociologia, direito e política. Pode-se responder que seja "gerar valor aos seus proprietários e *stakeholders*" (Matias, 2007, p. 54), ou seja, gerar valor a todos os interessados na organização, além dos proprietários, no caso de empresas, e também de funcionários, fornecedores de recursos materiais e financeiros, consumidores, governo e a comunidade local. De maneira simples, hoje a organização precisa valer mais do que ontem, conforme a citação de que "o objetivo principal da empresa deve ser maximizar o seu valor no longo prazo" (Bernhoeft e Gallo, 2003, p. 36).

Dessa maneira, grandes são os desafios e atividades do administrador financeiro, dentre os quais Ross et al. (2000, p. 39) destacam os principais: orçamento de capital, estrutura de capital e administração do capital de giro, que, além de gerenciar os recursos da organização, devem dirigir suas funções à sustentação e perpetuidade da organização, de acordo com o postulado contábil da continuidade – toda organização foi criada para durar (Iudícibus, 2000, p. 48).

Brasil et al. (2006, p. 36) apontam que "a duração de uma empresa é consequência de uma aposta no futuro de todos os seus integrantes, portanto, a preocupação com o porvir deve ser uma fixação permanente dos gestores". Segundo Borinelli e Beuren (2002), a contabilidade considera a organização como fonte contínua de geração de valor, criada para existir indefinidamente, salvo exceções de formação de empresas com fins específicos, onde sua sustentabilidade não é o principal objetivo.

Brealey e Myers (1996) apresentam que o objetivo da empresa é gerar valor, porém o problema é "como fazê-lo". Para o grupo EDP (Energias de Portugal), "criar valor não se traduz apenas no retorno para o acionista. É muito mais abrangente e inclui o retorno à sociedade, por meio da geração de emprego, da aquisição de serviços aos seus fornecedores, da melhoria dos índices de conforto aos seus clientes, em suma, traduz a geração de riqueza também para a comunidade" (EDP, 2006). Nesse sentido, este capítulo expõe forças que compõem o desenvolvimento sustentável empresarial, tais como os elementos ambientais, sociais e econômico-financeiros.

Nesse contexto, a maior parte dos modelos de sustentabilidade envolve aspectos sociais, ambientais e econômicos. O modelo mais difundido forma um tripé que incorpora as preocupações com preservação ambiental, com o desenvolvimento social justo e economicamente viável, conhecido como *triple bottom line* (TBL) proposto por Elkington (1998).

Aplicando o conceito às empresas, a sustentabilidade financeira "é a capacidade de gerar recursos para remunerar os fatores de produção, repor os ativos usados e investir para continuar competindo" (Barbieri et al., 2010, p. 150). Outros autores que trataram da sustentabilidade financeira classificaram a expressão de maneira similar: é a capacidade de uma organização obter recursos financeiros, arcar com todas as despesas e custos, incluindo os custos de transação e de capital, permanecendo no mercado em longo prazo (Fachini, 2005; Fernandes, 2011; León, 2001; Xisto, 2007).

Antes mesmo de o nome sustentabilidade financeira vir à tona, Higgins (1977) já se debruçava sobre as questões que permitiriam o crescimento das empresas sem comprometer a permanência no futuro. O problema evidenciado por ele é sobre quanto uma empresa seria capaz de crescer sem afetar a capacidade futura de geração de resultado. Essa questão está relacionada ao conceito de crescimento sustentável. O conceito de crescimento sustentável exposto pressupõe que os novos recursos devem ser financiados por dívida nova e aumento no patrimônio líquido por meio dos lucros retidos, ou seja: a adição de ativos deve ser igual à adição de passivo e de patrimônio líquido dos proprietários (Higgins, 1977).

Não sendo sustentável, a empresa viverá uma situação de insolvência. A insolvência de uma empresa é altamente prejudicial não apenas ao dono, mas a todos os seus *stakeholders*. A empresa interessa aos empregados porque é sua fonte de subsistência e crescimento como pessoas; aos acionistas porque possibilita um retorno adequado aos riscos incorridos pelos capitais investidos de sua poupança; aos governos pela geração de impostos; e à sociedade pela produção de bens e serviços essenciais para o seu funcionamento como entidade econômica (Brasil et al., 2006).

A quebra de empresas traz consequências para a região ou país onde está localizada. A busca da sustentabilidade empresarial não significa que as empresas devam viver eternamente; porém, a distância entre a expectativa de vida média e máxima é ainda tão grande que se pode concluir que grande número de empresas tem morte precoce (Geus, 1998).

Entretanto, pode-se citar algumas empresas prósperas que continuam em funcionamento. Geus (1998) expõe como exemplo a Stora, uma empresa de capital aberto sueca, grande fabricante de papel, celulose e produtos químicos em atividade há mais de 700 anos. Outro exemplo é o grupo japonês Sumitomo, que teve sua origem em 1590 como fundição de cobre.

Em sua pesquisa, Geus (1998) também referencia que, no Reino Unido, há várias empresas longevas, dado que elas mantêm "sua própria associação comercial, o Tercentenarians Club, que só aceita empresas membros com mais de 300 anos de idade" (Geus, 1998, p. xix). Nesse sentido, o autor conclui que "exemplos como esses bastam para sugerir que o tempo médio de vida de uma empresa deveria ser de dois ou três séculos" (Geus, 1998, p. xvi).

Considerado aspecto de suma importância para as organizações se perpetuarem ao longo do tempo, a sustentabilidade organizacional precisa ser observada em todos os departamentos da empresa de maneira conjunta para que não haja destruição de valor na soma dos resultados. Neste capítulo, contudo, trata-se apenas da sustentabilidade financeira, a qual de certa maneira está presente em todos os setores organizacionais. Encontra-se a definição de sustentabilidade financeira como a "capacidade do prestacionista (credor) cobrir todos os seus custos, inclusive os de oportunidade e os de transação e ainda conseguir permanecer no mercado em longo prazo" (Dum et al., 1998 apud Fachini, 2005, p. 5).

Observa-se que a temática da sustentabilidade se baseia nas dimensões sociais, ambientais e econômicas. De maneira simplificada, essa visão tem como meta o desenvolvimento econômico aliado à preservação do meio ambiente e à atuação social.

SUSTENTABILIDADE CORPORATIVA

Nesta seção, encontra-se uma breve revisão bibliográfica a fim de se contextualizar o tema, o qual será dividido em insucesso corporativo e sustentabilidade empresarial. No primeiro item serão apresentadas definições relacionadas ao insucesso corporativo, assim como o prejuízo da falência de uma empresa para seus *stakeholders*: as razões de insucesso corporativo, ou seja, as diversas causas de falência das organizações, os fatores condicionantes do insucesso empresarial presentes nos modelos de previsão de insolvência (mostrando as variáveis financeiras que determinam a insolvência), o insucesso das micro e pequenas empresas, o perfil do insucesso das empresas brasileiras e as evidências relacionadas à mortalidade precoce delas. Na seção seguinte, expõe-se como a sustentabilidade é estruturada no âmbito organizacional, para que, a partir dessas dimensões, possa-se elaborar um modelo de sustentabilidade financeiro para as empresas.

Razões do insucesso corporativo

Uma empresa mais madura quase nunca desaparece de repente, pois esse não é um processo pontual – vai se insinuando no organismo da empresa ao longo das várias fases de sua vida, e existem inúmeras razões para que haja a falência de uma organização (Brasil et al., 2006). Na prática, todas as empresas importantes que quebraram poderiam ser descritas como modelos de como alcançar o sucesso. Contudo, não conseguiram prosperar ao longo do tempo (Clarke, Dean e Oliver, 1998, p. 5).

Os autores que estudaram o tema classificaram os fatores condicionantes do insucesso empresarial nas três fontes, a primeira delas relacionada ao próprio empreendedor. Fatores como experiência no ramo, nível educacional, idade, conhecimento gerencial e valores pessoais são as características mais citadas nos estudos levantados. Outros fatores, como ausência de planejamento, falhas na gestão, composição societária, tamanho da empresa, capacidade de inovação e estágio de desenvolvimento foram identificados como relacionados aos fatores ligados à empresa, constituindo outra fonte de insucesso.

Por fim, fatores externos, como condições econômicas, clientes e concorrência, setor e dimensão do mercado, acesso a financiamento, assessoria profissional, localização e legislação/carga tributária, estão relacionados às influências que ocorrem fora da empresa e não fazem parte da alçada de ação dos dirigentes, os quais dependem de variáveis e alterações mais complexas (Albuquerque e Escrivão, 2012).

Quadro 10.1 Fatores impactantes no insucesso empresarial

Fatores do empreendedor	Fatores da empresa	Fatores externos
Características do empreendedor	Planejamento formal	Condições econômicas
Experiência no ramo de atuação	Gestão das áreas da empresa	Clientes e concorrência
Nível educacional	Gestão da informação	Setor/dimensão do mercado
Idade	Composição societária	Acesso a financiamento
Conhecimento gerencial	Tamanho da empresa	Aconselhamento profissional
Valores	Capacidade de inovação	Localização
	Idade/estágio de desenvolvimento	Legislação/carga tributária
		Fraudes/transação entre empresas

Fonte: adaptado de Escrivão e Albuquerque (2012).

Análise dos fatores de insucesso empresarial relacionados ao empreendedor

Os fatores ligados ao empreendedor podem ser divididos em dois grupos: aqueles relacionados ao perfil individual e aqueles ligados à capacitação do empreendedor para a abertura e gestão do negócio, conforme apresentado no Quadro 10.2.

Quadro 10.2 Aspectos de insucesso ligados ao empreendedor

Perfil individual	Capacitação do empreendedor
1. Valores	1. Experiência gerencial
2. Baixa dedicação à empresa	2. Experiência no setor
3. Motivação/proatividade	3. Nível educacional
4. Disposição para o trabalho duro	4. Visão e/ou ideia do negócio
5. Imediatismo de resultados	5. Laços sociais
6. Persistência	6. Habilidades técnicas
7. Otimismo exagerado vs. autoconfiança	7. Liderança
8. Criatividade	8. Aversão ao risco
9. Compromisso com os outros	
10. Idade/gênero	

Fonte: adaptado de Escrivão e Albuquerque (2012).

Estudos relacionados ao impacto dos aspectos ligados ao empreendedor e aos resultados das empresas concordam que:

> Nesse sentido, percebe-se a relevância de estudos que busquem compreender as características comportamentais do indivíduo empreendedor, no intuito de contribuir para o entendimento de quais competências podem ser relacionadas aos empreendedores diante do sucesso ou fracasso de seus negócios. (Minello, Alves e Scherer, 2011, p. 2)

A compreensão do perfil do empreendedor permite a avaliação, a preparação e a alteração do comportamento para que o empreendedor desenvolva ao menos algumas dessas características e esteja preparado para assumir o empreendimento, pois:

> A relação entre perfil empreendedor e desempenho organizacional pode ser considerada como atestado da sua importância relativa no campo de estudo. Uma vez observado que determinadas características empreendedoras estão associadas ao desempenho das organizações, poder-se-ia orientar esforços no

sentido de promovê-las de forma mais consistente. (Schmidt e Bohnenberger, 2009, p. 456)

Se, por um lado, as características que formam o perfil do empreendedor são mais difíceis de mensurar e alterar (lado esquerdo do Quadro 10.2), por outro, diversos aspectos fazem parte da capacitação do empreendedor para o cargo, ligados diretamente à experiência, ao nível de conhecimento e às habilidades para planejar gerenciar, liderar e organizar a empresa.

Obviamente, não será válida a capacitação se o empreendedor não buscar desenvolver características como persistência, disposição e dedicação à empresa e ao trabalho. Dessa forma, tanto a capacitação como o perfil do empresário devem ser desenvolvidos e preparados anteriormente à abertura do negócio.

Análise dos fatores de insucesso relacionados à empresa

Além dos problemas ligados diretamente ao empreendedor, outros fatores ligados à empresa são razões para o insucesso do negócio. Essas razões foram divididas em dois grupos. O primeiro grupo está relacionado ao planejamento e à formação inicial da empresa, enquanto o segundo está ligado à gestão empresarial.

Um dos fatores mais citados na literatura é a capacidade de realizar o planejamento formal ou o plano de negócios do empreendimento, comprovado em praticamente todos os estudos citados. Observa-se que os empreendimentos com planejamentos formais conseguiram índice maior de sucesso. Já aqueles sem nenhum tipo de planejamento sucumbem antes de completar três anos, podendo ser considerado claramente que a ausência de planejamento é fator determinante para o fracasso empresarial (Dutra e Previdelli, 2005; Schmidt e Bohnenberger, 2009).

Também são apontados como fatores condicionantes de insucesso os aspectos relacionados à capacidade de gestão, tanto das áreas, da informação, dos negócios e projetos como das vendas e dos clientes. Todos esses fatores são apresentados no Quadro 10.3.

Quadro 10.3 Aspectos de insucesso ligados ao empreendedor

Planejamento e formação da empresa	Capacidade de gestão
Planejamento formal	Gestão das áreas da empresa
Composição societária	Gestão da informação
Tamanho da empresa	Desenvolvimento de negócios
Capacidade de inovação	Gestão de clientes
Idade/estágio de desenvolvimento	Gestão de vendas

Dessa forma, "faz-se necessário que os empresários de micro e pequenos negócios busquem maior capacitação gerencial, disponibilizando mais tempo e se preparando para empreender, tendo em vista o sucesso empresarial" (Dutra e Previdelli, 2003, p. 44).

Tendo em vista o impacto do planejamento no sucesso das empresas, o empreendedor deve realizar o plano de negócios antes dos procedimentos de abertura do negócio, ampliando as suas chances de sucesso.

Para o fator da composição societária, 44% dos empresários preferem não ter sócios, outros 31% preferem um membro da família, 21% preferem amigos e apenas 4% optaram por sociedade com vínculos profissionais (Ferreira e Santos, 2008).

Essa característica das MPEs é um fator de alerta, pois os autores revelam que as empresas que possuem apenas um tomador de decisão têm risco maior de insucesso que as empresas que são geridas por mais pessoas (Albuquerque e Escrivão, 2012; Dutra e Previdelli, 2003).

O fato é que as decisões tomadas por mais de uma pessoa, embora possam ser menos ágeis, trazem segurança e racionalidade às decisões. Dessa forma, é indicado que as empresas sejam abertas em sociedade, preferencialmente guiadas por vínculos profissionais.

No fator inovação, não é possível afirmar que haja relação significativa entre inovação e sucesso da organização (Schmidt e Bohnenberger, 2009). Apenas 4% dos empresários malsucedidos indicaram o processo de inovação como essencial (Ferreira e Santos, 2008).

A questão da inovação é levantada como mais influente no caso do fracasso de empresas franqueadas e que não possuíam a autonomia e a flexibilidade necessárias para adaptar e inovar em seus serviços e produtos aos seus clientes. Por outro lado, o investimento em pesquisa e desenvolvimento é um dos fatores condicionantes do insucesso, embora a dificuldade em obter financiamentos e investimentos das MPEs torne a iniciativa mais difícil. A melhor estratégia seria buscar evitar a obsolescência mediante técnicas de *benchmarking* e fomento público.

Após a análise, os fatores levantados na literatura são apresentados nas quatro principais áreas da administração, conforme exposto no Quadro 10.4.

Abdelsamad e Kindling (1978, p. 336) apresentam algumas causas de quebra de empresas que "não têm recebido atenção suficiente na literatura". Pode-se classificar essas causas como gerenciais ou comportamentais.

Quadro 10.4 Fatores condicionantes da mortalidade empresarial

Áreas funcionais	Fatores de mortalidade
Finanças	Falta de capital de giro
	Capital inicial limitado
	Falta de controle dos registros financeiros
	Flexibilidade financeira limitada
	Imobilização excessiva
	Custos fixos altos
	Falta de planejamento financeiro
Marketing	Ciclo de vida (declínio)
	Natureza do produto (intangível)
	Ponto de venda inadequado
	Falta de previsão de vendas
	Tratamento inadequado dos clientes
	Despreocupação com a imagem da empresa
	Comunicação ineficaz
	Adequação do *mix* de produtos
Recursos humanos	Dificuldade de atração/contratação e retenção
	Quadro de colaboradores limitado ou insuficiente
	Falta de treinamento/alta rotatividade
	Falta de avaliação de desempenho
	Falta de funcionários capacitados
Produção	Limitação de produção e expansão
	Composição inadequada de custos operacionais
	Falha no design do produto
	Baixa qualidade do produto
	Controle precário dos estoques
	Lentidão no desenvolvimento dos produtos
	Falta de investimento em pesquisa e desenvolvimento (P&D)

Excesso de otimismo

Os pequenos empresários costumam ser tão otimistas que não se notificam dos problemas a tempo de buscar uma solução. Dessa maneira, quando enfrenta nítida queda de vendas, o empresário acredita que se trata de algo passageiro e que as coisas vão melhorar. Esse empresário nunca espera encontrar problemas em seu planejamento.

É interessante que, ao elaborar o seu planejamento, o pequeno empresário considere três resultados possíveis: um otimista, um moderado (possivelmente o mais realista) e um pessimista. Deve também estudar as consequências de uma possível disparidade entre os fatos reais e o planejado.

Diretoria inadequada

Em toda empresa, seja pequena ou grande, sociedade limitada ou anônima, a diretoria é um órgão vital. Nesse departamento, pode-se concentrar os talentos que uma boa administração necessita; entretanto, muitos empresários cometem o erro de formar a diretoria com amigos, parentes e homens incondicionalmente obedientes. "Ainda que a harmonia seja importante e que a rebeldia sistemática seja negativa, um grupo de diretores submissos pode causar muito dano à organização" (Abdelsamad e Kindling, 1978, p. 337).

Para ser útil, uma diretoria deve contar com pessoas conhecedoras dos aspectos de produção, comércio, finanças e planejamento geral da empresa. Também é importante a presença de pessoas bem relacionadas com círculos financeiros e o mercado de capitais.

Nepotismo

Uma prática comum nas pequenas empresas é empregar parentes. Ainda que essa prática tenha muitas vantagens, desmoraliza os outros colaboradores que não pertencem à família do empreendedor, os quais têm a sensação de que os principais cargos estão reservados aos parentes do dono. A política de abertura de recursos humanos alheios à família aumenta a possibilidade de atrair colaboradores capacitados e que desejam ao mesmo tempo obter sucesso pessoal.

Se, de alguma forma, é necessária a incorporação de membros da família na empresa, eles devem ser competentes, disciplinados e tão empenhados quanto os demais funcionários para que sejam exemplos de comportamento e eficiência.

Incapacidade para delegar

O empreendedor não terá sucesso se não aprender a formar bons colaboradores e lhes conferir autoridade e responsabilidade. Dada a dificuldade para delegar funções, o dono desempenha várias atividades pessoalmente. Assim, o empresário se sobrecarrega de trabalho e os assuntos se acumulam à espera de decisões até o momento em que os clientes são mal atendidos, afetando a organização. Dessa maneira, a delegação de funções é essencial para a sobrevivência da empresa.

Para que uma empresa cresça, seu proprietário deve aprender a delegar. É impossível que ele desenvolva pessoalmente todas as atividades. Para conduzir com efetividade, o dono deve dedicar mais da metade do seu tempo a planejar as ações da empresa e criar sistemas e modelos de operação. As tarefas administrativas devem absorver a maior parte do seu trabalho, considerando que as funções rotineiras devem ser delegadas.

Negligência em formar colaboradores

Em razão de seu tamanho, uma pequena empresa não possui muitos funcionários para cada tipo de atividade. Esse fato a torna vulnerável. O problema se agrava porque o proprietário não dedica o seu tempo formando novos colaboradores. Dessa forma, quando morre ou sai um colaborador-chave da empresa, esta "passa por sérios problemas até que se consiga um substituto" (Abdelsamad e Kindling, 1978, p. 338).

Para determinar se a empresa está exposta ao perigo de não ter colaboradores substitutos para determinadas funções, o empresário deve planejar a hipótese da saída repentina de algum funcionário. Analisando todos os postos de trabalho e seus colaboradores, pode-se verificar onde há algum ponto fraco. Após a análise, deve-se formar imediatamente colaboradores para esses postos.

É verdade que há muitos custos para formar e preparar funcionários substitutos, porém frequentemente os benefícios dessa medida compensam o seu custo. Tal custo deve ser considerado como um seguro, cujo pagamento evita prejuízos muito maiores que podem acontecer com a saída de um colaborador-chave.

Incapacidade para reconhecer a natureza do próprio negócio

É indispensável que a direção e os funcionários da empresa compreendam claramente a finalidade dos negócios empreendidos. Para que a pequena empresa sobreviva, é necessário avaliar os bens e serviços que oferece ao mercado e identificar tanto os seus pontos fortes como os fracos. Muitas vezes, a razão para adquirir um produto de uma pequena empresa não consiste na condição de suas características serem únicas ou exclusivas, mas por dar ao cliente uma atenção especial, como, por exemplo, se seus pedidos são atendidos com pontualidade e os preços são competitivos. Uma pequena empresa de alimentos, por exemplo, não pode competir com uma cadeia de supermercados em termos de preços, porém a cordialidade e o tratamento diferenciado são as razões principais para que o pequeno empreendimento mereça ter muitos clientes.

O pequeno empresário deve se perguntar periodicamente o que os seus clientes compram e a intensidade com que a sua empresa satisfaz as necessidades deles. Pode ser muito útil utilizar breves questionários que permitam aos clientes avaliar o produto vendido e o serviço prestado, apontar o seu grau de satisfação e expor os principais motivos de seu vínculo com a empresa.

Subestimação dos efeitos econômicos

Certas empresas são intensamente afetadas pelas flutuações da economia, pois seus custos fixos são elevados e não dependem do volume da operação. "Quanto mais altos são esses custos, mais vulnerável é a empresa" (Abdelsamad e Kindling, 1978, p. 339). Se a maioria dos custos é variável, eles podem ser reduzidos quando diminuir a atividade.

Antes de adquirir ativos permanentes e expandir as operações, o empresário deve analisar os efeitos dessas decisões sobre os custos fixos e a rentabilidade em condições econômicas adversas.

Deixar-se absorver pelas tarefas agradáveis

Outro erro comum entre os proprietários/gerentes com formação técnica é concentrar-se nas tarefas de que mais gostam e ignorar ou esquecer-se das outras. Por exemplo: é provável que um empresário, dedicado anteriormente à pesquisa, dedique o seu tempo a um problema de investigação técnica, que interpreta como um desafio, e se esqueça de outros mais importantes para a condução da empresa.

Não é conveniente o dono de uma empresa atribuir atenção demasiada a uma área operacional e esquecer-se de outras. Todo especialista que se transforma em gerente de sua própria empresa deve conduzi-la com equilíbrio para aumentar suas probabilidades de sucesso.

Para não provocar o desequilíbrio, o pequeno empresário deve elaborar um breve registro diário de seu tempo. Uma vez por mês, precisa resumir e analisar o tempo dedicado a cada uma das áreas-chave da empresa. Deverá então perguntar-se qual delas absorveu mais tempo, se a destinação do tempo foi equilibrada, se é possível delegar alguns desses trabalhos e se dedicou demasiado tempo a sua especialidade.

Se o pequeno empresário não é capaz de deixar esse hábito de ser atraído pela área de sua maior experiência ou especialidade, é preciso que contrate alguém para a administração geral.

Falta de adaptação ao crescimento da empresa

"O sucesso tem os seus problemas" (Abdelsamad e Kindling, 1978, p. 340). Quando uma empresa cresce, o seu dono deve crescer com ela. Caso o dono esteja acostumado a ocupar-se pessoalmente de todos os assuntos, terá dificuldade porque, com o crescimento da empresa, já não poderá participar de todos os detalhes e terá que se conformar a delegar funções e conhecer menos detalhadamente o que ocorre na empresa.

Geralmente, o empresário é um especialista em disciplinas técnicas que não desenvolveu suas aptidões gerenciais. Essas aptidões adquirem importância muito maior à medida que a empresa cresce, tornando-se vitais. O proprietário deve ocupar-se cada vez menos das atividades operacionais e prestar atenção crescente no planejamento.

Com o crescimento, os problemas se multiplicam. Para abordar alguns dos novos problemas, os pequenos empresários podem assistir a palestras e cursos de organizações profissionais, assim como utilizar artigos de revistas técnicas especializadas.

O proprietário deve desenvolver suas aptidões e não cessar de aperfeiçoá--las. Deve informar-se sobre todos os aspectos do negócio e planejar as atividades da empresa para que esta esteja preparada para possíveis mudanças.

Má escolha de sócios

A escolha errada de sócios pode trazer consequências muito desagradáveis. Alguns empresários, na sua busca por conseguir capital, podem escolher sócios que não têm compatibilidade alguma. "Nos negócios, como no matrimônio, a má escolha é fonte de infortúnios" (Abdelsamad e Kindling, 1978, p. 340).

Os sócios são eleitos, entre outras razões, pelo capital ou pela experiência que podem aportar na empresa. Também é recomendável que o empresário analise suas próprias aptidões, determine suas carências e busque sócios capazes de supri-las.

Falta de disposição para o sacrifício

Poucas empresas podem crescer sem grandes sacrifícios de seus donos. Para ser patrão de si mesmo, a pessoa diariamente deve estar disposta a dedicar várias horas ao seu negócio. Deve renunciar a altos salários e a muitos finais de semana com a família. Por sua vez, esta deve apoiá-lo e privar-se de algumas comodidades pelo bem da empresa.

O empresário deve ser capaz de suportar, além de várias horas de trabalho, a solidão. Muitas vezes, o empreendedor tem em sua empresa poucos amigos para conversar e não pode confiar suficientemente em seus funcionários para conversar sobre todos os problemas da organização.

Falta de verificação dos resultados e ausência de medidas corretivas

Frequentemente, os pequenos empresários alegam falta de tempo para avaliar resultados. Essa omissão pode impedi-los de conhecer os problemas a tempo de programar estratégias a um custo razoável.

A análise financeira dos resultados, agregada à avaliação periódica dos progressos realizados, comparada com os planos estabelecidos, é um esforço necessário que pode servir de alerta. Essa coleta de dados também pode servir para estudos futuros relativos ao desenvolvimento da atividade. É importante sempre determinar a situação da empresa, comparar a realidade com o planejado e analisar os possíveis desvios.

De maneira sintética, as principais causas de insucesso das empresas no âmbito puramente financeiro são:

- Insuficiência de capital inicial e planejamento financeiro.
- Altas taxas de juros dificultando o acesso ao crédito.
- Alta carga tributária.
- Excessiva liberação de crédito e perdas com clientes insolventes.
- Retirada excessiva de capitais da empresa.
- Crescimento descontrolado – *overtrading*.
- Falta de capital de giro.

Observa-se que essas causas financeiras formam um círculo vicioso. Nessas condições, o empresário cria uma empresa sem planejamento financeiro e sem capital para seus projetos iniciais. Ao buscar crédito no mercado, ele se depara com altas taxas de juros, que muitas vezes inviabilizam o investimento, além de também enfrentar alta carga tributária, que prejudica a geração de valor. Com o objetivo de ganhar escala, o administrador libera crédito excessivo aos seus clientes, vendendo mais, porém se sujeitando a perdas com compradores insolventes. Outro problema possível é que, vendendo mais, o empresário considera que pode aumentar sua retirada da empresa, assim como expandir sua produção e atingir o *overtrading* – crescimento descontrolado por falta de capital de giro.

Além dessas causas financeiras, há também "entraves humanos ou comportamentais", os quais podem ser atribuídos às áreas de planejamento, marketing ou recursos humanos, que impactam negativamente na área financeira, como, por exemplo: competência na gestão empresarial, experiência no ramo, nível de escolaridade, sucessão, qualidade da relação com os *stakeholders*, falta de planejamento estratégico, assim como as características expostas por Abdelsamad e Kindling (1978): excesso de otimismo, diretoria inadequada, nepotismo etc.

Outro ponto que pode ser notado a partir dos itens anteriores, quando se trata dos entraves comportamentais, é a questão da sucessão e da liderança. A sucessão é um dos principais determinantes do fracasso. Embora o sucesso de uma empresa não dependa exclusivamente do líder, um mau gestor pode contundentemente gerar o fracasso da organização (Collins, 2010).

Para as empresas familiares, a sucessão se configura como um grande desafio, pois "a relação não se limita ao âmbito da gestão, mas abrange especialmente a esfera da propriedade e da influência da família na condução dos negócios" (Oliveira, Albuquerque e Pereira, 2013).

A sucessão é considerada um momento crítico nas empresas familiares, principalmente quando o processo não é bem planejado ou conduzido (Oliveira, Albuquerque e Pereira, 2013).

No entanto, o problema da sucessão não se limita às empresas familiares. É verdade que nesse tipo de organização existem maiores conflitos de interesse que vão além do interesse da empresa (Cançado et al., 2013), mas o cerne da questão está no processo sucessório do líder à frente da empresa, seja ela de qual tipo for, familiar ou não.

A condução do processo sucessório e de toda a estratégia desenhada pela empresa depende sobremaneira da capacidade do líder em transmitir e conduzir esse processo (Cançado et al., 2013; Oliveira, Albuquerque e Pereira, 2013).

A liderança é, portanto, contribuinte para a sustentabilidade financeira. Todas as empresas centenárias possuíram grandes líderes que souberam resgatar o sentido da existência da empresa e seguir adiante. A sustentabilidade depende de pessoas, equipes capacitadas, lideradas por gestores eficazes (Collins e Hansen, 2012).

Para a sustentabilidade, é importante que o líder seja capaz de construir uma excelência duradoura por meio da mistura paradoxal entre humildade pessoal e força de vontade baseada no profissionalismo (Collins, 2006).

A sucessão é fundamental, não apenas quanto ao principal executivo, mas quanto a todas as pessoas-chave, devendo ser entendida como um processo contínuo de gradual transferência de poder, no qual se busca garantir legitimidade ao sucessor.

> Nenhuma empresa pode aumentar a sua receita, de forma constante, mais rapidamente do que a sua capacidade de recrutar as pessoas certas em número suficiente para implementar esse crescimento e ainda se tornar uma empresa excelente. (Collins, 2006, p. 87)

Análise dos fatores de insucesso relacionados ao ambiente externo

Além dos fatores relacionados à gestão da empresa e do empreendedor, aspectos advindos do ambiente externo contribuem para a insolvência e o fracasso das empresas. Tendo em vista os principais fatores que contribuem para o fracasso, as empresas podem monitorá-los e criar estratégias para superação e sobrevivência nas adversidades.

Nesse contexto, o fracasso das empresas é advindo dos efeitos da política econômica e dos efeitos da contaminação (Contador, 1985). Dentro dessas esferas, a dificuldade de acesso a financiamentos e as ameaças do ambiente externo configuram-se como os principais condicionantes do fracasso (Fernando, Ferreira e Oliva, 2012).

Acrescentam-se, ainda, os seguintes fatores externos citados pelos empreendedores que fracassaram, conforme descrito por Fernando, Ferreira e Oliva (2012):

- Burocracia legal e fiscal.
- Elevada carga de tributos e impostos.
- Competição entre os concorrentes.
- Baixa demanda dos clientes.
- Falhas na cadeia (fornecedores, representantes, distribuidores e parceiros).

Considerando que as empresas que sobrevivem transcendem as mesmas dificuldades, os aspectos externos citados não podem ser considerados decisivos para a sustentabilidade das empresas.

Obviamente, as empresas precisam se preparar para superar as adversidades econômicas. Collins (2010) afirma que as empresas podem ser lucrativas e estarem falidas. O pagamento das contas depende de caixa, por isso as empresas que atravessam as crises possuem caixa, no mínimo, três vezes superior à média do mercado (Collins e Hansen, 2012).

Na verdade, o que realmente afeta as empresas e foge do controle e das decisões delas é o ambiente econômico, pois diversas formas de insolvência de empresas estavam relacionadas com variações na política macroeconômica. A taxa de insolvência na economia "está associada com a capacidade ociosa agregada, medida pelo hiato do PIB" (Contador, 1985, p. 19). Nesse contexto, empresas com maior eficiência produtiva e menores custos de produção conseguem superar o deslocamento da curva da demanda.

Dos fatores externos, são relevantes a taxa de juros da economia, o nível de oferta de crédito (tanto em excesso como na escassez) e o efeito de contaminação, na qual a insolvência das empresas afeta a cadeia (Contador, 1985).

Fatores condicionantes do insucesso empresarial presentes nos modelos de previsão de insolvência

Diversos modelos são utilizados para a previsão de insolvência, insucesso e falência de organizações. A intenção da análise dessa etapa foi absorver a formação dos principais modelos expostos para identificar os principais componentes financeiros que possuem relevância na previsão de insolvência.

Geralmente, acredita-se que, se uma empresa nunca for considerada insolvente, ela estará propensa a se perpetuar. Se a sua gestão for orientada para evitar a insolvência, será possível desenhar sua estratégia para evitar os riscos do insucesso financeiro, voltando-se para uma gestão financeira sustentável em longo prazo.

Para a limitação e adequação do estudo, são considerados como principais modelos todos aqueles citados nos periódicos brasileiros na área de administração, com acervo *on-line* e que possuíam as melhores classificações em novembro de 2013, conforme critérios de avaliação da Coordenação de Aperfeiçoamento de Pessoal de Nível Superior (Capes), conforme estrato do portal Webqualis (2013).

O objetivo dessa extração foi obter apenas material com a melhor qualidade disponível e com reconhecida validade científica acadêmica. Sendo assim, a melhor avaliação encontrada para um periódico brasileiro de administração é o estrato A2, compondo, portanto, a base de dados dessa etapa da pesquisa. Foram realizadas pesquisas em todas as revistas de estrato A2, com acervo *on-line* que retornaram as buscas para as palavras-chave insolvência, falência e solvência.

É válido destacar que, como o intuito foi encontrar modelos que sejam válidos para as empresas de maneira geral, foram excluídos os modelos destinados às análises de bancos, cooperativas e seguradoras, por possuírem características específicas e seguirem legislações exclusivas.

Investigaram-se então as duas principais variáveis em cada um desses modelos de insolvência descritos na base selecionada. A técnica utilizada foi a de categorização, definida como a "operação de classificação de elementos constitutivos de um conjunto por diferenciação e, em seguida, por reagrupamento segundo critérios previamente definidos" (Bardin, 2011, p. 147).

Segundo Bardin (2011), o processo de categorização consiste basicamente em duas etapas:

- Inventário: processo de isolamento das variáveis.
- Análise e classificação: os elementos são reagrupados conforme critérios estabelecidos.

O processo de inventário consistiu em interpretar os modelos de insolvência e destacar as duas variáveis com maior peso que compõem cada um deles. A variável com maior peso foi denominada variável principal, e a segunda com maior peso foi chamada de variável relevante.

Já o processo de reorganização consistiu em realocar as variáveis selecionadas em uma das vertentes do modelo E2S, proposto por Matias (2009). O modelo compreende os principais grupos de indicadores, como os de liquidez, rentabilidade, endividamento e giro. O modelo E2S é um modelo sistemático de indicadores descrito em seis subgrupos, conforme apresentado no Quadro 10.5 (Matias, 2009).

Quadro 10.5 Modelo E2S de análise financeira

Categoria funcional	Subgrupos
Estratégia	Captação de recursos
	Aplicação de recursos
Eficiência	Receita e despesas
	Rentabilidade
Solvência	Liquidez
	Gestão do capital de giro

Fonte: adaptado de Matias (2009).

Ao seguir a metodologia descrita, assegurou-se que os principais modelos brasileiros e estrangeiros, citados por pelo menos dois estudos da literatura nacional, estivessem destacados e analisados neste capítulo.

Os modelos de previsão de insolvência que não tiveram duas citações, mas foram publicados em um dos periódicos descritos, também foram selecionados, em razão da credibilidade das revisões realizadas por esses periódicos.

Seguindo essa metodologia, pôde-se estabelecer o protocolo de pesquisa descrito no Quadro 10.6.

Quadro 10.6 Protocolo de pesquisa para análise de conteúdo dos modelos de previsão de insolvência.

Pergunta para a revisão	Quais as duas variáveis com maior peso nos modelos de insolvência citados nos principais periódicos brasileiros de administração?
Seleção da amostra	Todos os modelos de previsão de insolvência citados por pelo menos dois estudos publicados nos principais periódicos brasileiros de administração, com acervo *on-line*
Palavras-chave	Insolvência, falência e solvência
Fator de exclusão	Modelos de insolvência aplicados a bancos, seguradoras e cooperativas
Banco de dados	Periódicos com acervo *on-line* com o maior extrato conforme a classificação da Capes (A2)
Inventário	Variável principal (maior peso)
	Variável relevante (segundo maior peso)
Classificação/reorganização	Modelo E2S — Captação / Rentabilidade / Aplicação / Liquidez / Receitas e despesas / Gestão do CG
Tipo de publicação	Artigos científicos
Período	Até novembro de 2013

Fonte: adaptado de Bardin (2011).

Retirando-se os modelos de previsão de insolvência em bancos, cooperativas e seguradoras, foram obtidos 25 modelos de previsão de insolvência, considerados nessa pesquisa como os mais influentes na literatura brasileira.

O esforço desse levantamento foi para extrair os dois indicadores financeiros, com maior peso na fórmula de cada modelo, e reagrupá-los nas subcategorias do modelo E2S, conforme metodologia exposta por Matias (2009).

Os resultados das análises permitiram concluir que os indicadores de captação (endividamento) e os de rentabilidade são os dois principais indicadores. As classificações e detalhes das análises são descritas a seguir.

A análise em profundidade dos 50 artigos disponíveis revelou que existem 94 modelos diferentes de previsão de insolvência utilizados no referencial desses artigos. Esse primeiro resultado foi lapidado mediante os cortes metodológicos descritos para selecionar a amostra considerada válida para essa pesquisa.

Foram então selecionados os 24 modelos com mais de duas citações ou publicados nas revistas com estrato A2 em agosto de 2013. Foi incluído também o modelo de Guimarães e Moreira (2008), por terem contribuído com o tema, mas ainda não citado nas revistas descritas. Portanto, considerou-se o total de 25 modelos de previsão de insolvência influentes na literatura brasileira para a análise e extração de seus indicadores.

As duas variáveis com maior peso em cada um dos modelos foram segregadas e reagrupadas em um dos seis subgrupos do modelo de análise financeira E2S de Matias (2009), seguindo a técnica de categorização descrita por Bardin (2011), e são apresentadas no Quadro 10.7.

Quadro 10.7 Principais variáveis de indicadores financeiros em cada modelo apresentado

N°	Modelo	Variável principal	Categoria (E2S)	Variável relevante	Categoria (E2S)
1	Patrick (1932)	PL/PT	Captação	LL/PL	Rentabilidade
2	Smith e Winakor (1935)	CG/AT	Capital de giro	Não possui	Não possui
3	Tamari (s/d)	Lucro	Rentabilidade	PL/PT	Captação
4	Beaver (1966)	FC/PT	Liquidez	Não possui	Não possui
5	Altman (1968)	Lajir/AT	Rentabilidade	LR/AT	Captação
6	Deakin (1972)	DT/PT	Captação	CG/AT	Capital de giro
7	Kanitz (1974)	(AC – estoques/PC)	Liquidez	(AC + ARP)/ (PC + ELP)	Liquidez
8	Elizabetsky (1976)	LL/VL	Rentabilidade	Estoques/AT	Aplicação

(continua)

Quadro 10.7 Principais variáveis de indicadores financeiros em cada modelo apresentado *(continuação)*

N°	Modelo	Variável principal	Categoria (E2S)	Variável relevante	Categoria (E2S)
9	Matias (1978)	PL/At	Captação	Disponível/At	Liquidez
10	Altman, Halderman e Narayanan (1977)	Lajir/At	Rentabilidade	LR/PT	Captação
11	Modelo de Altman, Baidya e Dias (1979)	Lajir/At	Rentabilidade	(PL - CSA)/AT	Captação
12	Ohlson (1980)	DT/PT	Captação	A/C	Capital de giro
13	Silva (1982; 1983) – indústria	Estoques/CMV	Giro de estoques	AC/PC	Liquidez
	Silva (1982; 1983) – comércio	(AC – disponível – PC + EB + duplicatas descontadas)/vendas	Liquidez	LR/AT	Aplicação
14	Kasznar (1986)	CG/AT	Capital de giro	PL/PT	Captação
15	Santos (1996)	PL/PT	Captação	(AC/PC)/(AC/PC setorial)	Liquidez
16	Sanvicente e Minardi (1998)	(LO + RF)/AT	Rentabilidade	CG/AT	Capital de giro
17	Scarpel e Milioni (2001)	LL/AT	Rentabilidade	PL/PT	Captação
18	Minussi, Damacena e Ness Jr. (2002)	Estoques/CMV	Giro de estoques	ST/VL	Liquidez
19	Martins (2003)	PF/AC	Captação	LL/PL	Rentabilidade
20	Antunes, Corrar e Kato (2004)	PT/PL	Captação	LL/vendas	Rentabilidade
21	Pereira e Ness Jr. (2004)	DF/PT	Despesas	FCO/PC	Liquidez
22	Martins e Galli (2007)	PF/AC	Captação	LL/PL	Rentabilidade
23	Onusic, Casa Nova e Almeida (2007)	LL/AT	Rentabilidade	PL/PT	Captação
24	Brito e Assaf Neto (2008)	PF/AT	Captação	CGL/AT	Capital de giro
25	Guimarães e Moreira (2008)	Lajir/(PC + ELP)	Rentabilidade	(PC + ELP)/PL	Captação

Observamos que os indicadores de rentabilidade e captação estão presentes em 18 estudos como a principal variável utilizada, enquanto os indicadores de liquidez aparecem em apenas quatro modelos como a principal variável.

Notamos que apenas três modelos utilizaram a liquidez como fator principal. Embora a liquidez apareça na maioria dos modelos, ela não é fator condicionante para o fracasso das empresas (Bellovary, Giacomino e Akers, 2007; Brito e Assaf Neto, 2008; Kanitz, 1974, 1978, 1980; Sanvicente e Minardi, 1998; Silva, 1983).

Essa observação é condizente com a afirmação de Kanitz (1978) de que a liquidez não é aspecto dramático na insolvência das empresas. Por outro lado, verifica-se que as empresas que não conseguem obter rentabilidade são penalizadas e consideradas insolventes.

Dessa percepção é possível extrair dois importantes pilares para a sustentabilidade financeira: a rentabilidade e o endividamento. A menor alavancagem financeira e a capacidade de gerar lucro são fatores que contribuem para a perpetuidade das empresas.

Embora o lucro em si não seja especificamente uma medida de geração de valor, os dois principais modelos de avaliação de empresas, o método de fluxo de caixa descontado (DFC) e o valor econômico agregado (EVA®), são realizados com base na rentabilidade, a partir da capacidade de geração de resultados operacionais na projeção dos próximos períodos (Copeland, Koller e Murrin, 2002).

Ainda podemos notar que os indicadores de gestão de capital de giro não foram tão presentes nos modelos, embora haja uma relação direta entre os indicadores de liquidez e os indicadores de capital de giro.

Os indicadores de aplicação também não se mostraram relevantes nos modelos. Embora os estudos de Matias, Rosifini e Corrêa (2004) tenham revelado que as empresas de sucesso possuem menor aplicação em imobilizado, eles aparecem em alguns modelos de insolvência, mas não estão entre os dois indicadores com maiores pesos nas fórmulas.

O fato de os indicadores de endividamento serem destacados nos modelos corrobora o resultado de outros 165 modelos de insolvência desenvolvidos na Europa, Ásia e América do Norte. Em 56 desses modelos, a principal variável era o endividamento (Bellovary, Giacomino e Akers, 2007).

Ao analisar as variáveis com o segundo maior peso nos modelos, percebe-se que a captação (endividamento) é a mais utilizada. Em sete dos modelos analisados, os indicadores de captação representam a variável relevante.

Dessa forma, conclui-se que a rentabilidade e a captação são os dois principais fatores que influenciam no fracasso das empresas. Pela lógica inversa, para que uma empresa seja sustentável financeiramente é importante orientar a sua gestão para evitar alto endividamento (especialmente financeiro) e baixa (ou nenhuma) rentabilidade. Ou seja: uma empresa sustentável financeiramente deve ser rentável e capitalizada.

Insucesso corporativo das micro e pequenas empresas

Segundo dados do Serviço Brasileiro de Apoio às Micro e Pequenas Empresas (Sebrae, 2011), cerca de 1,2 milhão de empresas formais são abertas por ano no Brasil. Desse total, 99% são micro/pequenas empresas, as quais são responsáveis por cerca de 70% da ocupação de mão de obra e de 20% de todo o Produto Interno Bruto (PIB) do Brasil.

De acordo com a classificação do BNDES (2011), pela Circular n. 34/2011 emitida pelo banco, esse grupo de empresas são empreendimentos compreendidos com faturamento inferior a R$ 16 milhões por ano. O Sebrae (2011), por sua vez, classifica as empresas de acordo com o número de funcionários, e a Lei do Simples Nacional, destinada às pequenas empresas, abrange empresas com faturamento de até R$ 3,6 milhões por ano, conforme o Quadro 10.8.

Quadro 10.8 Classificação da empresa quanto ao porte

Instituição	Microempresa		Pequena empresa	
	Setor	Número de funcionários	Setor	Número de funcionários
Sebrae	Indústria e construção civil	Até 19 empregados	Indústria e construção civil	20-99 empregados
	Comércio e serviços	Até 9 empregados	Comércio e serviços	10-49 empregados
Simples Nacional	Tipo jurídico	Faturamento anual	Tipo jurídico	Faturamento anual
	Microempresa (ME)	Até R$ 360 mil	Empresa de pequeno porte (EPP)	De R$ 360.000,01 a R$ 3,6 milhões

Fonte: Pinto (2011) e Sebrae (2011).

As diferenças de classificação ocorrem pela finalidade de relacionamento entre essas instituições e as empresas, sendo o Sebrae responsável por auxiliar a gestão das empresas, o Simples Nacional por oferecer amparo jurídico e tributário e o BNDES por prover recursos financeiros (Pereira e Souza, 2008).

Seguindo a classificação e as informações do Sebrae, salta aos olhos a importância econômica desse enorme grupo de empresas, porém há um descompasso entre a criação e a taxa de encerramento dessas empresas, demonstrando a grande vulnerabilidade desse grupo e a forte tendência ao encerramento das atividades, especialmente nos primeiros cinco anos de vida (Machado e Espinha, 2005).

Essa vulnerabilidade é fonte de diversos estudos em razão da importância das empresas para a sociedade e o desenvolvimento do país. O insucesso empresarial não afeta apenas o dono, mas também é prejudicial a todos os *stakeholders* e à sociedade em geral (Matias, 2009).

Como exemplo da dimensão do prejuízo que o insucesso desse grupo gera na economia, só na capital paulista 84 mil empresas encerraram as atividades em 2008, gerando a redução de 348 mil ocupações e a perda de R$ 19,6 bilhões, montante equivalente a cerca de 15% da arrecadação tributária total do estado de São Paulo (Sebrae, 2008).

Outro exemplo das perdas causadas pelo insucesso das pequenas empresas foi revelado no estudo dos fatores da mortalidade empresarial realizado em Tocantins, no qual a Fundação Universidade de Brasília (Fubra) calculou que houve o encerramento de 9.732 empresas nos quatro anos de monitoramento do estudo, levando à dispensa de 52.260 pessoas, ampliando os índices de desemprego e elevando a participação da economia informal (Fubra, 2006).

A análise para todo o território nacional indica que 73% das empresas sobrevivem no primeiro ano, mas apenas 42% delas completaram cinco anos de atividades (Sebrae, 2011).

Dessa forma, o insucesso empresarial afeta negativamente o desenvolvimento econômico do país, resultando em perdas de empregos, taxas, impostos e desenvolvimento social. Justamente por isso é inegável que a existência das micro e pequenas empresas é um dos principais pilares da economia, uma vez que esse segmento é o maior gerador de empregos e renda do país.

Seguindo essa linha de pensamento, os países em desenvolvimento necessitam desse grupo de empresas para gerar renda, empregos e possibilitar ao país alcançar nível de posicionamento estratégico frente às economias internacionais (Lima, Filardi e Lopes, 2010). Por isso, há necessidade de mobilização pública e governamental para o estímulo do segmento (Pandolfo e Veloso, 2000).

Embora seja comprovada a relevância desse grupo de empresas para o desenvolvimento econômico, os autores são uníssonos na avaliação de que o tema é carente de publicações, embora diversos estudos já tenham sido apresentados em congressos e simpósios na área de administração.

Em relação à quantidade e qualidade dos estudos sobre o assunto, os Estados Unidos estão à frente nas pesquisas metodológicas sobre a mortalidade das pequenas e médias empresas, enquanto no Brasil há uma grande defasagem nesse tipo de pesquisa (Albuquerque e Escrivão, 2012; Fernando, Ferreira e Oliva, 2012; Lima, Filardi e Lopes, 2010; Machado e Espinha, 2010; Neves e Pessoa, 2006; Pauli e Cruz, 2005).

Faltam estudos, especialmente relacionados às características empreendedoras das empresas fracassadas ou bem-sucedidas. Certamente ainda há uma lacuna nessa área que deve ser suprida com o desenvolvimento de pesquisas científicas (Grapeggia et al., 2011).

Compreender as motivações do insucesso de pequenas e médias empresas é de grande contribuição para gestores e empresários, pois todos buscam o desenvolvimento do negócio para que obtenham êxito, seja rentável e satisfatório (Neves e Pessoa, 2006).

Além da importância para o próprio empreendedor, a sobrevivência das empresas contribui diretamente para o desenvolvimento da economia. Proporcionar o desenvolvimento com robustez econômica e menor desigualdade social justifica as ações de apoio às micro e pequenas empresas.

No Japão, já em 1947, por exemplo, foram criadas medidas de incentivo ao crédito para as pequenas e médias empresas, entre outras medidas. Praticamente na mesma época, a Itália deu início às políticas de incentivo às MPEs, passando a atingir o patamar de 70% da composição do PIB daquele país (Lethbridge, 1997).

Por outro lado, no Brasil, as discussões sobre a necessidade de apoio aos empreendedores iniciaram em meados de 1970, mas apenas após a década de 1980 é que de fato o país passou a fomentar ações de apoio ao empreendedor. Foi na década de 1990 que o Sebrae começou a acompanhar e divulgar estudos periódicos sobre os fatores condicionantes e índices de mortalidade desse grupo de empresas no Brasil e em algumas sub-regiões.

Entretanto, a primeira referência citada na literatura brasileira sobre mortalidade empresarial foi o estudo entre a mortalidade de novos empreendimentos de base tecnológica nos Estados Unidos, comparando os resultados da década de 1960 com os da década de 1980 (Bruno e Leidecker, 1988).

Na década de 1990, alguns estudos iniciam a literatura brasileira, dentre os quais se destacam as pesquisas teóricas realizadas por Azevedo (1994) e Pereira e Santos (1995), com este último apresentando os fatores divididos em aspectos técnicos, operacionais, financeiros, mercadológicos e jurídicos organizacionais.

Entretanto, apenas na década seguinte, Pandolfo e Veloso (2000) publicaram um estudo empírico sobre a causa da mortalidade em empresas brasileiras, realizado no município de Passo Fundo (RS), sendo um dos primeiros estudos científicos na área com a aplicação da pesquisa de campo. Nele, os autores identificaram alguns fatores comuns de mortalidade, nos quais estavam a política e o ambiente econômico recessivo, considerando assim os fatores externos como determinantes no fracasso (Pandolfo e Veloso, 2000).

No entanto, também deixaram a lacuna para discutir as causas do sucesso para as empresas sobreviventes, uma vez que elas estavam no mesmo ambiente. Ou seja, o estudo poderia se expandir para a compreensão do motivo de algumas empresas prosperarem e outras fracassarem. Dessa forma, não seria possível concluir exatamente que a causa da mortalidade tenha realmente sido pelos fatores apontados, sendo necessário um teste mais aprimorado para a validação da hipótese.

No ano seguinte, Viapiana (2001) também realizou um estudo similar nas empresas de Passo Fundo (RJ), mas dessa vez utilizando informações de 89 empresas participantes do Programa Proger, restringindo-se às causas da mortalidade, mas expandindo a análise para as características dos dirigentes, relacionando o fracasso com as práticas de gestão dos administradores.

A partir de então, outros estudos passam a abordar especificamente o perfil do empreendedor e os resultados das pequenas empresas. Dutra e Previdelli (2003) foram dos primeiros brasileiros a fazerem essa relação direta específica entre os resultados da organização e as características do gestor ao avaliarem o perfil socioeconômico do empreendedor, entre 1995 e 2000, no município de Londrina (PR).

A grande contribuição desse estudo é o levantamento das ações empreendedoras históricas do Brasil e a separação em três dimensões de fatores influentes no insucesso empresarial relacionados à gestão, ao perfil do empresário e ao sucesso empresarial.

Posteriormente, novamente Dutra e Previdelli (2005) fazem outro estudo dos fatores condicionantes de mortalidades nas MPEs do município de Londrina, trazendo uma rica contribuição ao levantarem o histórico e apresentarem a revisão das ações em prol das MPEs em âmbitos político, social e econômico.

Ferreira e Santos (2008) fizeram uma análise da mortalidade de micro e pequenas empresas na cidade de São Paulo, na qual foram realizados testes de hipóteses para avaliar se os 16 fatores condicionantes apontados nas pesquisas do Sebrae de fato se aplicavam às empresas paulistas, realizando o agrupamento nas três dimensões utilizadas por Dutra e Previdelli (2003).

Bonacin et al. (2009), assim como eles, elaboraram um estudo sobre os fatores condicionantes da mortalidade das empresas em Ituverava (SP), no qual realizaram entrevistas e técnicas de grupo focal com nove empresários, apontando falta de planejamento, escassez de linhas de crédito, baixa demanda por seus produtos e serviços, além da carga tributária como os principais fatores condicionantes do insucesso empresarial. Entre as contribuições desse estudo está a apresentação de sugestões para combater esses fatores, sendo duas as principais: o estímulo à criação de capital social e de incubadoras capazes de dar suporte aos empreendimentos.

Dois outros estudos são frequentemente citados nas referências desse campo de estudo. O primeiro é o estudo realizado por Neves e Pessoa (2006), que apresenta as causas do fechamento das empresas localizadas em um shopping de uma capital nordestina: a ausência de plano de negócios, o planejamento de marketing, a insatisfação dos lojistas e a falta de *mix* de produtos. O segundo, desenvolvido por Pereira e Souza (2008), analisa os fatores de mortalidade nas MPEs pertencentes exclusivamente ao setor de serviços e avalia que as principais causas estavam relacionadas às falhas gerenciais, fatores econômicos, falta de conhecimento de mercado e despesas superiores à capacidade de financiamento das empresas.

Por fim, Albuquerque e Escrivão (2012) apresentam uma rica revisão bibliográfica na qual concluem com uma visão geral do tema mortalidade de pequenas empresas e identificam os principais fatores de mortalidade presentes na literatura especializada na área. O estudo foi apresentado no Encontro de Estudos sobre Empreendedorismo e Gestão de Pequenas Empresas (VII Egepe) e avaliou 30 obras nacionais e internacionais desde 1990 até 2011.

Com a contribuição dessa revisão, pretende-se extrair os fatores apresentados e tratá-los nos tópicos seguintes deste estudo com as sugestões de ações para inibir os fatores condicionantes da mortalidade empresarial, expondo um breve modelo sugestivo de práticas de gestão empresarial.

No Quadro 10.9 são apresentados os principais estudos desta seção.

Quadro 10.9 Revisão bibliográfica das principais produções brasileiras

Autores	Método	Contribuição
Pandolfo e Veloso (2000)	Entrevistas e questionários	Levantam os fatores relacionados ao ambiente externo (político e econômico)
Viapiana (2001)	Entrevistas e questionários	Relaciona os fatores de fracasso com as práticas de gestão e características dos administradores
Dutra e Previdelli (2003)	Ferramentas de análises estatísticas	Analisam o perfil socioeconômico do empreendedor, levantam as ações históricas de empreendedorismo e apresentam três dimensões impactantes no insucesso empresarial
Dutra e Previdelli (2005)	Pesquisa quantitativa descritiva	Analisam os fatores de mortalidade em Londrina (PR) e trazem uma revisão das ações em prol dessas empresas em âmbitos político e histórico

(continua)

Quadro 10.9 Revisão bibliográfica das principais produções brasileiras *(continuação)*

Autores	Método	Contribuição
Machado e Espinha (2005)	Reflexões sobre outros estudos	Contestam e ampliam o debate sobre o fracasso das MPES
Fernando, Ferreira e Oliva (2012); Ferreira e Santos (2005); Lima, Filardi e Lopes (2010)	Teste de hipóteses e análise quantitativa	Agrupam os fatores em externos, do empreendimento e do empreendedor, e testam 16 hipóteses para o insucesso empresarial
Pauli e Cruz (2005)	Pesquisa exploratória	Identificam e avaliam as causas da mortalidade das MPEs do Paraná
Xavier et al. (2008)	Pesquisa exploratória	Analisam os fatores de mortalidade das MPEs da cidade de Vitória da Conquista (BA) e incluem aspectos ambientais nesses fatores
Lima, Filardi e Lopes (2010)	Pesquisa quantitativa descritiva	Contribuem para o desenvolvimento de um modelo para previsão de riscos de mortalidade das MPEs
Bonacin et al. (2009)	Pesquisa exploratória – grupo focal	Realizam um estudo com nove empresários e sugerem a criação de incubadoras para o desenvolvimento de capital social regional
Neves e Pessoa (2006); Pereira e Souza (2008)	Pesquisa exploratória	Identificam e avaliam os fatores impactantes no insucesso nas empresas do setor de serviços e de um shopping
Albuquerque e Escrivão (2012)	Revisão bibliográfica	Fazem o levantamento dos fatores condicionantes da mortalidade empresarial presente na literatura entre 1990 e 2010

Perfil do insucesso das empresas brasileiras

A partir do *ranking* das 500 Melhores e Maiores da revista *Exame*, Brasil et al. (2006) constataram que desde 1973 (primeira edição da revista) apenas 23,4% (117) das empresas se mantiveram no *ranking* até 2005 – "36,5% foram adquiridas por outras corporações, 10,3% faliram e 12,4% fecharam, enquanto que 9,9% foram privatizadas e 9% passaram por processo de fusão" (Brasil et al., 2006, p. 38). A Figura 10.1 apresenta a distribuição das empresas que saíram do *ranking*.

Figura 10.1 Empresas (383) que saíram do *ranking* Melhores e Maiores da revista *Exame* entre 1973 e 2005.

Fonte: adaptada de Brasil et al. (2006).

Matias (1992), em seu estudo sobre empresas concordatárias, apresenta a tabulação de algumas de suas características. Os resultados obtidos são apresentados na Tabela 10.1.

Tabela 10.1 Insolvência por faixa de idade

Idade	Número de empresas	Frequência
Até 3 anos	59	12,4%
De 3 a 6 anos	104	21,9%
De 6 a 9 anos	66	13,9%
De 9 a 12 anos	49	10,3%
De 12 a 15 anos	40	8,4%
De 15 a 18 anos	25	5,3%
De 18 a 21 anos	17	3,6%
De 21 a 24 anos	18	3,8%
De 24 a 27 anos	15	3,2%
De 27 a 30 anos	15	3,2%
De 30 a 33 anos	13	2,7%
De 33 a 36 anos	6	1,3%
De 36 a 39 anos	6	1,3%
Acima de 39 anos	42	8,8%

Fonte: adaptada de Matias (1992).

Uma evidência internacional que merece ser investigada é a relação entre fechamento e idade. Por exemplo, Evans (1987) apud Najberg et al. (2000), ao estudar 100 setores da indústria americana no período 1976-1980, encontrou relação positiva entre sobrevivência de firmas e idade para 83% dos setores. Conforme verificado, a taxa de sobrevivência cai mais fortemente nos primeiros anos de existência da firma. Corroborando essa verificação, um estudo do BNDES (2002) constatou que, dentre as firmas surgidas em 1996, apenas 82% permaneceram em atividade em 1997, enquanto 90% daquelas que se mantiveram em atividade até 1999 continuaram vivas em 2000. Esse resultado indica que, nos primeiros anos de existência, as dificuldades de uma firma são maiores. Passado esse período, as firmas adquirem maior experiência no seu ramo de atividade e têm seus produtos testados e aprovados pelo mercado. Ou seja, as incertezas sobre a viabilidade econômica dessas firmas se reduzem com o tempo.

Após 40 anos de abertura da empresa a porcentagem de mortalidade aumenta. Esse fato pode ser atribuído à troca gerencial, ou seja, ao processo sucessório mal planejado. Um estudo realizado nos Estados Unidos mostra que 80% das empresas familiares não ultrapassam a primeira geração. Apenas 20% sobreviveram ao primeiro impacto entre gerações e, dessas sobreviventes, 3% cresceram e progrediram, 3% estagnaram e 7% diminuíram o seu patrimônio na segunda ou terceira geração. Do total de 80% das empresas que não sobreviveram, 33% deixaram de existir antes de completarem 30 anos e 35% deixaram de existir antes de 60 anos de história. Ou seja, desapareceram na primeira ou na segunda geração familiar (Ward, 1987 apud Werner, 2004, p. 43). Analisando esses dados, Werner (2004) afirma que os números americanos são similares aos percentuais brasileiros.

Werner (2004) aponta também que um dos principais motivos de quebra das empresas é o despreparo dos sucessores. Alguns receberam treinamento e atenção, "mas simplesmente não foram capazes de aplicar o que aprenderam na condução prática dos negócios" (Werner, 2004, p. 44). O autor complementa expondo que "a sucessão requer alguém capaz de assumir, mas nem sempre é assim que acontece. A grande realidade dos sucessores atualmente no Brasil e no mundo mostra o pouco preparo para assumir a direção e suceder ao líder anterior" (Werner, 2004, p. 46).

Lansberg (1988) alerta corroborando que "a falta de planejamento sucessório tem sido identificada como uma das mais importantes razões de falência das empresas familiares que estão na primeira geração, as quais não sobrevivem após a saída do seu fundador" (Lansberg, 1988, p. 119). O planejamento sucessório consiste na organização necessária para assegurar a harmonia da família e a continuidade da empresa pela próxima geração. Essa organização deve ser pensada em termos das necessidades futuras da empresa e da família

(Lansberg, 1988, p. 120). Sendo assim, o planejamento da sucessão é vital para a continuidade das empresas.

Em empresas familiares, o problema da sucessão e continuidade é de grande significância. Beckhard e Dyer (1983) apud Lansberg (1988) apontam que aproximadamente 70% das empresas familiares são vendidas ou quebram após a morte ou saída dos fundadores. Um motivo para o despreparo dos sucessores é a escassez de tempo do empreendedor para essa tarefa, pois ele se preocupa com os negócios da empresa e não com a formação dos herdeiros. Entretanto, Werner (2004, p. 44) explica "que empreendedores de sucesso no processo de transição são aqueles que consideram essencial o treinamento de seus herdeiros e de sua equipe".

Bernhoeft e Gallo (2003) apontam que a tentativa de manutenção do poder, principalmente em empresas familiares, é uma grande tentação para o gestor, o qual não deseja deixar o seu cargo. Nesse sentido, o gestor atua com o objetivo de "atrasar a sucessão" e prolongar a sua permanência na empresa. A Figura 10.2 esquematiza essa situação.

A partir da meta de "atrasar a sucessão" (1), o gestor não incorpora dirigentes capazes e não desenvolve sucessores que efetivamente se destacam por suas qualidades, mantendo assim uma "organização sem forças" (2), que, como possui poucos talentos diretivos, não se anima a criticar nem consegue duvidar dos talentos de seu "chefe". Para que essa situação de omissão de "crítica" por parte dos colaboradores da empresa permaneça estável durante algum tempo, a estratégia da organização tem de ser uma "estratégia sem desafio" (3), tanto para os dirigentes como para os membros da organização, uma estratégia de continuidade para que os talentos da organização e dos dirigentes não sejam

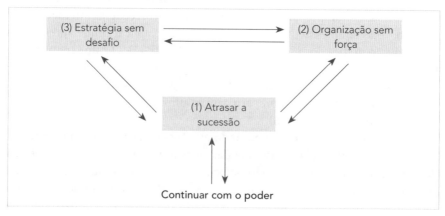

Figura 10.2   Continuar com o poder.
Fonte: Bernhoeft e Gallo (2003).

colocados à prova e se evidencie a necessidade de uma sucessão e de uma mudança na organização.

Bernhoeft e Gallo (2003, p. 98) concluem afirmando que "esses três elementos – estratégia sem desafio, organização sem força e atraso na sucessão – apoiam-se entre si com relações de causa e efeito que, caso continuem, trarão danos à continuidade da empresa".

Pode-se observar, por meio da Tabela 10.2, que o número de empresas concordatárias diminui em função da faixa de vendas ou porte. De acordo com Najberg et al. (2000 p. 35), "diversos estudos comprovam que a taxa de mortalidade se reduz com o porte e a idade do estabelecimento, resultados que se mantêm para diferentes países e períodos de análise". No tocante às evidências de menor mortalidade das unidades de grande porte e daquelas vinculadas a outros estabelecimentos, Nucci (1999) apud Najberg et al. (2000) aponta que esses resultados se justificam se as variáveis porte e tipo de vínculo com outros estabelecimentos forem entendidas como *proxies* de acesso a capital humano e financeiro e como condições diferenciadas na entrada. Por exemplo, uma filial deve poder recorrer à matriz no caso de alguma dificuldade, assim como um estabelecimento de grande porte tem mais acesso ao mercado de capitais que uma unidade pequena, daí decorrendo menores taxas de mortalidade.

Tabela 10.2 Vendas anuais das empresas concordatárias

Faixa (em US$ mil)	Número de empresas	Frequência
Até 500	63	25,1%
De 500 a 1.000	49	19,5%
De 1.000 a 2.000	52	20,7%
De 2.000 a 4.000	45	17,9%
De 4.000 a 10.000	31	12,4%
Acima de 10.000	11	4,4%

Fonte: adaptada de Matias (1992).

Sendo assim, observa-se que, a partir dos altos números de mortalidade empresarial, a sustentabilidade é um tema importante e que deveria ser mais bem utilizado no planejamento para fomentar a perpetuidade da organização.

Sustentabilidade corporativa e sustentabilidade financeira

A visão de sustentabilidade corporativa, de acordo com o Índice Dow Jones de Sustentabilidade, significa gerar valor de longo prazo aos acionistas, agregando oportunidades e gerenciando riscos advindos do desenvolvimento econômico, ambiental e social (Dow Jones, 2006). Assim, uma empresa sustentável é aquela que contribui para o desenvolvimento sustentável ao gerar, simultaneamente, benefícios econômicos, sociais e ambientais – conhecidos como os três pilares do desenvolvimento sustentável (Elkington, 1994).

Apesar da recente disseminação do tema sustentabilidade (em termos de desenvolvimento sustentável), grande parte dos executivos ainda considera o desenvolvimento sustentável uma espécie de mal necessário, uma vez que envolve regulações, custos e responsabilidades onerosas. Hart e Milstein (2004) afirmam que algumas organizações acreditam que, para o esforço da sustentação global, é necessário que seja consumido seu lucro e destruído o seu valor. Porém, as empresas precisam enxergar que "a sustentabilidade não é irreconciliável com o crescimento econômico, mas que, ao contrário, pode ser importante fonte de vantagem competitiva e de geração de valor para acionistas e comunidade em geral" (Hart e Milstein, 2004, p. 1). Os desafios globais agregados à sustentabilidade, visualizados a partir da ótica dos negócios, podem auxiliar na identificação de estratégias e práticas que contribuam para um mundo mais sustentável e, simultaneamente, direcionar o valor ao acionista.

Aplicando o conceito de sustentabilidade às empresas, a sustentabilidade financeira caracteriza-se como "a capacidade de gerar recursos para remunerar os fatores de produção, repor os ativos usados e investir para continuar competindo" (Barbieri et al., 2010 p. 150). É a capacidade de uma organização obter recursos financeiros, arcar com todas as despesas e custos, incluindo os custos de transação e de capital, permanecendo no mercado em longo prazo (Fachini, 2005; Fernandes, 2011; León, 2001; Xisto, 2007), ou seja, é a capacidade da empresa de respeitar os aspectos econômicos, sociais e ambientais, e gerenciá-los, de maneira a se perpetuar por um longo período de tempo.

Sucesso financeiro empresarial e sustentabilidade financeira

A sustentabilidade financeira não é exatamente sinônimo de sucesso financeiro. Conforme visto, a sustentabilidade está relacionada à perpetuidade, com a capacidade de remunerar todos os seus custos sem afetar a sua capacidade de gerar valor perenemente.

Collins e Porras (1995) debruçaram-se sobre as práticas bem-sucedidas que contribuiriam para o sucesso das empresas e desenvolveram uma vasta pesquisa sobre o assunto, resultando no livro *Feitas para durar: práticas bem-sucedidas de empresas visionárias*. Os autores quebraram 12 paradigmas que eram utilizados para explicar o sucesso das empresas. Collins e Porras (1995) descobriram sobre as empresas de sucesso:

- Não precisam ter uma grande ideia.
- Não precisam de líderes carismáticos.
- O objetivo principal não é maximizar lucros.
- Não precisam estabelecer valores ideais.
- As mudanças não são essenciais. A evolução, sim.
- Assumem riscos e possuem metas audaciosas.
- Possuem empregados engajados e alinhados com os valores e a missão.
- Não possuem metas e planejamentos brilhantes, mas sabem aproveitar as oportunidades.
- Buscam executivos internos.
- Buscam a autossuperação.
- Buscam tanto a ascensão quanto a estabilidade.
- Não dependem da declaração e da redação de visão, mas de atitudes e ações.

O estudo revelou que as empresas bem-sucedidas não estavam guiadas pelo lucro. Possuíam uma essência filosófica, com objetivos organizacionais claros, com missões humanizadas e ideais nobres, na expectativa de bons resultados em longo prazo (Collins e Porras, 1995).

A gestão financeira deveria concentrar-se na preparação da empresa para enfrentar momentos de turbulência no cenário econômico. Acrescenta-se que o sucesso financeiro vem pela capacidade de gerar valor, conceito mais abrangente do que atualmente captado pelos indicadores financeiros (Matias, 2007). As empresas com capacidade de criar valor possuem melhores condições para explorar suas vantagens competitivas e ampliar o desempenho organizacional (Brito e Brito, 2012).

Boa parte do sucesso das empresas estudadas foi creditada às pessoas, especialmente aos líderes. Alguns outros pontos chamam a atenção no estudo. Segundo Collins (2006), os fatores que determinam a guinada para o sucesso são:

- Desenvolvimento de estratégias simples, conforme o *know-how* da empresa.
- Resiliência para enfrentar as adversidades de curto prazo, com determinação, estratégia e foco no longo prazo.
- Paixão e envolvimento com a cultura e o negócio da empresa, desde os altos executivos até a equipe de vendedores e operários.
- Robusto planejamento orçamentário.
- Capacidade de selecionar e de se adaptar às novas tecnologias.

O conceito do sucesso é simples: uma empresa deve ter resultados contínuos, padrões estabelecidos e crescimento sustentável. Esse conceito se aproxima da preocupação de alguns modelos de insolvência ao avaliarem a capacidade de crescimento de uma empresa.

Os estudos de Collins e Porras (1995) evidenciaram que as empresas com resultados financeiros piores, em longos períodos, tiveram crescimento muito superior ao de empresas de sucesso em cenários favoráveis. No entanto, quando a situação se tornou desfavorável, as empresas com crescimento superior não possuíam condições necessárias para enfrentar as adversidades e fracassaram. O sucesso depende de disciplina para manter o crescimento gradual e contínuo.

Ainda em linha com esse pensamento, foi constatado que as empresas de sucesso tinham estratégias mais conservadoras para investimentos em novas áreas. Somente após a confirmação da sustentabilidade de projetos-piloto é que as empresas faziam grandes investimentos (Collins e Hansen, 2012, p. 109). Aliás, "as empresas que obtiveram sucesso foram capazes de gerar reservas de caixa para administrar o risco atrelado ao tempo" (Collins e Hansen, 2012, p. 134). Por isso, a liquidez é outro aspecto absorvido nos modelos de previsão de insolvência. A liquidez é a segunda variável mais frequente nas previsões de insucesso (Bellovary, Giacomino e Akers, 2007).

Dessa forma, as empresas de sucesso precisam ter folga de caixa, ao contrário da teoria predominante em finanças de que seria irracional manter excesso de caixa. "A razão entre o caixa e o ativo total das empresas de extremo sucesso era 3-10 vezes superior do que a média das 87.117 empresas analisadas pelo *Journal of Finance*" (Collins e Hansen, 2012, p. 135).

Nesse ponto, pôde-se constatar o fato de que a maioria dos modelos de insolvência utilizou indicadores de liquidez em sua composição, em alguns casos sendo o indicador mais relevante, conforme anteriormente (Beaver, 1966; Brito e Assaf Neto, 2008; Guimarães e Moreira, 2008; Kanitz, 1974; Matias, 1978; Ohlson, 1980; Pereira e Ness Jr., 2004; Sanvicente e Minardi, 1998; Silva, 1983).

No Brasil, Matias, Rosifini e Corrêa (2004) também buscaram compreender os diferenciais das empresas brasileiras que tiveram sucesso financeiro, selecionadas pela rentabilidade sobre o ativo (ROA), no período entre 1997 e 2002. Esses autores demonstraram que as empresas brasileiras com melhor desempenho possuíam maiores indicadores de liquidez corrente, giro do ativo e margem operacional. Por outro lado, os indicadores de imobilização do PL, alavancagem e endividamento financeiro foram menores. Os demais indicadores não tiveram médias diferentes entre os grupos.

Com base na literatura da área, foi possível extrair os 10 principais aspectos financeiros e estratégicos das empresas consideradas de sucesso, divididos em fatores estratégicos e financeiros. No caso, é válido reforçar que a definição de sucesso aceita foi a abordagem realizada pelos autores Collins e Porras (1995), Collins (2006), Collins e Hansen (2012) e Matias, Rosifini e Corrêa (2004). Em resumo, as variáveis percebidas como impactantes no sucesso financeiro são descritas no Quadro 10.10.

Quadro 10.10 Principais características estratégicas e financeiras das empresas de sucesso financeiro

Fatores estratégicos		Fatores financeiros	
1	As metas são audaciosas	1	O foco não é maximizar o lucro
2	O crescimento é gradual	2	Não são as mais lucrativas
3	Buscam ascensão e estabilidade	3	Possuem endividamento financeiro menor
4	Assumem menos riscos	4	O caixa é 3-10 vezes acima da média
5	Assumem riscos menores	5	A taxa de liquidez é maior
6	Mudam menos a estratégia	6	As taxas de crescimento são menores
7	A cultura organizacional é muito forte	7	A necessidade de capital de giro é menor
8	As equipes são valorizadas e envolvidas	8	Os investimentos são graduais
9	Possuem planos de sucessão	9	A imobilização é menor
10	Os líderes são humildes e engajados	10	São mais capitalizadas

Fonte: adaptado de Collins e Porras (1995), Collins (2006), Collins (2012), Collins e Hansen (2012).

Lei de falências

Um dos assuntos mais comentados no direito de empresa é o teor da Lei de Falências, que surgiu para substituir um sistema que vigorou por quase 60 anos, afirma Monteiro (2005). Segundo Silva (2005), após 10 anos de tramitação legislativa, foi publicada, em edição extraordinária do *Diário Oficial da União*, a nova Lei de Falências e Recuperação Judicial (Lei n. 11.101/2005). Em consonância com as melhores práticas adotadas internacionalmente, a nova lei estimula o investimento, o crédito e o emprego no Brasil (Lisboa et al., 2005). Assim, tem-se que a nova lei de falências está fundamentada em novos princípios que buscam não só a preservação da empresa como unidade geradora de empregos, mas também como fonte de recolhimento de tributos, afirma Carvalho (2007). Não se há de falar mais em "falência de empresas". Toda a lei adota o princípio da preservação da empresa. O art. 75 da LFRE define a falência como forma de "promover o afastamento do devedor de suas atividades" para "preservar e otimizar a utilização produtiva dos bens, ativos e recursos produtivos, inclusive os intangíveis, da empresa".

A Lei n. 11.101/2005

Lisboa et al. (2005) afirmam que o regime anterior de falências e concordatas, regulado pelo Decreto-lei n. 7.661/45, apesar de ter sido um marco para a sua época, já não era mais compatível com a dinâmica econômica atual e tampouco atendia aos anseios inerentes a uma legislação falimentar moderna.

Com a aprovação da Lei n. 11.101, de 9 de fevereiro de 2005, revogando a ultrapassada legislação falimentar prevista no Decreto-lei n. 7.661, de 21 de junho de 1945, foi criada a recuperação judicial, a extrajudicial e a falência do empresário e da sociedade empresária.

Segundo Lisboa et al. (2005), as empresas e seus gestores tomam suas decisões de investimento e produção em função de sua expectativa de lucros futuros e, nesse cenário de incertezas, o marco legal falimentar funciona como um minimizador dos impactos, sinalizando aos agentes a forma como serão resolvidos alguns conflitos quando a empresa é levada a uma situação de insolvência.

A empresa é um organismo vivo, em evolução constante (Roque, 2006). Nesse contexto, a nova Lei de Falências busca sanear a situação de crise econômico-financeira da empresa devedora, salvaguardando a manutenção da fonte produtora do emprego de seus trabalhadores e os interesses dos credores, viabilizando, dessa forma, a realização da função social da empresa (Roque, 2006). Dessa maneira, a nova lei visa defender os interesses coletivos por meio da preservação da empresa.

De forma geral, o objetivo maior da criação da nova lei consistiu em viabilizar a recuperação de empresas em dificuldades financeiras, com a manutenção de empregos, redução dos juros bancários e maiores garantias aos credores (Silva, 2005). Assim, essa nova lei cria dispositivos que estimulam a negociação entre devedor e credores, de forma a encontrar soluções de mercado para empresas em dificuldades financeiras (Lisboa et al., 2005). É válido ressaltar, assim como afirma Roque (2006), que um dos sentidos da nova lei pode ser entendido também como o de responsabilizar os dirigentes da empresa pelos prejuízos causados à coletividade e não à empresa. Dessa forma, a nova Lei de Falências e Recuperação Judicial abre a possibilidade de reestruturação às empresas economicamente viáveis que passem por dificuldades momentâneas, mantendo os empregos e os pagamentos aos credores, afirma Oliveira (2005).

Processo de recuperação judicial

O processo de recuperação de empresas não é objeto de preocupação apenas de executivos e administradores (Austrauskas, 2003). Há diversos reflexos que podem ser provocados a partir da falência de uma empresa. Em razão desses impactos no ambiente no qual as organizações estão presentes, os países buscam criar e aperfeiçoar legislações específicas para que os direitos e deveres dos diversos agentes econômicos sejam preservados em uma situação de desestruturação financeira de uma empresa, afirma Austrauskas (2003). Sem dúvida, o processo de recuperação judicial vem sanar as necessidades das empresas com dificuldades, de forma transparente, dando um tratamento adequado aos credores e, com isso, provocando a proteção da continuidade da atividade empresarial (Carvalho, 2007).

Segundo Austrauskas (2003), a ameaça da falência e a oportunidade de recuperar a empresa estão permanentemente presentes durante todo o período de proteção legal. Para apontar qual empresa poderá beneficiar-se do processo de recuperação judicial, é necessário analisar sua viabilidade econômico-financeira, demonstrando sua importância social, mão de obra e tecnologia empregada, volume do ativo superior ao passivo, tempo de vida da empresa e o seu porte econômico, afirma Carvalho (2007). É importante destacar que o requisito expressamente exigido pela lei é a viabilidade econômica da empresa. Contudo, é evidente que os demais aspectos enumerados são de suma importância na análise a ser feita pelos interessados na recuperação. A empresa que não tiver essas características, para a nova Lei de Falências, será considerada inviável ao processo de recuperação judicial, cabendo apenas a falência, ressalta Carvalho (2007). De acordo com Austrauskas (2003), o conhecimento dos pontos fortes e fracos existentes na empresa é vital para compreender o que a levou à situação de dificuldade e que caminhos podem ser trilhados para sua reabilitação, tornando-se essenciais para a elaboração do plano de recuperação.

O processo de recuperação judicial pode ser dividido em três etapas principais, segundo Carvalho (2007). A primeira fase, denominada fase postulatória, é aquela em que o empresário ou sociedade empresária em crise apresenta seu requerimento do benefício. Essa fase tem início com uma petição inicial de recuperação judicial e se encerra com o despacho judicial de processamento do pedido.

A segunda etapa é a deliberativa, ou seja, após a verificação dos créditos discute-se e se aprova ou não um plano de reorganização (Carvalho, 2007). Nessa fase, se houver objeção ao plano de recuperação judicial por parte dos credores, será convocada assembleia geral para deliberar sobre ele. Se for rejeitado, decreta-se a falência do devedor. Por outro lado, sendo aprovado, a recuperação judicial é concedida. A etapa se inicia com o despacho de recuperação e tem fim com a decisão concessiva do benefício.

Por fim, a última etapa define-se como execução, pois compreende a fiscalização do cumprimento do plano aprovado (Carvalho, 2007). Essa última fase tem início com a decisão concessiva da recuperação e finaliza-se com a sentença de encerramento do processo.

A Lei n. 11.101/2005, no que tange à recuperação judicial da empresa, é um marco no direito brasileiro, pois visa à reorganização da empresa, a suplantar seu momento de crise e possibilitar o seu crescimento, permitindo a manutenção da fonte produtora, do emprego dos trabalhadores e dos interesses dos credores, promovendo assim sua preservação, resguardando sua função social e o estímulo à atividade econômica (Carvalho, 2007).

Dessa forma, afirma Gabriel (2006), o princípio de preservação da empresa atinge, ao mesmo tempo, interesses diversos de ordens independentes do corpo econômico, social e jurídico de uma nação.

A legislação falimentar

A existência de uma legislação falimentar eficiente é fundamental para o ambiente econômico (Lisboa et al., 2005). O objeto da legislação falimentar deixou de ser exclusivamente a falência das sociedades e passou a ser a busca por sua recuperação, explicitando o caráter social do diploma legal. O empresário devedor passa a ter como instrumentos de fôlego a recuperação extrajudicial (elabora-se um plano com os principais credores e homologa-se perante o juízo competente) e a recuperação judicial (o juiz nomeia um administrador judicial para tentar gerenciar a empresa e recuperá-la), antes de a sentença judicial decretar a sua falência (Silva, 2005).

O objetivo primacial da nova lei é a recuperação da empresa, possibilitando a sua continuidade, mantendo e gerando empregos e ainda pagando os tributos devidos. Do ponto de vista econômico, a legislação falimentar tem como objetivo criar condições para que situações de insolvência tenham soluções previsíveis, céleres e transparentes, de modo que os ativos, tangíveis e intangíveis, sejam preservados e continuem cumprindo sua função social, gerando produto, emprego e renda (Lisboa et al., 2005). Oliveira (2005) afirma que um dos grandes méritos apontados na nova legislação falimentar é a prioridade dada à manutenção da empresa e dos seus recursos produtivos, pois ao acabar com a concordata e criar figuras da recuperação judicial e extrajudicial a nova lei aumenta a abrangência e a flexibilidade nos processos de recuperação de empresas devedoras mediante o desenho de alternativas para o enfrentamento das dificuldades econômicas e financeiras.

Pela nova lei, o envolvimento direto do Judiciário é precedido de uma tentativa de negociação informal entre devedor e credores, por meio de uma proposta de recuperação apresentada pelo devedor a uma assembleia de credores. É o que a lei define como negociação extrajudicial (Oliveira, 2005). É válido ressaltar que isso ocorre somente na recuperação extrajudicial. Nada impede que o devedor ingresse diretamente com o pedido de recuperação judicial, sem entabular qualquer negociação prévia com seus credores.

Segundo Oliveira (2005), a recuperação judicial, principal inovação exposta pela lei, visa sanear situação de crise econômico-financeira da empresa por meio de ação judicial, permitindo o controle pelo Poder Judiciário e pelo Ministério Público.

Segundo Oliveira (2005), as principais alterações da legislação falimentar brasileira podem ser resumidas da seguinte forma:

- Serão abrangidos pela nova lei o empresário e a sociedade empresária, exceto a empresa pública e a sociedade de economia mista, instituições financeiras, consórcios, previdência complementar, planos de saúde, seguradoras e sociedades de capitalização.
- Os meios de recuperação judicial poderão ser, dentre outros, alteração do controle societário; cisão, incorporação, fusão ou transformação da sociedade; aumento do capital social; redução salarial, compensação de horários e redução da jornada; venda parcial dos bens; usufruto da empresa.
- Deferido o processamento da recuperação judicial, suspendem-se as ações e execuções movidas contra o devedor.
- O devedor não poderá desistir do pedido de recuperação judicial após o deferimento de seu processo, salvo se obtiver aprovação na assembleia geral de credores.
- O devedor apresentará plano de recuperação judicial ao juiz, que receberá objeções dos credores no prazo de 30 dias. Se não houver objeção, o plano é aprovado. Se houver objeção, o juiz convocará a assembleia geral de credores para se manifestar, fazendo alterações, aprovando plano alternativo ou rejeitando o plano apresentado pelo devedor. Nesta última hipótese, a falência do devedor será decretada.
- O devedor permanecerá em recuperação judicial até que se cumpram todas as obrigações previstas no plano que vencerem em dois anos.
- A recuperação judicial poderá ser pedida pelo devedor que exercer regularmente suas atividades há mais de dois anos, não seja falido, não tiver sido condenado pelos crimes previstos na lei e não tiver obtido recuperação há menos de cinco anos.
- O devedor que preencher os requisitos necessários para pedir recuperação judicial poderá também requerer recuperação extrajudicial, negociada com os credores, vedado o pagamento antecipado de dívidas e o tratamento desfavorável aos credores que não estejam sujeitos a ele.
- Esse plano de recuperação extrajudicial não pode abranger os créditos tributários, da legislação do trabalho, de acidentes de trabalho e a credores titulares da posição de proprietários fiduciários de bens móveis ou imóveis, entre outros casos.

- A recuperação da micro e pequena empresa abrangerá apenas os chamados créditos quirografários, que poderão ser parcelados em até 36 meses, mas corrigidos monetariamente e acrescidos de juros de 12% ao ano. A primeira parcela deverá ser paga no prazo máximo de 180 dias contados da distribuição do pedido de recuperação judicial.
- O pedido de recuperação judicial com base nesse plano especial a que tem direito a micro e pequena empresa não implica a suspensão da prescrição das ações e execuções por créditos não abrangidos pelo plano.
- O administrador judicial da recuperação ou da falência será profissional idôneo, preferencialmente advogado, economista, administrador de empresa, contador ou pessoa jurídica especializada.
- Em qualquer hipótese, o total pago ao administrador não excederá 5% do valor devido aos credores submetidos à recuperação judicial ou do valor de venda dos bens na falência.
- Serão reservados 40% do montante devido ao administrador para pagamento após a prestação de contas e o relatório final de falência.
- A classificação dos créditos na falência obedecerá à seguinte ordem: os créditos trabalhistas limitados a 150 salários mínimos por credor e os decorrentes de acidentes de trabalho; os créditos com garantia real até o limite do valor do bem gravado; os créditos tributários, independentemente da sua natureza e tempo de constituição, exceto as multas tributárias; os créditos com privilégio especial; os créditos com privilégio geral; os créditos quirografários, dentre os quais os saldos dos créditos derivados da legislação do trabalho que excederem 150 salários mínimos; as multas contratuais e as penas pecuniárias por infração das leis penais ou administrativas, inclusive as multas tributárias; créditos subordinados.
- O processo de falência atenderá aos princípios da celeridade e da economia processual, mas a lei não estipula prazo para o seu encerramento.
- Os créditos trabalhistas de natureza estritamente salarial vencidos nos três meses anteriores à decretação da falência, até o limite de cinco salários mínimos por trabalhador, serão pagos tão logo haja disponibilidade em caixa.
- Na promessa de compra e venda de imóveis, será aplicada a legislação respectiva para o setor, cumprindo-se o contrato.
- O descumprimento das obrigações assumidas no plano de recuperação enseja a decretação da falência do devedor.
- Entre as penas previstas na lei estão: reclusão de 3-6 anos e multa por praticar ato fraudulento que prejudique credores com o fim de obter vantagem indevida para si ou para outrem; reclusão de 2-4 anos e multa por violar, explorar ou divulgar, sem justa causa, sigilo empresarial ou dados confidenciais sobre operações ou serviços, contribuindo para a condução do deve-

dor a estado de inviabilidade econômica ou financeira; reclusão de 2-5 anos e multa por praticar ato de disposição ou oneração patrimonial ou gerador de obrigação destinado a favorecer um ou mais credores em prejuízo dos demais; reclusão de 2-4 anos e multa por apropriar-se, desviar ou ocultar bens pertencentes ao devedor sob recuperação judicial ou à massa falida, inclusive por meio de outra pessoa.

Impactos da nova lei

Em resumo, o impacto social positivo trazido pela nova lei estará demonstrado com a redução do número de falências das empresas, dos índices de desemprego e com a efetiva recuperação dos empresários que, em sua grande maioria, têm que travar batalhas desiguais para honrar seus compromissos contratuais, fiscais e trabalhistas, nem sempre conseguindo fazê-lo no campo da licitude de suas condutas (Silva, 2005). Pretende-se, segundo Lisboa et al. (2005), dotar a economia brasileira de uma legislação que estimule a preservação das empresas economicamente viáveis e maximize o valor daquelas que não têm condições de recuperação, aumentando a eficiência econômica, ampliando o mercado de crédito e consolidando as bases para um crescimento sustentável, que implique ganhos de bem-estar para toda a sociedade.

MODELOS DE SUSTENTABILIDADE

Esta seção foca dois modelos: o de Hart e Milsten (2004) para a criação de valor sustentável e o modelo de sustentabilidade financeira, introduzido após um tópico de criação de valor com a sustentabilidade financeira.

O modelo de Hart e Milstein para criação de valor sustentável

Hart e Milstein (2004) desenvolveram um modelo, único na bibliografia pesquisada, que compõe a lógica estratégica para a busca do valor sustentável (Figura 10.3). A seguir, é apresentada cada uma das dimensões desse modelo.

O eixo vertical do modelo reflete a necessidade simultânea que a empresa tem de manter os negócios atuais e de criar a tecnologia e os mercados de amanhã. Essa dimensão captura a tensão vivenciada pela necessidade de alcançar resultados de curto prazo ao mesmo tempo em que planeja o crescimento futuro. O eixo horizontal reflete a necessidade de crescimento da empresa e de proteção das habilidades e potenciais internos e, simultaneamente, de introdução na organização de novas perspectivas e conhecimentos vindos de fora.

Essa dimensão reflete a tensão experienciada pela necessidade de proteger a essência técnica, a fim de que esta possa operar sem interferência, ao mesmo

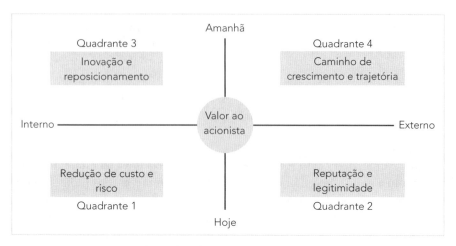

Figura 10.3   Dimensões-chave do valor ao acionista.
Fonte: adaptada de Hart e Milstein (2004).

tempo em que permanece aberta a novas perspectivas e a novos modelos e tecnologias.

A justaposição desses dois eixos produz uma matriz com quatro dimensões distintas do desempenho crucial para a geração de valor ao acionista. O quadrante 1 foca os aspectos do desempenho que são essencialmente internos e semelhantes em natureza: redução de custo e risco. Crescimento trimestral de ganhos e redução da exposição a passivos legais e a outras perdas potenciais são importantes motivadores para a criação de riqueza. De maneira clara, a menos que a empresa consiga operar eficientemente e reduzir seus riscos proporcionalmente a seus retornos, o valor ao acionista será destruído.

O quadrante 2 também enfatiza as dimensões de desempenho semelhantes em natureza, mas é ampliado para incluir *stakeholders* externos à empresa – fornecedores e clientes na cadeia de valor imediata, bem como órgãos de regulação, comunidades, ONGs e mídia. Sem uma inclusão acertada dos interesses desses *stakeholders*, o direito de operar da empresa pode ser questionado. A inclusão criativa desses interesses pode estimular uma posição diferenciada para a empresa, levando ao aumento de reputação e à legitimidade crucial para a preservação e o crescimento do valor ao acionista.

Observando-se o quadrante 3 do modelo, a empresa deve não apenas ter desempenho eficiente nos negócios atuais, mas também estar constantemente preocupada com a criação de produtos e serviços do futuro. Internamente, isso significa desenvolver e adquirir as habilidades, competências e tecnologias que posicionam a empresa para o crescimento futuro. Sem esse foco em inovação, torna-se difícil para a empresa criar um novo fluxo de produtos e serviços necessários para garantir sua prosperidade no futuro. Assim, a criação de valor ao acionista depende da habilidade que a empresa tem para destruir criativamente suas capacidades em favor das inovações de amanhã.

Finalmente, o quadrante 4 foca as dimensões externas associadas ao desempenho futuro. Expectativas críveis de crescimento futuro são a chave para a geração de valor ao acionista, o que depende da capacidade da empresa de articular uma clara visão sobre qual será seu caminho e sua trajetória de crescimento. Uma trajetória de crescimento convincente demanda que a empresa ofereça novos produtos para os consumidores atuais ou que explore mercados previamente não explorados. A trajetória de crescimento oferece uma orientação e uma direção para o desenvolvimento de novas tecnologias e produtos.

As empresas devem apresentar bom desempenho em todos os quatro quadrantes do modelo. E ele deve ocorrer em uma base contínua, caso as organizações queiram maximizar o valor ao acionista ao longo do tempo.

Há quatro conjuntos de motivadores para a sustentabilidade global. Um primeiro conjunto relaciona-se com a crescente industrialização e suas consequências correlatas, como consumo de matérias-primas, poluição e geração de resíduos. A atividade industrial cresceu a ponto de ter agora efeitos irreversíveis sobre o ambiente global, incluindo impactos sobre o clima, a biodiversidade e a função do ecossistema (National Research Council, 1999 apud Hart e Milstein, 2004).

Os problemas do consumo de matérias-primas, dos resíduos e da poluição associados à industrialização representam uma oportunidade para as empresas diminuírem os custos e os riscos graças ao desenvolvimento de habilidades e potenciais de combate à poluição e de ecoeficiência.

De acordo com o Conselho Empresarial Brasileiro para o Desenvolvimento Sustentável (CEBDS, 2006), ecoeficiência é o uso mais eficiente de materiais e energia, a fim de reduzir os custos econômicos e os impactos ambientais. Ou seja, consiste em saber combinar o desempenho econômico e o ambiental, reduzindo os impactos ambientais, usando racionalmente matérias-primas e energia, reduzindo os riscos de acidentes e melhorando a relação da organização com as partes interessadas (*stakeholders*).

Os elementos da ecoeficiência são: reduzir o consumo de materiais com bens e serviços; reduzir o consumo de energia com bens e serviços; reduzir a dispersão de substâncias tóxicas; intensificar a reciclagem de materiais; maximizar o uso sustentável de recursos renováveis; prolongar a durabilidade dos produtos; agregar valor aos bens e serviços (CEBDS, 2006).

O combate à poluição está focado na melhoria da eficiência ambiental de produtos e processos de hoje, ou seja, na redução de resíduos e emissões das operações atuais. Menor volume de resíduos significa melhor utilização dos insumos, resultando em custos mais baixos de matérias-primas e de depósitos de resíduos. Um combate eficiente da poluição requer envolvimento intenso dos empregados, acompanhado de um bom desenvolvimento de potenciais para melhorias contínuas e para controle de qualidade. Ao obter produtos ou serviços mais vendáveis por unidade de insumo, o combate à poluição pode levar a uma diminuição de custos e a uma redução dos riscos. Sistemas de gestão do meio ambiente (por exemplo, ISO 14.000) dependem de princípios de qualidade total que fornecem uma orientação para o desenvolvimento de processos sistemáticos, voltados para a remoção de resíduos e a diminuição de riscos nas operações das empresas.

Um segundo conjunto de motivadores relaciona-se à proliferação e interligação dos *stakeholders* da sociedade civil. À medida que o poder dos governos nacionais diminuiu logo após os regimes de comércio global, as organizações não governamentais (ONGs) e outros grupos da sociedade civil têm ocupado a cena, assumindo o papel de monitores e, em alguns casos, de aplicadores de padrões sociais e ambientais.

Ao mesmo tempo, a disseminação da internet e das tecnologias de informação têm contribuído para que esses grupos se comuniquem de formas inimagináveis uma década atrás.

Ao engajar construtivamente os *stakeholders*, as empresas elevam a confiança externa em suas intenções e atividades, ajudando a otimizar a reputação corporativa e a catalisar a disseminação de outras práticas sustentáveis dentro do sistema de negócios como um todo.

As empresas podem tomar muitas ações a fim de elevar o valor ao acionista por meio do gerenciamento de produto. O marketing relacionado a uma causa apela para os desejos dos consumidores a fim de associar suas ações (compras) a produtos com benefícios sociais e ambientais.

Um terceiro conjunto de motivadores relaciona-se com as tecnologias emergentes que oferecem soluções poderosas e revolucionárias que podem tornar obsoletas as bases de muitas das atuais indústrias que usam energia e matérias-primas de forma intensiva. Genoma, biomimética, nanotecnologia, tecnologia da informação e energia renovável têm potencial para reduzir drasticamente as pegadas do homem sobre o planeta, tornando quase obsoletos os problemas da rápida industrialização. Assim, em vez de simplesmente buscar reduzir os impactos negativos de suas operações, as empresas esforçam-se para solucionar problemas sociais e ambientais por meio do desenvolvimento ou da aquisição de novas capacitações, as quais se direcionam para os desafios da sustentabilidade.

As competências sustentáveis que se originam da busca por tecnologias limpas são centrais aos esforços da empresa para reposicionar seu conjunto de habilidades internas para o desenvolvimento e a exploração de mercados futuros. O futuro crescimento econômico será conduzido por empresas capazes de desenvolver tecnologias revolucionárias que sejam endereçadas às necessidades da sociedade. Há evidências cada vez mais claras de que empresas que deixam de desenvolver e comercializar essas tecnologias têm baixa probabilidade de tomar parte na economia do futuro.

Finalmente, um quarto conjunto de motivadores relaciona-se com o aumento da população, da pobreza e da desigualdade associadas à globalização. Levaram-se milhares de anos para a população humana alcançar a marca de um bilhão, e esse número saltou para seis bilhões em apenas duas gerações. Esse rápido crescimento populacional tem levado a migrações em massa da zona rural para as cidades e ao crescimento das desigualdades de renda. Atualmente, bilhões de pessoas sobrevivem com menos de US$ 1,5 mil por ano, a renda mínima necessária para evitar a penúria total. A combinação entre crescimento populacional e aumento da desigualdade vem contribuindo para a acelerada decadência social, o caos político e o terrorismo. O desenvolvimento social e a criação de riqueza em uma escala de massa, especialmente entre os quatro bilhões mais pobres do mundo, parece ser essencial para o desenvolvimento sustentável. Contudo, tal desenvolvimento precisa seguir um curso completamente diferente caso se queira evitar o colapso ecológico.

A Figura 10.4 apresenta o modelo dos grupos motivadores da sustentabilidade.

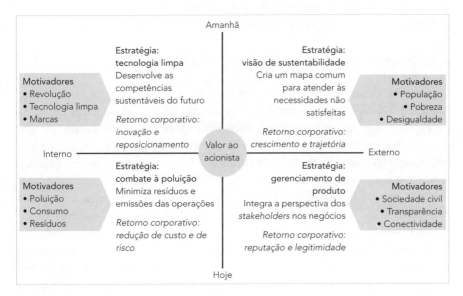

Figura 10.4   Modelo de valor sustentável.
Fonte: Hart e Milstein (2004).

Consideradas em conjunto, como em um portfólio, tais estratégias e práticas têm o potencial de reduzir custo e risco, elevar a reputação e a legitimidade da empresa, acelerar a inovação e o reposicionamento e cristalizar caminhos e trajetórias de crescimento – todos de vital importância para a criação de valor ao acionista. O principal desafio da empresa consiste em decidir quais ações e iniciativas perseguir, bem como o melhor modo de administrá-las. Assim, são recomendados passos específicos na busca pelo valor sustentável: diagnóstico (fazer um balanço do portfólio da empresa); avaliação de oportunidades (forças e fraquezas em termos de capacitações); implementação (planejamento do projeto e dos experimentos).

Em suma, a sustentabilidade global é um conceito complexo e multidimensional, que não pode ser equacionado por meio de uma única ação corporativa. A criação de valor sustentável requer que as empresas considerem cada um dos quatro conjuntos motivadores. Primeiro, as empresas podem criar valor reduzindo o nível de consumo de matéria-prima e de poluição associado com a rápida industrialização. Segundo, as empresas podem criar valor ao operar com níveis mais amplos de transparência e responsabilidade, uma vez que são impulsionadas pela sociedade civil. Terceiro, as empresas podem criar valor por meio do desenvolvimento de novas e revolucionárias tecnologias que tenham o potencial para reduzir as pegadas do homem sobre o planeta. Finalmente, as empresas podem criar valor ao atender às necessidades daqueles localizados no extremo inferior da pirâmide de renda do mundo de uma forma que facilite a criação e a distribuição de renda inclusiva.

A criação de valor com sustentabilidade financeira

Em um ambiente competitivo dinâmico, em que vantagens competitivas são apenas temporárias, a sustentabilidade financeira pressupõe a contínua evolução e adaptação das empresas e dos países às novas condições dos mercados internacionais. De fato, as fontes da sustentabilidade financeira precisam ser constantemente renovadas. Ao contrário do que o termo *sustentabilidade* tende a sugerir para as pessoas, não há estabilidade e um ambiente estático. A busca pela sustentabilidade é um processo contínuo que obriga empresas e países a uma constante reavaliação e planejamento de novas ações em busca da competitividade financeira.

A observação da maneira como empresas e países se moldam e se adaptam para desenvolver um ambiente adequado para a criação de valor revela que as bases para a competição e para a obtenção de vantagens, que se reflitam na criação de valor, estão em constante mudança.

A sustentabilidade está relacionada à manutenção de investimentos na medida necessária para recompor as vantagens das empresas e países, expandi-las ou até mesmo recriá-las, se necessário. Ela possui um significado social, que se traduz tanto na capacidade de competir e gerar valor das empresas como na melhoria das condições de vida da população.

Uma ação é considerada financeiramente sustentável quando as diversas forças que se mobilizaram para concretizá-la continuam ativas, mesmo que modificadas, depois de terminado o projeto inicial que lhe deu origem. Assim, a criação de valor de forma sustentável exige que países e empresas ajam constantemente em função do aperfeiçoamento e da melhoria que crie e sustente alguma vantagem frente aos concorrentes.

Se o ambiente dinâmico abre espaço para que a cada momento surjam diferentes países ou empresas competitivas, não se pode dizer que esse dinamismo exclua por completo o resultado de esforços anteriores. Especialmente os esforços de um país, pois eles tendem a ser mais abrangentes que os esforços das empresas individualmente. São esforços que podem servir de base para a competitividade de diferentes setores e empresas, e que permitem um ambiente favorável para a renovação das bases para o desenvolvimento de novas vantagens competitivas.

Assim, a competitividade financeira, ou seja, a criação de valor por uma empresa a uma taxa acima daquela que era de se esperar para o tipo de negócio, só ocorre por um período finito de tempo e perdura apenas enquanto sua vantagem competitiva não é eliminada pela ação dos concorrentes. O desempenho anormal, com retorno sobre capital investido acima da taxa de retorno exigida para o investimento, durará até o momento em que as forças competitivas levarem o mercado a uma nova situação de equilíbrio, fazendo com que o retorno e a taxa exigida se igualem. A sustentabilidade, portanto, exigiria uma sequência de criação de vantagens capaz de adiar indefinidamente esse momento de equilíbrio criado pelas forças competitivas.

Sustentabilidade pela gestão de processos sucessórios

A empresa familiar caracteriza-se frequentemente pela existência de um fundador/empreendedor, cujos talentos são natos e que, ao reconhecer uma oportunidade de mercado, desenvolve e consolida uma atividade mercantil. Com base em seus conhecimentos e experiências práticas, estabelece sua forma de conduzir as operações da empresa, passando a conhecer profundamente todos os seus departamentos. O empreendedor possui características e qualidades essenciais para o surgimento e a solidificação da empresa. São elas: grande capacidade de trabalho; visão única; capacidade de conviver com riscos; competitividade; habilidade de autossacrifício; busca contínua do processo; visão e conhecimento prático; combinação de suas relações pessoais – *network*.

O gestor familiar profissional se caracteriza por ser um sócio que respeita de forma íntegra o que está determinado na sua relação societária e no seu comprometimento com os anseios de um processo administrativo em que os ditames de uma gestão moderna e eficaz se fazem presentes. Passou-se o tempo em que o proprietário podia atuar simplesmente como dono; o empreendedor profissional é aquele que compreende que sua obra em muito ultrapassa sua própria existência, de forma que, após os estágios iniciais de sua criação, ele passa a atuar de forma empresarial, deixando de ser o empreendedor característico de uma propriedade pessoal para ser um empresário, de modo que sua propriedade passa a ser conduzida com todos os que o rodeiam, familiares ou não.

O sucesso empresarial está diretamente ligado à habilidade do empresário de visualizar as oportunidades dentro desse contexto, uma combinação de informação, comunicação e informatização. O planejamento do futuro passa a ser a absorção desse novo presente; para o empresário interessado em criar uma empresa familiar, não será suficiente contar somente com colaboradores familiares leais e dispostos a sacrifícios, ele terá de se preocupar em prepará-los para poderem enfrentar os desafios do futuro.

Sucessor

Um herdeiro bem preparado pode significar a continuidade do negócio familiar. Partindo desse pressuposto, o herdeiro é visado dentro do processo sucessório e pode ou não ser educado para a sucessão; um herdeiro não é necessariamente um sucessor. Um sucessor deve ser avaliado por suas características objetivas e não subjetivas, ou seja, o aconselhável é que o empreendedor discuta ao longo de sua existência as características que ele deseja para o seu sucessor, como capacidade de liderança e de relacionamento com o público interno e externo. É importante ressaltar que o empreendedor é único e que não existe um sucessor idêntico. A postura de um sucessor não deve ser de um herdeiro, mas de um acionista consciente. Algumas recomendações: não ser dono, ser sócio ou acionista; compreender a diferença entre ter ações e participar da gestão; ser empreendedor; ultrapassar o operacional; priorizar a empresa e não o pessoal; respeitar os órgãos de governança; compreender que a empresa não é cabide de emprego.

A preparação do sucessor é outro aspecto que deve ser discutido e planejado pelo empreendedor.

Os sucessores devem ser treinados para compreender as suas funções de acionistas e gestores de forma independente da sua condição de sucessores ou de herdeiros. Quando um sucessor é reconhecido pela sua capacidade de gestão, é essencial que os princípios de governança estejam bem definidos, pois os sucessores têm os mesmos planos potenciais que um empreendedor possui.

Para se tornar um profissional com as mesmas características e prerrogativas que o empreendedor/fundador, o mesmo tem que ser capaz de criar sua própria empresa, a sua maneira, o que em suma significa assumir uma liderança real. Na ocasião, os demais sócios conhecerão as fronteiras palatáveis para não desestruturar a sociedade.

Talvez um dos pontos mais difíceis do treinamento seja oferecer a visão de que a missão é essencialmente ser um indivíduo pleno, e não uma extensão dos que o antecederam. Essa plenitude não significa cortar laços com o passado, mas ter personalidade própria, sem que o passado seja desfigurado, com a confiança de que o futuro é de sua responsabilidade pessoal e profissional:

- Ser sucessor traz como responsabilidade conhecer profundamente os aspectos essenciais da gestão de uma empresa.
- Estar comprometido com um processo de governança que considera os quatro aspectos essenciais da dinâmica da empresa familiar: indivíduo, família, gestão e propriedade.
- Conhecer e estar comprometido com a missão e os valores da sociedade.
- Conhecer em detalhe as peculiaridades da sua empresa no que tange às políticas: estratégicas, recursos humanos, investimentos e dividendos.

De preferência, o treinamento referente à empresa deve ser realizado internamente, enquanto a aquisição de conhecimento técnico deve ser realizada externamente, mesmo porque o relacionamento com terceiros é parte importante do aprendizado.

A experiência nacional e internacional tem demonstrado que o currículo da maior parte dos cursos destinados a herdeiros e potenciais sucessores se preocupa com os aspectos básicos da dinâmica familiar, da propriedade (tangível e intangível) e da gestão, quando na verdade o cerne da questão societária está intrinsecamente ligado às características individuais do sócio e de como ele se relaciona com essa dinâmica.

O treinamento se sustenta em um modelo desenvolvido na década de 1980 pelos professores Davis e Tagiuri, o modelo de três anéis, que tem como base a gestão da operação, mas é essencial abordar que a especificidade da estrutura societária tem gradativamente se afastado do coletivo para se centralizar no indivíduo. Portanto, temos que nos imbuir de que o treinamento passa por uma profunda troca de conceitos, de forma que preparar o sucessor é essencialmente compreender a sua unicidade como acionista, sócio ou herdeiro.

Contexto da sucessão

A solidez dos valores e de sua missão nas empresas é o motivo pelo qual as empresas familiares se tornam centenárias. Parte desse processo é assegurar que a pulverização societária seja administrada de forma a sistematizar a entrada de novos sócios, com regras e com estruturas. Novos sócios que compreendam a sua responsabilidade e o seu legado. Para que essa continuidade de fato aconteça, cabe à primeira geração estabelecer regras e processos. A maior herança do empreendedor não é o patrimônio tangível, mas o patrimônio intangível.

O que assegura a sobrevivência de uma empresa familiar é o compromisso intrínseco com uma visão de futuro coerente com a sua realidade. Uma visão que deve estar intimamente ligada à percepção de que seus acionistas estão comprometidos com os fundamentos de uma gestão na qual a empresa, a gestão, o patrimônio e o indivíduo (sócio) saibam integrar as diferentes nuances, de forma que os conflitos que porventura possam surgir decorrentes dessa junção de interesses não a coloquem como objeto de um conflito irremediável, não só para a convivência societária, mas acima de tudo para que o negócio duramente construído se solidifique. Definir valores, missão e metas faz parte de um processo em que o futuro é planejado, ou seja, a sucessão é um processo profissional.

A perpetuidade das empresas familiares está intimamente ligada ao processo de conscientização da família no que tange a dois aspectos fundamentais. O primeiro aspecto está diretamente relacionado à consciência da família quanto ao seu papel no contexto empresarial, que pode ser traduzido na sua responsabilidade social como provedor de renda para a sociedade. É importante ressaltar que as estatísticas demonstram que mais de 80% dessas empresas na conjuntura nacional são familiares, e à sua frente estão proprietários que têm a responsabilidade de instituir mecanismos de governança familiar para assegurar que a sua gestão seja um exemplo de valores e missões, e, finalmente, a consciência de sua própria existência para a perpetuação da obra dos empreendedores.

O segundo aspecto é o comprometimento, que pode ser traduzido como sendo a ação decorrente da consciência, já descrita. Não basta somente estar ciente das responsabilidades, é essencial atuar de acordo com os princípios estabelecidos. Estar comprometido significa demonstrar na vida cotidiana que a família está como um todo imbuída de seus objetivos, dentro de um princípio em que o seu valor e a sua missão se fazem presentes.

Governança familiar significa primordialmente ter regras claras em relação à propriedade e à gestão, saber usar o seu patrimônio de forma responsável e coerente com o passado, com o presente e vislumbrando o futuro. Tais regras, ao se definir o correto uso da propriedade, devem transformar-se na carta magna da família, uma constituição a que todos os integrantes devem se dirigir com o objetivo de dirimir dúvidas e eventuais conflitos. Fundamentalmente, não se pode prever o futuro na sua totalidade, sendo importante que o texto acordado pela família se baseie mais em princípios que em ações, mais em conceitos que em definições. Esse documento, frequentemente, é parte de um acordo de acionistas ou de um protocolo societário, e deve incluir alguns pontos básicos, como o uso do patrimônio, a representação perante terceiros na propriedade, assim como a política de risco da família.

No aspecto gestão, é indispensável considerar pontos que tradicionalmente podem gerar conflitos, como a remuneração de gestores familiares, a política de dividendos e mesmo a participação de herdeiros na empresa. Esses pontos, por mais importantes que sejam, não podem se constituir como únicos e padrões, uma vez que os mesmos têm que ser uma representação real e digna do que a família de fato acredita, assim como incluir outros pontos significativos que permeiam a cultura familiar.

Outra ótica na busca da consciência e do comprometimento com o processo é o fato de que tanto empreendedores como herdeiros têm que ser instruídos – um treinamento que deve abranger além dos aspectos técnicos de gestão, uma nuance do processo de relacionamento interpessoal. Ser sócio significa, além da competência, saber lidar com os seus pares. Uma liderança mal administrada acarreta à família fatores de possíveis conflitos em relação a temas de menor importância, uma vez que é sabido que com frequência são os pequenos detalhes que geram os maiores confrontos.

Na medida em que a família é um somatório de indivíduos, normalmente únicos na percepção da realidade, é crucial que nesse processo a dinâmica leve em consideração os aspectos próprios de cada um; nem todos possuem a mesma aptidão para negócios, e alguns dos membros familiares podem ter outros interesses que não a gestão ou a propriedade em si. É necessário que as diferenças não somente sejam aceitas, como também respeitadas.

Um importante conceito a ser sempre considerado é que a sociedade é tão forte quanto o somatório de suas forças, e tão fraca quanto o elo mais fraco, o que nos leva a ponderar que uma sociedade de sucesso pressupõe que os limites individuais são sempre o desafio para os demais, de forma que é quando as forças se unem que temos um efetivo resultado social. Os processos de governança, seja na gestão, seja na família, quando assim compreendidos, são uma forma de assegurar que se maximizem os atributos negativos e não se minimizem os positivos, resultando na combinação de ambos o melhor que a sociedade pode gerar.

Sucessão vs. transição de gerações

Acadêmicos cunharam o termo *sucessão* para definir a transferência de poder e patrimônio de uma geração a outra. É comum ouvir comentários de que, se a família empreendedora consegue sobreviver à sua primeira sucessão, a sua longevidade – para não dizer sua perenidade – está assegurada. Um mito que não é a realidade, pois os aspectos sucessórios que influenciam de fato a transição entre gerações é um processo que deve ser exercitado de geração em geração.

A questão central da empresa familiar não é a sucessão, mas a definição da transição entre as gerações. O desafio não se limita somente a criar estruturas de transferência de poder e patrimônio, mas criar uma forma em que a convivência entre gerações se transforme em uma transição natural no ciclo de vida dos seus participantes.

Suceder uma geração implica que a anterior já não existe mais. Por outro lado, criar o processo de transição é a afirmação positiva de que gerações não somente podem conviver lado a lado de forma a construir o futuro, mas ainda há a demonstração de que é essencial haver uma passagem natural, em que presente, passado e futuro se fundem em uma única realidade. Uma realidade de convivência harmônica e saudável em que as experiências são compartilhadas e o aprendizado conjunto fortalece as relações familiares e societárias.

Se suceder é legalmente um processo com definições claramente estabelecidas, transição é uma experiência que transcende códigos e regras, pois obriga os indivíduos envolvidos a visualizarem seus papéis no todo, ou seja, assumir o seu ser individual no grande projeto empreendedor da família.

É essencial lembrar que, em termos de transição, o processo sucessório não deve ser de regras de votação ou de regras de quórum, mas a busca de um consenso e um consentimento de todos de forma que não haja vencidos nem ganhadores, permitindo que o todo se transforme no único. A convivência e a definição da posição dos sucessores lado a lado com os empreendedores frente ao processo de transição são uma grande contribuição para o objetivo final: a perpetuação do empreendimento por meio de valores e princípios em que os intangíveis perpetuam o tangível.

Para elaborar um processo de transição e não de sucessão, são necessários alguns pré-requisitos essenciais:

- Cumplicidade entre as gerações quanto à sua visão de futuro; compartilhar o sonho e ser capaz de fazer acontecer o real transformando a visão em ação e a ação em realização.
- Compreensão de que as gerações, mesmo que cúmplices no presente e partilhando a visão do futuro, não são idênticas, pelo contrário, são essas

diferenças entre as gerações que asseguram o grande somatório de experiências, pois o aprendizado não foi só transferido como informação, mas compartilhado como formação.

- Que o tempo passa a ser apenas uma medida que determina um processo, mas não um momento que tem princípio e fim, pois a transferência de ônus e bônus decorrente da propriedade e da gestão acontece naturalmente, sem que haja a necessidade de uma causa e um efeito, característica típica do processo de sucessão em que a causa é a saída de cena de um e a entrada de outro. Transição implica simultaneidade.

Para que um processo de transição seja efetivo, é importante que haja um processo educativo de todos, considerando que a coeducação faz a diferença e compartilha o aprendizado, e, além de unificar o conhecimento, proporciona a vivência da evolução de ambas as gerações. A transição exercida por todos é a sucessão feita ao longo de uma vida, é transformar um feito em um processo e deixar que o processo determine o fato.

É a partir dessa conscientização da sucessão e da perpetuação das empresas familiares que devemos fortalecer e ser fortalecedores de processos, não expositores de uma solução ou de uma verdade. Buscar a transição é a questão fundamental da empresa familiar.

Dos gestores

A sucessão de diretores pode ocasionar um grande problema de perpetuidade da organização, simplesmente porque nenhum líder gosta de pensar "o que vai acontecer com sua empresa no dia em que ele não estiver mais nela" (Silva, 2006). Contudo, um plano sucessório é indispensável para empresas sustentáveis.

"A partir de hoje, a escolha do meu sucessor é a decisão mais importante que tenho a tomar. Irá requerer que eu passe muito tempo pensando quase todos os dias" – Jack Welch, ex-diretor executivo da General Electric (GE), falando sobre o plano de sucessão em 1991, nove anos antes da sua aposentadoria. Essa citação faz parte do estudo de Collins e Porras (1995). Esses autores pesquisaram sobre "empresas visionárias", ou seja, com alto grau de sustentabilidade e geração de valor, e verificaram as diferenças com as "empresas de comparação". Os dois grupos apresentam ótimas empresas, porém as visionárias obtiveram melhor desempenho, adaptando-se ao longo de sua história ao mercado competitivo, gerando maior valor.

A pesquisa de Collins e Porras (1995) revelou que a preocupação do famoso ex-diretor da GE era uma peculiaridade das empresas visionárias, ou seja, o treinamento interno de seus executivos. A pesquisa levantou os dados sobre o desempenho da gestão Welch e de seus antecessores, e, surpreendentemente, constatou que o alto valor gerado pela empresa ao longo de sua existência foi semelhante. Dessa maneira, os autores do estudo comentam que "ter um diretor-executivo do nível de Welch é impressionante; ter diretores-executivos do nível de Welch durante um século, todos treinados internamente – bem, este é um dos principais motivos pelos quais a GE é uma empresa visionária" (Collins e Porras, 1995, p. 247).

O planejamento da sucessão dos gestores, como dito anteriormente, é uma premissa básica das empresas visionárias. Segundo Collins e Porras (1995), em 1.700 anos (soma da história das empresas visionárias) apenas quatro pessoas de fora da empresa (ou seja, que até o momento não trabalhavam na empresa) assumiram o cargo de diretor-executivo. Dessa maneira podemos concluir que a sucessão planejada de seus gestores é uma tarefa de grande relevância para as empresas que objetivam sua perpetuidade, ou seja, sua sustentabilidade. Outros exemplos de grandes empresas brasileiras que planejam a sucessão: Marcopolo, Localiza, Randon e América Latina Logística, ALL (Silva, 2006).

Sustentabilidade pela gestão da imagem

Qual é o valor da imagem de uma empresa? D'Addario (2006b) afirma que a imagem não é tudo, mas pode custar muito tempo e dinheiro para limpá-la, caso venha a se sujar. Em algumas circunstâncias, a imagem da empresa pode levar a organização à falência.

E por que a imagem da empresa representa um bem intangível tão valioso? Podemos atribuir esse valor à competitividade do mercado, do ponto de vista dos concorrentes e também pela ótica dos clientes, que consequentemente se tornam cada vez mais exigentes. Na grande competição global, a imagem é um aspecto relevante.

Podemos citar diversos exemplos em que a incorreta gestão da imagem pode trazer grandes prejuízos à empresa: comércio de alimentos vencidos ou prejudiciais à saúde, comércio de produtos com alto teor de poluição, comércio de produtos não recicláveis, de difícil absorção do meio ambiente, assim como mau relacionamento com seus *stakeholders*, principalmente seus acionistas (ausência ou má estruturação de governança corporativa), fraudes etc.

Outro exemplo do peso da imagem pode ser observado em uma instituição financeira, para a qual perder a credibilidade pode ser algo muito impactante e gerar uma sucessão de crises (D'addario, 2006b).

Dessa maneira, tópicos como responsabilidade social e ambiental, assim como código de ética, que até pouco tempo atrás eram vistos como diferenciais, atualmente se tornaram vitais para a sustentabilidade das organizações.

Sustentabilidade pela gestão de riscos financeiros

Vimos, no Capítulo 1, a abordagem de riscos financeiros, que são compostos pelos riscos de crédito, de mercado, operacional, de liquidez e legal. Para este capítulo, convém a aplicação e gerenciamento de todos os riscos financeiros para atingir o objetivo da sustentabilidade financeira organizacional.

Na Resolução 3.380 do Banco Central do Brasil, o ponto VI do art. 3. indica que a estrutura de gerenciamento do risco operacional deve prever a existência de um plano de contingência contendo as estratégias a serem adotadas para assegurar condições de continuidade das atividades e para limitar graves perdas decorrentes de risco operacional (Bacen, 2006). Essa resolução alerta sobre os riscos operacionais, assim como o Disaster Recovery Institute (DRI) em sua divulgação de que, a cada cinco empresas que possuem interrupção nas suas operações por uma semana, duas fecham as portas em menos de três anos (DRI, 2006 apud Francisco, 2004). Dessa maneira, é possível notar a grande importância de um plano de continuidade de negócios (PCN) para o objetivo da sustentabilidade.

O PCN é um termo relativamente novo, resultante do plano de contingência e do plano de recuperação de desastres. Genericamente falando, o PCN é uma metodologia desenvolvida para garantir a recuperação de um ambiente de produção, independentemente de eventos que suspendam suas operações e dos danos nos componentes (*softwares, hardware,* infraestrutura etc.) por ele utilizados (Marinho, 2006).

Marinho continua expondo que, basicamente, um PCN é um conjunto de três outros planos: o plano de gerenciamento de crises (PGC), o plano de contingência (PCO) e o plano de recuperação de desastres (PRD). Cada um desses planos é focado em determinada variável de risco, em uma situação de ameaça ao negócio da empresa (ou ambiente): o PGC, nas atividades que envolvem as respostas aos eventos; o PCO, voltado para as atividades que garantam a realização dos processos; e o PRD voltado para a substituição ou reposição de componentes que venham a ser danificados.

Segundo Francisco (2004), os principais objetivos que devem ser atingidos pelo PCN são:

- Garantir a segurança dos empregados e visitantes.
- Minimizar danos imediatos e perdas em uma situação de emergência.
- Assegurar a restauração das atividades, instalações e equipamentos o mais rápido possível.
- Assegurar a rápida ativação dos processos de negócio críticos.
- Fornecer conscientização e treinamento para as pessoas-chave encarregadas dessa atividade.

D'Addario (2006a) corrobora objetivos do PCN afirmando que o estudo busca informar como os gestores deverão proceder em caso de um incidente, ação por ação, explicando o que fazer, quem deve fazer, quando fazer, como fazer, quais são os pontos críticos e o tempo das ações para uma recuperação dos servidores, dos aplicativos e dos bancos de dados mais importantes e vitais para o negócio de uma empresa.

Um ponto importante do PCN é a análise de impacto nos negócios (*business impact analysis* – BIA). Com base em Francisco (2004), as principais atividades realizadas nessa etapa, de acordo com a norma ISO/IEC 17799/2001, são:

- Identificação dos eventos que podem causar interrupções nos processos de negócios.
- Avaliação de risco para determinação do impacto dessas interrupções.
- Plano estratégico para determinar a abordagem mais abrangente a ser adotada para a continuidade do negócio.

O maior benefício de se realizar um plano de continuidade de negócios, de acordo com D'Addario (2006a), é "identificar no curto prazo qual é o valor real do risco e definir o escopo com maior precisão". Dessa maneira, o emprego dos planos de continuidade de negócios e de recuperação de desastres é essencial para garantir a existência da empresa (Ludescher e Cugnasca, 2006).

Concluindo, Francisco (2004) afirma que o PCN é imprescindível para empresas que não podem sofrer interrupção em seus processos de negócios, porque isso representaria risco de perdas financeiras, degradação da imagem no mercado e insatisfação do seu maior patrimônio: seus clientes.

O modelo de sustentabilidade financeira

Em geral, as pesquisas que utilizaram a expressão "sustentabilidade financeira" não definiram o tema e o utilizaram como sinônimo de viabilidade econômica e financeira.

No entanto, pôde-se observar que, para permanecer no mercado em longo prazo, uma empresa não precisa necessariamente arcar com todas as despesas, principalmente as de transações e de custo de capital. O essencial é que consiga estar preparada para enfrentar as adversidades de fatores externos, desenvolver processos sucessórios adequados e evitar uma série de fatores que resultem em sua mortalidade, como o alto endividamento e a falta de rentabilidade.

A sustentabilidade financeira, conforme visto anteriormente, é simplesmente a capacidade de a empresa permanecer solvente ao longo do tempo e desenvolver ações que contribuam para a sua perpetuidade. A sustentabilidade financeira depende de três esferas fundamentais: financeira, externa e de gestão. A primeira está relacionada aos aspectos financeiros em si, na qual a empresa deve orientar-se para evitar a insolvência, preocupando-se em estar preparada para transcender adversidades econômicas e evitar o insucesso.

No entanto, uma empresa pode obter bons indicadores financeiros, ser considerada solvente, mas deixar de existir (ser adquirida ou parar as atividades) por aspectos ligados à gestão, tais como a saída de pessoas importantes, líderes, fundadores, acionistas, investidores, entre outros. Por isso, a gestão é a segunda dimensão essencial da sustentabilidade financeira.

Cabe à empresa definir as suas estratégias e gerir as suas finanças. No entanto, boas empresas, bem geridas, com excelentes líderes, podem fracassar por aspectos que fogem das suas decisões. Desse modo, conclui-se que fatores externos podem vir a gerar a falência precoce das empresas e, portanto, representam a terceira esfera do modelo.

Assim, obtiveram-se as três esferas que determinam a sustentabilidade financeira, expostas na Figura 10.5.

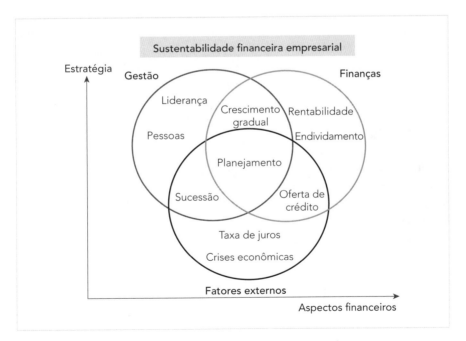

Figura 10.5 Modelo da sustentabilidade financeira empresarial.
Fonte: Branco (2013).

Portanto, a perenidade é resultado da existência de líderes humildes e engajados, de equipes motivadas em um ambiente de forte cultura organizacional. A sucessão é outro fator dramático para a permanência das empresas em longo prazo, mas também está relacionada com fatores externos, como fortes mudanças no ambiente econômico e até mesmo a morte do líder. É um fato a impossibilidade da certeza de quando será a sucessão, mas as empresas devem estar preparadas para isso.

Dentro da esfera financeira, as análises dos modelos de insolvência revelaram que os indicadores de endividamento e a rentabilidade são penalizados na grande maioria dos modelos, sendo inclusive considerados essenciais para a determinação da insolvência (Matias, 2009).

Além disso, o crescimento é outro fator de alerta, que envolve finanças, mas também planejamento e gestão. Higgins (1977) já demonstrava a preocupação com o quanto uma empresa poderia crescer sem afetar seus resultados futuros.

O crescimento também é apontado nos estudos de Collins (2006, 2010) como fator influente no fracasso. Aliás, o crescimento do faturamento acima da capacidade da empresa pode vir a ocasionar a situação de *overtrading* (Matias, 2007). Por isso, o crescimento deve ser planejado envolvendo a gestão estratégica da empresa com enfoque na sustentabilidade financeira.

A última esfera envolve aspectos econômicos alheios à gestão financeira e estratégica das empresas, que pode vir a gerar a mortalidade, caso elas não estejam atentas e preparadas para as mudanças no ambiente externo.

Contador (1985) comprovou que a alteração na política de crédito e na taxa de juros da economia implica o aumento da taxa de insolvência das empresas, impactando diretamente na possibilidade de contaminação de toda a cadeia.

Também a ausência de crédito e o excesso de liquidez da economia são prejudiciais para as empresas (Contador, 1985). Sendo assim, constatou-se que a gestão financeira deve permanecer alerta para evitar o aumento do endividamento, aproveitando-se da expansão do crédito e buscando diversificar as fontes de financiamento para não se tornar dependente do nível de crédito à disposição.

Por fim, a ausência de planejamento é um dos principais fatores de mortalidade empresarial, como também fundamental para o sucesso das empresas. O planejamento deve conter metas claras, simples, objetivas e integradas entre as três esferas, envolvendo, portanto, aspectos de gestão, indicadores financeiros e estratégias para lidar com alterações no cenário econômico, aumentando assim as chances de perpetuidade da empresa.

FINANÇAS SOCIAIS

As finanças sociais objetivam investir o dinheiro para a obtenção de retornos sociais e também econômicos. São incluídos nesse tipo de abordagem o microcrédito, o *crowdfunding* ou financiamento coletivo, os títulos de impacto social ou *social impact bonds* (SIB), os negócios sustentáveis, o investimento comunitário e os empréstimos às empresas com objetivos sociais (Social Enterprise, 2015; Social Finance CA, 2015).

A OIT (Organização Internacional do Trabalho), agência especializada da Organização das Nações Unidas (ONU), enxerga nas finanças sociais uma preocupação transversal que aborda a criação de empregos, melhores condições de trabalho, proteção social e direitos fundamentais, como a prevenção do trabalho infantil e do trabalho forçado e a igualdade de gênero. A materialização desses objetivos exige que o setor financeiro seja mais inclusivo (Churchill, 2015).

A inclusão financeira tem sido amplamente reconhecida como um fator crítico para a redução da pobreza e o alcance do crescimento econômico. Em seu nível mais básico, a inclusão se inicia com a abertura de uma conta em uma instituição financeira, seja um banco, seja uma cooperativa de crédito ou instituição de microfinanças. Em 2014, aproximadamente dois bilhões de adultos ao redor do mundo não possuíam acesso a esse tipo de serviço, porém apenas 4% declaravam não necessitar dele. O acesso a contas-correntes, poupanças e outros mecanismos de pagamentos, como, por exemplo, o *mobilie money* ou serviço de pagamento móvel, aumentam as poupanças, dão maior autonomia às mulheres, estimulam investimentos em produção e favorecem o aumento do consumo (Global Findex Database, 2015).

A Figura 10.6 apresenta a porcentagem de adultos que em 2014 tinham acesso a uma conta. É verificada a grande variação de acesso a esse tipo de serviço, sendo que 94% nos países de alta renda da OECD (Organização para Cooperação e Desenvolvimento Econômico), 34% na África Subsaariana, incluindo 12% que utilizam o *mobilie money*, e apenas 14% no Oriente Médio.

São apontadas como oportunidades promissoras para a expansão da inclusão financeira a redução de pessoas que não possuem conta e o aumento do uso dessa conta por aqueles que já possuem esse serviço.

Entre as instituições que promovem as finanças sociais está a OIT, que possui um programa com ênfase na justiça social. Os esforços desse programa são orientados à promoção de melhores empregos e à redução da vulnerabilidade dos trabalhadores pobres. Os meios para que se atinjam esses objetivos são o oferecimento de serviços financeiros inovadores, a condução de políticas condutivas à melhoria dos empregos e o maior acesso a serviços financeiros com gestão de risco adequada, incluindo o microsseguro (ILO, 2015).

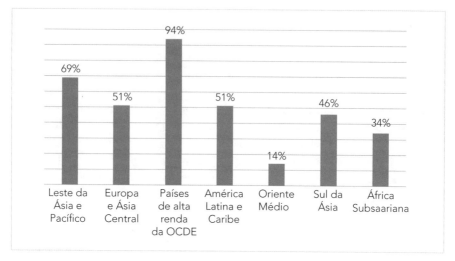

Figura 10.6 Adultos com uma conta (%) em 2014.
Fonte: adaptada de Global Findex Database (2015).

O microsseguro possui papel essencial para o crescimento e desenvolvimento econômico e humano, pois torna o sistema financeiro mais inclusivo ao oferecer à população de baixa renda e microempreendedores, formais e informais, serviços de poupança, crédito e seguro. Isso auxilia na diminuição da pobreza ao juntar elementos dos serviços financeiros e da proteção social (Susep, 2015).

Crowdfunding

O *crowdfunding* é uma nova metodologia de financiamento para diferentes tipos de empreendimentos. Ele permite que empreendedores individuais ou grupos de pessoas que desejam empreender com diferentes objetivos, com fins lucrativos, culturais ou projetos sociais, solicitem pequenas contribuições financeiras a uma grande quantidade de pessoas utilizando como plataforma a internet e sem a utilização de intermediações financeiras tradicionais. Esses pequenos investidores obterão em troca desses fundos os produtos produzidos pelos empreendimentos ou a participação no patrimônio líquido do negócio (Mollick, 2014).

A modalidade mais tradicional de *crowdfunding* é o tudo ou nada, ou seja, caso o valor solicitado aos investidores seja alcançado dentro de determinado período de tempo, ele é direcionado ao empreendimento; caso não seja alcançado, os recursos são devolvidos aos investidores. No caso de sucesso, uma porcentagem dos fundos obtidos é revertida para a plataforma em que o projeto foi exposto. Por conta da utilização da internet como plataforma e da baixa quantidade de dinheiro investido individualmente, essa é uma das modalidades de finanças sociais que têm se difundido com maior sucesso em todo o mundo. Entre os diferentes sites que atuam com o *crowdfunfding* estão os internacionais Kickstarter, o Indiegogo e o StartSomeGood, que se direciona especificamente a empreendimentos sociais ou sem fins lucrativos (Taylor, 2013). No Brasil, os sites mais populares são o Kickante, o Catarse e o Juntos, que tratam especificamente de projetos sociais.

Títulos de impacto social ou *social impact bonds* (SIB)

Em relação aos títulos de impacto social, foram lançados de maneira pioneira pela Social Finance, uma organização sem fins lucrativos que atua em parceria com governos, o setor social e a comunidade financeira em busca de soluções para problemas sociais do Reino Unido e em outros países. Essa instituição oferece serviços de desenvolvimento e implementação de novos modelos de negócios sociais, consultoria administrativa às instituições de caridade, empresas sociais e companhias de interesse comunitário e, entre outros serviços, os títulos de impacto social.

Esses títulos são um mecanismo financeiro pelo qual investidores alocam dinheiro em um conjunto de intervenções que buscam melhorar um resultado social que é de interesse do governo. Quando é gerada uma melhoria no resultado social, o governo reembolsa o investimento inicial dos investidores acrescido de um rendimento relativo aos riscos financeiros que eles assumiram. Se os resultados sociais não forem alcançados, os investidores podem perder seu investimento; portanto, trata-se de um modelo de pagamento pelo sucesso, em que o retorno do investimento ocorre apenas se for atingida a melhoria social proposta (Social Finance UK, 2015). A Figura 10.7 apresenta o mecanismo de funcionamento desses títulos.

O Programa de Experiência de Aprendizagem do Comportamento Adolescente (Able) é um exemplo de título de impacto social. Lançado nos Estados Unidos, por meio de um investimento de aproximadamente 10 milhões de dólares, possuía como objetivo a redução da taxa de reincidência de encarceramento na instalação penitenciária de Rikers Island. O título foi lançado pelo banco Goldman Sachs em parceria com a cidade de Nova York e a Bloomberg Philanthropies. Além dessas organizações, integrou a parceria um intermediário que supervisionava o dia a dia da implementação do projeto e gerenciava os provedores sem fins lucrativos dos serviços utilizados. O retorno do capital investido pelo Goldman Sachs ocorreria apenas se a taxa de readmissão de en-

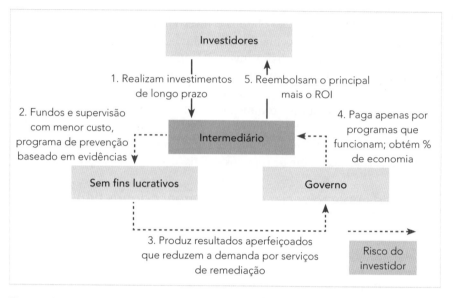

Figura 10.7   Mecanismo de funcionamento de um título de impacto social.
Fonte: adaptada de Hartley (2015).

carceramento, mensurada pela quantidade de dias de prisão evitados, sofresse redução superior a 10%. Quando a taxa atingisse 11% ou mais, o banco receberia o retorno sobre o investimento (ROI), cuja magnitude era relacionada com a redução da taxa de reencarceramento e as economias geradas para o governo. Portanto, quanto maior a redução, maior seria o retorno sobre o investimento realizado. A Tabela 10.3 apresenta esses valores.

Tabela 10.3   Retorno obtido de acordo com o sucesso do projeto

Redução na taxa de reencarceramento	Pagamento da cidade ($)	Retorno sobre o investimento (ROI)	Economia líquida de longo prazo projetada para a cidade ($)
> 20%	11.712.000	22%	20.500.000
> 16%	10.944.000	14%	11.700.000
> 13%	10.368.000	8%	7.200.000
> 12,5%	10.272.000	7%	6.400.000
> 12%	10.176.000	6%	5.600.000
> 11%	10.080.000	5%	1.700.000
> 10%	9.600.000	0%	> 1.000.000

Fonte: adaptada de Hartley (2015).

Verifica-se que, caso a taxa de redução de reencarceramento atingisse um valor pouco superior a 10%, o banco apenas receberia de volta o valor investido. Contudo, ao atingir uma taxa de redução superior a 20%, receberia um retorno de 22% sobre o investimento.

RESUMO

A sociedade não pode arcar com os custos do insucesso das empresas. A descontinuidade das organizações traz prejuízos elevados para investidores, empregados, fornecedores e sócios. Afeta todo um país e uma infinidade de pessoas.

A gestão das empresas deve primordialmente evitar esse cenário, mas não há uma estratégia clara que contribua especificamente para isso. Entretanto, tendo em vista que a sustentabilidade é um tema em desenvolvimento e aceito pelo mercado, mas ainda pouco compreendido, este capítulo foi elaborado com o intuito de contribuir para o esclarecimento e a aplicação do tema na gestão financeira.

Constatou-se que a sustentabilidade financeira é a capacidade de a empresa manter-se solvente e desenvolver ações focadas na perpetuidade, retirando o crescimento econômico e os resultados financeiros das prioridades das empresas.

Para isso, este capítulo trouxe a proposta de um modelo de sustentabilidade financeira empresarial com enfoque em três esferas determinantes para a sustentabilidade financeira: fatores externos, fatores financeiros e de gestão.

Com esse modelo e resultados apresentados, espera-se contribuir para o fortalecimento do ambiente empresarial, gerar bases para novas pesquisas e fomentar discussões para aplicação dos conceitos de sustentabilidade na gestão financeira das empresas.

QUESTÕES

1. O que é missão organizacional? Qual a importância na gestão, na estratégia e na sustentabilidade organizacional?
2. Em que consiste a visão de sustentabilidade corporativa? Explique.
3. Qual a importância da sustentabilidade para o desenvolvimento de ações organizacionais? Explique.
4. Em que consiste o modelo de Hart e Milstein? Explique.
5. O que são conjuntos de motivadores para a sustentabilidade global? Qual o impacto na formulação de estratégias organizacionais?
6. Como a competitividade influencia as estratégias organizacionais? Qual a importância desse fator quando se busca a geração de valor e a sustentabilidade?

7. Quais os principais modelos de competitividade? Em sua opinião, qual seria o mais adequado? Justifique.
8. A competitividade das empresas, a partir da análise de seu desempenho financeiro, é expressa por sua capacidade de criação de valor. Quais premissas básicas sustentam essa abordagem? Explique.
9. Em que consiste o modelo de sustentabilidade financeira corporativa? Explique detalhadamente.
10. Explique como o processo de sucessão pode influenciar a sustentabilidade da empresa. Destaque os aspectos positivos e negativos.

EXERCÍCIO

1. Procure uma notícia recente divulgada na mídia sobre um dos temas abordados neste capítulo e faça uma análise crítica, ressaltando os pontos principais e as consequências financeiras para a organização.

ESTUDO DE CASO

Conforme já citamos, a trajetória da Bioenergia comporta duas etapas distintas: a duração dos primeiros contratos, que "travam" riscos e asseguram remuneração à Bioenergia até 2012; e a fase seguinte, quando novas negociações e condições de funcionamento sobrevirão, na qual todos os benefícios explícitos e contratuais decorrentes do caráter pioneiro no mercado da Bioenergia irão expirar.

Assim, a sustentabilidade passa não apenas por assegurar o cumprimento das estratégias determinadas para gestão por meio de valor, tratadas anteriormente, mas também por uma visão baseada em valor capaz de projetar o futuro da Bioenergia sem as vantagens competitivas que hoje decorrem dos contratos e arranjos institucionais estabelecidos quando o então projeto Bioenergia teve sua realização discutida, firmada e executada.

Aspectos legais e ambientais tendem a ser altamente favoráveis ao projeto, de forma muito mais pronunciada que a visualizada no início do projeto. A consolidação de um mercado de créditos de carbono apresentou novas oportunidades de longo prazo de geração de valor, uma vez que proporciona receitas que não eram esperadas originalmente.

REFERÊNCIAS

ABDELSAMAD, M.H.; KINDLING, A.T. ¿Por qué fracasa la pequeña empresa? *Advanced Management Journal*. Administración de empresas, p. 336-344, 1978.

ALBUQUERQUE, A.F; ESCRIVÃO, E.F. *Fatores de mortalidade em pequenas empresas*. Egepe, Encontro de Estudos e Gestão de Pequenas Empresas, 2012, Santa Catarina. *Anais...* Santa Catarina, 2012, p. 1797-1810.

AUSTRAUSKAS, F.B. *Planejamento estratégico para empresas concordatárias e em recuperação judicial*. 2003. 84 f. Dissertação (Mestrado em Administração) – Departamento de Administração, Faculdade de Economia, Administração e Contabilidade, Universidade de São Paulo, São Paulo.

AZEVEDO, J. H. *Como iniciar uma empresa de sucesso*. Rio de Janeiro: Qualitymar, 1994.

[BACEN] BANCO CENTRAL DO BRASIL. *Resolução 3.380*. Brasília, 2006.

BARDIN, L. *Análise de conteúdo*. Lisboa: Edições 70, 2011. 280p.

BARBIERI, J.C. et al. Inovação e sustentabilidade: novos modelos e proposições. *Revista de Administração de Empresas*, v. 50, n. 2, p. 146-154, jun. 2010.

BEAVER, W. Financial ratios as predictors of failure. *Journal of Accounting Research*, v. 4, p. 71-111, 1966.

BECKHARD, R.; DYER, W.G. Managing continuity in the family-owned business. *Organizational Dynamics*, v. 12, n. 1, p. 5-12, 1983.

BELLOVARY, J.; GIACOMINO, D.; AKERS, M. A review of bankruptcy prediction studies: 1930 to present. *Journal of Finance Education*, v. 33, p. 1-43, 2007.

BERNHOEFT, R.; GALLO, M. *Governança na empresa familiar*. Rio de Janeiro: Campus, 2003. 148p.

BNDES. Análise da sobrevivência das firmas brasileiras. *Informe-se*, n. 46, ago. 2002.

_____. Firmas e emprego: demografia das firmas brasileiras. *Informe-se*, n. 50, jan. 2003.

_____. Disponível em: http://www.bndes.gov.br/SiteBNDES/export/sites/default/bndes_pt/Galerias/Arquivos/produtos/download/circ034_11.pdf. Acesso em: 1 ago. 2017.

BONACIM, C.A.; CUNHA, L.C.; CÔRREA, H.L. Mortalidade dos empreendimentos de micro e pequenas empresas. *Revista Gestão & Regionalidade*, v. 25, p. 61-78, 2009.

BORINELLI, M.L.; BEUREN, I.M. *O postulado da continuidade na perspectiva do ciclo de vida organizacional*. In: 2º Seminário USP de Contabilidade, out. 2002. Disponível em: http://www.eac.fea.usp.br/congressousp/seminario2/trabalhos/A193.pdf. Acesso em: 8 mai. 2006.

BRANCO, A.M.F. *Sustentabilidade financeira empresarial no Brasil*. Dissertação (Mestrado em Administração de Organizações) – Faculdade de Economia, Administração e Contabilidade de Ribeirão Preto, Universidade de São Paulo, Ribeirão Preto, 2013. Disponível em: http://www.teses.usp.br/teses/disponiveis/96/96132/tde-12022014-110452/pt-br.php. Acesso em: 8 dez. 2015.

BRASIL, H.V. et al. Longevidade e sobrevivência no mundo empresarial brasileiro. *Revista DOM – Fundação Dom Cabral*, Belo Horizonte, n. 1, p. 34-41, nov. 2006.

BREALEY, R.A.; MYERS, S.C. *Principles of corporate finance*. McGraw-Hill, 1996.

BRITO, G.A.S.; ASSAF NETO, A. Modelo de classificação de risco de crédito de empresas. *Revista Contabilidade & Finanças*, v. 19, n. 46, p. 18-29, abr. 2008.

BRITO, R.P.; BRITO, L.A.L. Vantagem competitiva, criação de valor e seus efeitos sobre o desempenho. *Revista de Administração de Empresas*, v. 52, n. 1, p. 70-84, fev. 2012.

BRUNO, A.V; LEIDECKER, J.K. Causes of new venture failure: 1960s vs. 1980s. *Business Horizons*, v. 31, n. 6, p. 51-56, nov. 1988.

CANÇADO, V.L. et al. Ciclo de vida, sucessão e processo de governança em uma empresa familiar: um estudo de caso no Grupo Seculus. *REAd. Revista Eletrônica de Administração* (Porto Alegre), v. 19, n. 2, p. 485-516, ago. 2013.

CARVALHO, A.S. Recuperação judicial da empresa com fundamento no princípio da viabilidade econômico-financeira. *Boletim Jurídico*, Uberaba, ano 5, n. 215, 2007. Disponível em: http://www.boletimjuridico.com.br/doutrina/texto.asp?id=1730. Acesso em: 9 abr. 2007.

CEBDS. *Conselho Empresarial Brasileiro para o Desenvolvimento Sustentável*. Disponível em: http://www.cebds.org.br/cebds/eco-rbe-ecoeficiencia.asp. Acesso em: 13 abr. 2006.

CHURCHILL CENTRAL. Disponível em: https://churchillcentral.com/News/Churchill-2015. Acesso em: 13 jul. 2017.

CLARKE, F.L.; DEAN, G.W.; OLIVER, K.G. *Corporate collapse*: regulatory accounting and ethical failure. Melbourne: Cambridge University, 1998.

CLARO, P.B.O.; CLARO, D.P.; AMÂNCIO, R. Entendendo o conceito de sustentabilidade. *Revista de Administração da Universidade de São Paulo*, v. 43, n. 4, p. 289-300, 2008.

COLLINS, J. *Como as gigantes caem*: e por que algumas empresas jamais desistem. Rio de Janeiro: Elsevier, 2010.

COLLINS, J.; HANSEN, M.T. *Vencedoras por opção*: incerteza, caos e acaso – por que algumas empresas prosperam apesar de tudo. São Paulo: HSM Editora, 2012.

COLLINS, J.C. *Empresas feitas para vencer*: por que apenas algumas empresas brilham. Rio de Janeiro: Campus, 2006.

COLLINS, J.C.; PORRAS, J.I. *Feitas para durar*: práticas bem sucedidas de empresas visionárias. Trad. Silvia Schiros. Rio de Janeiro: Rocco, 1995.

CONTADOR, C. R. Insolvência de empresas e política macroeconômica. *Revista de Administração da Universidade de São Paulo*, v. 20, n. 2, p. 15-27, 1985.

COPELAND, T.; KOLLER, T.; MURRIN, J. *Avaliação de empresas*: valuation, calculando e gerenciando o valor das Empresas. 3.ed. São Paulo: Makron Books, 2002. 499p.

D'ADDARIO, J. *Continuidade de negócios*. Disponível em: http://www.daryus.com.br/colunistas_jeferson.asp?id=2. Acesso em: 26 out. 2006a.

_____. *O custo da imagem de uma empresa*. Disponível em: http://www.daryus.com.br/colunistas_jeferson.asp?id=1. Acesso em: 26 out. 2006b.

DOW JONES Sustainability indexes. Corporate sustainability. Disponível em: http://www.sustainability-indexes.com/06_htmle/ sustainability/corpsustainability.html. Acesso em: 26 out. 2006.

[DRI] INTERNATIONAL DISASTER RECOVERY INSTITUTE. *Business continuity*. Disponível em: http://www.drii.org. Acesso em: 26 out. 2006.

DUM, E.G.; ARBUCKLE JR., J.G.; PARADA, M.R.C. *Extending microfinance approaches into the agricultural sector*: a review of key concepts. Columbia: University of Missouri, 1998.

DUTRA, I.S.; PREVIDELLI, J.J. Perfil empreendedor versus mortalidade de empresas: um estudo de caso do perfil do micro e pequeno empresário empreendedor. In: Encontro Nacional dos Programas de Pós-Graduação em Administração, Enanpad, 27, Atibaia, 2003. Anais... Rio de Janeiro: Anpad, 2003.

DUTRA, I.; PREVIDELLI, J.J. Fatores condicionantes da mortalidade de empresas: um estudo dos empreendedores de micro e pequenas empresas paranaenses. *Revista Capital Científico Guarapuava*, v. 3, n. 1, p. 29-50, 2005.

EDP. *Energias de Portugal*. Disponível em: http://www.edp.pt. Acesso em: 16 out. 2006.

ELKINGTON, J. Partnerships from cannibals with forks: The triple bottom line of 21st century business. *Environmental Quality Management*, v. 8, n. 1, p. 37-51, jan. 1998.

ELKINGTON, J. Towards the sustainable corporation: win win win business strategies for sustainable development. *California Management Review*, v. 36, n. 3, 1994.

EVANS, D.S. The relationship between firm growth, size and age: estimates for 100 manufacturing industries. *The Journal of Industrial Economics*, v. 35, n. 4, p. 567-581, jun. 1987.

FACHINI, C. *Sustentabilidade financeira e custos de transação em uma organização de microcrédito no Brasil.* Dissertação (Mestrado) – ESALQ/USP, Piracicaba, 2005.

FERNANDES, M.A. *Sustentabilidade financeira. Proposta de indicador de sustentabilidade financeiro aplicável às micro e pequenas empresas.* 148f. Dissertação (Mestrado em Administração das Micro e Pequenas Empresas) – Faculdade de Campo Limpo Paulista, Faccamp, Campo Limpo Paulista. 2011.

FERNANDO, L.; FERREIRA, F.; OLIVA, F.L. Análise quantitativa sobre a mortalidade precoce de micro e pequenas empresas da cidade de São Paulo. *Revista Gestão de Produção*, v. 19, n. 4, p. 811-823, 2012.

FERREIRA, L.F.F.; SANTOS, S.A. *Mortalidade precoce: uma análise das micro e pequenas empresas de São Paulo.* Egepe, Encontro de Estudos e Gestão de Pequenas Empresas, 2.ed. Anais... São Paulo: V Egepe, 2008.

FRANCISCO, R. *A importância de um plano de continuidade do negócio na organização.* Trabalho de conclusão de curso. Instituto Superior Tupy, Joinville, 2004.

FUBRA. *Fatores condicionantes de mortalidade de empresas do Tocantins.* Brasília: Fundação Universitária de Brasília, 2006.

GABRIEL, S. A administração da falência e da recuperação de empresas. *Boletim Jurídico*, Uberaba/MG, ano 4, n. 168, 2006. Disponível em: http://www.boletimjuridico.com.br/doutrina/texto.asp?id=1108. Acesso em: 9 abr. 2007.

GEUS, A. *A empresa viva: como as organizações podem aprender a prosperar e se perpetuar.* Trad. Lenke Peres. 12.ed. Rio de Janeiro: Elsevier, 1998.

GRAPEGGIA, M. et al. Fatores condicionantes de sucesso e/ou mortalidade de micro e pequenas empresas em Santa Catarina. *Produção*, v. 21, n. 3, p. 444-455, set. 2011.

GLOBAL FINDEX DATABASE. Disponível em: http://www.worldbank.org/en/programs/globalfindex. Acesso em 15 de jun. de 2016.

GUIMARÃES, A.; MOREIRA, T.B.S. Previsão de insolvência: um modelo baseado em índices contábeis com utilização da análise discriminante. *Revista de Economia Contemporânea*, v. 12, n. 1, p. 151-178, 2008.

HART, S.L., MILSTEIN, M.B. Criando valor sustentável. *RAE*, v. 3, n. 2. maio/jul. 2004.

HARTLEY, J. *Social impact bonds are going mainstream.* Disponível em: http://www.forbes.com/sites/jonhartley/2014/09/15/social-impact-bonds-are-going-mainstream/. Acesso em: 10 jul. 2015.

HIGGINS, R.C. How much growth can a firm afford? *Financial Management*, v. 6, n. 3, p. 7-16, jan. 1977.

ILO. Disponível em: http://www.ilo.org/empent/areas/social-finance/lang--en/index.htm. Acesso em: 24 jun. 2015.

IUDÍCIBUS, S. de. *Teoria da contabilidade.* 6.ed. São Paulo: Atlas, 2000.

KANITZ, S.C. Como prever falências de empresas. *Revista Negócios em Exame*, p. 95-102, 1974.

KANITZ, S.C. *Como prever falências.* São Paulo: Mc Graw-Hill do Brasil, 1978. 176p.

KANITZ, S.C. Como prever falências cinco anos depois. *Revista de Administração da USP*, v. 15, n. 4, p. 127-131, out./dez. 1980.

LANSBERG, I. The succession conspiracy. *Family Business Review*, v. 1, n. 2, p. 143-199, 1988.

LEÓN, P. *Os quatro pilares da sustentabilidade financeira.* Série Práticas para o Sucesso, v. 2. Arlington: Publicações para o Desenvolvimento de Capacidades, The Nature Conservancy, 2011. 33p.

LEITE, L.R. *Systematic literature review on performance measurement and sustainabiliity.* In: 33 Annual International Conference of the American Society for Engineering Management, 2012, Virginia Beach. *Proceedings...* Virginia: ASEM, 2012.

LETHBRIDGE, E. Tendências da empresa familiar no mundo. *Revista BNDES*, 1997. Disponível em: http://www.bndes.gov.br/conhecimento/revista/rev707.pdf. Acesso em: 15 jul. 2013.

LIMA, M.; FILARDI, F.; LOPES, A.L.M. Multicritério do risco percebido de falência das micro e pequenas empresas brasileiras. *Revista de Micro e Pequena Empresa*, v. 4, n. 1, p. 1-16, 2010.

LISBOA, M.B. et al. *A racionalidade econômica da nova lei de falências e de recuperação de empresas.* 2005. Disponível em: www.fazenda.gov.br/spe/publicacoes/Lei%20de%20Falências%20-%20Artigo%20-%202006-0.pdf. Acesso em: 29 mar. 2007.

LUDESCHER, W.; CUGNASCA, P.S. *Planos de continuidade de negócios e de recuperação de desastres na indústria aeronáutica.* Disponível em: http://www.linorg. cirp.usp.br/SSI/SSI2004/Poster/P06_ssi04.pdf. Acesso em: 30 out. 2006.

MACHADO, H.; ESPINHA, P. Reflexões sobre as dimensões do fracasso e mortalidade de pequenas empresas. *Revista Capital Científico*, v. 3, n. 1, p. 51-64, 2005.

MARINHO, F. *Você sabe o que é um PCN? Veja como proteger sua empresa de uma parada inesperada...* Disponível em: http://www.widebiz.com.br/gente/fmarinho/paradainesperada.html. Acesso em: 28 out. 2006.

MASCHIETO, A.J. *Contribuição para desenvolvimento de um modelo de competitividade financeira de empresas.* Dissertação (Mestrado) – Departamento de Administração, FEARP-USP, Ribeirão Preto, 2006.

MATIAS, A.B. *Análise financeira fundamentalista de empresas.* São Paulo: Atllas, 2009. 392p.

_____. *Contribuição às técnicas de análise financeira: um modelo de concessão de crédito.* Monografia. Trabalho de conclusão de curso em administração. FEA, Universidade de São Paulo, São Paulo, 1978.

_____. *Finanças corporativas de curto prazo: a gestão do valor do capital de giro.* São Paulo: Atlas, 2007.

_____. *Finanças corporativas de longo prazo: criação de valor com sustentabilidade financeira.* São Paulo: Atlas, 2007. v. 2. 320p.

_____. *O instituto jurídico da concordata no Brasil como instrumento de recuperação econômica e financeira das empresas.* Tese (Doutorado) – Departamento de Administração, FEA-USP, São Paulo, 1992.

MATIAS, A.B.; ROSIFINI Jr., V.; CORRÊA, A.C.C. *Sucesso financeiro nas empresas de capital aberto brasileiras: um estudo exploratório.* In: Conselho Latino-Americano das Escolas de Administração, Cladea, 39. Anais... Puerto Plata, 2004.

MERCADO de crédito de carbono. *Internews management*, 2004. Disponível em: http://www.internews.jor.br/Eventos/04/management/24CC/programa.htm. Acesso em: 2 fev. 2007.

MINELLO, I.; ALVES, L.; SCHERER, L. *Competências do empreendedor frente ao insucesso empresarial.* In: Seminiários em Administraçao, Semead, 14. São Paulo, 2011. Anais... São Paulo: FEA-USP, 2011. Disponível em: http://www.ead.fea.usp.br/semead/14semead/resultado/trabalhosPDF/840.pdf. Acesso em: 31 maio 2013.

MOLLICK, E. The dynamics of crowdfunding: An exploratory study. *Jounal of Business Venturing*. v. 29, n. 1, p. 1-16, jan. 2014.

MONTEIRO, F.E. *Nova lei de falências: considerações gerais.* 2005. Disponível em: http://www.informanet.com.br/artsocleifal260105.htm. Acesso em: 29 mar. 2007.

NAJBERG, S.; PUGA, F.P.; OLIVEIRA, P.A.S. Sobrevivência das firmas no Brasil: dez. 1995 a dez. 1997. *Revista do BNDES*, Rio de Janeiro, v. 7, n. 13, p. 33-48, jun. 2000.

NASCIMENTO, A.M. Uma contribuição para o estudo dos custos de oportunidade. Dissertação (Mestrado) – Departamento de Contabilidade. Faculdade de Economia, Administração e Contabilidade (FEA/USP), São Paulo, 1998.

NEVES, J.A.D.; PESSOA, R.W.A. Causas da mortalidade de micros e pequenas empresas: o caso das lojas de um shopping center. *Organizaçoes em Contexto*, v. 1, n. 4, p. 165-195, 2006.

NUCCI, A.R. The demography of business closing. *Small Business Economics*, v. 12, p. 25-39, 1999.

OHLSON, J.A. Financial ratios and the probabilistic predition of brankruptcy. *Journal of Accounting Research*, v. 1, p. 109-131, 1980.

OLIVEIRA, C.M. *Nova lei de falências: principais alterações*. 2005. Disponível em: http://www.boletimjuridico.com.br/doutrina/texto.asp?id=517. Acesso em: 29 mar. 2007.

OLIVEIRA, J.L.; ALBUQUERQUE, A.L.; PEREIRA, R.D. De "filho do dono" a dirigente ilustre: caminhos e descaminhos no processo de construção da legitimidade de sucessores em organizações familiares. *Revista de Administração da USP*, v. 48, n. 1, p. 21-33, 2013.

PANDOLFO, M.; VELOSO, P. Análise da mortalidade das micro e pequenas empresas e evidências para o município de Passo Fundo-RS. *Teoria da Evidência Econômica*, v. 8, n. 14, p. 77-95, 2000.

PAULI, R.; CRUZ, M. *Uma análise sobre a mortalidade de micro e pequenas empresas no Paraná*. Londrina: Universidade Federal do Paraná, 2005. Disponível em: http://www.ecopar.ufpr.br/artigos/a5_093.pdf. Acesso em: 31 jun. 2013.

PEREIRA, R.C.M.; SOUZA, P.A. *Fatores de mortalidade de micro e pequenas empresas: um estudo sobre o setor de serviços*. In: 5º Simpósio de Excelência em Gestão e Tecnologia, Resende, 2008. Anais... Rio de Janeiro: Seget, 2008.

PEREIRA, H.; SANTOS, S. *Criando seu própio negócio: como desenvolver o potencial empreendedor*. Brasília: Sebrae, 1995. 316p.

PEREIRA, O. M.; NESS JR, W. L. O modelo e-Score de previsão de falências para empresas de internet. *Revista de Administração Contemporânea*, v. 8, n. 3, p. 143-166, set. 2004.

PINTO, L.J.S. *Contabilidade tributária: atualizado com as leis 11.941/09 e 11.638/07*. Curitiba: Jurua, 2011.

ROQUE, S.J. A lei da recuperação judicial cria novos destinos para a empresa. *Boletim Jurídico*, Uberaba, ano 4, n. 163, 2006. Disponível em: http://www.boletimjuridico.com.br/doutrina/texto.asp?id=1039. Acesso em: 9 abr. 2007.

ROSS, S.A.; WESTERFIELD, R.W.; JORDAN, B.D. *Princípios de administração financeira*. 2.ed. São Paulo: Atlas, 2000.

SANTOS, S. *Lavagem de dinheiro: a obrigação de informar*. Disponível em: http://www.analisefinanceira.com.br/artigos/lavdin.htm. Acesso em: 25 abr. 2007.

SANVICENTE, A.Z.; MINARDI, A.M.A.F. *Identificação de indicadores contábeis significativos para a previsão de concordata de empresas*. Instituto Brasileiro de Mercado de Capitais, Working Paper, 1998.

SCHMIDT, S.; BOHNENBERGER, M.C. Perfil empreendedor e desempenho organizacional. *Revista de Administração Contemporânea*, v. 13, n. 3, p. 450-467, set. 2009.

SEBRAE. *Dez anos de monitoramento da sobrevivência e mortalidade das empresas*. São Paulo, 2008.

_____. *Coleção Estudos e Pesquisas Taxa de Sobrevivência das Empresas no Brasil*. Brasília:, 2011.

SILVA, A.S. Marca registrada. *Capital Aberto*, n. 38. p. 34-36, out. 2006.

SILVA, I.L.M. Breves comentários à nova Lei de Falências: aspectos penais e processuais penais da Lei n. 11.101/2005. Disponível em: http://jus2.uol.com.br/doutrina/texto.asp?id=6633. Acesso em: 29 mar. 2007.

SILVA, J. Avaliaçao da saúde financeira das empresas. *Revista de Administração de Empresas*, v. 23, n. 2, p. 41-47, 1983.

SILVA, J.P. *Administração de crédito e previsão de insolvência*. São Paulo: Atlas, 1983.

SOCIAL ENTERPRISE. Disponível em: http://www.socialenterprise.org.uk/about/about-social--enterprise/social-enterprise-dictionary. Acesso em: 26 jun. 2015.

SOCIAL FINANCE CA. Disponível em: http://socialfinance.ca/topics/social-finance-tools/. Acesso em: 10 jun. 2015.

SOCIAL FINANCE UK. Disponível em: http://www.socialfinance.org.uk/services/. Acesso em: 26 jun. 2015.

VIAPIANA, C. *Fatores de sucesso e fracasso da micro e pequena empresa*. In: Egepe, 2º Encontro de Estudos e Gestão de Pequenas Empresas. *Anais...* Londrina: II Egepe, 2001.

WERNER, R.A. *Família e negócios: um caminho para o sucesso*. Barueri: Manole, 2004.

XISTO, J.G.R. *Contribuição para o desenvolvimento de um modelo de sustentabilidade financeira de empresas*. 98f. Dissertação (Mestrado em Administração de Organizações) – Faculdade de Administração, Economia e Contabilidade de Ribeirão Preto, Universidade de São Paulo, Ribeirão Preto, 2007.

BIBLIOGRAFIA SUGERIDA

ABREU, V.M. Poderá o Brasil capitalizar sobre o mercado de carbono? *Jus Navigandi*, Teresina, ano 9, n. 623, 23 mar. 2005. Disponível em: http://jus2.uol.com.br/doutrina/texto.asp?id=6509. Acesso em: 2 fev. 2007.

AGROSOFT. Agronegócio e tecnologia da informação. *Comércio de crédito de carbono dobra em 2006*. Disponível em: http://agrosoft.com/?q=node/22635. Acesso em: 5 fev. 2007.

AJUDA BANCÁRIA. *Termos de mercado*. Disponível em: http://ajudabancaria.com/termos-mercado-1.html. Acesso em: 7 ago. 2006.

ANDREZO, A.F.; LIMA, I.S. *Mercado financeiro: aspectos históricos e conceituais*. São Paulo: Pioneira Thomson Learning, 2002.

ARACRUZ. *Relatório social e ambiental*. Disponível em: http://www.aracruz.com.br/ra2003/rsa.htm. Acesso em: 12 maio 2006.

BANCO REAL. *Sustentabilidade*. Disponível em: http://www.bancoreal.com.br/sustentabilidade/. Acesso em: 12 maio 2006.

BEBBINGTON, J. *Sustainable development: a review of the international development business and accounting literature* (dez. 2000). Univ. of Aberdeen Act, Finance & Mgmt. Working Paper, n. 00-17. Disponível em: http://ssrn.com/abstract=257434. Acesso em: 8 nov. 2006.

BIOLCHI, O.A. A nova lei de recuperação de empresas e falências. *Revista do Advogado*, São Paulo, n. 83, p. 7-14, set. 2005.

BONELLI, R.; FLEURY, P.F.; FRITSCH, W. Indicadores microeconômicos do desempenho competitivo. *Revista de Administração da Universidade de São Paulo*, São Paulo, v. 29, n. 2, p. 3-19, abr./jun. 1994.

BOVESPA. ISE, *Índice de sustentabilidade empresarial*. Disponível em: http://www.bovespa.com.br/Pdf/Indices/ISE.pdf. Acesso em: 13 abr. 2006.

BRAZIL, C. *Environment justice × finance*. Disponível em: http://www.analisefinanceira.com.br/artigos/efeitoestufa-nmc.htm. Acesso em: 2 fev. 2007.

BRAGA, T.M. *Índices de sustentabilidade municipal*. Disponível em: http://www.face.ufmg.br/novaeconomia/sumarios/v14n3/140301.pdf. Acesso em: 14 mar. 2007.
BUNGE, M. *La investigación científica*. Barcelona: Ariel, 1976.
CABIDO, A.C. *Mortalidade empresarial zero*. Disponível em: http://www.bibliotecasebrae.com.br/bds/BDS.nsf/77E4BD2FE76ABEB303256EC20068DFDD/$File/NT00072036.pdf. Acesso em: 15 mar. 2007.
CARVALHO, J.F. Mercado ambiental: crédito de carbono favorece mais mercado do que ambiente. *Consultor Jurídico*, 24 dez. 2004. Disponível em: http://conjur.estadao.com.br/static/text/32056,1. Acesso em: 2 fev. 2007.
CHER, R. *A gerência das pequenas empresas*. São Paulo: Maltese, 1990.
CHURCHILL, N. C.; MULLINS, J. W. How fast can your company afford to grow? *Harvard business review*, v. 79, n. 5, p. 135-134, 166, 2001.
COELHO, F.U. *Comentários à nova lei de falências e de recuperação de empresas*. São Paulo: Saraiva, 2005.
COPELAND, T.; KOLLER, T.; MURRIN, J. *Valuation: measuring and managing the value of companies*. 2.ed. New York: John Wiley, 1995.
CORRÊA, A.C.C.; ROSIFINI JÚNIOR, V.; MATIAS, A.B. *Sucesso financeiro nas empresas de capital aberto brasileiras: um estudo exploratório*. In: 39ª Asamblea Anual del Consejo Latinoamericano de Escuelas de Administración (Cladea), 2004, Puerto Plata, 2004.
CORRÊA, D.A. *A emergência de um perfil profissional transformador na administração*. 1997. Disponível em: http://www.angrad.org.br/cientifica/artigos/artigos_enangrad/enangrad_8.asp. Acesso em: 14 mar. 2007.
DAILY, G. *Natures's services: societal dependence on natural ecosystems*. Washington, DC: National Research Council: Island Press, 1997.
DAMODARAN, A. *Finanças corporativas aplicadas: manual do usuário*. Porto Alegre: Bookman, 2002.
DEL 7661. *Decreto-lei n. 7661, de 21 de junho de 1945*. Disponível em: http://www.planalto.gov.br/ccivil/Decreto-Lei/Del7661.htm. Acesso em: 9 nov. 2006.
DNRC. *Departamento Nacional de Registro do Comércio*. Disponível em: http://www.dnrc.gov.br/. Acesso em: 9 mar. 2007.
EHRBAR, A. *EVA – valor econômico agregado: a verdadeira chave para a criação de riqueza*. Rio de Janeiro: Qualitymark, 1999.
FERREIRA, J.E.L. *Prevenção à lavagem de dinheiro*. Disponível em: http://www.analisefinanceira.com.br/interesses/moneylaundry.htm. Acesso em: 25 abr. 2007.
GITMAN, L.J. *Princípios da administração financeira*. 3.ed. São Paulo: Harbra, 1987.
GODINHO, W.B.; MACIOSKI, J.M.K. Estilos de negociação: a maneira pessoal de realizar negócios internacionais. *Ciência & Opinião*, Curitiba, v. 2, n. 1/2, jan./dez. 2005.
GOMES, C.F.S.; GOMES, L.F.A.M. Modelagem de aspectos qualitativos no processo de negociação. *Revista de Administração do Mackenzie*, São Paulo, v. 5, n. 1, p. 83-103, 2004.
GRA, L.L.C. O protocolo de Kyoto e o contrato internacional de compra e venda de créditos de carbono. *Revista Brasileira de Direito Internacional*, Curitiba, v. 2, n. 2, jul./dez. 2005. Disponível em: http://calvados.c3sl.ufpr.br/ojs2/index.php/dint/article/viewFile/5480/4029. Acesso em: 2 fev. 2007.
HELOANI, R. *Ética nas empresas*. 9 ago. 2006. Disponível em: http://opiniaoenoticia.com.br/interna.php?mat=4888. Acesso em: 13 mar. 2007.
HITT, M.A.; IRELAND, R.D.; HOSKISSON, R.E. *Strategic management: competitiveness and globalization*. 4.ed. Cincinnati: South-Western College Publishing, 2001.

HOUAISS, A. *Dicionário Houaiss da língua portuguesa*. Rio de Janeiro: Objetiva, 2001.
IFC. *Sustainability report*. 2004. Disponível em: http://www.ifc.org/ifcext/sustainability.nsf/AttachmentsByTitle/2004SusReport/$FILE/2004SustReport.pdf. Acesso em: 13 abr. 2006.
IMD. *World Competitiveness Yearbook*. Lausanne, 2004.
KASSAI, J.R. et al. *Retorno de investimento: abordagem matemática e contábil do lucro empresarial*. São Paulo: Atlas, 2000.
KAPLAN, R. *Medições que impulsionaram o desempenho*. 1995. Disponível em: http://www.intermanagers.com.br. Acesso em: 8 nov. 2006.
KOTLER, P. *Administração de marketing*. 5.ed. São Paulo: Atlas, 1998.
LOBATO, D.M et al. *Estratégia de empresas*. 6.ed. Rio de Janeiro: FGV, 2007.
MALHOTRA, N.K. *Pesquisa de marketing: uma orientação aplicada*. 3.ed. Porto Alegre: Bookman, 2001.
MARINHO, F. *Como proteger e manter seus negócios*. Rio de Janeiro: Campus, 2003.
MARTINS, E.; ASSAF NETO, A. *Administração financeira*. São Paulo: Atlas, 1991.
MATOS, J. Rede de proteção. *Razão contábil*. São Paulo: RM Editores, v. 3, n. 33, jan. 2007. Disponível em: http://revistarazao.uol.com.br/. Acesso em: 31 jan. 2007.
MATTAR, F.N. *Pesquisa de marketing*. São Paulo: Atlas, 1996.
MATTUELLA, J.L.; FENSTERSEIFER, J.E.; LANZER, E. A competitividade em mercados agroindustriais integrados. *Revista de Administração da Universidade de São Paulo*, São Paulo, v. 30, n. 4, p. 34-42, out./dez. 1995.
MEGLIORINI, E.; MOTTA, A.C. Mortalidade de pequenas empresas: uma análise financeira e econômica. In: Congresso Internacional de Custos, 9. Florianópolis, 2005. CD-ROM.
MEUREN, L.C.B. et al. *Os mecanismos de desenvolvimento limpo: o contexto brasileiro*. 2005. Disponível em: http://www.ebape.fgv.br/radma/doc/FET/FET-029.pdf. Acesso em: 5 fev. 2007.
MIGUEZ, J.D. *Protocolo de Kyoto* (15 mar. 2004). Disponível em: http://agenciact.mct.gov.br/index.php/content/view/15569.html. Acesso em: 10 abr. 2007.
OLIVARES, J.E.L. Negociação para configurar o desenho da estrutura organizacional em rede. *Caderno de Pesquisas em Administração*, São Paulo, v. 9, n. 3, jul./set. 2002.
OLIVEIRA, E.T. Crescer em equilíbrio: alguns efeitos a serem considerados para os índices de crescimento e endividamento. *Revista de Administração*, v. 20, jan./mar. 1985.
O PLACAR DO AVANÇO, *Razão Contábil*, n. 33, jan. 2007. Disponível em: http://revistarazao.uol.com.br/textos.asp?codigo=10813. Acesso em: 31 jan. 2007.
PEPSICO, Inc. *Citizenship: sustainability vision*. Disponível em: http://www.pepsico.com/PEP_Citizenship/sustainVision/index.cfm. Acesso em: 12 maio 2006.
PODOLSKI, W.J.H.Y. As principais causas de concordatas. *RAE*, Rio de Janeiro, v. 8, n. 27, p. 15--53, out./dez. 1968.
RAPPAPORT, A. New thinking on how to link executive pay with performance. *Harvard Business Review*, mar./apr. 1999.
ROCHA, M.T. *Aquecimento global e o mercado de carbono: uma aplicação do modelo CERT*. 2003. Tese (Doutorado) – Escola Superior de Agricultura Luiz de Queiroz, Universidade de São Paulo. Disponível em: http://www.cepea.esalq.usp.br/pdf/tese_marcelo.pdf. Acesso em: 2 fev. 2007.
SAMUELSON, P.A.; NORDHAUS, W.D. *Economia*. 14.ed. Lisboa: McGraw-Hill, 1993.
SEBRAE. Fatores condicionantes e taxa de mortalidade de empresas no Brasil. *Relatório de Pesquisa*. Brasília, 2004.
SECURATO, J.R. *Análise de avaliação de risco*. São Paulo: Saint Paul, 2002.
SILVA, L.S.A.; QUELHAS, O.L.G. Sustentabilidade empresarial e o impacto no custo de capital próprio das empresas de capital aberto. *Gestão & Produção*, v. 13, n. 3, dez. 2006.

SOUZA, A.F.; LUPORINI, C.E.M.; SOUZA, M.S. Gestão do capital de giro. *Caderno de Pesquisas em Administração*, São Paulo, v. 1, n. 3, 2. sem. 1996.

SOUZA, M.T.S.; RIBEIRO, H.C.M. Sustentabilidade ambiental: uma meta-análise da produção brasileira em periódicos de administração. *Revista de Administração Contemporânea*, v. 17, n. 3, p. 368-396, jun. 2013.

STEWART III, G. B. The quest for value: the EVA management guide. *Harper Business*, 1991.

SUSEP. Disponível em: http://www.susep.gov.br/menu/informacoes-ao-publico/microsseguros-1. Acesso em: 25 jun 2015.

SUSTAINABILITY. *Brazil: country of diversities and inequalities.* Disponível em: http://www.sustainability.com/compass/download_file.asp?articleid=147. Acesso em: 13 abr. 2006.

SZAUER, M.T.; LÓPEZ, R. *Finanzas sostenibles en América Latina*. Corporación Andina de Fomento. Disponível em:<http:www.caf.com/publicaciones. Acesso em: 3 mar. 2006

TACHIZAWA, T.; FARIA, M.S. *Criação de novos negócios*. Rio de Janeiro: FGV, 2002.

TAMASHIRO, H.R.S. Negociação. *RAE-eletrônica*, v. 3, n. 2, jul./dez. 2004. Disponível em: http://www.scielo.br/pdf/raeel/v3n2/v3n2a19.pdf. Acesso em: 25 abr. 2007.

TAVARES, J. Moral: além do alcance. *Ciência & Vida – Filosofia*, v. 1, n. 8, 2007.

TAYLOR, K. *6 Top crowdfunding websites: Which one is right for your project?* Disponível em: http://www.forbes.com/sites/katetaylor/2013/08/06/6-top-crowdfunding-websites-which-one-is-right-for-your-project/2/. Acesso em: 13 jul. 2015.

TEODÓSIO, A.S.S. Programas de incentivo ao voluntariado: novos desafios para a ética gerencial. In: *Memorias del IV Congreso Latinoamericano de Ética, Negocios y Economía – la ética en la gestión pública y privada: fortalezas y debilidades*. Buenos Aires: Associação Latinoamericana de Ética, Negócios e Economia/Universidad Argentina de la Empresa, 26-27 jul. 2001, p. 17-27.

THE GLOBAL FINDEX DATABASE 2014. Measuring financial inclusion around the world, Demirguc-Kunt, A.; Klapper, L.; Singer, D.; Oudheusden, P.V. Disponível em: http://www-wds.worldbank.org/external/default/WDSContentServer/WDSP/IB/2015/04/15/090224b082dca3aa/1_0/Rendered/PDF/The0Global0Fin0ion0around0the0world.pdf#page=3. Acesso em: 25 jun. 2015.

TOLEDO, P.F.C.S. Recuperação judicial, a principal inovação da lei de recuperação de empresas – LRE. *Revista do Advogado*, São Paulo, n. 83, p. 98-106, set. 2005.

VAN DUREN, E.; MARTIN, L.; WESTGREN, R.L. Assessing the competitiveness of Canada's agrifood industry. *Canadian Journal of Agricultural Economics*, Ottawa, v. 39, n. 4, p. 727-738, dez. 1991.

WORLD COMMISSION ON ENVIRONMENT AND DEVELOPMENT. *Our common future.* Oxford: Oxford University Press, 1987.

ÍNDICE REMISSIVO

A
Abandono 268
Abertura de capital 59
Accountability 358
Acesso a financiamentos 184
Acesso a investimentos 184
Acesso ao capital 61
Ações em tesouraria 48
Ações preferenciais 53
Acordos de cooperação 341
Administração 54
    pública 107
Advogados 63
Agências de fomento 115
Agrupamento 82
Alavancagem 204
Ambiente externo 403
Análise
    de cenários 263, 266
    de conveniência 59
    de investimento(s) 235, 243
    de sensibilidade 261
    do longo prazo 320
    fundamentalista 14
    qualitativa de crédito 12
    quantitativa 13
Apoio à exportação 104
Apoio financeiro 101
Aquisições 339
Arbitragem 362
Arrendamento mercantil 138, 330
Árvores de decisão 268
Asian Development Bank (ADB) 151
Ativo de longo prazo 90
Atratividade da empresa 63
Atratividade do setor 63
Auditores 63
Auditoria independente 364
Avaliação
    da diretoria 364
    de endividamento 227
    de investimentos 270
    de negócios 282
    de projetos 270
    do CEO 364
    do negócio 15
    por múltiplos 298

B
Banco Cooperativo do Brasil (Bancoob) 110
Banco Cooperativo Sicredi 111
Banco da Amazônia (Basa) 109
Banco de Desenvolvimento de Minas Gerais (BDMG) 107
Banco do Brasil (BB) 111
Banco do Estado do Pará (Banpará) 115
Banco do Estado do Rio Grande do Sul (Banrisul) 113
Banco do Nordeste (BNB) 108
Banco Interamericano de Desenvolvimento (BID) 149
Banco Nacional de Desenvolvimento Econômico e Social (BNDES) 99
Banco Regional de Desenvolvimento do Extremo Sul (BRDE) 107
Bancos 63
Banobras 153
BNDES Exim 104, 105
Bond 154
Bônus 154
    de subscrição 82

C
Caixa Econômica Federal (CEF) 112
Capacidade 13
Capex – Capital Expenditure 292
Capital 13
    circulante líquido (CCL) 321
    de giro 144, 292
    de terceiros 202
    próprio 45, 202
    social 47
Captação de recursos 157
Captação de recursos de terceiros 90
Caráter 12
Cartão BNDES 103
Certificado de recebíveis do agronegócio (CRA) 157
Certificado de recebíveis imobiliários (CRI) 158
Cisão 344
Client's life value 283
Código de conduta 363
Códigos de ética 36
Collateral 13
Comparação de projetos 246
Compliance 380
Composição do patrimônio líquido 46

Condição 13
Conduta 366
Conflito de interesse(s) 358, 366
Conglomerado 13
Conselho de administração 362
Conselho fiscal 365
Consórcios 136
Construção de edifícios 142
Consultoria 63
Contratos de leasing 143
Controles internos 363, 378
Country risk 17
Covenants 13
Crédito 12, 14, 15
Credit score 14
Crescimento 239
Criação de valor 300, 316, 330
Crowdfunding 448
Custo de capital 169, 182, 323
de terceiros de longo prazo 170
Custo de oportunidade 181, 187
Custo do capital próprio 171
Custo marginal ponderado de capital (CMPCM) 178
Custo médio ponderado 187
de capital (CMPC) 169, 175
de longo prazo (CMPCLP) 322

D
Debêntures 124, 155
Decisões 330
de financiamento 346
Depreciação 292
Depreciation and Amortization 307
Desconto de dividendos 297
Desdobramento 82
Desenvolvimento 240
Desinvestimento de recursos 329
Desmembramento 344
Destruição de valor 300
Desvio-padrão do valor do ativo subjacente sujeito a risco 272
Determinação do valor 285
Dexia Group 153
Diferidos 236
Direcionadores de valor 331
Direito de preferência na subscrição de ações 82
Direitos dos acionistas 367
Diretoria 363
inadequada 398
Disponibilidade de financiamento 184

Disponibilidade de investimentos 184
Distribuição de resultados 75
Divergências de valores 298
Diversificação interna 337
Dividendo/preço (*Dividend/Yield*) 299
Dividendo(s)
constantes 79
em crescimento estável 79
extraordinários 79
regular baixo 79
residual 79

E
Earning Before Interest and Taxes 305
Efeito clientela 81
Embrapa 117
Empreendedor 394
Empresa 395
individual 51, 56
individual de responsabilidade limitada (Eireli) 51
Equidade 358
Escolha de financiamento 203
Escrituração contábil 285
Especificidade do ativo 183
Esquemas de ponderação 177
Estratégias criadoras de valor 334
Estratégias da distribuição de dividendos 80
Estrutura de capital 191, 202
Ética 28
em finanças 33
em negócios 35
em recursos humanos 34
organizacional 30
European Investment Bank (EIB) 152
EVA (Earned Value Analysis®) 300, 309, 318
Evidências históricas 76
Excesso de otimismo 397
Expansão 267
Exposição 21

F
Falácia do pássaro na mão 80
Falta de adaptação 400
Falta de disposição 401
Falta de verificação dos resultados 401
Finame 104
Finanças sociais 447
Financiadora de Estudos e Projetos (Finep) 116
Financiamento 144, 203

Finem 105
Flexibilidade 267
Fluxo de caixa
descontado 290
incremental 241
livre da empresa 291, 292
Fontes de financiamento 45
Fontes de recursos próprios 48
Forfaiting 156
Formação do capital social 55
Fraudes financeiras 26
Fundos de investimento em direitos creditórios (FIDC) 159
Fundos de investimentos 122
em participações (FIP) 160
Fundos de investimentos imobiliários (FII) 160
Fundos de participações 121
Fundos de pensão 118
Fundos imobiliários 120
Fundo social 105
Fusões 339

G
Geração de valor 318, 323, 334, 337, 338, 346
Geração máxima de valor 347
Geração total de valor (GTV) 319
Gestão 362
da captação de recursos 90
de processos sucessórios 435
de riscos 5
de riscos financeiros 443
de valor 326-328
Gestores 441
Governança 353
corporativa 355, 369
Grau de alavancagem
financeira (GAF) 204
operacional (GAO) 207
GTV (geração total de valor) 318

H
Hedge 20

I
IBGC 361
Imagem institucional 62
Imobilizado(s) 236, 327
Impostos diferidos 308
Impostos sobre Lajir 306
Incapacidade para delegar 398
Incentivos fiscais 186
Incorporações 339
Indicadores 13
Initial Public Offering (IPO) 59, 63

Índice remissivo

Inplit 82
Insider information 362
Insider System 360
Instituições financeiras 104, 106
Instrumentos de captação 157
Insucesso 394, 395, 403, 404, 410, 415
   corporativo 393
Intangível 328
Investidores institucionais 118
Investimento 326
   em capital fixo 292
   estratégicos 237
   financeiros 237
   operacionais 236

J
Japanese Bank for International Corporation (JBIC) 150
Joint ventures 341
Juízo 55
Juros sobre o capital próprio 81

L
Laboceano 117
Lajida 307
Lajir 292, 305, 306
Lease back imobiliário 143
Leasing 138,
   financeiro 141
   imobiliário 142
   operacional 140
Legislação falimentar 426
Lei anticorrupção 372
Lei de falências 423
Lei Sarbanes-Oxley 372
Lenders 132
Linhas de crédito 145
   subsidiadas 186
Liquidez 362
   patrimonial 62
Lucro antes de juros ajustados de impostos 292, 304
Lucro antes do imposto de renda (LAIR) 306
Lucro operacional 227
Lucro por ação 227
Lucro/preço (LPA/P) 299

M
Má escolha de sócios 401
Manutenção 239
Mediação 362
Medidas corretivas 401
Medidas de política de dividendos 80
Melhorias externas 338
Melhorias internas 334
Mensuração 6
Mercado de capitais 97, 118, 154, 375
Mercado de crédito 96, 98
Mercado de produtos 381
Mercado financeiro 90
Mercado internacional 146
Métodos de avaliação 66
Microempresas 410
Micro e pequenas empresas 410
Modelo de Black e Scholes 275
Modelo de Hart e Milstein 429
Modelo de precificação
   de ativos de capital (CAPM) 171
   global de ativos (GAPM) 175
   por arbitragem (APM) 174
Modelo de sustentabilidade financeira 444
Modelos de avaliação de projetos 270
Modelos de governança 360
Modelos de previsão de insolvência 404
Modelos de sustentabilidade 429
Montantes captados 69

N
Negligência 399
Nepotismo 398
Nome empresarial 54
Nopat 292, 304
Noplat 304
North American Development Bank (NADB) 152
Novo mercado 370

O
Opções 271
   americanas 272
   de abandono 268
   de expansão 267
   europeias 272
Operações
   de financiamento 104, 105
   estruturadaS 130
   sindicalizadas 143
Orçamento empresarial 240
Organização para a Cooperação e Desenvolvimento Econômico (OCDE) 367
Outsider System 360

P
Partes beneficiárias 82
Participação estrangeira 71
Passivo de longo prazo 90
Patrimônio 54
   líquido 47
Patrocinadores 133
Payback 248, 251, 253
   descontado 249
Pecking Order 216
Pequenas empresas 410
Perfil do insucesso 415
Pessoalidade 52
Planejamento estratégico 237
Plano de contingência (PCO) 443
Plano de continuidade de negócios (PCN) 443
Plano de gerenciamento de crises (PGC) 443
Plano de negócios 64
Plano de recuperação de desastres (PRD) 443
Políticas de distribuição de dividendos 78
Pós-abertura de capital 67
Prazo até o vencimento 272
Precificação 6, 275
Preço de mercado 287
Preço/valor patrimonial (P/VPA) 299
Prejuízos acumulados 48
Prestação de contas 358
Price Sales Ratio (PSR) 300
Private equity (PE) 122
Processo(s) 23
   de distribuição de dividendos 81
   de recuperação judicial 424
   sucessórios 435
Proeduc 117
Profissionalização da gestão 62
Programa de Experiência de Aprendizagem do Comportamento Adolescente (ABLE) 449
Project finance 131
Projetos de investimento 260, 267
Proninc 117
Propriedade 361
   do negócio 283

R
Rating 15, 126
Rating de títulos de crédito 12
Reconhecer a natureza do próprio negócio 399
Recursos de longo prazo 11
Redução do custo de capital de longo prazo 323
Relacionamento
   com o público 62
   de capital 246
Relatórios periódicos 363

Remuneração dos gestores 364
Renda fixa 123
Renda variável 123
Reserva
 de capital 47
 de lucros 47
 de lucros a realizar 48
 estatutária 47
 legal 47
 para contingências 48
 para expansão 48
Responsabilidade corporativa 358
Retenção de resultados 74
Retorno 265
Retorno de aplicações
 em depósitos judiciais em longo prazo 325
 financeiras de longo prazo 324
Retorno do investimento 182
Retorno dos adiantamentos a fornecedores em longo prazo 325
Retorno dos créditos
 de longo prazo a receber de clientes 324
 tributários de longo prazo 325
Retorno dos estoques de longo prazo 326
Retorno dos outros ativos realizáveis em longo prazo 326
Retorno sobre o investimento em realizáveis em longo prazo (RRLP) 324
Risco(s) 5, 260, 265
 de *commodities* 20
 de crédito 11
 de investimento 182
 de liquidez 25
 de mercado 19
 de patrimônio 20
 de processo 24
 do ativo 183
 financeiro(s) 3, 10
 humano 23
 legal 25
 operacional 23
 país 17
 próprio 133
 sistêmico 133
 tecnológico 24
Roadshow 63
ROIC: retorno sobre o capital investido 304

S
Sale and lease back 141

Securitização
 de empréstimos 156
 de recebíveis 130
Sede 54
Seguradoras 120
Sensibilidade 21
Sinalização de informações ao mercado 81
Sistema financeiro 91
Sistema regulatório 376
Sistemas de avaliação de crédito 185
Sistema tributário legal 186
Small business 12
Sobrevivência 239
Social Impact Bonds (SIB) 449
Sociedade(s)
 anônima 52, 57
 de propósito específico (SPE) 55
 em conta de participação (SCP) 54
 empresárias 51
 limitada 52, 56
 simples 50, 51, 56
Sócio ostensivo 54
Sócio participante 54
Spin-off 344
Split 82
Sponsors 132
Stakeholders 25, 390, 392, 411
Static Trade-off Theory 215
Subestimação 400
Sucessão 440
Sucesso financeiro 420
Sucessor 436
Superávit temporário de caixa 80
Suposição lognormal 275
Sustentabilidade 389, 435, 443
 corporativa 392, 419
 financeira 419, 420, 434
Swot 64, 239

T
Tag along 362
Taxa de abertura de crédito 143
Taxa de adiantamento 143
Taxa de arrendamento 144
Taxa de compromisso 143
Taxa interna de retorno (TIR) 255
 modificada (TIRM) 258
Taxa mínima de atratividade 181
Taxas cambiais 19
Taxas de juros 19
Taxes 307
Tecnologia 23

Tempo de retorno (*payback*) 248
 descontado 249
Teoria baseada em fatores organizacionais 219
Teoria das informações assimétricas 216
Teoria da substitutibilidade 227
Teoria de opções 270
Teoria do controle corporativo 221
Teoria dos custos de agência 217
The European Bank for Reconstruction and Development 152
The International Development Association (IDA) 149
The International Finance Corporation (IFC) 148
The World Bank Group 146
Tipo de emissão 69
Tipos de investimento 236
Títulos de impacto social 449
Transição de gerações 440
Transparência 358
Tratamento equânime 368
Triple Bottom Line (TBL) 391

U
Underwriting 58, 126

V
Valor 283, 316, 326-328, 330, 331, 334, 337, 338, 346, 347, 390, 429, 434
 a mercado 287
 atual do ativo subjacente 271
 com sustentabilidade financeira 434
 de um negócio 281
 do ativo subjacente sujeito a risco 271
 presente líquido (VPL) 244
 sustentável 429
Valuation 281
Variação 21
 no capital de giro 292
Variância no valor do ativo subjacente 272
Variáveis relativas ao mercado financeiro 272
VEA (valor econômico agregado) 300, 309, 318
Venture capital (VC) 122
Verificação dos resultados 401
VPL 247, 251, 264, 276
V@R 22